Oscar storia

Albert Hourani

Storia dei popoli arabi

Da Maometto ai nostri giorni

Traduzione e cura di
Vermondo Brugnatelli

مونيكا بيريني

OSCAR MONDADORI

Titolo originale dell'opera: *A History of the Arab Peoples*

I edizione La Storia settembre 1992
I edizione Oscar Storia ottobre 1998

ISBN 88-04-43189-X

Questo volume è stato stampato
presso Mondadori Printing S.p.A.
Stabilimento NSM - Cles (TN)
Stampato in Italia - Printed in Italy

Ristampe:

7 8 9 10 12 13 14 15

2004 2005 2006 2007 2008

www.librimondadori.it

SOMMARIO

PREFAZIONE

Questo libro concentra la propria attenzione sulla storia delle regioni arabofone del mondo islamico, dalla nascita dell'Islam ai giorni nostri. Riguardo a certi periodi, però, non ho potuto fare a meno di oltrepassare questa delimitazione, per esempio al momento di trattare la storia dei primi tempi del califfato, l'Impero Ottomano, e l'espansione dei commerci e degli imperi europei. A seconda dei punti di vista, si potrebbe obiettare che l'argomento è troppo vasto o, viceversa, che è troppo limitato: che la storia del Maghreb è diversa da quella del Medio Oriente, oppure che non è possibile avere un quadro della storia di quei paesi in cui l'arabo è parlato dalla maggioranza della popolazione isolando questi ultimi dagli altri paesi musulmani. Tuttavia, è pur necessario circoscrivere in qualche modo la materia, ed io ho optato per questa delimitazione, anche in considerazione dei limiti delle mie competenze. Mi auguro che il libro riesca a dimostrare che le diverse regioni prese in esame hanno condiviso una esperienza storica abbastanza unitaria da rendere possibile di pensare e scrivere riguardo ad esse in un quadro unitario.

Questo libro è destinato a studenti che cominciano ad affrontare questa materia ed a lettori generici che desiderano acquisire qualche nozione al riguardo. Gli specialisti saranno senz'altro consapevoli che, in un libro che abbraccia un campo così vasto, gran parte di ciò che dico è basato sulle ricerche di altri. Io mi sono sforzato di presentare i fatti essenziali e di interpretarli alla luce di quanto è stato scritto da altri. Alcuni dei miei debiti per tali opere sono indicati nella bibliografia.

Dovendo scrivere un libro che copre un periodo così lungo, mi sono trovato a dover operare delle scelte riguardo ai nomi. Per riferirmi a determinate regioni geografiche, mi sono servito dei nomi degli stati attuali, anche quando tali nomi non erano usati nel passato; mi è parso più semplice usare gli stessi nomi per tutto il libro, piuttosto che cambiarli da un periodo all'altro. Così, il termine «Algeria» sta ad indicare una determinata regione del Nordafrica, anche se tale nome è stato introdotto solo negli ultimi secoli. In generale, ho utilizzato nomi che siano familiari ai lettori; la parola araba «Maghreb» (letteralmente: «occidente») è probabilmente abbastanza familiare da potere essere usata in luogo di «Africa nordoccidentale», mentre non lo è il suo omologo «Mashreq» (in arabo: «oriente»), in luogo del quale si userà invece «Medio Oriente».* Per semplicità, ho chiamato (al-)Andalus o Andalusia le regioni islamizzate della penisola iberica preferendo un'unica parola ad una perifrasi. Quando si vede impiegato un nome che designa uno stato sovrano attuale in riferimento ad epoche anteriori alla nascita di tale stato, esso andrà beninteso riferito ad una regione definita in modo alquanto approssimativo; è solo quando si parla di epoche moderne che andrà considerato indicativo dei territori compresi nei confini di tale stato. Per esempio, per quasi tutto il libro «Siria» si riferisce ad una data regione che ha caratteristiche comuni, tanto geografiche che sociali, e che nel complesso ha sperimentato un'esperienza storica unitaria, ma dopo la nascita, al termine della prima guerra mondiale, dello stato siriano, con «Siria» si farà riferimento solo a quest'ultimo. È superfluo aggiungere che l'uso di questi termini non implica alcun giudizio politico su quali stati debbano esistere ed entro quali confini.

I nomi geografici impiegati più spesso sono presentati nella cartina n° 1.

* Nell'uso italiano sarebbe più corretto parlare di «Vicino Oriente», ma si è qui preferito attenersi all'uso dell'autore, che adopera «Near East» solo in riferimento alle epoche più antiche (era preislamica e primi secoli dell'Islam). *N.d.C.*

RINGRAZIAMENTI

Desidero ringraziare Patrick Seale, che mi ha incoraggiato a scrivere questo libro ed ha reso possibile la sua pubblicazione, e quegli amici che per lunghe ore se lo sono letti, correggendo errori e avanzando proposte di miglioramenti: Patricia Crone, Paul Dresch, Leila Fawaz, Cornell Fleischer, il compianto Martin Hinds, Charles Issawi, Tarif Khalidi, Philip Khoury, Ira Lapidus, Wilferd Madelung, Basin Musallam, Robin Ostle, Roger Owen, Michael Rogers e Mary Wilson. Tra tutti, un debito particolare ho nei confronti di Paul Dresch, che ha seguito la mia linea di pensiero con notevole acume ed estese cognizioni.

Altri amici e colleghi mi hanno fornito le informazioni di cui avevo bisogno, e tra questi Julian Baldick, Karl Barbir, Tourkhan Gandjei, Israel Gershoni e Venetia Porter.

Sono infinitamente grato a Elizabeth Bullock, che ha battuto a macchina le successive stesure con devozione e abilità, ai miei editor presso la Faber and Faber, Will Sulkin e John Bodley, a John Flower che ha disegnato le cartine, a Brenda Tomson che ha effettuato con sensibilità e intelligenza un lavoro di copy-editing su di un difficile manoscritto, a Bryan Abraham che ha corretto le bozze con grande accuratezza, e a Hilary Bird, che ha redatto gli indici.

Alcune traduzioni dall'arabo sono opera mia, altre sono opera di altri traduttori, altre ancora sono da me adattate a partire da traduzioni già disponibili. Per avermi concesso il permesso di utilizzare traduzioni o estratti dai loro libri, devo ringraziare i seguenti editori:

Cambridge University Press per alcune traduzioni da A.J. Arberry, *Arabic Poetry* (1965) e *Poems of al-Mutanabbi* (1967), e da John A. Williams, *Al-Tabari: the Early Abbasid Empire*, vol. I (1988).

Columbia University Press per alcuni versi di una poesia di Badr Shakir al-Sayyab, tradotta da Christopher Middleton e Lena Jayyusi in

Salma Khadra Jayyusi (a cura di), *Modern Arabic Poetry*, copyright © Columbia University Press, New York (1987).

Edinburgh University Press per un brano da George Makdisi, *The Rise of Colleges* (1981).

Quarter Books per un brano αa Alifa Rifaat, *Distant View of a Minaret*, tradotto da Denys Johnston-Davies (1983).

State University of New York Press per un brano da *The History of al-Tabari*, a cura di E. Yar-Shater: vol. 27, *The 'Abbasid Revolution*, tradotto da J.A. Williams, copyright © State University of New York (1985).

Unwin Hyman Limited per citazioni da A. Arberry, *The Koran Interpreted*, copyright © George Allen and Unwin Limited (1955).

Wayne State University Press per una traduzione da J. Lassner, *The Topography of Baghdad in the Early Middle Ages* (1970).

NOTA SULLE TRASCRIZIONI

Per quelle parole o quei nomi che già possiedono una forma inglese corrente, è questa forma che viene utilizzata. Per la traslitterazione di altre parole o altri nomi arabi ho usato un sistema semplificato, basato su quello dell'*International Journal of Middle East Studies:*

niente segni diacritici;
la lettera 'ayn viene traslitterata con '; la *hamza* viene traslitterata con ', ma solo quando si trova all'interno di una parola (ambedue questi segni possono essere omessi, nella pronuncia, da quanti non sono interessati alla loro forma araba);
i plurali, come avviene di norma con termini stranieri sono stati lasciati identici al singolare,* con la sola eccezione del plurale di *'alim*, per cui si troverà la forma araba *'ulama*;
le vocali raddoppiate all'interno di una parola vengono indicate con *-iyya* o *-uwwa*;
i dittonghi sono indicati con *aw* o *ay*;
l'articolo arabo *al-* viene preposto ai nomi arabi solo la prima volta che essi compaiono, dopodiché viene tralasciato (p. es.: al-Ghazali, Ghazali);

Per la traslitterazione di nomi e parole turche si adotta di norma la loro forma turca moderna.

* Nell'originale, l'autore adotta l'uso inglese di segnalare con una *-s* il plurale. *N.d.C.*

Osservazioni del curatore per l'edizione italiana:

Per il lettore italiano si segnala che:

th corrisponde al suono inglese [θ] iniziale della parola *three* (fricativa sorda interdentale);

dh corrisponde al suono inglese [ð] iniziale della parola *then* (fricativa sonora interdentale). Si presti attenzione al caso della parola *madhhab*, in cui questo suono precede una *h* (= *madh-hab*);

sh corrisponde al suono iniziale della parola *scena* (fricativa palatale);

kh va pronunciata come il *ch* nella parola tedesca *machen*;

gh corrisponde ad un suono che non esiste come tale nelle lingue europee (fricativa sonora velare). I suoni che più vi si avvicinano sono la *g* «aspirata» , p. es. nella parola spagnola *fuego*, o la pronuncia francese di *r* «*grasseyé*»;

s va sempre pronunciata come la *s* di *cassa* e mai come in *rosa*;

z non va mai pronunciata affricata come la *z* italiana di *zero*, *pizza*, ma solo come la *s* di *rosa* (fricativa sonora).

j corrisponde al suono iniziale della parola *gelo* (affricata palatale sonora);

y corrisponde alla *i* semivocalica presente in *cuoio*;

w corrisponde alla *u* semivocalica presente in *uomo*;

Anche nell'edizione italiana si è seguito innanzitutto il criterio di ricorrere alle trascrizioni di nomi o vocaboli già entrate nell'uso (p. es. *Maghreb*, *harem* invece di *Maghrib*, *harim*), anche se nella scelta di ciò che è già «affermato» e ciò che non lo è pesano inevitabilmente fattori soggettivi (si veda, p. es., la distribuzione dei suffissi *-i/-idi/-iti* nei nomi delle dinastie).

Il nome di persona *Muhammad* è stato reso in italiano con *Maometto* solo nel caso del profeta dell'Islam, e resta *Muhammad* nel nome di altri personaggi.

Quando più forme italianizzate coesistono nell'uso, si è data la preferenza a quella più prossima alla trascrizione del termine arabo (p. es. *Umayyadi* invece di *Omayyadi* o *Ommiadi*).

NOTA SULLE DATE

Fin dai primi tempi dell'Islam, i Musulmani hanno datato gli avvenimenti a partire dal giorno dell'emigrazione di Maometto dalla Mecca a Medina nel 622 d.C.; questa emigrazione è nota in arabo col nome di *hijra*, e il modo più comune per indicare gli anni musulmani nelle lingue europee consiste nel posporre alla data un *h.*

Un anno del calendario islamico non è lungo quanto un anno del calendario cristiano. Quest'ultimo viene calcolato sulla base del tempo che la terra impiega a completare una rivoluzione intorno al sole, il che corrisponde all'incirca a 365 giorni. Viceversa, quello musulmano è costituito da dodici mesi, ciascuno dei quali corrisponde ad una intera rivoluzione della luna intorno alla terra; la lunghezza di un anno calcolato in questo modo risulta di circa 11 giorni più corto di un anno solare.

Notizie sul modo di convertire date musulmane in date cristiane, e viceversa, si possono trovare in G.S.P. Freeman-Grenville, *The Muslim and Christian Calendars* (Londra, 1977).

Nel libro si fa uso di date dell'era cristiana, tranne quando dal contesto risulti importante specificare la data o il secolo dell'Islam.

Per i sovrani vengono fornite la data di ascesa al trono e quella di morte (o deposizione); per altre persone, la data di nascita e quella di morte. Quando la data di nascita non è nota, viene fornita solo quella di morte (p. es. m. 1456); quando la persona è ancora viva, viene fornita solo la data di nascita (p. es. n. 1905). Quando la data è nota solo approssimativamente, si usa ca. (p. es. ca. 1307-1358).

STORIA DEI POPOLI ARABI

Ai miei colleghi e studenti
del St Antony College di Oxford

servizi
[illegible]
volta
suito po
au ave

partene
Spagn
regi
si ve
In altr
c, e fo
mondo
locali.
Tunis
zionario
darsi a
istruzi
che in
ssaggio
in altre
un uom
sse in g
alle cui
summai
il Pro
t ano
ale lo
uale l

PROLOGO

Nell'anno 1382 uno studioso arabo musulmano al servizio del sovrano di Tunisi chiedeva a quest'ultimo il permesso di compiere il pellegrinaggio alla Mecca, e, ricevutolo, si imbarcava alla volta di Alessandria d'Egitto. Aveva cinquant'anni e lasciava, come risultò poi, per sempre, i paesi del Maghreb in cui sia lui che i suoi antenati avevano svolto un ruolo importante e vario.

'Abd al-Rahman ibn Khaldun (1332-1406) apparteneva ad una famiglia che dall'Arabia meridionale si era recata in Spagna dopo la conquista araba, e si era stabilita a Siviglia. Quando i regni cristiani del nord della Spagna avevano cominciato ad espandersi verso sud, la famiglia si era trasferita a Tunisi. Molte famiglie con una tradizione di cultura e servizio dello stato avevano fatto lo stesso, e formavano nelle metropoli del Maghreb (la parte occidentale del mondo islamico) un patriziato dei cui servigi si avvalevano i sovrani locali. Il bisnonno di Ibn Khaldun ebbe parte nella politica della corte di Tunisi, cadde in disgrazia e venne ucciso; anche il nonno fu un funzionario, mentre il padre abbandonò la politica e l'amministrazione per darsi alla vita ritirata dello studioso. Quanto a lui, ricevette una solida istruzione conforme agli usi del tempo, ad opera del padre e di studiosi che insegnavano nelle moschee e nelle scuole di Tunisi o erano di passaggio per la città, e proseguì gli studi, raggiunta l'età adulta, vivendo in altre città, giacché faceva parte della tradizione da lui ereditata che un uomo dovesse andare in cerca della conoscenza presso chiunque fosse in grado di impartirgliela. Nella sua autobiografia ricorda coloro alle cui lezioni aveva assistito e le materie insegnate: il Corano, che i Musulmani considerano la parola di Dio rivelata in lingua araba attraverso il Profeta Maometto; gli Hadith, o tradizioni di ciò che il Profeta ha fatto e detto; la giurisprudenza, scienza della legge e della morale sociale formalmente basata su Corano e Hadith; la lingua araba, senza la quale le scienze della religione non potevano essere comprese; ed anche le scienze razionali, matematica, logica e filosofia. Egli fornisce particolari sulla personalità e la vita dei suoi docenti, e ci dice che la maggior parte di loro, come pure i suoi genitori, morirono nella Morte Nera, la grandé pestilenza che colpì il mondo a metà del XIV secolo.

La sua padronanza della lingua e la sua conoscenza della giurisprudenza indirizzarono in giovane età Ibn Khaldun al servizio del sovrano di Tunisi, prima come segretario e successivamente in posti di maggiore responsabilità e – conseguentemente – di maggiore insicurezza. Seguirono venti anni di alterne fortune. Lasciò Tunisi e assunse il servizio presso altri sovrani del Maghreb; si recò a Granada, capitale dell'ultimo regno musulmano rimasto in Spagna, dove riscosse grande apprezzamento e fu inviato in una missione presso il sovrano cristiano di Siviglia, la città dei suoi antenati, ma cadde in sospetto e partì in tutta fretta per l'Algeria. Anche qui rivestì diverse cariche, trattando affari di governo al mattino e insegnando poi nella moschea. Prese parte ai tentativi di indurre all'obbedienza politica verso i suoi sovrani i capi arabi o berberi delle steppe e delle montagne, e l'ascendente acquisito presso costoro gli riuscì utile quando, come avvenne più e più volte nel corso della sua vita, gli venne a mancare il favore del suo signore. In una di queste occasioni trascorse quattro anni (1375-79) vivendo in un castello nella campagna algerina sotto la protezione di un capotribù arabo. Furono anni in cui egli, libero dalle faccende del mondo, passò il tempo scrivendo una storia delle dinastie del Maghreb, collocata in un quadro più ampio.

La prima parte di questa storia, la *Muqaddima* (o *Prolegomeni*), riscuote ancor oggi un vivo interesse. In essa Ibn Khaldun cercava di spiegare l'ascesa e la caduta delle dinastie in un modo che sarebbe servito da pietra di paragone per giudicare la credibilità delle narrazioni storiche. Egli riteneva che la prima e la più semplice forma di società umana fosse quella della popolazione delle steppe e delle montagne, che praticava l'agricoltura e l'allevamento e seguiva capi che non disponevano di un potere di coercizione organizzato. Un popolo del genere, pur dotato naturalmente di bontà ed energia, non poteva di per sé creare governi stabili, città o una cultura di alto livello. Per rendere possibile ciò era necessaria la presenza di un sovrano con autorità assoluta, e un simile personaggio avrebbe potuto imporsi solo se fosse stato in grado di creare e dominare un gruppo di seguaci dotato di *'asabiyya*, vale a dire di uno spirito di corpo teso ad ottenere e a conservare il potere. Nel far nascere un gruppo del genere, le migliori condizioni si avevano quando questo era reclutato tra i duri uomini della steppa o dei monti, a tenerlo unito potevano essere il senso di una comune ascendenza, reale o fittizia che fosse, o vincoli di dipendenza, e l'accettazione di una religione comune poteva rinsaldarlo. Un sovrano che avesse avuto un gruppo di seguaci forte e compatto poteva fondare una dinastia; quando il suo comando si fosse stabilizzato si sarebbero sviluppate popolose città, ed in esse avrebbero trovato posto artigiani specializzati, modi di vita lussuosi ed una cultura di alto livello. Ogni dinastia, però, portava in sé i germi del suo declino: avrebbero potuto indebolirla il dispotismo, la prodigalità e la perdita delle qualità di comando. Il potere effettivo poteva passare dal sovrano a membri del suo stesso gruppo, ma presto o tardi alla dinastia ne sarebbe subentrata un'altra formatasi in un modo analogo. Quando ciò accadeva, potevano scomparire non solo il sovrano, ma l'intero popolo su cui si era basato il suo potere e il modo di vivere che questo aveva instaurato; come disse in un altro contesto Ibn Khaldun, «quando vi è un cambiamento generale di condizioni, è come se l'intera creazione e tutto quanto il mondo venissero alterati».[1] Ai Greci e ai Persiani, «le maggiori potenze mondiali del loro tempo»,[2] erano subentrati gli Arabi, la cui forza e la cui coesione avevano creato una dinastia la cui potenza si estendeva dall'Arabia alla Spagna; ma essi a loro volta avevano lasciato il posto ai Berberi in Spagna e nel Maghreb, e ai Turchi nelle regioni più orientali.

Le mutevoli sorti dei sovrani portavano con sé quelle dei loro servitori. Con la sua partenza alla volta di Alessandria, Ibn Khaldun iniziava una nuova carriera. Non compì il pellegrinaggio in questa occasione, anche se lo fece più tardi, ma si recò al Cairo, città che lo colpì per le sue proporzioni diverse da quelle fin qui a lui note: «metropoli del mondo, giardino dell'universo, punto di incontro delle nazioni, formicaio di popoli, centro islamico di prima grandezza, sede del potere».[3] Il Cairo era la capitale del sultanato mamelucco, uno dei maggiori Stati musulmani del tempo, che comprendeva la Siria oltre all'Egitto. Egli venne presentato al sovrano, si guadagnò il suo favore, e ricevette dapprima una pensione, e successivamente incarichi di insegnamento in questa o quella scuola regia. Mandò a chiamare a Tunisi la sua famiglia per ricongiungersi ad essa, ma tutti finirono annegati durante il viaggio per mare.

Ibn Khaldun visse al Cairo per il resto dei suoi giorni. Trascorse molto del suo tempo leggendo e scrivendo, ma il suo modello di vita precedente tornò a ripetersi con quell'alternarsi di momenti di successo e momenti di disgrazia di cui dava la colpa ai suoi nemici ma che doveva avere le sue cause nella sua stessa personalità. Parecchie volte il sovrano lo nominò giudice in uno dei tribunali più importanti, ma ogni volta perse o abbandonò la carica. Accompagnò in Siria il sultano e visitò i luoghi santi di Gerusalemme e di Hebron; vi si recò una seconda volta mentre Damasco era assediata da Timur (Tamerlano), uno dei grandi conquistatori asiatici, che aveva creato un impero che si estendeva dal nord dell'India fino alla Siria e all'Anatolia. Ebbe modo di parlare con Timur, in cui vide un esempio di quella capacità di comando, saldamente basata sulla forza del suo esercito e del suo popolo, che poteva fondare una nuova dinastia. Non poté salvare Damasco dal saccheggio, ma riuscì a tornare sano e salvo in Egitto; durante il viaggio di ritorno, però, tra le alture della Palestina, fu assalito e derubato.

La vita di Ibn Khaldun, come egli l'ha descritta, ci dice qualcosa del mondo di cui faceva parte. Era un mondo pieno di moniti circa la fragilità degli sforzi umani. La sua stessa carriera stava a testimoniare quanto instabili fossero le alleanze di interessi su cui contavano le dinastie per mantenere il proprio potere; l'incontro con Timur davanti a Damasco rese evidente quanto l'ascesa di una nuova potenza potesse toccare la vita di popoli e città. Fuori dalle città, l'ordine era precario: un emissario del sovrano poteva essere rapinato, un cortigiano caduto in disgrazia poteva cercare un rifugio al di là del raggio d'azione dell'autorità urbana. La morte dei genitori in una pestilenza e quella dei figli in un naufragio insegnavano la lezione dell'impotenza dell'uomo nelle mani del fato. Una cosa, però, era stabile, o sembrava tale. Un mondo in cui una famiglia dal sud dell'Arabia poteva trasferirsi in Spagna e dopo sei secoli ritornare vicino al suo luogo d'origine, trovandosi sempre in ambienti familiari, aveva un'unità che trascendeva ogni divisione di tempo o di spazio; la lingua araba poteva consentire l'accesso agli incarichi e alla considerazione in qualunque parte di quel mondo; una massa di conoscenze, trasmessa nei secoli attraverso una sequenza conosciuta di maestri, preservava una comunità morale anche quando cambiavano i sovrani; luoghi di pellegrinaggio come la Mecca e Gerusalemme erano poli immutabili del mondo umano anche se il potere si trasferiva da una città ad un'altra; e la fede in un Dio che aveva creato e sorretto il mondo poteva dare un senso ai colpi del fato.

PARTE PRIMA

UN MONDO IN FORMAZIONE

(Secoli VII-X)

Agli inizi del VII secolo un movimento religioso fece la sua comparsa ai margini dei grandi imperi, quello bizantino e quello sassanide, che dominavano la metà occidentale del mondo. In una città dell'Arabia occidentale, la Mecca, Maometto cominciò a chiamare uomini e donne ad una riforma morale e alla sottomissione al volere di Dio espresso tramite quello che lui ed i suoi seguaci consideravano un messaggio divino rivelato a lui e successivamente concretizzato in un libro, il Corano. Nel nome della nuova religione, l'Islam, eserciti formati da abitanti dell'Arabia conquistarono i paesi circostanti e fondarono un nuovo impero, il califfato, che comprendeva gran parte del territorio dell'impero di Bisanzio e la totalità di quello sassanide, e si estendeva dall'Asia centrale alla Spagna. Il centro del potere si trasferì dall'Arabia a Damasco, in Siria, sotto i califfi Umayyadi, e successivamente a Baghdad, in Iraq, sotto gli Abbasidi.

Nel X secolo il califfato si frantumò, e in Egitto e Spagna fecero la loro comparsa califfati rivali, ma l'unità sociale e culturale che al suo interno si era sviluppata non venne meno. Una gran parte della popolazione era divenuta musulmana (vale a dire aderente alla religione dell'Islam), anche se continuavano ad esservi Ebrei, Cristiani ed altre comunità; la lingua araba si era diffusa ed era divenuta il mezzo di espressione di una cultura che incorporava elementi presi dalle tradizioni dei popoli assorbiti nel mondo musulmano e che si esprimeva nella letteratura ed in sistemi di legge, teologia e spiritualità. All'interno di ambienti fisicamente diversi, le società islamiche svilupparono istituzioni e forme caratteristiche; i legami stabiliti tra paesi del bacino del Mediterraneo e dell'Oceano Indiano diedero vita a un unico sistema di commerci e comportarono mutamenti nell'agricoltura e nei mestieri, che fornirono la base per la crescita di grandi città con una civiltà urbana che trovava espressione in edifici di un caratteristico stile islamico.

UNA NUOVA POTENZA IN UN VECCHIO MONDO

Il mondo in cui sopraggiunsero gli Arabi

La maggior parte dei suoi contemporanei dovevano essere convinti che il mondo di cui facevano parte esistesse da sempre, ma lui, Ibn Khaldun, sapeva che esso aveva preso il posto di un altro. Settecento anni prima i paesi che conosceva avevano un aspetto differente, sotto l'influsso delle «due maggiori potenze dell'epoca».

Per molti secoli i paesi dell'area del Mediterraneo avevano fatto parte dell'Impero Romano. Una campagna colonizzata produceva grano, frutta, vino ed olio, e i commerci si svolgevano lungo pacifiche rotte marine; nelle grandi città, una prospera classe di origini composite era partecipe della cultura greca e latina dell'impero. A partire dal IV secolo dell'era cristiana, il centro della potenza imperiale si era trasferito ad oriente. Costantinopoli si sostituì a Roma come capitale; fu là che l'imperatore costituì il centro del lealismo e il simbolo della coesione. Più tardi fece la sua comparsa quella che è stata definita una «divisione orizzontale» destinata a permanere, sotto altre forme, fino alla nostra epoca. Germania, Inghilterra, Francia, Spagna e Italia settentrionale furono governate da re barbarici, anche se non era del tutto scomparso il senso di appartenenza all'Impero Romano; l'Italia meridionale, la Sicilia, la costa del Nordafrica, Egitto, Siria, Anatolia e Grecia continuarono ad essere governate direttamente dall'imperatore da Costantinopoli. In questa forma ristretta, l'impero era più greco che romano. (Nelle sue fasi più tarde viene solitamente chiamato «bizantino», dall'antico nome di Costantinopoli, Bisanzio.) L'imperatore governava attraverso funzionari statali di lingua greca; le grandi città del Mediterraneo orientale, Antiochia in Siria e Alessandria in Egitto, erano centri di cultura ellenica e rifornivano l'amministrazione imperiale di funzionari provenienti dalle élite locali.

Si era inoltre prodotto un altro cambiamento, di portata ancora più vasta. L'impero era diventato cristiano, non solo per decreto ufficiale dell'imperatore, ma per conversione a diversi livelli. La maggioranza della popolazione era cristiana, anche se filosofi pagani continuarono ad insegnare nelle scuole di Atene fino al VI secolo, nelle città vivevano comunità di Ebrei, e le memorie delle divinità pagane continuavano a ossessionare i templi trasformati in chiese. Il Cristianesimo diede una nuova dimensione alla lealtà che si provava nei confronti dell'imperatore, ed un nuovo quadro unitario per le culture locali dei suoi sudditi. Idee ed immagini cristiane trovarono espressione nelle lingue letterarie delle varie regioni dell'impero oltre che nel greco delle grandi città: l'armeno nelle regioni orientali dell'Anatolia, il siriaco in Siria, il copto in Egitto. Tombe di santi ed altri luoghi di pellegrinaggio si prestarono a preservare, in forma cristiana, le credenze e le tradizioni di età immemorabile di ogni regione.

Le istituzioni di autogoverno delle città greche erano scomparse parallelamente all'espandersi della burocrazia imperiale, ma una dirigenza locale poteva essere assicurata dai vescovi. Quando l'imperatore lasciò Roma, il vescovo di quella città, il Papa, poté esercitare la sua autorità in un modo che non sarebbe stato possibile per vescovi e patriarchi delle città romane d'Oriente; questi erano strettamente legati al governo imperiale, anche se potevano farsi interpreti di esigenze locali e difenderne gli interessi. Anche gli eremiti o i santi facitori di miracoli, che vivevano ai margini dei territori urbanizzati e colonizzati dell'Anatolia e della Siria, potevano fungere da arbitri di contese o da portavoce della popolazione locale, ed i monaci del deserto egiziano fornivano l'esempio di una società differente da quella del mondo urbano secolare. Accanto alla Chiesa Ortodossa ufficiale se ne svilupparono altre che ne differivano sia per dottrina sia per prassi e diedero espressione ai particolarismi ed all'opposizione all'autorità centrale da parte di coloro la cui lingua era diversa dal greco.

RELIGIONI

Le maggiori divergenze dottrinali riguardavano la natura del Cristo. Il Concilio di Calcedonia, nel 451, aveva affermato che la seconda persona della Trinità era fornita di due nature, quella divina e quella umana. Questa era la formulazione accolta dalla maggioranza della Chiesa, sia a Oriente che ad Occidente, e sostenuta dal governo imperiale. Fu solo più tardi, e un po' alla volta, e soprattutto sulla questione dell'autorità, che si verificò una divisione tra la Chiesa dei territori di Bisanzio, la Chiesa Ortodossa d'Oriente che aveva suoi patriarchi a capo del clero, e quella dell'Europa occidentale, che accettava l'autorità suprema del Papa di Roma. Vi erano però delle comunità che sostenevano che il Cristo aveva una unica natura, composta di due nature. Questa dottrina, detta Monofisita, era professata dalla Chiesa Armena in Anatolia, dalla maggior parte dei Cristiani d'Egitto (che presero il nome di «Copti» dall'antica denominazione dell'Egitto), e da molti dei Cristiani indigeni della Siria, che parlavano siriaco (noti come Siro-Ortodossi, o «Giacobiti» dal nome del loro teologo più celebre). Altri ancora tracciavano una separazione ancora più netta tra le due nature, allo scopo di mantenere la piena umanità di Gesù, e pensavano che il Verbo di Dio risiedesse nell'uomo-Gesù fin dalla sua concezione; era questa la dottrina di coloro che vennero comunemente denominati Nestoriani, dal nome di un pensatore che si identificava in questa dottrina; la loro Chiesa era importante soprattutto tra i Cristiani dell'Iraq, al di là dei confini orientali dell'Impero Bizantino. Nel VII secolo fece la sua comparsa un ulteriore gruppo, risultato da un tentativo di compromesso tra la posizione ortodossa e quella monofisita: i monoteleti, che sostenevano che Cristo avesse due nature ma una sola volontà.

A oriente dell'Impero Bizantino, al di là dell'Eufrate, vi era un altro grande impero, quello sassanide, la cui autorità si estendeva su quelli che oggi sono Iran e Iraq, e giungeva fino in Asia centrale. Il territorio che oggi si chiama Iran o Persia conteneva una quantità di regioni di grande cultura e antiche città abitate da differenti gruppi etnici, separate da steppe o da deserti, senza grandi fiumi che permettessero loro di comunicare con facilità. Di tanto in tanto esse erano state unificate ad opera di dinastie forti e durevoli; l'ultima fu quella dei sassanidi, la cui potenza originariamente si estendeva sulle popolazioni di lingua persiana dell'Iran meridionale. Il loro stato era retto da una famiglia che lo governava attraverso una gerarchia di funzionari, ed essi cercarono di fornire una solida base di unità e lealismo facendo rivivere l'antica religione iranica, tradizionalmente associata alla dottrina di Zoroastro. Secondo questa religione, l'universo era un campo di battaglia, al di sotto del Dio supremo, in cui si affrontavano spiriti buoni e spiriti malvagi; quelli buoni erano destinati alla vittoria, ma gli uomini e le donne di valore e ritualmente puri avrebbero affrettato la vittoria.

Dopo che Alessandro Magno, conquistando l'Iran nel 334-333 a.C., lo indusse a più stretti legami col mondo del Mediterraneo orientale, si assisté ad un movimento di idee che dal mondo greco passavano a oriente, mentre presero la strada dell'occidente quelle di un maestro iracheno, Mani, che cercava di incorporare tutti i profeti e i maestri in un unico sistema religioso (noto come Manicheismo). Sotto i Sassanidi la dottrina associata a Zoroastro ricevette nuova vita in una forma filosofica, nota come Mazdeismo o Zoroastrismo, che poneva un accento particolare sul dualismo del bene e del male, ed aveva un clero ed un culto formale. In quanto chiesa di stato, il Mazdeismo sostenne il potere dei governanti, considerati re giusti che preservavano l'armonia tra le differenti classi della società.

La capitale sassanide non si trovava negli altopiani dell'Iran bensì a Ctesifonte, nella zona fertile e popolosa al centro dell'Iraq, bagnata dal Tigri e dall'Eufrate. Oltre a zoroastriani e seguaci di Mani, l'Iraq ospitava Cristiani della chiesa nestoriana, che ricoprivano cariche importanti nell'amministrazione dello stato. Questa zona era anche il principale centro di dottrina religiosa ebraica, ed un rifugio per filosofi pagani e scienziati di medicina provenienti dalle città elleniche del mondo mediterraneo. Vi erano diffuse diverse varietà di lingue iraniche; la varietà scritta usata in quell'epoca è nota come pahlavi. Era diffuso anche l'aramaico, lingua semitica imparentata con l'ebraico e l'arabo, e a quell'epoca molto usata in tutto il Medio Oriente; una sua varietà più recente è nota come siriaco.

I due imperi comprendevano le principali regioni di vita sedentaria e di alta cultura nell'emisfero occidentale, ma più a sud, su ambedue le rive del Mar Rosso, sorgevano altre due società con una tradizione di potere organizzato e di cultura, che traevano il loro sostentamento dall'agricoltura e dal commercio tra l'Oceano Indiano e il Mediterraneo. Una era l'Etiopia, un antico regno che aveva come religione ufficiale il Cristianesimo nella sua varietà copta. L'altra era lo Yemen, nella parte sudoccidentale della penisola arabica, terra di fertili vallate montane e punto di transito per commerci a lunga distanza. In una certa fase gli staterelli locali che lo componevano erano stati incorporati in un regno di maggiori dimensioni, che si era andato indebolendo col diminuire dei commerci intorno agli inizi dell'era cristiana, ma che in seguito ebbe una sua rifioritura. Lo Yemen era caratterizzato da una sua lingua particolare, diversa dall'arabo parlato nelle altre parti della penisola arabica, nonché da una sua propria religione: una moltitudine di dei avevano al proprio servizio dei sacerdoti in templi che erano meta di pellegrinaggi e sede di offerte votive e preghiere private, ma non comunitarie, ed erano anche al centro di grandi possedimenti. Negli ultimi secoli influssi cristiani ed ebraici erano discesi dalla Siria seguendo i percorsi del commercio, o si erano fatti sentire provenendo dall'Etiopia al di là del mare. Nel VI secolo, un centro cristiano era stato distrutto da un re convertito al giudaismo, ma invasioni etiopiche avevano ristabilito una certa influenza cristiana; a questi avvenimenti non erano stati estranei né i Bizantini né i Sassanidi.

Tra i grandi imperi del nord ed i regni del Mar Rosso si trovavano territori di diverso tipo. La maggior parte della penisola araba era costituita da steppe o da deserti, con rare oasi fornite di acqua a sufficienza da permettere colture regolari. Gli abitanti parlavano vari dialetti dell'arabo e seguivano diversi modelli di vita. Alcuni di loro erano nomadi che pascolavano cammelli, pecore o capre utilizzando le scarse risorse idriche del deserto; essi sono tradizionalmente noti come «beduini». Alcuni erano coltivatori sedentari che avevano cura del loro grano o delle loro palme nelle oasi, o commercianti e artigiani in piccole cittadine mercantili; alcuni combinavano più modelli di vita. L'equilibrio tra popolazioni nomadi e sedentarie era precario. Pur costituendo una minoranza della popolazione, i nomadi allevatori di cammelli, mobili e muniti di armi, insieme ai gruppi di mercanti delle città, avevano il predominio sui coltivatori e sugli artigiani. Anche i loro principi etici, basati sul coraggio, l'ospitalità, la lealtà verso la famiglia e l'orgoglio degli antenati, erano predominanti. Essi non erano sottomessi all'autorità di uno stabile potere di coercizione, ma venivano guidati da capi appartenenti a famiglie intorno alle quali andavano riunendosi raggruppamenti più o meno duraturi di sostenitori, la cui coesione e lealtà trovavano espressione nell'idioma della comune stirpe; simili raggruppamenti vengono solitamente chiamati tribù.

Il potere dei capi tribali veniva esercitato dalle oasi, dove essi avevano stretti legami con commercianti che organizzavano gli scambi attraverso il territorio controllato dalla tribù. Nelle oasi, però, altre famiglie furono in grado di fondare un potere di diverso tipo servendosi della forza della religione. La religione dei pastori e degli agricoltori non sembra avesse una forma ben definita. Divinità locali, identificate con corpi celesti, venivano ritenute incorporate in pietre, alberi ed altre entità naturali; era diffusa la convinzione che spiriti buoni e cattivi vagassero per il mondo assumendo la forma di animali; vi erano degli indovini che sostenevano di parlare con la lingua di una sapienza soprannaturale. Sulla base delle pratiche odierne del sud dell'Arabia, si è avanzata l'ipotesi che essi considerassero gli dei residenti in un santuario, un *haram*, località o cittadina posta al di fuori dei conflitti tribali, che fungeva da centro di pellegrinaggio, di sacrifici, incontri ed arbitrati, e che era custodito da una famiglia sotto la protezione di una tribù vicina.[1] Tale famiglia poteva conseguire potere o autorevolezza facendo un abile uso del proprio prestigio religioso, del suo ruolo come arbitro nelle controversie tribali e delle occasioni di commerciare.

In tutto questo mondo del Vicino Oriente, tra il VI secolo e l'inizio del VII, molte cose stavano cambiando. L'Impero Bizantino e quello Sassanide erano impegnati in lunghe guerre, che si protrassero, con qualche intervallo, dal 540 al 629. I combattimenti interessarono soprattutto Siria e Iraq; per un certo periodo gli eserciti sassanidi si spinsero fino al Mediterraneo, occupando le grandi città di Antiochia e di Alessandria, oltre alla città santa di Gerusalemme, ma negli anni successivi al 620 vennero respinti dall'imperatore Eraclio. Per un certo tempo, il potere sassanide si spinse anche a sudovest dell'Arabia, dove il regno dello Yemen aveva perso gran parte della sua antica potenza in seguito ad invasioni dall'Etiopia e ad un declino dell'agricoltura. Le società sedentarie su cui regnavano i due imperi erano percorse da interrogativi circa il significato della vita ed il modo in cui essa andasse vissuta, interrogativi che trovavano espressione negli idiomi delle grandi religioni.

Il potere e l'influenza degli imperi giungevano a toccare parti della penisola arabica e da molti secoli pastori nomadi arabi vagavano per le campagne di quell'area che oggi viene spesso denominata la fertile mezzaluna: la popolazione della Siria interna, del territorio ad ovest dell'Eufrate nella parte inferiore dell'Iraq, e della regione tra l'Eufrate e il Tigri in quella superiore (la Jazira), era costituita in gran parte da Arabi. Costoro portavano con sé il loro carattere particolare e le loro forme di organizzazione della società. Alcuni dei loro capitribù esercitavano il comando da città poste nelle oasi e i governi imperiali se ne servivano per tenere alla larga dalle terre colonizzate gli altri nomadi e per riscuotere le imposte. In seguito essi furono in grado di creare entità politiche più stabili, come quella dei Lakhmidi, che aveva la sua capitale a Hira, in una regione su cui i Sassanidi non esercitavano una diretta autorità, e quella dei Ghassanidi in una regione analoga dell'impero bizantino. La popolazione di questi Stati acquisì nozioni politiche e militari e si aprì a idee e credi provenienti dai territori degli imperi; Hira fu un centro cristiano. Da questi Stati, dallo Yemen, ed anche dal passaggio di mercanti lungo le vie carovaniere, riusciva ad arrivare nel cuore dell'Arabia qualche cognizione del mondo esterno e della sua cultura, insieme a qualche sedentario che da esso proveniva. Nelle oasi dello Hijaz, nell'Arabia occidentale, vi furono artigiani, commercianti e coltivatori ebrei, e in Arabia centrale vi furono monaci e conversi cristiani.

La lingua della poesia

Sembra che tra gli appartenenti a queste tribù di pastori si andasse sviluppando un crescente senso di identità culturale, evidenziato dall'affermarsi di una lingua poetica comune a partire dai dialetti dell'arabo. Si trattava di una lingua formalizzata, con ricercatezze grammaticali e lessicali, che si sviluppò gradualmente, vuoi in seguito all'elaborazione di un solo dialetto particolare, vuoi per fusione di diversi dialetti, e che veniva usata dai poeti provenienti da differenti gruppi tribali o oasi cittadine. Anche se non si può escludere che la loro poesia si sia sviluppata a partire dall'uso di una lingua ritmata, colta e in rima per incantesimi o formule magiche, quella che è giunta fino a noi è tutt'altro che primitiva. Essa è il prodotto della decantazione di una lunga tradizione, in cui una parte spettò non solo ai raggruppamenti di tribù e città mercantili, ma anche alle corti delle dinastie arabe ai margini dei grandi imperi, in particolare a quella di Hira sull'Eufrate, aperta com'era ad influssi cristiani e mazdaici.

Le convenzioni poetiche che emersero da questa tradizione erano alquanto elaborate. La forma poetica più considerata era l'ode, o *qasida*, poesia che poteva avere fino a 100 versi, composta in uno dei numerosi versi canonici e percorsa in tutta la sua lunghezza da un'unica rima. Ogni verso era formato da due emistichi: la rima si trovava alla fine di ambedue nel primo verso, solo nel secondo in tutti gli altri. In linea di principio, ogni verso costituiva un'unità di significato e veri e propri *enjambements* erano rari; ciò non escludeva, comunque, una continuità di pensiero o di sentimento da un verso all'altro, e nella poesia nel suo complesso.

La poesia non veniva scritta, benché fosse possibile farlo, dal momento che la scrittura era conosciuta in tutta la penisola: si conoscono iscrizioni nelle lingue dell'Arabia meridionale* databili ad alcuni secoli prima dell'era cristiana. Le prime iscrizioni arabe, in un alfabeto aramaico, si possono far risalire al IV secolo, e in seguito si sviluppò un alfabeto arabo; oltre che nelle iscrizioni, la scrittura doveva essere usata anche nel commercio a lunga distanza. Le poesie, invece, venivano composte per essere recitate in pubblico, vuoi ad opera dello stesso autore, vuoi da un *rawi*, o recitatore. Questa circostanza implicava alcune conseguenze: il senso andava concentrato in un verso, un singolo insieme di parole il cui significato poteva essere afferrato dagli ascoltatori, ed ogni esecuzione era unica e diversa dalle altre. Il poeta o il *rawi* aveva possibilità di improvvisare, nel quadro di forme e modelli verbali comunemente accettati, l'uso di certe parole o loro combinazioni allo scopo di esprimere certe idee o sentimenti. Non dovevano quindi esistere versioni uniche e autentiche di una data poesia. Così come ci sono state tramandate, le versioni vennero prodotte più tardi ad opera di filologi o critici letterari alla luce delle norme linguistiche o poetiche del loro tempo. Nel fare ciò è possibile che essi abbiano introdotto nuovi elementi nelle poesie, modificando la lingua per adattarla alle loro idee di ciò che era corretto, e addirittura costituendo delle *qaside* combinando tra loro brani più brevi. Negli anni '20 due studiosi, uno inglese ed uno egiziano, avanzarono, a partire da questi indubbi dati di fatto, la teoria che le stesse poesie fossero state prodotte in un'epoca più tarda, ma la maggioranza di quanti hanno studiato la questione sembra oggi d'accordo nel sostenere che in sostanza le poesie risalgano effettivamente all'epoca cui sono state tradizionalmente attribuite.

Tra gli studiosi e i critici di un'epoca successiva, divenne consuetudine riferirsi ad alcune poesie, nella massa di quelle che sono state tramandate, come agli esemplari supremi della poetica araba antica. Queste poesie finirono per essere chiamate *Mu'allaqat*, ovvero «le appese», denominazione di incerta origine e significato; i poeti che le composero – Labid, Zuhayr, Imru'l-Qays e una mezza dozzina di altri – vennero considerati i sommi maestri dell'arte. La poesia di quest'epoca soleva essere chiamata il *diwan* degli Arabi, cioè il registro di ciò che essi avevano fatto, o l'espressione della loro memoria collettiva, ma in essa era forte anche l'impronta della personalità dei singoli poeti.

I critici e gli studiosi delle epoche successive distinguevano abitualmente tre elementi nella *qasida*, ma ciò non faceva che formalizzare una pratica che in realtà era stata elastica e variata. La poesia tendeva ad iniziare con la rievocazione di un luogo ove il poeta era stato un tempo, il che poteva anche costituire la rievocazione di un amore per-

* [il cosiddetto sudarabico epigrafico , , *d.C.*]

duto; l'atmosfera non era tanto erotica quanto piuttosto tesa a ricordare la transitorietà della vita umana:

> Le dimore sono abbandonate, i luoghi in cui sostammo e quelli in cui ponemmo l'accampamento, a Mina; Ghawl e Rijan sono entrambi abbandonati. Nei corsi d'acqua di Rayyan i letti dei fiumi sono spogli, spianati e consunti, come la scrittura è conservata sulla pietra. Il letame annerito se ne sta indisturbato da quando sono partiti coloro che stettero qui: lunghi anni sono passati sopra ad esso, anni formati da mesi santi e da mesi ordinari. Sorgenti scaturite dalle stelle li hanno nutriti, e si sono saziati delle acque delle nubi di tempesta: pesanti acquazzoni e leggere pioggerelle, le nubi notturne, quelle che coprono il cielo del mattino, e le nubi serali le cui voci si rispondono l'un l'altra.[2]

Dopodiché, poteva esserci un viaggio a dorso di cammello, in cui il poeta parlava del cammello, della campagna e della caccia, ed anche, implicitamente, del recupero della sua forza e fiducia in se stesso dopo avere superato delle prove contro le forze della natura. La poesia poteva culminare in un elogio della tribù del poeta:

> Una casa con un alto tetto è stata costruita per noi, e tanto i giovani quanto i vecchi cercano di raggiungere la sua altezza... Essi sono coloro che combattono quando la tribù è in pericolo, i suoi campioni ed i suoi arbitri. Essi sono come la primavera per coloro che cercano la loro protezione, o per le vedove cui è lungo l'anno di lutto. Essi costituiscono una tale tribù, l'invidia non può nuocere loro e nessuno tra la loro gente è così meschino da andare col nemico.[3]

Al di là dell'elogio e del vanto, tuttavia, si fa talvolta sentire un'altra nota, quella dei limiti delle umane forze al cospetto della natura onnipossente:

> Sono affaticato dai fardelli della vita; non commettere errori, chiunque viva fino ad ottant'anni giunge stanco a quell'età. So ciò che accade oggi e ciò che è accaduto ieri, ma non so dire quello che recherà il domani. Ho visto i passi pesanti dei Fati come quelli di una cammella cieca; chi ne è colpito viene ucciso, e chi è mancato sopravvive per diventare vecchio.[4]

Maometto e la comparsa dell'Islam

Sul principio del VII secolo un mondo sedentario che aveva perso qualcosa della sua forza e sicurezza coesisteva con un altro mondo, alle sue frontiere, che era a contatto sempre più stretto coi vicini del nord e si andava aprendo alle loro culture. L'incontro decisivo ebbe luogo negli anni centrali di quel secolo. Si assisté alla creazione di un nuovo ordine politico che comprendeva tutta la penisola araba, tutti i territori dei sassanidi, e le province di Siria e d'Egitto dell'impero bizantino; vennero cancellati i vecchi confini e ne vennero tracciati dei nuovi. In questo nuovo ordine, il gruppo dominante era costituito non da popoli compresi nei due imperi bensì da Arabi originari dell'ovest dell'Arabia, e perlopiù della Mecca.

Prima della fine del VII secolo, questo gruppo dominante arabo identificava il proprio nuovo ordine con una rivelazione che Dio aveva fatto discendere su Muhammad (Maometto), un cittadino della Mecca, sotto forma di libro santo, il Qur'an (Corano): una rivelazione che completava quelle fornite a precedenti profeti o messaggeri di Dio e segnava la nascita di una nuova religione, l'Islam, distinta da Giudaismo e Cristianesimo. Circa il modo in cui si svilupparono queste convinzioni vi è ampio spazio per dibattiti accademici. Le fonti arabe che narrano la vita di Maometto e la formazione di una comunità intorno alla sua persona sono di epoca tarda; il primo biografo la cui opera ci sia conosciuta scrisse non prima di un secolo abbondante dopo la morte di Maometto. Fonti scritte in altre lingue confermano in pieno la conquista di un impero da parte degli Arabi, ma ciò che esse dicono a proposito della missione di Maometto non coincide con quello che dice la tradizione musulmana, e non è stato ancora studiato e discusso a sufficienza. D'altra parte, sembrano esserci ben pochi motivi di dubitare che il Corano sia sostanzialmente un documento dell'Arabia del VII secolo, anche se può esserci voluto del tempo prima che assumesse la propria forma letteraria definitiva. Inoltre, nelle biografie e nei racconti tradizionali sembrano esserci degli elementi per i quali è improbabile un'invenzione di sana pianta. Senza dubbio questi scritti rispecchiano tentativi tardi di far rientrare Maometto nel modello vicino-orientale di sant'uomo, e nel modello arabo di un uomo di nobile stirpe; essi rispecchiano anche le controversie dottrinali del tempo e del luogo in cui vennero composti (l'Iraq dell'VIII secolo). E tuttavia, essi contengono fatti della vita di Maometto, della sua famiglia e dei suoi amici che ben difficilmente possono essere stati inventati. Sembra quindi preferibile seguire, sia pure con cautela, il resoconto tradizionale delle origini dell'Islam. Questo modo di procedere presenta un aspetto vantaggioso: dal momento che quel resoconto, ed il testo del Corano, sono rimasti vivi senza sostanziali variazioni nella mente e nell'immaginario dei credenti nella religione dell'Islam, seguendolo sarà possibile comprendere il loro punto di vista della storia e di ciò che dovrebbe essere la vita umana.

La parte più oscura della vita di Maometto, come viene narrata dai suoi biografi, è quella dei suoi primi anni. Essi ci dicono che egli nacque alla Mecca, una città dell'Arabia occidentale, probabilmente intorno all'anno 570. La sua famiglia apparteneva alla tribù di Quraysh, ancorché non alla sua frazione più potente. I membri della tribù erano commercianti, che avevano accordi con le tribù pastorali intorno alla Mecca ed anche relazioni con la Siria nonché con l'Arabia sudoccidentale. Si dice anche che essi avessero un legame con il santuario della città, la Ka'ba, dove erano custodite le immagini di divinità locali. Maometto sposò Khadija, una vedova dedita al commercio, e si prese cura dei suoi affari. Vari aneddoti registrati da coloro che più tardi scrissero la sua vita ritraggono un mondo in attesa di una guida ed un uomo in cerca di una vocazione. Un cercatore di Dio esprime il proprio desiderio di ricevere un ammaestramento: «Oh Dio, se io sapessi quanto tu desideri essere venerato io ti venererei così, ma non lo so». Rabbini ebrei, monaci cristiani e indovini arabi predicono la venuta di un profeta: un monaco, incontrato da Maometto nel corso di un viaggio per commercio nella Siria meridionale, «osservò la sua schiena e vide il sigillo della profezia tra le sue spalle». Oggetti della Natura lo salutavano: «Non c'era pietra o albero cui passasse accanto che non dicesse: "Pace a te, o apostolo di Dio!"».[5]

Egli prese ad errare solitario tra le rocce, finché un giorno – doveva essere sulla quarantina – avvenne qualcosa: un contatto col soprannaturale, che le generazioni successive avrebbero conosciuto come la Notte della Potenza o del Destino. Secondo una versione, un angelo, da lui veduto sotto forma di un uomo all'orizzonte, lo avrebbe esortato a diventare il messaggero di Dio; secondo un'altra, egli avrebbe udito la voce dell'angelo che gli intimava di recitare. Egli avrebbe chiesto: «Che cosa devo recitare?» e la voce di rimando:

Recita: Nel nome del tuo Signore che ha creato,
ha creato l'uomo da un grumo di sangue.
Recita: e il tuo Signore è il più generoso,
che ha insegnato col càlamo,
ha insegnato all'uomo ciò che non sapeva.
Ma, al contrario, invero l'uomo si fa prepotente,
credendosi autosufficiente.
Certamente, al tuo Signore è il ritorno.[6]

A questo punto si verificò un fatto che trova riscontro anche nella vita di altri personaggi con pretese di poteri soprannaturali: tale pretesa trova il consenso di alcuni tra coloro cui viene riferita e questo riconoscimento finisce per rinsaldarla nella mente di chi l'ha avanzata. Coloro che risposero erano un piccolo numero, e tra essi vi era sua moglie, Khadija: «Rallegrati, figlio di mio zio, e sta' di cuore lieto. Per Colui nelle cui mani sta l'anima di Khadija, confido che tu sarai il profeta del Suo popolo».

Da questo momento Maometto cominciò a comunicare a quanti si univano a lui una serie di messaggi che considerava rivelati a lui da un angelo di Dio. Il mondo sarebbe finito; Dio onnipotente, che aveva creato tutti gli esseri umani, li avrebbe giudicati tutti; le delizie del Cielo e le pene dell'Inferno venivano descritte a tinte vivaci. Se nel corso della loro vita essi si fossero sottomessi al Volere di Dio, avrebbero potuto contare sulla Sua pietà al momento di sottomettersi al giudizio; ed è al Volere di Dio che essi avrebbero dovuto mostrare la propria gratitudine pregando con regolarità e osservando altri precetti, oltre che facendo il bene e ponendo dei limiti all'attività sessuale. Il nome usato per Dio era *Allah*, ed era già impiegato per indicare una delle divinità locali (al giorno d'oggi esso viene usato come nome di Dio anche da parte di Ebrei e Cristiani di lingua araba). Coloro che si sottomettevano (in arabo *'aslama*) al Suo Volere finirono per chiamarsi *muslim* (Musulmani); il nome della loro religione, *Islâm*, proviene dalla stessa radice.

Un po' alla volta intorno a Maometto finì per raccogliersi un piccolo gruppo di credenti: pochi giovani appartenenti alle famiglie autorevoli dei Qurayshiti, un certo numero di appartenenti ad altre famiglie meno importanti, clienti di altre tribù che si erano posti sotto la protezione dei Qurayshiti, nonché alcuni artigiani e schiavi. Col crescere del consenso a Maometto, le sue relazioni con le famiglie dominanti dei Qurayshiti andarono guastandosi. Costoro non accoglievano la sua pretesa di essere un messaggero di Dio, e vedevano in lui una minaccia al loro modo di vita. «Oh, Abu Talib», dicevano a suo zio, che tra tutti loro era colui che lo proteggeva, «tuo nipote ha maledetto i nostri dei, insultato la nostra religione, schernito il nostro modo di vivere, e tacciato di errore i nostri progenitori». Quando, nello stesso anno, morirono la moglie Khadija e Abu Talib, la sua situazione si fece ancor più critica.

Col progredire del suo ammaestramento, si fecero sempre più evidenti le divergenze tra questo e le credenze tradizionali. Esso infatti, mentre si scagliava contro gli idoli degli dei e le cerimonie ad essi connesse, raccomandava nuove forme di culto, in particolare preghiere regolari in comune, e nuove forme di opere buone. Maometto si collocava in modo più esplicito nel solco dei profeti della tradizione ebraica e cristiana.

La sua posizione finì per farsi così critica che nel 622 abbandonò la Mecca per l'insediamento di Yathrib, un'oasi posta 200 miglia più a nord, destinato ad essere in seguito conosciuto col nome di Medina. La via era stata preparata da uomini di Yathrib giunti alla Mecca per commerciare. Essi appartenevano a due tribù ed avevano bisogno di un arbitro che dirimesse le contese intertribali; avendo vissuto a stretto contatto con Ebrei che risiedevano nell'oasi, erano preparati ad accogliere una dottrina basata su di un profeta e su di un libro sacro. Questo trasferimento a Medina, a partire dal quale le successive generazioni avrebbero datato l'inizio dell'era islamica, è noto come *hijra* (égira); questo termine non aveva solo la connotazione negativa di fuga dalla Mecca, ma anche quella positiva di ricerca di protezione con lo stabilirsi in una località diversa da quella di origine. In epoca islamica, qualche secolo dopo, avrebbe poi assunto il significato di abbandono di una comunità pagana o perversa per unirsi ad una che vive in sintonia con i precetti morali dell'Islam. I primi biografi hanno conservato il testo di accordi che sarebbero stati conclusi tra Maometto e i suoi adepti da una parte e le due tribù principali, insieme a gruppi di Ebrei, dall'altra. Si trattava di un accordo non dissimile da quelli che si stipulano al giorno d'oggi nell'Arabia meridionale quando si costituisce un *haram*: ognuna delle parti avrebbe mantenuto le proprie leggi e i propri costumi, ma l'intera area dell'*haram* sarebbe stata in pace, le contese non sarebbero più state risolte con la forza ma sottoposte al giudizio di «Dio e Maometto», e tutta l'alleanza avrebbe reagito in blocco contro chi avesse violato la pace.

A partire da Medina, Maometto cominciò a concentrare un potere che si propagò attraverso l'oasi e il deserto circostante. Ben presto fu coinvolto in una lotta armata con i Qurayshiti, forse per il controllo delle vie commerciali, e nel corso del confronto prese forma la natura della comunità. I suoi appartenenti giunsero alla convinzione che era necessario combattere per ciò che era giusto: «quando i Qurayshiti divennero arroganti nei confronti di Dio e respinsero il Suo benigno proposito... Egli diede il permesso al Suo apostolo di combattere e proteggersi». Essi avevano acquisito la convinzione che Dio e gli angeli combattevano al loro fianco, e accettavano le eventuali sconfitte come una prova cui Dio sottoponeva i credenti.

Fu in questa fase di potenza in espansione e in lotta che la dottrina del Profeta assunse la sua forma definitiva. Nelle parti del Corano che si ritengono rivelate in tale periodo, si osserva una maggiore preoccupazione per la definizione dei riti religiosi da osservare e per una morale sociale, che doveva regolare pace sociale, proprietà, matrimonio e successione. Su certi aspetti vengono fornite specifiche direttive, su certi altri solo principi generali. Allo stesso tempo, la dottrina diviene più universale, diretta a tutta quanta l'Arabia pagana e implicitamente al mondo intero, e si distacca con maggiore evidenza da quella degli Ebrei e dei Cristiani.

Sembra probabile che all'evoluzione della dottrina del Profeta non fosse estraneo il cambiamento dei rapporti di quest'ultimo con gli Ebrei di Medina. Benché costoro avessero fatto parte dell'alleanza originaria, la loro posizione si fece più difficile man mano che si estendevano le rivendicazioni della propria missione da parte di Maometto. Essi non potevano ammettere che egli fosse un autentico messaggero di Dio restando fedeli alla loro tradizione, e da parte sua si dice che egli li avesse accusati di falsare la rivelazione data a loro: «avete tenuto celato ciò che vi era stato ordinato di rendere evidente». Alla fine alcuni clan ebrei vennero espulsi ed altri soppressi.

Come sintomo di questa rottura con gli Ebrei va probabilmente interpretato il fatto che la direzione verso la quale si rivolgeva la comunità durante le preghiere (*qibla*) venne cambiata, da Gerusalemme alla Mecca, mentre nuovo risalto veniva dato alla linea di discendenza spirituale che legava Maometto ad Abramo. L'idea che Abramo fosse il fondatore di una elevata fede monoteista e del santuario alla Mecca non era nuova; a questo punto egli non veniva più considerato un Ebreo o un Cristiano, bensì il comune antenato di ambedue, ed anche dei Musulmani. Questo mutamento fu connesso anche con un mutamento nei rapporti tra Maometto e i Qurayshiti e la Mecca. Si era verificata una sorta di riconciliazione di interessi. I mercanti della Mecca correvano il rischio di perdere le loro alleanze con i capi delle tribù ed il controllo dei traffici, e nella città stessa vi era un numero crescente di aderenti all'Islam; un accordo con il nuovo centro di potere eliminava un pericolo certo, mentre da parte sua la comunità di Maometto non poteva sentirsi al sicuro fintantoché la Mecca le fosse stata ostile, e aveva bisogno delle capacità del patriziato meccano. Dal momento che lo *haram* della Mecca era ritenuto fondato da Abramo, poteva essere accettato come luogo in cui il pellegrinaggio era ammesso, ancorché con un significato mutato.

Nel 629 i rapporti si erano fatti così stretti che la comunità ottenne il permesso di recarsi in pellegrinaggio alla Mecca, e l'anno successivo i capi della città la consegnarono a Maometto, che la occupò senza praticamente incontrare resistenza ed annunciò i principi di un nuovo ordinamento: «qualunque pretesa di privilegio, di sangue o di proprietà, viene da me abolita, ad eccezione della custodia del tempio e del rifornimento d'acqua per i pellegrini».

Medina rimase però la sua capitale. Colà egli esercitava l'autorità sui suoi seguaci non tanto per mezzo di un governo regolare quanto grazie a manipolazioni politiche e all'ascendente personale; degli svariati matrimoni che egli contrasse dopo la morte di Khadija, alcuni, anche se non tutti, furono stipulati per motivi politici. Non esisteva né una complessa amministrazione dello Stato né un esercito, ma solamente Maometto che fungeva da arbitro supremo, con un certo numero di delegati, una leva militare di credenti, ed un pubblico erario rifornito da donazioni volontarie e da tributi imposti alle tribù sottomesse. Al di là delle città, la pace di Maometto si estendeva su di una vasta area. I capi delle tribù avevano bisogno di accordarsi con lui perché egli aveva il controllo delle oasi e dei mercati. La natura degli accordi era differenziata; in qualche caso vi era un'alleanza e la rinuncia ai conflitti, in qualche altro accettazione delle virtù profetiche di Maometto, l'obbligo della preghiera e la regolare fornitura di contributi finanziari.

Nel 632 Maometto compì la sua ultima visita alla Mecca, e il discorso che tenne in tale circostanza è stato registrato negli scritti tradizionali come affermazione definitiva del suo messaggio: «sappiate che ogni Musulmano è fratello di un altro Musulmano, e che i Musulmani sono fratelli»; bisognava evitare che si combattessero tra loro, e il sangue versato ai tempi del paganesimo non doveva essere vendicato; i Musulmani dovevano combattere tutti gli uomini fintantoché non avessero detto: «non vi è dio al di fuori di Iddio».

Qualche tempo dopo, quello stesso anno, egli morì. Il retaggio che lasciò dietro di sé è molteplice. Prima di tutto vi era quello relativo alla sua persona, vista attraverso gli occhi dei suoi compagni più stretti. La loro testimonianza, trasmessa soprattutto per via orale, non assunse il suo aspetto definitivo che molto tempo dopo, e per quell'epoca era sicuramente già accresciuta di aggiunte, ma sembra plausibile ritenere che fin dai primi tempi coloro che avevano conosciuto e seguito Maometto cercassero di modellare su di lui il proprio comportamento. Col passar del tempo si venne sviluppando un tipo di personalità che, entro certi limiti, doveva ispirarsi alla sua. Rispecchiato negli occhi dei suoi seguaci, egli ci appare, agli inizi della sua vita, un uomo in cerca della verità, e successivamente un uomo sconcertato dalla sensazione che una certa potenza cadesse su di lui dal cielo, ansioso di trasmettere ciò che gli era stato rivelato, sempre più fiducioso nella propria missione e consapevole della propria autorità man mano che attorno a lui si radunavano seguaci, un arbitro preoccupato di stabilire la pace e dirimere controversie alla luce di principi di giustizia che riteneva essere di origine divina, un abile manovratore di forze politiche, un uomo che, pur non rinnegando i modi abituali dell'umano agire, si sforzava di porre ad essi dei limiti che credeva imposti dal Volere di Dio.

Se un'immagine di Maometto venne gradualmente elaborata e trasmessa di generazione in generazione, altrettanto avvenne per la comunità che egli aveva fondato. Secondo il quadro che ne è stato tratteggiato in epoche successive, essa era una comunità che venerava il Profeta e ne serbava devotamente la memoria, cercando di seguirne il cammino e si sforzava sulla via dell'Islam al servizio di Dio. La tenevano insieme i riti devozionali fondamentali, che avevano tutti un aspetto comunitario: i Musulmani effettuavano il pellegrinaggio nello stesso periodo, digiunavano durante lo stesso mese, e si univano nelle preghiere regolari, l'attività che li distingueva nel modo più evidente rispetto al resto del mondo.

Sopra ogni cosa, emergeva il retaggio del Corano, un libro che tratteggia, in una lingua dotata di singolare forza e bellezza, l'irrompere di un Dio trascendente, fonte di ogni potenza e di ogni bene, nel mondo umano da Lui stesso creato; la rivelazione del Suo Volere attraverso una sequela di profeti inviati a mettere in guardia gli uomini ed a ricondurli alla propria autentica essenza di creature grate ed obbedienti; il giudizio agli uomini da parte di Dio alla fine dei tempi, e le ricompense e le punizioni che ne seguiranno.

I Musulmani ortodossi hanno sempre creduto che il Corano sia la parola di Dio, rivelata in arabo a Maometto per mezzo di un angelo a diverse riprese e nei modi appropriati alle necessità della comunità. Pochi non-Musulmani potrebbero condividere *in toto* questa convinzione. Al massimo, qualcuno di essi potrebbe ritenere possibile che in un certo senso Maometto abbia ricevuto un'ispirazione dal di fuori del mondo umano, che però sarebbe stata mediata dalla sua persona ed espressa con parole sue. Non esiste un modo di risolvere questa diversità di convincimento per via esclusivamente razionale, ma anche tra quanti sono divisi circa il modo di concepire il Corano, esiste l'accordo su alcune questioni che riguardo ad esso è legittimo porsi.

Innanzitutto vi è la questione di quando e come esso assunse la sua forma definitiva. Maometto trasmise le rivelazioni ai suoi seguaci a diverse riprese, e questi ultimi le registrarono per iscritto o le serbarono nella propria memoria. La maggior parte degli studiosi sono d'accordo sul fatto che il processo di raccolta delle differenti versioni, di fissazione di un testo di generale accettazione e della sua redazione definitiva non si concluse che dopo la morte di Maometto. Il racconto tradizionale vuole che ciò avvenisse all'epoca del suo terzo successore a capo della comunità, 'Uthman (644-656), ma c'è chi ha proposto date più tarde, e qualche setta musulmana ha accusato le altre di avere introdotto nel testo elementi che non discendevano dalla trasmissione del Profeta.

Una questione più importante è quella dell'originalità del Corano. Degli studiosi hanno provato a collocarlo nel contesto delle idee diffuse in quel tempo e luogo. È indubbio che in esso vi siano echi degli ammaestramenti delle religioni precedenti: idee ebraiche nella sua dottrina; riflessi di pietà monastica dell'oriente cristiano nelle rimeditazioni sui terrori del giudizio e nella descrizione del Paradiso e dell'Inferno (ma pochi riferimenti alla dottrina o alla liturgia cristiana); racconti biblici in forme differenti da quelli dell'Antico e del Nuovo Testamento; echi dell'idea manichea di un susseguirsi di rivelazioni inviate a popoli diversi. Non mancano anche tracce di una tradizione indigena: le idee morali continuano per certi aspetti quelle prevalenti in Arabia, anche se per altri vi è una rottura netta; nelle prime rivelazioni il tono è quello di un veggente Arabo, che comunica farfugliando la propria sensazione di incontro col soprannaturale.

Simili vestigia del passato non creano imbarazzo in un Musulmano, che può considerarle il segno del fatto che Maometto sarebbe giunto alla conclusione di una sequela di profeti che insegnavano tutti la medesima verità; per essere efficace, l'ultima rivelazione poteva fare uso di immagini o di parole già note e comprese, e se qualche idea o racconto assumeva nel Corano una forma diversa, ciò poteva avvenire perché i seguaci dei profeti precedenti avevano distorto il messaggio ricevuto da loro. Alcuni studiosi non musulmani hanno invece tratto una conclusione diversa: che il Corano non conterrebbe molto più che elementi presi a prestito da ciò che era già disponibile a Maometto in quel tempo e in quel luogo. Chi dice così, però, non si rende conto di quella che è la sua innegabile originalità: qualunque fosse l'entità delle tradizioni riprese dalla cultura religiosa del tempo, esse ricevettero una risistemazione ed una trasformazione tale che, per quanti accolsero il messaggio, il mondo familiare veniva ricreato *ex novo*.

Capitolo Secondo

LA FORMAZIONE DI UN IMPERO

La successione a Maometto: La conquista di un impero

Alla morte di Maometto tra i suoi seguaci vi fu un momento di confusione. Uno dei loro capi, Abu Bakr, arringò la comunità: «Uomini, se venerate Maometto, Maometto è morto; se venerate Dio, Dio è vivo». Al di sotto di Dio, vi era ancora un ruolo da riempire: quello di arbitro delle contese e responsabile delle decisioni all'interno della comunità. Tra i seguaci di Maometto vi erano tre gruppi principali: i primi Compagni, che insieme a lui avevano fatto la *hijra*, gruppo rinsaldato da matrimoni al proprio interno; i notabili di Medina che in tale città avevano stretto alleanza con lui; infine i membri delle famiglie più importanti della Mecca, perlopiù di recente conversione. In un incontro tra intimi sodali e dirigenti fu un appartenente al primo gruppo ad essere scelto come successore del Profeta (*khalifa*, donde «califfo»): Abu Bakr, seguace della prima ora, la cui sorella 'A'isha era moglie del Profeta.

Il califfo non era un profeta. Capo della comunità, ma certamente non messaggero di Dio, egli non poteva avanzare la pretesa di essere portavoce di continue rivelazioni; tuttavia un'aura di santità e divina predilezione continuò ad aleggiare intorno alla persona ed alla carica dei primi califfi, ed essi effettivamente rivendicarono per sé una sorta di autorevolezza religiosa. Abu Bakr e i suoi successori si trovarono ben presto chiamati ad esercitare il comando su di un territorio ben più vasto di quello del Profeta. Nell'ammaestramento e nell'agire del Profeta era implicita una vocazione universale: egli rivendicava un'autorità universale, lo *haram* che stabilì non dovesse avere limiti naturali; negli ultimi anni della sua vita erano state inviate spedizioni militari contro i territori di frontiera bizantini, e si pensa che egli avesse inviato emissari ai sovrani dei grandi Stati, invitandoli a riconoscere il suo messaggio. Alla sua morte, le alleanze che aveva concluso con i capitribù minacciarono di dissolversi; alcuni di loro a questo punto ricusarono le sue pretese profetiche, o quanto meno il controllo politico medinese. Di fronte a questa sfida, la comunità con a capo Abu Bakr ricorse ad azioni militari per imporre la propria autorità (le «guerre della *ridda*»); in un susseguirsi di eventi venne creato un esercito, lo slancio dell'azione lo portò fin nelle regioni di frontiera dei grandi imperi, e successivamente, visto che la resistenza si rivelava debole, addirittura nel loro cuore. Con la fine del regno del secondo califfo, 'Umar ibn al-Khattab (634-644), erano già conquistate l'intera penisola araba, parte dell'impero sassanide e le province di Siria e d'Egitto dell'impero bizantino; ciò che restava dei territori sassanidi venne occupato non molto tempo dopo.

Nel giro di pochi anni, dunque, i confini politici del Vicino Oriente erano stati cambiati ed il centro della vita politica si era trasferito dalle terre ricche e popolate della Fertile Mezzaluna ad una piccola cittadina posta ai margini del mondo culturalmente ed economicamente sviluppato. Una trasformazione così improvvisa e inattesa non può restare senza una spiegazione. Testimonianze archeologiche fanno ritenere che la prosperità e la forza del mondo mediterraneo erano in declino in seguito alle invasioni barbariche, all'incapacità di provvedere alla manutenzione di terrapieni ed altre opere necessarie all'agricoltura, ed al restringersi dei mercati urbani. Sia l'impero bizantino che quello sassanide erano indeboliti da epidemie di peste e lunghe guerre; il possesso della Siria da parte di Bisanzio era stato ristabilito solo dopo la sconfitta dei sassanidi nel 629, e non era ancora consolidato. Gli Arabi che invasero i due imperi non erano un'orda tribale ma una forza ben organizzata, di cui facevano parte personaggi che avevano acquisito capacità ed esperienze militari al servizio degli imperi o nei combattimenti che seguirono la morte del Profeta. L'uso dei cammelli per i trasporti li avvantaggiava in campagne combattute su vaste aree; la prospettiva di terre e ricchezze creò tra loro una coincidenza di interessi; e il fervore della fede dava ad alcuni di essi una forza di tipo diverso.

Forse, però, è possibile dare un'altra spiegazione all'accettazione della sovranità araba da parte della popolazione dei territori conquistati. Alla maggior parte di costoro non importava granché che i loro dominatori fossero iranici, greci o arabi. Il governo interveniva soprattutto nella vita delle grandi città e delle loro immediate vicinanze; se si eccettuano quei funzionari e quei ceti i cui interessi erano legati ai loro, e lasciando da parte le gerarchie di alcune comunità religiose, gli abitanti delle città non dovevano preoccuparsi molto di chi li governava, a condizione di essere sicuri, in pace e tassati in misura ragionevole. La popolazione delle campagne e delle steppe viveva sotto il comando di propri capi e seguendo le proprie consuetudini, per cui ai loro occhi non faceva grande differenza chi detenesse il potere nelle città. Addirittura, vi fu chi trovò dei vantaggi dalla sostituzione di Greci e Iranici da parte di Arabi. Quanti esprimevano in termini di dissenso religioso la propria opposizione alla sovranità di Bisanzio dovettero trovare più agevole la vita sotto un regime imparziale nei confronti delle diverse comunità cristiane, in particolare se si pensa che la nuova fede, che in questa fase non possedeva ancora un sistema pienamente evoluto in ambito dottrinale e legale, non doveva apparire estranea ai loro occhi. In quelle parti della Siria e dell'Iraq che erano già occupate da una popolazione di origine e lingua araba, fu facile per i loro capi indirizzare verso la nuova alleanza araba la precedente lealtà nei confronti degli imperatori, a maggior ragione da quando era venuto a mancare il controllo su di loro, in precedenza mantenuto dai Làkhmidi e dai Ghassanidi, gli stati arabi vassalli dei due grandi imperi.

Coll'estendersi dei territori conquistati, il modo di governarli dovette trasformarsi. I conquistatori esercitavano la loro autorità da accampamenti fortificati in cui venivano collocati i soldati arabi. In Siria, la loro localizzazione era perlopiù nelle città che già esistevano, ma altrove si crearono nuovi insediamenti: Bàssora (Basra) e Kufa in Iraq, Fustat (destinata più tardi a dar vita al Cairo) in Egitto, altri ancora al confine nordorientale del Khurasan. In quanto centri di potere, questi accampamenti costituirono il polo di attrazione per immigrati dall'Arabia e dai paesi conquistati, e crebbero fino a diventare vere e proprie città, con al centro il palazzo del governatore ed il luogo per pubbliche adunanze, la moschea.

A Medina e nelle nuove città-accampamento ad essa collegate per mezzo di strade interne, il potere era nelle mani di un nuovo gruppo dominante. Alcuni dei suoi membri erano Compagni del Profeta, seguaci devoti della prima ora, ma una componente notevole proveniva dalle famiglie meccane, tradizionalmente dotate di capacità politiche e militari, e da famiglie consimili della città vicina di Ta'if. Col proseguire delle conquiste, altri ancora si fecero avanti dalle famiglie che comandavano le tribù di pastori, comprese quelle che avevano cercato di rovesciare la sovranità di Medina dopo la morte del Profeta. Entro certi limiti, vi fu una tendenza alla mescolanza da parte dei differenti gruppi. Il califfo 'Umar (Omar) creò un sistema di ricompense per coloro che avessero combattuto per la causa dell'Islam, regolato a seconda della priorità nella conversione e nel servizio, e ciò rinsaldò la coesione dell'élite dominante, o per lo meno una sua separazione da coloro su cui essa esercitava il potere; tra i nuovi membri ricchi dell'élite e la gente più misera vi furono segni di tensione fin dai primi tempi.

A dispetto della sua coesione in ultima istanza, il gruppo era diviso da differenze personali o di fazione. I primi Compagni del Profeta guardavano con sospetto i convertiti dell'ultima ora che avevano ottenuto il potere; le pretese di chi si era prontamente convertito e aveva intrecciato stretti legami con Maometto dovevano scontrarsi con le pretese di nobiltà di discendenti da un antico e onorevole lignaggio. La popolazione di Medina vedeva il potere risucchiato al nord verso i territori più ricchi e popolosi della Siria e dell'Iraq, dove i governatori cercavano di rendere più indipendente il proprio potere.

Siffatte tensioni vennero alla luce sotto il regno del terzo califfo, 'Uthman ibn 'Affan (644-656). Costui era stato scelto da un ristretto gruppo di appartenenti alla tribù dei Quraysh, dopo che 'Umar era stato assassinato a causa di una vendetta personale. Egli sembrava offrire la speranza di riconciliare le fazioni, dal momento che apparteneva al nucleo più esclusivo dei Qurayshiti, ma era stato uno dei primi convertiti. Alla prova dei fatti, però, la sua politica consisté nel nominare governatori provinciali membri del suo clan, il che suscitò opposizioni sia a Medina, da parte dei figli dei Compagni del Profeta e di sua moglie 'A'isha, sia a Kufa e a Fustat; alcune tribù furono irritate dal predominio di uomini della Mecca. Un movimento di ribellione a Medina, sostenuto da soldati egiziani, portò, nel 656, all'uccisione di 'Uthman.

Questo segnò l'avvio del primo periodo di guerra civile all'interno della comunità. Il pretendente alla successione, 'Ali ibn Abi Talib (656-661), qurayshita, uno dei primi convertiti, era cugino di Maometto e ne aveva sposato la figlia, Fatima. Egli dovette fronteggiare una duplice opposizione. Contro di lui vi erano i consanguinei di 'Uthman, ma anche altri che contestavano la validità della sua elezione. La lotta per il potere a Medina si estese alle città-accampamento. 'Ali si insediò come Califfo a Kufa, i dissidenti a Bàssora; egli riuscì a sconfiggerli, ma a questo punto si trovò di fronte una nuova sfida che gli veniva dalla Siria, il cui governatore, Mu'awiya ibn Abi Sufyan, era parente stretto di 'Uthman. I due eserciti si scontrarono a Siffin sull'alto corso dell'Eufrate, ma dopo un certo tempo che combattevano, si accordarono su di un arbitrato da parte di delegati scelti dalle due parti. Quando 'Ali concluse questo accordo, alcuni dei suoi sostenitori lo abbandonarono, perché non avevano intenzione di accettare il compromesso che equivaleva a sottomettere al giudizio umano quella che ai loro occhi era la Volontà di Dio; era in gioco l'onore dovuto alle più antiche conversioni all'Islam. Nei mesi di discussioni intercorse tra gli arbitri, l'alleanza di 'Ali si indebolì sempre più, finché egli non venne assassinato nella propria città, a Kufa. Mu'awiya si proclamò califfo, ed ebbe il consenso del figlio maggiore di 'Ali, Hasan.

Il califfato di Damasco

L'accesso al potere di Mu'awiya (661-680) è sempre stato considerato l'evento che segnò la fine di una fase e l'inizio di un'altra. I primi quattro califfi, da Abu Bakr a 'Ali, sono noti alla maggior parte dei Musulmani come i *Rashidûn*, cioè i «ben guidati». I califfi successivi vennero visti in una luce alquanto differente. Per cominciare, a partire da questo momento la carica fu praticamente ereditaria. Pur continuando a sussistere qualche idea di scelta, o quanto meno di riconoscimento formale, da parte dei capi della comunità, di fatto da quest'epoca il potere rimase nelle mani di una famiglia, nota come i Banu Umayya, o Umàyyadi, dal nome di uno dei loro antenati, Umayya. Alla morte di Mu'awiya, gli successe il figlio, seguito a sua volta, dopo poco, da suo figlio; dopodiché vi fu un secondo periodo di guerra civile e il trono passò ad un altro ramo della famiglia.

Il cambiamento non fu limitato ai governanti. La capitale venne trasferita a Damasco, città posta in una regione agricola capace di produrre le eccedenze necessarie al mantenimento di una corte, di un governo e di un esercito, e in una zona da cui il controllo sui territori costieri del Mediterraneo orientale e le regioni poste più ad oriente era più agevole che da Medina. Questa era la cosa più importante, dal momento che il potere del califfo era ancora in espansione. Le forze armate musulmane avanzavano attraverso il Maghreb. Fondarono la loro prima base importante a Qayrawan, nell'ex provincia romana dell'Africa (Ifriqiya, l'odierna Tunisia); di là si mossero verso occidente, raggiunsero la costa atlantica del Marocco prima della fine del VII secolo, e poco dopo effettuarono la traversata verso la Spagna; all'estremità opposta, venne conquistato il territorio al di là del Khurasan, giungendo fino alla valle dell'Oxo (Amu Darya), e si registrarono le prime avanzate musulmane nel nordovest dell'India.

Un simile impero richiedeva un nuovo stile di governo. Un'opinione diffusa nelle generazioni successive, quando agli Umàyyadi era già subentrata una dinastia a loro avversa, sosteneva che, spinti dal proprio interesse, essi avevano introdotto un governo mirato a fini terreni al posto di quello dei primi califfi, che miravano al bene della religione. Sarebbe più leale dire che gli Umàyyadi si trovarono a dover affrontare i problemi della governabilità di un grande impero e finirono di conseguenza coinvolti nei compromessi del potere. Un poco alla volta, dall'essere capitribù arabi, finirono per modellarsi uno stile di vita che ricalcava quello tradizionale dei sovrani del Vicino Oriente, che ricevevano gli ospiti o i sudditi ricalcando gli usi del cerimoniale dell'imperatore di Bisanzio o del re di Persia. I primi eserciti arabi vennero sostituiti da forze regolari di mestiere. Si formò un nuovo gruppo dominante, composto in gran parte da condottieri militari o capi tribali; le famiglie più eminenti della Mecca e di Medina cessarono di avere un ruolo importante, perché si trovavano lontano dalla sede del potere, e cercarono più di una volta di ribellarsi. Anche le città dell'Iraq erano di dubbia lealtà e dovettero essere rette da energici governatori devoti al califfo. La classe di governo era formata da cittadini, dediti alla vita sedentaria e contrari alle rivendicazioni di potere e di comando sulla base della solidarietà tribale; «state anteponendo la parentela alla religione», ammonivano i primi governatori Umayyadi dell'Iraq, e uno dei loro successori, Hajjaj, trattò gli appartenenti alla nobiltà tribale ed i loro seguaci con una durezza anche maggiore.

Benché il potere militare fosse in mani nuove, l'amministrazione delle finanze continuò come in precedenza, con segretari provenienti dai gruppi che erano stati al servizio dei governi precedenti e che si servivano del greco a occidente e del pahlavi a oriente. A partire dagli anni intorno al 690 la lingua dell'amministrazione venne sostituita dall'arabo, ma ciò non dovette causare un grande mutamento di personale e metodi; i membri delle famiglie segretariali che conoscevano l'arabo continuarono a prestare il loro servizio, e molti divennero musulmani, in particolare in Siria.

I nuovi dominatori si stabilirono saldamente non solo nelle città ma anche nelle campagne siriane, su terre demaniali e terreni i cui proprietari erano fuggiti, soprattutto nelle regioni interne, che erano in posizione facilmente accessibile dalla steppa nordarabica. Sembra che costoro abbiano badato bene a mantere i sistemi di irrigazione e coltivazione che avevano trovato in loco, ed anche i palazzi e le case che edificarono per costituire centri di controllo economico e abitazione furono disposti e decorati nello stile dei dominatori cui si erano sostituiti, con sale di udienze e bagni, pavimenti a mosaico, archi di porte e soffitti ornati di sculture.

Per questi ed altri aspetti gli Umayyadi potrebbero sembrare simili ai re barbarici dell'Impero Romano d'occidente, inquieti colonizzatori di un mondo alieno la cui vita continuava sotto la protezione del loro potere. Vi era però una differenza. All'ovest, i dominatori avevano recato con sé ben poco di loro in grado di reggere il confronto con la forza della civiltà latina cristiana in cui finirono per integrarsi. Il gruppo dominante arabo portò con sé qualcosa destinato ad essere conservato anche in mezzo all'elevata cultura del Vicino Oriente, e che, modificato e sviluppato da tale cultura, avrebbe fornito un idioma particolare attraverso il quale continuare d'ora in avanti ad esprimersi: la fede in una rivelazione inviata da Dio al profeta Maometto in lingua araba.

La prima chiara affermazione della condizione permanente e ben caratterizzata del nuovo ordinamento si ebbe negli anni successivi al 690, sotto il regno del califfo 'Abd al-Malik (685-705). Contemporaneamente all'introduzione dell'arabo nell'amministrazione, venne introdotto un nuovo stile nel battere moneta, e ciò era significativo, in quanto la moneta è simbolo di potere e identità. In luogo delle monete raffiguranti esseri umani, che erano state ereditate dai Sassanidi o coniate dagli Umayyadi a Damasco, se ne emisero di nuove recanti solo parole, che proclamavano in arabo l'unicità di Dio e la verità della religione portata dal Suo inviato.

Più importante ancora fu la creazione di grandi edifici monumentali, che di per sé stavano ad affermare che la rivelazione donata, attraverso Maometto, al mondo intero, era quella definitiva e la più completa, e che il suo regno sarebbe durato per sempre.

I primi luoghi per preghiere comunitarie (*masjid*, donde la parola italiana *moschea*, forse attraverso lo spagnolo *mezquita*) erano usati anche per assemblee dell'intera comunità per trattare pubblici affari. Non avevano contrassegni che li distinguessero con chiarezza da edifici di altro genere: in effetti, alcuni erano edifici precedenti reimpiegati all'uopo, mentre altri erano costruiti *ex novo* nei centri di insediamento dei Musulmani. I luoghi santi di Ebrei e Cristiani facevano ancora presa sull'immaginazione dei nuovi dominatori: Gerusalemme (in arabo al-Quds) era stata visitata da 'Umar dopo la sua conquista, e sempre qui Mu'awiya fu proclamato califfo. E fu qui che, successivamente, negli anni che seguirono il 690, venne eretto il primo grande edificio che affermava con chiarezza che l'Islam aveva caratteristiche distinte ed era destinato a durare. Si trattava della Cupola della Roccia, costruita sul sito del Tempio ebraico di Gerusalemme, trasformato ora in un *haram* musulmano; essa era destinata ad essere un ambulacro per i pellegrini attorno alla roccia dove, secondo la tradizione rabbinica, Dio aveva invitato Abramo a sacrificare Isacco. L'edificazione della Cupola in questo luogo è stata interpretata in modo convincente come atto simbolico mirante a collocare l'Islam nella discendenza di Abramo e a dissociarlo da Ebraismo e Cristianesimo. Le iscrizioni che circondano l'interno, le più antiche che si conoscano a dar corpo fisicamente a testi del Corano, proclamano la grandezza di Dio, «il potente, il saggio», affermano che «Dio e i suoi angeli benedicono il Profeta», e invitano i Cristiani a riconoscere in Gesù un apostolo di Dio, la Sua parola e il Suo spirito, ma non il Suo figliolo.[1]

Poco tempo dopo prese l'avvio la costruzione di una serie di grandi moschee destinate a soddisfare le esigenze delle preghiere rituali: a Damasco e Aleppo, a Medina e Gerusalemme, nonché più tardi a Qayrawan, il primo centro arabo nel Maghreb, ed a Cordoba, la capitale degli Arabi in Spagna. Tutte presentavano la stessa concezione di base. Un cortile aperto conduce ad uno spazio coperto di forma tale da contenere lunghe file di oranti, diretti da una guida della preghiera (*imam*), e rivolti in direzione della Mecca. Una nicchia (*mihrab*) contrassegna la parete verso la quale devono stare rivolti, e vicino ad essa vi è un pulpito (*minbar*) dove viene tenuto un sermone nel corso della preghiera del mezzodì del venerdì. Adiacente all'edificio o nelle sue immediate vicinanze vi è il minareto, dal quale il muezzin (*mu'adhdhin*) chiama i fedeli alla preghiera nelle ore prescritte.

Edifici di questo tipo erano il segno non solo di una nuova potenza, ma anche della crescita di una comunità nuova e ben distinta. Dall'originaria condizione di credo del gruppo dominante, l'accettazione della rivelazione trasmessa a Maometto si andò via via diffondendo. Di questo processo sappiamo poco, e circa il modo in cui si svolse possiamo solo formulare delle ipotesi. Gli Arabi che già vivevano nelle campagne di Siria ed Iraq non ebbero difficoltà a sottoscrivere l'accettazione per solidarietà con i nuovi dominatori (anche se parte di una tribù, quella di Ghassan, non lo fece). Probabilmente i funzionari al servizio dei nuovi dominatori ne avevano accettato il credo per interesse o per una naturale attrazione verso il potere; lo stesso deve essere avvenuto ai prigionieri catturati nelle guerre di conquista, o ai soldati sassanidi che si erano uniti agli Arabi. Gli immigrati nelle nuove città si saranno convertiti per evitare le speciali tasse pagate dai non Musulmani. Per gli Zoroastriani, aderenti all'antica religione persiana, sarà stato più facile che per i Cristiani farsi Musulmani, poiché con la fine del predominio sassanide la loro chiesa organizzata si era trovata indebolita. È però possibile che alcuni Cristiani, coinvolti in controversie sulla natura di Dio e sulla rivelazione, fossero attratti dalla semplicità delle risposte che il primo Islam dava a tali questioni, pur mantenendosi all'interno di quello che *grosso modo* era lo stesso universo di pensiero. L'assenza di una Chiesa Musulmana o di un elaborato rituale di conversione, la necessità di usare solo poche semplici parole, rendevano facile la sua accettazione. Per quanto semplice esso fosse, questo atto comportava una conseguenza implicita: l'accettazione dell'arabo come lingua in cui era stata data la rivelazione, e ciò, insieme alla necessità di trattare con governanti, soldati e proprietari terrieri arabi, poteva portare alla sua accettazione come lingua di tutti i giorni. Dove arrivava l'Islam, si diffondeva la lingua araba. Questo processo, però, era ancora agli inizi; al di fuori dell'Arabia vera e propria, gli Umayyadi governavano territori la cui popolazione per la maggior parte non era musulmana e non parlava arabo.

L'accrescersi delle dimensioni e della forza della comunità musulmana non giocava a favore degli Umayyadi. La loro regione centrale, la Siria, era un anello debole nella catena di paesi che venivano attratti a far parte dell'impero. A differenza delle nuove città dell'Iran, dell'Iraq e dell'Africa, le sue città esistevano già prima dell'Islam ed avevano una vita indipendente dai loro dominatori. La sua separazione dall'Anatolia, rimasta in possesso di Bisanzio, aveva interrotto i suoi commerci frapponendovi una nuova frontiera spesso turbata dalla guerra tra Arabi e Bizantini.

La forza maggiore della comunità musulmana stava più ad est. Le città dell'Iraq accrescevano le proprie dimensioni, coll'arrivo di immigrati provenienti dall'Iran oltre che dalla penisola arabica. Esse potevano attingere alle abbondanti risorse dei ricchi territori irrigui del sud dell'Iraq, dove alcuni Arabi si erano istallati come proprietari terrieri. Le nuove città erano più compiutamente arabe di quelle della Siria, e la loro vita si arricchiva col progressivo inserimento, in qualità di funzionari o esattori delle imposte, di membri della precedente classe dominante iranica.

Un processo analogo aveva luogo nel Khurasan, all'estremo nordest dell'impero. Per la sua posizione ai confini dell'espansione dell'Islam nel cuore dell'Asia centrale, esso ospitava consistenti guarnigioni. Le sue terre coltivabili ed i suoi pascoli attrassero anche coloni arabi. Fin dai primi tempi vi fu quindi una considerevole popolazione araba, che viveva a stretto contatto con quella iranica, la cui antica classe fondiaria e dominante manteneva la propria posizione. Una specie di osmosi stava avvenendo a poco a poco: man mano che essi cessavano di essere attivi combattenti e si stabilivano nelle campagne o nelle città (Nishapur, Balkh e Marv), gli Arabi si inserivano nella società iranica, mentre gli Iranici entravano a far parte del gruppo dominante.

La crescita delle comunità islamiche nelle città e nelle province orientali creò delle tensioni. Ambizioni personali, risentimenti locali e conflitti tra fazioni venivano espresse in molteplici idiomi, etnici, tribali e religiosi, e da questa distanza è difficile dire dove corressero le linee di divisione.

Vi era, innanzitutto, un risentimento da parte dei convertiti all'Islam, in particolare quelli iranici, contro i privilegi fiscali e di altra natura concessi a coloro che erano di origine araba, risentimento che cresceva man mano che si affievoliva il ricordo delle prime conquiste. Alcuni dei convertiti si aggregarono come «clienti» (*mawali*) a capi tribali arabi, ma ciò non valse a cancellare la separazione tra loro e gli Arabi.

Tensioni vennero alla luce anche sulla base di contrapposizioni e differenze tribali. Gli eserciti provenienti dall'Arabia portarono con sé i lealismi delle proprie tribù, e questi, nelle nuove circostanze, potevano farsi più acuti. Nelle città e in altri luoghi di immigrazione, gruppi che si richiamavano ad un antenato comune si aggregavano in quartieri più prossimi tra loro di quanto non avvenisse nella steppa araba; capi potenti con pretese di nobile discendenza potevano attrarre un numero maggiore di seguaci. L'esistenza di una struttura politica unificata consentiva ai capi ed alle tribù di stabilire legami reciproci su aree estese e in determinati momenti forniva loro degli interessi comuni. La lotta per il controllo del governo centrale poteva far leva sui nomi tribali e sui lealismi che questi esprimevano. Un ramo degli Umayyadi era legato da vincoli matrimoniali ai Banu Kalb, che si erano già stabiliti in Siria prima della conquista; nella lotta per la successione dopo la morte del figlio di Mu'awiya, un pretendente non umayyade trovò il sostegno di un altro gruppo di tribù. In certi momenti interessi comuni poterono dare sostanza all'idea di un'origine comune di tutte le tribù che pretendevano di essere originarie dell'Arabia centrale o di quella meridionale. (I loro nomi, Qays e Yemen, avrebbero continuato ad esistere come simboli di conflitti locali in certe parti della Siria fino al nostro secolo.)

Di importanza più duratura furono le dispute sulla successione al califfato e sulla natura dell'autorità nella comunità islamica. Contro le pretese di Mu'awiya e della sua famiglia si ergevano due partiti, anche se ciascuno di essi era così variegato che sarebbe più appropriato parlare di due tendenze. Innanzitutto vi erano i diversi gruppi chiamati Kharigiti*. I primi Kharigiti erano stati coloro che avevano ritirato il proprio appoggio ad 'Ali quando questi aveva accettato l'arbitrato il giorno di Siffin. Costoro erano stati annientati, ma movimenti successivi si servirono dello stesso nome, soprattutto nelle regioni sotto il controllo di Bàssora. In contrapposizione alle pretese dei capi tribali, essi sostenevano che nell'Islam non vi era altra priorità che quella della virtù. Solo un Musulmano virtuoso avrebbe dovuto governare come *imam*, e se questi si fosse smarrito gli si sarebbe dovuto ritirare l'obbedienza; 'Uthman, che aveva dato la priorità alle pretese della famiglia, e 'Ali, che aveva accettato compromessi su una questione di principio, erano tutti e due caduti nell'errore. Non tutti trassero da ciò la medesima conclusione: alcuni accettarono provvisoriamente il governo umayyade, altri si ribellarono ad esso, ed altri ancora sostennero che i veri credenti dovessero cercare di creare una società virtuosa con una nuova *hijra* in un luogo distante.

L'altro gruppo era quello che sosteneva le pretese di governare da parte della famiglia del Profeta. Questa idea poteva assumere molte forme differenti. La più importante nel lungo termine fu quella che considerava capi legittimi della comunità o *imam* 'Ali e un ramo di suoi discendenti. Attorno a questa idea se ne raccolsero delle altre, alcune delle quali importate dalle culture religiose dei paesi conquistati. Di 'Ali e dei suoi eredi si pensava che avessero ricevuto, tramite Maometto, una particolare qualità dell'anima e conoscenza dell'intimo significato del Corano, anche se ciò voleva dire in certo qual modo considerarli più che semplici esseri umani; uno di loro sarebbe sorto per inaugurare il regno della giustizia. Questa attesa della venuta di un *mahdi*, «il ben guidato», si fece strada ben presto nell'Islam. Nel 680, il secondogenito di 'Ali, Husayn, mosse contro l'Iraq con un piccolo gruppo di consanguinei e seguaci, nella speranza di trovare sostegno a Kufa e nei dintorni. Trovò la morte in una battaglia a Karbala, in Iraq, e la sua uccisione avrebbe dato la forza di un martirio memorabile ai partigiani di 'Ali (gli Sciiti, da *shi'at 'Ali*, «Partito di Alì»). Pochi anni più tardi vi fu un'altra rivolta in favore di Muhammad ibn al-Hanafiyya, un altro figlio di 'Ali, benché non per parte di Fatima.

Nel corso dei primi decenni dell'VIII secolo, i sovrani Umayyadi fecero diversi tentativi di far fronte a movimenti di opposizione espressi in questi vari modi, ed alle difficoltà insite nel governo di un impero così esteso ed eterogeneo. Essi riuscirono a rafforzare le basi fiscali e militari del loro comando, e per un certo tempo furono poche le rivolte di una certa importanza che essi dovettero fronteggiare. Successiva-

* [Dall'arabo *kharaja* «uscire, staccarsi, dissentire» *N.d.C.*]

mente, però, dopo il 740, il loro potere subì un improvviso tracollo di fronte ad un ennesima guerra civile e ad una coalizione di movimenti dagli scopi diversi ma uniti da una comune opposizione ad essi. Questi movimenti erano più forti nelle parti orientali che in quelle occidentali dell'impero, e particolarmente forti nel Khurasan, presso alcuni gruppi di coloni arabi, che si stavano integrando nella locale società iranica, nonché tra i «clienti» iranici. Qui come altrove era molto diffuso un sentimento sciita, che mancava però di organizzazione.

Una leadership più efficiente venne da un altro ramo della famiglia del Profeta, i discendenti di suo zio 'Abbas. Sostenendo che il figlio di Muhammad ibn al-Hanafiyya aveva trasmesso loro i propri diritti alla successione, dalle loro sedi ai margini del deserto siriano essi crearono un'organizzazione con centro a Kufa. Come proprio emissario nel Khurasan essi inviarono un uomo di origine oscura, probabilmente di famiglia iranica, Abu Muslim. Costui riuscì a costituire un esercito ed una coalizione con elementi dissidenti, arabi e non, e a dar vita ad un'aperta rivolta sotto il nero vessillo che sarebbe divenuto il simbolo del movimento e in nome di un membro della famiglia del Profeta; senza fare esplicitamente il nome di tale membro, ottenne un sostegno sempre più ampio al movimento. Dal Khurasan l'esercito si mosse verso occidente, gli Umayyadi vennero sconfitti in diverse battaglie tra il 749 e il 750, e l'ultimo califfo di questo casato, Marwan II, fu inseguito fino in Egitto ed ucciso. Nel frattempo, il capo senza nome venne proclamato a Kufa: era Abu 'l-'Abbas, discendente non di 'Ali bensì di 'Abbas.

Lo storico al-Tabari (839-923) ci ha lasciato la descrizione del modo in cui venne dato l'annuncio. Il fratello di Abu 'l-'Abbas, Dawud, in piedi sui gradini del pulpito della moschea di Kufa, si rivolse ai fedeli:

> Sia lode a Dio, con gratitudine, gratitudine, e ancora gratitudine! Lode a colui che ha fatto perire i nostri nemici e ha portato a noi la nostra eredità da Maometto, nostro Profeta (che Iddio Lo glorifichi ed esalti)! Oh tu, popolo, ora le scure notti del mondo sono volte in fuga, sollevate le sue coltri, ora la luce prorompe in terra e in cielo, ed il sole si leva dalle sorgenti del giorno mentre la luna si innalza dal luogo a lei prescritto. Colui che ha incurvato l'arco lo rilascia e la freccia ritorna a colui che l'ha scagliata. Il diritto è ritornato là dove ebbe origine, tra la gente della casa del vostro Profeta, gente compassionevole e pietosa nei vostri confronti e che guarda a voi con simpatia... Iddio vi ha permesso di contemplare ciò che vi attendevate e aspettavate con impazienza. Egli ha reso manifesto tra voi un califfo del clan di Hashim, illuminando con ciò i vostri volti e permettendovi di avere la meglio sull'esercito siriano, e trasferendo a voi la sovranità e la gloria dell'Islam... Vi è qualche

successore dell'inviato di Dio che sia salito su questo vostro *minbar*, a parte il Principe dei Credenti 'Ali ibn Abi Talib e il Principe dei Credenti 'Abd Allah ibn Muhammad? – e fece cenno con la mano in direzione di Abu 'l-'Abbas.[2]

Il Califfato di Baghdad

Una famiglia subentrò all'altra nel comando, e l'Iraq prese il posto della Siria come centro del califfato islamico. Il punto di forza di Abu 'l-'Abbas (749-754) e dei suoi successori, che dal loro antenato comune presero il nome di 'Abbasidi, non stava tanto nei paesi del Mediterraneo orientale, o nello Hijaz, che ne era un'estensione, quanto nei territori dell'ex impero sassanide: il sud dell'Iraq e le oasi e gli altipiani dell'Iran, il Khurasan e i territori che si stendevano tra questo e l'Asia centrale. Per il califfo era più difficile governare sul Maghreb, che peraltro rivestiva minore importanza.

Sotto certi punti di vista il regno degli 'Abbasidi non fu gran che diverso da quello degli ultimi Umayyadi. Fin dall'inizio essi si trovarono alle prese col problema inevitabile di una nuova dinastia: come trasformare la potenza limitata derivante da una travagliata coalizione di interessi distinti in qualche cosa di più stabile e duraturo. Essi avevano conquistato il trono grazie ad una combinazione di forze unite solo dall'opposizione agli Umayyadi, e a questo punto si dovevano definire i rapporti di forza all'interno della coalizione. Prima di tutto il nuovo califfo si sbarazzò di coloro grazie ai quali era giunto al potere; Abu Muslim ed altri vennero uccisi. Vi furono anche conflitti all'interno della famiglia stessa; dapprima alcuni suoi membri vennero nominati governatori, ma alcuni di essi acquisirono troppo potere, e nello spazio di una generazione venne creata una nuova élite dominante di alti funzionari. Alcuni provenivano da famiglie iraniche con tradizioni di amministrazione dello Stato e convertite da poco all'Islam, altri dalla cerchia dei collaboratori familiari del sovrano, e tra essi vi fu anche qualche schiavo liberato.

Questa concentrazione del potere nelle mani del sovrano si verificò all'epoca dei successori di Abu 'l-'Abbas, in particolare al-Mansur (754-775) e Harun al-Rashid (786-809), e trovò la sua espressione nella creazione di una nuova capitale, Baghdad. Al-Tabari ricorda un aneddoto circa la visita di Mansur al sito della futura città:

> egli arrivò nella zona del ponte e compì l'attraversamento nel luogo che oggi è Qasr al-Salam. Poi recitò la preghiera pomeridiana. Era estate, e nel sito del palazzo vi era allora la chiesa di un sacerdote. Egli trascorse colà la notte, e si ridestò il mattino seguente dopo avere trascorso la notte più dolce e serena di que-

sto mondo. Si alzò in piedi, e tutto quello che vedeva gli dava soddisfazione. Allora disse: «È questo il luogo su cui edificherò. Le merci possono giungere qui attraverso l'Eufrate, il Tigri, ed una rete di canali. Solamente un luogo come questo sosterrà l'esercito e le masse del popolo». Così egli ne tracciò lo schema ed assegnò fondi per la sua costruzione, e posò di sua mano il primo mattone, dicendo «Nel nome di Dio, e sia lode a Lui. La terra è di Dio; Egli consente di ereditarne a colui che Egli vuole tra i Suoi servi, e ciò che ne risulta è per coloro che Lo temono» poi egli disse: «Costruite, e che Dio vi benedica!».[3]

Baghdad era situata in un punto in cui il Tigri e l'Eufrate scorrevano l'uno vicino all'altro, e in cui un sistema di canali aveva dato origine a una ricca campagna che poteva produrre cibo per una grande città ed entrate per il governo; si trovava su strade strategiche che conducevano in Iran e oltre, nonché alla Jazira nel nord dell'Iraq, dove si produceva il grano, ed alla Siria e all'Egitto, dove permanevano forti i gruppi fedeli agli Umayyadi. Trattandosi di una città nuova, i sovrani potevano essere liberi dalle pressioni esercitate dagli abitanti arabi musulmani di Kufa e Bàssora. Conformandosi ad una lunga tradizione, secondo la quale i sovrani del Vicino Oriente si tenevano separati da coloro su cui dominavano, la città venne progettata in modo da esprimere lo splendore e l'inaccessibilità del sovrano. Al centro, sulla riva occidentale del Tigri, si trovava la «cittadella» formata da palazzo, caserme e sedi dell'amministrazione; i mercati e i quartieri residenziali stavano all'esterno.

Nella descrizione che egli fa del ricevimento di un'ambasceria bizantina da parte del Califfo al-Muqtadir nel 917, lo storico di Baghdad, al-Khatib al-Baghdadi (1002-1071), evoca lo splendore della corte e il suo cerimoniale. Dopo essere stati introdotti al cospetto del califfo, vennero condotti, dietro suo ordine, a visitare il palazzo: i saloni, i cor tili, i giardini; soldati, eunuchi, ciambellani e paggi; stanze ricolme di tesori, elefanti bardati di broccato di seta blu pavone. Nella Stanza del l'Albero, essi videro

> un albero, che si erge al centro di una grande vasca circolare piena di acqua limpida. L'albero ha diciotto rami, ed ogni ramo ha parecchie fronde, su cui sono posati uccelli di ogni genere, grandi e piccoli, d'oro e d'argento. La maggior parte dei rami di questo albero sono d'argento, ma ve ne sono alcuni d'oro, e si protendono nell'aria sorreggendo foglie di diversi colori. Le foglie dell'albero si muovono quando soffia il vento, mentre gli uccelli cinguettano e cantano.

Alla fine giungono ancora una volta al cospetto del califfo:

> Egli era adorno di abiti... ricamati d'oro e sedeva su di un trono di ebano... Alla destra del trono erano appese nove collane di gemme... e altrettante alla sinistra, tutte di gioielli famosi... Davanti al califfo stavano cinque dei suoi figli, tre a destra e due a sinistra.[4]

All'interno di questi palazzi isolati, il califfo esercitava il potere secondo forme ereditate dai precedenti sovrani e destinate ad essere imitate da altre dinastie. Un elaborato cerimoniale di corte sottolineava il suo splendore; funzionari di corte filtravano l'accesso alla sua persona; il giustiziere gli stava accanto pronto a fare giustizia sommaria. Nei primi regni emerse una carica che sarebbe in seguito divenuta importante: quella di visir (*wazir*): costui era il consigliere del califfo, con un grado di influenza variabile, e più tardi sarebbe diventato il capo del governo e l'intermediario tra esso e il sovrano.

Il governo era diviso in una serie di ministeri o *diwan*, secondo un sistema che si sarebbe osservato anche sotto altre dinastie. Vi era un *diwan* per gli affari militari, una cancelleria che redigeva lettere e documenti in maniera appropriata e ne curava la conservazione, ed una tesoreria che sovrintendeva alle entrate ed alle uscite mantenendone la contabilità. Un sovrano che governava attraverso una gerarchia di amministratori disseminati su di una vasta area doveva assicurarsi che questi non divenissero troppo potenti o abusassero del potere che esercitavano a suo nome. Un servizio di informazioni teneva informato il califfo di ciò che avveniva nelle province, e inoltre sia lui che i suoi governatori tenevano pubbliche udienze in cui potevano ricevere lagnanze e prendere gli opportuni provvedimenti.

Un potere assoluto gestito attraverso una burocrazia aveva bisogno di entrate e di un esercito. Fu durante il periodo 'abbaside che, a partire dalla prassi dei primi tempi dell'Islam, emerse il sistema canonico di tassazione. Esso fu per quanto possibile collegato a norme islamiche. Le tasse principali erano due. La prima veniva imposta sulla terra o sui suoi prodotti (*kharaj*); per cominciare, vi era stata una differenziazione tra le imposte e i tipi di tasse pagate da proprietari terrieri musulmani e non musulmani, ma nella pratica la sua importanza fu secondaria, anche se rimase nei testi di diritto. La seconda era un testatico imposto ai non Musulmani, graduata grosso modo in base alla loro ricchezza (*jizya*). Inoltre, vari tributi venivano imposti sulle merci di importazione o esportazione, e sull'artigianato urbano, e si decretavano anche, occasionalmente, imposte sulla ricchezza urbana a seconda delle necessità; queste ultime venivano ufficialmente condannate da coloro che si attenevano rigidamente alla lettera della legge islamica.

I soldati del Khurasan grazie ai quali giunsero al potere gli 'Abbasidi erano divisi in gruppi distinti, ciascuno coi suoi capi. Non fu facile per i califfi ottenere la loro lealtà, e la loro efficacia come forza militare andò diminuendo man mano che si integravano nella popolazione di Baghdad. Dopo la morte di Harun al-Rashid vi fu una guerra civile tra i suoi figli al-Amin e al-Ma'mun. Amin fu proclamato califfo e l'esercito di Baghdad combatté per lui, ma venne sconfitto. Agli inizi del IX secolo si cercò di venire incontro alla necessità di un esercito efficiente e leale mediante l'acquisizione di schiavi, e il reclutamento di soldati tra le tribù di pastori di lingua turca alle frontiere dell'Asia centrale. Questi Turchi, ed altri gruppi consimili provenienti da territori di confine rispetto all'autorità dei sedentari, erano degli estranei che non avevano legami con la società che contribuivano a dominare, e che con il califfo avevano rapporti di clientela personale. L'ingresso di soldati turchi al servizio degli 'Abbasidi costituì l'inizio di un processo destinato a dare una configurazione caratteristica alla vita politica del mondo musulmano.

Fu anche per tenere i soldati lontano dalla popolazione di Baghdad, fattasi ostile al suo governo, che il califfo al-Mu'tasim (833-842) trasferì la capitale da Baghdad a una nuova città, Samarra, posta più a nord sul fiume Tigri. Quivi rimase, per mezzo secolo, la sede del governo; tuttavia, pur sollevato dalla pressione popolare, esso cadde sotto l'influenza dei soldati turchi, che finirono per dominare il governo del califfo. Questo fu anche un periodo in cui i capi di alcune province periferiche divennero sostanzialmente indipendenti, e nello stesso Iraq il potere del califfo venne minacciato da un'estesa e prolungata rivolta di schiavi negri nelle piantagioni di canna da zucchero e nelle saline del sud dell'Iraq: la rivolta degli Zanj, 868-883. Pochi anni più tardi, nell'892, il califfo al-Mu'tadid fece ritorno a Baghdad.

Quanto più il califfo era potente e inavvicinabile, tanto più era per lui importante radicare il suo potere nei sentimenti morali di coloro su cui governava. Gli 'Abbasidi cercarono più sistematicamente degli Umayyadi di giustificare il proprio predominio alla luce della religione. Fin dagli inizi essi fecero uso di simboli religiosi. Il califfo pretendeva di governare per autorità divina in quanto membro della famiglia del Profeta. Sosteneva anche che la propria azione di governo era conforme al Corano ed alle norme del retto agire, che venivano progressivamente definendosi sulla base del comportamento abituale del Profeta (*sunna*). In linea con queste pretese erano il coinvolgimento di autorità religiose nel suo governo e la crescente importanza annessa all'ufficio di giudice (*qadi*). Le sue funzioni erano distinte da quelle del governatore. Non aveva obblighi politici o finanziari; il suo ruolo era quello di dirimere controversie e prendere decisioni alla luce di quello che veniva configurandosi come un sistema di leggi o norme sociali islamiche. Il *qadi* supremo era un dignitario di una certa importanza all'interno della gerarchia statale.

Nell'avanzare le proprie pretese di governanti legittimi, i primi 'Abbasidi dovettero fare i conti con quelle di un altro ramo della famiglia del Profeta, i discendenti di ʻAli, ed i loro sostenitori, gli Sciiti. Non tutti gli Sciiti furono ostili al governo ʻabbaside; Jaʻfar al-Sadiq (ca. 700-765), da essi considerato il sesto *imam*, fu un quietista che insegnava ai suoi seguaci la resistenza passiva fino all'avvento del *mahdi*, colui che Dio avrebbe inviato a restaurare il regno della religione e della giustizia. Tuttavia, durante le prime due generazioni di dominazione ʻabbaside vi furono vari movimenti di rivolta che ricorrevano al nome di membri della famiglia di ʻAli, e fu in risposta a tali movimenti che il figlio di Harun, Ma'mun (813-833), fece due tentativi di procurarsi giustificazioni più solide della propria autorità. Il primo consisté nel nominare proprio successore ʻAli al-Rida, considerato l'ottavo *imam* da molti Sciiti; l'argomentazione usata fu quella che egli era il membro della famiglia del Profeta più degno di succedergli, e ciò aveva come corollario che, se la successione doveva procedere per dignità morale all'interno della famiglia, allora in linea di principio i discendenti di ʻAbbas avevano tanti diritti quanto quelli di ʻAli. In seguito, Ma'mun sostenne le idee di certi teologi Muʻtaziliti e cercò di far sì che l'accettazione da parte di costoro fosse condizione per accedere a cariche pubbliche. Questo tentativo si scontrò con l'opposizione di quei teologi, guidati da Ahmad ibn Hanbal, i quali sostenevano che il Corano e il comportamento abituale del Profeta, interpretati letteralmente, offrivano sufficienti indicazioni. Dopo un periodo di persecuzione, il tentativo di imporre col potere del sovrano una sola interpretazione della fede ebbe termine, per non essere praticamente più riesumato. La fede in un'unità in cui trovino posto divergenze di opinioni legali, e nell'importanza del Corano e della prassi (*sunna*) del Profeta come basi di essa, finì per dare vita ad una corrente di pensiero generalmente conosciuta come sunnita, in quanto distinta da quella sciita.

Capitolo Terzo

LA FORMAZIONE DI UNA SOCIETÀ

La fine dell'unità politica

Anche all'apogeo della loro potenza, il dominio effettivamente esercitato dai califfi 'abbasidi aveva dei limiti. Esso si faceva valere soprattutto nelle grandi città e nelle aree produttive intorno ad esse; vi erano remote regioni montuose e steppose che si potevano considerare non sottomesse. Col passare del tempo, la loro autorità si scontrò con le contraddizioni dei sistemi di governo centralizzati e burocratici. Per governare le province a grande distanza, i califfi dovevano concedere ai loro governatori il potere di riscuotere le tasse e di utilizzare una parte delle entrate per mantenere guarnigioni locali. Tentavano sì di mantenere il controllo su di loro con un sistema di spionaggio, ma non poterono impedire che alcuni governatori si costruissero una posizione tale da riuscire a trasmettere il potere alle proprie famiglie, pur rimanendo fedeli, almeno in linea di principio, ai principali interessi del loro sovrano. Fu così che si svilupparono dinastie locali, come quelle dei Saffaridi nell'Iran orientale (867-ca. 1495), dei Samanidi nel Khurasan (819-1005), dei Tulunidi in Egitto (868-905), e degli Aghlabidi in Tunisia (800-909); dalla Tunisia gli Aghlabidi conquistarono la Sicilia, che continuò ad essere governata da dinastie arabe fino alla presa da parte dei Normanni nella seconda metà dell'XI secolo. In seguito a ciò, a Baghdad affluivano meno risorse, in un momento in cui vi era un certo declino nel sistema di irrigazione e nella produzione agricola delle stesse regioni dell'Iraq meridionale. Per rafforzare il proprio potere nelle province centrali, il califfo dovette fare maggiore affidamento sul suo esercito professionale, i cui capi, a loro volta, acquisirono un maggiore potere su di lui. Nel 945 una famiglia di comandanti militari, i Buyidi, provenienti dalle regioni costiere del Mar Caspio, assunto il comando in alcune province, si impadronirono del potere nella stessa Baghdad.

I Buyidi assunsero vari titoli, tra cui quello antico iranico di *shahanshah* («Re dei Re»), ma non quello di califfo. La dinastia 'abbaside rimase in vita per tre secoli ancora, ma si apriva una nuova fase della sua storia. A partire da questo momento, il potere effettivo nelle regioni centrali dell'impero venne a trovarsi nelle mani di altre dinastie sostenute da gruppi militari, anche se esse continuarono a riconoscere il califfato degli 'Abbasidi, che di tanto in tanto poterono riaffermare una residua autorità. Questa autorità veniva però esercitata su di un'area più limitata di prima, e vi erano alcune parti del precedente impero in cui i governanti locali non solo avevano preso il potere ma non accettavano nemmeno formalmente l'autorità degli 'Abbasidi.

In alcune regioni vi furono movimenti di opposizione e secessione in nome di forme dissidenti dell'Islam. Tali movimenti sfociarono nella creazione di unità politiche separate, anche se al contempo favorirono la diffusione dell'Islam stesso conferendogli una forma che non turbasse l'ordine sociale.

Alcuni erano movimenti che si battevano per il Kharigismo, perlomeno per un suo ramo, quello degli Ibaditi. L'idea che la carica di capo della comunità o *imam* spettasse alla persona più degna, che avrebbe dovuto essere deposta ove si fosse mostrata indegna, ben si adattava alle necessità di incerte coalizioni di gruppi tribali stanziati in luoghi isolati, le quali potevano avere la necessità di un capo o di un arbitro solo occasionalmente ma non volevano che questi disponesse di un potere permanente ed organizzato. Fu così che un *imamato* ibadita fece la sua comparsa nell'Oman (*'Uman*) nel sudest dell'Arabia dalla metà dell'VIII secolo fino alla fine del IX, quando venne soppresso dagli 'Abbasidi. In alcune regioni del Maghreb, una parte dei berberi che vi risiedevano opposero resistenza all'affermarsi del dominio islamico, e quando divennero musulmani, si diffusero tra loro le idee kharigite. Per un certo tempo vi fu una potente dinastia di *imam* ibaditi, quella dei Rostemidi, con capitale a Tahart nell'ovest dell'Algeria (777-909); le loro rivendicazioni vennero riconosciute anche dagli ibaditi dell'Oman.

Più diffusi furono i movimenti di sostegno delle pretese sull'imamato da parte dei discendenti di 'Ali ibn Abi Talib. I maggiori gruppi di Sciiti, in Iraq e nelle sue vicinanze, accettarono il dominio 'abbaside, o quantomeno vi si adattarono. Gli *imam* che essi sceglievano vivevano tranquillamente sotto gli 'Abbasidi, anche se di tanto in tanto venivano confinati nella capitale. I Buyidi potevano dirsi, in qualche modo, sciiti, ma non sfidarono il primato dei califfi; lo stesso valeva per la dinastia locale degli Hamdanidi nel nord della Siria (905-1004).

Vi furono però altri movimenti sciiti che portarono alla nascita di dinastie distinte. Gli Zayditi sostenevano che dovesse essere *imam* il più degno membro della famiglia del Profeta che desiderasse opporsi ai governanti illegittimi. Essi non riconobbero Muhammad al-Baqir (m. 731), che veniva considerato il quinto *imam* dai maggiori gruppi sciiti, bensì, al suo posto, suo fratello Zayd (donde il nome del movimento).

Crearono un imamato nello Yemen nel IX secolo e un imamato zaydita vi fu persino nella zona del Mar Caspio.

Una sfida più diretta fu portata agli 'Abbasidi da movimenti connessi con un altro ramo della Shi'a, quello degli Ismailiti. Non è chiara la loro origine, ma sembra che gli inizi si siano avuti sotto forma di movimento segreto con centro dapprima in Iraq e nell'Iran sudoccidentale, nel Khuzistan, e successivamente in Siria. Esso appoggiava le pretese avanzate sull'imamato da parte di Isma'il, il figlio maggiore di Ja'far al-Sadiq, considerato il sesto *imam* dalla maggioranza degli Sciiti. Isma'il morì nel 760, cinque anni prima del padre, e la maggioranza degli Sciiti finirono per riconoscere *imam* il fratello, Musa al-Kazim (m. 799). Gli Ismailiti, invece, ritennero che Isma'il fosse stato designato irrevocabilmente successore dal padre, e che dopo di lui fosse divenuto *imam* suo figlio Muhammad. Essi sostenevano che Muhammad sarebbe ritornato, presto o tardi, nelle vesti di *mahdi*, inviato a svelare l'intimo significato della rivelazione coranica ed a governare il mondo con giustizia.

Il movimento organizzò attività missionarie su vasta scala. Un gruppo di suoi adepti diede vita ad una specie di repubblica nell'Arabia orientale, quella dei *Qaramita* (Carmati), mentre un altro si stabilì nel Maghreb, arruolò soldati berberi ed occupò Qayrawan. Nel 910 giunse in Tunisia 'Ubaydullah, che sosteneva di essere un discendente di 'Ali e di Fatima. Si proclamò califfo, e nel mezzo secolo successivo la sua famiglia creò una dinastia stabile cui venne dato il nome di Fatimide, da Fatima, la figlia del Profeta. Per motivi sia religiosi che politici essa avanzò verso est in direzione dei territori degli 'Abbasidi, e nel 969 occupò l'Egitto. Di lì essa estese la propria autorità sull'Arabia nordoccidentale e in Siria, anche se dovette ben presto perdere la Tunisia.

I Fatimidi usarono ambedue i titoli di *imam* e di califfo. In quanto *imam* essi rivendicavano un'autorità universale sui Musulmani, e il loro Stato divenne un centro da cui partivano missionari. Molto tempo dopo che lo Stato fatimide aveva cessato di esistere, esistevano ancora comunità create da coloro che vi erano stati legati: nello Yemen, in Siria, in Iran e più tardi nell'ovest dell'India.

I Fatimidi non erano solo *imam*, ma sovrani di un grande Stato il cui centro era nella valle del Nilo. Il Cairo fu una loro creazione: città imperiale costruita a nord di Fustat, e simbolo del loro potere e della loro indipendenza. Il loro governo seguì le linee tracciate dal califfato di Baghdad. Il potere era concentrato nelle mani del califfo e trovava la sua espressione nel fasto e in un complesso cerimoniale. Era consuetudine dei Fatimidi mostrarsi al popolo nel corso di solenni processioni. I grandi funzionari dello Stato entravano nelle sale del palazzo; il califfo giungeva da dietro un sipario, reggendo in mano lo scettro; saliva a cavallo e si dirigeva verso il portone del palazzo, dove risuonavano tutte le trombe. Preceduto e seguito dal suo entourage e dai soldati, cavalcava per le strade ornate di broccato e tessuti preziosi a cura dei mercanti. Le processioni esprimevano ambedue gli aspetti dell'autorità fatimide. Alcune di esse erano a carattere religioso, mentre altre mostravano l'identificazione del sovrano con la vita della città e del fiume.

Alla base del potere dei Fatimidi vi erano le entrate delle fertili terre del delta e della valle del Nilo, dell'artigianato delle città, e del commercio nel bacino del Mediterraneo oltre che nel Mar Rosso. Ciò era sufficiente per mantenere un esercito reclutato fuori dall'Egitto: Berberi, negri del Sudan e Turchi. I califfi non fecero tentativi sistematici di imporre le dottrine ismailite sui Musulmani d'Egitto, che rimasero in maggioranza sunniti, con numerose comunità di Cristiani ed Ebrei che vivevano tutto sommato in pacifica simbiosi con essi.

Le pretese fatimide al califfato erano una sfida esplicita agli 'Abbasidi; un'altra sfida, sia agli 'Abbasidi che ai Fatimidi, proveniva dall'estremo occidente del mondo musulmano. Queste regioni conquistate dagli Arabi, il Marocco e la maggior parte della Spagna, erano difficili da controllare a partire dal Mediterraneo orientale, e impossibili partendo dall'Iraq. I militari e i funzionari arabi che vi risiedevano, acquisirono ben presto interessi indipendenti e trovarono facilmente il modo di esprimerli, facendo rivivere il ricordo dell'impulso che li aveva trasportati così lontano dall'Arabia. Verso la fine dell'VIII secolo, Idris, bisnipote di 'Ali, si recò in Marocco, vi trovò sostegno e fondò una dinastia che ebbe grande importanza nella storia del Marocco, dal momento che gli Idrisidi costruirono Fez e diedero l'avvio ad una tradizione, che dura ancor oggi, di dinastie indipendenti che governano il Marocco e giustificano la loro autorità sulla base della pretesa di discendere dal Profeta.

Più importante per la storia del mondo musulmano nel suo complesso fu il cammino separato intrapreso dalla Spagna, o Andalus, per chiamarla col suo nome arabo. Gli Arabi sbarcarono in Spagna per la prima volta nel 710 e vi crearono ben presto una provincia del califfato che giungeva fino al nord della penisola iberica. Gli Arabi e i Berberi della prima fase di colonizzazione vennero raggiunti da una seconda ondata, composta da soldati siriani, destinata ad avere un ruolo importante, dal momento che dopo la rivoluzione 'abbaside un membro della famiglia degli Umayyadi riuscì a rifugiarsi in Spagna e vi trovò dei sostenitori. Venne creata una nuova dinastia umayyade che regnò per quasi trecento anni, anche se il titolo di califfo fu assunto dal sovrano solo verso la metà del X secolo.

Il nuovo regno degli Umayyadi subì lo stesso processo di trasformazione che aveva luogo all'est. Una società in cui i Musulmani dominavano una maggioranza non musulmana si trasformò gradualmente in una in cui una parte considerevole della popolazione accettava la religione e la lingua dei dominatori, ed il modo di governare, che in un primo momento avveniva in modo decentrato, facendo leva su manipolazioni politiche, fece posto ad un potente governo centralizzato sorretto da un controllo burocratico.

Anche in questo caso venne creata una nuova capitale: Cordova, sul fiume Guadalquivir. Il fiume costituiva la via d'acqua idonea a trasportare le grandi quantità di merci necessarie per l'alimentazione e l'industria; nelle pianure circostanti si coltivavano su terre irrigue il grano e gli altri prodotti di cui la città aveva bisogno. Cordova era anche un nodo stradale e un mercato per lo scambio di prodotti delle diverse regioni. E anche qui la dinastia, diventando sempre più autocratica, si sottrasse alla vita della città. I sovrani si trasferirono da Cordova ad una città regale, Madinat al-Zahra, un po' fuori dalla capitale. Qui essi regnavano nel fasto, circondati da un gruppo dominante che comprendeva Arabi e famiglie arabizzate (dal momento che la separazione dei dominatori dalla società non era grande come a Baghdad) ma aveva anche una componente proveniente dagli schiavi importati dalle regioni del Mar Nero, dall'Italia e da altrove. Anche l'esercito aveva un nucleo di mercenari stranieri, pur comprendendo anche gli Arabi e i Berberi che si erano stabiliti su quelle terre come ricompensa del servizio militare.

Come in Siria, gli Umayyadi, cittadini fin dalle loro origini nello Hijaz, usarono il loro potere per favorire gli interessi delle città e delle campagne colonizzate. Le città crebbero (prima Cordova e poi Siviglia) col sostegno delle terre irrigue, da cui si ricavavano eccedenze grazie a tecniche importate dal Vicino Oriente. In queste zone gli Arabi furono importanti come proprietari terrieri e coltivatori, anche se gran parte della popolazione indigena era rimasta. Al di là delle pianure irrigate, nelle regioni montuose, immigrati berberi delle montagne del Maghreb vivevano di agricoltura su scala ridotta e del pascolo delle pecore.

Il flusso di Berberi dal Maghreb alla Spagna si protrasse più a lungo dell'immigrazione araba dall'est, e fu probabilmente più cospicuo. Nel frattempo, inoltre, una parte della popolazione indigena si convertì all'Islam, e probabilmente prima della fine del X secolo i Musulmani costituivano la maggioranza della popolazione dell'Andalusia; ma accanto ad essi vivevano coloro che non si erano convertiti, i Cristiani e notevoli gruppi di Ebrei dediti all'artigianato e ai commerci. I diversi gruppi erano tenuti insieme dalla tolleranza degli Umayyadi nei confronti di Ebrei e Cristiani, ed anche dalla diffusione della lingua araba, che nell'XI secolo era diventata maggioritaria, anche presso gli Ebrei e i Cristiani oltre che presso i Musulmani. La tolleranza, una lingua comune ed una lunga tradizione di governo separato: tutto favoriva la nascita di una consapevolezza ed una società andalusa nettamente distinte. La sua cultura religiosa islamica si sviluppò secondo linee alquanto diverse da quelle dei paesi orientali, ed anche la sua cultura ebraica si rese indipendente da quella dell'Iraq, centro principale della vita religiosa ebraica.

Non solo gli interessi della dinastia, quindi, ma anche la distinta identità dell'Andalusia trovarono espressione nell'assunzione del titolo di califfo da parte di 'Abd al-Rahman III (912-961). Il suo regno segna l'apice del potere indipendente degli Umayyadi in Spagna. Poco tempo dopo, nell'XI secolo, il loro regno si sarebbe frazionato in una quantità di staterelli retti da dinastie arabe o berbere (i «re delle frazioni», *muluk al-tawa'if*), con un processo simile a quello che si stava verificando nell'impero 'abbaside.

Una società unificata: le basi economiche

La scomparsa di una struttura di governo unitaria, all'est come all'ovest, non fu il segno di un indebolimento sociale o culturale. Ormai era sorto un mondo musulmano unito da molteplici legami, e con molt' centri di potere e di alta cultura.

L'integrazione di un'area così vasta in un unico impero aveva creato, col tempo, un'unità economica importante non solo per le sue dimensioni ma anche perché collegava due grandi bacini marittimi del mondo civilizzato, quello del Mediterraneo e quello dell'Oceano Indiano. Tra essi fu facilitata la circolazione di eserciti, mercanti, artigiani, uomini di scienza e pellegrini, ed anche di idee, stili e tecnologie. All'interno di questa vasta sfera di interazione fu possibile l'instaurazione di governi stabili, di ampie città, di un commercio internazionale e di una fiorente agricoltura, elementi che costituivano ciascuno la condizione per l'esistenza dell'altro.

La creazione dell'Impero Musulmano, e poi quella di Stati all'interno dei suoi ex territori, portò allo sviluppo di grandi città, che avevano bisogno, per i loro palazzi, governi e popolazione, di mezzi di sostentamento, di materie prime per le manifatture, e di oggetti di lusso pei ostentare ricchezza e potenza: grandi città in cui i mutamenti e le com plessità della vita cittadina inducevano a un desiderio di novità e di imi tazione delle mode dei potenti o degli stranieri. La domanda alimentata dalle città e la relativa facilità delle comunicazioni convogliarono in nuove direzioni e modificarono l'organizzazione del commercio a lunga distanza, che esisteva da sempre. Merci molto voluminose non potevano essere trasportate con profitto su distanze troppo lunghe, e per la maggior parte del proprio sostentamento le città dovevano rivolgersi al proprio immediato hinterland; ma su alcune merci il guadagno era tale da giustificarne il trasporto su lunghe distanze. Il pepe ed altre spezie, pietre preziose, tessuti e porcellane di pregio provenivano dall'India e dalla Cina, dai paesi del nord giungevano pellicce; in cambio venivano mandati corallo, avorio e tessuti. Le città del Vicino Oriente non erano solo consumatrici ma anche produttrici di merci lavorate per l'esportazione oltre che per il consumo interno. Alcune produzioni avvenivano su larga scala (le armi da guerra prodotte in arsenali di Stato, tessuti pregiati per il palazzo, raffinerie di zucchero e cartiere) ma per lo più avevano luogo in piccoli laboratori per la lavorazione di tessuti e metalli.

Prima dell'avvento, nell'era moderna, della ferrovia e poi dei veicoli a motore, il trasporto via nave era meno costoso, più veloce e sicuro di quello via terra. Una grande città, per nutrire i suoi abitanti aveva la necessità quasi assoluta di trovarsi vicino ad un mare o ad un fiume navigabile, ed anche le rotte principali del commercio a lunga distanza erano vie marittime, in questo periodo principalmente le rotte dell'Oceano Indiano. Sotto gli 'Abbasidi i principali centri dove si organizzavano i commerci lungo queste vie erano Bàssora nel sud dell'Iraq e Siraf sulla costa iranica del Golfo Persico, ambedue sotto il controllo 'abbaside e in grado di sopperire alla domanda della capitale. Nel X secolo vi fu un certo spostamento del commercio dal Golfo al Mar Rosso, per via dell'ascesa del Cairo come centro politico e commerciale e di una crescente domanda da parte delle città commerciali dell'Italia, ma si trattava solo di un inizio.

Da Bàssora e Siraf i traffici con l'oriente erano nelle mani soprattutto di mercanti iranici, arabi o ebrei, su navi arabe dirette ai porti della costa ovest dell'India ed anche più in là; in un'occasione si spinsero fino in Cina, ma dopo il X secolo non oltrepassarono i porti del Sudest asiatico. Ve ne erano anche di dirette al sud, verso l'Arabia meridionale ed occidentale e l'Africa orientale. Da Bàssora le merci potevano essere trasportate via fiume fino a Baghdad, e di lì fatte proseguire, vuoi verso la Siria e l'Egitto attraverso le piste del deserto siriano, vuoi verso Costantinopoli e Trebisonda attraversando l'Anatolia, vuoi infine, seguendo la grande via che da Baghdad portava a Nishapur, verso il nordest dell'Iran e di lì verso l'Asia centrale e la Cina. Per lunghe distanze le merci venivano caricate su cammelli e viaggiavano in lunghe carovane ben organizzate; per brevi distanze le si caricava su muli ed asini. Nella maggior parte del Vicino Oriente il trasporto su ruota scomparve dopo l'affermazione dell'impero musulmano, per riapparire solo nel XIX secolo, e vari motivi sono stati proposti per spiegare questo fatto: il decadimento delle strade romane, gli interessi del nuovo gruppo dominante arabo nell'allevamento dei cammelli, e il fatto che il trasporto a dorso di cammello fosse più economico di quello su carro.

In un primo momento il commercio nel Mediterraneo fu più incerto e limitato. L'Europa occidentale non si era ancora ripresa al punto di produrre parecchio per l'esportazione o di potere assorbire molte importazioni, e l'Impero Bizantino cercò per un certo tempo di limitare la potenza navale ed il commercio marittimo degli Arabi. I commerci più importanti erano quelli che si svolgevano lungo la costa sud e collegavano la Spagna e il Maghreb con l'Egitto e la Siria, con la Tunisia che fungeva da scalo intermedio. Lungo queste rotte i mercanti, in gran parte ebrei, gestivano il commercio di sete spagnole, oro proveniente dall'Africa occidentale, metalli ed olio di oliva. Fu solo più tardi, nel X secolo, che cominciarono ad essere importanti i rapporti commerciali con Venezia e Amalfi.

Governi stabili e grandi città non potevano vivere senza una campagna produttiva, ma a sua volta la campagna non poteva prosperare senza che ci fossero un governo stabile e delle città che investissero nella produzione. Nei paesi conquistati dagli Arabi, in particolare quelli in cui vi fu una grande immigrazione araba, si sviluppò una nuova classe di proprietari terrieri. La terra che era stata presa ai precedenti proprietari e formalmente apparteneva al sovrano venne assegnata agli Arabi con l'obbligo di pagare le tasse; successivamente, nel X secolo, cominciò a prender piede un sistema per cui l'esazione delle tasse sui terreni veniva affidata a ufficiali o comandanti militari, che in questo modo divenivano di fatto proprietari ed avevano tutto l'interesse a sostenere la produzione. Anche se in qualche zona vi furono migrazioni di contadini e pastori, la terra continuò in gran parte ad essere lavorata da quanti la coltivavano in precedenza. Le testimonianze che possediamo indicano che il rapporto tra proprietari terrieri e coltivatori era, in un modo o nell'altro, quello di mezzadria: dopo il pagamento delle tasse, il raccolto veniva ripartito in proporzioni prestabilite tra quanti avevano fornito i terreni, la semente, gli animali e la mano d'opera. Accordi più complessi riguardavano i terreni irrigui, o quelli in cui andavano piantati degli alberi.

I proprietari terrieri che accumulavano ricchezze col commercio o in altri modi potevano investirle nella produzione agricola, e con l'aiuto di questi capitali venivano introdotte nuove tecnologie. È provato che l'espansione dell'Impero Musulmano ha introdotto nuove colture, o perlomeno ha contribuito ad estendere quelle che già si conoscevano. In generale il movimento fu da est a ovest, dall'India o dalla Cina, attraverso l'Iran fino al bacino del Mediterraneo: riso, canna da zucchero, cotone, angurie, melanzane, arance e limoni vennero coltivati su di un'area vastissima. Alcune di queste colture richiedevano consistenti investimenti per l'irrigazione e migliorie dei terreni. Si pose mano al restauro di vecchie opere di irrigazione, per esempio quelle nel sud dell'Iraq, e se ne costruirono di nuove. Il movimento verso ovest può bene essere visto nella Spagna, che acquisì dalla Siria la ruota per sollevare l'acqua (ar. *na'ura*, donde sp. e it. *noria*), e dall'Iran le canalizzazioni sotterranee (*qanat*); in Spagna furono anche introdotti nuovi metodi di rotazione delle colture.

Grazie a queste migliorie, si accrebbe il surplus agricolo, e ciò, unitamente alla crescita delle manifatture e del commercio, accrebbe l'importanza del denaro nell'economia del Vicino Oriente e del bacino del Mediterraneo. Si sviluppò un sistema monetario riconosciuto su scala internazionale. L'afflusso di metalli preziosi nei territori del califfato, in particolare di oro dall'Africa, rese possibile un uso esteso della moneta; il dinaro aureo degli 'Abbasidi rimase per secoli un mezzo di scambio, e monete islamiche d'argento sono state trovate fino in Scandinavia e nella Foresta di Wychwood a nord di Oxford. Di pari passo col diffondersi della moneta procedette quello di un sistema creditizio. I commercianti su vasta scala ricevevano depositi e concedevano prestiti; anche prestatori di denaro ed esattori delle imposte utilizzavano il contante accumulato per fare dei prestiti. I mercanti che avevano corrispondenti o clienti in luoghi distanti emettevano tratte o lettere di credito sul loro conto.

Un'economia complessa ed estesa non sarebbe potuta esistere senza un sistema di valori condivisi da persone costrette a trattare senza contatti o conoscenze personali. In qualche caso, questi potevano essere costituiti da legami di famiglia, per esempio tra i mercanti ebrei che viaggiavano per tutto il Mediterraneo e anche oltre, varcando le frontiere tra paesi musulmani e cristiani. Là dove mancavano questi legami erano necessarie leggi o norme di pubblica moralità di generale accettazione. Allo stesso modo, i proprietari terrieri ed i coltivatori avevano bisogno di norme chiare e prestabilite sulla proprietà, la ripartizione del raccolto, la tassazione e i diritti sull'acqua, sugli alberi e sui minerali del sottosuolo.

Le relazioni economiche richiedevano, quindi, un sistema di com portamento comune, e questo diveniva possibile man mano che le popolazioni dei paesi retti da Musulmani abbracciavano anch'esse l'Islam, e man mano che si traevano le conseguenze sulla vita sociale della rivelazione scesa su Maometto.

Unità di fede e di lingua

Non è facile condurre indagini dettagliate sulle varie fasi che portarono all'islamizzazione dei popoli assoggettati, ma da uno studio basato sulla testimonianza fornita dall'adozione di nomi specificamente musulmani sono emersi ordini di grandezza che sembrano plausibili.[1] Secondo queste stime, alla fine del periodo umayyade (vale a dire, negli anni centrali del II secolo dell'Islam, l'VIII d.C.) era musulmana meno del 10 per cento della popolazione di Iran e Iraq, Siria ed Egitto, Tunisia e Spagna, anche se nella penisola arabica la proporzione doveva essere assai maggiore. A parte le tribù arabe che si trovavano in Iraq e in Siria già prima della conquista islamica, la maggior parte delle conversioni deve aver avuto luogo o negli strati più bassi della società (per esempio tra i soldati catturati in battaglia) o tra i funzionari dell'amministrazione sassanide che passarono al servizio dei nuovi dominatori; per gli altri non vi erano pressioni o incentivi espliciti alla conversione. I convertiti vivevano per la maggior parte all'interno o nelle vicinanze dei maggiori centri urbani popolati da Arabi detentori del potere, dove si trovavano le prime istituzioni specificamente islamiche (la moschea, il tribunale) e furono queste città, quelle dell'Iraq e dell'Iran, Qayrawan in Africa e Cordova in Spagna, che fecero da centri di propagazione dell'Islam.

Alla fine del IV secolo dell'Islam (X sec. d.C.), il quadro era mutato. Era divenuta musulmana una grande parte della popolazione. Si dovevano essere convertiti non solo i cittadini ma anche un buon numero di abitanti delle campagne. Probabilmente un motivo di ciò sta nel fatto che l'Islam si era più chiaramente definito, e si era tracciato un solco più netto tra Musulmani e non Musulmani. Ora i Musulmani vivevano in un complesso sistema rituale, dottrinale e giuridico, nettamente differenziato da quello dei non Musulmani; erano più consapevoli della propria specificità islamica. Era definito con maggiore precisione lo statuto, per certi versi subordinato, di Cristiani, Ebrei e Zoroastriani. Costoro venivano considerati «Gente del Libro», in quanto depositari di una scrittura rivelata, o «Popolo del Patto», con cui erano stati stipulati accordi di protezione (il cosiddetto Patto di Omar). In generale essi non venivano costretti a convertirsi, ma subivano alcune restrizioni. Pagavano una speciale tassa; si pretendeva che non indossassero certi colori; non potevano sposarsi con donne musulmane; la loro testimonianza non veniva accettata nei tribunali contro quella dei Musulmani; le loro abitazioni o i loro luoghi di culto non dovevano essere appariscenti; essi erano esclusi da incarichi di potere (anche se in diverse località Ebrei o Cristiani prestarono servizio come segretari o funzionari delle finanze per conto di governanti musulmani). La severità con cui si applicavano queste norme variava secondo le condizioni locali, ma anche nelle migliori circostanze la posizione di una minoranza è scomoda, e gli incentivi alla conversione non mancavano.

Il processo di conversione non fu comunque completo. Gli Ebrei erano stati espulsi dalla maggior parte della penisola araba fin dai primi tempi dell'Islam, ma continuavano ad essere presenti nelle grandi città di altri paesi musulmani svolgendo attività commerciali e artigianali, ed anche gestendo piccole botteghe in alcuni distretti rurali: nord dell'Iraq, Yemen, Marocco. La loro sopravvivenza e prosperità era dovuta non solo alla saldezza della loro organizzazione comunitaria ma anche al fatto di riuscire ad occupare certe posizioni economiche negli interstizi di una società complessa, oltre al fatto di non venire identificati con alcuno degli Stati con cui i dominatori musulmani di tanto in tanto erano in guerra.

La situazione era diversa per i Cristiani. Alcuni avevano legami religiosi con l'Impero Bizantino, e dovevano essere considerati con sospetto in tempo di guerra. Essi non erano organizzati in comunità strettamente unite come gli Ebrei; in certe zone agricole il Cristianesimo non doveva essere profondamente radicato. In alcune località il Cristianesimo si estinse completamente, anche se ci volle del tempo; in altre rimase la fede di una minoranza. In Spagna una gran parte della popolazione continuò a far parte della Chiesa Cattolica Romana; altrove i superstiti tendevano a far parte di chiese dissidenti che si erano distaccate dal nucleo principale in seguito alle grandi controversie dei primi secoli circa la natura del Cristo: nestoriani, monofisiti, monoteleti. I Cristiani vivevano non solo nelle grandi città ma anche in zone rurali, soprattutto in Egitto, sui monti del Libano e nel nord dell'Iraq.

In alcune zone la lingua araba si diffuse insieme all'Islam, o anche prima di esso. Nella Siria interna e nella parte occidentale dell'Iraq gran parte della popolazione parlava già arabo all'epoca della conquista islamica. Le nuove città, con i loro governi dominati da Arabi, furono il centro di un più ampio irradiamento della lingua. Essa si diffuse sia come lingua parlata, con vari dialetti locali influenzati dalle varietà linguistiche preesistenti, sia come lingua scritta, in una forma la cui unità e continuità veniva garantita dal Corano, il libro rivelato in lingua araba.

Per quanto riguarda la lingua parlata, l'arabo trovò una barriera in Iran, dove si mantenne l'uso del persiano. Come lingua scritta, invece, l'arabo non trovò ostacoli in tutto il mondo musulmano. La religione portava con sé la lingua. Anche i convertiti di origine non araba, e in particolare quelli dell'Iran, leggevano il Corano in arabo e contribuirono grandemente ad articolare il sistema di pensiero e di leggi che da esso prese origine. Coloro che non si erano convertiti continuarono a far uso della propria lingua a scopi religiosi e letterari: la liturgia di alcune chiese orientali mantenne il siriaco ed il copto; l'ebraico e l'aramaico erano le lingue del culto e dell'istruzione religiosa degli Ebrei; le scritture zoroastriane ricevettero la loro forma definitiva, dopo l'avvento dell'Islam, in pahlavi, la forma di persiano in uso prima della conquista. Comunque, anche in quest'ambito vi furono dei cambiamenti: in alcune chiese orientali l'arabo divenne la lingua di culto e della letteratura religiosa, mentre gli Ebrei spagnoli presero ad usare l'arabo per la filosofia, la scienza e la poesia. Il primo rilevante scacco alla propria diffusione l'arabo lo conobbe nel IX secolo, quando una forma islamizzata di persiano prese ad emergere come lingua letteraria; ma anche in Iran l'arabo continuò ad essere la lingua principale della cultura religiosa e giuridica.

È così che negli scritti di questo periodo il termine «arabo» viene ad assumere un significato più vasto che si sovrappone a quelli precedenti. Da una parte, esso può alludere a coloro che erano originari della penisola araba, e in particolare a quanti potevano sostenere di far parte delle tribù nomadi con una tradizione militare; dall'altra il suo impiego si può estendere fino a comprendere tutti coloro che, dal Marocco e dalla Spagna fino al confine dell'Iran, avevano adottato l'arabo come propria lingua di tutti i giorni; e perfino, in un'accezione ancora più estesa, a coloro per i quali l'arabo era diventato il principale mezzo di espressione in un'elevata cultura letteraria.

Sotto gli Umayyadi continuò a prosperare la tradizione delle composizioni poetiche, e i più famosi poeti dei primi tempi furono ancora di origine arabo-beduina: Akhtal, Farazdaq, Jarir. Vi era però una differenza: la protezione delle corti – quella degli stessi Umayyadi a Damasco, ma anche quelle di potenti capitribù – ampliava dal punto di vista geografico la portata della poesia e tendeva anche a mutarne la natura. Si fecero più cospicui i panegirici di sovrani e potenti, ed al contempo la poesia d'amore, il *ghazal*, acquistò un tono più personale.

Sul finire dell'epoca umayyade ed agli inizi del dominio 'abbaside, si verificò un cambiamento ancora più fondamentale. L'avvento dell'Islam trasformò il modo di considerare la lingua araba. Il Corano fu il primo libro scritto in arabo, ed i Musulmani erano convinti che questa fosse la lingua in cui esso era stato rivelato. Esso si esprimeva nella lingua elevata in cui era stata composta la poesia delle epoche precedenti, che però ora veniva usata a scopi diversi. Per coloro che ammettevano che il Corano era la Parola di Dio era essenziale comprenderne la lingua; per essi, la poesia antica non era solo il *diwan* degli Arabi, era anche la norma del linguaggio corretto.

L'arabo si avviava a diventare il mezzo di espressione non solo per coloro che, provenendo dalla penisola araba, si recavano nelle diverse regioni dell'impero ma anche per coloro che, pur avendo un'altra origine, accettavano la religione dell'Islam, o avevano la necessità di servirsene, per lo meno per motivi di lavoro o di vita, e in particolare per i Persiani e gli altri funzionari al servizio dei nuovi sovrani. Il centro dell'attività letteraria si trasferì dalle cittadine delle oasi e dagli accampamenti alle nuove città: dapprima Bàssora e Kufa, e poi la nuova capitale dell'impero, Baghdad. L'ambiente letterario si trasformò e si estese, fino a comprendere i califfi e le loro corti, gli alti funzionari, e la nuova élite urbana di origine eterogenea. Anche se proseguiva la pratica della composizione e della recitazione orale delle poesie, le opere letterarie cominciarono ad essere messe per iscritto, e dall'inizio del IX secolo la circolazione delle opere scritte venne facilitata dall'introduzione della carta. In precedenza si usavano papiro e pergamena, ma sul finire dell'VIII secolo dalla Cina venne introdotta la tecnica di fabbricazione della carta. Prodotta dapprima nel Khurasan, essa si diffuse poi in altre parti dell'impero, e a metà del X secolo aveva praticamente soppiantato il papiro.

Effetto naturale della diffusione dell'arabo fu quello che alcuni di coloro che lo usavano desiderassero capirlo. Le scienze del linguaggio vennero in gran parte create da coloro per i quali l'arabo era una lingua acquisita e che quindi dovevano riflettere su di esso: la lessicografia, raccolta e classificazione di parole, fu sviluppata da studiosi che frequentavano le località commerciali raggiunte dai beduini; la grammatica, spiegazione del modo in cui funzionava la lingua, venne esposta per la prima volta in modo sistematico da un uomo di origine non araba, Sibawayh (m. 793), dai cui scritti derivarono tutti gli studi successivi. Il medesimo impulso indusse gli studiosi a raccogliere e studiare l'antica poesia araba. È possibile che, in questo processo di pubblicazione delle poesie si siano introdotte delle modifiche, mentre venivano elaborati i canoni formali della composizione poetica, che avrebbero avuto una grande influenza sui poeti successivi. Il primo importante teorico della letteratura, Ibn Qutayba (828-889), produsse una descrizione della *qasida*-tipo, che sarebbe stata presa a modello dai poeti successivi: la *qasida*, suggeriva, doveva iniziare con l'invocazione di luoghi di residenza perduti e di un amore perduto, doveva proseguire con la descrizione di un viaggio, e culminare nel vero argomento, un panegirico, un'elegia o una satira.

Sull'evoluzione della poesia gli scritti teorici non ebbero, forse, l'influsso che invece ebbe l'opera di un nuovo tipo di poeti. La loro poesia era più individuale di quella degli autori delle *qaside* preislamiche. Alcuni non erano di origine araba, vivevano in città, ed erano a conoscenza della tradizione poetica di cui erano gli eredi ma vi attingevano con consapevole maestria letteraria. Prese piede un nuovo stile, il *badi'*, contrassegnato dall'uso di una lingua elaborata e di figure retoriche: faceva ricorso a vocaboli rari, disponeva le parole in antitesi tra loro, e nell'esposizione si manteneva nel quadro rigido di metri e rime che avevano contrassegnato la poesia precedente.

L'argomento della poesia era più variato che in precedenza. I poeti scrivevano di un amore erotico, non di un semplice rimpianto formalizzato di un'amata perduta o inaccessibile. Alcuni di essi presero posizione nelle controversie religiose ed etiche dei primi secoli dell'Islam: un poeta siriano, Abu 'l-'Alâ al-Ma'arri (973-1057), scrisse poesie ed un'elaborata opera in prosa in cui metteva in dubbio alcune idee generalmente accolte circa la rivelazione e la vita dopo la morte.

Era naturale che un accento particolare venisse posto sui panegirici, in lode non tanto della tribù del poeta quanto del suo sovrano o protettore. Nel panegirico, la prima parte di quella che per Ibn Qutayba era la *qasida*-tipo venne abbreviata e divenne una semplice introduzione all'argomento principale: l'elogio del sovrano o del protettore, espresso in una lingua aulica e formale, attraverso la quale si riesce talora a indovinare la personalità del poeta ed i suoi sentimenti.

L'indiscusso primato in questo genere di poesia venne attribuito dai successivi critici della letteratura ad Al-Mutanabbi (915-968). Nato a Kufa, di origine araba, passò alcuni anni della sua giovinezza nella tribù araba dei Banu Kalb. Trascorse parte dei suoi anni giovanili in attività politiche, e gli ultimi anni come poeta di corte di una serie di sovrani, ad Aleppo, al Cairo, a Baghdad e a Shiraz. I suoi anni più fecondi furono forse quelli in cui fu poeta alla corte del sovrano Hamdanide di Aleppo e del nord della Siria, Sayf al-Dawla. L'elogio del sovrano rasenta l'iperbole. Quando guarisce da una malattia, il suo poeta proclama:

> La gloria e l'onore vennero guariti quando tu fosti guarito, e il dolore passò da te ai tuoi nemici... La luce, che aveva abbandonato il sole, come se la sua perdita fosse una malattia del corpo, ha fatto ritorno ad esso... Gli Arabi sono gli unici al mondo ad essere della sua razza, ma gli stranieri sono partecipi con gli Arabi della sua beneficenza... Non è con te solo che mi congratulo per la tua guarigione; quando tu stai bene tutti gli uomini stanno bene.[2]

Unita a ciò, vi è tuttavia una vena autoelogiativa, come nella poesia che scrisse quando pensava che Sayf al-Dawla avesse rivolto ad un altro il proprio favore:

> O giustissimo fra gli uomini, eccetto nel trattamento che riservi a me, la mia disputa è con te, e tu sei al contempo mio avversario e mio giudice... Io sono colui di cui perfino il cieco può vedere ciò che ha scritto, e che ha permesso perfino al sordo di udire le sue parole. Io dormo con le palpebre serrate alle parole che viaggiano lontano, mentre altri uomini sono insonni per causa loro, e competono tra loro... in che lingua i reietti, né Arabi né Persiani, proclamano la loro poesia al tuo cospetto? Questo è un rimprovero rivolto a te, ma è fatto con amore; è intarsiato di perle, ma esse sono le mie parole.[3]

Se i poeti continuavano un'antica tradizione, una prosa scritta in arabo costituì una vera novità. Il Corano fu la prima opera in prosa composta in lingua araba elevata (o quantomeno la più antica giunta fino a noi), e il fatto che se ne siano prodotte altre ne è in un certo senso una naturale conseguenza. Racconti riguardanti il Profeta e le vittorie degli Arabi vennero raccolti e messi per iscritto, e predicatori popolari crearono una retorica di temi islamici. Un po' più tardi, si fece strada un nuovo tipo di prosa d'arte, che esplorava temi presi da altre culture; uno degli esempi più antichi e famosi di essa fu *Kalila wa Dimna*, una raccolta di favole moralistiche sulla vita degli animali, che discendeva in ultima istanza dal sanscrito attraverso il pahlavi e fu trasposta in arabo da un funzionario degli ʻAbbasidi di origine iranica, Ibn al-Muqaffaʻ (ca. 720-756).

Costui fu un rappresentante di quei segretari arabizzati ed islamizzati che trasferivano in arabo idee e generi letterari provenienti dalla tradizione di cui erano eredi; ma accanto a questi vi era un altro gruppo di autori che traevano la loro ispirazione dal vastissimo mondo che la diffusione dell'Islam e del suo impero aveva fatto nascere: la molteplicità di popoli e paesi, la nuova varietà di tipi umani, i nuovi problemi di morale e di comportamento. Essi cercavano di vedere tutte queste cose alla luce delle norme della nuova fede islamica, e di esprimerle in forma letterariamente gradevole. Tra quanti praticarono questo nuovo genere di letteratura, o *adab*, al-Jahiz (776/7-868/9) emerge come autore eccezionale per vastità di interessi e vivacità di resa, che si esprimeva in una lingua esemplare. Le sue radici erano in una delle famiglie africane, di origine servile, che erano aggregate ad alcune tribù arabe ma da lungo tempo erano state completamente arabizzate. Egli venne allevato a Bàssora, ma più tardi godette della protezione del califfo al-Ma'mun. La sua curiosità intellettuale era di grande portata e le sue opere sono raccolte di notizie rare ed interessanti sul mondo degli uomini e della natura: paesi, animali, le bizzarrie della natura umana. Al di sotto scorre una vena di commento morale: sull'amicizia e l'amore, l'invidia e l'orgoglio, l'avarizia, la falsità e la sincerità:

> Un uomo che è nobile non rivendica la propria nobiltà, non più di quanto un uomo eloquente affetti eloquenza. Quando un uomo esagera le proprie qualità, ciò avviene perché vi è in lui carenza di qualcosa; il vanaglorioso si dà delle arie perché è consapevole della propria debolezza. L'orgoglio è sgradevole in tutti gli uomini... è peggio della crudeltà, che è il peggiore dei peccati, e l'umiltà è meglio della clemenza, che è la migliore delle buone azioni.[4]

L'*adab* che si sviluppò agli inizi del periodo 'abbaside aveva intenti di edificazione e di svago. Un *qadi* di Baghdad, al-Tanukhi (940-994), scrisse tre volumi di racconti che sono al contempo un intrattenimento letterario e una serie di documenti sociologici sul mondo dei ministri, dei giudici e dei dignitari di rango inferiore, che attorniavano la corte 'abbaside. Il secolo successivo, Abu Hayyan al-Tawhidi (m. 1023) scrisse saggi e trattati su di una vasta gamma di argomenti che erano di moda tra gli studiosi e gli autori del suo tempo; composti in uno stile letterariamente piacevole, rivelano un vasto sapere ed una mente raffinata. Lo svago era lo scopo principale delle *maqamat* (sg. *maqama*); una serie di bozzetti composti in prosa rimata (*saj'*), in cui un narratore racconta storie di un briccone o di un vagabondo incontrato nelle più svariate situazioni. Questo genere, destinato a rimanere popolare fino al XX secolo nelle cerchie letterarie arabe, raggiunse eccelse vette di sviluppo ad opera di al-Hamdani (968-1008) e di al-Hariri (1054-1122).

La registrazione di ciò che è accaduto nel passato è importante in tutte le società umane, ma assume uno speciale significato nelle comunità fondate sulla convinzione che in certi momenti e in certi luoghi si siano verificati degli eventi unici. Prima dell'avvento dell'Islam, ogni tribù araba registrava oralmente le gesta dei propri antenati, e in certa misura queste memorie sono incorporate nelle poesie giunte fino a noi da quel periodo. Nei primi secoli dell'Islam, la storia acquisì un'importanza di nuovo tipo e prese ad essere registrata per iscritto. Si svilupparono due diversi generi storiografici, strettamente connessi tra loro. Da una parte, i filologi e i genealogisti raccolsero e misero per iscritto la storia orale degli appartenenti alle tribù arabe; questi lavori non furono importanti solo per lo studio della lingua araba, ma dovettero anche costituire una testimonianza importante ai fini di questioni pratiche di distribuzione del bottino conquistato o delle terre dei nuovi insediamenti. D'altra parte, ancor più importante era la registrazione degli eventi della vita del Profeta, dei primi califfi, delle prime conquiste e degli affari pubblici della comunità dei credenti. Trasmessa da studiosi degni di fiducia, talora trasfigurata o addirittura inventata di sana pianta nel corso di controversie politiche e teologiche, abbellita da narratori, pian piano si venne costituendo una massa di narrazioni, all'interno della quale emersero diversi generi letterari: raccolte di *hadith**; biografie del Profeta; raccolte di vite di trasmettitori di *hadith*; e per finire opere di narrativa storica, che registravano le *gesta Dei*, la provvidenza di Dio nei confronti della Sua comunità (in esse non mancava una componente di narrativa esemplare, ma vi era un solido nucleo di verità). L'invenzione del calendario islamico, con cui si veniva a disporre di una cronologia che aveva come punto di partenza la *hijra*, fornì una cornice entro la quale registrare gli eventi.

La tradizione storiografica giunse a maturità nel IX secolo, con l'apparire di storie di più ampia portata e maggiore potenza euristica: quelle di al-Baladhuri (m. 892), al-Tabari (839-923), e al-Mas'udi (m. 928). Tali autori scelsero come argomento l'intera storia islamica, e in qualche caso l'intero complesso di quella che ai loro occhi era la storia dell'umanità. È così che Mas'udi si occupa degli annali dei sette popoli antichi che considera dotati di una vera storia: i Persiani, i Caldei, i Greci, gli Egiziani, i Turchi, gli Indiani e i Cinesi. Questa mole di informazioni dovette essere riordinata: nel caso della storia islamica anno per anno, altrimenti secondo criteri come il succedersi dei sovrani. Essa doveva anche essere valutata con un metro critico. Il criterio più ovvio fu quello fornito dall'*isnad*: qual era la catena di testimonianze relative a un certo fatto, e fino a che punto si poteva prestare fede a tali testimonianze? Vi erano però anche altri criteri: un dato registrato e trasmesso poteva essere considerato più o meno plausibile alla luce di una comprensione generale del modo di comportarsi dei sovrani e delle trasformazioni delle società umane.

Un altro autore, al-Biruni (973-ca. 1050), non ha l'eguale quanto a

* [tradizioni di detti o fatti attribuiti al Profeta, *N.d.C.*]

vastità di interessi e acutezza di analisi. Il suo famoso *Tahqiq ma li'l-Hind* (*Storia dell'India*) costituisce forse lo sforzo maggiore che un Musulmano abbia sostenuto per andare al di là del mondo dell'Islam e appropriarsi di ciò cui altre tradizioni culturali attribuivano valore. La sua opera non è polemica, come egli stesso mette ben in chiaro nella prefazione:

> Questo non è un libro di controversia e dibattito, che presenta le argomentazioni di un avversario e discerne in esse ciò che è falso da ciò che è vero. È uno schietto resoconto, in cui sono presentate le affermazioni degli Indù, aggiungendovi ciò che i Greci hanno detto su argomenti analoghi, in modo da poter fare un paragone tra di loro.[5]

Il pensiero religioso e filosofico degli Indiani viene tratteggiato nel modo migliore:

> Dal momento che stiamo descrivendo cosa vi è in India, menzioniamo le loro superstizioni, ma sarà bene precisare che queste riguardano solo la gente comune. Coloro che seguono la via della salvezza o il cammino della ragione e della logica, e che desiderano la verità, eviterebbero di adorare chicchessia all'infuori di Dio solo, o qualsivoglia immagine di lui.[6]

In definitiva, egli fa osservare, le credenze degli Indù sono simili a quelle dei Greci; anche presso questi ultimi la gente comune adorava degli idoli, ai tempi dell'ignoranza religiosa che precedettero l'avvento del Cristianesimo, ma le persone colte avevano un modo di pensare simile a quello degli Indù. In una cosa, però, anche l'élite indù differiva dai Musulmani:

> Gli Indiani nella nostra epoca fanno molte distinzioni tra gli esseri umani. Noi siamo diversi da loro in questo, dal momento che consideriamo tutti gli uomini uguali tra loro, salvo che nella religiosità. Questa è la barriera più grande tra loro e l'Islam.[7]

Il mondo islamico

Col III e IV secolo dell'Islam (IX/X secolo d.C.) aveva ormai preso forma un'entità che si poteva con chiarezza riconoscere come «mondo islamico». Un viaggiatore che avesse girato il mondo sarebbe stato in grado di dire, sulla base di ciò che vedeva e udiva, se un paese era retto e popolato da Musulmani. Queste forme esteriori erano state veicolate da movimenti di popoli: da dinastie coi loro eserciti, commercianti in viaggio attraverso i mondi dell'Oceano Indiano e del Mar Mediterraneo, e artigiani che la protezione dei governanti e dei ricchi attirava da una metropoli all'altra. Avevano contribuito alla loro diffusione anche l'importazione e l'esportazione di oggetti che esprimevano un certo stile: libri, oggetti di metallo, ceramiche e in particolare, forse, tessuti, l'articolo principale dei commerci a lungo raggio.

Furono soprattutto i grandi edifici a costituire i simboli esteriori di questo «mondo dell'Islam». In un'epoca successiva sarebbero apparsi stili regionali per la costruzione di moschee, ma nei primi secoli vi erano delle caratteristiche comuni che si potevano rilevare da Cordoba fino all'Iraq. Oltre alle grandi moschee ve n'erano di più piccole per bazar, quartieri e villaggi, in cui si effettuava la preghiera ma non si teneva il sermone del venerdì; queste ultime si prestavano ad essere costruite con materiali indigeni ed a riflettere gusti e tradizioni locali.

A quest'epoca la moschea poteva trovarsi al centro di tutto un complesso di edifici religiosi: la casa in cui il *qadi* rendeva giustizia, ospizi per viandanti o pellegrini, e ospedali per gli ammalati; fondarli e mantenerli erano opere di carità raccomandate dal Corano. Vi era anche un altro tipo di edificio che svolse un ruolo particolare nel tenere unita la comunità islamica al di là dei confini di una singola città o regione. Si tratta del santuario. Alcuni santuari costituivano un luogo di pellegrinaggio e di preghiera ereditati da tradizioni religiose preesistenti e muniti di un significato islamico: la Ka'ba alla Mecca, la Cupola della Roccia a Gerusalemme, la Tomba di Abramo a Hebron. Ad essi si affiancarono nuovi poli di attrazione: le tombe di coloro la cui storia si era intrecciata con gli inizi dell'Islam. Anche se per i Musulmani Maometto era un uomo come tutti gli altri, si accolse l'idea che egli avrebbe compiuto opera di intercessione in favore del proprio popolo il Giorno del Giudizio, e i Musulmani presero l'abitudine di visitare la sua tomba a Medina nel corso del pellegrinaggio alla Mecca. Gli *imam* degli Sciiti, soprattutto quelli che avevano subito delle sofferenze, attrassero pellegrini fin dai primi momenti; vi sono degli elementi della tomba di 'Ali a Najaf che risalgono al IX secolo. Un po' alla volta si moltiplicarono per tutto il mondo musulmano le tombe di coloro che venivano considerati «amici di Dio» e dotati del potere di intercessione presso di lui; senza dubbio alcune di esse sorsero in località già considerate sacre da precedenti religioni o da un'immemorabile tradizione locale.

Un secondo tipo di edifici erano quelli intesi ad esprimere la potenza del sovrano. Tra questi vi erano grandi opere di pubblica utilità, caravanserragli lungo le vie carovaniere, e acquedotti o altre opere idrauliche; nei paesi riarsi del Medio Oriente e del Maghreb fare arrivare l'acqua agli abitanti di una città era un atto di buon governo, e l'irrigazione della terra era una pratica che si diffuse di pari passo con l'espansione araba nel Mediterraneo. Erano però i palazzi che esprimevano nel modo migliore la grandezza dell'impero: padiglioni di piacere collocati tra giardini ed acque correnti, emblemi di un paradiso esclusivo, e palazzi dei funzionari, centri del governo e della giustizia oltre che della vita principesca. Dei palazzi degli 'Abbasidi si sa qualcosa grazie alle descrizioni degli scrittori e ai resti che ancor oggi vi sono a Samarra. Si accedeva ad essi attraversando spazi lasciati aperti per parate o gare di equitazione; rinchiusi tra alte mura, sentieri che si snodavano attraverso giardini conducevano ad un susseguirsi di portali interni, finché, al centro, non si vedevano la dimora e gli uffici del califfo, con la sala a cupola in cui teneva i ricevimenti. Questi edifici, destinati ad esprimere potenza, magnificenza e godimento, nonché separatezza nei confronti del mondo esterno, vennero imitati in tutto il mondo musulmano e crearono uno stile internazionale che durò nei secoli.

In un certo senso nei palazzi non vi era nulla di particolarmente «islamico». Anche per essi, il fatto che un solo impero includesse una parte di mondo così vasta ebbe la conseguenza di fondere elementi di origine diversa in una nuova unità. I sovrani avevano contatti tra loro anche al di fuori del mondo dell'Islam; vi erano scambi di doni, le ambascerie riportavano in patria storie prodigiose, e le élite dominanti sono particolarmente aperte al desiderio di novità. Le decorazioni dei palazzi esprimevano temi che dovunque erano tradizionali nella vita dei principi, la battaglia e la caccia, il vino e le danze.

Questi temi venivano usati per le pitture delle pareti, in cui la raffigurazione di animali ed esseri umani aveva una parte di spicco. Negli edifici con destinazione religiosa, invece, la raffigurazione di esseri viventi veniva evitata; benché il ritrarre esseri viventi non fosse esplicitamente proibito dal Corano, la maggior parte dei giureconsulti, basandosi sugli *Hadith*, ritenevano che ciò costituisse un attentato al potere riservato solo a Dio, di creare la vita. Nella moschea umayyade di Damasco, i mosaici, eseguiti in epoca antica, ritraggono il mondo naturale e le case in un modo abbastanza realistico, che ricorda le decorazioni murali dei Romani, senza però raffigurare esseri animati. Ciononostante le pareti delle moschee e di altri edifici pubblici, non erano affatto spoglie. Le superfici erano ricoperte di decorazioni: forme di piante e fiori, che tendevano a diventare estremamente stilizzate, e disegni di linee e cerchi uniti in modo complicato e ripetuti incessantemente, e soprattutto calligrafie. L'arte dello scrivere ornato deve essere stata creata in gran parte da funzionari delle cancellerie dei sovrani, ma aveva un significato particolare per i Musulmani, che credevano che Dio avesse comunicato Se stesso a molti tramite la Sua Parola, in lingua araba; la scrittura di tale lingua venne sviluppata dai calligrafi in modi che erano adatti alla decorazione architettonica. Le parole in forme sempre mutevoli, ripetute o riunite in frasi, vennero frammiste a forme vegetali o geometriche. Fu così che la calligrafia divenne una delle più importanti arti islamiche, e la scrittura araba adornò non soltanto edifici ma anche monete, oggetti di ottone o ceramica, e tessuti, in particolare quelli prodotti nelle manifatture reali e dati in dono. La scrittura veniva usata per proclamare la gloria e l'eternità di Dio, come nelle iscrizioni che circondano la Cupola della Roccia, oppure la generosità e lo splendore di un benefattore, o la perizia di un architetto.

Le case costruite in quel periodo dalla popolazione musulmana delle città sono oggi scomparse, ma dei manufatti che venivano usati al loro interno ci è rimasto quanto basta per dimostrare che alcune di esse contenevano opere d'arte simili a quelle che vi erano nei palazzi. Vi erano libri copiati ed illustrati per mercanti e studiosi; vetri, oggetti di metallo e di ceramica che venivano prodotti per essi; importanti erano soprattutto i tessuti: i pavimenti erano coperti di tappeti, i telai dei bassi divani avevano dei rivestimenti di tessuto, alle pareti erano appesi tappeti o stoffe. E tutto ciò presentava, nel complesso, lo stesso genere di decorazioni degli edifici religiosi, piante e fiori stilizzati, disegni geometrici e parole arabe. Mancano temi specificamente reali, ma la figura umana - almeno per diverso tempo - non è del tutto assente; le ceramiche di produzione egiziana contengono raffigurazioni umane, e i manoscritti fanno uso di animali o esseri umani per illustrare delle favole o per ritrarre scene di vita di tutti i giorni.

Nel X secolo, dunque, uomini e donne del Vicino Oriente e del Maghreb vivevano in un universo che veniva definito in termini di Islam. Il mondo era diviso in Dimora dell'Islam (*Dar al-Islam*) e Dimora della Guerra (*Dar al-Harb*), e i luoghi sacri ai Musulmani o collegati alla loro storia più antica conferivano alla Dimora dell'Islam la sua impronta caratteristica. Il tempo era scandito dalle cinque preghiere quotidiane, dal sermone settimanale nella moschea, dal digiuno annuale nel mese di Ramadan e dal pellegrinaggio alla Mecca, nonché dal calendario islamico.

L'Islam fornì agli uomini anche un'identità per potersi definire nei confronti degli altri. Come tutti gli uomini, i Musulmani avevano diversi livelli di vita. Essi non pensavano sempre al Giudizio ed al Cielo. Al di là della loro esistenza come individui, per le necessità di tutti i giorni essi si definivano perlopiù sulla base della famiglia o del gruppo familiare allargato, del gruppo pastorale o della tribù, del villaggio o del distretto rurale, del quartiere o della città. Oltre a ciò, tuttavia, essi erano consapevoli di far parte di qualcosa di più vasto: la comunità dei credenti (la *umma*). Gli atti rituali che compivano in comune, l'accettazione di una concezione comune del destino dell'uomo in questo e nell'altro mondo, creavano dei legami tra loro e li separavano dagli appartenenti ad altre fedi, sia che vivessero tra loro nella Dimora dell'Islam, sia che vivessero al di fuori dei suoi confini.

All'interno di questo «mondo dell'Islam», a un livello intermedio tra quest'ultimo e i piccoli gruppi di aggregazione della vita di tutti i giorni, vi erano delle entità che nel complesso non crearono lealismi altrettanto forti e durevoli. Simili lealismi potevano venirsi a creare per il fatto di servire o essere sottomessi ad una dinastia, in particolare se di lunga durata. Anche il fatto di parlare una stessa lingua deve avere creato una sensazione di facilità nel comunicare, ed una specie di orgoglio. Nell'XI secolo, l'identificazione degli Arabi con l'Islam era già così forte da far dire allo stesso al-Biruni, che pure era di origine iranica:

> La nostra religione e il nostro impero sono arabi e gemelli, l'una protetta dalla potenza di Dio, l'altra dal Signore del Cielo. Quanto spesso le tribù di sudditi si sono riunite allo scopo di conferire un carattere non-arabo allo Stato! Ma esse non riuscirono nel loro intento.[8]

Naturalmente, non esisteva il concetto del moderno nazionalismo su base etnica, secondo cui coloro che condividono una stessa lingua debbano vivere insieme in una società politica esclusiva, né tantomeno quello di nazione territoriale, residente in una parte di terra chiaramente delimitata rispetto alle altre da confini naturali. Vi era, però, una certa coscienza delle caratteristiche peculiari di una metropoli e del suo hinterland, che poteva esprimersi in termini islamici. Uno studio sull'Egitto ha rivelato quanto fosse persistente la coscienza della sua natura particolare: i suoi doni della natura e la sua fertilità, la sua collocazione nella storia dell'Islam, i suoi eroi, martiri e santi. Dietro a ciò sopravviveva qualche reminiscenza di un passato che risaliva a molto prima dell'Islam: le meraviglie superstiti del mondo antico, le Piramidi e la Sfinge, nonché gli antichi santuari, i riti e le credenze delle campagne, ai quali uomini e donne potevano ancora guardare per avere protezione.[9]

Capitolo Quarto

L'ELABORAZIONE DELL'ISLAM

La questione dell'autorità

La diffusione dell'arabo presso altri popoli cambiò la natura di ciò che veniva scritto in questa lingua, e ciò apparve chiaro non solo in scritti laici, ma anche, e con maggiore evidenza, in un nuovo genere di letteratura in cui si andarono elaborando il significato e le conseguenze implicite nella rivelazione discesa su Maometto. Coloro che accettavano l'Islam si trovavano inevitabilmente ad affrontare interrogativi che venivano posti non solo da una curiosità intellettuale ma anche dalle critiche avanzate da Cristiani, Ebrei e Zoroastriani, e ancor di più, forse, dalla necessità di trarre le debite conseguenze della fede nella vita e nella società. Essi cercavano naturalmente di dare una risposta a queste domande alla luce del bagaglio di conoscenze di cui disponevano e del loro modo di pensare: quello che essi portavano con sé nella nuova comunità, o trovavano presso quanti non si erano convertiti, dal momento che nei primi secoli tra Ebraismo, Cristianesimo ed Islam vi era un'apertura reciproca superiore a quella che vi sarebbe stata in epoche successive. Inoltre, è ovvio che il processo avvenne in modo più fruttuoso là dove più era radicata una tradizione di pensiero e una quantità di conoscenze. Il mutamento di dimensioni e il trasferimento del centro di gravità che si verificarono nello Stato ebbero un parallelo nel campo del pensiero. La Mecca e Medina non cessarono di essere importanti, ma la Siria lo fu di più, e l'Iraq fu più importante di tutti, col suo ricco substrato culturale di Ebraismo, Cristianesimo nestoriano e religioni iraniche.

L'articolarsi dell'Islam in una quantità di scienze e pratiche religiose ebbe luogo in grande misura nell'Iraq dell'epoca 'abbaside, e in un certo senso questo fenomeno fu una continuazione dei movimenti di pensiero che avevano avuto inizio ben prima della comparsa dell'Islam, anche se ciò non vuol dire che l'Islam non li abbia indirizzati in nuove direzioni.

I materiali su cui potevano operare studiosi e pensatori erano molteplici. Prima di tutto, vi era il Corano. Indipendentemente da quando abbia assunto la sua forma definitiva, non sembra esserci motivo di dubitare che la sua sostanza esistesse fin dal tempo del Profeta: Dio onnipotente; i profeti attraverso i quali Egli comunicava con l'umanità; la fede, la gratitudine e le opere di preghiera e carità che Egli richiedeva agli uomini; il giudizio dell'ultimo giorno, quando si sarebbe vista la Sua pietà nonché la Sua giustizia.

In secondo luogo, vi era una viva tradizione di come si era comportata la comunità dai tempi del Profeta in poi, trasmessa ed elaborata dalle generazioni successive, il cui nucleo era costituito da una sorta di ricordo collettivo di come era stata la persona del Profeta. Vi era anche il ricordo degli atti pubblici della comunità e dei suoi capi, i califfi, della loro linea di condotta e dei loro conflitti, in particolare dei dissensi e conflitti del regno di 'Uthman, dei movimenti di opposizione che ad esso posero fine, e di quello di 'Ali e dei primi scismi tra i seguaci di Maometto.

Non solo la tradizione di convertiti colti, ma la natura essenziale dello stesso Islam – la rivelazione di parole, e dunque di idee e conoscenze – rendevano urgente per quanti desideravano conformarsi al Volere di Dio la ricerca della conoscenza e la riflessione su di essa. La ricerca della conoscenza religiosa, *'ilm*, cominciò presto nella storia dell'Islam, e un po' alla volta venne costituendosi una corporazione di studiosi musulmani informati e zelanti (*'alim*, pl. *'ulama*).

Le linee di pensiero e di studio lungo le quali si sviluppò l'Islam furono numerose, ma chiaramente connesse tra loro. Il problema che emerse per primo e con maggiore urgenza fu quello dell'autorità. La predicazione di Maometto aveva fatto sorgere una comunità impegnata a vivere in conformità con le norme contenute in modo esplicito o implicito nel Corano. A chi spettava l'autorità all'interno di quella comunità, e che genere di autorità doveva esercitare? Questo fu un interrogativo che venne posto dai dissensi e conflitti del primo mezzo secolo, e le risposte che ad esso vennero date discendevano da una riflessione su tali disordini. La successione a Maometto, il califfato (o l'*imamato*, come veniva anche chiamato) doveva essere aperto a tutti i Musulmani, o solo ai Compagni del Profeta, o solo ai suoi familiari? Come andava scelto il califfo? Quali erano i limiti del suo legittimo agire? Se agiva in modo ingiusto, gli si doveva disobbedire o lo si doveva deporre?

Gradualmente si andarono cristallizzando diversi atteggiamenti riguardo a tali problemi. L'atteggiamento di coloro che ad un certo punto vennero chiamati Sunniti sottolineava il fatto che l'importante per tutti i Musulmani era vivere insieme in pace ed unità, e ciò implicava la loro accettazione del fatto compiuto. Essi finirono per ammettere la legittimità di tutti e quattro i primi califfi, in quanto virtuosi e ben guidati (*Rashidûn*); i califfi successivi potevano anche non avere agito sempre rettamente, ma andavano accettati come legittimi in quanto non erano andati contro i comandamenti fondamentali di Dio. Esiste qualche testimonianza del fatto che i califfi Umayyadi abbiano avanzato la pretesa di essere non solo i successori del Profeta alla guida della comunità, ma i rappresentanti di Dio in terra e gli interpreti in ultima istanza della legge divina.[1] Tuttavia la Sunna nella sua forma definitiva non considerava i califfi né profeti né interpreti infallibili della fede, bensì dei dirigenti il cui compito era quello di assicurare la pace e la giustizia all'interno della comunità; per fare ciò essi dovevano possedere adeguate virtù e conoscere la legge religiosa. Vi era un ampio consenso sul fatto che essi dovessero essere discendenti della tribù dei Quraysh di cui aveva fatto parte il Profeta.

Gradualmente, quei movimenti che si opponevano all'autorità dei califfi svilupparono proprie teorie in fatto di legittima autorità. Gli Ibaditi sostenevano che non era necessario che ci fosse sempre un *imam*, ma che ogni Musulmano poteva diventare *imam*, indipendentemente dalla sua famiglia di origine. Egli avrebbe dovuto essere scelto dalla comunità; avrebbe dovuto agire rettamente in conformità con le leggi ricavate dal Corano e dagli Hadith, e se si fosse dimostrato ingiusto, avrebbe dovuto essere deposto. I movimenti sciiti non ammettevano le pretese dei primi tre califfi, ma ritenevano che l'unico legittimo successore designato del Profeta nella carica di *imam* fosse stato 'Ali ibn Abi Talib. Vi erano però divergenze al loro interno circa la linea di successione da 'Ali in poi e circa l'autorità degli *imam*. Il punto di vista degli Zayiditi era il più vicino a quello dei Sunniti. Essi sostenevano che poteva essere *imam* qualunque discendente di 'Ali per parte di sua moglie Fatima, purché avesse la necessaria conoscenza e pietà e avesse mostrato la forza di levarsi contro l'ingiustizia. Vi poteva quindi essere una stirpe di *imam* in perpetuo rinnovamento. Inoltre essi non credevano che gli *imam* avessero un'autorità infallibile o sovrumana.

Gli altri due importanti movimenti sciiti si spingevano invece ancora più in là. Entrambi sostenevano che l'imamato veniva trasmesso per designazione da parte dell'*imam* di turno, e che l'*imam* così designato era l'unico ed infallibile interprete della rivelazione di Dio tramite il Profeta. Il movimento che avrebbe poi guadagnato il maggior numero di aderenti sosteneva che la successione si era trasmessa tra i discendenti di 'Ali fino a che il dodicesimo della serie non scomparve alla vista nel IX secolo (donde la loro denominazione popolare di «Duodecimani» o *Ithna'ashariyya*). Dal momento che il mondo non poteva esistere senza un *imam*, erano convinti che il dodicesimo non fosse morto ma era ancora vivo in «occultamento» (*ghayba*); in un primo momento esso comunicava con il popolo musulmano attraverso intermediari, ma dopo di allora egli stette fuori dalla vista del mondo dei vivi, che rimasero in attesa della sua ricomparsa per instaurare il regno della giustizia. Gli Ismailiti, per parte loro, erano d'accordo sul fatto che l'*imam* fosse l'interprete infallibile della verità, ma sostenevano che la serie degli *imam* visibili era terminata con il settimo, Muhammad ibn Isma'il. (Alcuni di essi, però, modificarono le proprie convinzioni quando i califfi fatimidi avanzarono la propria pretesa all'imamato.)

Questi differenti punti di vista sul califfato o imamato erano destinati, col tempo, ad avere svariate implicazioni sulla natura del governo e sul suo ruolo nella società. Sia quella ibadita che quella zayidita erano comunità che si erano ritirate dalla società islamica universale per rifiuto dell'autorità di governi ingiusti; essi desideravano vivere sotto la legge religiosa come la interpretavano loro, e non avevano intenzione di attribuire ad un *imam* o a qualunque altro sovrano un potere che lo avrebbe potuto indurre ad agire in modo ingiusto. Dall'altra parte, Sunniti, Sciiti «duodecimani» e Ismailiti, ciascuno a suo modo, volevano un'autorità che potesse sia sostenere la legge sia mantenere l'ordine della società; una volta trascorsi i primi momenti, la conseguenza di ciò fu la separazione di fatto tra quanti difendevano la legge (per i Sunniti gli *'ulama*; per gli Sciiti l'*imam* nascosto) e gli uomini d'arme che avevano il potere di far osservare l'ordine temporale.

Il potere e la giustizia di Dio

Gli interrogativi sull'autorità umana erano in un certo senso il riflesso di interrogativi più fondamentali suscitati dal Corano: interrogativi sulla natura di Dio e sui Suoi rapporti con l'umanità, sulla Sua unità e sulla Sua giustizia.

Il Dio del Corano è trascendente ed unico, ma il Corano ne parla come se fosse dotato di attributi: volontà, conoscenza, udito, vista e parola; ed in un certo senso il Corano è la Sua Parola. Come si può conciliare il possesso di attributi con l'unità di Dio? E come, in particolare, questi attributi, che sono anche propri degli esseri umani, possono essere descritti in termini che preservino la distanza infinita tra Dio e gli uomini? Che relazione vi è tra il Corano e Dio? Può essere detto parola di Dio senza che ciò implichi che Dio possieda un attributo della parola simile a quello delle Sue creature? Questo genere di problemi è implicito in ogni religione assertrice di un Dio supremo rivelatoSi in qualche forma agli esseri umani. Per i Cristiani, la rivelazione è stata fatta da una persona, e gli interrogativi teologici fondamentali nei primi secoli furono quelli della relazione tra questa Persona e Dio; per i Musulmani, la rivelazione è un Libro, e per questo è fondamentale l'interrogativo circa la natura del Libro.

La questione della natura di Dio conduce logicamente a quella dei Suoi rapporti con gli uomini. Sicuramente a chiunque avesse letto il Corano o lo avesse sentito recitare dovevano restare impresse nella mente due cose: che Dio era onnipotente ed onnisciente, ma che in qualche modo l'uomo era responsabile delle proprie azioni e per esse sarebbe stato giudicato da Dio. Come potevano conciliarsi tra loro queste due affermazioni? Anche qui abbiamo a che fare con un problema implicito in una fede monoteistica: se Dio è onnipotente, come può permettere il male, e come può giustamente condannare gli uomini per le loro cattive azioni? Per dirla più in generale: l'uomo è libero di intraprendere i propri atti, o essi vengono tutti da Dio? Se egli non è libero, può essere giusto che Dio lo giudichi? Se egli è libero, e può quindi essere giudicato da Dio, sarà giudicato sulla base di qualche principio di giustizia che è in grado di riconoscere? E se è così, non vi è un principio di giustizia che determina gli atti di Dio, e allora Dio può essere detto onnipotente? Come saranno giudicati i Musulmani: solo per la loro fede, o per la fede unita alla sua espressione verbale, o anche per le opere buone?

Simili interrogativi sono impliciti nel Corano e si presentavano a chiunque vi si accostasse con serietà, ma una riflessione sistematica su di essi richiedeva non solo un testo da prendere in considerazione ma anche un metodo per farlo: una convinzione che la conoscenza potesse essere raggiunta dalla ragione umana che operasse secondo certe regole. Questa fede nella ragione rettamente guidata aveva formato la vita intellettuale delle regioni in cui si era diffuso l'Islam, compreso l'Hijaz; nello stesso Corano si hanno tracce di argomentazioni dialettiche. Non sorprende quindi che, forse alla fine del I secolo dell'Islam (o il VII d.C.) i più antichi documenti giunti fino a noi la mostrino applicata all'esegesi del Corano nello Hijaz, in Siria ed in Iran. Fecero la loro comparsa i primi gruppi che possono essere definiti scuole di pensiero: coloro che deducevano che l'uomo ha libero arbitrio e crea i propri atti, e coloro che invece sostenevano che egli non ha libero arbitrio, ed anche che Dio non ha attributi in comune con gli uomini mediante i quali Lo si possa descrivere.

Verso la metà del II secolo dell'Islam (VIII secolo d.C.) venne alla luce una scuola in piena regola, composta da pensatori con punti di vista chiari e coerenti su di un'estesa gamma di problemi; naturalmente, però, accomunarli in una scuola non implica che essi avessero esattamente le stesse idee o che le loro idee non subissero un'evoluzione da una generazione all'altra. Si trattava dei Mu'taziliti (o «Coloro che si tengono appartati»). Essi erano convinti che la verità potesse essere raggiunta servendosi del ragionamento applicato a ciò che è fornito dal Corano, e in questo modo essi ottennero delle risposte agli interrogativi posti poc'anzi. Dio è Uno. Egli non ha attributi che appartengano alla Sua essenza. In particolare, Egli non ha attributi umani; il Corano non può essere stato pronunciato da Lui, deve essere stato creato in un altro modo. Dio è giusto, e quindi costretto da un principio di giustizia; l'uomo deve dunque essere libero, perché non sarebbe giusto giudicare gli uomini per atti che non sono liberi di commettere. Se gli atti dell'uomo sono liberi e soggetti ad un giudizio, ne consegue che la fede non è sufficiente senza le opere buone; un Musulmano che si sia macchiato di gravi colpe non può essere chiamato né infedele né vero credente, ma ha una posizione intermedia tra queste due.

Nello stesso tempo, però, si stava affermando un altro modo di considerare questi problemi, più cauto e scettico circa la possibilità di conseguire con la ragione una verità sulla quale fossero tutti d'accordo, e anche più consapevole del pericolo che rappresentava per la comunità lo spingersi troppo oltre nell'argomentare e dibattere razionalmente. Per coloro che la pensavano in questo modo, il mantenimento dell'unità del popolo di Dio era più importante del conseguimento di un accordo generale su questioni di dottrina. Secondo loro, la parola del Corano era l'unica solida base su cui si poteva fondare la fede e la pace della comunità; e il Corano andava interpretato, là dove ce ne fosse la necessità, alla luce del modo di agire abituale del Profeta e dei suoi Compagni, la *sunna*, come era stata trasmessa alle generazioni successive. Questo era un atteggiamento che dovette esistere fin da epoche antiche, ma per sua natura tese a cristallizzarsi in un corpo dottrinale un po' più tardi delle scuole che invece si affidavano maggiormente alla speculazione. La persona cui si deve la maggiore responsabilità nel diffondere questo atteggiamento fu Ahmad ibn Hanbal (780-855), perseguitato sotto Ma'mun. L'unico punto fermo da considerare è il Corano e la *sunna* del Profeta, e questi ci fanno vedere che Dio è onnipotente, e che la Sua giustizia non è come la giustizia umana. Se il Corano Gli assegna degli attributi, questi vanno accettati come attributi divini, senza analogie con gli attributi umani, e senza porsi la domanda di come essi a Lui ineriscano. Tra questi attributi vi è il Corano. Esso è la Sua parola, perché lo dice lo stesso Corano; ed è increato, perché «nulla di Dio è creato, e il Corano è di Dio». L'uomo ha il dovere di corrispondere alla Volontà di Dio con gli atti oltre che con la fede. Questo concetto di un Dio che giudica in un modo misterioso potrebbe sembrare duro, ma contiene implicitamente una sorta di rassicurazione su di una sollecitudine di fondo per il mondo, anche se il suo modo di esplicarsi non è quello degli uomini, e sul fatto che quanto è accaduto nella loro storia fa parte della Volontà di Dio al loro riguardo. Con questo nucleo di idee viene ad articolarsi il Sunnismo.

La controversia tra i razionalisti e i seguaci di ibn Hanbal continuò a lungo, e il dibattito si sviluppò in altre direzioni. I pensatori Mu'taziliti che seguirono furono fortemente influenzati dal pensiero greco; la loro importanza prese a diminuire presso la comunità sunnita che si andava affermando, mentre la loro influenza rimase forte nelle scuole di pensiero sciite man mano che queste si svilupparono, a partire dall'XI secolo. Un pensatore che sostenne ampiamente la posizione «tradizionalista» usò il metodo del discorso razionale (*kalâm*) per difenderla: al-Ash'ari (m. 935) si attenne all'interpretazione letterale del Corano, sostenendo, però, che se ne poteva rendere conto con la ragione, almeno fino a un certo punto, e che oltre quel punto esso andava semplicemente accettato. Dio era Uno; i Suoi attributi erano parte della Sua essenza; essi non erano Dio, ma non erano altro che Dio. Tra essi vi erano l'udito, la vista e la parola, che però non erano come l'udito, la vista e la parola degli uomini; essi vanno accettati «senza chiedersi come» (*bila kayf*). Dio è la causa diretta di tutto ciò che avviene nell'universo, e non è limitato da alcunché al di fuori di Sé. Al momento dell'azione, Egli dà all'uomo il potere di agire; Egli vuole e crea sia ciò che è bene sia ciò che è male nel mondo. La risposta appropriata da parte dell'uomo alla Parola di Dio rivelata è la fede; se egli ha la fede senza le opere è sempre un credente, e il Profeta intercederà per lui nell'ultimo giorno.

Nel pensiero di Ash'ari vi è un accento sull'importanza di non litigare in materia di religione, e anche di accettare l'autorità dell'*imam* o del califfo e di non ribellarsi ad essa con la spada. Continuavano però ad esservi opinioni divergenti: a proposito della legittimità di un'interpretazione metaforica del Corano, in contrapposizione a quella letterale; a proposito del senso preciso di Corano «increato» (con ciò ci si riferisce al testo in quanto tale, o solo alla trasmissione del testo agli uomini?) e a proposito della necessità delle opere oltre alla fede. Simili divergenze, però, di solito non portarono a conflitti all'interno della comunità sunnita.

La Shari'a

Il Corano non contiene al proprio interno, se non implicitamente, un sistema dottrinale, ma dice agli uomini ciò che Dio vuole che essi facciano. Esso è anzitutto una rivelazione della Sua Volontà: che cosa devono fare gli uomini per compiacerlo, e come saranno giudicati nell'ultimo giorno. Al suo interno troviamo alcune disposizioni specifiche, per esempio in fatto di matrimonio e di divisione della proprietà di un Musulmano dopo la sua morte, ma esse sono limitate, e per lo più la Volontà di Dio viene espressa in termini di principi generali. Disposizioni e principi generali riguardano sia il modo in cui gli uomini devono adorare Dio sia il modo in cui devono agire tra loro, ma questa divisione è in certa misura artificiale, perché gli atti di adorazione hanno un carattere sociale, e gli atti di giustizia e carità sono in un certo senso rivolti a Dio.

Le riflessioni sul Corano e sul modo di agire della comunità dei primi tempi produssero ben presto un consenso generale attorno a certi obblighi fondamentali dei Musulmani, i cosiddetti «Pilastri dell'Islam». Tra questi vi era il fatto di professare a voce che «non vi è dio all'infuori di Iddio, e Maometto è il Profeta di Dio». In secondo luogo, vi era la preghiera rituale, con date formule ripetute un certo numero di volte con il corpo in particolari atteggiamenti; esse dovevano avere luogo cinque volte al giorno. Altri «Pilastri» erano il dare una certa percentuale dei propri guadagni per specifici tipi di opere di carità o pubblica utilità; un rigoroso digiuno, dall'alba al tramonto, per un intero mese dell'anno, quello di Ramadan, al cui termine vi era una festa; e lo Hajj, il pellegrinaggio alla Mecca, in un determinato periodo dell'anno, che comprendeva un certo numero di atti rituali, e terminava anch'esso con una festa celebrata da tutta la comunità. A questi atti specifici si aggiungeva anche una esortazione generale a sforzarsi sulla via di Dio (*jihad*), il che poteva avere un significato generico od uno più preciso: quello di combattere per estendere i confini dell'Islam.

Fin dagli inizi, però, vi fu l'esigenza di qualcosa di più di un consenso sugli atti di culto fondamentali. Da una parte vi erano coloro che consideravano con serietà il Corano e ritenevano che esso contenesse, implicitamente, precetti su ogni aspetto della vita, dal momento che tutti gli atti degli uomini sono significativi agli occhi di Dio e tutto verrà tenuto in considerazione il Giorno del Giudizio. Dall'altra parte vi erano il sovrano e i suoi delegati, che avevano la necessità di prendere delle decisioni su tutta una serie di problemi, e tanto le loro convinzioni quanto i termini in cui essi giustificavano la loro sovranità li inducevano a prendere decisioni che quantomeno non fossero in palese contraddizione con ciò che il Corano aveva detto, in modo esplicito o implicito.

All'epoca dei primi califfi e degli Umayyadi, quindi, si assisté a due modi di procedere. Il sovrano, i suoi governatori e dei funzionari delegati all'uopo, i *qadi*, amministravano la giustizia e dirimevano controversie, prendendo in considerazione gli usi esistenti e le leggi delle diverse regioni. Nello stesso tempo, dei Musulmani seri e impegnati cercavano di ricondurre tutto l'umano agire sotto il giudizio della loro religione, per elaborare un sistema ideale di comportamento degli uomini. Per fare ciò, essi dovettero prendere in considerazione ed interpretare le parole del Corano, ed anche le memorie della comunità che erano state tramandate: come si supponeva che avesse agito il Profeta (il suo comportamento abituale o *sunna*, che veniva progressivamente fissato nelle «tradizioni» o *hadith*); come prendevano decisioni i primi califfi; quale era ritenuto il modo giusto di comportarsi secondo la saggezza accumulata dalla comunità (la *sunna* della comunità).

Questi due modi di procedere non erano completamente divergenti tra loro. È assai probabile che il califfo, il governatore, o il *qadi* finissero per modificare usi preesistenti alla luce delle idee che si andavano formando su quello che imponeva l'Islam; e che da parte loro gli studiosi introducessero nel loro sistema ideale elementi tratti dagli usi tradizionali delle rispettive comunità. Nelle prime fasi, però, le divergenze rimasero notevoli. Inoltre, all'interno di ogni indirizzo vi erano tendenze diverse. Se si pensa al modo in cui venne creato e amministrato l'impero, gli usi e le norme delle diverse regioni dovevano essere estremamente differenziati. Per parte loro, gli studiosi erano disseminati in diverse città, la Mecca e Medina, Kufa e Bàssora, le città della Siria, e ognuna di esse aveva un proprio modo di pensare, che rispecchiava le sue memorie tradizionali nonché i bisogni e il modo di agire abituale della regione, cristallizzato in un consenso locale (*ijma'*).

Con l'avvento degli 'Abbasidi a metà del II secolo dell'Islam (VIII secolo d.C.), la situazione mutò. La creazione di uno Stato centralizzato, governato burocraticamente, rese indispensabile il conseguimento di un accordo sul modo in cui si dovevano dirimere le controversie e regolare la società; e la pretesa degli 'Abbasidi di una giustificazione religiosa del loro governo rese essenziale che ogni cosa su cui si conseguisse un accordo apparisse fondata sugli ammaestramenti dell'Islam. Fu così che si verificò un avvicinamento dei due procedimenti. Il *qadi* divenne, perlomeno in teoria, un giudice indipendente dal potere esecutivo, che prendeva decisioni alla luce degli ammaestramenti della religione. Si fece quindi ancora più pressante il bisogno di un accordo generale a proposito delle implicazioni dell'Islam. Il Corano, il modo di agire o *sunna* del Profeta incorporato negli *hadith*, le opinioni di gruppi di studiosi, la consuetudine o *sunna* delle comunità locali che era in via di elaborazione: tutto ciò era importante, ma fino a quel momento non vi era accordo su quali dovessero essere i rapporti tra questi diversi fattori. Gli studiosi sostenevano punti di vista differenti: Abu Hanifa (ca. 699-767) poneva l'accento soprattutto sulle opinioni raggiunte col ragionamento individuale, Malik (ca. 715-795) invece sulle consuetudini di Medina, pur ammettendo anche la validità del ragionamento alla luce dell'interesse della comunità.

Il passo decisivo nella definizione dei rapporti tra i diversi fondamenti delle decisioni legali fu fatto da al-Shafi'i (767-820). Il Corano, egli sosteneva, era la Parola letterale di Dio: esso esprimeva la Volontà di Dio in forma sia di principi generali che di disposizioni specifiche riguardo a determinati argomenti (preghiera, elemosina, digiuno, pellegrinaggio, la proibizione dell'adulterio, di bere vino e di mangiare carne di maiale). Eguale importanza aveva, tuttavia, il modo di agire o *sunna* del Profeta come era stato registrato negli *hadith*; essa aveva un peso maggiore rispetto alla consuetudine accumulata dalle comunità. La *sunna* del Profeta era una chiara manifestazione della Volontà di Dio, e questa sua condizione era confermata dai versetti del Corano: «Oh voi che avete creduto, obbedite a Dio ed al Suo Apostolo».[2] I fatti e i detti del Profeta fornivano chiarimenti su ciò che era solo implicito nelle disposizioni generali del Corano, e fornivano anche una guida su questioni su cui il Corano non si esprimeva. Secondo Shafi'i, il Corano e la *sunna* erano infallibili allo stesso modo. La *sunna* non poteva abrogare il Corano, ma allo stesso modo il Corano non poteva abrogare la *sunna*. Tra l'uno e l'altra non potevano esserci contraddizioni; le contraddizioni apparenti potevano conciliarsi, o si poteva anche pensare che un versetto più recente del Corano o un detto più recente del Profeta abrogassero un versetto o un detto di epoca più antica.[3]

Per quanto chiara fosse l'espressione della Volontà di Dio nel Corano o nella *sunna*, rimanevano pur sempre questioni di interpretazione o di applicazione dei principi a situazioni nuove. Secondo il modo di pensare elaborato da Shafi'i, l'unico modo di evitare errori per un comune Musulmano era quello di lasciare a persone dotte in materia religiosa la facoltà di fare uso del ragionamento per spiegare ciò che era contenuto nel Corano e negli Hadith, limitando rigorosamente il ricorso a questo procedimento. Dovendo affrontare una nuova situazione, coloro che erano qualificati a fare uso del ragionamento dovevano procedere per analogia (*qiyas*): dovevano cercare di trovare qualche elemento della situazione che fosse simile, in modo appropriato, a un elemento di una situazione per la quale già esistesse una norma. L'esercizio del ragionamento disciplinato in questo modo fu noto come *ijtihad*, e se ne poté trovare la giustificazione in un *hadith*: «i dotti sono gli eredi dei profeti».

Quando vi era un consenso generale come risultato di un simile esercizio di ragionamento, allora si soleva considerare questo consenso (*ijma'*) alla stregua di una verità certa e incontestabile.

Lo stesso Shafi'i stabilì questo principio nella sua forma più ampia: una volta che la comunità nel suo complesso ha raggiunto l'accordo su di un argomento, la questione era chiusa per sempre; secondo un *hadith*, «nella comunità nel suo complesso non vi è errore circa il significato del Corano, della *sunna* e dell'analogia». Pensatori successivi, però, compresi coloro che consideravano Shafi'i il proprio maestro, formularono il principio in modo alquanto diverso: l'unico *ijma'* valido era quello degli studiosi, in quanto competenti a esercitare l'*ijtihad*, in un particolare periodo.

A questi principi interpretativi fu aggiunto da Shafi'i, e generalmente accolto, una sorta di corollario: coloro che interpretavano il Corano e la *sunna* non potevano farlo senza un'adeguata conoscenza della lingua araba. Shafi'i citava brani del Corano che menzionavano il fatto che esso era stato rivelato in arabo: «Noi ti abbiamo rivelato un Corano arabo... in chiara lingua araba».[4] Ogni Musulmano, secondo l'opinione di Shafi'i, avrebbe dovuto imparare l'arabo, perlomeno fino al punto di riuscire a recitare la professione di fede (*shahada*), recitare il Corano, e invocare il nome di Dio (*Allahu akbar*, «Dio è il più grande»); gli studiosi di religione avevano bisogno di saperne ancora di più.

Una volta stabiliti e accettati da tutti questi principi, fu possibile cercare di riferire ad essi l'intera massa delle leggi e dei precetti morali. Questo processo di rimeditazione fu conosciuto come *fiqh*, e il suo prodotto finì per essere chiamato *shari'a*. Col tempo emersero un certo numero di «scuole» di giurisprudenza (*madhhab*), che presero nome dai primi autori ai quali facevano risalire la propria origine: gli Hanafiti da Abu Hanifa, i Malikiti da Malik, gli Shafi'iti da al-Shafi'i, gli Hanbaliti da Ibn Hanbal, e altre ancora che non sono giunte fino a noi. Esse differivano tra loro non solo su punti essenziali della giurisprudenza, ma addirittura sulle stesse fonti del diritto (*usul al-fiqh*), e in particolare sul posto spettante agli Hadith e sulla legittimità, sui limiti e sui metodi dell'*ijtihad*.

Tutte e quattro le scuole rientravano nella comunità sunnita. Altri gruppi musulmani si crearono propri sistemi di leggi e una loro moralità sociale. Quelli degli Ibaditi e degli Zayditi non differivano granché dalle scuole sunnite, ma tra gli Sciiti «duodecimani» le fonti del diritto erano definite in modo diverso; il consenso della comunità era valido solo se in esso era compreso l'*imam*. Vi erano anche alcuni punti sostanziali che caratterizzavano il diritto sciita.

Nonostante la natura parzialmente teorica della *shari'a*, o forse proprio a causa di ciò, coloro che la insegnavano, la interpretavano e la amministravano, gli *'ulama*, finirono per occupare una posizione importante negli Stati e nelle società musulmane. In qualità di custodi di un'elaborata normativa di comportamento sociale, essi potevano, fino a un certo punto, imporre dei limiti alle azioni dei sovrani, o perlomeno dar loro dei consigli; potevano anche agire come portavoce della comunità, o quantomeno della sua componente urbana. Nel complesso, però, essi cercarono di mantenersi al di fuori sia del governo che della società, preservando la sensazione di una comunità a guida divina, che dura nel tempo e non è legata agli interessi dei sovrani o ai capricci degli umori popolari.

Le tradizioni del Profeta

Le controversie politiche e teologiche dei primi tre secoli fecero ricorso agli Hadith, e anche per il sistema giuridico, man mano che si andava costituendo, gli Hadith furono importanti in quanto fonte di diritto. I rapporti della teologia e della giurisprudenza con gli Hadith furono però più complessi. Non solo esse fecero ricorso agli Hadith, ma in larga misura crearono la raccolta di tradizioni qual è giunta fino a noi, e questo processo condusse alla nascita di un'altra scienza religiosa, quella della critica degli Hadith, che sviluppò e si servì di criteri per distinguere le tradizioni che potevano essere considerate autentiche da quelle che erano più dubbie o manifestamente false.

Fin dagli inizi, la comunità sorta intorno a Maometto ebbe un sistema di comportamento abituale, una *sunna*, in due distinte accezioni. Come comunità essa creò progressivamente i propri modelli di retto comportamento, sviluppati e garantiti da un certo tipo di consenso.

Inoltre, al suo interno vi erano anche delle persone che cercavano di preservare la *sunna* del Profeta, la memoria di ciò che egli aveva fatto e detto. I suoi Compagni lo avrebbero ricordato e avrebbero trasmesso alla generazione successiva ciò che sapevano. Il ricordo del suo comportamento e delle sue parole, il *hadith*, venne registrato non solo oralmente ma anche per iscritto fin dai primi tempi. Benché qualche devoto musulmano guardasse con sospetto la pratica di mettere per iscritto gli *hadith*, pensando che ciò potesse andare a detrimento della condizione unica del Libro, altri la incoraggiavano, e già alla fine dell'epoca Umayyade avevano assunto forma scritta molti degli *hadith* che in seguito sarebbero stati incorporati nelle bibliografie del Profeta.

Tuttavia, il processo non si arrestò qui. Sia la *sunna* della comunità sia la registrazione di quella del Profeta ebbero forme diverse a seconda delle località e dei momenti storici. I ricordi si affievoliscono, i resoconti si trasformano in racconti, e non tutti coloro che li registrano sono fedeli. Delle due, agli inizi era la *sunna* della comunità che aveva maggiore importanza, ma coll'andar del tempo i giuristi e alcuni teologi finirono per dare maggiore risalto a quella del Profeta. Gli esperti di diritto volevano collegare a principi religiosi gli usi sociali e le norme amministrative, e per fare ciò l'unico modo era farli risalire al Profeta. Coloro che si impegnarono nelle grandi controversie a proposito di dove dovesse stare l'autorità, o a proposito della natura di Dio e del Corano, cercarono di trovare un sostegno ai loro punti di vista nella vita e nei detti di Maometto. Fu così che si estese, nel corso del II e III secolo dell'Islam (all'incirca l'VIII e il IX secolo d.C.) la massa di detti attribuiti al Profeta. Fino ad un certo punto ciò era generalmente ammesso come espediente letterario, a sua volta giustificato da un *hadith*: «Quanto di buon parlare viene detto è detto da me». Abbastanza presto, però, si riconobbero i pericoli impliciti in ciò, ed ebbe inizio un movimento di critica, con lo scopo di distinguere il vero dal falso. Sul finire, forse, del I secolo dell'Islam, si sviluppò, la pratica di viaggiare in lungo e in largo, da parte di specialisti, alla ricerca di testimoni che avessero personalmente ricevuto una tradizione da un genitore o da un maestro, nel tentativo di far risalire la tradizione fino al Profeta o ad un Compagno attraverso una catena di testimoni. In questo modo, si finì per unificare le raccolte locali di tradizioni.

Con questo processo, in parte reminiscenze e in parte invenzione, gli *hadith* assunsero la forma che avrebbero mantenuto in seguito. Ciascuno di essi constava di due parti: un testo, che preservava un resoconto di cose dette o fatte dal Profeta e che in qualche caso conteneva parole che egli sosteneva avere ricevuto da Dio, e la registrazione di una catena di testimoni che risaliva ad un Compagno del Profeta che le aveva viste o udite. Entrambi questi elementi potevano dare adito a dubbi. Il testo poteva essere inventato o ricordato in modo erroneo, ma lo stesso poteva darsi con la catena; e sembra che, perlomeno in molti casi, anche il prolungamento della catena proprio fino al Profeta fosse un espediente dei giuristi o dei polemisti. Si sentì quindi la necessità di una scienza di critica degli *hadith*, con la quale si potesse discernere il vero dal falso rifacendosi a chiari principi.

L'attenzione maggiore degli studiosi che si facevano carico di una disamina critica degli *hadith* venne rivolta alle catene di testimoni (*isnad*) registrate: se la data di nascita e di morte ed i luoghi di residenza dei testimoni di generazioni diverse fossero tali da permettere loro di incontrarsi, e se essi fossero degni di fede. Questa attività, per essere svolta in modo appropriato, richiedeva una certa sensibilità riguardo all'autenticità o alla plausibilità del testo stesso; un esperto tradizionista finiva per sviluppare il suo senso critico.

Seguendo questi criteri gli studiosi di *hadith* furono in grado di classificarli secondo il grado di affidabilità. Le due grandi raccolte, quella di al-Bukhari (810-870) e quella di Muslim (ca. 817-875) scartarono tutto ciò che non sembrasse loro sicuramente autentico; altre raccolte generalmente considerate dotate di una certa autorevolezza non furono altrettanto rigorose. Gli sciiti ebbero proprie raccolte di *hadith* degli *imam*.

La maggior parte degli studiosi occidentali, ed alcuni Musulmani moderni, sarebbero ancora più scettici di Bukhari e Muslim e considerano prodotti dalle polemiche sull'autorità e sulla dottrina, o dall'evoluzione della giurisprudenza molti degli *hadith* da questi ritenuti autentici. Dire questo, però, non vuol dire mettere in dubbio il ruolo importantissimo da essi svolto nella storia della comunità islamica. Non meno importante della questione delle loro origini è quella relativa all'uso che ne venne fatto. In momenti di tensione politica, quando il nemico era alle porte, il sovrano poteva chiedere agli *'ulama* di leggere nella grande moschea brani scelti di al-Bukhari, come una sorta di assicurazione di ciò che Dio aveva fatto per il Suo popolo. Autori tardi di giurisprudenza, teologia o di scienze razionali potevano sostenere le loro idee con *hadith* attinti all'enorme riserva che rimaneva anche dopo che Bukhari e Muslim ebbero compiuto la loro opera.

La strada della mistica

Le scienze della teologia, della giurisprudenza e della tradizione prendevano tutte le mosse da ciò che era contenuto nel Corano, e finivano per rinforzare le pretese dell'Islam e approfondire il fossato tra questo e le altre religioni monoteistiche con le quali era apparentato. Vi furono però altre diramazioni del pensiero che, pur avendo un'origine notevolmente simile, tendevano a condurre all'affermazione di qualcosa che i Musulmani potevano avere in comune con altri.

Una di esse fu quella corrente di pensiero e pratica che viene comunemente chiamata «misticismo»; il corrispondente arabo di questa parola è *tasawwuf* (da cui deriva il termine europeo di sufismo), forse derivata dai vestiti di lana (*suf*) che sembra fossero indossati da uno dei primi gruppi. Oggigiorno viene generalmente ammesso che essa abbia tratto la propria ispirazione dal Corano. Un credente che avesse meditato sul suo significato poteva sentirsi riempito da una sensazione della schiacciante trascendenza di Dio e della completa dipendenza da Lui di tutte le creature: Dio onnipotente, l'imperscrutabile, che guida colui che ha fede in Lui, giacché la Sua grandezza era presente e prossima ad ogni anima umana che facesse affidamento su di Lui, «più vicino a te della vena del tuo collo». Il Corano contiene potenti immagini della vicinanza di Dio all'uomo, e del modo in cui l'uomo può rispondere. Prima che il mondo fosse creato, si dice che Dio abbia fatto un patto (*mithaq*) con gli esseri umani. Egli chiese loro: «Non sono io il vostro Signore?» ed essi risposero: «Sì, l'attestiamo».[5] Durante la sua vita, si dice che Maometto abbia fatto un viaggio misterioso, prima a Gerusalemme e poi in Paradiso, dove gli fu concesso di avvicinarsi fino a una certa distanza da Dio e di avere una visione del Suo volto.

Sembra che, fin dai primi tempi dell'Islam, abbiano avuto inizio due processi, strettamente interrelati. Vi fu un movimento di devozione, di preghiera tesa ad una purezza di intenti e ad una rinuncia alle spinte dell'interesse e dei piaceri mondani, ed uno di meditazione sul significato del Corano; ambedue i movimenti si svilupparono in Siria e in Iraq più che nello Hijaz, ed era naturale che essi traessero alimento dai modi di pensare e di agire moralmente preesistenti nel mondo in cui vivevano i Musulmani. Quelli che si erano convertiti alla nuova religione avevano portato con sé nell'Islam il loro modo tradizionale di pensare; essi vivevano in un ambiente che era ancora più cristiano ed ebreo che musulmano. Era questo l'ultimo grande periodo del monachesimo cristiano orientale, nonché del pensiero e della pratica ascetica. In linea di principio il Profeta aveva guardato con disapprovazione al monachesimo: «niente monachesimo nell'Islam», suonava un celebre *hadith*, e suo corrispondente islamico veniva considerato il *jihad*. Di fatto, però, l'influenza dei monaci cristiani sembra sia stata penetrante: la loro idea di un mondo di virtù segreto, al di là di quello dell'obbedienza alla legge, e la convinzione che l'abbandono del mondo, la mortificazione della carne e la ripetizione del nome di Dio nella preghiera potessero, con l'aiuto di Dio, purificare il cuore e liberarlo da ogni preoccupazione mondana per puntare ad una più alta conoscenza intuitiva di Dio.

Il germe di tali idee, in forma islamica, può essere visto già nel I secolo dell'Islam, nei detti di al-Hasan al-Basri (642-728):

> il credente si desta addolorato e si corica addolorato, e questo è tutto ciò che lo circonda, poiché egli se ne sta tra due cose temibili: il peccato che è passato, ed egli non sa che cosa farà con lui

Dio, e il termine destinato che rimane, ed egli non sa quali disastri gli possano succedere... guardati da questo luogo di residenza, poiché non vi è potenza né forza se non in Dio, e ricordati la vita futura.[6]

Nei primi mistici, il senso di distanza e vicinanza di Dio viene espresso nella lingua dell'amore: Dio è l'unico oggetto adeguato dell'amore umano, da amarsi solo per Se stesso; la vita del vero credente dovrebbe essere un cammino che porta alla conoscenza di Lui, e man mano che l'uomo si avvicina a Dio, Egli si avvicinerà all'uomo, e diventerà «la sua vista, il suo udito, la sua mano e la sua lingua».

In un frammento autobiografico, un autore di opere di spiritualità del III secolo islamico (IX dell'era cristiana), al-Tirmidhi, ha fornito un esempio di come un'anima potesse essere condotta verso questo cammino. Nel corso del pellegrinaggio e della preghiera nell'*haram*, ebbe un improvviso attimo di pentimento per i suoi peccati; alla ricerca del retto modo di vivere, si imbatté in un libro di al-Antaki che gli fu di aiuto per l'autodisciplina. Un po' alla volta progredì nel cammino, dominando le sue passioni e ritirandosi dalla società. Fu aiutato in sogno dal Profeta, e anche sua moglie ebbe dei sogni e delle visioni. Egli venne perseguitato e diffamato da quanti sostenevano che stava introducendo illecite innovazioni nella religione, ma queste afflizioni contribuirono a purificare il suo cuore. Finché una sera, di ritorno da una seduta di concentrazione su Dio, il suo cuore si aprì e fu sommerso di soavità.[7]

Il secolo successivo vide una continuazione sia dell'esplorazione del cammino attraverso il quale uomini e donne potevano accostarsi a Dio sia della riflessione su ciò che vi era alla fine di questo cammino. Forse già nell'VIII secolo si sviluppò il caratteristico rito della ripetizione del nome di Dio (*dhikr*), accompagnata da vari movimenti del corpo, esercizi di respirazione, o musica, non in quanto cose che inducessero automaticamente l'estasi della visione di Dio dappresso, bensì in quanto modi di liberare l'anima dalle distrazioni del mondo. Le riflessioni dei maestri sufi circa la natura della conoscenza che si sarebbe raggiunta alla fine del cammino vennero dapprima preservate oralmente e più tardi messe per iscritto da parte di coloro che venivano ad essi per imparare il cammino. In questo modo si sviluppò un linguaggio collettivo in cui poteva trovare espressione la natura della preparazione ed esperienza mistica, ed un sentimento di identità collettiva tra quanti avevano intrapreso questo viaggio.

Fu nel III secolo dell'Islam (all'incirca il IX secolo d.C.) che per la prima volta venne espressa in forma sistematica la via verso la conoscenza di Dio e la natura di tale conoscenza. Negli scritti di al-Muhasibi (m. 857) veniva descritto il modo di vivere di colui che è alla ricerca della vera conoscenza, e in quelli di al-Junayd (m. 910) era analizzata la natura dell'esperienza che si trovava al termine della via. Alla fine del cammino, il credente vero e sincero può trovarsi faccia a faccia con Dio - come si trovavano tutti gli uomini al momento del Patto - in modo tale che gli attributi di Dio si sostituiscano ai suoi, e che la sua esistenza individuale scompaia; ma solo per un momento. Dopo di ciò egli ritornerà alla propria esistenza ed al mondo, ma serbando in sé la memoria di quel momento, della vicinanza di Dio ma anche della Sua trascendenza:

> L'amore di Dio nella sua essenza è l'illuminazione del cuore con la gioia, per via della sua vicinanza all'Amato; e quando il cuore è riempito da tale gioia radiosa, trova la propria delizia nello starsene solo con la reminiscenza dell'Amato... e quando la solitudine è combinata con una relazione segreta con l'Amato, la gioia di quella relazione sopraffà la mente, così che essa non ha più interesse per questo mondo e ciò che vi si trova.[8]

Muhasibi e Junayd vissero e scrissero all'interno della sobria tradizione sunnita; erano uomini che conoscevano la *shari'a* e si preoccupavano che un Musulmano, per quanto avanzato potesse essere nel cammino mistico, ne osservasse lealmente i precetti. Il loro modo di percepire la schiacciante grandezza e potenza di Dio non è tanto distante da quello di un teologo come al-Ash'ari, secondo il quale il potere di agire viene da Dio e il credente può sperare nella Sua guida. In entrambi vi è un senso dell'incursione del divino nella vita umana, di un'imperscrutabile provvidenza che regola a modo suo la vita degli uomini. La sensazione di essere riempiti dalla presenza di Dio, sia pur solo per un istante, può essere inebriante, e alcuni Sufi, le cui idee non dovevano essere granché diverse da quelle di Junayd, cercarono di esprimere l'esperienza inesprimibile in un linguaggio intenso e vivace che poteva non essere condiviso. Abu Yazid al-Bistami (m. ca. 875) cercò di descrivere il momento dell'estasi, quando il mistico viene spogliato della propria esistenza e riempito di quella di Dio; eppure alla fine egli comprese che in questa vita ciò è solo un'illusione, che la vita umana nel migliore dei casi è riempita dall'alternarsi della presenza e dell'assenza di Dio. Più celebre è il caso di al-Hallaj (ca. 857-922), giustiziato a Baghdad per espressioni blasfeme. Discepolo di Junayd, le sue dottrine non dovevano essere granché diverse da quelle del suo maestro, ma egli le espresse in un tono di amore estatico ed appagato. La sua esclamazione, «Io sono la Verità [o Dio],» non doveva essere altro che un tentativo di affermare l'esperienza mistica in cui gli attributi dell'uomo vengono rimpiazzati da quelli di Dio, ma poteva senz'altro essere presa per qualcosa di più; e così anche il suo suggerimento che il vero pellegrinaggio non fosse quello alla Mecca, bensì il viaggio spirituale che il mistico poteva effettuare nella propria stanza, si potrebbe ritenere che implichi che l'adempimento letterale degli obblighi della religione non abbia importanza. Può anche darsi che vi fosse in lui qualcosa che gli faceva accogliere con favore questi fraintendimenti, perché era stato influenzato da una corrente del pensiero sufi (quella dei Malamati) che sembra provenissero dal monachesimo orientale cristiano: il desiderio di umiliarsi con atti che incorrono nella riprovazione del mondo, una sorta di mortificazione del suo amor proprio.

La strada della ragione

Le riflessioni del sufismo posteriore su come Dio avesse creato l'uomo e come l'uomo potesse ritornare a Lui avrebbero risentito dell'influenza di un'altra corrente di pensiero sorta già nei primi tempi: un tentativo di assimilare in arabo la tradizione della scienza e della filosofia dei Greci, o, si potrebbe dire, di continuare e sviluppare quella tradizione facendo uso dello strumento della lingua araba.

L'avvento al potere di una dinastia araba non produsse una brusca interruzione nella vita intellettuale dell'Egitto o della Siria, dell'Iraq o dell'Iran. La scuola di Alessandria continuò ad esistere per un certo tempo, anche se alla fine i suoi studiosi si sarebbero trasferiti nel nord della Siria. La scuola medica di Jundishapur nel sud dell'Iran, creata dai Cristiani nestoriani sotto la protezione dei Sassanidi continuò anch'essa ed esistere. In queste ed altre località era ancora viva la tradizione del pensiero e della scienza ellenistica, anche se in questo periodo i suoi interessi erano più limitati che in precedenza, e veniva continuata in siriaco piuttosto che in greco. Vi era anche un'elevata tradizione di cultura ebraica in Iraq, ed una tradizione iranica che si esprimeva in pahlavi e comprendeva importanti elementi di origine indiana.

Durante la prima generazione di dominatori musulmani non fu necessario tradurre dal greco in siriaco e poi in arabo, dal momento che la maggior parte dei continuatori della tradizione erano ancora Cristiani, Ebrei o Zoroastriani, e anche coloro che si erano convertiti dovevano conservare la propria conoscenza delle lingue di pensiero, o perlomeno continuare ad essere in contatto con chi ne faceva ancora uso. Il gruppo dirigente arabo non doveva occuparsi molto di ciò che studiavano i suoi sudditi, e difficilmente avrebbero potuto farlo, dal momento che la lingua araba non aveva ancora acquisito la capacità di esprimere con precisione i concetti della scienza e della filosofia.

Dalla fine del II fino al IV secolo dell'Islam (grosso modo dall'VIII al X d.C.), invece, venne condotta in modo intensivo un'opera di traduzione, sotto il diretto patrocinio – cosa questa alquanto rara – di alcuni califfi 'abbasidi. Per la maggior parte quest'opera venne svolta da Cristiani la cui prima lingua di cultura era il siriaco, i quali traducevano dal siriaco in arabo, ma alcune opere vennero tradotte in arabo direttamente dal greco. Una parte fondamentale del loro lavoro fu quella di ampliare le risorse della lingua araba, il suo lessico e la sua fraseologia, per renderlo uno strumento idoneo alla vita intellettuale del tempo. Un ruolo importante in quest'opera ebbe il più grande dei traduttori, Hunayn ibn Ishaq (808-873).

Praticamente tutta la cultura greca dell'epoca, qual era preservata nelle scuole, venne assimilata in questa lingua arricchita. Sotto certi aspetti era una cultura ristretta. La retorica, la poesia, il teatro e la storia non venivano più molto insegnati o studiati. Gli studi più consueti comprendevano la filosofia (la maggior parte di Aristotele, qualche dialogo di Platone, qualche opera neoplatonica); la medicina; le scienze esatte, matematica ed astronomia; nonché le scienze occulte, astrologia, alchimia e magia. Filosofia, scienza e studi dell'occulto non erano materie nettamente distinte come al giorno d'oggi. I confini di ciò che si considera «scientifico» si sono spostati col tempo, ed era perfettamente coerente con quanto si sapeva della natura dell'universo ritenere che la natura regolasse la vita umana e che i cieli avessero il controllo di ciò che avveniva nel mondo situato al di sotto della luna, e cercare di capire queste forze e di imparare a servirsene.

Le motivazioni dei traduttori e dei califfi loro protettori dovevano essere anche di tipo pratico; vi era richiesta delle capacità dei medici, e il controllo delle forze della natura avrebbe potuto recare potenza e successo. Vi era però anche una vasta curiosità intellettuale, come traspare dalle parole di al-Kindi (ca. 801-866), il pensatore con cui si può dire abbia inizio la storia della filosofia islamica:

> Non dovremmo vergognarci di riconoscere la verità da qualunque fonte essa giunga a noi, anche se essa ci viene portata da generazioni precedenti e da popoli stranieri. Per colui che cerca la verità non vi è nulla che valga più della verità stessa.[9]

Queste parole non esprimono soltanto l'eccitazione che poteva provocare la scoperta della tradizione greca, ma anche la fiducia in se stesso di una cultura imperiale basata sulla potenza di questo mondo e sulla convinzione di un sostegno divino.

Le traduzioni sono all'origine di una tradizione scientifica espressa in arabo. In grande misura essa continuò e sviluppò la tarda tradizione greca. Fu un segno di questa continuità il fatto che lo storico della medicina araba, Ibn Abi Usaybi'a, abbia riprodotto per intero il giuramento di Ippocrate dei medici greci: «giuro su Dio, Signore della vita e della morte... e giuro su Asclepio, e giuro su tutti i santi di Dio...»[10]

Frammisti a scienze di origine greca, vi erano però anche elementi provenienti dalle tradizioni iranica e indiana. Già fin dal IX secolo, il matematico al-Khwarazmi (ca. 800-847) scriveva sull'uso di cifre indiane – le cosiddette cifre arabe – nei calcoli matematici. Questa miscela di elementi è significativa. Proprio come il califfato 'abbaside inserì i territori dell'Oceano Indiano e del Mare Mediterraneo in un'unica area commerciale, anche le tradizioni greca, iranica e indiana vennero messe insieme, ed è stato detto che «per la prima volta nella storia, la scienza divenne internazionale su vasta scala».[11]

Indipendentemente dalle sue origini, la scienza venne accolta senza difficoltà nella cultura e nella società che si esprimevano in arabo: gli astronomi divennero i custodi del tempo, che fissavano i momenti della preghiera e spesso di adempimenti rituali; i dottori godettero generalmente di grande rispetto e poterono avere un'influenza sui sovrani. Qualche scienza, però, poneva questioni a proposito dei limiti della conoscenza umana. Molti dottori respinsero le pretese dell'astronomia che la congiunzione degli umori nel corpo fosse governata dalla congiunzione degli astri; anche le pretese degli alchimisti non vennero completamente accolte. Ma soprattutto, fu la filosofia che pose degli interrogativi, perché sotto certi aspetti i metodi e le conclusioni della filosofia greca sembravano difficili da conciliare con gli ammaestramenti fondamentali dell'Islam, come si venivano sviluppando ad opera di teologi e giuristi.

L'assunto della filosofia era che la ragione umana usata in modo appropriato potesse dare all'uomo qualche conoscenza dell'universo, ma essere Musulmani voleva dire credere che qualche conoscenza fondamentale per la vita dell'uomo era giunta all'uomo solo attraverso la rivelazione della Parola di Dio ai profeti. Se l'Islam aveva ragione, quali erano i limiti della filosofia? Se le pretese dei filosofi erano valide, che bisogno vi era della profezia? Il Corano insegnava che Dio aveva fatto il mondo con la Sua parola creatrice, «Sii»; come poteva ciò conciliarsi con la teoria aristotelica che la materia fosse eterna e che solo la sua forma fosse stata creata? Platone pervenne al mondo di lingua araba nell'interpretazione di tardi pensatori, ed anche Aristotele veniva interpretato alla luce di un'opera neoplatonica erroneamente detta «La teologia di Aristotele». Secondo questi tardi pensatori, Dio aveva creato e preservato il mondo mediante una gerarchia di intelligenze intermedie che da Lui emanavano; come poteva conciliarsi questa opinione con l'idea di un dio di potenza assoluta che cionondimeno interveniva direttamente nel mondo umano? L'anima umana era immortale? Come si poteva conciliare l'opinione di Platone che la miglior forma di governo fosse quella del re-filosofo con quella musulmana che il governo dei tempi del Profeta e dei primi califfi fosse ciò che meglio si conformava alla Volontà di Dio riguardo agli uomini?

Un celebre autore di medicina del IX secolo, Abu Bakr al-Razi (865-925), rispose a questi interrogativi in modo inequivocabile. Solo l'umana ragione poteva fornire una conoscenza certa, il cammino della filosofia era aperto a tutti gli usi, le pretese di rivelazione erano false e le religioni pericolose.

Forse più rappresentativo dei filosofi che rimasero ancora convinti musulmani era l'atteggiamento di al-Farabi (m. 950). Il filosofo, egli riteneva, poteva raggiungere la verità con la ragione e poteva vivere secondo essa, ma non tutti gli esseri umani erano filosofi e capaci di afferrare direttamente la verità. La maggioranza poteva raggiungerla solo mediante dei simboli. Vi erano dei filosofi che avevano la facoltà di comprendere la verità coll'immaginazione oltre che con l'intelletto, e di affermarla sotto forma di immagini oltre che di idee, e questi erano i profeti. Così la religione profetica era un modo di affermare la verità per mezzo di simboli intelligibili a tutti gli uomini. Sistemi di simboli diversi costituivano le diverse religioni, ma tutte cercavano di esprimere la medesima verità; ciò non implicava necessariamente che tutte la esprimessero in modo altrettanto adeguato.

Dunque filosofia e religione islamica non sono in contraddizione. Esse esprimono la medesima verità in forme diverse, che corrispondono ai diversi livelli ai quali gli esseri umani possono apprenderla. L'illuminato può vivere secondo la filosofia; colui che ha afferrato la verità mediante simboli ma ha raggiunto un certo livello di comprensione può essere guidato dalla teologia; la gente comune dovrebbe vivere secondo l'obbedienza alla *shari'a*.

Nelle idee di al-Farabi era implicito il suggerimento che la filosofia nella sua forma più pura non fosse accessibile a tutti. La distinzione tra l'élite intellettuale e le masse sarebbe in seguito diventata un luogo comune del pensiero islamico. La filosofia continuava ad esistere, ma veniva condotta come attività privata, in gran parte da uomini di medicina, seguita con discrezione e scontrandosi spesso col sospetto. Ciononostante, alcune idee dei filosofi si fecero strada nel pensiero del tempo e delle epoche successive. L'epoca di al-Farabi era anche quella dei Fatimidi, e nel sistema degli Ismailiti nel suo pieno sviluppo è dato trovare idee neoplatoniche di una gerarchia delle emanazioni divine. In un periodo relativamente tardo, esse sarebbero entrate anche nei sistemi teorici coi quali gli autori sufi avrebbero cercato di spiegare la loro ricerca e ciò che essi speravano di trovare al termine di essa.

PARTE SECONDA

LE SOCIETÀ ARABO-MUSULMANE

(Secoli XI-XV)

I cinque secoli che saranno trattati in questa parte furono un periodo durante il quale il mondo dell'Islam si divise per certi aspetti ma conservò la sua unità per altri. Cambiarono i confini del mondo musulmano: esso continuò ad espandersi in Anatolia e in India, ma cedette la Spagna ai regni cristiani. Entro questi confini, venne alla luce una divisione tra quelle zone in cui l'arabo era la lingua principale della vita e della cultura e quelle in cui esso continuò ad essere la lingua principale degli scritti religiosi e legali, ma il rifiorito persiano divenne il principale strumento della cultura laica. Un terzo gruppo etnico e linguistico assunse importanza: i Turchi, che costituirono l'élite dominante in gran parte dei territori orientali del mondo musulmano. All'interno delle regioni di lingua araba, il califfato 'abbaside a Baghdad continuò la sua esistenza fino al XIII secolo, ma venne alla luce una vasta spaccatura politica tra tre aree: l'Iraq, che era solitamente unito all'Iran; l'Egitto, che solitamente aveva il dominio della Siria e dell'Arabia occidentale; ed il Maghreb con le sue diverse componenti.

Tuttavia, nonostante le divisioni e le trasformazioni politiche, le parti dell'impero musulmano di lingua araba ebbero forme sociali e culturali che rimasero relativamente stabili durante questo periodo, presentando somiglianze da una regione all'altra. Questa parte esplorerà il mondo dei cittadini, quello dei contadini e quello dei pastori nomadi ed i legami che li univano, e mostrerà come si sia sviluppata un'alleanza di interessi tra gli elementi dominanti della popolazione urbana ed i sovrani, il cui potere trovava giustificazioni in un certo numero di idee sull'autorità. Nel cuore dell'alta cultura delle grandi città stava la tradizione di cultura religiosa e legale, trasmessa in istituzioni apposite, le madrasa. *Collegate ad essa vi erano altre tradizioni di letteratura laica, di pensiero filosofico e scientifico, e di speculazione mistica trasmessa da confraternite sufi, che ebbero una parte molto importante nell'integra-*

zione dei diversi ordini della società musulmana. Gli Ebrei e i Cristiani, pur calati di numero, conservavano le proprie tradizioni religiose, ma gli Ebrei in particolare presero parte alla fioritura del pensiero e della letteratura ed ebbero un ruolo importante nei commerci delle città.

Capitolo Quinto

IL MONDO ARABO MUSULMANO

Stati e dinastie

Alla fine del X secolo era venuto alla luce un mondo islamico, unificato da una comune cultura religiosa espressa in arabo e da legami umani che erano stati forgiati dai commerci, dalle migrazioni e dai pellegrinaggi. Questo mondo, però, non si incarnava più in un'unica entità politica. Vi erano tre sovrani che reclamavano il titolo di califfo, a Baghdad, al Cairo e a Cordova, ed altri che erano di fatto sovrani di Stati indipendenti. Questo fatto non può sorprendere. Essere riusciti a mantenere così tanti paesi, di diverse tradizioni ed interessi, per così tanto tempo in un unico impero era stato un risultato notevole. Ben difficilmente lo si sarebbe potuto conseguire senza la forza di una convinzione religiosa, che prima aveva formato un efficiente gruppo dominante nell'Arabia occidentale, e poi aveva creato una comunanza di interessi tra tale gruppo e una parte crescente delle società sulle quali esso dominava. Né le risorse militari né quelle amministrative del califfato 'abbaside erano tali da consentirgli di mantenere per sempre questo quadro di unità politica, in un impero esteso dall'Asia centrale fino alle rive dell'Atlantico; e dal X secolo in poi la storia politica dei paesi in cui erano musulmani i sovrani ed una parte crescente della popolazione fu una serie di storie regionali, con l'ascesa e la caduta di dinastie il cui potere si irradiava dalle rispettive capitali fino a frontiere che nel complesso non erano chiaramente definite.

Non si tenterà qui di fornire nel dettaglio la storia di tutte queste dinastie, ma di chiarire perlomeno il disegno generale degli avvenimenti. A questo scopo, il mondo musulmano può essere diviso in tre vaste aree, ciascuna con i propri centri di potere. La prima di esse comprendeva l'Iran, i territori al di là dell'Oxo (Amu Darya), e il sud dell'Iraq; per un certo tempo dopo il X secolo il suo principale centro di potere continuò ad essere Baghdad, posta com'era nel cuore di un ricco distretto agricolo e di una vasta rete di commerci, e con il prestigio e l'influenza accumulati nei secoli di predominio dei califfi ‘abbasidi. La seconda area comprendeva l’Egitto, la Siria e l’Arabia occidentale; il suo centro di potere si trovava al Cairo, la metropoli costruita dai Fatimidi, in mezzo ad una campagna estesa e produttiva e nel cuore di un sistema commerciale che univa il mondo dell’Oceano Indiano con quello del Mar Mediterraneo. La terza comprendeva il Maghreb e le parti musulmane della Spagna note come *al-Andalus*; in questa area non vi era un solo centro di potere predominante, bensì diversi centri, posti in regioni di colture estensive e in località da cui si potevano controllare le rotte commerciali tra l’Africa e le diverse parti del Mediterraneo.

Con una certa semplificazione, la storia politica di tutte e tre queste aree può essere divisa in un certo numero di periodi. Il primo di essi abbraccia l’XI e il XII secolo. In tale periodo l’area orientale venne governata dai Selgiuchidi, una dinastia turca sostenuta da truppe turche e aderente all’Islam sunnita. Essi si installarono a Baghdad nel 1055 come effettivi detentori del potere, sotto la sovranità degli ‘Abbasidi, dominarono sull’Iran, l’Iraq e la maggior parte della Siria, e strapparono all’imperatore di Bisanzio parti dell’Anatolia (1038-1194). Non avanzarono la pretesa di essere califfi. Tra i termini usati per descrivere questa e successive dinastie, il più appropriato è quello di *sultan*, che significa all’incirca «detentore del potere».

In Egitto, fino al 1171 continuarono a regnare i Fatimidi, cui però subentrò Salah al-Din (Saladino, 1169-1193), un comandante militare di origine curda. Il mutamento di sovrano comportò un mutamento di alleanze religiose. I Fatimidi appartenevano al ramo ismailita dello Sciismo, mentre Salah al-Din era sunnita, e fu in grado di mobilitare la forza e il fervore religioso dei Musulmani di Egitto e Siria per sconfiggere i Crociati dell’Europa che sul finire dell’XI secolo avevano fondato stati cristiani in Palestina e sulla costa siriana. La dinastia degli Ayyubidi fondata da Salah al-Din governò l’Egitto dal 1169 al 1252, la Siria fino al 1260 e parte dell’Arabia occidentale fino al 1229.

Nell’area occidentale, il califfato umayyade di Cordova si smembrò agli inizi dell’XI secolo in una quantità di piccoli regni, e ciò rese possibile agli stati cristiani che sopravvivevano al nord della Spagna di cominciare ad espandersi verso sud. La loro espansione venne comunque controllata per un certo tempo dalla comparsa successiva di due dinastie che trassero il loro potere da un’idea di riforma religiosa combinata con la forza delle popolazioni berbere delle campagne del Marocco: prima gli Almoravidi, provenienti dai bordi del deserto del sud del Marocco (1056-1147), e poi gli Almohadi, il cui sostegno era assicurato da Berberi dei monti dell’Atlante, e il cui impero al momento di massima estensione comprendeva Marocco, Algeria, Tunisia e la parte musulmana della Spagna (1130-1269).

Un secondo periodo è quello che abbraccia, molto all’ingrosso, il XIII e il XIV secolo. Durante il XIII, l’area orientale fu turbata dall’irruzione nel mondo musulmano di una dinastia mongola non-musulmana proveniente dall'Asia orientale, con un esercito formato da uomini di tribù mongole e turche delle steppe dell'Asia centrale. Essi conquistarono l'Iran e l'Iraq, e provocarono la fine del califfato 'abbaside di Baghdad nel 1258. Un ramo della famiglia dominante regnò su Iran e Iraq per quasi un secolo (1256-1336) durante il quale si convertì all'Islam. I Mongoli cercarono di muoversi verso occidente ma furono bloccati in Siria da un esercito egiziano, formato da schiavi guerrieri (*mamluk*) che erano stati portati in quel paese dagli Ayyubidi. I capi di queste truppe deposero gli Ayyubidi e formarono una casta militare autoperpetuantesi, originaria del Caucaso e dell'Asia centrale, che continuò a governare l'Egitto per più di due secoli (i Mamelucchi, 1250-1517); dal 1260 governò anche la Siria, ed ebbe il controllo delle città sante dell'Arabia occidentale. Nell'area occidentale, la dinastia almohade cedette il posto a un certo numero di stati continuatori, tra cui quello dei Merinidi nel Marocco (1196-1465) e quello degli Hafsidi, che governarono dalla loro capitale, Tunisi (1228-1574).

Questo secondo periodo vide mutare considerevolmente i confini del mondo musulmano. In alcune località il confine arretrò sotto l'attacco degli stati cristiani dell'Europa occidentale. La Sicilia cadde nelle mani dei Normanni provenienti dal nord dell'Europa, e gran parte della Spagna in quelle dei regni cristiani del nord; a metà del XIV secolo essi controllavano l'intero paese a eccezione del regno di Granada al sud. Tanto in Sicilia che in Spagna continuò per un certo tempo ad esistere la popolazione araba musulmana, ma alla fine essa finì per estinguersi, in seguito a conversioni o ad espulsioni. D'altra parte, gli stati fondati dai crociati in Siria e Palestina vennero infine distrutti dai Mamelucchi, e l'espansione in Anatolia, già cominciata dai Selgiuchidi, venne proseguita da altre dinastie turche. Col procedere di ciò, cambiò anche la natura della popolazione, con l'arrivo di tribù turche e la conversione di gran parte della popolazione greca. Anche a oriente vi fu un'espansione verso est di governanti musulmani e di popolazioni musulmane, in direzione del nord dell'India. Anche in Africa l'Islam continuò a diffondersi lungo le direttrici commerciali, addentrandosi nel Sahel ai margini meridionali del deserto del Sahara, risalendo la valle del Nilo, e seguendo la costa orientale dell'Africa.

Nel terzo periodo, che abbraccia grosso modo il XV e il XVI secolo, gli stati musulmani dovettero fronteggiare una nuova sfida da parte degli stati dell'Europa occidentale. La produzione ed il commercio delle città europee erano in espansione; i tessuti esportati dai mercanti veneziani e genovesi facevano concorrenza a quelli prodotti nelle città del mondo musulmano. La conquista cristiana della Spagna venne completata nel 1492 con l'estinzione del regno di Granada; l'intera penisola era a questo punto governata dai re cristiani di Portogallo e Spagna. La potenza spagnola era una minaccia per i possessi musulmani nel Maghreb, come pure i pirati dell'Europa meridionale nel Mediterraneo orientale.

Al contempo, le innovazioni nelle tecnologie militari e nautiche, e in particolare l'uso della polvere da sparo, rendevano possibile una maggiore concentrazione del potere e la creazione di stati più potenti e duraturi, che si estesero sulla maggior parte del territorio musulmano di questo periodo. All'estremo occidentale, nuove dinastie succedettero ai Merinidi ed altri: dapprima i Sa'diti e poi gli 'Alawiti, che regnarono dal 1631 fino a tutt'oggi. All'altra estremità del Mediterraneo, una dinastia turca, quella degli Ottomani, sorse in Anatolia, sui confini contesi all'Impero Bizantino. Da lì essa si espanse fino all'Europa sud-orientale, e poi conquistò il resto dell'Anatolia; la capitale bizantina, Costantinopoli, divenne la capitale ottomana, oggi nota come Istanbul (1453). Al principio del XVI secolo gli Ottomani sconfissero i Mamelucchi ed assorbirono nel loro impero la Siria, l'Egitto e l'Arabia occidentale (1516-1517). Poi essi assunsero la difesa delle coste del Maghreb contro la Spagna, e così facendo divennero i successori degli Hafsidi e i sovrani del Maghreb fino ai confini del Marocco. Il loro impero doveva durare, in forme diverse, fino al 1922.

Ancora più a est, l'ultima grande incursione di un sovrano con un esercito formato da tribù dell'Asia centrale, quella di Timur (Tamerlano), lasciò dietro di sé una dinastia in Iran e nella Transoxiana, ma non per molto (1370-1506). All'inizio del XVI secolo essa fu sostituita da una nuova e più duratura, quella dei Safavidi, che, partendo dalla zona nordorientale dell'Iran, estesero il loro dominio a tutto il paese e oltre (1501-1732). I Moghul, una dinastia che discendeva dalla famiglia regnante mongola e da Timur, crearono un impero nell'India settentrionale, con capitale a Delhi (1526-1858).

Oltre a questi quattro grandi stati, quelli degli 'Alawiti, degli Ottomani, dei Safavidi e Moghul, vi erano staterelli minori, in Crimea e nella regione al di là dell'Oxo, nell'Arabia centrale ed orientale, e nei territori africani di recente conversione all'Islam.

Arabi, Persiani e Turchi

Questi mutamenti politici non distrussero l'unità culturale del mondo dell'Islam; essa si fece sempre più profonda quanto più la popolazione diventava musulmana e la fede islamica si articolava in sistemi di pensiero e istituzioni. Col passar del tempo, però, all'interno di questa ampia unità di cultura cominciò ad apparire qualche divisione; nella parte orientale del mondo islamico, l'avvento dell'Islam non sommerse la consapevolezza del passato nella stessa misura in cui lo fece ad occidente.

Nella parte occidentale del mondo musulmano, la lingua araba sopraffece un po' alla volta le parlate locali. In Iran e nelle altre regioni orientali, invece, si continuò ad impiegare il persiano. La differenza tra Arabi e Persiani durava fin dal tempo in cui i conquistatori arabi inghiottirono l'Impero Sassanide, reclutandone i funzionari al servizio dei califfi 'abbasidi e integrandone la classe colta nel processo di creazione di una cultura islamica. La percezione di questa differenza, con accenti di ostilità, trovò espressione nella *shu'ubiyya*, una disputa letteraria condotta in arabo a proposito dei rispettivi meriti dei due popoli nella formazione dell'Islam. Il pahlavi continuò ad essere usato dai persiani sia negli scritti religiosi zoroastriani, sia, per un certo tempo, nell'amministrazione del governo.

Nel X secolo cominciò ad apparire qualcosa di nuovo: una letteratura colta in una nuova varietà di lingua persiana, non molto diversa dal pahlavi nelle strutture grammaticali ma scritta in alfabeto arabo e con un lessico arricchito da termini di origine araba. Sembra che ciò si sia verificato dapprima nell'est dell'Iran, a la corte di sovrani locali che non avevano familiarità con l'arabo. In una certa misura, la nuova letteratura rifletteva i generi di scrittura arabi che erano correnti nelle altre corti: poesia lirica ed encomiastica, storia e, entro certi limiti, opere religiose. Vi era però un'altra forma di scrittura che era nettamente persiana. Il poema epico che registrava la storia tradizionale dell'Iran e dei suoi sovrani esisteva già in epoca preislamica; venne ora riesumato ed espresso nel nuovo persiano, e ricevette la sua forma definitiva nello *Shah-nameh* di Firdawsi (ca. 940-1020). Tra i paesi musulmani, l'Iran era praticamente l'unico che avesse un forte e consapevole legame con il suo passato preislamico. Ciò non condusse però ad un rifiuto del suo retaggio islamico; a partire da quest'epoca i Persiani continuarono ad usare l'arabo per scritti legali e religiosi e il persiano per la letteratura profana, e l'influenza di questa duplice cultura si estese a nord fin nella Transoxiana, e ad est fino al nord dell'India.

In questo modo, i paesi musulmani furono divisi in due parti, una dove l'arabo era la lingua esclusiva dell'alta cultura ed un'altra dove si usavano, per scopi diversi, sia l'arabo che il persiano. Strettamente connessa con la divisione linguistica era anche una divisione tra centri di potere politico. L'avvento dei Fatimidi all'ovest e poi quello dei Selgiuchidi all'est crearono una frontiera, ancorché flessibile, tra la Siria e l'Iraq. Nel XIII secolo, l'eliminazione del califfato 'abbaside con l'annientamento della potenza di Baghdad da parte dei Mongoli, e la successiva sconfitta di questi ultimi in Siria ad opera dei Mamelucchi, resero permanente questa divisione. Da questo momento in poi, ad oriente vi furono regioni controllate da stati che avevano il loro centro in Iran, Transoxiana e India del nord, mentre quelle occidentali erano controllate dal Cairo o da città del Maghreb e della Spagna; il sud dell'Iraq, che una volta era stato il centro, divenne una regione di frontiera. Questa divisione si protrasse, in forma diversa, quando in Iran salirono al potere i Safavidi e gli Ottomani assorbirono nel loro impero la maggior parte dei paesi di lingua araba; per un certo tempo i due imperi si contesero il controllo dell'Iraq.

La divisione politica, però, non poteva essere definita una divisione tra Arabi e Persiani, poiché per origine, lingua e tradizione i gruppi dominanti in ambedue le aree a partire dall'XI secolo non furono per lo più né arabi né persiani ma turchi, discendenti dalle popolazioni di pastori nomadi dell'Asia centrale. Essi avevano cominciato a varcare la frontiera nordorientale dei territori dell'Islam durante l'età 'abbaside. Dapprima erano giunti singoli individui, ma più tardi avevano varcato la frontiera ed erano divenuti Musulmani interi gruppi. Alcuni avevano prestato servizio nelle truppe dei sovrani, e col passar del tempo si fecero strada al loro interno delle dinastie. I Selgiuchidi erano di origine turca, e di pari passo con la loro espansione a occidente verso l'Anatolia, altri Turchi si mossero insieme a loro. Molti dei Mamelucchi che governarono l'Egitto venivano da territori turchi; le truppe mongole erano per la maggior parte formate da Turchi, e l'invasione mongola ebbe come effetto permanente quello di portare un gran numero di Turchi a stabilirsi in Iran e in Anatolia. Più tardi, sia la dinastia Ottomana, sia quella Safavide e quella Moghul dovettero la loro forza alle truppe turche.

Le dinastie fondate dai Turchi continuarono a servirsi, nell'esercito e a corte, di varietà della lingua turca, ma col tempo vennero attratte nel mondo della cultura araba o arabo-persiana, o quanto meno ostentarono una posizione di difesa e salvaguardia di tale cultura. In Iran, il turco era la lingua dei sovrani e dell'esercito, il persiano quella dell'amministrazione e della cultura profana, e l'arabo quella della cultura religiosa e giuridica. A occidente, qualunque fosse la lingua dei sovrani, l'arabo era quella dei funzionari dello stato e dell'alta cultura; più tardi le cose cambiarono, entro certi limiti, quando l'ascesa dell'Impero Ottomano portò alla formazione di una caratteristica lingua di cultura turca ottomana, che era quella degli alti funzionari oltre che della corte e dell'esercito. Nel Maghreb e in ciò che era rimasto della Spagna musulmana, l'arabo fu la lingua dominante del governo oltre che dell'alta cultura; anche se a volte i Berberi dell'Atlante o dei margini del Sahara ebbero un ruolo politico di primo piano, nella misura in cui ciò accadeva essi erano immersi nella cultura araba. Anche qui, però, la conquista ottomana nel XVI secolo portò qualcosa della loro lingua e cultura politica fin sulle coste del Maghreb.

Questo libro prende in esame la parte occidentale del mondo islamico, quella in cui l'arabo fu la lingua dominante sia nell'alta cultura sia, in questa o quella varietà, nel parlare colloquiale. Ovviamente, non sarebbe corretto pensare che questa fosse una regione nettamente separata dal mondo circostante. I paesi di lingua araba avevano ancora molto in comune con quelli di lingua persiana o turca; i territori posti attorno all'Oceano Indiano o al Mar Mediterraneo avevano stretti legami tra loro, sia che l'Islam fosse la loro religione dominante sia che non lo fosse; il mondo intero viveva nelle stesse costrizioni imposte dalla limitatezza delle risorse umane e delle conoscenze tecniche di come servirsene. Sarebbe troppo semplicistico anche pensare che questa regione costituisse un unico «paese». Sarebbe meglio raffigurarsi i luoghi in cui l'arabo era la lingua dominante come un gruppo di regioni, diverse tra loro per posizione geografica e per natura, e abitate da popoli eredi di tradizioni sociali e culturali distinte, che sopravvivevano ancora nel modo di vivere e forse anche nelle abitudini di pensiero e nella sensibilità, anche là dove si era affievolita o era praticamente sparita la consapevolezza di quello che esisteva prima dell'avvento dell'Islam. In queste regioni si possono osservare processi sociali alquanto simili, ed una comune lingua e cultura consentirono alle classi colte urbane una certa facilità di rapporti.

Divisioni geografiche

All'interno dell'area in cui l'arabo era la lingua predominante, si possono distinguere – con qualche semplificazione – cinque regioni. La prima è la penisola araba, in cui si era formata la comunità musulmana di lingua araba. La penisola è un territorio di forma massiccia, ben delimitato su tre lati, rispetto al mondo circostante, dal Mar Rosso, dal Golfo Persico e dal Mare Arabico (che fa parte dell'Oceano Indiano), e divisa, al suo interno, in un certo numero di zone differenti tra loro sia per natura fisica sia, spesso, per sviluppo storico. La linea di divisione fondamentale corre grosso modo da nord a sud parallelamente al Mar Rosso. A occidente di questa linea vi è una zona di rocce vulcaniche. La pianura costiera, Tihama, si innalza fino a formare catene di colline e altipiani, e poi alte catene montuose (Hijaz, 'Asir e Yemen), con vette che a sud raggiungono i 4000 metri sul livello del mare. I monti meridionali si prolungano verso sudest con l'intaglio di un'ampia vallata, il Wadi Hadramawt, che si incunea tra loro.

I monti dello Yemen giacciono nel punto più lontano raggiunto dai monsoni dell'Oceano Indiano, e questa era una zona in cui già da lungo tempo si praticava la coltivazione regolare di frutta e grano. Più a nord, le precipitazioni sono molto più limitate e irregolari, non vi sono fiumi di qualsivoglia dimensione e un modesto approvvigionamento idrico viene assicurato da sorgenti, pozzi e torrenti stagionali; il modo di vita che meglio sfruttava le risorse naturali era quello che prevedeva l'allevamento di cammelli e altri animali, con spostamenti più o meno regolari nel corso dell'anno, insieme alla coltivazione di palme da dattero e di altre piante nelle oasi in cui vi era abbondanza di acqua.

A oriente delle montagne, il terreno digrada verso est fino al Golfo.

Nella parte nord e in quella sud vi sono deserti sabbiosi (il Nafud e al-Rub‘ al-Khali, «il Quarto Vuoto»), e in mezzo vi è una steppa rocciosa, il Najd, con un prolungamento che giunge fino alla riva del Golfo, al-Hasa. A parte qualche altura al nord, le precipitazioni sono scarse, ma sorgenti e corsi d'acqua temporanei rendevano possibile il sostentamento di comunità che conducevano una vita sedentaria basata sulla coltivazione nelle oasi; altrove, si praticava il pascolo dei cammelli con migrazioni stagionali su lunghe distanze. Nell'area sudorientale della penisola vi è una terza zona, l'Oman, non dissimile dallo Yemen della zona sudoccidentale. Dalla pianura costiera si innalza una catena montuosa che raggiunge altitudini superiori ai 3000 metri; qui le sorgenti e i corsi d'acqua forniscono l'acqua che, distribuita con un antico sistema di irrigazione, rendeva possibile un'agricoltura sedentaria. Sulla costa vi è un susseguirsi di insenature nelle quali fin da epoche antiche erano praticate sia la pesca nelle acque del Golfo sia le immersioni in cerca di perle.

Nella parte occidentale della penisola, rotte commerciali in direzione sud-nord collegavano i territori posti intorno all'Oceano Indiano ai paesi del bacino del Mediterraneo. Nella parte orientale, gli itinerari principali erano quelli che seguivano una catena di oasi fino in Siria e in Iraq. Le insenature sulla costa del Golfo e dell'Oman erano collegate da rotte marinare con le coste dell'India e dell'Africa orientale. La produzione di alimentari e materie prime era troppo ridotta, però, per permettere ai porti e ai centri commerciali di espandersi fino a diventare grandi città, centri di industrie e di potere. La Mecca e Medina, le città sante, traevano il loro sostentamento dalle eccedenze dei paesi circostanti.

A nord, la penisola araba confina con una seconda regione, la Fertile Mezzaluna: quel territorio a forma di mezzaluna che si estende intorno ai margini del Hamad o deserto siriano, che costituisce un prolungamento a nord della steppa e del deserto del Najd. Questa è una terra che aveva conosciuto una civiltà antica e originale, cui si erano sovrapposte, nella metà occidentale, quelle greca e romana, e nella metà orientale, quella iranica; fu qui più che nella penisola che si svilupparono la società e la cultura caratteristiche dell'Islam.

La metà occidentale della Fertile Mezzaluna costituisce una regione che le precedenti generazioni di studiosi e viaggiatori conoscevano come «Siria». Anche qui, come nell'Arabia occidentale, le principali divisioni geografiche corrono da ovest verso est. Dopo una striscia costiera di pianura vi è una catena di alture, che si innalzano al centro fino ai monti del Libano e digradano a sud fino alle colline di Palestina. Proseguendo verso est, si trova una depressione, che fa parte di quella grande frattura che, attraverso il Mar Morto e il Mar Rosso, giunge fino in Africa. Più in là ancora vi è un'altra regione di alture, il grande pianoro o altipiano dell'interno, che un po' alla volta fa posto alla steppa e al deserto del Hamad. In alcune località, antichi sistemi di irrigazione sfruttavano le acque dell'Oronte e di fiumi minori per sostentare piccole oasi, in particolare quella che si trova intorno all'antica città di Damasco; per la maggior parte, però, le possibilità di coltivazione dipendevano dalle precipitazioni. Sulle pendici orientali delle colline e dei monti costieri, le precipitazioni sono tali da permettere una coltura regolare, a patto di rendere stabile il suolo con terrazzamenti sui fianchi dei rilievi; altrove esse sono precarie, molto variabili da un anno all'altro, e anche le punte di caldo e di freddo sono maggiori. Nelle pianure dell'interno, quindi, a seconda del momento poteva essere più vantaggiosa la coltivazione del grano oppure l'allevamento dei cammelli.

La Siria era strettamente collegata al resto del bacino orientale del Mediterraneo tramite rotte marittime che partivano dai suoi porti e itinerari terrestri che correvano lungo la costa fino in Egitto; nell'interno era collegata anche all'Arabia occidentale nonché a territori più orientali, tramite itinerari che attraversavano lo Hamad o aggiravano il suo margine settentrionale. La combinazione di commercio a grande distanza e produzione di eccedenze alimentari e materie prime rese possibile la crescita di grandi città, poste nei pianori interni ma in collegamento con la costa: Aleppo al nord e Damasco al centro.

Gli itinerari che attraversavano o aggiravano lo Hamad conducevano alle vallate di due fiumi paralleli, l'Eufrate e il Tigri. Essi nascono in Anatolia, scorrono grosso modo in direzione sudest, si avvicinano, poi si allontanano, e finalmente giungono insieme a sfociare nell'estremità settentrionale del Golfo Persico. Il territorio che si trova tra essi e sulle loro rive è diviso in due zone. Al nord, nella Jazira, che viaggiatori e studiosi precedenti conoscevano come alta Mesopotamia, la natura dei rilievi è tale da rendere difficile lo sfruttamento dell'acqua dei fiumi per l'irrigazione e la coltivazione del grano, se non nelle immediate vicinanze dei fiumi o dei loro affluenti; lontano dai fiumi le precipitazioni sono incerte e il suolo è povero, e la bilancia pendeva per lo più a favore dell'allevamento di pecore, bestiame e cammelli. A nordest dei fiumi, invece, c'è un territorio di tipo diverso, che fa parte delle catene montuose dell'Anatolia, ed è solitamente noto come Kurdistan per via dei Curdi che vi abitano. Qui, come nelle valli montane della costa siriana, la terra e l'acqua potevano essere sfruttate per coltivazioni arboree in quota e per la coltivazione del grano sul fondovalle, ma anche per allevare pecore e capre con una transumanza regolare dai pascoli invernali nel fondovalle ai pascoli estivi sulle alte montagne.

Più a sud, in Iraq, la natura del terreno è differente. Le nevi dei monti dell'Anatolia si sciolgono in primavera ed una grande quantità d'acqua scende dai fiumi e si riversa nelle pianure circostanti. Il deposito di limo lasciato dalle esondazioni nel corso dei millenni ha dato origine ad una estesa pianura alluvionale, il Sawad, dove si coltivavano su larga scala grano e palme da dattero. Qui l'irrigazione era più agevole che al nord, perché la pianura era quasi senza rilievi, e fin dai tempi dell'antica Babilonia vi era un grandioso sistema di canali che distribuivano l'acqua nel Sawad. La piattezza del suolo e la violenza delle piene rendeva indispensabile che i canali fossero tenuti in ordine. Se essi non venivano ripuliti e riparati, le acque di piena potevano travolgere gli argini del fiume, inondare la campagna circostante, e formare zone di paludi permanenti. L'assenza di rilievi permetteva anche ai pastori nomadi del Najd di accedere facilmente alle valli dei fiumi e di sfruttare i terreni per i pascoli invece che per l'agricoltura. La sicurezza e la prosperità del Sawad dipendevano dalla forza dei governi, che a loro volta ricavavano il loro cibo, le loro materie prime e la loro ricchezza dalle campagne poste sotto la loro protezione. Nel cuore del Sawad, dove l'Eufrate e il Tigri scorrono ravvicinati, si erano succedute una serie di grandi città: Babilonia, Ctesifonte dei Sassanidi, e la capitale 'abbaside, Baghdad.

Oltre alle vie che permettevano i contatti con la Siria e col Najd, dall'Iraq si dipartivano anche direttrici commerciali dirette a est verso gli altipiani dell'Iran, anche se quelle del sud erano più agevoli di quelle del nord. I fiumi non erano facilmente navigabili per gran parte del loro corso, ma dal punto in cui essi si univano e scorrevano insieme fino al Golfo, partivano le rotte delle navi dirette ai porti del Golfo e dell'Oceano Indiano. Il terminale più importante di queste rotte, Bàssora, fu per un certo tempo il porto principale dell'Impero 'Abbaside.

Ad ovest della penisola araba, superato il Mar Rosso e uno stretto ponte di terra a nord di esso, vi è un deserto sabbioso, al di là del quale vi è una terza regione, la valle del Nilo. Il fiume nasce negli altipiani dell'Africa orientale, si ingrossa nel suo corso verso nord e viene raggiunto da affluenti che scendono dai monti dell'Etiopia. Scorre in un bacino alluvionale creato dal limo depositato nel corso dei secoli, che in certi punti ha l'aspetto di una vasta pianura e in certi altri quello di una sottile striscia, e che nella sua porzione finale si ramifica e sfocia, attraverso un fertile delta, nel Mediterraneo. D'estate, con lo scioglimento delle nevi sulle alture dell'Africa orientale, il livello delle acque si innalza ed il fiume ha una piena. Fin dai tempi antichi, un certo numero di espedienti – la vite, la ruota da irrigazione, il secchio all'estremità di un palo – hanno reso possibile un sollevamento dell'acqua dal fiume su scala ridotta. In certe località, soprattutto al nord, vi era un antico sistema di terrapieni che deviavano l'acqua del Nilo in piena verso bacini circondati da argini di terra, dove essa rimaneva per un certo tempo e veniva poi nuovamente lasciata defluire nel fiume quando la piena calava lasciando dietro di sé il suo limo ad arricchire il suolo. Su di un terreno irrigato in questo modo il grano ed altre colture crescevano in abbondanza. Nel deserto che fiancheggia il lato occidentale della vallata vi erano anche oasi coltivate da sedentari.

La parte settentrionale della valle del Nilo costituisce il territorio dell'Egitto, un paese con una tradizione di alta civiltà e una unità sociale creata o resa permanente da una lunga storia di autorità politica, esercitata da sovrani che governavano da una città posta là dove il fiume si divide in due rami e dà inizio al delta. Il Cairo fu l'ultima in ordine di tempo in un avvicendarsi di città a partire da Menfi nel terzo millennio a.C. Essa si trovava al centro di una rete di vie di comunicazione che conducevano: a nord fino ai porti del Mediterraneo, da cui si poteva raggiungere via mare la Siria, l'Anatolia, il Maghreb e l'Italia; ad est fino in Siria seguendo una strada lungo la costa, e sempre a est fino al Mar Rosso, e da lì fino all'Oceano Indiano; e a sud fino all'alta valle del Nilo e all'Africa orientale e occidentale.

Nell'alta valle del Nilo, il dominio sociale del Delta e della capitale si faceva sentire debolmente. Il Nilo scorre attraverso una regione praticamente priva di precipitazioni. Sulla sua riva orientale, l'area coltivabile formava solo una stretta striscia, ma ad occidente la piattezza del suolo permetteva di ampliare la striscia coltivabile per mezzo dell'irrigazione. A sud di quest'area priva di precipitazioni ve n'è una di intense precipitazioni estive, che possono durare da maggio a settembre. Qui si poteva coltivare il grano ed allevare bestiame in un'area che si estendeva a occidente oltre la vallata fino a raggiungere una zona sabbiosa semidesertica, e a sud fino a vaste aree di vegetazione perenne. Era questo il Sudan, terra di agricoltura e pastorizia, di villaggi, accampamenti nomadi e città mercantili, ma non di grandi metropoli. Il Nilo lo collegava all'Egitto e percorsi terrestri all'Etiopia ed al Sahel, la regione che si stende lungo il margine meridionale del Sahara.

Dal deserto occidentale dell'Egitto fino alle rive dell'Atlantico si estende una quarta regione, conosciuta in arabo come Maghreb (*Maghrib*), la terra dell'ovest o del tramonto del sole; essa comprende l'attuale territorio di Libia, Tunisia, Algeria e Marocco. All'interno di quest'area, la divisione naturale più ovvia corre da nord a sud. Lungo le coste del Mediterraneo e dell'Atlantico si stende una striscia di terre poco elevate che talvolta si allargano a formare pianure: il Sahel tunisino e la pianura della costa atlantica in Marocco. Più all'interno rispetto a questa striscia si innalzano catene di rilievi: il Jabal Akhdar in Libia, i monti del nord della Tunisia, l'Atlante del Tell, ed il Rif in Marocco. Ancora più all'interno vi sono pianori sopraelevati o steppe, al di là dei quali vi sono altre catene montuose, l'Aurès in Algeria, il Medio Atlante e l'Alto Atlante più a occidente. Più a sud vi è una steppa, che si trasforma gradualmente in un deserto, il Sahara, in alcune parti sassoso e in altre sabbioso, con oasi di palme. A sud del Sahara vi è una zona di savane, le cui risorse idriche sono costituite dalle precipitazioni e dal fiume Niger: il Sahel del Sudan occidentale.

Il Maghreb ha pochi fiumi utilizzabili per l'irrigazione, e la natura e le dimensioni degli insediamenti umani erano determinate dal volume e dalla durata delle precipitazioni. Nelle pianure costiere e sulle pendici dei monti che guardano verso il mare, dove si scaricano le nuvole di pioggia provenienti dal Mediterraneo o dall'Atlantico, era possibile una coltivazione permanente di grano, olive, frutta e verdure, e ad alta quota i fianchi dei monti erano ricoperti di fitte foreste. Al di là dei monti, nei pianori sopraelevati, invece, le precipitazioni presentano irregolarità da un anno all'altro, ed anche all'interno di uno stesso anno, e la terra si prestava ad uno sfruttamento misto: coltivazione di grano, e pascolo di pecore e capre con migrazioni stagionali. Più a sud, nella steppa o nel deserto, la terra era più adatta al pascolo; gli allevatori di pecore si mescolavano agli allevatori di cammelli, trasferendosi d'estate al nord, fuori dal deserto. Per la verità, il Sahara era l'unica parte del Maghreb in cui si allevavano cammelli; il cammello era giunto in quest'area qualche secolo prima dell'avvento dell'Islam. Le sue zone sabbiose erano poco abitate, ma nelle altre zone vivevano allevatori di animali e coltivatori di palme da dattero e di altre colture arboree nelle oasi.

Anche le vie principali che univano il Maghreb al mondo circostante correvano da nord a sud. I porti del Mediterraneo e dell'Atlantico univano la regione alla penisola iberica, all'Italia e all'Egitto; da essi partivano anche, in direzione sud, vie commerciali che, attraverso la campagna sedentaria ed una catena di oasi sahariane, portavano al Sahel e oltre. In certe località, le vie che giungevano al mare attraversavano ampie aree di terre coltivate, e qui poterono formarsi e trovare sostentamento grandi città. Due di queste aree avevano un'importanza particolare. Una si trovava sulla costa atlantica del Marocco; qui sorse, nei primi tempi dell'Islam, la città di Fez, mentre più a sud, e in un periodo successivo, sorse anche quella di Marrakesh. L'altra era la pianura costiera della Tunisia; qui la città principale nei primi tempi dell'Islam fu Qayrawan, ma più tardi il suo posto venne preso da Tunisi, che sorgeva sulla costa, vicino al sito dell'antica città di Cartagine. Queste due aree, con le loro grandi città, irradiarono la loro potenza economica, politica e culturale sulle terre che stavano intorno e in mezzo a loro. L'Algeria, a metà strada tra le due, non disponeva di un'area di vita sedentaria abbastanza estesa e stabile per far sorgere un analogo centro di potere e tendeva a cadere nella sfera di influenza dei suoi due vicini. Analogamente, il potere di Tunisi si stendeva anche sulla Libia occidentale (Tripolitania), mentre a est la Cirenaica, separata dal resto del Maghreb ad opera del deserto libico, che qui giungeva fino al mare, si trovava piuttosto sotto la sfera di influenza dell'Egitto.

La quinta regione è al-Andalus (l'Andalusia), la penisola iberica, e per la precisione quella parte che veniva governata da Musulmani, che ne costituivano anche una gran parte della popolazione (nell'XI secolo costituiva la maggior parte della penisola, ma progressivamente si ridusse fino a scomparire alla fine del XV secolo). Per certi aspetti simile alla Siria, essa constava di piccole regioni più o meno separate l'una dall'altra. Il centro della penisola era un esteso altopiano circondato e intersecato da catene montuose. Da qui si dipartivano un certo numero di corsi d'acqua che attraversavano delle pianure prima di giungere al mare: l'Ebro sfocia nel Mediterraneo a nord, il Tago nell'Atlantico dopo avere attraversato le pianure portoghesi, e il Guadalquivir sempre nell'Atlantico ma più a sud. A metà strada tra i monti che circondano l'altopiano centrale e il Mediterraneo si trovano la zona montuosa della Catalogna a nord, e zone pianeggianti al sud. Variazioni nel clima e nelle precipitazioni danno luogo a differenze nella natura del suolo e nel modo in cui lo si poteva sfruttare. Nel clima freddo delle alte montagne vi erano foreste di querce da sughero, rovere e pini, e tra esse vi erano terreni da pascolo dove si poteva coltivare il grano e allevare animali. L'altopiano centrale, con un clima tendente agli eccessi, era adatto per un regime misto, coltivazione di grano e olive e pascolo di pecore e capre. Nel clima caldo delle valli dei fiumi e delle pianure costiere, si producevano agrumi ed altri frutti. Era qui, in aree ricche di coltivazioni e con possibilità di trasporti fluviali, che si trovavano le grandi città: Cordova e Siviglia.

La Spagna faceva parte del mondo mediterraneo, e i porti della sua sponda orientale la collegavano agli altri paesi del bacino: l'Italia, il Maghreb, l'Egitto e la Siria. I suoi contatti più significativi erano quelli col Marocco, suo vicino a sud; lo stretto braccio di mare che separava le due masse continentali non costituiva una barriera al commercio, alla migrazione, o alla circolazione delle idee o degli eserciti vittoriosi.

Gli Arabi musulmani e gli altri

Nell'XI secolo l'Islam era la religione dei conquistatori, dei ceti dominanti e di una parte sempre più consistente della popolazione, ma al di fuori della penisola araba non è sicuro che rappresentasse la religione maggioritaria. Allo stesso modo, mentre l'arabo era la lingua dell'alta cultura e di gran parte della popolazione urbana, altre lingue sopravvivevano dal periodo anteriore alla venuta dei conquistatori musulmani. Nel XV secolo la marea dell'Islam arabo aveva ricoperto tutta la regione, e per la maggior parte si trattava dell'Islam nella sua varietà sunnita, anche se sussistevano adepti di alcune dottrine formatesi nei primi secoli. Nell'Arabia sudorientale e ai margini del Sahara vi erano comunità di Ibaditi, che rivendicavano una discendenza spirituale dai Kharigiti che avevano rifiutato la *leadership* di 'Ali dopo la battaglia di Siffin, e si erano ribellati contro la sovranità dei califfi in Iraq e nel Maghreb. Nello Yemen, gran parte della popolazione aderiva allo Sciismo nella sua varietà Zaydita. Lo Sciismo nelle sue varietà dei «Duodecimani» e degli Ismailiti, che nel X secolo dominava gran parte del mondo arabo, era regredito; i «Duodecimani» erano ancora numerosi in alcune parti del Libano, nel sud dell'Iraq, dove avevano i loro santuari principali, e sulla sponda occidentale del Golfo Persico; e gli Ismailiti si mantenevano fedeli alla loro religione in diverse parti dello Yemen, dell'Iran e della Siria, dove erano riusciti a opporre una resistenza locale ai governanti sunniti, gli Ayyubidi in Siria e i Selgiuchidi più a est. (Notizie sulle loro attività, riportate in Europa al tempo delle Crociate, diedero origine alla denominazione di «Assassini» ed alla storia, che non si ritrova nelle fonti arabe, che essi vivessero sotto il comando assoluto del «Vecchio della Montagna».) In Siria si potevano trovare anche aderenti ad altre diramazioni dello Sciismo, i Drusi e i Nusayriti. Nel nord dell'Iraq vi erano gli Yazidi, seguaci di una religione che aveva elementi tratti sia dal Cristianesimo che dall'Islam, e nel sud i Mandei avevano una fede che attingeva a credenze e pratiche religiose anteriori.

Nel XII secolo le Chiese cristiane del Maghreb erano praticamente scomparse, ma una gran parte della popolazione dei regni musulmani dell'Andalusia era costituita da Cristiani della Chiesa Cattolica Romana. I Cristiani copti erano un elemento importante delle popolazione egiziana ancora nel XV secolo, anche se il loro numero andava diminuendo in seguito a conversioni. Più a sud, nel nord del Sudan, il Cristianesimo era scomparso nel XV o XVI secolo, man mano che l'Islam si diffondeva al di là del Mar Rosso e risalendo la valle del Nilo. In tutta la Siria e il nord dell'Iraq sopravvivevano comunità cristiane, anche se in forma ridotta. Alcune, soprattutto nelle città, appartenevano alla Chiesa Orientale Ortodossa, ma altre facevano parte di quelle altre chiese che avevano la loro origine nelle controversie sulla natura di Cristo: gli Ortodossi Siri o Monofisiti, e i Nestoriani. In Libano e in altre parti della Siria vi era una quarta chiesa, quella dei Maroniti; essi avevano sostenuto la dottrina dei Monoteleti, ma nel XII secolo, quando i Crociati regnavano sulle coste della Siria, essi avevano accettato la dottrina Cattolica Romana e la supremazia del Papa.

Gli Ebrei erano sparsi più estesamente nel mondo dell'Islam arabo. Nel Maghreb una parte consistente della popolazione rurale si era convertita all'Ebraismo prima dell'avvento dell'Islam, e vi erano ancora comunità rurali ebree, come ce n'erano nello Yemen e in diverse parti della Fertile Mezzaluna. Ebrei si trovavano anche nella maggior parte delle città della regione, poiché essi svolgevano un ruolo molto importante nel commercio, nell'artigianato, nella finanza e nella medicina. Per lo più essi appartenevano al nucleo principale degli Ebrei che accettavano la legge orale e la sua interpretazione contenuta nel Talmud e conservata da quanti erano addestrati allo studio del Talmud. In Egitto, Palestina e altrove, però, vi erano anche Caraiti, che non accettavano il Talmud e avevano proprie leggi che i loro maestri avevano ricavato dalle Scritture.

A quest'epoca gran parte delle comunità ebree erano arabofone, anche se parlavano varietà di arabo con caratteristiche proprie e si servivano ancora dell'ebraico a scopi liturgici. Anche tra i Cristiani l'arabo si era diffuso nella Fertile Mezzaluna, in Egitto e in Spagna; l'aramaico e il siriaco stavano perdendo terreno come lingue parlate e scritte, anche se erano usate nelle liturgie, e la lingua copta dell'Egitto aveva praticamente cessato di esistere nel XV secolo per scopi che non fossero quelli religiosi; molti dei Cristiani di al-Andalus avevano adottato l'arabo come loro lingua, anche se le lingue romanze che avevano ereditato erano ancora in uso e mostravano i primi segni di una rinascita. Ai margini della marea araba, in distretti muntuosi e desertici, altre lingue ancora venivano parlate; il curdo nei monti del nord dell'Iraq; in Sudan il nubiano al nord e varie lingue al sud; il berbero sui monti del Maghreb e nel Sahara. I Curdi e i Berberi erano però musulmani, e quanto più venivano istruiti tanto più finivano per entrare nella sfera dell'arabo.

Capitolo Sesto

LA CAMPAGNA

La terra e il modo di sfruttarla

Questi paesi, disseminati lungo una linea che va dalle rive dell'Atlantico a quelle dell'Oceano Indiano, non avevano in comune solo una religione e una cultura dominante, ma anche, entro certi limiti, alcune caratteristiche del clima, del rilievo, del suolo e della vegetazione. C'è chi ha sostenuto che questi due fattori erano strettamente connessi, che la religione dell'Islam era particolarmente adatta a un certo tipo di ambiente, o addirittura ne era stata creata: che le società musulmane erano dominate dal deserto, o perlomeno da un certo tipo di rapporto tra il deserto e la città. Tuttavia, siffatte teorie sono pericolose; l'Islam si è diffuso e ha messo radici anche in paesi con un diverso tipo di clima e di società, come nell'Asia meridionale e nel Sudest asiatico. Meglio, dunque, tenere separati i due fattori.

Riguardo al clima della maggior parte dei paesi che a quest'epoca erano prevalentemente di religione musulmana e di lingua araba si possono fare alcune osservazioni generali. Sulle coste, dove i venti provenienti dal mare sono pieni di umidità, il clima è umido; nell'interno, il clima è «continentale», con una grande escursione tra la temperatura del giorno e quella della notte, e tra l'estate e l'inverno. Ovunque è gennaio il mese più freddo, mentre giugno, luglio e agosto sono quelli più caldi. In alcune regioni le precipitazioni sono abbondanti e regolari. Per la maggior parte si tratta di zone che si trovano sulla costa o sulle pendici di alture prospicienti il mare. Le nuvole cariche di pioggia provenienti dal mare si scaricano sui monti: la catena dell'Atlante sul litorale atlantico del Marocco; il Rif, i monti dell'Algeria orientale e del nord della Tunisia, e il massiccio della Cirenaica sulla sponda meridionale del Mediterraneo; e sulla sponda orientale i monti del Libano e, molto più all'interno, quelli del nordest dell'Iraq. Nell'Arabia sudoccidentale la pioggia è portata da nuvole provenienti dall'Oceano Indiano. Qui la stagione delle piogge è quella dei monsoni nei mesi estivi; altrove la pioggia cade soprattutto da settembre a gennaio. In queste regioni, le precipitazioni medie annue superano, talvolta anche di parecchio, i 500 mm.

Sul versante opposto dei rilievi costieri, nelle pianure e negli altipiani, le precipitazioni sono inferiori, con una media di 250 mm all'anno. Le medie possono però trarre in inganno; in queste regioni interne le precipitazioni variano enormemente da un mese all'altro e da un anno all'altro. Ciò può farsi sentire sui raccolti; ci sono annate in cui la pioggia può non arrivare quasi del tutto ed il raccolto venire compromesso.

Al di là di questa fascia di regioni con precipitazioni cospicue ma irregolari ve ne sono altre in cui la pioggia è più scarsa o quasi del tutto assente; alcune di esse si trovano vicino alla costa, come nel basso Egitto, dove non ci sono montagne che facciano scaricare le piogge; altre sono molto nell'interno. Qui le precipitazioni possono andare da zero a 250 mm l'anno. Per lo più, però, queste zone non sono completamente prive di acqua. Perfino in alcune parti del deserto arabo e di quello del Sahara vi sono sorgenti e pozzi, alimentati da piogge occasionali o dall'infiltrazione sotterranea di acqua dalle alture o dalle catene montuose che si trovano più vicino al mare. In altre località una terra che per conto suo non riceve la pioggia può essere irrigata da fiumi che trasportano le precipitazioni avvenute su monti distanti. Molti fiumi non sono che *wadi* a regime stagionale, asciutti d'estate e in piena nella stagione delle piogge, ma altri sono perenni: quelli che scendono dalle montagne in Spagna, sulla costa atlantica del Marocco, in Algeria e in Siria, e soprattutto i due grandi sistemi fluviali: quello del Nilo e quello del Tigri e dell'Eufrate.

Questi ultimi vivificano entrambi estese porzioni delle pianure attraverso le quali scorrono, ma hanno ritmi diversi. Il Nilo e i suoi affluenti trasportano l'acqua delle piogge che cadono sugli altipiani dell'Etiopia e dell'Africa orientale; queste hanno luogo in primavera ed estate, e causano una successione di piene, prima nel Nilo Bianco, poi nel Nilo Azzurro e nei suoi affluenti. La piena raggiunge l'Egitto in maggio, poi aumenta fino a raggiungere l'apice in settembre, dopodiché cala fino ad estinguersi in novembre. Nelle alture dell'Anatolia, da cui discendono sia l'Eufrate che il Tigri, le nevi si sciolgono in primavera. Il Tigri trasporta le sue acque di piena da marzo a maggio, l'Eufrate un po' più tardi; in entrambi i fiumi le piene sono abbastanza violente da travolgere gli argini, ed ogni tanto è successo che cambiassero il loro corso. Nel sud dell'Iraq, a causa dell'abbassamento del suolo, nel periodo immediatamente precedente l'avvento dell'Islam si erano formate delle paludi permanenti.

Variazioni nel rilievo, nella temperatura e nell'approvvigionamento idrico si sono combinate nell'originare varietà di suoli. Nelle pianure costiere e sulle pendici dei monti rivolte verso il mare il suolo è ricco, ma nelle montagne è necessario procedere a terrazzamenti per evitare che esso venga trasportato a valle dalle acque nella stagione delle piogge. Nelle pianure dell'interno il suolo è più povero ma ancora fertile. Dove esse cedono il passo a steppe e deserti, muta la natura del terreno. Isolati appezzamenti di terreno là dove le acque sotterranee sono abbondanti sono circondati da zone di rocce e sassi, massicci vulcanici e dune di sabbia, come quelle del «Quarto Vuoto» e del Nafud in Arabia, e degli Erg del Sahara.

Da tempi immemorabili, dove vi erano terra ed acqua, si sono coltivate frutta e verdure, ma per certi prodotti sono necessarie condizioni favorevoli. Particolarmente importanti erano tre fasce di coltivazioni. la prima era quella dell'olivo, che produceva cibo, olio da cucina e combustibile per l'illuminazione; la sua coltura era possibile dove le precipitazioni superavano i 180 mm e il terreno era sabbioso. In secondo luogo, la coltura di frumento ed altri cereali, per consumo dell'uomo e foraggio per il bestiame, richiedeva precipitazioni superiori ai 400 mm oppure un'irrigazione da fiumi o sorgenti. La terza fascia era quella della palma da dattero, che richiede una temperatura di almeno 16° per produrre frutti, ma può prosperare anche là dove l'acqua è scarsa. Se vi erano acqua e pascolo a sufficienza, il terreno poteva essere sfruttato per il pascolo del bestiame oltre che per la coltivazione. Le capre e le pecore avevano bisogno di pascoli a distanze non troppo grandi per le loro possibilità; i cammelli potevano viaggiare a grande distanza tra un pascolo e l'altro ed avevano bisogno di bere con meno frequenza.

A causa di questa varietà di condizioni naturali, il Medio Oriente ed il Maghreb erano divisi, prima ancora dell'avvento dell'Islam, in grandi aree di produzione, comprese tra due estremi. A un estremo stavano le zone in cui la coltivazione era possibile sempre: fasce costiere dove si poteva coltivare l'olivo, pianure e fondovalli dove si coltivavano i cereali, oasi ricche di palmizi. In tutte queste zone si producevano anche frutta e verdure, ed uno dei risultati della formazione di un'unica società islamica estesa dall'Oceano Indiano al Mediterraneo fu quello di introdurre nuove varietà. Qui trovavano il loro pascolo bovini, pecore e capre, e sui monti più alti molte varietà di alberi producevano legname, noci di galla, gomma arabica o sughero. All'estremo opposto erano le zone in cui l'acqua e la vegetazione erano sufficienti solo per l'allevamento dei cammelli o di altri animali con migrazioni stagionali su lunghe distanze. Due di queste zone ebbero particolare importanza: il deserto arabico con la sua propaggine settentrionale, il deserto siriano, dove gli allevatori di cammelli solevano trascorrere l'inverno nel Nafud e spostarsi a nordovest in Siria o a nordest in Iraq d'estate; e il Sahara, dove solevano spostarsi dal deserto agli altipiani o ai margini meridionali dei monti dell'Atlante.

Tra questi due estremi, uno con una vita più o meno assicurata di coltivazione sedentaria, l'altro di pastorizia nomade obbligata, vi erano zone in cui la coltivazione, ancorché possibile, era più precaria, così che il terreno e l'acqua presentavano le stesse opportunità per la pastorizia. Ciò era particolarmente vero per quelle regioni che si trovavano ai margini del deserto e in cui le precipitazioni erano irregolari: la steppa siriana, la valle dell'Eufrate, i margini esterni del delta del Nilo ed altre aree irrigue della valle del Nilo, le pianure del Kordofan e del Darfur in Sudan, e gli altipiani e l'Atlante sahariano nel Maghreb. In determinate circostanze, quasi ogni area con terreni coltivabili poteva essere convertita a pascolo, a meno che non fosse protetta dai rilievi; i pastori del Sahara, per esempio, non penetrarono in Marocco nei monti dell'Alto Atlante.

Sarebbe quindi troppo semplicistico raffigurarsi una campagna divisa in aree dove i contadini se ne stavano fissi sul terreno a badare alle proprie colture ed aree dove invece i nomadi si spostavano con i loro animali. Situazioni intermedie tra una vita totalmente sedentaria ed una totalmente nomade erano possibili, ed anzi erano la norma. Vi era una vasta scelta di modi di utilizzare i terreni. In alcune zone i terreni erano saldamente in mano ai sedentari, e gli unici animali presenti venivano allevati per loro conto da personale stipendiato; altrove, coltivatori sedentari e pastori nomadi si dividevano l'uso della terra; in altre zone ancora la popolazione era sempre in movimento, seguiva le greggi nei loro spostamenti dai pascoli bassi ai pascoli alti, ma coltivava la terra in determinate stagioni; in altre ancora, la popolazione era esclusivamente nomade, ma poteva avere il controllo di qualche zona sedentaria nelle oasi o ai margini del deserto, dove succedeva che i contadini lavoravano a profitto dei nomadi.

I rapporti tra quanti dissodavano il terreno e quanti erano in perpetuo trasferimento insieme ai propri animali non possono essere spiegati alla luce di una opposizione, di lunga data e inestirpabile, tra «il deserto e il seminato». Agricoltori sedentari e pastori nomadi avevano bisogno gli uni degli altri per scambiare quei prodotti che ciascuno doveva vendere: i puri nomadi non potevano produrre tutto il cibo di cui avevano bisogno, tanto cereali quanto datteri; le popolazioni sedentarie avevano bisogno di carne, pelli e lana degli animali allevati dai pastori, e di cammelli, asini o muli per i trasporti. Nelle zone in cui esistevano ambedue i gruppi, essi usavano la stessa acqua e lo stesso terreno con la sua vegetazione e avevano bisogno, se possibile, di concludere accomodamenti accettabili e duraturi l'uno con l'altro.

La convivenza tra agricoltori e pastori era però fragile, e facile a mutare d'aspetto finendo per favorire gli uni o gli altri. D'altra parte, la mobilità e la resistenza dei pastori nomadi tendeva a dare a questi ultimi una posizione di predominio. Ciò era particolarmente vero nel caso dei rapporti tra quanti allevavano cammelli nel deserto e quanti vivevano nelle oasi. Alcune delle maggiori oasi poste su importanti vie commerciali potevano ospitare una classe di mercanti in grado di mantenere il controllo sui mercati e sulle palme da dattero, ma in altre erano i pastori che detenevano il controllo delle terre e le coltivavano per mezzo di braccianti, o, in qualche caso, di schiavi. Anche ai margini del deserto i pastori potevano essere così forti da imporre una sorta di tributo, la *khuwwa*, sui villaggi sedentari. Questo rapporto ineguale veniva espresso, nella cultura dei pastori arabi, da una determinata concezione gerarchica del mondo rurale; essi si consideravano dotati di libertà, nobiltà e onore, di cui invece erano privi i contadini, i mercanti e gli artigiani. D'altro canto capitava di vedere all'opera forze destinate a piegare la libertà e la forza dei pastori con l'attrattiva che la vita sedentaria esercitava su di essi quando giungevano nelle pianure o nei paesi stepposi.

Quando la convivenza era seriamente minacciata, ciò non era quindi dovuto ad un perpetuo stato di guerra tra i due tipi di società, ma ad altri motivi. Nel corso dei secoli possono essersi verificati mutamenti di clima e di disponibilità idriche; è ben noto il caso dell'inaridimento progressivo della regione del Sahara, verificatosi in un lungo arco di tempo. Vi erano cambiamenti nella domanda di prodotti dei campi o del deserto: una richiesta maggiore o minore di olio d'oliva, grano, pelli, lana, carne o cammelli da trasporto. A volte, poteva trattarsi di una crisi da sovrappopolazione tra i nomadi, che nel complesso conducevano una vita più sana di quella della popolazione dei villaggi, e potevano pertanto moltiplicarsi più di quanto lo consentissero i loro mezzi di sussistenza. Di tanto in tanto vi erano mutamenti politici; quando i sovrani erano forti, tendevano ad estendere l'area dell'agricoltura sedentaria, da cui traevano il cibo per nutrire le città e le tasse per sostenere l'esercito.

La conquista dei paesi circostanti da parte degli Arabi nel primo periodo dell'Islam non fu un'ondata di nomadi che si riversò sul mondo sedentario mandando a gambe all'aria questa convivenza. Gli eserciti arabi erano piccoli corpi ragionevolmente disciplinati di soldati di varia origine; essi furono seguiti, almeno in Iraq e in Iran, da grandi migrazioni di pastori arabi, le cui dimensioni sfuggono ad una stima precisa. Era però nell'interesse dei nuovi detentori del potere preservare il sistema di coltivazione e, quindi, di tasse e di entrate. I precedenti proprietari terrieri vennero in grande misura rimossi oppure assorbiti nella nuova élite dominante, ma i contadini indigeni rimasero, e i soldati ed i nuovi arrivati vennero sedentarizzati sulle terre o nelle nuove città. La crescita di città più grandi di quelle che esistevano in precedenza, dal Khurasan e dalla Transoxiana a est fino all'Andalusia a ovest, mostra che vi era una campagna colonizzata abbastanza grande e produttiva da fornire loro il cibo necessario. D'altro canto, la crescita del commercio su lunghe distanze all'interno dell'estesa comunità islamica, e l'annuale pellegrinaggio alla Mecca, provocarono una richiesta di cammelli e di altri animali da trasporto.

Le minacce alla convivenza, se mai ve ne furono, si profilarono più avanti, a partire dal X o XI secolo. Ai margini del mondo musulmano vi furono incursioni di gruppi nomadi che mutarono l'equilibrio tra i due tipi di popolazione. Popolazioni pastorali turche penetrarono in Iran e nelle regioni dell'Anatolia di conquista recente, e questa penetrazione proseguì durante e dopo le invasioni mongole; all'estremo occidentale, i Berberi dell'Atlante e delle zone ai margini del Sahara puntarono al nord verso il Marocco e l'Andalusia. Nelle parti centrali del mondo musulmano, invece, le cose devono essere andate diversamente. Uno studio condotto su di un'area specifica fa luce sul fenomeno.[1] L'area in questione è quella circostante il fiume Diyala, un affluente del Tigri, nella grande pianura irrigua del sud dell'Iraq che riforniva Baghdad di cibo e materie prime per la sua enorme popolazione. Il sistema di irrigazione, sviluppato a partire dall'età babilonese, richiedeva un governo che avesse la forza di preservarlo. Un governo siffatto esisté all'inizio del periodo 'abbaside, quando tutto il sistema venne riparato e rimesso in grado di funzionare dopo un declino intervenuto verso la fine dell'età sassanide. Col passare dei secoli la situazione cambiò. La crescita di Baghdad e i suoi commerci stavano a indicare che delle ricchezze derivate dalle eccedenze agricole veniva usata nella città una parte maggiore di quella destinata al mantenimento della campagna; la crescente debolezza del governo fece cadere la campagna sotto il controllo di governatori locali o esattori delle tasse che avevano un interesse meno stabile al mantenimento in ordine delle opere idrauliche. Può anche darsi che si siano verificati dei mutamenti ecologici, con la conseguente creazione di ampie zone paludose. In questa situazione, col trascorrere dei secoli il sistema di irrigazione decadde progressivamente. Gli agricoltori da soli non disponevano dei mezzi per mantenerlo efficiente, il flusso d'acqua nei canali diminuì e zone coltivate vennero abbandonate o trasformate in pascolo.

È quindi possibile che la diffusione della pastorizia nomade sia stata più una conseguenza che una causa del declino dell'agricoltura. Nel Maghreb, invece, è possibile che sia avvenuto il contrario. Gli storici moderni, riprendendo un'idea avanzata per la prima volta, a quanto sembra, da Ibn Khaldun, sono soliti attribuire il declino della vita sedentaria nel Maghreb all'arrivo di alcune tribù arabe, in particolare quella dei Banu Hilal nell'XI secolo. Si ritiene che loro incursioni e razzie abbiano profondamente segnato tutta la storia successiva del Maghreb, ponendo fine ai governi stabili che garantivano la vita sedentaria, cambiando la destinazione delle terre dall'agricoltura alla pastorizia, e sommergendo la popolazione locale in un marea di nuova immigrazione araba. Le ricerche moderne hanno però dimostrato che gli avvenimenti non furono così semplici. È un dato di fatto che elementi dei Banu Hilal penetrarono in Tunisia dall'Egitto nella prima metà dell'XI secolo. Essi assecondavano la politica della dinastia fatimide in Egitto tendente ad indebolire il potere degli Ziriti, i governanti locali di Qayrawan, che erano stati vassalli dei Fatimidi ma si erano sottratti alla loro obbedienza. Gli Ziriti, però, stavano già perdendo la loro forza, a causa di un declino commerciale di Qayrawan, e il loro stato si stava disintegrando in una serie di principati basati su città di provincia. Può darsi che siano stati l'indebolimento dell'autorità e il declino dei commerci, e quindi della domanda, a rendere possibile l'espansione dei pastori. Senza dubbio la loro espansione causò distruzione e disordine, ma non sembra che i Banu Hilal fossero ostili in linea di principio alla vita dei sedentari; essi avevano buoni rapporti con altre dinastie. Se in quest'epoca vi fu un avvicendamento nell'equilibrio rurale, è possibile che esso dipendesse da altre cause, e non sembra che sia stato né universale né perpetuo. Vi furono parti della campagna tunisina che rifiorirono quando fu restaurata una forte autorità sotto gli Almohadi e i loro successori, gli Hafsidi. L'espansione della pastorizia, in quanto si è verificata, fu quindi forse più l'effetto che la causa principale del collasso della convivenza rurale. Se successivamente essa fu vista come la sua causa, ciò era un modo emblematico di considerare una serie complessa di avvenimenti. Inoltre, non sembra che i Banu Hilal fossero così numerosi da sostituire con elementi arabi la popolazione berbera. Da questo momento in poi vi fu, effettivamente, un'espansione della lingua araba, e con essa nacque l'idea che ci fosse un legame tra le popolazioni rurali del Maghreb e quelle della penisola araba, ma la sua causa non fu tanto la diffusione di tribù arabe quanto l'assimilazione di Berberi al loro interno.[2]

Società tribali

La storia delle campagne in questi secoli non è ancora stata scritta, ed è difficile che lo sia, per mancanza di fonti fondamentali. Per il periodo ottomano esistono sì delle fonti, negli immensi archivi ottomani che solo ora cominciano ad essere esplorati, e per epoche più vicine alla nostra ai documenti si può aggiungere l'osservazione diretta. È pericoloso cercare di dedurre da ciò che esisteva due o tre secoli fa e da ciò che esiste tuttora quello che può essere esistito parecchi secoli fa. Tuttavia, ciò può aiutarci a comprendere fatti e avvenimenti di quei tempi, se usiamo le nostre conoscenze delle epoche posteriori per ricostruire un «modello ideale» di come poteva apparire una società rurale in un ambiente come quello del Medio Oriente e del Maghreb.

Lasciati a se stessi, i processi economici e sociali in tali aree rurali tendevano a produrre un tipo di società che viene spesso definito «tribale», e prima di tutto sarà necessario chiedersi che cosa si intenda col termine «tribù».

In comunità pastorali e di villaggio come queste, il gruppo di base era la famiglia nucleare di tre generazioni, nonni, genitori e figli, che abitavano insieme in case di villaggio fatte di pietra, mattoni di fango o qualunque altro materiale fosse reperibile sul posto, o nelle tende intessute dei nomadi. Gli uomini erano responsabili soprattutto della cura del terreno e degli animali, le donne della cucina, delle pulizie e dell'allevamento dei figli, ma erano solite fornire un aiuto anche nei campi o con le greggi. La responsabilità dei rapporti col mondo esterno era formalmente attribuita agli uomini.

Si può ragionevolmente supporre che i valori espressi nel concetto di «onore», che è stato molto studiato da sociologi e antropologi, sia esistito da tempi immemorabili nelle campagne, o perlomeno in quelle loro parti non toccate in profondità dalle religioni formali delle città. Basandosi su questo assunto, si può dire – con molte variazioni nel tempo e nello spazio – che le donne dei villaggi e delle steppe, anche se non velate o formalmente isolate, erano subordinate agli uomini in modo significativo. Per una diffusa consuetudine, anche se non per la legge islamica, la proprietà terriera apparteneva agli uomini e veniva trasmessa da essi ai loro figli maschi: «i figli sono la ricchezza della casa». L'onore di un uomo prevedeva che egli difendesse ciò che era suo e corrispondesse alle richieste che gli venivano da parte dei membri della sua famiglia, o della tribù o del gruppo esteso di cui faceva parte; l'onore apparteneva ad un individuo mediante la sua appartenenza ad un complesso più ampio. Le donne della sua famiglia, la madre e le sorelle, le mogli e le figlie, erano sotto la sua protezione, ma ciò che esse facevano poteva incidere sul suo onore: per esempio, una mancanza di modestia, o un comportamento che suscitasse in uomini privi di diritti nei loro confronti forti sentimenti che avrebbero potuto mettere in pericolo l'ordine sociale. Frammisto al rispetto che un uomo aveva per le sue donne vi poteva quindi essere un certo sospetto, o perfino timore delle donne percepite come un pericolo. Uno studio sulle donne beduine del deserto occidentale dell'Egitto ha attirato l'attenzione sulle poesie e sui canti che le donne si scambiano tra loro e che, evocando sentimenti personali ed amori che possono oscurare doveri accettati e travalicare confini proibiti, mettono in dubbio l'ordine sociale con cui esse vivono e che formalmente accettano:

> Egli ha raggiunto le tue braccia distese sul cuscino,
> ha dimenticato suo padre, e poi suo nonno.[3]

Quando una donna raggiungeva una certa età, invece, poteva acquisire una maggiore autorità, in quanto madre di maschi o prima moglie (se ve n'era più di una), non solo sulle donne più giovani della famiglia, ma anche sugli uomini.

Nella maggior parte dei casi, una famiglia nucleare di questo tipo non era autosufficiente, né dal punto di vista economico né da quello sociale. Essa poteva essere integrata in due tipi di aggregazioni più vaste. Una di queste era il clan, il gruppo di coloro che erano, o sostenevano di essere, discendenti di un comune antenato risalente a quattro o cinque generazioni prima. Era questo il gruppo presso il quale i suoi membri potevano cercare aiuto in caso di necessità, e che si sarebbe assunto la responsabilità di vendicare un membro cui fosse stato fatto un torto o che fosse stato ucciso.

L'altro tipo di aggregazione era quella costituita da un interesse economico permanente. Per quanti coltivavano la terra senza muoversi, punto di riferimento di tale aggregazione era il villaggio (o il «quartiere» se il villaggio era grande, come potevano esserlo quelli nelle pianure e nelle valli dei fiumi). Nonostante le differenze tra le famiglie, per coltivare la terra si doveva trovare un accordo. In alcune località ciò veniva fatto con una divisione permanente tra le famiglie dei terreni del villaggio, tenendo in comune il terreno da pascolo; altrove con una divisione periodica, fatta in modo tale da assicurare ad ogni famiglia una parte che essa fosse in grado di coltivare (il sistema del *musha'*). Nel caso di terreni irrigui, era necessario raggiungere degli accordi anche per la ripartizione dell'acqua; ciò poteva essere fatto in molti modi, per esempio dividendo l'acqua di un ruscello o di un canale in un certo numero di quote, ciascuna delle quali veniva assegnata, in modo permanente o secondo redistribuzioni periodiche, al proprietario di un determinato appezzamento di terreno. Si saranno dovuti trovare degli accordi anche riguardo alla coltivazione; un agricoltore la cui proprietà fosse insufficiente o che non avesse alcuna proprietà per conto suo, poteva prendersi cura dei terreni di qualcun altro in cambio di una quota prestabilita della produzione, oppure poteva piantare e prendersi cura di alberi da frutto sui terreni di qualcun altro ed esserne considerato il proprietario. Nei gruppi pastorali, il gruppo di pascolo – coloro che si spostavano insieme da un pascolo all'altro – costituiva un'unità di tipo analogo, dal momento che la pastorizia nomade non poteva essere praticata senza un certo grado di cooperazione e disciplina sociale. Qui non vi era, però, divisione dei terreni; le terre da pascolo e l'acqua venivano considerate proprietà comune di tutti coloro che se ne servivano.

I rapporti tra questi due tipi di aggregazione, quella basato sulla parentela e quella basato sull'interesse comune, erano complessi. In una società analfabeta, pochi ricordano i propri progenitori di cinque generazioni prima, e la pretesa di una comune discendenza era un modo simbolico di esprimere un interesse comune, di dare ad esso una forza che altrimenti non avrebbe avuto. In certi casi, però, potevano verificarsi dei conflitti. Un membro di un clan, richiesto di aiuto, poteva non impegnarsi a fondo nel fornirlo perché ciò andava contro qualche altro interesse o rapporto personale.

Oltre a queste aggregazioni minime più o meno permanenti ve ne potevano essere di più ampie. Tutti i villaggi di un distretto, o tutti i gruppi di pascolo di una determinata zona o anche gruppi separati tra loro da grandi distanze potevano considerarsi appartenenti ad un complesso più ampio, una «frazione» o «tribù», da loro considerata diversa da altri gruppi consimili ed in opposizione ad essi. L'esistenza e l'unità della tribù venivano solitamente espresse in termini di discendenza da un antenato comune, ma il modo preciso in cui ogni frazione o famiglia discendeva dall'antenato eponimo non era di solito noto, e le genealogie che si tramandavano tendevano ad essere fittizie, e ad essere alterate e manipolate di tanto in tanto allo scopo di esprimere mutate relazioni tra i diversi raggruppamenti. Tuttavia, anche se erano fittizie, potevano acquistare forza ed energia grazie a matrimoni all'interno del gruppo.

La tribù era innanzitutto un nome che esisteva nella mente di quanti affermavano di essere uniti da legami reciproci. Essa aveva una potenziale influenza sulle loro azioni; per esempio, dove vi fosse un pericolo comune dall'esterno o in momenti di migrazioni massicce. Poteva avere uno spirito di corpo (*'asabiyya*) che avrebbe indotto i suoi membri ad aiutarsi a vicenda nei momenti di necessità. Coloro che avevano un nome in comune avevano anche una comune fede in una gerarchia di onore. Nel deserto, i nomadi allevatori di cammelli si consideravano i più onorevoli, perché la loro vita era la più libera e quella che meno risentiva di vincoli dell'autorità esterna. Al di fuori del sistema tribale erano, secondo il loro modo di vedere, i commercianti delle piccole città-mercato, i venditori ambulanti e gli artigiani (come gli Ebrei che lavoravano i metalli nel Sahara, e i Solubba, che praticavano anch'essi la lavorazione dei metalli, nel deserto arabico), e la mano d'opera agricola delle oasi.

Questi nomi, con i lealismi e le pretese che si raccoglievano intorno ad essi, poterono continuare ad esistere per secoli, talvolta in una sola zona, talvolta venendo a comprendere estese regioni. I Banu Hilal costituiscono un buon esempio di come un nome, serbato devotamente dalla letteratura popolare, possa persistere e dare una sorta di unità a gruppi di diversa origine, sia arabi che berberi. Analogamente, nel sud-ovest dell'Arabia i nomi di Hashid e di Bakil hanno continuato ad esistere negli stessi distretti perlomeno dai primi tempi dell'Islam fino al giorno d'oggi, e in alcune parti della Palestina gli antichi nomi delle tribù arabe di Qays e di Yemen sono serviti fino a tempi recenti, come mezzo di identificazione e richiamo a raccolta per aiutarsi tra alleanze di villaggi. Nelle regioni berbere del Maghreb, un ruolo analogo fu svolto dalle tribù dei Sanhaja e degli Zanata.

Nel gruppo di pascolo e nel villaggio (o quartiere) l'autorità esistente stava negli anziani, o nei capifamiglia, che preservavano la memoria collettiva del gruppo, regolavano le questioni comuni più urgenti e sedavano quelle dispute che minacciavano di lacerare il gruppo. Ad un livello superiore, tanto nei gruppi sedentari quanto in quelli pastorali, poteva presentarsi un altro tipo di dirigenza. In un certo numero di villaggi della stessa vallata montana o dello stesso distretto di pianura, oppure in un certo numero di gruppi di pascolo che avevano lo stesso nome, poteva affermarsi una famiglia dominante un cui membro assumeva il comando dell'intero gruppo, in virtù di una scelta o del proprio valore. Tali famiglie potevano aver fatto il loro ingresso nel gruppo dall'esterno ed avere acquisito la loro posizione per prestigio militare, posizione religiosa o abilità nel dirimere contese, oppure facendosi portavoce del gruppo nei suoi affari con la città e il suo governo. Quale che ne fosse l'origine, essi saranno stati considerati parte della tribù, con la stessa origine, reale o fittizia.

Il potere di siffatti leader e famiglie spaziava su una vasta gamma di possibilità. Ad un estremo stavano i capi (*shaykh*, «sceicchi») di tribù nomadi dedite alla pastorizia, che avevano poco potere effettivo tranne quello che veniva loro conferito dalla loro reputazione presso la pubblica opinione del gruppo. A meno che non riuscissero a stabilirsi in una città e a diventare governanti di altro tipo, essi non avevano alcun potere di costrizione, ma solo quello di attrazione, così che le tribù nomadi potevano accrescersi o diminuire a seconda del successo o del fallimento della famiglia dominante; dei seguaci potevano unirsi ad essa o distaccarsene, anche se questo processo poteva essere celato dalla fabbricazione di genealogie, così che quelli che si univano al gruppo sembrassero averne sempre fatto parte.

All'altro estremo stavano le famiglie dominanti di comunità agricole sedentarie, in particolare delle comunità più o meno isolate nelle valli montane. Essi potevano esservisi stabiliti da molto tempo, o anche essere degli intrusi provenienti dall'esterno, che si erano conquistati la loro posizione con incursioni militari o col prestigio religioso, o erano stati imposti colà dal governo di una città vicina. I legami di solidarietà tribale che li univano alla popolazione locale potevano anche indebolirsi, ma potevano anche esercitare, in certa misura, un potere di coercizione, basato sul controllo di località strategiche e sul possesso di forze armate. Nella misura in cui il potere era concentrato nelle loro mani, la *'asabiyya* di una tribù veniva sostituita da un diverso tipo di rapporto, quello tra signore e sottoposti.

Capitolo Settimo

LA VITA DELLE CITTÀ

Mercati e città

Gli agricoltori ed i nomadi potevano produrre da sé molte delle cose di cui avevano bisogno. Gli agricoltori potevano costruirsi da soli la casa con mattoni di fango, le loro donne potevano tessere coperte e tappeti, gli oggetti di metallo potevano essere fabbricati o riparati da artigiani ambulanti. Essi avevano però la necessità di scambiare quella parte della loro produzione che eccedeva i loro bisogni con merci di altro genere, vuoi con prodotti di altre zone agricole vuoi con articoli fabbricati da artigiani specializzati e necessari per la loro vita: tende, arredamento, bardature per gli animali, attrezzi da cucina ed armi.

Alla convergenza di diversi distretti agricoli, si tenevano mercati regolari, in località a tutti note, di facile accesso e considerate punti di incontro neutrali; essi potevano tenersi settimanalmente (e da qui prendevano il nome, come *suq al-arba'a*, «mercato del mercoledì»), o una volta all'anno, in una giornata significativa per il santuario di qualche uomo o donna considerato «amico di Dio». Col tempo alcuni di questi mercati divennero degli insediamenti permanenti, cittadine in cui commercianti ed artigiani, liberi dalla necessità di darsi all'agricoltura o all'allevamento per trarne il proprio nutrimento, svolgevano le loro specifiche attività. La maggior parte di queste città-mercato erano piccole, più piccole di alcuni villaggi: poche centinaia o migliaia di abitanti, con un mercato centrale ed una via principale con qualche negozio e bottega artigiana. Non erano delimitate con precisione rispetto alla campagna che le circondava: al di là del nucleo di residenti abituali, la popolazione poteva fare la spola tra la cittadina e la campagna a seconda delle circostanze. Nelle città più piccole, distanti dalle grandi città o poste in un'oasi, l'autorità dello *shaykh* di una tribù vicina, o di un signorotto locale, poteva essere predominante. Gli antagonismi tra tribù o villaggi non avevano vigore nel mercato; probabilmente gli artigiani e i piccoli commercianti erano considerati estranei al sistema tribale, non soggetti al codice d'onore e di vendetta secondo il quale vivevano gli appartenenti alle tribù.

Alcune cittadine, però, erano qualcosa di più di semplici città mercato di importanza locale. Erano punti in cui si incontravano numerosi distretti agricoli di diverso tipo e gli scambi di prodotti erano particolarmente ampi e complessi. Aleppo, per esempio, nel nord della Siria, era un luogo di incontro tra coloro che vendevano o acquistavano il grano dalle pianure interne della Siria, i prodotti degli alberi da frutto e delle foreste delle alture del nord, le pecore allevate sulle alture e i cammelli nelle distese del deserto siriano. Se i distretti circostanti producevano una grande eccedenza di cibi e materie prime, che si potevano agevolmente portare al mercato, la cittadina poteva diventare un centro per artigiani specializzati che producevano merci lavorate su larga scala. Se si trovava vicino al mare, a un fiume o a delle carovaniere nel deserto che la collegavano ad altre città di questo tipo, poteva fungere anche da centro di allestimento delle carovane o da porto di imbarco per il commercio su lunghe distanze di merci di valore, per le quali i profitti erano tali da compensare i costi e i rischi del trasporto.

Quando esistevano simili condizioni, e ammesso che una certa stabilità di vita si mantenesse per decenni o per secoli, potevano svilupparsi e prosperare grandi città. La creazione di un Impero Islamico, e poi lo sviluppo di una società islamica che univa il mondo dell'Oceano Indiano con quello del Mediterraneo, fornì le condizioni necessarie per l'affermarsi di una serie di grandi città da un estremo all'altro del mondo dell'Islam: Cordova, Siviglia e Granada in Andalusia, Fez e Marrakesh in Marocco, Qayrawan e poi Tunisi in Tunisia, Fustat e poi il Cairo in Egitto, Damasco e Aleppo in Siria, la Mecca e Medina in Arabia, Baghdad, Mossul e Bàssora in Iraq, e oltre a queste le grandi città dell'Iran, della Transoxiana e del nord dell'India. Alcune di queste città esistevano già prima dell'avvento dell'Islam, altre furono creazioni della conquista dell'Islam o della potenza di dinastie successive. La maggior parte di esse si trovava nell'interno, non sulla costa; il dominio musulmano sulla costa del Mediterraneo era precario, e i porti erano esposti ad attacchi nemici dal mare.

Nel X e nell'XI secolo le grandi città dei paesi islamici erano le più vaste della metà occidentale del mondo. Le cifre che si possono fare sono solo stime grossolane, ma, sulla base della superficie della città, del numero e delle dimensioni dei suoi edifici pubblici, non sembra impossibile che il Cairo, agli inizi del XIV secolo, avesse 250.000 abitanti; in quel secolo la popolazione diminuì per via di un'epidemia di peste nota come la Morte Nera, e ci volle del tempo prima che ritornasse alle dimensioni precedenti. La cifra riportata talora per Baghdad durante il periodo del massimo splendore degli 'Abbasidi, un milione o più di abitanti, è quasi certamente eccessiva, ma doveva essere una città di dimensioni quantomeno paragonabili a quelle del Cairo; nel 1300 decadde notevolmente per via del degrado del sistema di irrigazione delle campagne circostanti e per la conquista e il saccheggio della città da parte dei Mongoli. Anche Cordova, in Spagna, doveva essere una città di analoghe dimensioni. Aleppo, Damasco e Tunisi dovevano avere una popolazione compresa tra le 50 e le 100.000 persone nel XV secolo. Nell'Europa occidentale a quest'epoca non vi erano città delle dimensioni del Cairo: Firenze, Venezia, Milano e Parigi dovevano avere 100.000 abitanti, mentre le città dell'Inghilterra, dei Paesi Bassi, della Germania e dell'Europa centrale erano più piccole.

La popolazione delle città

Una componente ricca e dominante della popolazione urbana era costituita dai grandi commercianti, da coloro, cioè, che si occupavano dell'approvvigionamento di cibi e materie prime dalle campagne o del commercio a grande distanza di merci di valore. Gli articoli principali di tale commercio in quest'epoca erano tessuti, vetri, porcellane provenienti dalla Cina nonché (cosa forse più importante) le spezie; queste ultime venivano trasportate dall'Asia meridionale e sudorientale fino ai porti del Golfo Persico, Siraf e Bàssora, nei primi tempi dell'Islam, e più tardi fino al Mar Rosso, in uno dei porti egiziani, e da lì fino al Cairo, da cui venivano distribuite in tutto il mondo mediterraneo, per via di terra o anche per mare dai porti di Damietta, Rosetta e Alessandria. L'oro veniva portato dall'Etiopia discendendo il Nilo e per carovana fino al Cairo, e dalle regioni del fiume Niger fin nel Maghreb attraverso il Sahara; gli schiavi provenivano dal Sudan e dall'Etiopia, nonché dai paesi degli Slavi.

Non tutti i commerci erano in mano a mercanti musulmani. Il traffico commerciale del Mediterraneo era controllato in grande misura da navigli e commercianti europei, in primo luogo quelli di Amalfi, e poi quelli di Genova e di Venezia; nel XV secolo cominciarono a farsi vedere anche i Francesi e gli Inglesi. I commercianti delle città musulmane avevano il controllo delle grandi vie terrestri nel Maghreb e nell'Asia occidentale e centrale, e anche le rotte dell'Oceano Indiano, fino a che, sul finire del XV secolo, i Portoghesi non aprirono la rotta intorno al Capo di Buona Speranza. La maggior parte di questi commercianti erano Musulmani, come i Karimi, una famiglia di mercanti che per un certo tempo ebbe il predominio nel commercio delle spezie in Egitto; ma vi erano anche gli Ebrei di Baghdad, del Cairo e delle città del Maghreb, che avevano legami di parentela e di comunità con le città dell'Italia, del Nordeuropa e dell'Impero Bizantino. In aggiunta ai mercanti delle città maggiori, vi erano gruppi saldamente uniti, originari di località minori, che furono in grado di avere il controllo su certi tipi di commerci. (Questa tradizione si è mantenuta fino ai tempi moderni; nel

Maghreb, in un'epoca successiva, simili gruppi provenivano dall'isola di Djerba al largo delle coste tunisine, dalle oasi dello Mzab ai margini del deserto e dalla regione del Sus nel sud del Marocco.)

Per le speculazioni commerciali vi erano di solito due tipi di organizzazione. Una era quella dell'associazione, spesso tra membri della stessa famiglia; due o più soci condividevano i rischi ed i profitti in proporzione all'investimento fatto. L'altro tipo era l'accomandita (*mudaraba*), per cui un investitore affidava merci o un capitale a qualcuno che se ne serviva per commerciare, e poi restituiva all'investitore il capitale insieme ad una percentuale concordata dei guadagni. I commercianti di una città potevano avere agenti in un'altra, e anche se non esistevano banche organizzate, vi erano vari modi di fare credito a grande distanza, per esempio emettendo tratte. La base del sistema commerciale era la fiducia reciproca fondata sui comuni valori e sul riconoscimento di regole comuni.

Le grandi città erano anche centri manufatturieri, che producevano merci importanti per un mercato locale (tessuti, oggetti di metallo, di terracotta, di cuoio e prodotti alimentari), e merci di qualità, soprattutto tessuti raffinati, per un mercato più ampio. Si hanno però le prove che, a partire dall'XI secolo, la produzione per mercati esterni al mondo musulmano si fece meno importante rispetto al commercio di transito di merci prodotte altrove, in Cina, in India o in Europa occidentale. Questo cambiamento fu connesso con la rinascita della vita urbana in Europa, e in particolare con lo sviluppo delle industrie tessili in Italia.

Di solito, le unità produttive erano di piccole dimensioni. Il padrone aveva pochi dipendenti ed apprendisti nella sua bottega; le industrie su larga scala erano quelle che producevano per un sovrano o per un esercito (gli arsenali, e le fabbriche di tessuti reali) e le fabbriche di zucchero in Egitto e in altre località. I commercianti non erano l'unico ceto che fosse saldamente radicato nelle città. I bottegai e gli artigiani specializzati formavano un ceto urbano che si autoperpetuava. L'arte veniva trasmessa di padre in figlio. La proprietà o il possesso di una bottega o di un laboratorio poteva trasmettersi per generazioni, e il loro numero era limitato dalla mancanza di spazio e talvolta da una regolamentazione da parte delle autorità. Uno storico di Fez nei tempi moderni ha osservato che la posizione e le dimensioni dei principali bazar e la superficie delle botteghe agli inizi del XX secolo erano più o meno le stesse di quelle che vi erano nel XVI secolo secondo uno scrittore dell'epoca, Leone Africano (ca. 1485-1554). Chi apparteneva a questo strato sociale si trovava ad un livello di guadagni inferiore a quello dei grandi commercianti. Le ricchezze che si potevano accumulare con l'artigianato o con la vendita al dettaglio non erano grandi quanto quelle derivanti dal commercio a grande distanza di mercanzie di valore. Molti artigiani non possedevano cospicue risorse finanziarie; uno studio sul Cairo ha dimostrato che una percentuale considerevole di negozi e laboratori erano di proprietà dei grandi commercianti o di fondazioni religiose. Essi potevano però godere di un certo prestigio in quanto popolazione stabile dedita a un'occupazione onorevole conformemente ai codici generalmente ammessi di onestà e lavoro decoroso. Nelle occupazioni artigianali vi era una scala di rispettabilità, che andava dalla lavorazione dei metalli preziosi, della carta e dei profumi fino a mestieri «sporchi» come conciatore, tintore e macellaio.

Intorno a questa popolazione stabile di artigiani e bottegai con sedi fisse e permanenti nella città, vi era la massa più numerosa di coloro che erano impiegati in lavori che richiedevano minore specializzazione: venditori ambulanti, addetti alla pulizia delle strade, il proletariato di una grande città alle prese con lavori precari. Per lo più questo strato doveva essere costituito in gran parte da immigrati delle campagne. La separazione tra città e campagna non era definita con precisione; intorno alle città vi erano gli orti che rifornivano il mercato, come quelli della Ghuta, l'estesa regione intorno a Damasco irrigata e produttrice di frutta, e le persone addette a queste colture potevano vivere in città. Nelle periferie delle città vi erano quartieri in cui venivano organizzate le carovane per i traffici su lunghe distanze e dove si acquistavano e si equipaggiavano gli animali. Essi erano un punto di attrazione per una quantità variabile di popolazione proveniente dalla campagna. Anche periodi di siccità o di disordini potevano provocare l'immigrazione di contadini in fuga dai loro villaggi.

La legge e gli 'Ulama

La vita nelle grandi città aveva dei bisogni diversi da quella degli abitanti dei villaggi o degli accampamenti. L'interazione di lavoratori specializzati e commercianti di prodotti, l'incontro di genti di diversa origine e credo, i vari casi e problemi della vita nelle vie e nei mercati, tutto questo richiedeva delle aspettative comuni su come si sarebbero comportati gli altri in determinate circostanze, ed una normativa di come essi dovevano agire, un sistema di norme e di abitudini riconosciute da tutti valide e generalmente rispettate. Gli usi locali (*'urf*), conservati e interpretati dagli anziani della comunità, non erano più adeguati da soli. A partire dall'età 'abbaside, la *shari'a* fu generalmente riconosciuta dai Musulmani cittadini, e propugnata dai sovrani musulmani, in quanto capace di fornire una guida ai Musulmani nei rapporti reciproci. Essa regolamentava le forme dei contratti commerciali, i limiti entro i quali si potevano legittimamente ottenere dei profitti, i rapporti tra marito e moglie, e la divisione della proprietà.

I giudici che applicavano la *shari'a* venivano addestrati in scuole speciali, le *madrasa*. Un *qadi* esaminava le cause da solo in casa propria o in un tribunale, con un segretario che registrava le decisioni. In linea di principio, erano ammesse solo testimonianze orali da parte di testimoni affidabili, e sorse un gruppo di testimoni legali (*'udul*) che erano garanti per la testimonianza di altri, rendendola così accettabile. In pratica, erano di fatto ammessi documenti scritti a patto che fossero autenticati dagli *'udul* e trasformati così in una testimonianza orale. Col passar del tempo, alcune dinastie finirono per ammettere, col medesimo grado di validità, tutti e quattro i *madhhab*, o scuole di giurisprudenza: sotto i Mamelucchi vennero nominati ufficialmente dei *qadi* di tutte queste scuole. Ogni *qadi* emetteva le proprie sentenze conformemente alla dottrina del proprio *madhhab*. Non esisteva un appello e la sentenza di un giudice non poteva essere riformata da un'altra se non per errori legali.

In linea di principio, il giudice applicava l'unica legge riconosciuta, quella che derivava dalla rivelazione, ma in pratica il sistema non era così universale o inflessibile come sembrerebbe conseguire da queste premesse. Di fatto la *shari'a* non copriva tutta la gamma delle attività umane: era più precisa su questioni di statuto personale (matrimonio, divorzio ed eredità), ma lo era meno in materie commerciali, e meno ancora su questioni penali e costituzionali. Il *qadi* aveva una certa competenza su questioni penali, riguardo a certi atti che erano espressamente vietati dal Corano e per i quali erano comminate pene precise (rapporti sessuali illegittimi, furto e consumo di vino); aveva anche una competenza più generale per punire atti contrari alla religione. (In pratica, però, la giustizia penale, in particolare riguardo a questioni che avevano a che fare col bene dello Stato, veniva applicata per lo più dal sovrano o dai suoi funzionari, e non dal *qadi*.)

Anche entro l'ambito della giustizia che veniva solitamente lasciato al *qadi*, la legge che egli applicava non era così inflessibile come potrebbe sembrare dai libri di giurisprudenza. Egli poteva interpretare il proprio ruolo come quello di conciliatore, teso a conservare l'armonia della società mediante una soluzione concordata delle controversie, più che ad applicare rigidamente la legge in modo letterale. Oltre al *qadi*, vi era un altro tipo di esperto di leggi, il giureconsulto (*mufti*), la cui competenza stava nel fornire responsi (*fatwa*) su quesiti giuridici. Le *fatwa* potevano essere accolte dai *qadi* e incorporate, col tempo, nei trattati di giurisprudenza.

Il *qadi* era una figura centrale nella vita delle città. Egli non solo applicava la legge, ma era anche responsabile della divisione delle proprietà dopo la morte di una persona, conformemente alle leggi sulla successione, e poteva avere altri poteri di supervisione conferitigli dal sovrano.

Coloro che insegnavano, interpretavano e applicavano la legge, insieme a quanti esercitavano certe altre funzioni religiose (quelli che conducevano le preghiere nelle moschee o tenevano il sermone del venerdì) avevano finito per formare un ceto distinto nella società urbana:

gli *'ulama*, gli uomini della cultura religiosa, i custodi del sistema di credenze, valori e pratiche comuni. Costoro non potevano essere considerati un ceto unitario, dal momento che erano diffusi in tutta la società, svolgevano funzioni diverse e occupavano gradi diversi nella pubblica considerazione. Al vertice, tuttavia, stava un gruppo che faceva parte a pieno titolo dell'élite cittadina, gli *'ulama* di grado più elevato: i giudici dei maggiori tribunali, gli insegnanti delle maggiori scuole, i predicatori nelle moschee principali, i custodi di santuari se erano anche noti per dottrina e pietà. Alcuni di essi pretendevano di discendere dal Profeta attraverso sua figlia Fatima e il di lei marito 'Ali ibn Abi Talib. Ormai i discendenti del Profeta, i *sayyid* o *sharif* («sceriffi») venivano considerati con particolare rispetto, e in alcune località potevano detenere il potere; in Marocco, le due dinastie che hanno regnato dal XVI secolo a tutt'oggi hanno fondato le loro pretese di legittimità sulla loro condizione sceriffale.

Gli *'ulama* di grado più elevato erano in stretti rapporti con gli altri elementi dell'élite cittadina, i commercianti e i maestri delle arti più prestigiose. Essi avevano una comune cultura; i mercanti mandavano i figli ad istruirsi nelle scuole ad opera di dotti religiosi, allo scopo di acquisire una conoscenza dell'arabo e del Corano, e magari anche di giurisprudenza. Non era inconsueto che un uomo svolgesse contemporaneamente un'attività di insegnante, di studioso e di commerciante. I commercianti avevano bisogno degli *'ulama* come esperti legali, per scrivere documenti ufficiali in un linguaggio preciso, per dirimere controversie sulla proprietà e per sovrintendere alla divisione delle loro proprietà dopo la morte. I commercianti ricchi e rispettati potevano fungere da *'udul*, uomini di buona reputazione la cui testimonianza era ammissibile al cospetto del *qadi*.

Si conoscono esempi di legami matrimoniali contratti da famiglie di commercianti, di maestri d'arte e di *'ulama*, e di intrecci di interessi economici di cui il matrimonio doveva essere espressione. Collettivamente, essi controllavano gran parte delle ricchezze delle città. La natura personale dei rapporti da cui dipendeva il commercio favoriva una rapida ascesa e il rapido tramonto di fortune investite nel commercio, mentre le famiglie di *'ulama* tendevano a durare più a lungo; i padri addestravano i figli a succedere loro; chi occupava un'alta carica poteva usare la propria influenza a favore di membri più giovani della famiglia.

Che si trattasse di commercianti o di *'ulama*, per coloro che avevano delle ricchezze vi era la possibilità di trasmetterle da una generazione all'altra ricorrendo al sistema di dotazioni religiose autorizzate dalla *shari'a* (*waqf* o *hubus*). Un *waqf* era l'assegnazione perpetua dei profitti di una proprietà a scopi caritatevoli, per esempio il mantenimento di moschee, scuole, ospedali, fontane pubbliche o ospizi per viandanti, il riscatto di prigionieri o la cura di animali ammalati. Esso poteva, però, essere utilizzato anche a beneficio della famiglia del fondatore. Il fondatore poteva stabilire che l'incarico di amministratore, cui attribuiva un salario, toccasse ad un membro della famiglia, oppure poteva anche far sì che i profitti eccedenti la dotazione fossero dati ai suoi discendenti fintantoché questi fossero sopravvissuti, e destinati agli scopi caritatevoli solo quando la discendenza si fosse estinta; clausole del genere potevano dar luogo ad abusi. I *waqf* vennero posti sotto la tutela dei *qadi*, e in ultima istanza del sovrano; così essi costituivano una certa salvaguardia alla trasmissione delle ricchezze contro le alterne fortune del commercio, la prodigalità degli eredi, o le rapine dei sovrani.

Gli schiavi

La divisione verticale della popolazione delle città sulla base della ricchezza e della considerazione sociale si intersecava con altri tipi di divisione: quelle tra schiavi e liberi, tra Musulmani e non Musulmani, tra uomini e donne.

Un elemento più o meno distinto di popolazione attiva era quello della servitù domestica. Essa formava una categoria particolare perché dei suoi appartenenti molti erano donne (dal momento che tale servizio, insieme ad altri lavori che si potevano svolgere nell'ambito della casa, era quasi l'unico tipo di occupazione urbana aperto alle donne), e molti erano schiavi. L'idea di schiavitù nelle società musulmane non aveva le stesse connotazioni che ebbe nei paesi del Nord e del Sudamerica scoperti e popolati dalle nazioni dell'Europa occidentale a partire dal XVI secolo. La schiavitù era una condizione riconosciuta dalla legge islamica. Secondo tale legge, un Musulmano nato libero non poteva essere ridotto in schiavitù: gli schiavi erano non Musulmani, catturati in guerra o ottenuti in altro modo, o anche figli di genitori schiavi e nati in schiavitù. Essi non possedevano pieni diritti legali come gli uomini liberi, ma la *shari'a* prescriveva che fossero trattati con giustizia e benevolenza; liberarli era un atto meritorio. I rapporti tra padrone e schiavo potevano essere stretti e mantenersi dopo la liberazione dello schiavo: questi poteva sposare la figlia del suo padrone o condurre per lui i suoi affari.

La classe sociale degli schiavi comprendeva gruppi sociali assai diversi. Fin dai primi tempi dell'età 'abbaside, i califfi avevano reclutato nei loro eserciti schiavi provenienti dalle popolazioni turche dell'Asia centrale, e questa prassi rimase costante. Schiavi e liberti destinati all'esercito, reclutati per lo più in Asia centrale e nel Caucaso (quelli del Maghreb e dell'Andalusia anche nelle terre degli Slavi) furono il sostegno di alcune dinastie, e poterono fondarne alcune; i Mamelucchi che ressero l'Egitto e la Siria dal 1250 al 1517 erano un gruppo autoperpetuantesi di soldati reclutati e addestrati come schiavi, convertiti all'Islam e liberati.

Questi schiavi guerrieri, però, formavano una categoria distinta, che difficilmente può essere considerata della stessa condizione della maggioranza di quanti erano ridotti in schiavitù. In alcune regioni vi erano schiavi destinati ai lavori agricoli. Quelli importati dall'Africa orientale ebbero un ruolo importante nel sud dell'Iraq durante una fase dell'età 'abbaside; gli schiavi coltivavano la terra anche nell'alta valle del Nilo e nelle oasi del Sahara. Per la maggior parte, però, la categoria degli schiavi era costituita da servitori domestici e concubine e si trovava nelle città. Gli schiavi venivano portati dall'Africa nera, attraverso l'Oceano Indiano e il Mar Rosso, discendendo il Nilo o seguendo le piste che attraversavano il Sahara. La maggior parte erano donne, ma vi erano anche eunuchi per custodire l'intimità della famiglia.

I Musulmani e i non-Musulmani nella città

La città era un luogo di incontro e di separazione. Al di fuori della penisola araba, quasi tutte le città ospitavano abitanti che appartenevano a questa o quella comunità cristiana o giudaica. Essi svolgevano un ruolo nelle attività pubbliche della città, ma formavano una porzione separata della sua società. Vari fattori li tenevano distinti dai Musulmani. Essi pagavano al governo uno speciale testatico (*jizya*). Secondo la legge e le consuetudini islamiche si richiedeva ad essi di segnalare visibilmente la loro differenza: di indossare abiti di un tipo particolare, di evitare certi colori associati al Profeta e all'Islam (in particolare il verde), di non portare armi o andare a cavallo; non dovevano costruire nuovi edifici di culto, restaurarne di vecchi senza permesso, o costruirli in modo da sovrastare quelli dei Musulmani. Simili restrizioni non erano però imposte sempre o in modo uniforme. Più stretta era l'osservanza delle leggi sul matrimonio e sulle successioni. Un non Musulmano non poteva ereditare da un Musulmano; un non Musulmano non poteva sposare una donna musulmana, ma un Musulmano poteva sposare una donna ebrea o cristiana. La conversione di Musulmani ad altre religioni era rigidamente vietata.

Sintomatico dell'esistenza separata di Ebrei e Cristiani era il fatto che essi tendevano ad occupare posizioni di un certo rilievo in alcune attività economiche, ma erano praticamente esclusi da altre. Ad un alto livello, alcuni Ebrei e Cristiani detennero cariche importanti alla corte di certi sovrani o all'interno della loro amministrazione. Nell'Egitto dei Fatimidi, degli Ayyubidi e dei Mamelucchi, i funzionari copti furono importanti nell'amministrazione finanziaria. La medicina era una professione in cui gli Ebrei avevano una posizione preminente, e medici di corte ebrei riuscirono ad avere una grande influenza. Se un Ebreo o un

Cristiano si convertiva all'Islam, poteva salire ancora più in alto; alcuni convertiti divennero primi ministri e detennero il potere effettivo.

Gli Ebrei delle città musulmane svolgevano un ruolo importante anche nel commercio su lunghe distanze con i porti dell'Europa mediterranea e, fino ai tempi dei Mamelucchi, con quelli dell'Oceano Indiano. Tra le arti, quelle connesse con la medicina e con l'oro e l'argento tendevano ad essere in mano ad Ebrei o a Cristiani, che lavoravano per sé o per i Musulmani.

I rapporti tra Musulmani e non Musulmani erano solo una parte del complesso di relazioni sociali che coinvolgevano quanti vivevano a stretto contatto in una stessa città, ed erano le circostanze a stabilire quale parte del complesso fosse prevalente a seconda del momento e della località. Nei primi secoli della dominazione islamica sembra fossero numerosi gli scambi sociali e culturali tra appartenenti alle tre religioni. I rapporti tra i Musulmani e gli Ebrei nella Spagna umayyade, e tra i Musulmani e i Cristiani nestoriani nella Baghdad 'abbaside, erano stretti e distesi. Col passare del tempo, però, gli steccati si fecero più alti. La conversione all'Islam di Cristiani e, in misura forse minore, di Ebrei, trasformò quella che era una maggioranza in una minoranza in continua diminuzione. Man mano che l'Islam si trasformava da religione di un'élite di governo a fede dominante della popolazione urbana, sviluppava le proprie istituzioni sociali, al cui interno i Musulmani potevano vivere senza trovarsi a interagire con i non Musulmani.

Nei lunghi secoli di predominio musulmano vi furono alcuni periodi di prolungata e aperta persecuzione dei non Musulmani ad opera di sovrani musulmani: per esempio, il regno del califfo fatimide al-Hakim (996-1021) in Egitto, quello degli Almohadi nel Maghreb, e quello di alcuni sovrani mongoli in Iran e Iraq dopo la loro conversione all'Islam. Simili persecuzioni non erano però istigate o giustificate dai portavoce dell'Islam sunnita; gli uomini di cultura religiosa, gli *'ulama*, si preoccupavano di far sì che i non Musulmani non infrangessero le leggi che regolavano la loro condizione, ma entro questi limiti essi erano favorevoli ad accordare loro quella protezione che la *shari'a* prevedeva per essi. Le pressioni sugli Ebrei e sui Cristiani dovevano venire principalmente dalle masse urbane, soprattutto in tempo di guerra o di difficoltà economiche, quando contro i funzionari del governo non musulmani dovevano manifestarsi delle ostilità. In tali momenti, i sovrani potevano rispondere imponendo lo stretto rispetto delle leggi, o licenziando i loro funzionari non musulmani, ma non per molto. Simili crisi si verificarono spesso durante il periodo del governo mamelucco in Egitto e in Siria.

L'organizzazione comunitaria degli Ebrei e dei Cristiani poteva fornire una qualche protezione e assicurare una certa solidarietà di fronte a pressioni occasionali ed agli svantaggi permanenti della condizione di minoranza. Le varie comunità cristiane ed ebree erano tenute insieme dalla solidarietà del gruppo locale raccolto intorno ad una chiesa o ad una sinagoga, e da autorità superiori. Tra gli Ebrei, all'epoca dei califfi 'abbasidi, un primato di reverenza veniva riconosciuto all'«Esilarca» o «Capo degli Esiliati», carica che apparteneva a quanti rivendicavano una discendenza dal re Davide: una leadership più efficace, invece, veniva assicurata dai capi dei principali collegi o gruppi di uomini di cultura, due in Iraq ed uno in Palestina. Erano essi a nominare i giudici delle diverse congregazioni. Più tardi, quando il califfato si divise, fecero la loro comparsa dirigenti locali: giudici e studiosi, e dirigenti «laici», come il *nagid* o *ra'is al-yahud* in Egitto, carica ricoperta da discendenti del grande pensatore Maimonide.

Analogamente, i patriarchi ed i vescovi avevano autorità sulle varie comunità cristiane. Una posizione di particolare influenza e rispetto ebbero sotto i califfi 'abbasidi il patriarca nestoriano di Baghdad e sotto le successive dinastie egiziane il patriarca copto del Cairo. I capi delle comunità erano responsabili dell'adempimento delle condizioni della *dhimma* o contratto di protezione tra il sovrano musulmano e i sudditi non musulmani: pace, obbedienza e ordine. Può darsi che avessero un ruolo nella ripartizione del testatico, ma sembra che di norma questo venisse riscosso da funzionari del governo. Essi avevano anche una funzione all'interno della comunità: sovrintendevano alle scuole ed ai servizi sociali, e cercavano di prevenire deviazioni in ambito dottrinale o nella pratica liturgica. Essi sovrintendevano anche ai tribunali in cui i giudici applicavano la legge in cause civili tra membri della comunità, o ricomponevano i dissensi; se lo desideravano, però, Ebrei e Cristiani potevano portare le loro cause davanti al *qadi* musulmano, e sembra che lo facessero di frequente.

Le donne nelle città

Per quanto se ne sa, le donne svolgevano un ruolo limitato nella vita economica delle città. Di norma si trattava di inservienti domestiche, oltre a qualche donna che avrà aiutato il marito nei commerci e nelle attività artigiane, e inoltre vi erano donne specializzate in attività di intrattenimento, come ballerine e cantanti. In generale, però, esse non prendevano parte alle attività fondamentali delle grandi città, la produzione su vasta scala di merci di pregio per l'esportazione. Quelle che si dedicavano apertamente a un'attività erano donne di famiglie povere. Quanto più una famiglia era ricca, potente e rispettata, tanto più le sue donne erano isolate, in una parte apposita della casa, lo *harim* («harem»), e dietro a un velo se si avventuravano fuori di casa nelle strade e nei luoghi pubblici. Un giurista egiziano della scuola malikita, Ibn al-Hajj (n. 1336), diceva che le donne non dovevano uscire per fare acquisti nel mercato, perché potevano essere indotte ad atti sconvenienti se si fossero intrattenute con i negozianti:

> alcuni dei pii anziani (possa Dio essere soddisfatto di loro) hanno detto che una donna dovrebbe lasciare la sua casa in tre sole occasioni: quando viene condotta alla casa del suo sposo, alla morte dei suoi genitori, e quando va ella stessa alla sua tomba.[1]

Vivere nella separatezza dell'harem non voleva dire essere completamente escluse dalla vita. All'interno dei quartieri riservati alle donne delle grandi famiglie, nelle visite che si facevano tra loro, ai bagni pubblici che venivano riservati alle donne in determinati periodi, e in occasione delle feste di matrimonio o per la nascita dei figli, le donne si incontravano tra loro e mantenevano una propria cultura. Alcune di esse prendevano parte attivamente all'amministrazione delle loro proprietà, attraverso intermediari, e si conoscono casi di donne presentatesi al cospetto del *qadi* per rivendicare i propri diritti. Come in campagna, quando una donna raggiungeva una certa età, e se aveva dato alla luce figli maschi, poteva acquisire un grande potere all'interno della famiglia.

Comunque sia, l'ordinamento sociale era basato sulla superiorità del potere e dei diritti degli uomini; il velo e l'harem erano segni visibili di ciò. Un modo di vedere le relazioni tra uomini e donne che era profondamente radicato nella cultura del Medio Oriente, che esisteva già molto prima dell'avvento dell'Islam, e si conservava nelle campagne per tradizione immemorabile, venne rafforzato, ma anche trasformato, nelle città, dalla *shari'a*.

Il Corano asseriva con chiarezza la sostanziale uguaglianza degli uomini e delle donne: «Chiunque, maschio o femmina, faccia il bene e sia un credente, tutti costoro entreranno nel Giardino».[2] Esso raccomandava anche giustizia e benevolenza nei rapporti tra Musulmani. Sembra probabile che le sue disposizioni riguardo al matrimonio e alla successione conferissero alle donne una posizione migliore di quella che esse avevano nell'Arabia preislamica (anche se non necessariamente nei territori conquistati dai Musulmani). Il sistema di leggi e di moralità sociale ideale, la *shari'a* dava espressione ufficiale ai diritti delle donne, ma ne stabiliva anche i limiti.

Secondo la *shari'a*, ogni donna doveva avere un custode maschio: suo padre, suo fratello o qualche altro membro della famiglia. Il matrimonio di una donna era un contratto civile tra lo sposo e il custode della sposa. Un padre, nella sua qualità di custode della figlia, poteva darla in sposa senza il suo consenso, se questa non aveva ancora raggiunto l'età della pubertà. Se aveva raggiunto questa età, il suo consenso era necessario, ma, se non era già stata sposata, il consenso poteva essere dato col silenzio. Il contratto di matrimonio prevedeva che lo sposo desse alla sposa una dote (*mahr*); questa era di sua proprietà e anche qualunque altra cosa essa possedesse o ereditasse rimaneva di sua proprietà. La moglie doveva ubbidienza al marito, ma in cambio aveva diritto ad essere adeguatamente vestita, alloggiata e mantenuta, e ad avere rapporti sessuali col marito. Benché gli autori di giurisprudenza ammettessero, in certe circostanze, la contraccezione, il marito non doveva praticarla senza il consenso della moglie.

Vi erano, però, una quantità di situazioni in cui i rapporti tra marito e moglie erano su un piano di ineguaglianza. Mentre la moglie poteva divorziare dal marito solo con valide ragioni (impotenza, follia, rifiuto dei suoi diritti), e solo facendo ricorso al *qadi* o per mutuo consenso, il marito poteva ripudiare la moglie senza fornire motivazioni pronunciando una semplice formula in presenza di testimoni (nella legge sciita le norme per il ripudio erano un po' più rigide, ma d'altra parte era contemplato il matrimonio temporaneo, *mut'a*, per un dato periodo). Il contratto di matrimonio poteva fornire delle garanzie al riguardo, se vi si stabiliva che una parte della dote, definita «posposta» (*mu'ajjal*) dovesse essere pagata dal marito solo se e quando avesse ripudiato la moglie. La moglie poteva sperare sostegno e difesa da parte dei suoi parenti maschi; se era ripudiata, poteva fare ritorno con le sue proprietà nella casa della sua famiglia. Avrebbe avuto la custodia dei bambini nati dal matrimonio con l'obbligo di crescerli fino a una certa età, definita in modo diverso dai vari codici legali; dopodiché la loro custodia sarebbe passata al padre o alla di lui famiglia.

La *shari'a*, basandosi sul Corano e sull'esempio del Profeta, permetteva ad un uomo di avere più di una moglie, fino a un massimo di quattro, a patto che egli fosse in grado di trattarle tutte con giustizia e non trascurasse il suo debito coniugale con alcuna di esse. Poteva avere anche schiave concubine in numero illimitato, e senza che esse avessero alcun diritto su di lui. Il contratto di matrimonio poteva, però, stabilire che egli non dovesse prendere né altre mogli né concubine.

L'ineguaglianza si rivelava anche nelle norme sulla successione, per le quali pure la *shari'a* si basava sulle parole del Corano. Ad un uomo era permesso di legare per testamento non più di un terzo dei suoi averi secondo i suoi voleri, a persone o scopi che non avrebbero altrimenti ereditato da lui. Il rimanente andava diviso secondo norme rigide. Alla moglie sarebbe andato al massimo un terzo. Se egli lasciava figli e figlie, a ogni figlia sarebbe toccata solo la metà della parte dei figli; se lasciava solo figlie, queste avrebbero avuto una certa percentuale dei suoi beni, mentre il resto sarebbe andato ai suoi parenti maschi (questa era la legge sunnita; in quella sciita, invece, le figlie avrebbero ereditato tutto nel caso che non vi fossero figli maschi). La clausola che le figlie ricevessero solo la metà dei figli richiama alla mente un'altra disposizione della *shari'a*: in una causa, la testimonianza di una donna valeva solo la metà di quella di un uomo.

La forma delle città

La città era un luogo in cui i commercianti e gli artigiani svolgevano il loro lavoro, gli studiosi si istruivano ed insegnavano, i sovrani o i governatori tenevano la loro corte protetti dai loro soldati, i giudici amministravano la giustizia, gli abitanti dei villaggi e del deserto si recavano a vendere i loro prodotti e ad acquistare ciò di cui avevano bisogno, i mercanti venivano da lontano per comprare e vendere, e gli studenti per seguire le lezioni di maestri rinomati. La struttura della città doveva venire incontro a tutte queste necessità.

Nella *madina*, nel cuore di ogni grande città (anche se non necessariamente al suo centro geografico), si trovavano complessi di edifici di due tipi. Uno di essi comprendeva la principale moschea pubblica, che era un luogo di incontro e di studio oltre che di preghiera, e in cui la consapevolezza collettiva della popolazione musulmana poteva esprimersi nei momenti di crisi. Accanto ad essa solevano esserci: la casa o il tribunale del *qadi*, scuole di istruzione superiore, ed i negozi di coloro che vendevano libri, o candele, o altri oggetti di devozione; poteva anche esserci la tomba di un santo la cui vita si identificava in modo particolare con la vita della città. L'altro complesso soleva comprendere la piazza del mercato centrale (il *suq*), il principale punto di scambio. In essa o nelle sue vicinanze stavano i negozi di coloro che vendevano tessuti, gioielli, spezie ed altre merci pregiate, i magazzini delle merci di importazione, e gli uffici dei cambiavalute, che fungevano da banchieri per finanziare il commercio con l'estero. Questi negozi, magazzini ed uffici potevano trovarsi allineati, disposti in un quadrilatero di vie parallale tra loro o intersecantisi, oppure formare una massa compatta di edifici troppo vicini tra loro perché una strada potesse intersecarli. Non vi era traccia, invece, di un terzo complesso che nelle città moderne si suole trovare vicino al centro. Il potere del governo, presente coi suoi sorveglianti, sovrintendenti al mercato e forze di polizia, non si esprimeva in edifici grandi e pretenziosi.

L'area del mercato era destinata prevalentemente agli scambi; una sua grande parte, in particolare i luoghi dove si conservavano le merci di valore, veniva chiusa a chiave e sorvegliata di notte. I laboratori e i luoghi destinati alla tessitura e alla lavorazione dei metalli si trovavano a una certa distanza da essa, e così pure i luoghi di residenza di quanti vi lavoravano. Nelle sue vicinanze poteva darsi il caso che vivessero i mercanti più ricchi e i dotti, ma la maggior parte della popolazione viveva fuori dal centro, in quartieri residenziali, ciascuno dei quali consisteva in una quantità di stradine e vicoli ciechi che davano su di una via principale; in certi periodi, i quartieri furono dotati di porte che di notte venivano chiuse e sorvegliate. Un quartiere poteva contenere poche centinaia o poche migliaia di abitanti; aveva la sua moschea, chiesa o sinagoga, il suo locale mercato secondario (*suwayqa*), per l'approvvigionamento di cibo quotidiano, e magari i suoi bagni pubblici (*hammam*), importante luogo di incontro. Qualche famiglia ricca e potente avrà avuto la sua casa nel quartiere, dove poteva mantenere la sua influenza ed esercitare la sua protezione, ma altre dovevano avere la loro casa principale o secondaria ai margini della città, dove si potevano costruire dimore più spaziose e circondate da giardini. Il quartiere apparteneva ai suoi abitanti, e in un certo senso era un'appendice delle loro case. La sua intimità era protetta, in caso di necessità, dai suoi giovani, talvolta organizzati in gruppi (*zu'ar*, *'ayyarun*, *fityan*) che avevano carattere permanente e perseguivano un determinato ideale morale. Tali gruppi potevano allargare il loro raggio d'azione in momenti di disordini nella città.

Più lontano dal centro, vicino alle mura o al di fuori di esse, vi erano i quartieri più poveri dove vivevano gli immigrati dalla campagna. Qui si equipaggiavano, si ordinavano, si facevano partire e si accoglievano le carovane, si compravano e si vendevano animali da soma, e gli abitanti delle campagne portavano la frutta, la verdura e gli animali che dovevano vendere. Qui stavano anche i laboratori dove si svolgevano i lavori rumorosi o maleodoranti, come la concia delle pelli o la macellazione degli animali. Oltre questi quartieri e al di fuori delle mura della città vi erano i cimiteri, che erano importanti luoghi di incontro, e non solo al momento dei funerali.

Nei quartieri tendevano a vivere abitanti legati da una comune origine, religiosa, etnica o regionale, o da parentela di sangue o acquisita; tali legami creavano una solidarietà che poteva essere forte. Gli Ebrei e i Cristiani tendevano a vivere in certi quartieri piuttosto che in altri, a causa dei vincoli di parentela o di origine, o perché volevano stare vicino ai loro luoghi di culto, o anche perché le loro usanze diverse in fatto di reclusione delle donne rendeva difficile una stretta vicinanza con famiglie musulmane. Nel Maghreb, capitava che gli Ebrei di origine berbera o orientale vivessero separati da quelli provenienti dall'Andalusia. I quartieri in cui vivevano, però, non erano di solito esclusivamente Cristiani o Ebrei. Nella maggior parte delle località non esistevano ghetti. Sul finire del XV secolo, però, il Marocco costituì un'eccezione: a Fez e in altre città i governanti fondarono dei quartieri ebrei separati allo scopo di proteggere gli Ebrei da disordini popolari.

Questo quadro generale conobbe molte variazioni a seconda della natura del territorio, delle tradizioni storiche e dell'operato delle dinastie. Aleppo, per esempio, era una città antica che si era sviluppata assai prima dell'avvento dell'Islam. Il cuore della città continuò ad essere là dove si trovava durante il periodo ellenistico e bizantino. Le vie principali erano più strette di quanto fossero in precedenza; dal momento che i trasporti su cammelli o asini avevano sostituito quelli su veicoli a ruote, bastava che fossero larghe abbastanza da permettere il passaggio contemporaneo di due bestie cariche. Tuttavia, nel labirinto dei vicoli dalle volte di pietra del *suq* si poteva ancora distinguere la disposizione a quadrilatero delle vie principali. La grande moschea si trovava nel punto in cui la via centrale a colonne della città ellenistica si allargava nel foro, vale a dire nel principale luogo di incontro.

Viceversa, il Cairo fu una creazione *ex novo*. Durante i primi secoli di dominazione islamica in Egitto, il centro del potere e del governo si era trasferito nell'interno da Alessandria fino al punto in cui il Nilo cominciava il suo delta, e si era costituita una successione di centri urbani a nord della cittadella bizantina nota come Babilonia: Fustat, Qata'i, e per finire al-Qahira o il Cairo, il cui centro fu creato dai Fatimidi e rimase praticamente lo stesso fino alla seconda metà del XIX secolo. Nel suo cuore stava la moschea di al-Azhar, edificata dai Fatimidi per l'insegnamento dell'Islam nella sua forma ismailita; essa continuò ad esistere come uno dei più grandi centri di insegnamento religioso sunnita e principale moschea pubblica della città. Vicino ad essa stava il mausoleo di Husayn, figlio del quarto califfo, 'Ali, e di sua moglie Fatima, la figlia del Profeta; era credenza popolare che la testa di Husayn fosse stata portata colà dopo la sua uccisione a Karbala. A poca distanza stava la via centrale che correva dalla porta nord della città (Bab al-Futuh) fino a quella sud (Bab Zuwayla), e lungo i suoi lati, o in vicoli che da essa si dipartivano, vi erano moschee, scuole, ed i negozi e magazzini dei commercianti di tessuti, spezie, oro e argento.

Fez si era formata in un altro modo ancora, in seguito alla fusione di due insediamenti sulle rive opposte di un piccolo fiume. Il centro della città venne alla fine fissato nel punto in cui, in una delle due cittadine, si trovava il mausoleo del presunto fondatore della città, Mawlay Idris. Accanto ad esso vi era la grande moschea e centro di insegnamento di al-Qarawiyyin, con le scuole che dipendevano da essa, ed una rete di *suq*, protetti di notte da cancelli, dove si conservavano per la vendita spezie, oggetti d'oro e argento, tessuti di importazione, e le ciabatte di cuoio che erano un prodotto caratteristico di questa città.

La grande moschea e il *suq* centrale di una città erano i punti da cui si irradiava il potere culturale ed economico, ma il potere dei governanti aveva la sua sede altrove. Nei primi tempi dell'Islam, poteva capitare che i sovrani ed i loro governatori locali tenessero la loro corte nel cuore di una città, ma in epoche successive divenne comune una certa separazione tra la *madina*, il centro delle attività fondamentali della città, ed il palazzo o il quartiere reale. Fu così che gli 'Abbasidi si trasferirono per un certo tempo fuori dalla città che essi stessi avevano creato, Baghdad, a Samarra, posta sul Tigri qualche chilometro più a monte, e il loro esempio venne seguito dai sovrani successivi. Nel Cairo, gli Ayyubidi e i Mamelucchi tennero la loro corte nella Cittadella, costruita da Salah al-Din sulla collina di Muqattam che dominava la città; gli Umayyadi di Spagna costruirono il loro palazzo a Madinat al-Zahra, fuori da Cordova; i sovrani marocchini di epoca più recente costruirono una città reale, Nuova Fez, nei sobborghi della precedente. I motivi di questa separazione non sono difficili da individuare: la separatezza era un'espressione di potenza e di magnificenza; oppure il sovrano desiderava isolarsi dalla pressione dell'opinione pubblica, e preservare i propri soldati dal contatto con gli interessi della città, che potevano indebolire la loro lealtà al suo esclusivo interesse.

All'interno della cittadella o del recinto reale stava il palazzo vero e proprio, con la sua regia tesoreria, la zecca e gli uffici per i segretari. Nei cortili esterni si trattavano gli affari pubblici: si ricevevano ambasciate, si passavano in rassegna le truppe, il consiglio si riuniva per amministrare la giustizia e ricevere petizioni. Chi aveva degli affari da svolgere veniva ammesso in questa parte del palazzo, dove in certi giorni per determinate questioni si faceva vedere anche il sovrano. I cortili interni erano destinati alla persona del sovrano: la sua famiglia, le sue donne sorvegliate da eunuchi, e gli schiavi di palazzo che formavano una specie di estensione della sua personalità. Il grado di separatezza variava, però, da una dinastia all'altra: gli Hafsidi vivevano in pubblico poco separati, mentre i Mamelucchi lo erano di più.

Nelle città reali vi erano anche le caserme delle guardie del re, i palazzi o le dimore degli alti funzionari e inoltre dei *suq* specializzati che producevano beni destinati ai bisogni della corte e dell'esercito: l'arsenale, mercati di cavalli e di armi, laboratori dove si producevano tessuti raffinati per uso del palazzo. Chi lavorava in questi laboratori poteva abitare nelle vicinanze: a Fez il quartiere dove vivevano gli orafi e argentieri ebrei si trovava nella cittadella reale.

Le case di città

Nel XV secolo, i *suq* delle città ospitavano grandi edifici costruiti intorno a dei cortili, con locali-magazzino al piano terreno; al di sopra potevano trovarsi alloggi per commercianti di passaggio e altri. Siffatti edifici nelle loro diverse forme erano noti come *khan* in Siria e in Iraq, come *wikala* in Egitto e come *funduq* nel Maghreb. Un altro tipo di costruzione, perlomeno nel Maghreb, era la *qaysariyya*, dove si immagazzinavano merci di valore. Molti di questi edifici erano fatti costruire dai sovrani o da maggiorenti della città e costituiti in *waqf*, in modo che i guadagni derivanti da essi venissero usati per scopi religiosi o caritatevoli.

Per quanto se ne sa, gli edifici di abitazione delle città rientravano in tre categorie. In alcune città gli alloggi dei poveri sembra consistessero per lo più in cortili aperti con qualche baracca. Nell'affollato centro del Cairo i poveri, come pure gli artigiani e i commercianti al dettaglio che avevano bisogno di stare vicino al luogo di lavoro, vivevano in case divise in appartamenti. La casa-tipo era costruita intorno ad un cortile, con laboratori al piano terreno ed un certo numero di scale che conducevano a due o tre piani superiori divisi in appartamenti separati di diverse stanze ciascuno.

Per le famiglie di condizione più agiata, o che vivevano in aree meno congestionate, si svilupparono gradualmente altri tipi di case. Nel sudovest dell'Arabia esse erano di un tipo caratteristico, fatte di pietra, progettate accuratamente e simmetricamente, e alte parecchi piani; gli animali venivano tenuti al piano terreno; il grano al piano di sopra, dopodiché vi erano due o tre piani di stanze d'abitazione, e in cima la principale sala di ricevimento, che godeva dell'aria migliore e del miglior panorama. La tipica forma di casa per grandi famiglie, che ritroviamo altrove, con molte varianti a seconda della regione e dell'epoca, si deve essere sviluppata a partire da un incrocio della tipica casa mediterranea greco-romana con le tradizioni dell'Iran e dell'Iraq.

Alla casa si accedeva solitamente da un vicolo che si apriva su di una via principale. Al di fuori delle dimensioni della porta, nulla esponeva la ricchezza del suo proprietario all'invidia dei governanti o alla curiosità dei passanti; le case erano costruite per essere viste da dentro e non dal di fuori. La principale caratteristica osservabile all'esterno era il portone: di ferro o di legno, con una cornice di pietra scolpita e magari sovrastato da una finestra dalla quale si poteva vedere chi stava arrivando. Varcata la soglia, un corridoio, ripiegato ad angolo in modo che nulla di ciò che vi era più in là potesse essere visto dalla strada, conduceva ad un cortile centrale da cui si dipartivano un certo numero di stanze, tra cui vi era la principale stanza di ricevimento (*majlis* o *qa'a*); nelle aree più congestionate, il cortile poteva essere sostituito da una stanza centrale coperta. La sala di ricevimento si trovava spesso sul lato del cortile di fronte all'ingresso, e vi si accedeva tramite una porta o un *iwan*, il grande arco circolare che dall'Iran si era diffuso a occidente. In alcune località, la stanza principale aveva davanti a sé un'anticamera. Nel Cairo dei Mamelucchi, la stanza si era evoluta fino a formare una specie di corte coperta, con una vasca ed una fontanella al centro e zone in cui stare seduti sui due lati. Separata da questa stanza di ricevimento con le stanze dei dipendenti e gli uffici, vi era la zona riservata alla famiglia, dove le donne, con i figli e la servitù, potevano starsene separate quanto voleva il padrone di casa. Nelle case molto grandi la divisione tra zone di ricevimento e zone riservate alla famiglia era segnalata dall'esistenza di due cortili, in quelle più piccole solo da una diversificazione funzionale tra piano terreno e piano superiore. Nelle case grandi vi era di solito un locale per i bagni o *hammam*.

Quasi dovunque le costruzioni in pietra erano costose, e le case venivano di solito fabbricate di mattoni o mattonelle di fango, con i contorni dei portoni in pietra. Spesso il soffitto delle stanze principali del piano terreno era costituito da una volta di mattoni, per prevenire l'umidità e sostenere il peso dei piani superiori; gli altri soffitti erano solitamente di legno. Nei soffitti vari espedienti permettevano la ventilazione e la circolazione dell'aria. Le pareti, le porte e i soffitti erano decorati. Il legno era dipinto in vari colori (il colore tipico del Marocco era il verde, quello della Tunisia l'azzurro). Le pareti erano intonacate e decorate a stucco con disegni floreali. La pietra era scolpita con motivi calligrafici o floreali. Le finestre avevano imposte di legno; la lavorazione del legno a traliccio nota come *mashrabiyya* era già conosciuta in Egitto in età fatimide, e divenne comune in quella dei Mamelucchi.

Le case avevano poca mobilia permanente al proprio interno, a parte cassapanche e credenze che fungevano da deposito. Uno studioso di storia del Cairo ha sostenuto che il ruolo svolto dalla mobilia in legno nelle case europee sarebbe stato qui svolto da oggetti di tessuto. Le stanze di ricevimento avevano dei sofà con cuscini. Materassi imbottiti e guanciali, stesi sul pavimento o su basamenti di legno o pietra, facevano le veci dei letti. Le pareti erano ricoperte di tappezzeria, i pavimenti ed i letti di tappeti. Di notte, si usavano per l'illuminazione lanterne ad olio di rame; quando faceva freddo si portavano nell'interno bracieri di rame, in cui si bruciavano carbonella o legni aromatici. I pasti venivano serviti su larghi vassoi rotondi di argento o rame, appoggiati su panchetti di legno. Per il cibo si usavano scodelle e tazze di terracotta (o, tra i ricchi, di porcellana cinese); per le bevande tazze di rame, vetro, o terracotta. Per prendere il cibo dal piatto centrale si potevano usare pezzi di pane piatto, ma tra i ricchi erano in uso cucchiai e coltelli.

Il pane aveva un'importanza fondamentale nella vita dei poveri; i governi ponevano molto l'accento sulla necessità di garantire l'approvvigionamento di grano delle città, e scoppiavano disordini popolari quando il grano diventava scarso o costoso. Fatto per lo più di frumento, il pane veniva ammorbidito con olio di oliva e mangiato insieme a verdure: cipolle, aglio, o quelle che, come le melanzane, erano state introdotte nel mondo mediterraneo dall'espansione dell'Islam. La maggior parte della gente mangiava carne raramente, nelle festività o nelle grandi occasioni. La dieta dei benestanti era più variata: una maggiore varietà di verdure, frutta (a seconda delle possibilità di coltivarla o importarla: uva, arance, pesche e albicocche nei paesi mediterranei, datteri in Iraq, ai margini del deserto e nelle oasi), e carne: agnello più che manzo, pollame, pesci vicino al mare o a corsi d'acqua e laghi. La carne veniva cotta in olio di oliva o di sesamo e condita con spezie. Anche se il Corano proibiva il consumo di alcol, sembra che vino ed altre bevande alcoliche, prodotte da Cristiani locali o importate dall'Europa occidentale, fossero di ampio consumo.

Una catena di città

Fintantoché si mantenevano l'ordine delle città e il controllo delle campagne che da esse dipendevano, garantiti dalla convergenza di interessi dei governanti e dell'élite urbana, la ricchezza ed il potere potevano essere trasmessi di generazione in generazione, e con essi veniva anche tramandata una cultura, un sistema di istruzione, di valori, di modi di comportarsi e di tipi ideali di personalità. C'è chi ha sostenuto che il codice di condotta ammissibile, la *qa'ida*, che esisteva a Fez nei primi anni del XX secolo fosse esattamente identico a quello descritto da Leone Africano nel XVI.[3] I canoni di correttezza del comportamento e del pensiero, di istruzione e di alta specializzazione univano le generazioni, ma univano tra loro anche le città. Una rete di strade correva attraverso il mondo dell'Islam e anche oltre i suoi confini. Lungo queste strade non si muovevano solo carovane di cammelli o di asini carichi di seta, spezie, vetri e metalli preziosi, ma anche idee, notizie, mode, modelli di pensiero e di comportamento. Quando i commercianti e i capi delle carovane si incontravano nella piazza del mercato, si scambiavano notizie e ne valutavano il significato. I commercianti di una città si stabilivano in altre città e mantenevano tra loro un legame stretto e permanente. Di tanto in tanto le strade erano percorse da movimenti più violenti, quando un esercito portava la potenza di un nuovo sovrano o di qualcuno che sfidava il potere esistente; e anche questi ultimi potevano portare con sé nuove idee sul modo di vivere in società e nuovi apporti etnici che si sarebbero venuti ad aggiungere alla popolazione esistente.

Fin dagli inizi della storia islamica, inoltre, gli uomini si trasferivano anche in cerca di istruzione, allo scopo di diffondere la tradizione di ciò che il Profeta aveva fatto e detto raccogliendola presso coloro che l'avevano raccolta al termine di una linea di trasmissione che partiva dai suoi Compagni. Col passare del tempo gli scopi dei viaggi si moltiplicarono: apprendere le scienze della religione dalla bocca di un famoso insegnante, o ricevere un addestramento spirituale da un maestro di vita religiosa. Cercatori di conoscenza e di saggezza provenienti da villaggi o da piccole cittadine si recavano nelle metropoli: dal sud del Marocco alla moschea al-Qarawiyyin a Fez, dall'Algeria orientale e dalla Tunisia alla Zaytuna di Tunisi; al Cairo, al-Azhar attirava studenti da distanze ancora maggiori, come stanno a dimostrare i nomi degli ostelli per gli studenti: *riwaq* o chiostro dei Magrebini, dei Siriani e degli Etiopi. Le scuole delle città sante sciite dell'Iraq (Najaf, Karbala, Samarra, e Kazimayn nei dintorni di Baghdad) attiravano studenti dalle altre comunità sciite, in Siria e nell'Arabia orientale.

La vita del famoso viaggiatore Ibn Battuta (1304-ca. 1377) illustra i legami esistenti tra le città e le terre dell'Islam. Il suo pellegrinaggio, intrapreso quando aveva ventun anni, non fu che l'inizio di una vita di vagabondaggio, che lo portò dalla città natale di Tangeri in Marocco fino alla Mecca passando per la Siria; poi a Baghdad e nel sudovest dell'Iran; in Yemen, Africa orientale, Oman e Golfo Persico; in Asia Minore, nel Caucaso e nel sud della Russia; in India, nelle Isole Maldive e in Cina; poi di nuovo nel suo nativo Maghreb e di qui in Andalusia e nel Sahara. Dovunque egli andasse, visitava le tombe dei santi e frequentava studiosi, ai quali era unito dal vincolo di una medesima cultura espressa in arabo. Egli fu ricevuto con benevolenza alla corte dei principi, e da alcuni di essi fu nominato alla carica di *qadi*; questa onorificenza, attribuitagli in località distanti dalla madrepatria come Delhi o le Isole Maldive, mostrava il prestigio che veniva attribuito agli esponenti dell'istruzione religiosa in lingua araba.[4]

Capitolo Ottavo

LE CITTÀ E I LORO GOVERNANTI

La formazione delle dinastie

Il mantenimento della legge e dell'ordine urbano richiedeva un potere di imposizione, un detentore del potere la cui posizione fosse diversa da quella dello *shaykh* tribale dall'instabile autorità derivante dalla consuetudine e dal consenso.

Secondo quello che potrebbe apparire un paradosso della storia islamica (e forse anche di altre storie), le dinastie dominanti trassero spesso la loro forza dalla campagna e qualcuna vi ebbe addirittura le proprie origini, ma poterono sopravvivere solo affermandosi nelle città e traendo nuove forze da un'alleanza di interessi con la popolazione urbana.

Per sopravvivere, una dinastia aveva bisogno di radicarsi nella città: aveva bisogno della ricchezza proveniente dal commercio e dall'industria, e della legittimazione che solo gli *'ulama* potevano conferire. Il processo di formazione di una dinastia consisteva nella conquista delle città. Un conquistatore promuoveva lo sviluppo di una catena di città poste su di una via commerciale. La creazione e la crescita di città a sua volta dipendeva in grande misura dalla potenza delle dinastie. Si può dire che alcune delle maggiori città del mondo islamico fossero in pratica la creazione di qualche dinastia: Baghdad lo fu degli 'Abbasidi, il Cairo dei Fatimidi, Fez degli Idrisidi, Cordova degli Umayyadi. Entro certi limiti, un potente sovrano poteva deviare rotte commerciali e attirarle verso la sua capitale; una città poteva decadere quando i suoi sovrani la lasciavano o non potevano più difenderla, come avvenne a Qayrawan che decadde quando gli Ziriti cessarono praticamente di risiedervi.

L'obiettivo primario di una dinastia era il mantenimento del potere, ed è per questo che il sovrano viveva alquanto isolato dalla popolazione della città, circondato da una corte che era in gran parte di origine militare o straniera: la sua famiglia e il suo harem, i suoi *mamluk* («mamelucchi») personali (negri africani o Cristiani convertiti nel Maghreb; Turchi, Curdi o Circassi più a est) ed alti funzionari di palazzo, in gran parte reclutati tra questi gruppi di *mamluk*. L'esercito professionale che veniva a sostituire quello con cui la dinastia aveva ottenuto il potere era anch'esso reclutato al di fuori della città. L'esercito dei Selgiuchidi era prevalentemente turco, quello degli Ayyubidi più misto: in Siria, i suoi comandanti provenivano da un'aristocrazia militare di varia origine, Turchi, Curdi o Greci convertiti, in Egitto erano soprattutto Turchi e Curdi di recente immigrazione. Anche sotto i Mamelucchi l'esercito aveva una composizione mista: il suo nucleo era formato da un corpo di *mamluk* reali arruolati dal sovrano o ereditati dai suoi predecessori e addestrati nelle scuole di palazzo, ma ogni alto ufficiale dell'esercito aveva un proprio corpo di seguaci dei quali curava per conto suo l'addestramento. La solidarietà di un gruppo formatosi alle dipendenze di una stessa famiglia poteva durare per tutta una vita e anche più a lungo. I soldati *mamluk* non formavano una casta ereditaria, e i figli di *mamluk* non potevano diventare a loro volta membri della forza centrale dell'esercito. Vi era, però, un'altra milizia formata da Musulmani nati liberi, e i figli di *mamluk* potevano aderire ad essa e farvi carriera. Tra gli Hafsidi, l'esercito originario era reclutato tra le tribù delle campagne, ma quando la dinastia si affermò saldamente, prese a fare maggiore affidamento su soldati mercenari, Arabi di Andalusia, Cristiani convertiti dall'Europa e Turchi.

Quanto più una dinastia riusciva ad affermarsi saldamente, tanto più cercava di nominare governatori provinciali espressi dall'interno del gruppo dominante, ma con diversi gradi di riuscita: la cosa poteva essere resa difficoltosa sia dalla natura delle campagne sia dalle tradizioni della famiglia regnante. I Selgiuchidi regnarono su di un vasto impero comprendente zone fertili separate da montagne o deserti, ed ereditarono una tradizione per cui l'autorità veniva conferita ad una famiglia piuttosto che ad un singolo membro di essa; il loro impero non fu quindi tanto uno stato centralizzato quanto un gruppo di regni semi-indipendenti retti da diversi membri della famiglia. In Siria, gli Ayyubidi regnarono in maniera analoga; la loro era una sorta di confederazione di stati incentrati su diverse città, retti ciascuno da un membro della famiglia Ayyubide, che formalmente dichiaravano obbedienza al capo della famiglia ma che non gli consentivano troppe interferenze. In Egitto, invece, la natura del territorio e la lunga tradizione di governo centralizzato rese possibile agli Ayyubidi di mantenere un'autorità diretta. Anche sotto i Mamelucchi i governatori provinciali della Siria, benché provenienti dall'élite militare, erano sotto un controllo da parte del Cairo meno totale di quelli del basso Egitto; nell'alto Egitto, invece, i Mamelucchi trovarono delle difficoltà nel mantenere il controllo completo, a causa della crescita di una potente famiglia di *shaykh* tribali, gli Hawara. Anche gli Hafsidi ebbero difficoltà a controllare le parti più distanti del loro stato: alcuni *shaykh* tribali e città lontane erano più o meno autonomi; col passare del tempo, però, il potere del governo centrale andò accrescendosi.

Il controllo efficace di un grande impero richiedeva una complessa burocrazia. Nella maggior parte degli stati, la ripartizione degli incarichi tra i vari funzionari rimase più o meno quella che vi era sotto gli 'Abbasidi. Vi era una cancelleria (*diwan al-insha*) dove si redigevano e conservavano lettere e documenti in linguaggio corretto, preciso e conforme alle forme e ai precedenti riconosciuti; una tesoreria che sovrintendeva alla ripartizione, all'esazione e all'allocazione delle entrate; inoltre vi era uno speciale dipartimento che teneva i conti e le registrazioni dell'esercito. Sotto i Selgiuchidi il *wazir* continuò ad essere il funzionario che aveva il controllo di tutta la burocrazia civile, come era stato sotto gli 'Abbasidi, ma sotto altre dinastie le sue funzioni ed il suo potere furono più limitati. Nello stato Mamelucco egli non fu altro che un sovrintendente alla tesoreria; in quello degli Hafsidi vi era un *wazir* distinto per ognuno dei tre dipartimenti, e il ciambellano di corte (*hajib*), da cui dipendeva l'accesso al sovrano, poteva essere più importante di tutti e tre.

Il *wazir* ed altri alti funzionari potevano provenire dall'élite militare, ma in genere l'amministrazione dello stato era l'ambito del governo in cui potevano inserirsi i membri della locale popolazione urbana. Erano essi, più che i soldati, ad avere la cultura e l'addestramento necessari per il lavoro della cancelleria o della tesoreria. Entro certi limiti può darsi che si prendessero come funzionari persone che avessero già avuto una completa educazione da *'alim*, ma più spesso gli aspiranti ad una carica pubblica dovevano entrare in servizio in giovane età, dopo un'istruzione elementare nelle scienze della lingua e della religione, e impadronirsi, nel corso di un periodo di apprendistato, delle particolari tecniche della redazione di documenti o della tenuta dei conti. Poteva accadere che un aspirante si aggregasse a un alto funzionario nella speranza di beneficiare non solo del suo esempio ma anche della sua protezione. In queste circostanze ci doveva essere un elemento di ereditarietà nell'amministrazione civile, con i figli che venivano addestrati e sostenuti dai padri, e sembra probabile che vi fosse una certa continuità anche quando cambiavano le dinastie; qualche funzionario della dinastia precedente sarà passato al servizio della nuova, e sicuramente vi fu una continuità nella gestione della cancelleria o della tesoreria.

In questo modo, gli appartenenti alla società urbana che era governata da una dinastia o da un gruppo estraneo potevano entrare a far parte dell'élite dominante, perlomeno ad un certo livello; funzionari persiani furono al servizio dei Selgiuchidi turchi, Egiziani e Siriani lavorarono per i Mamelucchi. I sovrani potevano però anche introdurre funzionari di provenienza esterna rispetto all'élite urbana, che quindi avevano minori probabilità di agire in modo indipendente da lui. Gli

Ayyubidi portarono in Siria funzionari egiziani, iracheni e dell'Iran occidentale, gli Hafsidi si servirono di esuli dall'Andalusia, e sotto i Mamelucchi in Egitto vi furono funzionari ebrei e copti, perlopiù convertiti all'Islam.

Amministrare la giustizia era uno dei doveri principali di un governante musulmano, e anche l'amministrazione della giustizia offriva possibilità di inserimento a personalità con una certa cultura di estrazione urbana. Il sovrano nominava i *qadi* tra quanti erano istruiti nelle scuole religiose e aderivano alla scuola legale che egli intendeva favorire. Per la maggior parte i *qadi* e i *mufti* provenivano dalla popolazione locale, ma sovrani energici potevano procedere a nomine da fuori; per esempio gli Hafsidi diedero cariche elevate a dotti andalusi.

L'alleanza tra i detentori del potere militare e i membri dell'élite colta urbana si evidenziava anche quando rendeva giustizia lo stesso sovrano, o il governatore della provincia. Non tutte le cause e le dispute finivano davanti al *qadi*. Il sovrano poteva decidere quali affidare e quali tenere per sé: la maggior parte delle cause penali, quelle che riguardavano l'ordine pubblico o l'interesse dello stato, e anche quelle che ponevano difficili quesiti legali. Particolarmente importante per un sovrano autocratico era l'ascolto dei reclami (*mazalim*) contro funzionari cui egli aveva delegato dei poteri. Egli doveva tenere aperta ai sudditi una linea di accesso. Già in epoca 'abbaside vi erano state udienze regolari tenute da un apposito funzionario incaricato di ascoltare le petizioni di chi aveva motivo di lagnanza. Sotto le dinastie successive questa procedura venne mantenuta. Alcune questioni venivano trattate con i consueti metodi amministrativi, ma lo stesso sovrano soleva tenere udienze in cui riceveva petizioni e promulgava decreti. Ogni settimana i governanti mamelucchi al Cairo erano soliti tenere una seduta solenne di consiglio giudiziario, circondati dai capi militari e dai funzionari dell'amministrazione, dai *qadi* dei quattro *madhhab*, da uno speciale *qadi* militare, e dai principali *mufti*; prendevano le loro decisioni dopo essersi consultati con essi, e non erano rigidamente vincolati dai codici legali. Allo stesso modo, nella Tunisi degli Hafsidi, il sovrano soleva incontrarsi ogni settimana con i principali *qadi* e *mufti*.

L'alleanza di interessi

Tra i due poli della città, il palazzo ed il mercato, i rapporti erano stretti ma complessi, basati com'erano sulla necessità l'uno dell'altro, ma con interessi divergenti. Il sovrano aveva bisogno delle attività economiche della città per essere rifornito di armi ed equipaggiamenti per il suo esercito e la sua flotta, di arredi ed ornamenti per la sua persona, per il suo entourage e la sua famiglia, nonché del denaro necessario per pagare tutto questo, sia ricorrendo alla normale tassazione sia ricorrendo a tributi particolari; i commercianti costituivano la sua riserva finanziaria, cui poteva fare ricorso quando aveva bisogno di somme maggiori di quelle fornite dalla tassazione ordinaria. Allo stesso modo, la classe colta costituiva per lui una riserva umana da cui egli poteva attingere funzionari per l'amministrazione civile e giudiziaria, mentre i poeti e gli artisti abbellivano la sua corte e gli davano una reputazione di magnificenza. Da parte sua, la popolazione urbana, e in particolare quella parte che era proprietaria di ricchezze e aveva una posizione, avevano bisogno del potere del sovrano che garantisse l'approvvigionamento di cibo e materie prime dalla campagna, sorvegliasse le rotte del commercio e mantenesse con gli altri sovrani rapporti tali da facilitare il cammino del commercio.

Aveva bisogno di lui anche per mantenere l'ordine e la struttura della legge, senza la quale non si sarebbe potuto vivere in una comunità complessa e progredita. Le attività del mercato andavano regolate, le strade dovevano essere illuminate, tenute pulite e protette da ladri e disturbatori della quiete, bisognava eliminare le immondizie, pulire le canalizzazioni dell'acqua e provvedere alla loro manutenzione. A questo scopo il sovrano nominava un governatore della città, che a seconda delle località aveva nomi diversi. Egli aveva a sua disposizione una forza di polizia (*shurta*), di solito reclutata sul luogo, e vi erano anche guardie per i quartieri e sorveglianti notturni per i mercati e le vie. Nel mercato vi era un funzionario particolare, il *muhtasib*, che sorvegliava i prezzi, i pesi e le misure, la qualità delle merci e il modo di condurre gli affari; la sua autorità gli derivava da un versetto del Corano, che ingiungeva ai Musulmani l'obbligo di «invitare a fare il bene e respingere ciò che è disapprovato», e in alcuni casi egli veniva nominato scegliendolo nella classe dei religiosi, ma in altri da quella dei militari. In alcune città, per esempio San'a nello Yemen, vi era un codice scritto in cui erano riportate le consuetudini accettate circa il modo in cui si dovevano condurre gli affari.

Vi era uno stretto legame tra il mantenimento dell'ordine e l'esazione delle entrate. Una gran parte (forse la maggiore) delle entrate del sovrano provenivano da tasse sui prodotti della campagna, ma anche le tasse e i tributi delle città erano numerosi e importanti. Oltre al testatico sugli Ebrei e sui Cristiani, vi erano tributi consuetudinari sulle merci che entravano in città o quelle che ne uscivano, e tributi di vario genere pagati da quanti possedevano botteghe o laboratori.

La città non poteva essere governata senza qualche grado di cooperazione tra il sovrano e i suoi abitanti, o perlomeno quelli di loro che avevano interesse ad un ordine stabile. Oltre a coloro che erano funzionari a pieno titolo, vi erano anche membri delle comunità cittadine che il sovrano riconosceva come portavoce o rappresentanti di queste ultime e come responsabili del mantenimento dell'ordine e dell'obbedienza, nonché della ripartizione tra i membri della comunità di qualsivoglia tassa fosse dovuta. Di essi, i più importanti per il mantenimento dell'ordine della città erano i capi dei quartieri, che riscuotevano tasse come quelle sulle famiglie o sugli edifici domestici. Vi erano anche capi di diversi gruppi di artigiani o commercianti. Coloro che praticavano la stessa arte non erano necessariamente trattati tutti come un unico gruppo; vi potevano essere numerosi gruppi suddivisi su base territoriale. Non sembrano esserci prove inconfutabili che simili gruppi fossero organizzati come «corporazioni», nel senso che ad esse si dava nell'Europa medievale, con un'esistenza corporativa autonoma che si esprimeva in un aiuto reciproco o in norme rigide che ne regolamentavano l'accesso o l'apprendistato; comunque sia, il fatto che i sovrani li trattassero come un gruppo unico tenuto a pagare certi tributi o a fornire determinate prestazioni, e che gli appartenenti a tali gruppi svolgessero insieme il loro lavoro nella stessa parte del mercato, doveva conferire loro una certa solidarietà. Un terzo tipo di raggruppamento era quello formato da membri di una data comunità ebrea o cristiana: anche costoro dovevano avere i loro portavoce, responsabili per il pagamento del testatico e per la lealtà del gruppo, che poteva in qualche caso essere messa in dubbio.

A un livello superiore, vi potevano essere i portavoce di interessi più generali. Sotto gli Hafsidi, per esempio, vi era un *amin al-umana*, che parlava a nome dei capi di tutte le arti. Doveva esistere un *ra'is al-tujjar*, rappresentante dei grandi mercanti dediti al redditizio commercio a grande distanza; il suo ruolo doveva rivelarsi particolarmente importante quando il sovrano aveva la necessità di introitare con una certa urgenza grosse somme di denaro. Ad un livello ancora più elevato, dovevano esserci coloro che potevano, in qualche caso, parlare a nome della città nel suo complesso; anche se la città non aveva istituzioni collettive ufficiali, aveva comunque una sorta di unità di spirito che poteva trovare la sua espressione in momenti di crisi, per esempio quando una dinastia succedeva ad un'altra. Questo ruolo poteva toccare al *qadi* principale: oltre ad essere un funzionario nominato dal sovrano, questi era il capo di coloro che preservavano la *shari'a*, l'esposizione normativa di come doveva essere la vita in comune, e poteva quindi esprimere la coscienza collettiva della comunità. In qualche località vi era pure talvolta, un «capo» (*ra'is*) della città nel suo complesso, ma non è ben chiaro quali fossero le sue funzioni.

Ben poco si sa del modo in cui venivano nominati i capi dei gruppi o i loro portavoce, e non doveva esserci una procedura uniforme. Sembra tuttavia certo che essi non potessero svolgere le loro funzioni senza riscuotere la fiducia tanto del sovrano o del suo governatore quanto di coloro a nome dei quali egli parlava.

I legami tra sovrano e città, mantenuti da funzionari e portavoce, erano precari e altalenanti, passando per un ventaglio di possibilità che andavano dall'alleanza all'ostilità. Vi era una comunanza di interessi di fondo che poteva essere rafforzata da una cooperazione economica. Gli appartenenti all'élite dominante dovevano investire come soci in speculazioni commerciali. Essi erano proprietari di una gran parte degli edifici pubblici, bagni, mercati e *khan*. I sovrani e gli alti funzionari costruivano opere pubbliche su vasta scala e ne facevano dotazioni *waqf*. Uno studio sulle grandi città dei Mamelucchi ha mostrato che su 171 edifici a destinazione religiosa costruiti o restaurati a Damasco, 10 erano pagati dallo stesso sultano, 82 da alti funzionari dell'esercito, 11 da altri funzionari, 25 da commercianti e 43 da *'ulama*.[1] Analogamente, un esame degli edifici di Gerusalemme durante il periodo dei Mamelucchi ha mostrato che, su 86 *waqf*, non meno di 31 erano stati fondati da funzionari *mamluk* che si erano inseriti nella società del luogo, e un numero inferiore da funzionari, *'ulama* e commercianti.[2]

L'alleanza di interessi trovava espressione nelle grandiose cerimonie cui prendeva parte tutta la cittadinanza e il sovrano si mostrava di persona al popolo. Quando un sovrano saliva al trono, vi era una cerimonia di investitura (*bay'a*), vestigio della convenzione dei primi tempi dell'Islam secondo cui il sovrano veniva scelto dal popolo. In Tunisia ai tempi degli Hafsidi vi erano due cerimonie di questo tipo: nella prima i funzionari più importanti del governo garantivano la loro fedeltà; nella seconda, il sovrano veniva presentato alla popolazione della capitale. In un certo senso, questa presentazione e accettazione venivano ripetute ogni venerdì quando il nome del legittimo sovrano veniva menzionato nel sermone che accompagnava la preghiera di mezzodì. Vi erano anche grandi cerimonie annuali, alcune ma non tutte con un significato religioso, in cui il sovrano faceva la sua comparsa in pubblico. Una cronaca del Cairo in età mamelucca, quella di Ibn Iyas, ricorda le cerimonie che si svolgevano annualmente in occasione del giorno della nascita di Maometto, del taglio del terrapieno che consentiva alle acque del Nilo di entrare nel canale che attraversava il Cairo durante la stagione della piena, dell'inizio e della fine del Ramadan, della partenza della carovana dei pellegrini dal Cairo per la Mecca e del suo ritorno. Vi erano anche occasioni speciali: quando si ricevevano ambasciatori stranieri, o quando al sovrano nasceva un figlio, la città veniva illuminata a festa a spese dei mercanti e dei bottegai, e poteva capitare che il sovrano si mostrasse in pubblico.

L'alleanza di interessi che si esprimeva in questi modi poteva però frantumarsi. All'interno dello stesso gruppo dominante, poteva andare in crisi l'equilibrio di potere tra il sovrano e coloro su cui egli faceva affidamento. Nello stato mamelucco, per esempio, alcune delle funzioni principali dei funzionari del sovrano vennero assunte dai principali capi militari *mamluk* e dalle loro famiglie. In determinati casi, i soldati potevano infrangere la loro obbedienza e turbare la pace della città o minacciare il potere del sovrano; fu in questo modo che gli Ayyubidi succedettero ai Fatimidi al Cairo, poi i Mamelucchi si sostituirono agli

Ayyubidi, e poi le famiglie di *mamluk* si succedettero l'una all'altra. Da parte della popolazione urbana, i portavoce che facevano da tramite tra i desideri e gli ordini del sovrano e la popolazione potevano anche esprimere le lagnanze e le richieste dei gruppi da essi rappresentati. Quando le tasse erano troppo elevate, i soldati erano indisciplinati, i funzionari abusavano dei loro poteri, o vi era carenza di cibo, i più alti *'ulama* avevano un ruolo da svolgere. È per questo che essi cercavano di mantenere una certa indipendenza dal sovrano.

Il malcontento dei ceti abbienti delle città non assumeva di solito le forme di aperta disobbedienza. Essi avevano troppo da rimetterci in caso di disordini. I rari momenti in cui avevano mano libera era quando il sovrano veniva sconfitto da un avversario o da un rivale, e i personaggi più influenti della città potevano negoziare la sottomissione al nuovo padrone. Tra la gente comune, invece, il malcontento poteva assumere la forma di turbamento dell'ordine. Era difficile che gli artigiani specializzati e i bottegai si ribellassero se non sotto la pressione di privazioni, di un'oppressione da parte dei funzionari, di rincari dei prezzi, carenza di cibo o di materie prime; il loro atteggiamento normale era quello di acquiescenza, dal momento che il mantenimento dell'ordine era anche nel loro interesse. Il proletariato, invece, la massa degli immigrati dalle campagne, lavoratori saltuari non specializzati, mendicanti e malfattori abituali ai margini della città era in uno stato di agitazione più permanente.

In momenti di timore o di privazione, poteva capitare che l'agitazione coinvolgesse l'intera popolazione della città. Spronato magari da demagogici predicatori che denunciavano l'oppressione (*zulm*) e sventolavano l'immagine di un giusto ordine islamico, il popolino si riversava allora nel *suq*, i commercianti chiudevano le loro botteghe, e qualche portavoce del popolo portava al sovrano le lagnanze contro i suoi funzionari, o contro i commercianti sospettati di provocare artificialmente una carenza di pane. Di fronte ad un tale sommovimento, il sovrano poteva apportare qualche correzione alla sua politica per venire incontro a qualcuna delle richieste; venivano licenziati o giustiziati i funzionari, aperti i magazzini dei mercanti di granaglie. Il mercato riapriva, la coalizione di forze si dissolveva, ma le masse urbane erano ancora là, momentaneamente tacitate o sotto controllo, ma lontane come non mai da un giusto ordine islamico.

Il controllo delle campagne

Era un comune interesse del sovrano e della popolazione urbana (o perlomeno dei suoi elementi predominanti) tenere sotto controllo le campagne ed assicurarsi che le eccedenze della produzione agricola fossero portate nelle città alle condizioni più favorevoli che fosse possibile. Il sovrano aveva bisogno dei prodotti, in natura o in denaro, per mantenere la sua corte, i funzionari e l'esercito; aveva bisogno del controllo delle campagne anche per prevenire tanto gli attacchi dall'esterno quanto quel processo per cui una nuova dinastia poteva sorgere a minacciare la sua presa sulla città capitale. La popolazione delle città, per parte sua, aveva bisogno delle eccedenze agricole per nutrirsi e per procurare le materie prime ai suoi artigiani. Anche i suoi elementi di spicco tendevano a considerare un pericolo la campagna ed i suoi abitanti, che, al di fuori della civiltà urbana e della *shari'a* costituivano per esse una minaccia. Così, un autore egiziano del XVI secolo, al-Sha'rani (m. 1565), rende grazie a Dio per «la mia *hijra*, con la benedizione del Profeta, dalla campagna al Cairo... dalla regione delle privazioni alla città del garbo e della conoscenza».[3]

Prima dell'età moderna, non vi erano confini chiari e ben delimitati, e all'immagine di un potere delle dinastie operante in modo uniforme all'interno di un'area fissa e di generale accettazione, bisognerà piuttosto sostituire quello di un potere che si irradiava da un certo numero di centri urbani con una forza che tendeva ad affievolirsi con la distanza e con l'esistenza di ostacoli naturali o umani. All'interno di quest'area di irradiazione vi erano tre tipi di regioni, in ciascuna delle quali era diversa la natura e l'estensione dell'autorità. Prima di tutto, in un paese steppposo o desertico, o in zone montuose troppo povere, distanti o inaccessibili perché valesse la pena di uno sforzo per conquistarle, il sovrano si limitava a tenere aperte le principali vie del commercio e a prevenire le rivolte. I capitribù locali non potevano essere controllati, o obbligati a fornire le loro eccedenze agricole, ammesso che ve ne fossero, a condizioni per essi sfavorevoli. Potevano avere rapporti economici con le città, vendervi i loro prodotti per comprare ciò che non potevano produrre da sé. In tali regioni il sovrano poteva assicurarsi una certa influenza solo per mezzo di manipolazioni politiche, mettendo gli uni contro gli altri i capitribù o investendo di incarichi ufficiali un membro di una famiglia piuttosto che un altro. In determinate circostanze, invece, poteva avere un altro tipo di influenza, quella che gli derivava da un prestigio religioso ereditario; fu questo il caso degli *imam* zayditi nello Yemen, degli *imam* ibaditi nell'Oman, e di quelle dinastie regnanti sul Marocco a partire dal XVI secolo, che rivendicavano una condizione di sceriffi, vale a dire discendenti del Profeta.

Il secondo tipo di regione era anch'esso costituito da territori montuosi, stepposi o da oasi, in cui però il sovrano riusciva ad esercitare il potere in modo più diretto, perché erano in posizione più prossima alla città o alle grandi vie carovaniere e producevano maggiori eccedenze. In tali regioni il sovrano non curava direttamente l'amministrazione ma operava per mezzo di capi locali la cui posizione era alquanto più ambigua di quella dei capi delle alte montagne e dei deserti. Ad essi l'investitura veniva conferita in cambio del pagamento di un tributo annuo o periodico, imposto ove necessario coll'invio di una spedizione militare o con la revoca del riconoscimento e il suo conferimento a qualcun altro.

La linea di divisione tra questi due tipi di regioni non era fissa ma dipendeva dal potere del sovrano, e dal mutevole equilibrio tra l'uso della terra per l'agricoltura e quello per la pastorizia. Dei distretti sedentari erano più facili da controllare rispetto a quelli dove si praticava la pastorizia nomade. È provato che, a partire dal X o XI secolo, le regioni del primo tipo andarono ampliandosi a spese di quelle del secondo. Nell'Alto Egitto, a gruppi tribali che potevano essere controllati dal Cairo (*'arab al-ta'a*, «Arabi di obbedienza») subentrarono, sotto i Mamelucchi, gli Hawara, gruppo pastorale di origine berbera, che avrebbero continuato a dominare gran parte della regione fino al XIX secolo. Analogamente, nel Maghreb, il complesso processo socio-economico che avrebbe in seguito trovato espressione simbolica nella storia dell'invasione dei Banu Hilal portò a una diminuzione del potere dei governanti delle città destinata a protrarsi per secoli.

Vi era però un terzo tipo di regione: quello delle pianure aperte e delle vallate dei fiumi in cui si coltivavano grano o riso o datteri, e degli orti che rifornivano il mercato, da cui si portavano in città la frutta e la verdura. Qui il sovrano e i ceti urbani cui questi era legato dovevano esercitare un'autorità più forte e diretta, soprattutto in quelle località in cui la produzione dipendeva da opere irrigue su vasta scala. Guarnigioni militari permanenti o periodiche spedizioni militari potevano mantenere l'ordine in queste zone e prevenire l'affermarsi di condottieri locali.

In questa campagna sottomessa, gli scambi economici si svolgevano in modo favorevole alla città. Il principale strumento per introitare l'eccedenza agricola a condizioni vantaggiose era il sistema di tassazione. Nelle sue linee essenziali esso era molto simile in tutti i paesi islamici. Il sovrano ricavava le sue entrate da tre tipi di imposte: il testatico pagato dagli appartenenti a comunità non-musulmane riconosciute, diverse tasse sui commerci urbani e sull'artigianato, e tasse sulla produzione delle terre. Nelle zone coltivate, la tassa poteva essere imposta sui terreni, secondo una ripartizione che in alcuni paesi veniva modificata di tanto in tanto (per esempio, in Egitto, dove la prassi della redistribuzione era una sopravvivenza di epoche antiche), oppure poteva consistere in una percentuale fissa della produzione. La tassa sul grano o su altri prodotti che potevano essere immagazzinati veniva spesso pagata in natura, quella su prodotti deperibili come la frutta in denaro. Analogamente, la tassa sui terreni da pascolo (là dove il governo era forte abbastanza da riuscire ad esigerla) poteva essere ripartita sia in proporzione alla superficie sia secondo una certa percentuale del bestiame.

A partire dall'epoca dei Buyidi nel X secolo si diffuse, in alcuni paesi, la pratica di fare un'assegnazione (*iqta'*) dei proventi di queste tasse rurali. Tale assegnazione poteva essere attribuita a un membro della famiglia regnante, o ad un alto funzionario, invece dello stipendio. Poteva capitare che i proventi delle tasse di un'intera provincia fossero assegnati al suo governatore, che si assumeva le spese dell'amministrazione e dell'esazione delle tasse, conservandone per sé una certa percentuale invece di ricevere uno stipendio; oppure che le imposte su un dato appezzamento di terreno venissero assegnate ad un ufficiale dell'esercito in cambio del suo servizio con un certo numero di soldati che egli avrebbe provveduto da sé ad addestrare, equipaggiare e stipendiare. Quest'ultimo tipo di assegnazioni finì per diventare particolarmente importante e diffuso. Sviluppato notevolmente dai Selgiuchidi in Iran e in Iraq, venne importato in occidente dagli Ayyubidi, e ricevette un ulteriore impulso ad opera dei Mamelucchi. Nel Maghreb si fece strada un sistema analogo. Il controllo di una determinata superficie di terreno veniva assegnato ad un capotribù in cambio del servizio militare: le tribù reclutate o addestrate in questo modo divennero note col nome di *jaysh* o tribù militari.

È poco probabile che il sovrano avesse l'intenzione di alienarsi in perpetuità delle tasse, o di conferire a coloro cui venivano fatte le assegnazioni un controllo permanente e totale sui terreni. Per limitare gli *iqta'* si fece ricorso a svariati mezzi. Nell'Egitto dei Mamelucchi, su cui le nostre informazioni sono particolarmente abbondanti, solo metà delle terre furono assegnate come *iqta'*, mentre il resto veniva conservato per il sovrano e la sua famiglia. La parte che veniva assegnata era attribuita o ai *mamluk* particolari del sovrano o ad alti ufficiali dell'esercito, che in linea di principio avevano il permesso di tenerne per sé una certa percentuale, mentre restava inteso che il rimanente venisse impiegato per pagare i 10, 40 o 100 soldati a cavallo che erano obbligati a fornire come loro contributo all'esercito. Di norma il destinatario dell'assegnazione non aveva a che fare personalmente con l'area del suo *iqta'*. Se gli veniva dato più di un *iqta'*, essi non erano contigui; egli non riscuoteva personalmente le tasse, ma lasciava il compito ai funzionari del sovrano, perlomeno fin verso la fine del periodo mamelucco; l'*iqta'* non veniva trasmesso ai figli. In altri paesi e in epoche diverse sembra che il destinatario dell'assegnazione fosse tenuto sotto un controllo meno rigido e costante, e che il diritto a tenersi i proventi delle tasse diventasse un potere di riscuoterle, di sorvegliare la produzione e di esercitare una signoria sui contadini.

L'esazione delle tasse forniva uno dei modi in cui il controllo diretto del retroterra agricolo da parte del sovrano si trasformava in un controllo gestito da individui provenienti dalla città, che erano in grado di impadronirsi di una parte delle eccedenze per il proprio tornaconto. Sarebbe facile, ma fuorviante, riferirsi ad essi col termine di proprietari terrieri; ciò che importa è che essi potevano avanzare delle pretese sulle eccedenze agricole, e rendere effettive queste pretese mediante l'uso del potere militare del sovrano. Coloro cui venivano date le assegnazioni potevano fare la parte del leone, ma in posizione analoga dovevano trovarsi anche i funzionari impiegati nell'esazione delle tasse, i commercianti che anticipavano il denaro per finanziare la coltivazione o per pagare le tasse quando esse erano dovute, e gli *'ulama* cui spettava il controllo dei *waqf*.

In assenza di documenti, sembra corretto ritenere che le forme di contratti agricoli autorizzate e regolamentate dalla *shari'a* fossero diffuse. Una di esse in particolare sembra essere sempre esistita: la *muzara'a*, o mezzadria. Si trattava di un accordo tra il proprietario e il coltivatore di un appezzamento di terreno: essi si dividevano il raccolto, in proporzioni che dipendevano dal contributo di ciascuno. Se il proprietario forniva le sementi, gli animali da tiro e gli attrezzi, potevano toccargli i quattro quinti, e il contadino che forniva solo la propria forza-lavoro poteva riceverne un quinto. Secondo la legge, un accordo del genere poteva essere sottoscritto solo per periodi limitati, ma in pratica doveva essere spesso prolungato indefinitamente. Molte varianti erano possibili, e sembra probabile che la precisa divisione del raccolto dipendesse da variabili quali il terreno e la forza-lavoro messi a disposizione, senza dimenticare la forza relativa dei due contraenti. In casi-limite, un contadino poteva di fatto trovarsi legato a un terreno essendo perennemente in debito col proprietario, incapace di opporsi al suo potere e di trovare altra terra da coltivare.

Le idee di autorità politica

Tra il sovrano e le campagne più remote (le valli montane, la steppa e il deserto) i rapporti erano troppo distanti e indiretti per richiedere di essere espressi in termini morali: il potere del sovrano veniva accettato se non si avvicinava troppo; gli uomini dei monti e delle steppe fornivano soldati al suo esercito, ma potevano anche fornirli ad uno sfidante intenzionato a rovesciarlo. Anche tra il governante e i suoi sudditi non musulmani i rapporti non erano rafforzati da legami morali. Anche se si trattava di rapporti pacifici e stabili, da un certo punto di vista i Cristiani e gli Ebrei stavano al di fuori della comunità; essi non potevano prestare al sovrano l'obbedienza forte e fattiva che derivava da un'identità di fede e di intenti. Diversa era, invece, la posizione degli abitanti musulmani delle città. Il sovrano e i suoi funzionari si intromettevano direttamente e continuamente nella loro vita, riscuotendo le tasse, mantenendo l'ordine, amministrando la giustizia; essi esercitavano il potere senza il quale l'industria e il commercio non potevano prosperare, né poteva sopravvivere la tradizione legale e culturale. Stando così le cose, era naturale che coloro i quali creavano e conservavano l'universo morale dell'Islam, gli *'ulama*, si chiedessero chi fosse il sovrano legittimo e fino a che punto gli si dovesse ubbidienza, e che da parte sua il sovrano pretendesse l'ubbidienza basandosi sul diritto oltre che sulla potenza.

Vi erano molti tipi di legami tra il sovrano e individui o gruppi particolari: promesse di lealtà espresse in giuramenti e voti, gratitudine per i benefici ricevuti, e speranze di futuri favori. Al di là di questo, però, stavano certi concetti generali di autorità legittima che potevano essere condivisi da gruppi più estesi, o dalla comunità nel suo complesso.

La questione di chi avesse il diritto di governare si era già posta in termini drammatici durante il I secolo della storia islamica. Chi era il legittimo successore del Profeta alla testa della comunità in qualità di califfo o *imam*? Come lo si doveva scegliere? Quali erano i limiti della sua autorità? Aveva diritto a un'obbedienza incondizionata, o era legittimo ribellarsi a un sovrano, o spodestarlo, se questi era empio e ingiusto? Gli Ibaditi e gli Sciiti nei loro diversi indirizzi avevano dato le proprie risposte a tali interrogativi. Gli *'ulama* sunniti erano progressivamente giunti a sostenere che il califfo era il capo della comunità ma non era l'interprete infallibile della fede, mentre custodi della fede e quindi, in un certo senso, eredi del Profeta erano gli *'ulama*. Essi avevano ammesso la possibilità che un califfo potesse essere ingiusto, e che sarebbe stato dovere del credente rifiutarlo; questa era stata l'argomentazione di cui si erano serviti i sostenitori degli 'Abbasidi per giustificare la loro ribellione contro gli Umayyadi, ai quali si attribuiva il fatto di avere trasformato la propria autorità in una regalità laica.

Fu solo nel IV secolo dell'Islam (X secolo d.C.) che la teoria del califfato venne formulata nel modo più completo. Un mutamento delle circostanze, che minacciava la posizione dei califfi 'abbasidi, fornì lo spunto per un tentativo di metterla in salvo fornendone una chiara definizione. La minaccia veniva da due diverse direzioni. La creazione del califfato fatimide al Cairo e la rinascita del califfato umayyade in Andalusia non ponevano solo la questione di chi fosse il califfo legittimo, ma anche un'altra: poteva esistere più di un califfo, o l'unità della *umma* implicava che vi dovesse essere un solo capo? All'interno delle regioni che ancora riconoscevano la sovranità degli 'Abbasidi, i governanti locali stavano rendendosi sostanzialmente indipendenti. Nella stessa capitale, Baghdad, una dinastia militare, quella dei Buyidi, deteneva il controllo della cancelleria del califfo ed era quindi in grado di promulgare decreti a suo nome; a volte sembrava che i Buyidi reclamassero un'autorità indipendente, riesumando per sé l'antico titolo iranico di *shahanshah*.

Fu in questo contesto che venne redatta la più famosa trattazione teorica in difesa del califfato, ad opera di al-Mawardi (m. 1058). L'esistenza del califfato, egli sosteneva, non era una necessità naturale; la sua giustificazione stava in un'affermazione del Corano, «O credenti, obbedite a Dio, e obbedite al Messaggero e a coloro che hanno autorità su di voi»,[4] ed esso era dunque consacrato da Dio. Il suo fine era quello di proteggere la comunità e amministrarne gli affari sulla base della vera religione. Il califfo doveva possedere conoscenza religiosa, senso di giustizia, e valore. Egli doveva appartenere alla tribù qurayshita da cui proveniva il Profeta, e vi poteva essere un solo califfo alla volta. Egli poteva delegare il proprio potere, vuoi in ambiti limitati, vuoi senza limiti, vuoi in una provincia del suo impero, vuoi nella sua totalità; ma il *wazir* o l'*amir* cui veniva delegato il potere doveva riconoscere l'autorità del califfo, ed esercitare il suo potere entro i limiti della *shari'a*. Questa formulazione riusciva a conciliare la distribuzione del potere esistente e l'autorità teorica del califfo, e conferiva al califfo il diritto di mantenere il potere che ancora deteneva e di riprendersi dalle altre dinastie il potere che aveva ceduto loro.

Fino alla fine del califfato di Baghdad, un tale equilibrio tra autorità e potere poté essere mantenuto, in una forma o nell'altra; gli *'ulama* potevano ammettere che il sultano, detentore del potere militare, avesse il diritto di servirsene, a patto che restasse leale nei confronti del califfo e che governasse in conformità con la retta religione. Non si trattava però di un equilibrio stabile. Il califfo aveva ancora un residuo di potere effettivo nella capitale e nelle sue vicinanze, e cercava di accrescerlo, soprattutto all'epoca del califfo al-Nasir (1180-1225); energici sultani cercavano di espandere il proprio potere autonomo; e vi era una terza autorità, quella degli *'ulama*, che pretendeva di determinare che cosa fosse la retta religione. Fu allo scopo di definire le condizioni capaci di riportare stabilità in questi rapporti che al-Ghazali (1058-1111) ed altri nel solco della tradizione religiosa avanzarono la teoria che il potere apparteneva al califfo, ma che il suo esercizio poteva essere ripartito in più di una persona. Il califfato (o *imamato*, come solevano chiamarlo i teorici) era caratterizzato da tre elementi: quello di successione legittima al Profeta, quello di direzione degli affari del mondo e quello di sorveglianza sulla fede. Al-Ghazali sosteneva che idealmente questi tre aspetti avrebbero dovuto essere riuniti in un'unica persona, ma che in caso di necessità potevano essere separati, e questa era la situazione del suo tempo. Il califfo incarnava la successione al Profeta; il sultano, detentore del potere militare, esercitava le funzioni di governo; e gli *'ulama* sorvegliavano la fede e la pratica della religione.

Col tempo questi rapporti trilaterali divennero bilaterali. Il califfato di Baghdad vide la fine quando i Mongoli occuparono Baghdad nel 1258, e i califfi 'abbasidi mantenuti al Cairo dai sultani mamelucchi non riscuotevano un riconoscimento generale. Anche se persisteva la memoria del califfato, riconosciuta dai testi legali come la forma ideale dell'autorità islamica, e anche se alcuni potenti sovrani, come gli Hafsidi, continuarono a servirsi di questo titolo, l'obiettivo principale delle teorie politiche, per coloro che scrivevano nel solco della tradizione giuridica, era quello di determinare le relazioni tra il sovrano che brandiva la spada e gli *'ulama* che custodivano la vera religione e pretendevano di parlare in nome dell'*umma*. Vi era un antico detto, risalente ad epoca sassanide e spesso ripetuto, secondo cui «la religione e la regalità sono due fratelli, e nessuno dei due può fare a meno dell'altro».[5] Era generalmente ammesso che il potere si acquisisse con la spada e con il consenso generale espresso nelle cerimonie di *bay'a*; esso poteva comunque divenire un'autorità legittima se veniva usato per preservare la *shari'a* e di conseguenza il tessuto della vita virtuosa e civile. Il sovrano doveva favorire i tribunali, rispettare gli *'ulama*, e governare consultandosi con loro. Rispettando i vincoli della *shari'a*, egli poteva esercitare l'arte di governo, disporre regole e prendere decisioni, amministrare la giustizia penale in questioni che coinvolgevano il benessere della società e la sicurezza dello stato. A loro volta gli *'ulama* dovevano dare ai sultani giusti quel perpetuo riconoscimento che si esprimeva nell'invocazione settimanale del nome del sovrano nel sermone del venerdì.

In questa, come in altre materie, invece, Ibn Taymiyya (1263-1328), uno dei più eminenti autori religiosi del periodo mamelucco, traeva le logiche conseguenze della situazione del suo tempo. Per lui, l'unità della *umma* - l'unità nella fede in Dio e nell'accettazione del messaggio del Profeta - non implicava un'unità politica. Ci doveva essere un'autorità nella *umma* per mantenere la giustizia e tenere a freno gli individui, ma poteva essere esercitata da più di un sovrano; non era tanto importante il modo in cui essi conquistavano il potere quanto l'uso che ne facevano. Il retto esercizio del potere era una sorta di servizio religioso. Il sovrano doveva esercitare le arti di governo mantenendosi nei binari della *shari'a*, e doveva governare in cooperazione con gli *'ulama*. Conseguenza implicita di questo rapporto tra sovrani e *'ulama* era l'impegno del sovrano a rispettare gli interessi dell'élite urbana musulmana. Nei paesi a est del Maghreb, dove a partire dal X secolo i sovrani furono prevalentemente di origine turca o esterna, ciò aveva un'ulteriore conseguenza: la popolazione locale arabofona doveva essere consultata ed essere coinvolta nel governo.

Anche se il sovrano era ingiusto o empio, era generalmente ammesso che gli si dovesse comunque obbedienza, perché qualunque tipo di ordine era meglio dell'anarchia; come diceva Ghazali, «cent'anni di tirannide di un sultano causano meno danni di un anno di tirannide esercitata dai sudditi gli uni contro gli altri».[6] La ribellione era giustificata solo contro un sovrano che esplicitamente andasse contro un ordine di Dio o del Suo profeta. Ciò non voleva però dire che gli *'ulama* dovessero riservare ai sovrani ingiusti la stessa considerazione riservata a quelli giusti. Una tradizione potente tra gli *'ulama* (tanto sunniti quanto sciiti) era che essi dovessero tenersi a distanza dai governanti del mondo. Ghazali citava un *hadith*: «All'Inferno vi è una valle riservata esclusivamente agli *'ulama* che frequentano i re». L'*'alim* virtuoso non doveva frequentare principi o funzionari ingiusti. Poteva frequentare un sovrano giusto, ma senza servilismo, e doveva rimproverarlo se lo vedeva commettere qualcosa di biasimevole; se aveva timore poteva starsene in silenzio, ma sarebbe stato meglio astenersi del tutto dal frequentarlo. Se riceveva la visita di un principe, doveva ricambiare i saluti e incitarlo alla virtù. Tutto sommato, comunque, sarebbe stato meglio evitarlo. (Altri *'ulama*, invece, affermavano di dover sostenere il sovrano in tutto ciò che faceva di lecito, anche se egli era ingiusto.)

Strettamente connesse con queste idee, avanzate da teologi e giuristi, ve n'erano altre tratte da tradizioni intellettuali che avevano contribuito alla formazione della cultura del mondo islamico. Nel X secolo, il filosofo al-Farabi definì i criteri secondo i quali si potevano giudicare gli stati nel suo libro *al-Madina al-fadila* (*Le idee dei cittadini della Città virtuosa*). Il migliore tra gli stati è quello che viene governato da qualcuno che sia tanto filosofo che profeta, in contatto per mezzo sia dell'intelletto che dell'immaginazione con l'Intelligenza Attiva che emana da Dio. In assenza di un sovrano del genere, lo stato può essere virtuoso se governato da una combinazione di coloro che collettivamente possiedono le caratteristiche necessarie, o da sovrani che mantengono e interpretano le leggi date dal fondatore (tale sarebbe stato il califfato ai suoi inizi). All'estremo opposto vi sono quelle società i cui governanti non possiedono la conoscenza del bene; queste società non hanno alcun bene comune, e sono tenute insieme con la forza, o da qualche caratteristica naturale, come un'origine, un carattere o una lingua comuni.

Influenza più generale ebbero alcune teorie provenienti da un'altra fonte: l'idea di regalità antico-iranica. Esse venivano talvolta espresse con l'immagine di un circolo. Il mondo è un giardino; la sua recinzione è un sovrano od una dinastia; il sovrano è sostenuto dai soldati; i soldati sono mantenuti col denaro; il denaro viene acquisito dai sudditi; i sudditi vengono protetti dalla giustizia; e la giustizia viene mantenuta dal sovrano. Per dirla in un altro modo, il mondo umano è costituito da diverse classi, ciascuna delle quali svolge la sua attività perseguendo i propri interessi. Per fare sì che esse vivano insieme in armonia e diano alla società il contributo che devono, vi è la necessità di un potere normativo, ed è per questo che esiste la regalità; è un ordine naturale dell'uomo mantenuto da Dio. «In ogni epoca e momento, Dio (sia Egli esaltato) sceglie un membro della razza umana e, avendolo dotato di virtù belle e regali, gli affida gli interessi del mondo ed il benessere dei Suoi servi».[7] Per svolgere le sue funzioni egli ha bisogno soprattutto di saggezza e giustizia. Quando è privo di esse, o del potere di sostenerle, allora «dilagano la corruzione, la confusione e il disordine... la regalità scompare del tutto, si sguainano spade contrapposte, e chi ha il braccio più forte fa quello che vuole».[8]

Per fare ciò che Dio ha scelto di fargli fare, il sovrano deve tenersi al di fuori delle diverse classi della società. Egli non viene scelto da loro (tutte queste opere danno per scontato che la sua posizione sia ereditaria) e non é responsabile nei loro confronti, ma solo verso la propria coscienza e, il Giorno del Giudizio, verso Dio, al quale dovrà render conto della propria gestione. Vi dovrebbe essere una netta distinzione tra coloro che governano e coloro che sono governati; il monarca e i suoi funzionari dovrebbero tenersi a distanza dagli interessi che regolano.

Nel corso della storia islamica vi è stato un susseguirsi di opere che esprimevano queste idee e ne traevano le conseguenze. Proprio come le opere dei giuristi esprimevano gli interessi e il punto di vista degli *'ulama* e di quelle classi di cui essi si facevano portavoce, quest'altro tipo di opere esprimeva gli interessi di coloro che stavano vicino alle leve del potere, i burocrati che potevano servire una dinastia dopo l'altra, conservando le proprie tradizioni di servizio. Il più famoso di questi scritti fu il *Libro del governo* di Nizam al-Mulk (1018-1092), il capo dei ministri del primo sultano selgiuchide che abbia governato Baghdad. Il suo libro, ed altri consimili, non contengono solo principi generali, ma anche consigli pratici per i sovrani sull'arte di governo, consigli destinati anche all'educazione dei principi; da qui il nome con cui questo genere è talvolta conosciuto, quello di «Specchio per i Principi» (termine già in uso per un genere letterario analogo in Europa). I consigli dati al principe riguardano come scegliere i funzionari; come controllarli assumendo informazioni su di loro, come occuparsi delle petizioni e lagnanze dei suoi sudditi, per impedire che i suoi servitori abusino del potere che esercitano a suo nome; come farsi consigliare da anziani e saggi e scegliere i propri compagni dei momenti di riposo; come reclutare soldati di diverse razze e conservarseli leali. I consigli sono rivolti soprattutto contro i pericoli cui è esposto un sovrano assoluto: quello di isolarsi dai suoi sudditi e quello di consentire ai subordinati di abusare del potere che esercitano a suo nome.

Capitolo Nono

ASPETTI DELL'ISLAM

I Pilastri dell'Islam

Tra queste svariate comunità, residenti in una vasta distesa di terre comprese tra l'Atlantico e il Golfo Persico, separate da deserti, soggette a dinastie che sorgevano e cadevano e lottavano tra loro per il controllo di risorse limitate, vi era nonostante tutto un legame comune: dapprima un ristretto gruppo dominante, e in seguito la maggioranza di quanti ne facevano parte, erano Musulmani e vivevano sotto l'autorità della Parola di Dio, il Corano, rivelato al Profeta Maometto in lingua araba. Coloro che accettavano l'Islam costituivano una comunità (*umma*). «Voi siete la migliore *umma* data alla luce per l'umanità, che invita a fare il bene, respinge ciò che è disapprovato, e crede in Dio»:[1] queste parole del Corano esprimono qualcosa di importante circa i seguaci dell'Islam. Sforzandosi di comprendere e ubbidire i comandamenti di Dio, gli uomini e le donne creavano un giusto rapporto con Dio, ma anche tra loro. Come disse il Profeta nel suo «pellegrinaggio d'addio»: «Sappiate che ogni Musulmano è fratello di un altro Musulmano, e che i Musulmani sono fratelli».[2]

Certi atti o riti svolgevano un ruolo importante nel mantenere questo senso di appartenenza ad una comunità. Essi erano obbligatori per tutti i Musulmani in grado di osservarli, e crearono un legame non solo tra quanti si ritrovavano insieme per praticarli ma anche tra una generazione e l'altra. L'idea di una *silsila*, una catena di testimoni che si prolungasse dal Profeta fino alla fine del mondo, e tramandasse la verità per trasmissione diretta da una generazione all'altra, rivestì grande importanza nella cultura islamica; in un certo senso, questa catena formava la vera storia dell'umanità, sullo sfondo dell'ascesa e della caduta di dinastie e popoli.

Questi atti o riti vennero comunemente conosciuti come i «Pilastri dell'Islam». Il primo di essi era la *shahada*, la testimonianza che «non vi è dio all'infuori di Dio, e Maometto è il Profeta di Dio». L'enunciazione di questa testimonianza era l'atto formale con cui una persona diventava musulmana, e veniva ripetuta quotidianamente nelle preghiere rituali. Essa conteneva nella sostanza quegli articoli di fede in virtù dei quali i Musulmani si distinguevano dai miscredenti e dai politeisti, e anche dagli Ebrei e dai Cristiani che si trovavano nella medesima tradizione di monoteismo: che vi è un solo Dio, che Egli ha rivelato la Sua Volontà all'umanità mediante una serie di profeti, e che Maometto è il Profeta in cui la serie culmina e si conclude, «il Sigillo dei profeti». L'affermazione costante di questo credo fondamentale andava ripetuta quotidianamente nella preghiera rituale, *salat*, il secondo dei Pilastri. Da principio, la *salat* veniva eseguita due volte al giorno, ma in seguito si finì generalmente per ammettere che essa andava eseguita cinque volte al giorno: all'alba, a mezzogiorno, a metà pomeriggio, dopo il tramonto, e nella prima parte della notte. I momenti della preghiera venivano annunciati da una chiamata pubblica (*adhan*) fatta da un muezzin (*mu'adhdhin*) da un posto elevato, di solito una torre o minareto annesso a una moschea. La preghiera aveva una forma fissa. Dopo un'abluzione rituale (*wudu'*) l'orante effettuava un certo numero di movimenti del corpo (si inchinava, si inginocchiava, si prostrava al suolo) e diceva un numero di preghiere immutabili, che proclamavano la grandezza di Dio e l'umiltà dell'uomo al Suo cospetto. Dopo che erano state pronunciate queste preghiere potevano anche esserci delle suppliche o petizioni individuali (*du'a*).

Queste preghiere potevano essere effettuate dovunque eccetto che in determinati luoghi considerati impuri, ma era considerato un atto lodevole pregare in pubblico insieme ad altri, in un oratorio o moschea (*masjid*). Una preghiera in particolare andava effettuata in pubblico: la preghiera del mezzogiorno del venerdì veniva tenuta in una moschea di tipo particolare (*jami'*), dotata di pulpito (*minbar*). Dopo le preghiere rituali, un predicatore (*khatib*) saliva sul pulpito e teneva un sermone (*khutba*), che seguiva anch'esso una forma più o meno regolare: lode di Dio, invocazione di benedizioni sul Profeta, una predica morale che spesso aveva a che fare con gli affari pubblici della comunità nel suo complesso, e per finire un'invocazione delle benedizioni di Dio sul sovrano. Venire menzionati in questo modo nella *khutba* finì per essere considerato uno dei segni della sovranità.

Il terzo Pilastro era in un certo senso un'estensione dell'atto di adorazione. Si trattava della *zakat*, la cessione di parte dei propri guadagni per certi scopi specifici: per i poveri, per i bisognosi, per un soccorso ai debitori, per la liberazione degli schiavi, per il benessere dei viandanti. Il pagamento della *zakat* veniva considerato un obbligo per coloro i cui guadagni superassero una certa cifra. Essi dovevano dare una certa percentuale dei loro guadagni; questa veniva raccolta e distribuita dal sovrano o dai suoi funzionari, ma ulteriori elemosine potevano essere date a religiosi con l'incarico di distribuirle, o anche direttamente a chi si trovava nel bisogno.

Vi erano due altri obblighi, non meno vincolanti per i Musulmani, ma da adempiere con minore frequenza, e che giungevano a ricordare solennemente la sovranità di Dio e la sottomissione dell'uomo a Lui, in un dato periodo dell'anno liturgico. (Il calendario usato a scopi liturgici era basato sull'anno lunare, di circa undici giorni più breve dell'anno solare. Capitava così che queste cerimonie si svolgessero in diverse stagioni dell'anno solare. Il calendario usato a fini religiosi, e generalmente adottato nelle città, non poteva servire agli agricoltori per i quali gli avvenimenti importanti erano le piogge, le piene dei fiumi, le variazioni del caldo e del freddo. Per lo più essi continuavano a servirsi di precedenti calendari solari.)

Questi due Pilastri erano il *sawm*, o digiuno, da effettuarsi una volta all'anno, nel mese di Ramadan, e lo *Hajj*, o pellegrinaggio alla Mecca, da effettuarsi almeno una volta nella vita. Nel corso del Ramadan, il mese durante il quale era stato rivelato per la prima volta il Corano, tutti i Musulmani di età superiore ai dieci anni erano obbligati ad astenersi dal mangiare e dal bere, e dall'avere rapporti sessuali, dall'alba al tramonto; si faceva eccezione per quanti fossero troppo deboli fisicamente per sopportarlo, per i malati di mente, per chi era impegnato in lavori gravosi o nella guerra, e per chi era in viaggio. Esso era considerato un solenne atto di pentimento per i peccati, e una negazione di sé per amore di Dio; i Musulmani che digiunavano dovevano iniziare il giorno con una dichiarazione di intenzioni, e la notte poteva essere riempita da preghiere speciali. Avvicinandosi così a Dio, i Musulmani si avvicinavano tra loro. L'esperienza del digiuno in comune da parte di un intero villaggio o di un'intera città rafforzava la sensazione di un'unica comunità nel tempo e nello spazio; le ore dopo il tramonto potevano essere trascorse in visite e pasti consumati in comune; la fine del Ramadan veniva celebrata come una delle due feste più importanti dell'anno liturgico, con giorni di festeggiamento, visite e doni (*'id al-fitr*).

Almeno una volta nella vita, ogni Musulmano che fosse in grado di compiere il pellegrinaggio alla Mecca doveva effettuarlo. Una visita alla città poteva essere effettuata in qualunque momento dell'anno (*'umra*), ma per essere un pellegrino nel pieno senso della parola bisognava andarci insieme ad altri Musulmani in un momento particolare dell'anno, il mese di Dhu 'l-Hijja. Coloro che non erano liberi o sani di mente, che non possedevano le risorse finanziarie, o non avevano raggiunto una certa età, nonché (secondo certi autori) le donne che non avevano un marito o un custode che potesse compiere il viaggio insieme a loro, non erano obbligati ad andare. Vi sono descrizioni della Mecca e del Hajj fatte nel XII secolo che ci mostrano come a quell'epoca vi fosse un accordo su come dovesse comportarsi un pellegrino e che cosa egli poteva aspettarsi di trovare al termine del suo viaggio.

La maggior parte dei pellegrini viaggiava in grandi comitive che si riunivano in una delle grandi città del mondo musulmano. Nel periodo dei Mamelucchi i più importanti erano i pellegrinaggi dal Cairo e da Damasco. Chi proveniva dal Maghreb si recava via mare o via terra fino al Cairo, incontrava colà i pellegrini egiziani, e viaggiava via terra attraverso il Sinai e l'Arabia occidentale fino alle città sante, in una carovana organizzata, protetta e condotta in nome del sovrano dell'Egitto. Il viaggio dal Cairo richiedeva tra i trenta e i quaranta giorni, e alla fine del XV secolo sembra lo effettuassero circa 30/40.000 pellegrini ogni anno. Quelli provenienti dall'Anatolia, dall'Iran, dall'Iraq e dalla Siria si incontravano a Damasco; il viaggio, anch'esso in carovana organizzata dal sovrano di Damasco, richiedeva tra i trenta e i quaranta giorni, e si è stimato che circa 20/30.000 pellegrini vi si recassero ogni anno. Gruppi più ridotti venivano dall'Africa occidentale attraverso il Sudan e il Mar Rosso, e dal sud dell'Iraq e dai porti del Golfo Persico attraversando il centro dell'Arabia.

A un certo punto del cammino di avvicinamento alla Mecca, il pellegrino si purificava con abluzioni, indossava un abito bianco fatto di un unico pezzo di tela, l'*ihram*, e proclamava la sua intenzione di effettuare il pellegrinaggio con una sorta di atto di consacrazione: «Eccomi, mio Dio, eccomi; Tu non hai associati, eccomi; in verità Tue sono la lode e la grazia, e l'impero».[3]

Giunto alla Mecca, il pellegrino entrava nell'area sacra, lo *haram*, dove vi erano diversi siti ed edifici associati a eventi sacri. Non più tardi del XII secolo essi avevano assunto la loro forma definitiva: il pozzo di Zamzam, che si riteneva fosse stato aperto dall'Angelo Gabriele per salvare Agar e suo figlio Ismaele; la pietra su cui era impressa un'orma di Abramo; certi luoghi legati agli *imam* dei diversi *madhhab* legali. Nel cuore dello *haram* stava la Ka'ba, l'edificio quadrangolare che Maometto aveva purgato dagli idoli e reso il centro della devozione islamica, con la Pietra Nera incassata in una delle sue pareti. I pellegrini facevano sette volte il giro della Ka'ba, toccando o baciando al passaggio la Pietra Nera. L'ottavo giorno del mese uscivano dalla città in direzione est verso la collina di 'Arafa. Qui essi sostavano per un certo tempo, e questo era l'atto essenziale del pellegrinaggio. Sulla via del ritorno alla Mecca, a Mina, venivano effettuati altri due atti simbolici: il lancio di pietre contro una colonna simboleggiante il demonio, e il sacrificio di un animale. Questo segnava la fine del periodo di consacrazione che era cominciato all'atto di indossare l'*ihram*; il pellegrino riponeva l'indumento e tornava ad assumere l'aspetto di sempre.

Il pellegrinaggio era per molti versi l'avvenimento centrale dell'anno, se non di un'intera vita, quello in cui si esprimeva nel modo più completo l'unità reciproca dei Musulmani. Si può dire che fosse il compendio di ogni genere di viaggi. Coloro che si recavano alla Mecca per pregare potevano restare a studiare a Medina; dovevano avere con sé merci con cui pagare le spese del viaggio; insieme alla carovana dovevano viaggiare anche commercianti, con merci da vendere strada facendo o nelle città sante. Il pellegrinaggio era anche un mercato per lo scambio di notizie e di idee provenienti da ogni parte del mondo dell'Islam.

Il famoso viaggiatore Ibn Battuta lascia capire che cosa significasse l'esperienza del pellegrinaggio:

> Delle mirabili opere di Dio Altissimo vi è questa, che Egli ha creato i cuori degli uomini con un istintivo desiderio di cercare questi sublimi santuari, e bramosi di presentarsi nei loro illustri siti, e ha dato all'amore di essi un tale potere sui cuori degli uomini che nessuno può posarsi in essi ma essi si impadroniscono di tutto il suo cuore, né può lasciarli se non coll'afflizione della separazione da essi.[4]

Lo Hajj era un atto di ubbidienza agli ordini di Dio espressi nel Corano: «È dovere di tutti gli uomini verso Dio venire alla Casa in veste di pellegrino, se è in grado di giungervi».[5] Esso era una professione di fede nel Dio unico, ed anche una espressione visibile dell'unità della *umma*. Le molte migliaia di pellegrini da ogni parte del mondo musulmano compivano il pellegrinaggio nello stesso periodo; insieme essi facevano il giro della Ka'ba, sostavano a 'Arafa, lapidavano il diavolo e sacrificavano i loro animali. Così facendo, essi erano legati all'intero mondo dell'Islam. La partenza e il ritorno dei pellegrini erano segnate da celebrazioni ufficiali, registrate nelle cronache locali, in periodi più recenti raffigurate sui muri delle case. Nel momento in cui i pellegrini sacrificavano i loro animali a Mina, anche ogni famiglia musulmana uccideva un animale, per introdurre l'altra grande festività popolare dell'anno, la Festa del Sacrificio (*'id al-adha*).

Il senso di appartenenza ad una comunità di credenti si esprimeva nell'idea che fosse dovere dei Musulmani mantenere una reciproca sorveglianza sulle coscienze, e proteggere la comunità ed estenderne ove possibile il raggio di azione. Il *jihad*, la guerra contro coloro che minacciavano la comunità, si trattasse di miscredenti ostili dall'esterno o di non Musulmani che avessero infranto il loro patto di protezione all'interno, veniva solitamente considerata un obbligo di fatto equivalente ad uno dei Pilastri. L'obbligo del *jihad*, come ogni altro, era basato su un detto coranico: «O voi che credete, combattete i miscredenti che sono accanto a voi».[6] La natura e i limiti dell'obbligo vennero definiti con cura dagli autori giuridici. Non si trattava di un obbligo individuale di tutti i Musulmani, ma la comunità era tenuta a fornire un numero sufficiente di combattenti. Dopo la grande espansione dell'Islam nei primi secoli, e con l'inizio dei contrattacchi dall'Europa occidentale, vi fu la tendenza a considerare il *jihad* più in termini di difesa che di espansione.

Ovviamente, non tutti coloro che si dicevano Musulmani prendevano con lo stesso rigore questi obblighi o davano il medesimo significato al loro adempimento. Vi erano diversi livelli di convinzione personale, e differenze di ordine generale tra l'Islam della città, della campagna e del deserto. Vi erano molti gradi di osservanza, da quella dello studioso o del devoto mercante cittadino, che pregavano tutti i giorni e praticavano il digiuno annuale, erano in grado di pagare la *zakat* e fare il pellegrinaggio, al semplice beduino, che non pregava con regolarità, non digiunava durante il Ramadan perché tutta la sua vita correva sul filo degli stenti, e non effettuava il pellegrinaggio, e però professava che non vi è dio all'infuori di Dio e che Maometto è il Suo Profeta.

Gli amici di Dio

Fin dagli inizi vi erano stati alcuni seguaci del Profeta per i quali l'osservanza esteriore non aveva valore se non esprimeva sincerità di intenti, il desiderio di obbedire ai comandamenti di Dio per un senso della Sua grandezza e della piccolezza dell'uomo, e se la si considerava una forma elementare di disciplina morale che si sarebbe dovuta estendere a tutta quanta la vita.

Fin da tempi antichi, il desiderio di purezza di intenti aveva dato origine a pratiche ascetiche, forse su impulso dei monaci cristiani orientali. Implicita in esse era l'idea che tra Dio e l'uomo vi potesse essere un rapporto che non fosse quello di comando e obbedienza: un rapporto in cui l'uomo obbediva ai Voleri di Dio per amore di Lui e per il desiderio di avvicinarsi a Lui, e così facendo poteva rendersi conto di essere corrisposto da un amore che Dio accordava all'uomo. Siffatte idee, e le pratiche cui esse diedero origine, vennero ulteriormente sviluppate in questi secoli. Vi fu una progressiva elaborazione dell'idea di un cammino seguendo il quale il vero credente poteva avvicinarsi a Dio; coloro che accettavano questa idea e cercavano di tradurla in pratica finirono per essere perlopiù noti col nome di Sufi. Progressivamente si finì per trovare anche un accordo, ancorché non completo, su quali fossero gli stadi principali (*maqam*) del cammino. I primi stadi erano quelli del pentimento, un voltare le spalle ai peccati della vita trascorsa. Ciò conduceva all'astinenza, anche da cose che erano legittime ma potevano distrarre l'anima dalla ricerca del suo autentico oggetto. Il viaggiatore su questo cammino doveva continuare ad apprendere la fiducia in Dio, l'assegnamento su di Lui, e la paziente attesa del Suo Volere, e successivamente, dopo un periodo di timore e di speranza, poteva giungere una rivelazione dell'Essere divino: un risveglio spirituale in cui tutti gli oggetti svanivano e vi era solo Dio. Le qualità umane del viaggiatore che aveva raggiunto questo punto erano annientate, al loro posto subentravano qualità divine, e l'uomo e Dio erano uniti nell'amore.

Questa momentanea esperienza del divino (*ma'rifa*) avrebbe lasciato il suo marchio: una volta ritornata al mondo in cui si svolgeva la vita di tutti i giorni, l'anima non sarebbe più stata la stessa.

Questo movimento mirante a un'unione con Dio interessava le emozioni oltre che la mente e l'anima, e in corrispondenza dei vari stadi vi potevano essere grazie (*hal*, pl. *ahwal*), stati emozionali o vivide esperienze che potevano venire espresse, sempreché le si potesse esprimere, solo mediante metafore o immagini. In arabo e nelle altre lingue letterarie dell'Islam, si sviluppò progressivamente un sistema di espressioni figurate con cui i poeti cercavano di evocare gli stati di grazia che potevano verificarsi lungo il cammino verso la conoscenza di Dio, e l'esperienza di unità che ne era lo scopo: immagini di amore umano, in cui l'amante e l'amata si rispecchiavano l'uno nell'altra, o l'ebbrezza del vino, o l'anima paragonata ad una goccia d'acqua nell'oceano divino, o ad un usignolo che cerca la rosa che è una manifestazione di Dio. Il linguaggio figurato della poesia è tuttavia ambiguo, e non è sempre facile stabilire se il poeta sta cercando di esprimere l'amore umano o l'amore di Dio.

I Musulmani più seri e scrupolosi erano consapevoli della pericolosità di questo cammino; il viaggiatore poteva smarrire la via, le grazie potevano sedurlo. Era generalmente ammesso che qualche anima umana fosse in grado di percorrerlo da sola, rapita all'improvviso nell'estasi, o condotta direttamente dalla guida di un maestro defunto o dello stesso Profeta. Per la maggior parte dei viaggiatori, invece, si pensava fosse necessario accettare l'insegnamento e la guida di qualcuno che fosse più progredito nel cammino, un maestro di vita spirituale (*shaykh*, *murshid*). Secondo un detto che divenne familiare, «colui che non ha uno *shaykh*, il Diavolo è il suo *shaykh*». Il discepolo doveva seguire il suo maestro obbedendogli ciecamente; doveva essere passivo come un cadavere in mano agli addetti al lavaggio dei morti.

Tra la fine del X e l'XI secolo, si cominciò ad assistere a un ulteriore sviluppo. I seguaci di uno stesso maestro presero a identificarsi come appartenenti ad un'unica famiglia spirituale, in viaggio lungo lo stesso cammino (*tariqa*). Alcune di queste famiglie rimasero in vita per lunghi periodi sostenendo di essere continuatrici di esperienze che risalivano ad alcuni grandi maestri di vita spirituale, dai quali aveva preso il nome la *tariqa*, e prima ancora di questi fino al Profeta, passando per 'Ali o anche Abu Bakr. Alcuni di questi «cammini», noti anche come «ordini» o «confraternite», si diffusero su di una vasta area nel mondo dell'Islam, grazie all'opera di discepoli ai quali un maestro aveva dato una «licenza» di insegnamento della propria via. Per la maggior parte non avevano una grande organizzazione. I discepoli di un maestro potevano fondare proprie confraternite, ma in generale riconoscevano un'affinità col maestro da cui avevano appreso il cammino. Tra le confraternite più diffuse e durature ve ne furono alcune che ebbero origine in Iraq;

tali furono la Rifa'iyya che risale al XII secolo, la Suhrawardiyya del XIII secolo, nonché la Qadiriyya – di gran lunga la più estesa di tutte – che prendeva il nome da un santo di Baghdad, 'Abd al-Qadir al-Jilani (1077/8-1166), che però non emerse con chiarezza prima del XIV secolo. Tra le confraternite sorte in Egitto, la Shadhiliyya sarebbe divenuta la più diffusa, soprattutto nel Maghreb, dove venne organizzata da al-Jazuli (m. ca. 1465). In altre parti del mondo musulmano assunsero importanza altre confraternite o gruppi di confraternite: per esempio, la Mawlawiyya in Anatolia e la Naqshbandiyya in Asia centrale. Alcune di queste si sarebbero in seguito diffuse anche in paesi di lingua araba.

Solo una minoranza degli adepti di queste confraternite dedicavano tutta la loro vita al cammino e vivevano in un convento (*zawiya*, *khanqa*); di questi, alcuni, soprattutto nelle città, potevano essere piccoli edifici, ma se ne trovavano anche di maggiori dimensioni, che potevano comprendere una moschea, un luogo per esercizi spirituali, scuole, alloggi per visitatori, il tutto raccolto intorno alla tomba del maestro da cui prendeva il nome la confraternita. La maggior parte dei membri di una confraternita vivevano invece nel mondo; oltre agli uomini potevano farne parte anche le donne. Per alcuni di essi, l'affiliazione ad una confraternita poteva essere poco più che simbolica, ma per altri implicava una qualche iniziazione alle dottrine e alle pratiche che potevano aiutarli a fare dei passi in direzione dell'estasi dell'unione.

Le confraternite avevano modi diversi di considerare i rapporti tra le due vie dell'Islam: quella della *shari'a*, dell'obbedienza alla legge ricavata dai comandamenti di Dio nel Corano, e quella della *tariqa*, della ricerca di una conoscenza di Lui per esperienza diretta. Da una parte stavano le confraternite «moderate», che insegnavano come, dopo l'annientamento del sé e l'ebbrezza della visione mistica, il credente dovesse far ritorno al mondo delle attività di tutti i giorni e vivere entro i binari della *shari'a*, compiendo i propri doveri verso Dio e gli altri uomini, ma dando ad essi un nuovo significato. Dall'altra parte stavano coloro per i quali l'esperienza dell'unione con Dio lasciava l'uomo così inebriato dal senso della presenza divina che da quel momento la sua vita reale era destinata a trascorrere nella solitudine; essi non si curavano di incorrere nel biasimo negligendo i doveri esposti nella *shari'a*, e potevano addirittura salutare questo biasimo come un modo di aiutarli a volgere le spalle al mondo (Malamati). La prima tendenza si ritrovava presso coloro che rivendicavano una discendenza da Junayd, la seconda presso coloro che consideravano loro maestro Abu Yazid al-Bistami.

Nelle confraternite vi era un processo di iniziazione: si prestava un giuramento di fedeltà allo *shaykh*, si riceveva dalle sue mani uno speciale mantello, si otteneva da lui la comunicazione di una preghiera segreta (*wird* o *hizb*). Oltre alle preghiere individuali, vi era però anche un rituale che costituiva l'atto centrale della *tariqa* di cui rappresentava la caratteristica distintiva rispetto ad ogni altro tipo di pratica religiosa. Si trattava del *dhikr*, o ripetizione del nome di Allah, inteso a distogliere l'anima dalle distrazioni del mondo e renderla libera per il volo verso l'unione con Dio. Il *dhikr* poteva assumere diverse forme. In alcune confraternite (in particolare nella Naqshbandiyya) si trattava di una ripetizione in silenzio, associata a determinate tecniche di respirazione e alla concentrazione dell'attenzione della mente su certe parti del corpo, sullo *shaykh*, sul fondatore eponimo della confraternita, o sul Profeta. Nella maggior parte delle confraternite esso era un rito collettivo (*hadra*), eseguito regolarmente in certi giorni della settimana in una *zawiya* della confraternita. Disposti in file, i partecipanti ripetevano il nome di Allah; poteva esservi un accompagnamento di musica e di poesia; in alcune confraternite vi erano danze rituali, come nell'aggraziata danza circolare dei Mawlawi; poteva esservi la dimostrazione di particolari stati di grazia, con coltelli conficcati nelle guance o fuoco introdotto nella bocca. La ripetizione e l'azione procedevano sempre più velocemente, fino a che i partecipanti non cadevano in una *trance* durante la quale perdevano la consapevolezza del mondo sensibile.

A contorno di questi atti pubblici vi erano, in secondo piano, preghiere private, con la lode di Dio, l'espressione dell'amore per Lui, la richiesta di grazie spirituali. Alcune erano brevi giaculatorie che lodavano Dio o invocavano benedizioni sul Profeta, altre erano più elaborate:

> Gloria a Colui che le montagne lodano con ciò che è su di esse;
> Gloria a Colui che gli alberi lodano quando spuntano le loro foglie;
> Gloria a Colui che le palme da dattero lodano alla maturazione dei loro frutti;
> Gloria a Colui che i venti lodano nelle vie del mare.[7]

Raccolte di queste preghiere finirono per essere attribuite a grandi maestri della vita spirituale.

L'idea di un cammino di avvicinamento a Dio implicava che l'uomo non fosse solo creatura e servitore di Dio, ma potesse anche diventare Suo amico (*wali*). Una simile convinzione poteva trovare una giustificazione in alcuni brani del Corano: «O Tu, Creatore dei cieli e della terra, Tu sei il mio Amico in questo mondo e nel prossimo».[8] Progressivamente si fece strada una teoria della santità (*wilaya*). L'amico di Dio era colui che era sempre stato accanto a Lui, i cui pensieri erano sempre su di Lui, e che aveva dominato le passioni umane che distoglievano l'uomo da Lui. Anche le donne, e non solo gli uomini, potevano essere sante. Vi erano sempre stati santi nel mondo e sempre ve ne sarebbero stati, per mantenere il mondo sul suo asse. Col tempo quest'idea ricevette un'esplicita formalizzazione: nel mondo vi sarebbe sempre stato un certo numero di santi; alla morte di uno ne sarebbe subentrato un altro; ed essi costituivano la gerarchia degli ignoti reggitori del mondo, alla testa dei quali stava il *qutb*, il polo intorno al quale girava il mondo.

Gli «amici di Dio» potevano intercedere presso di lui a nome di altri, e la loro intercessione poteva avere risultati visibili in questo mondo. Poteva permettere la cura di malattie o della sterilità, o soccorrere gli sventurati, e questi segni di grazia (*karamat*) erano anche prove della santità degli amici di Dio. Vasta adesione ebbe poi l'idea che il potere soprannaturale con cui un santo (o una santa) faceva discendere grazie nel mondo potesse sopravvivere alla sua morte, e che le richieste di intercessione potessero essere rivolte alla sua tomba. Visitare le tombe dei santi, toccarle o pregare davanti ad esse, finì per diventare un'ulteriore pratica devozionale, anche se alcuni pensatori musulmani consideravano ciò una pericolosa innovazione, perché essa frapponeva un intermediario umano tra Dio e i singoli credenti. La tomba del santo, di forma quadrangolare, con una cupola a volta, imbiancata all'interno, sia che fosse eretta isolatamente sia che si trovasse in una moschea, sia che rappresentasse il nucleo intorno a cui si era sviluppata una *zawiya*, costituiva una caratteristica familiare dei panorami islamici, tanto nelle città quanto al di fuori di esse.

Allo stesso modo in cui l'Islam non rifiutò la Ka'ba ma le attribuì nuovi significati, anche i convertiti all'Islam fecero confluire in esso i loro culti che risalivano a tempi immemorabili. L'idea che certi luoghi fossero la residenza di dei o di spiriti soprannaturali era diffusa fin da epoche antichissime: pietre di tipo insolito, alberi vetusti, sorgenti d'acqua che sgorgavano spontaneamente dalla terra, venivano considerati segni visibili della presenza di un dio o di uno spirito al quale si potevano indirizzare suppliche e offerte, appendendo brandelli di stoffa o sacrificando animali. Per tutto il mondo in cui si diffuse l'Islam, tali luoghi vennero associati a santi musulmani acquisendo così un nuovo significato.

Alcune tombe di santi erano divenute il centro di grandi atti liturgici pubblici. Il giorno della nascita di un santo, o qualche altro giorno per lui particolarmente significativo, venivano celebrati con feste popolari durante le quali i Musulmani provenienti dalle regioni confinanti o anche da più lontano si radunavano per toccare la tomba o pregare dinanzi ad essa e prendere parte a festeggiamenti di vario genere. Alcuni di questi raduni avevano solo importanza locale, ma altri attiravano visitatori da distanze ben maggiori. Mausolei «nazionali» o universali di questo genere erano quelli di Mawlay Idris (m. 791), il presunto fondatore della città di Fez; Abu Midyan (ca. 1126-1197) a Tlemcen in Algeria occidentale; Sidi Mahraz, santo patrono dei naviganti, a Tunisi; Ahmad al Badawi (ca. 1199-1276) a Tanta sul delta egiziano, oggetto di un culto in cui gli studiosi hanno visto la sopravvivenza sotto nuova veste dell'adorazione degli antichi Egizi per Bubasti; inoltre 'Abd al-Qadir, da cui prendeva il nome la confraternita Qadiriyya, a Baghdad.

Col tempo il Profeta e la sua famiglia presero ad essere considerati in una prospettiva di santità. L'intercessione del Profeta nel Giorno del Giudizio, si riteneva comunemente, sarebbe valsa a garantire la salvezza di coloro che avevano accolto la sua missione. Egli finì per essere considerato un *wali* oltre che un profeta, e la sua tomba a Medina fu un luogo di preghiera e di supplica, da visitarsi indipendentemente, o come appendice dell'Hajj. La ricorrenza della nascita del Profeta (il *mawlid*) divenne occasione di una celebrazione popolare: questa pratica sembra abbia cominciato a svilupparsi all'epoca dei califfi fatimidi al Cairo, ed era già diffusa nel XIII e XIV secolo.

Un santo vivo o morto poteva generare potere terreno, soprattutto nelle campagne, dove l'assenza di un governo burocratico organizzato consentiva il libero gioco delle forze sociali. La residenza o la tomba di un santo era un terreno neutrale dove la gente poteva trovare rifugio, e i membri di gruppi differenti, che altrove erano distanti o ostili, potevano incontrarsi per concludere degli affari. La festività di un santo era anche una fiera campestre in cui si compravano e vendevano merci, e la sua tomba poteva custodire un mercato permanente, o il granaio di una tribù nomade. I santi, o i loro discendenti e custodi della tomba, potevano trarre profitto dalla loro reputazione di santità; le offerte di pellegrini davano loro ricchezza e prestigio, ed essi potevano essere chiamati a fungere da arbitri nelle controversie.

Uomini di cultura e devozione, con la fama di fare miracoli e risolvere le dispute, potevano costituire un centro di aggregazione intorno al quale si sarebbero raccolti movimenti politici, in opposizione a governanti considerati ingiusti o illegittimi. In qualche caso, il prestigio di un simile maestro religioso poteva venire rafforzato da una diffusa credenza popolare, quella in un *mahdi*, l'uomo guidato da Dio e mandato da Lui a restaurare il regno della giustizia che sarebbe giunto prima della fine del mondo. Esempi di questo procedimento si possono trovare in tutto il corso della storia islamica. Tra quanti furono riconosciuti *mahdi* dai loro seguaci, il più famoso e coronato da successo fu forse Ibn Tumart (ca. 1078-1130), un riformatore religioso nato in Marocco che, dopo avere condotto i suoi studi nel Medio Oriente, fece ritorno nel Maghreb e cominciò a perorare una restaurazione dell'originaria purezza dell'Islam. Costui, e quanti intorno a lui si raccolsero, diedero vita all'Impero Almohade, che al suo apogeo arrivò a comprendere tutto il Maghreb e la parte musulmana della Spagna, e il cui ricordo servì poi a legittimare dinastie successive, in particolare gli Hafsidi di Tunisia.

LA CULTURA DEGLI *'ULAMA*

Gli 'Ulama *e la* shari'a

Nel cuore della comunità di coloro che accoglievano il messaggio di Maometto stavano gli studiosi di religione (*'ulama*), uomini sapienti in fatto di Corano, Hadith e giurisprudenza, che reclamavano il ruolo di custodi della comunità, di successori del Profeta.

La lotta per la successione politica al Profeta nel corso del I secolo dell'Islam aveva portato con sé delle conseguenze per quanto riguarda la questione dell'autorità religiosa. Chi aveva il diritto di interpretare il messaggio insito nel Corano e nella vita di Maometto? Per gli Sciiti e per i vari gruppi che sorsero al loro interno, l'autorità stava in una serie di *imam*, interpreti infallibili della verità contenuta nel Corano. Fin dai primi tempi dell'Islam, però, la maggioranza dei Musulmani nei paesi di lingua araba era sunnita: ciò vuol dire che essi rigettavano l'idea di un *imam* infallibile che potesse, in un certo senso, costituire un prolungamento della rivelazione del Volere di Dio. Per essi, tale Volere era stato rivelato in modo completo e definitivo nel Corano e nella *sunna* del Profeta, e coloro che avevano la capacità di interpretarlo, gli *'ulama*, erano i custodi della coscienza morale della comunità.

Nell'XI secolo era netta la distinzione tra i diversi *madhhab* o «scuole» di interpretazione morale e giuridica, e in particolare tra le quattro più diffuse e durature: quella shafi'ita, quella malikita, quella hanafita e quella hanbalita. I rapporti tra i seguaci dei diversi *madhhab* avevano conosciuto momenti tempestosi; a Baghdad in età 'abbaside, due fazioni cittadine in lotta tra loro si battevano rispettivamente in nome dello shafi'ismo e dello hanafismo. Più tardi, però, le differenze si fecero meno polemiche. In alcune regioni si impose quasi esclusivamente questo o quel *madhhab*. Quella malikita finì per essere pressoché l'unica scuola del Maghreb, quella shafi'ita era diffusa in Egitto, Siria, Iraq, Iran e Hijaz, quella hanafita in Asia centrale e in India. Gli Hanbaliti costituirono un elemento importante a Baghdad, e – a partire dal

XII secolo - nelle città siriane. Già le scuole teologiche avevano finito per accettarsi a vicenda, e altrettanto avvenne anche per le scuole giuridiche. Anche quando, come avvenne in seguito, una dinastia nominava in alti uffici giuridici esponenti di una data scuola, non per questo le altre venivano private dei loro giudici ed esperti giureconsulti.

Alcune delle differenze tra i *madhhab* riguardavano la definizione precisa ed il peso relativo dei fondamenti della teoria giuridica (*usul al-fiqh*). Riguardo all'*ijma'*, gli Hanbaliti ammettevano solo quello dei Compagni del Profeta, non quello degli studiosi successivi, e di conseguenza riconoscevano un campo d'azione più vasto all'*ijtihad*, a patto che gli studiosi lo esercitassero attenendosi alle rigide norme dell'analogia. Un'altra scuola, quella degli Zahiriti, che ebbe una certa forza in Andalusia per qualche tempo, ma poi si estinse, si atteneva strettamente al significato letterale del Corano e degli Hadith, nella loro interpretazione da parte dei Compagni, e respingeva elementi successivi come l'*ijtihad* e il consenso. Una dottrina abbastanza simile veniva professata da Ibn Tumart, il fondatore del movimento e della dinastia almohade, con la differenza che egli reclamava per sé il ruolo di unico interprete infallibile del Corano e degli Hadith. Due scuole consentivano una certa elasticità nell'uso dell'*ijtihad*: gli Hanafiti sostenevano che non sempre era necessario servirsi di strette analogie, e che gli studiosi potevano entro certi limiti seguire preferenze individuali nell'interpretazione di Corano e Hadith (*istihsan*); anche i Malikiti pensavano che uno studioso dovesse andare al di là della stretta analogia nell'interesse del benessere umano (*istislah*).

Questi principi venivano sviluppati e discussi non solo per il loro valore in sé, ma perché essi formavano il fondamento del *fiqh*, il tentativo di dedurre, con uno sforzo umano consapevole, dettagliate prescrizioni circa il modo di vita (*shari'a*) che i Musulmani dovevano seguire per obbedire al Volere di Dio. Tutte le azioni umane, in rapporto diretto con Dio o con altri esseri umani, potevano essere vagliate alla luce del Corano e della *sunna*, nell'interpretazione di quanti erano qualificati per esercitare l'*ijtihad*, e classificate secondo cinque criteri: potevano essere considerate obbligatorie (vuoi per la comunità nel suo complesso, vuoi per ogni singolo appartenente ad essa), raccomandate, moralmente neutre, biasimevoli, o vietate.

Un po' alla volta gli studiosi dei differenti *madhhab* finirono per redigere codici di comportamento umano, che coprivano ogni azione umana riguardo alla quale si poteva ricavare una guida dal Corano e dagli Hadith. Un codice-tipo, quello di Ibn Abi Zayd al-Qayrawani (m. 996), esponente della scuola malikita, comincia con quelle verità essenziali «che la lingua dovrebbe esprimere e il cuore dovrebbe credere», una sorta di professione di fede. Esso passa poi ad occuparsi di quegli atti che sono rivolti direttamente a Dio, atti di venerazione (*'ibadat*): la preghiera e la purificazione rituale che è preliminare ad essa, il digiuno, le elemosine, l'effettuazione del pellegrinaggio, e il dovere di combattere per la causa dell'Islam (*jihad*). Dopo le *'ibadat*, passa agli atti con cui gli esseri umani entrano in rapporto tra loro (*mu'amalat*): prima di tutto, questioni di intime relazioni umane, il matrimonio e i modi in cui esso può essere contratto e disciolto; poi relazioni di più vasta portata e minor intimità personale, le vendite e simili contratti, compresi gli accordi per il conseguimento di profitti, eredità e legati testamentari, la creazione di *waqf*; poi questioni penali, e determinati atti vietati, come l'adulterio e il bere vino, riguardo ai quali il Corano commina pene precise. Esso fornisce poi regole circa le procedure che i giudici debbono seguire quando si pronunciano su materie che sono proibite, e conclude con un paragrafo di esortazione morale:

> È un obbligo per ogni credente tenere sempre in mente, in ogni parola o atto religioso, l'amore di Dio: le parole o gli atti di colui che mira a qualcosa di diverso dall'amore di Dio non sono accettabili. L'ipocrisia è un politeismo minore. Pentirsi di ogni peccato è un obbligo, e ciò comporta il non perseverare nell'errore, la riparazione delle ingiustizie commesse, l'astenersi dagli atti proibiti, e il proposito di non ricadere nell'errore. Che il peccatore invochi il perdono di Dio, sperando nella Sua indulgenza, temendo il Suo castigo, memore dei Suoi benefici ed esprimendo gratitudine nei Suoi confronti... L'uomo non dovrebbe disperare della divina pietà.[1]

Tra i vari *madhhab* vi erano alcune differenze anche su questioni di sostanza oltre che sui principi di interpretazione, ma perlopiù si trattava di questioni di secondaria importanza. Anche all'interno di uno stesso *madhhab* potevano esserci opinioni divergenti, dal momento che nessun codice, per quanto dettagliato e preciso, poteva coprire ogni possibile situazione. Una massima ripetuta spesso sosteneva che a partire dal X secolo non sarebbe più stato possibile esercitare un giudizio individuale: dove era stato raggiunto il consenso, «la porta dell'*ijtihad* è chiusa». Non sembra però concretamente provato che questo concetto sia mai stato formulato o abbia mai riscosso un consenso generale, e all'interno di ogni *madhhab* di fatto si praticava l'*ijtihad*, non solo da parte di giudici che dovevano emettere delle sentenze, ma anche da parte di giureconsulti (*mufti*). Un *mufti* era sostanzialmente uno studioso privato conosciuto per la sua dottrina e la sua abilità nel dare giudizi su questioni controverse facendo uso dell'esercizio dell'*ijtihad*. Le opinioni (*fatwa*) espresse da celebri *mufti* potevano, dopo un certo tempo, essere incorporate in opere autorevoli di *fiqh*, ma l'attività di fornire *fatwa* doveva continuare. A partire forse dal XIII secolo, i sovrani nominarono dei *mufti* ufficiali, che potevano anche essere stipendiati, ma gli studiosi privati cui veniva corrisposto un emolumento da parte di coloro che si rivolgevano a loro per avere un giudizio, e che non avevano obblighi nei confronti del sovrano, godevano di una posizione di particolare rispetto nella comunità.

È consuetudine riferirsi al prodotto del *fiqh*, la *shari'a*, coll'espressione «legge islamica», e ciò ha una sua giustificazione perché fin dai tempi degli 'Abbasidi esso servì come fondamento teorico su cui i *qadi* nominati dai sovrani si basavano nel giudicare o nel dirimere controversie. In realtà, però, essa era allo stesso tempo qualcosa di più e qualcosa di meno di ciò che oggi chiamiamo legge. Era qualcosa di più, perché nel suo campo di applicazione rientravano anche atti privati che non riguardavano né il prossimo né il sovrano: atti di devozione privata, di comportamento sociale, di quello che potremmo chiamare «galateo». Si trattava di un codice con una normativa per tutti gli atti umani, un tentativo di classificarli fornendo, in tal modo, ai Musulmani una guida circa il modo in cui Dio voleva che essi vivessero. Era qualcosa di meno di una legge perché alcuni dei suoi articoli erano solo teorici, non venivano osservati mai, o solo raramente, nella pratica, e anche perché ignorava interi campi d'azione che altri codici di leggi contemplerebbero. Era della massima precisione per quanto attiene a questioni di statuto personale: matrimonio e divorzio, lasciti ed eredità; meno precisa invece per quanto riguarda contratti e obbligazioni, e per tutto ciò che riguarda le attività economiche; non copriva tutto il campo di applicazione di quello che noi oggi chiameremmo codice penale (l'omicidio veniva considerato una questione privata tra le famiglie di chi ne era coinvolto, più che una questione in cui la comunità dovesse intervenire per mezzo di giudici); infine non diceva praticamente nulla in ambito «costituzionale» o amministrativo.

Anche nei campi in cui era più precisa, la sua autorità poteva essere messa in discussione dal potere dei sovrani o dalla prassi effettiva della società. Nella maggior parte dei regimi, era al sovrano (o a suoi funzionari) che spettava occuparsi di molti procedimenti penali, in particolare quelli che avevano a che fare con la sicurezza dello stato; era lui che decideva la procedura e le punizioni da adottare. Analogamente, in campagna, le questioni venivano risolte sulla base dell' *'urf*, il diritto consuetudinario della comunità, preservato ed amministrato dagli anziani del villaggio o della tribù. In alcune località sembra esistessero codici scritti di diritto consuetudinario, ed è possibile che in qualcuna vi fossero veri e propri tribunali o consigli; questo doveva valere soprattutto per le comunità berbere del Maghreb. Si trattava però, probabilmente, di un'eccezione.

Come la *shari'a* si era sviluppata in seguito ad un lento e complicato processo di interazioni tra le norme contenute nel Corano e negli Hadith e gli usi e le leggi locali delle comunità finite sotto il dominio dell'Islam, allo stesso modo vi fu pure un continuo processo di reciproco assestamento tra la *shari'a*, una volta che questa ebbe assunto la sua veste definitiva, e le pratiche delle società musulmane. È stato dimostrato, per esempio, che i precetti del diritto hanafita, per quel che riguarda le pratiche commerciali, corrispondono alle pratiche dei mercanti egiziani quali emergono da documenti di tutt'altro genere. Ciò che la *shari'a* diceva a proposito di contratti, venne modificato ammettendo nel codice hanafita certi *hiyal*, o espedienti giuridici, con cui si riportavano nell'ambito della legge pratiche come l'imposizione di interessi.[2] Analogamente, l'emanazione di normative e l'esercizio della giurisdizione da parte dei sovrani e dei loro funzionari venivano giustificati col principio della *siyasa shar'iyya* (arte di governare entro i confini della *shari'a*): dal momento che il sovrano era stato collocato da Dio nella società umana allo scopo di preservare la religione e la moralità, e dal momento che il suo potere era stato sanzionato dall'accettazione da parte della comunità, egli aveva il diritto di emanare quelle normative ed emettere quelle sentenze che erano necessarie allo scopo di preservare un giusto ordine morale, a patto che egli non oltrepassasse i limiti imposti dalla *shari'a*. Al sovrano veniva riconosciuto il diritto di decidere quali cause trasmettere al *qadi* per un giudizio e quali tenere per una propria sentenza.

Sebbene *'urf* e *shari'a* venissero sovente contrapposti in ambito retorico, non è che essi fossero inevitabilmente in conflitto. Ciò che nell'*'urf* non era in contrasto con la *shari'a* veniva da quest'ultima considerato ammissibile. Addirittura, in alcune parti del Maghreb, vi fu un tentativo di interpretare la *shari'a* alla luce delle consuetudini. A partire perlomeno dal XV secolo, è documentato in Marocco l'uso da parte dei *qadi* di un procedimento noto come *'amal*: il *qadi* aveva il diritto di scegliere, tra le opinioni dei giuristi, quelle che meglio si conformavano alle consuetudini o agli interessi locali, anche se non erano quelle che riscuotevano il sostegno della maggioranza degli studiosi.

Del diritto consuetudinario delle campagne in quest'epoca non molto si sa, ma studi condotti su fenomeni prodottisi in periodi recenti fanno pensare che si possa essere verificato anche il processo opposto, quello della penetrazione di elementi della *shari'a* all'interno del diritto consuetudinario. Poteva avvenire che il matrimonio venisse solennemente celebrato in modo conforme alla terminologia islamica, ma i diritti e doveri che esso comportava, e le questioni di divorzio ed eredità che ne discendevano, venivano decisi secondo le consuetudini; in molte località l'eredità di terreni da parte delle figlie femmine era contraria alle consuetudini, anche se conforme alla *shari'a*. Controversie sulla proprietà o sulle società potevano essere portate al cospetto di un *qadi* nella città più vicina per un verdetto o una conciliazione; contratti o accordi cui i contraenti desideravano conferire una certa solennità o durevolezza potevano anch'essi essere portati dal *qadi*, per essere composti formalmente nella lingua della *shari'a*, ma il documento poteva successivamente essere interpretato alla luce delle consuetudini locali. Per usare le parole di uno studioso che si è occupato di documenti del genere provenienti dalla valle del Giordano: «Le consuetudini forniscono perlopiù la sostanza, e la *shari'a* la forma».[3]

La trasmissione del sapere

I dottori della legge, coloro che sviluppavano e preservavano il consenso della comunità, erano le figure che più si avvicinavano, nell'Islam sunnita, ad un'autorità dottrinale, e per essi era fondamentale assicurarsi che la comprensione del *fiqh* e dei suoi fondamenti venisse trasmessa in modo completo da una generazione all'altra.

Fin dai primi tempi sembra vi fossero procedimenti formali di trasmissione del sapere religioso. Nelle moschee, e soprattutto nelle grandi moschee pubbliche, cerchie di studenti si radunavano attorno ad un maestro che, seduto ai piedi di una colonna, esponeva un argomento leggendo e commentando un libro. Tuttavia, a partire dall'XI secolo, se non prima, emerse un altro tipo di istituzione destinata soprattutto all'istruzione giuridica, la *madrasa*: la sua origine viene spesso attribuita a Nizam al-Mulk (1018-1092), il *wazir* del primo sovrano selgiuchide di Baghdad, ma di fatto essa risale ad epoche precedenti. La *madrasa* era una scuola, spesso, anche se non sempre, annessa ad una moschea; essa comprendeva un luogo dove erano alloggiati gli studenti. Essa veniva fondata come *waqf* da un donatore individuale; ciò le forniva una dotazione ed assicurava la sua durata, dal momento che le proprietà, i cui introiti fossero devoluti a scopi religiosi o caritatevoli, non potevano essere alienate. La dotazione veniva usata per la manutenzione dell'edificio, la retribuzione di uno o più insegnanti stabili, e in qualche caso borse di studio o assegnazioni di cibo agli studenti. Tali *waqf* potevano essere fondati da qualunque persona agiata, ma i più grandi e duraturi furono quelli creati da sovrani o alti funzionari, in Iraq e in Iran sotto i Selgiuchidi, in Siria e in Egitto sotto gli Ayyubidi e i Mamelucchi, e nel Maghreb sotto i Merinidi e gli Hafsidi.

Alcune di queste istituzioni vennero fondate per l'insegnamento del Corano e degli Hadith, ma lo scopo principale della maggior parte di esse era lo studio e l'insegnamento del *fiqh*. Per fare un esempio concreto: la *madrasa* Tankiziyya di Gerusalemme, costituita in fondazione in età mamelucca, aveva quattro sale (*iwan*) che si aprivano su di un cortile centrale, di cui tre erano destinate all'insegnamento rispettivamente di Hadith, diritto hanafita e sufismo, mentre la quarta fungeva da moschea. La dotazione provvedeva a quindici studenti di diritto, venti di Hadith e quindici di sufismo, e agli insegnanti di ogni materia; gli studenti dormivano nella *madrasa* ed era pure previsto un alloggio per dodici vedove.[4] Una *madrasa* poteva venire fondata allo scopo di insegnare solo uno dei *madhhab*, o più di uno, o tutti e quattro; tale era la *madrasa* del Sultano Hasan al Cairo, dove quattro scuole, una per ogni *madhhab*, si aprivano su di un cortile centrale. Un corso di lezioni più o meno regolare veniva offerto dal *mudarris*, il titolare di una cattedra della fondazione, e dai suoi assistenti che insegnavano materie sussidiarie. Uno studente che si recava in una *madrasa* aveva di norma già frequentato una scuola di livello inferiore, un *maktab* o un *kuttab*, dove aveva imparato l'arabo e probabilmente mandato a memoria il Corano. Alla *madrasa* egli studiava materie complementari (grammatica araba, e gli annali dei primi tempi dell'Islam), ma il suo studio principale era quello delle scienze della religione: come leggere e interpretare il Corano, gli Hadith, i fondamenti della fede religiosa (*usul al-din*), della giurisprudenza (*usul al-fiqh*), e il *fiqh*. Il principale metodo di insegnamento era la lettura commentata di un testo da parte di un *mudarris*, eventualmente ampliata in seguito dai suoi assistenti; grande importanza si annetteva alla memorizzazione di ciò che veniva insegnato, ma anche alla comprensione di ciò che si ricordava.

Nella prima fase dello studio, che solitamente durava molti anni, lo studente imparava il codice legale su cui vi era accordo tra i dottori di un dato *madhhab*. Molti studenti non andavano più in là di questo, e non tutti si addestravano ad occupare cariche nell'amministrazione della giustizia; i figli dei commercianti e altri potevano ricevere alcuni anni di istruzione di questo tipo. Ad un livello superiore, si approfondivano una serie di questioni legali su cui esistevano opinioni divergenti anche all'interno di uno stesso *madhhab*, dal momento che la varietà di circostanze alle quali dovevano applicarsi principi legali era senza limiti. Gli studenti che desideravano diventare docenti di diritto, o *qadi* ad un alto livello, o *mufti*, proseguivano i loro studi ancora a lungo. A questo livello superiore, un addestramento all'*ijtihad* si svolgeva col metodo della disputa logica formale: la proposizione di una tesi, cui si doveva rispondere con una antitesi, seguita da un dibattito di obiezioni e risposte.

Quando uno studente aveva finito di studiare un libro con un docente, poteva chiedergli un'*ijaza*, un certificato che attestava che A aveva studiato il libro con B. Ad un livello superiore, egli poteva chiedere un'*ijaza* di diverso tipo, che certificava che lui era competente a esercitare l'*ijtihad* come *mufti*, o ad insegnare il contenuto di un certo libro o una data materia. A questo livello superiore, era consuetudine che gli studenti passassero da un maestro ad un altro, in una città dopo l'altra, chiedendo *ijaza* da tutti coloro di cui seguivano i corsi; un tale procedimento aveva la sua giustificazione nello *hadith* che spingeva i Musulmani a cercare la dottrina dovunque la si potesse trovare.

Un'*ijaza* poteva essere un documento elaborato, in cui era menzionata un'intera catena di trasmissione da maestro ad allievo nel corso delle generazioni, inserendo così il titolare in una lunga catena di predecessori intellettuali. Implicitamente ciò poteva esprimere una determinata idea di come dovesse essere la vita di un Musulmano scrupoloso ed istruito. Senz'altro questo sistema si sarà prestato a molti abusi: si conoscono fenomeni di indolenza e di ignoranza, di appropriazioni indebite delle dotazioni, o di un loro snaturamento ad altri scopi. Ciononostante, quello dello studioso è uno dei tipi ideali di Musulmano che ha resistito per secoli. Così 'Abd al-Latif (1162/3-1231), studioso di diritto e medicina di Baghdad, descrive come dovrebbe essere uno studioso:

> Ti raccomando di non imparare le tue scienze dai libri senza altro aiuto, per quanta fiducia tu possa avere nella tua capacità di comprendere. Rivolgiti a dei professori per ogni scienza che cerchi di acquisire; e quand'anche il tuo professore fosse limitato nelle sue conoscenze, prendi tutto ciò che egli può offrirti, fino a che non ne trovi uno più istruito di lui. Devi venerarlo e rispettarlo... Quando studi un libro, fa' ogni sforzo per impararlo a memoria e conoscerne a fondo il significato. Fa' conto che il libro sia scomparso e tu debba farne a meno, senza curarti della sua perdita... Bisognerebbe leggere storie, studiare biografie e le esperienze delle nazioni. Così facendo sarà come se, nel breve spazio di una vita, si vivesse contemporaneamente ai popoli del passato, si fosse in intimità con loro, e si conoscesse il bene ed il male che vi erano presso di loro... Dovresti modellare la tua condotta su quella dei primi Musulmani. Perciò, leggi la vita del Profeta, studia le sue azioni e le sue vicende, segui le sue orme e sforzati in massimo grado di imitarlo... dovresti diffidare spesso della tua natura, piuttosto che averne un buon concetto, sottomettere i tuoi pensieri agli uomini di cultura e alle loro opere, procedendo con cautela ed evitando la fretta... Colui che non ha sopportato lo sforzo dello studio non gusterà la gioia della conoscenza... Quando hai finito il tuo studio e la tua riflessione, tieni occupata la tua lingua con la menzione del nome di Dio, e canta le Sue lodi... Non lamentarti se il mondo ti volgerà le spalle, ciò ti distoglierebbe dall'acquisizione di eccellenti qualità... sappi che la cultura lascia una traccia ed una scia che rivelano il suo possessore; un raggio di luce e di brillantezza che risplende su di lui, facendolo notare...[5]

Un importante e caratteristico genere letterario islamico sorse da un impulso simile a quello che portava a rilasciare le *ijaza*: il dizionario biografico. Le sue origini vanno ricercate nella raccolta di *hadith*. Per sottoporre a verifica uno *hadith*, era necessario sapere chi lo aveva trasmesso, e da chi lo aveva a sua volta appreso; era importante assicurarsi che la trasmissione fosse stata continua, ma anche che coloro che lo avevano trasmesso fossero onesti ed affidabili. Gradualmente la raccolta di biografie fu estesa dai soli narratori di *hadith* ad altre categorie di persone: studiosi di diritto, dottori, maestri sufi, e via discorrendo. Un caratteristico tipo di opera fu quello dei dizionari locali, dedicati agli uomini, e talvolta alle donne, notevoli di una determinata città o regione, con un'introduzione sulla sua topografia e sulla sua storia. Il primo importante esemplare di questo genere fu quello compilato per Baghdad nell'XI secolo da al-Khatib al-Baghdadi (1002-1071). Alcune città ebbero una serie di opere del genere; per Damasco abbiamo dizionari di personalità importanti per il IX, il X, l'XI, il XII e il XIII secolo dell'Islam (i secoli dal XV al XIX dell'era cristiana). Gli autori più ambiziosi furono quelli che tentarono di coprire tutta quanta la storia islamica, in particolare Ibn Khallikan (1211-1282).

L'opera di Ibn Khallikan abbracciava sovrani e ministri, poeti e grammatici, oltre che studiosi di religione. In tali libri, però, il posto centrale era occupato dagli studiosi di moschea e *madrasa*, quasi a dimostrare che la storia della comunità musulmana era essenzialmente quella della trasmissione ininterrotta del pensiero e dell'alta cultura islamica. La biografia-tipo di uno studioso esordiva con la sua genealogia e con il luogo e la data delle sua nascita. Forniva poi ragguagli sulla sua formazione: quali libri aveva studiato, con chi, e quali *ijaza* aveva conseguito. Così facendo, essa lo collocava in una duplice linea di discendenza, quella fisica e quella intellettuale: non sempre le due erano diverse tra loro, dal momento che succedeva che un ragazzo cominciasse a studiare presso il padre, e vi erano lunghe dinastie di studiosi. La biografia passava quindi a descrivere le sue opere e i suoi viaggi, quali libri aveva scritto e a chi aveva insegnato, riportando talora aneddoti personali. Essa conteneva un elogio delle sue qualità, tratteggiate in modo non tanto di distinguerlo da altri studiosi quanto di inserirlo nella cornice di un tipo ideale.

Il kalam

Coloro che studiavano il *fiqh* nella *madrasa* studiavano anche i dogmi fondamentali della fede religiosa, anche se il modo in cui erano andati formandosi e quello in cui li si poteva difendere non sembra rivestissero un ruolo di primo piano nel curriculum. All'epoca in cui il sistema di scuole si era completamente sviluppato, le grandi discussioni attraverso le quali era stato definito il credo sunnita si erano in gran parte concluse.

Anche dopo il periodo in cui godette il favore dei califfi ʻabbasidi il Muʻtazilismo continuò ad essere una scuola di pensiero fiorente ed importante per un altro secolo all'incirca. Il suo ultimo teorico importante e sistematico fu ʻAbd al-Jabbar (ca. 936-1025). Fu solo nell'XI secolo che l'insegnamento muʻtazilita venne soppresso a Baghdad e altrove, sotto l'influsso dei califfi 'abbasidi e dei sovrani selgiuchidi. Esso continuò a svolgere un ruolo importante nella formazione della teologia sciita, e ad essere impartito nelle scuole sciite; nel mondo sunnita, invece, diede vita a una corrente di pensiero sotterranea che rimase tale fino a quando, in epoche recenti, non conobbe un certo risveglio di interesse.

Il declino del Mu'tazilismo venne causato in parte dall'energia della dottrina tradizionalista di Ibn Hanbal, che durò a lungo, soprattutto a Baghdad e a Damasco, ma in parte anche dall'evoluzione di quella linea di pensiero che prese il via con al-Ash'ari: quella che si proponeva di fornire una spiegazione e una difesa di ciò che stava nel Corano e negli Hadith per mezzo di un'argomentazione razionale basata sui principi della logica (teologia dialettica, *'ilm al-kalam*). Sintomatico, se non addirittura causa, della diffusione dell'Ash'arismo, fu il fatto che molti giureconsulti finissero per adottarlo come metodo capace di fornire un fondamento della fede su cui appoggiare il loro *fiqh*. Ciò valeva soprattutto per gli studiosi shafi'iti.

Tuttavia, questa combinazione di *kalam* ash'arita e *fiqh* fu lungi dal riscuotere una generale accettazione. Gli Hanbaliti si opponevano al *kalam*, e così pure alcuni Shafi'iti. Anche la scuola malikita predominante nel Maghreb scoraggiava la speculazione teologica, e gli Almoravidi misero al bando l'insegnamento della teologia; Ibn Tumart e gli Almohadi, invece, favorirono il *kalam*, soprattutto nella sua forma ash'arita, anche se in giurisprudenza essi erano rigidamente letteralisti della scuola zahirita. Nel nordest del mondo musulmano, un'altra versione di *kalam*, la cui origine risaliva ad al-Maturidi (m. 944), ebbe un'accettazione più generale nelle scuole giuridiche hanafite. Essa differiva dall'Ash'arismo su di una quantità di punti, in particolare sulla questione del libero arbitrio dell'uomo e sui suoi rapporti con l'onnipotenza e la giustizia di Dio: le azioni umane, secondo quanto insegnavano i maturiditi, avvengono per potestà di Dio, ma quelle peccaminose non si verificano col Suo piacere o amore. I primi sultani selgiuchidi, che per parte loro provenivano da regioni in cui era diffusa la combinazione di *kalam* maturidita e *fiqh* hanafita, fecero qualche tentativo di portarla con sé nei loro spostamenti verso occidente. Non vi furono, però, durature tensioni o ostilità tra pensatori ash'ariti e maturiditi, e le differenze tra loro non ebbero importanza durevole. Nelle *madrasa* sunnite degli ultimi secoli, i manuali che compendiavano i dogmi fondamentali della fede esprimevano un consenso generale degli studiosi.

Al-Ghazali

Anche se la linea principale del pensiero sunnita accettava la teologia ash'arita e le conclusioni cui essa portava, lo faceva non senza riserve e entro certi limiti. Tali riserve vennero espresse in forma classica da al-Ghazali, autore di durevole influenza e con una visione complessiva di tutte le principali correnti di pensiero della sua epoca. Maestro egli stesso del *kalam* ash'arita, era consapevole dei sentieri pericolosi su cui questo poteva condurlo. Egli cercò di definire i limiti entro i quali era lecito il *kalam*. Si trattava sostanzialmente di un'attività difensiva: il ragionamento e l'argomentazione dialettici andavano usati per difendere il retto credo derivato dal Corano e dagli Hadith contro coloro che lo negavano, e anche contro coloro che cercavano di darne interpretazioni false e speculative. Il *kalam* non andava però praticato da coloro la cui fede poteva esserne turbata, né andava usato per costruire una struttura di pensiero che andasse al di là di ciò che era fornito dal Corano e dagli Hadith. Era una materia riservata a specialisti, operanti in modo indipendente al di fuori delle scuole.

Che i Musulmani dovessero osservare le leggi derivate dal Volere di Dio quale era espresso nel Corano e negli Hadith era il principio del pensiero di al-Ghazali; abbandonarle voleva dire trovarsi sperduti in un mondo di volontà e speculazione umana priva di guida. Che gli esseri umani dovessero obbedire al Volere di Dio, ma dovessero farlo in un modo che li avrebbe condotti più vicino a Lui, fu il tema di una delle più grandi e celebri opere religiose dell'Islam, *Ihya 'ulum al-din* (*Ravvivamento delle scienze religiose*), di al-Ghazali.

In un'opera, *al-Munqidh min al-dalal* (*La salvezza dalla perdizione*), che viene spesso descritta (non molto correttamente) come la sua autobiografia, al-Ghazali ripercorre il cammino che lo ha portato a questa conclusione. Dopo i suoi primi studi nel Khorasan, a Tus e a Nishapur, egli divenne docente nella famosa *madrasa* di Baghdad fondata da Nizam al-Mulk, il *wazir* del sultano selgiuchide. Colà egli si convinse che l'osservanza esteriore della *shari'a* non era sufficiente, e si ritrovò immerso in una ricerca del giusto cammino nella vita: «La brama delle cose terrene con le sue catene mi induceva a restare, e l'araldo della fede gridava: "In cammino! In cammino!"».[6]

Egli giunse alla conclusione di non poter trovare ciò di cui aveva bisogno attraverso il solo intelletto. Seguire la via dei filosofi e costruire la verità dell'universo a partire da principi primi voleva dire perdersi in una palude di innovazioni illecite. La via sciita, quella di seguire gli insegnamenti di un interprete infallibile della fede era pericolosa: poteva portare a un abbandono di tutto quanto era stato fornito nella rivelazione, per amore di qualche verità riposta, e l'ammissione che colui che conosce questa riposta verità è libero dalle restrizioni della *shari'a*.

L'unico insegnante infallibile, si convinse al-Ghazali, era Maometto, e la via giusta era accettare la sua rivelazione per fede, quella «luce che Dio getta nei cuori dei suoi servi, come dono e regalo da parte sua»,[7] e seguire il comportamento che essa prescrive, ma fare ciò con sincerità e partecipazione del cuore, e con un abbandono di ogni cosa all'infuori del servizio di Dio.

La *Ihya 'ulum al-din* si preoccupa degli intimi rapporti tra atti e disposizione dell'anima, o, per dirla in altri termini, tra l'osservanza esteriore e lo spirito che ad essa conferisce significato e valore. Vi era, a suo avviso, un rapporto reciproco: virtù e buon carattere venivano formati e rafforzati dal retto agire:

> Colui che desidera purificare la sua anima, perfezionarla e addolcirla con buone azioni, non può farlo con un solo giorno di adorazione, né può impedirlo con un solo giorno di ribellione, e questo è ciò che intendiamo quando diciamo che un solo peccato non merita una punizione eterna. Ma un giorno di astinenza dalla virtù ne provoca un altro, e allora l'anima degenera, un po' per volta, fino ad affondare nell'indolenza.[8]

Gli atti, però, avevano valore solo se venivano eseguiti da menti ed anime orientate in direzione della meta di conoscere e servire Dio.

È il desiderio di far luce su questo rapporto che determina il contenuto e la disposizione dell'*Ihya*. La prima delle quattro parti di cui è composta passa in rassegna i Pilastri dell'Islam, i doveri fondamentali della religione, la preghiera, il digiuno, l'elemosina e il pellegrinaggio, e riguardo a ciascuno di essi non si ferma all'osservanza esteriore (le regole precise di come si doveva adempiere ogni obbligo), ma ne spiega il significato, e i benefici che ne derivano quando li si compia col giusto spirito. La preghiera ha il suo pieno valore solo se viene eseguita con partecipazione dell'anima: con una comprensione delle parole che si usano, e con un'intima purificazione, una rinuncia a tutti i pensieri all'infuori di Dio, con venerazione, timore e speranza. Il digiuno ha valore se viene praticato in modo da rendere l'anima libera di volgersi a Dio. L'elemosina dovrebbe essere fatta per impulso di un desiderio di obbedire a Dio, e di considerare di poco valore i beni di questo mondo. Il pellegrinaggio andrebbe intrapreso in purezza di intenzioni, e col pensiero della fine della vita, della morte e del giudizio.

La seconda parte dell'opera va oltre l'osservanza dei rituali per appuntarsi su altri atti con implicazioni morali, in particolare quelli che uniscono tra loro gli esseri umani: il mangiare e il bere, il matrimonio, l'acquisizione di beni materiali, l'ascolto della musica. Riguardo a ciascuno di essi, viene presa in considerazione la domanda se sia giusto compierlo, e se sì entro quali limiti e in quali circostanze, alla luce dello scopo principale dell'uomo, che è quello di avvicinarsi a Dio. Del matrimonio, ad esempio, si osserva che esso presenta tanto vantaggi quanto svantaggi. Esso procura all'uomo una discendenza, lo preserva da illecite passioni carnali, e può fargli assaporare una «prefigurazione del Paradiso»; d'altro canto esso può distoglierlo dal cercare la conoscenza di Dio attraverso il corretto compimento dei suoi doveri religiosi.

La terza parte contiene una rassegna sistematica di quelle passioni e desideri umani che, qualora vi si indulga in modo sconveniente, impediranno all'uomo di trarre beneficio spirituale dagli atti esteriori della religione, e lo condurranno alla perdizione. Il Demonio entra nel cuore dell'uomo attraverso i cinque sensi, l'immaginazione e gli appetiti carnali. Al-Ghazali passa in rassegna gli idoli dello stomaco, della concupiscenza, della lingua (il suo uso nelle liti, nel proferire cose indecenti, menzogne, inganni, calunnie e adulazioni); la collera, l'odio e la gelosia; il desiderio di ricchezza o gloria mondana, e quello della gloria spirituale che porta all'ipocrisia; l'orgoglio della propria conoscenza o religiosità, o della propria nascita, salute fisica o bellezza.

Simili impulsi possono essere tenuti a freno supplicando Dio (preferibilmente nelle occasioni di osservanza rituale, la preghiera, il digiuno e il pellegrinaggio), con la ripetizione del nome di Dio, con la meditazione e l'autocoscienza, e con l'aiuto di un amico o direttore spirituale. In tale modo, il cammino che l'anima sta per intraprendere può essere capovolto, ed essa può essere istradata su di un altro sentiero che conduce alla conoscenza di Dio.

L'ultima parte del libro tratta di questo cammino verso Dio, la cui meta finale è «purificare il cuore da ogni cosa che non sia Dio eccelso... la totale dedizione del cuore al ricordo di Dio».[9] Qui il pensiero di Ghazali riflette quello dei maestri sufi. Il cammino verso Dio è contrassegnato da una serie di stazioni (*maqam*). La prima è quella del pentimento, il congedo dell'anima dal suo imprigionamento in falsi dei; vengono poi la pazienza, il timore e la speranza, la rinuncia anche a quelle cose che non sono peccaminose ma che possono essere di ostacolo nel cammino, l'affidamento a Dio e l'acquiescenza in Lui. Ad ogni stazione corrispondono certe rivelazioni e visioni, conforto spirituale per il viaggiatore; se esse giungono, è per grazia di Dio, e non durano.

Man mano che l'anima avanza nel cammino, il suo sforzo individuale conta sempre meno, e sempre più interviene la guida di Dio. Quello che essa deve fare consiste «in una semplice purificazione, in un rafforzamento, in una politura, poi in una preparazione e soltanto in una attesa». Ad ogni stazione vi è un pericolo quello di fermarsi a quel punto e non andare avanti, o di ritrovarsi smarriti in un'illusione; ma può anche succedere che sopraggiunga Dio, accordando all'anima il dono di contemplarLo. Questo è il punto più alto dell'ascesa, ma giunge solo come grazia che può essere concessa e negata:

> Brilleranno le luci della verità nel suo cuore. E sarà da principio come rapido baleno che non permane, poi ritorna, talvolta ritarda; se ritorna, ora permane, ora è ancora fugace.[10]

È al suo punto più alto, quando l'uomo ha smarrito la coscienza di sé nella contemplazione di Dio che Si è rivelato attraverso l'amore, che egli capisce il vero significato dei doveri impostigli dalla *shari'a* ed è in grado di eseguirli nel modo corretto. Può capitare, però, che egli divenga consapevole anche di un'altra realtà. Al-Ghazali accenna ad un altro tipo di conoscenza (*ma'rifa*): quella degli angeli e dei demoni, del Paradiso e dell'Inferno, e dello stesso Dio, della Sua essenza, dei Suoi attributi e nomi; una conoscenza che viene svelata da Dio all'uomo nel più profondo della sua anima. Egli non scrive di ciò in quest'opera, anche se in altri libri a lui attribuiti si sofferma a trattarne più a fondo. Questo stato non è uno stato di completo assorbimento in Dio o di unione con Lui; al suo punto più elevato è una momentanea prossimità a Lui, un pregustare la vita dell'aldilà, quando l'uomo potrà avere la visione di Dio da vicino, ma sempre a una certa distanza.

Capitolo Undicesimo

INDIRIZZI DI PENSIERO DIVERGENTI

L'Islam dei filosofi

Nelle moschee e nelle *madrasa*, principale oggetto di studio erano il *fiqh* e le sue scienze sussidiarie, ma al loro esterno venivano coltivati altri tipi di pensiero. Importanza duratura ebbe il pensiero dei filosofi, di coloro, cioè, che credevano che l'umana ragione, operando secondo le regole esposte nella logica aristotelica, potesse portare al raggiungimento di una verità suscettibile di dimostrazione.

Questa linea di pensiero, i cui precursori nel mondo islamico furono al-Kindi e al-Farabi, raggiunse il culmine nell'opera di Ibn Sina (Avicenna, 980-1037), destinata ad influire profondamente su tutta la cultura islamica successiva. In un breve frammento autobiografico egli descrive la sua istruzione, quella che ai suoi tempi era divenuta tradizionale, nel Corano e nelle scienze della lingua araba, in giurisprudenza, e nelle scienze razionali, la logica, la matematica e la metafisica: «Quando ebbi raggiunto l'età di diciotto anni, avevo completato lo studio di tutte queste scienze... oggi il mio sapere è più maturo, peraltro è lo stesso; da allora nulla mi è più venuto».[1]

Nella sua attività scientifica, egli arricchì di propri contributi diverse di queste discipline, ma quello che ebbe l'influenza più generale e diffusa sul pensiero successivo fu il suo tentativo di elaborare le verità dell'Islam in termini tratti dalla logica aristotelica e dalla successiva metafisica greca. Il problema di base posto dalla rivelazione islamica, per quanti cercassero una verità dimostrabile, stava nell'apparente contraddizione tra l'unità di Dio e la molteplicità degli esseri creati; in pratica, questo dilemma poteva essere posto in termini di contraddizione tra il bene assoluto di Dio e l'apparente male del mondo. La corrente filosofica che culminò in Ibn Sina trovava una risposta a simili interrogativi nella versione neoplatonica della filosofia greca, resa più accettabile dal fatto che una delle opere fondamentali della scuola, una sorta di parafrasi di una parte delle *Enneadi* di Plotino veniva generalmente considerata opera di Aristotele (la cosiddetta «Teologia di Aristotele»). Questa scuola concepiva l'universo come il prodotto di una serie di emanazioni provenienti da Dio, e in questo modo era in grado di conciliare l'unità di Dio con la molteplicità. Nella formulazione di Ibn Sina, Dio era la Causa Prima o Creatore, l'Essere necessario in cui essenza ed esistenza erano tutt'uno. Da Lui emanavano una serie di dieci intelligenze, che dalla Prima Intelligenza digradavano fino all'Intelligenza Attiva che governava il mondo degli esseri corporei. Era dall'Intelligenza Attiva che le idee venivano comunicate al corpo umano per mezzo di un'irradiazione della luce divina, e così era creata l'anima dell'uomo.

Il simbolismo della luce, che era comune nel pensiero sufi come in altri pensieri mistici, poteva derivare autorevolezza dal Corano:

> Dio è la luce dei cieli e della terra:
> la somiglianza della Sua luce è una nicchia
> in cui vi è una lanterna
> (la lanterna è un cristallo,
> il cristallo è come una stella lucente)
> accesa grazie a un Albero Benedetto,
> un olivo che non è né dell'est né dell'ovest
> il cui olio quasi brillerebbe, anche se non lo toccasse fuoco:
> Luce su Luce
> (Dio guida alla Sua Luce colui che Egli vuole).[2]

Come l'anima era creata da questo processo di discesa dal Primo Essere, processo animato dalla sovrabbondanza dell'amore divino, così pure la vita umana doveva essere un processo di ascesa, un ritorno attraverso i diversi livelli dell'essere verso il Primo Essere, attraverso l'amore e il desiderio.

Se la luce divina si irradia nell'anima umana, e se l'anima con le proprie forze è in grado di ritornare al suo creatore, che bisogno vi è della profezia, vale a dire, di speciali rivelazioni di Dio? Ibn Sina ammetteva la necessità di profeti nel ruolo di maestri, che impartiscono verità su Dio e sulla vita futura, e raccomandano agli uomini quegli atti che li rendono consapevoli di Dio e dell'immortalità: la preghiera e gli altri atti di adorazione rituale. Egli credeva, però, che la profezia non fosse semplicemente una grazia di Dio; essa era un tipo di intelletto umano, ne era anzi il tipo più elevato. Il profeta era partecipe della vita della gerarchia delle Intelligenze, e poteva elevarsi fino alla Prima Intelligenza. Questo non era però un dono esclusivo dei profeti; anche l'uomo di alte doti spirituali poteva arrivare a questo per mezzo dell'ascesi.

Uno schema di pensiero di questo tipo sembrava porsi in contrasto con il contenuto della divina rivelazione nel Corano, perlomeno preso in senso letterale. Nella più celebre controversia della storia islamica, al-Ghazali criticò con forza i punti principali di contrasto tra una filosofia come quella di Ibn Sina e il suo modo di concepire la rivelazione fornita nel Corano. Nel suo *Tahafut al-falasifa* (*Incoerenza dei filosofi*), egli sottolineava tre errori insiti, a suo avviso, nel modo di pensare dei filosofi. Essi credevano nell'eternità della materia: le emanazioni della luce divina si infondevano nella materia ma non la creavano. Essi limitavano la conoscenza di Dio a degli universali, alle idee che formavano particolari esseri, ma non ai particolari esseri in quanto tali; questo modo di vedere era incompatibile con l'immagine coranica di un Dio che ha cura di ogni creatura vivente nella sua individualità. In terzo luogo, essi credevano nell'immortalità dell'anima ma non in quella del corpo. L'anima, essi pensavano, era un essere separato infuso in un corpo materiale con un'operazione dell'Intelligenza Attiva, e ad un certo punto del suo ritorno a Dio il corpo cui era unita diventava un impaccio; dopo la morte, l'anima si sarebbe liberata del corpo e non ne avrebbe avuto bisogno.

Ciò che diceva al-Ghazali era che il Dio dei filosofi non era il Dio del Corano, che parla ad ogni uomo, che lo giudica e lo ama. A suo modo di vedere, le conclusioni cui può far pervenire l'intelletto umano raziocinante, senza una guida esterna, erano incompatibili con quelle rivelate all'umanità attraverso i profeti. Questa sfida venne raccolta, un secolo più tardi, da un altro campione del pensiero filosofico, Ibn Rushd (Averroé, 1126-1198). Nato e istruito in Andalusia, dove la tradizione filosofica era giunta tardi ma si era saldamente radicata, Ibn Rushd si dedicò ad una confutazione particolareggiata dell'interpretazione della filosofia data da al-Ghazali in un'opera intitolata, con allusione al libro dello stesso al-Ghazali, *Tahafut al-tahafut* (*L'incoerenza dell'«Incoerenza»*). In un'altra opera, *Fasl al-maqal* (*Il trattato decisivo*), egli trattò esplicitamente quei punti che ad al-Ghazali erano parsi contraddittori tra la rivelazione per mezzo dei profeti e le conclusioni dei filosofi. L'attività filosofica, sosteneva, non era illegittima; essa poteva trovare la sua giustificazione in riferimenti coranici: «Non hanno essi considerato il dominio dei cieli e della terra, e quelle cose che Dio ha creato?».[3] Era chiaro da tali parole di Dio che non poteva esserci contraddizione tra le conclusioni dei filosofi e le affermazioni del Corano:

> Dal momento che la religione è vera e invita allo studio che porta alla conoscenza del Vero, noi, comunità musulmana, sappiamo con precisione che lo studio dimostrativo non conduce a [conclusioni] in conflitto con ciò che la Scrittura ci ha dato; poiché la verità non si oppone alla verità ma si accorda con essa e ne rende testimonianza.[4]

Come si spiega, allora, che esse possano sembrare in contraddizione tra loro? La risposta di Ibn Rushd era che non tutte le parole del Corano vanno prese letteralmente. Quando il significato letterale dei versetti del Corano sembrava contraddire le verità cui i filosofi pervenivano esercitando la ragione, quei versetti richiedevano un'interpretazione metaforica. La maggior parte degli esseri umani, però, era incapace di ragionare filosoficamente, o di accogliere un'interpretazione metaforica del Corano. Essa non andava quindi comunicata loro, ma solo a coloro che potevano accoglierla:

> Chiunque non sia un uomo di cultura è obbligato a prendere questi brani nel loro significato apparente, e una loro interpretazione allegorica è per essi miscredenza perché conduce alla miscredenza... Chiunque della classe interpretativa gli schiuda siffatta [interpretazione] lo sta invitando alla miscredenza... Dunque le interpretazioni allegoriche andrebbero esposte solo in libri dimostrativi, perché se si trovano in libri dimostrativi non verranno incontrate che da uomini della classe dimostrativa.[5]

La filosofia era per l'élite (*khass*); per la massa (*'amm*) il significato letterale era sufficiente. La profezia era necessaria per ambedue; per il *khass* allo scopo di mantenerlo sul retto sentiero morale, e per lo *'amm* allo scopo di esprimere le verità in immagini accettabili. Il ragionamento dialettico, *kalam*, era per menti in posizione intermedia, dal momento che si serviva della logica per sostenere il livello di verità adeguato allo *'amm*; ma aveva i suoi pericoli, dal momento che i suoi principi razionali non erano adeguatamente provati.

L'opera di Ibn Rushd non sembra avere avuto un influsso diffuso e durevole sul pensiero islamico successivo, anche se le traduzioni latine di alcuni suoi libri ebbero in seguito un profondo impatto sulla filosofia cristiana dell'Occidente. Il pensiero di Ibn Sina, invece, non cessò di avere un'importanza fondamentale nel pensiero religioso oltre che politico. Nel XII secolo stava cominciando, a dispetto di al-Ghazali, una sorta di avvicinamento tra *kalam* e filosofia. Dai tempi di Fakhr al-Din al-Razi (1149-1209) in poi, le opere di *kalam* esordivano con le spiegazioni della logica e della natura dell'essere, e da qui procedevano ad un'elaborazione razionale dell'idea di Dio; in questo modo si erigeva una struttura logica per difendere e spiegare le rivelazioni del Corano, e solo in seguito tali opere passavano a trattare argomenti che si dovevano accettare esclusivamente sulla base della rivelazione.

Ibn 'Arabi e la teosofia

Nelle opere di Ibn Sina vi sono dei riferimenti all'*ishraq*, a quell'irradiazione di luce divina grazie alla quale gli uomini sono in grado di giungere a contatto con la gerarchia degli Intelligibili. Il termine *ishraq* venne preso da alcuni scrittori successivi per riferirsi all'antica sapienza esoterica dell'oriente (*sharq* è la parola araba per «est»), e impiegato come termine per una formulazione sistematica della Realtà suprema che stava dietro alle parole del Corano e dava significato alle esperienze dei sufi.

Un tentativo di formulare una simile teosofia venne fatto da al-Suhrawardi e provocò uno scandalo che portò alla sua messa a morte ad opera del sovrano ayyubide di Aleppo nel 1191. La formulazione più elaborata e duratura fu quella di Ibn 'Arabi (1165-1240). Egli era un Arabo di Andalusia, il cui padre era amico di Ibn Rushd, e che conobbe di persona il filosofo e fu presente ai suoi funerali. Dopo studi di tipo tradizionale in Andalusia e Maghreb, si imbarcò per un periodo di viaggi nei territori orientali. Compì il pellegrinaggio alla Mecca, e sembra che esso sia stato decisivo nella formazione del suo pensiero; egli divenne consapevole, in seguito ad una visione, che la Ka'ba era il punto in cui la realtà suprema veniva a contatto con il mondo visibile, e fu qui che egli cominciò a scrivere la sua opera più elaborata, *al-Futuhat al-makkiyya* (*Le rivelazioni meccane*). Dopo avere vissuto per un certo tempo nell'Anatolia dei Selgiuchidi, si stabilì a Damasco, dove morì; la sua tomba sul monte Qasiyun, che domina da ovest la città, divenne quindi meta di un pellegrinaggio.

Nelle *Futuhat* e in altre opere egli cercò di esprimere una visione dell'universo concepito come un interminabile flusso di esistenza da e nuovamente verso l'Essere Divino: un flusso il cui simbolo primario era quello della Luce. Questo processo poteva essere considerato, in uno dei suoi aspetti, un traboccare di amore da Dio, il desiderio dell'Essere Necessario di conoscere se stesso vedendo il proprio Essere riflesso all'indietro su se stesso. Come si esprimeva una tradizione del Profeta, citata spesso dagli autori sufi: «Io ero un tesoro nascosto e desideravo essere conosciuto, perciò ho creato le creature allo scopo di poter essere conosciuto».[6]

Questa creazione avvenne attraverso una manifestazione dell'Essere di Dio attraverso i Suoi Nomi o attributi. I Nomi potevano essere visti sotto tre aspetti: in se stessi in quanto parte dell'essenza dell'Essere Divino, come archetipi o forme eterni, e come realizzati in esseri esistenti specifici e limitati. Nella loro forma attiva i Nomi erano conosciuti come Signori: essi si manifestavano in immagini prodotte dall'immaginazione creativa di Dio e gli esseri concreti erano un'incarnazione di queste immagini.

Tutte le cose create erano dunque manifestazioni di particolari Nomi attraverso la mediazione di immagini, ma l'Uomo era capace di manifestarli tutti. Questa idea della condizione privilegiata degli esseri umani era connessa con quel patto (*mithaq*) che, secondo il Corano, Dio aveva stretto con essi, prima che il mondo venisse creato. L'archetipo attraverso il quale fu fatto l'uomo veniva chiamato da Ibn 'Arabi e da altri autori la «Luce di Maometto» o la «Verità di Maometto». Era questo il «limpido specchio» in cui l'Essere Divino poteva vedersi pienamente riflesso. In un certo senso, quindi, tutti gli esseri umani potevano essere considerati perfette manifestazioni di Dio, ma in un altro senso ciò era il privilegio solo di alcuni uomini. L'idea dell'«Uomo Perfetto» (*al-insan al-kamil*) avanzata da Ibn 'Arabi venne ulteriormente elaborata da uno dei suoi seguaci, al-Jili (m. ca. 1428). È tale uomo che manifesta in modo più completo la natura di Dio, che è fatto più compiutamente a Sua immagine; egli è un'incarnazione visibile dell'archetipo eterno, la «Luce di Maometto».

Siffatti esseri umani privilegiati, che manifestano Nomi di Dio, sono i profeti; in un'opera celebre, *Fusus al-hikam* (*Le gemme della saggezza*), Ibn 'Arabi si occupò della sequela dei profeti da Adamo a Maometto, e mostrò quali Nomi venivano esemplificati da ciascuno di essi. Maometto, il Sigillo dei Profeti, era la più perfetta tra queste manifestazioni profetiche. Vi erano però anche dei santi che, per mezzo dell'ascesi e del possesso di conoscenze riposte (*ma'rifa*), potevano pervenire alla condizione di specchi in cui si rifletteva la Luce di Dio. I profeti erano anche santi, ma potevano esistere anche dei santi che non erano profeti, perché non avevano la funzione specifica di mediare la rivelazione della verità o di una legge. Esisteva un'invisibile gerarchia di santi, che preservava l'ordine del mondo, e a capo di essi vi era un «polo» (*qutb*) per ogni età. (È evidente che Ibn 'Arabi considerava se stesso un *qutb*, ritenendo anzi di esserne il Sigillo o il più perfetto.)

Anche il possessore della *ma'rifa*, come l'uomo comune non illuminato, deve vivere mantenendosi nei binari di una legge rivelata da un profeta; lo stesso Ibn 'Arabi aderiva alla scuola zahirita di rigida e letterale interpretazione della legge rivelata nel Corano e negli Hadith. Egli era però convinto che tutte le rivelazioni mediante profeti e legislatori fossero rivelazioni della medesima Realtà; tutti gli uomini adoravano lo stesso Dio in forme diverse.

Il deflusso da Dio può anche essere visto, dal punto di vista opposto, come un afflusso; le creature sono specchi che riflettono all'indietro la conoscenza di Dio verso di Lui; la discesa di creature dall'Essere necessario è anche un'ascesa verso di Lui. Il cammino dell'ascesa, illuminato dalla *ma'rifa*, porta ad attraversare varie fasi, che costituiscono altrettanti avanzamenti permanenti nel progresso spirituale. Esse sono tappe nel cammino della sua conoscenza di se stesso: «colui che conosce se stesso conosce il suo Signore». Nel corso del cammino si possono raggiungere le immagini archetipiche, manifestazioni sensibili dei Nomi di Dio nell'intermedio «mondo di immagini» (*'alam al-mithal*). Al di là di questo, si può conseguire una visione di Dio, durante la quale il velo è momentaneamente sollevato e Dio mostra Se stesso al cercatore. In una tale visione vi sono due momenti: quello in cui il cercatore cessa di essere consapevole della propria personalità e di quelle di altre creature nel fulgore della visione di Dio (*fana*), e quello in cui egli vede Dio nelle Sue creature (*baqa*), vivendo e muovendosi in mezzo a loro ma rimanendo consapevole della visione.

Nel suo tentativo di descrivere la realtà dell'universo come viene rivelata nei momenti di visione, Ibn 'Arabi usò l'espressione *wahdat al-wujud* (unità dell'essere o dell'esistenza), e in seguito vi furono molte controversie circa il suo significato. Si può ritenere che volesse dire che non esiste nulla all'infuori di Dio, e che tutto il resto o è irreale o è una parte di Dio. Si poteva però anche pensare che facesse riferimento alla distinzione, comune tra i filosofi, tra Essere Necessario e Contingente; solo Dio è un Essere Necessario, che esiste per Sua stessa natura; tutti gli altri esseri devono la loro esistenza a un atto di creazione o ad un processo di emanazione. Poteva anche fare riferimento a quelle momentanee esperienze di visione in cui il cercatore perde coscienza di sé nella consapevolezza della manifestazione di Dio: egli è presente in Dio o Dio è presente in lui, rimpiazzando momentaneamente i suoi attributi umani con quelli di Dio.

Se la si interpreta in uno di questi modi, sarebbe difficile conciliare l'idea della *wahdat al-wujud* con quella separazione tra Dio e le Sue creature, con l'infinita distanza tra loro che sembra essere il chiaro insegnamento del Corano. Uno studioso ha elencato un gran numero di opere critiche riguardanti Ibn 'Arabi composte negli anni successivi; esse sono divise più o meno equamente tra quelle che si opponevano ai suoi concetti fondamentali in quanto incompatibili con la verità del Corano, e quelle che li difendevano. I dottori di religione e di diritto emisero in proposito numerose *fatwa*, per lo più, anche se non sempre, a lui sfavorevoli.[7] La più impressionante difesa della sua ortodossia venne dal sultano ottomano Selim I (1512-1520), che restaurò la tomba di Ibn 'Arabi a Damasco dopo la conquista della Siria del 1516; in tale occasione venne emanata una *fatwa* a lui favorevole ad opera di un celebre studioso ottomano, Kamal Paşa-zade (1468/9-1534). Perfino tra i maestri sufi l'opera di Ibn 'Arabi rimase oggetto di disputa. Mentre alcune confraternite sufi la accettavano come valida espressione della *ma'rifa* che era lo scopo della loro ricerca, gli Shadhiliti nel Maghreb e i Naqshbanditi nell'est del mondo musulmano nutrivano in proposito maggiori perplessità.

Ibn Taymiyya e la tradizione hanbalita

L'Islam sunnita non aveva un autorevole corpo dottrinale sostenuto dal potere del sovrano, e per tutta la sua storia permase una corrente di pensiero tanto ostile a filosofi e teosofi quanto aliena dai tentativi del *kalam* di fornire una difesa razionale del deposito della fede.

La tradizione di pensiero che derivava dall'insegnamento di Ibn Hanbal rimase viva nei paesi musulmani centrali, e soprattutto a Baghdad e a Damasco. Pur con molte divergenze interne, coloro che facevano risalire la propria discendenza intellettuale a Ibn Hanbal erano uniti nel tentativo di mantenere quella che essi consideravano la vera dottrina islamica, quella di coloro che aderivano rigidamente alla rivelazione di Dio attraverso il Profeta Maometto. Per costoro, Dio era il Dio del Corano e degli Hadith, da accettare e venerare nella Sua realtà quale Egli l'aveva rivelata. Il vero Musulmano era colui che aveva fede: non semplice accettazione del Dio rivelato, ma azione conforme al Volere di Dio rivelato. Tutti i Musulmani formavano una comunità, che doveva restare unita; nessuno doveva esserne escluso, eccetto coloro che si escludevano da sé rifiutando di obbedire alle prescrizioni della religione o diffondendo dottrine che erano incompatibili con le verità rivelate attraverso i profeti. All'interno della comunità, controversie e speculazioni che potessero portare a dissensi e conflitti andavano evitate.

Nella Siria del XIII secolo, sotto il regno dei Mamelucchi, questa tradizione venne espressa una volta di più da una voce potente e individuale, quella di Ibn Taymiyya (1263-1328). Nato nella Siria settentrionale, e vissuto per gran parte della sua vita tra Damasco e il Cairo, egli si trovava ad affrontare una nuova situazione. I sultani mamelucchi e i loro soldati erano Musulmani sunniti, ma molti di loro erano di conversione recente e superficiale, ed era necessario rammentare loro il significato della loro fede. Nella comunità in genere erano diffusi quelli che Ibn Taymiyya considerava degli errori pericolosi. Alcuni riguardavano la sicurezza dello stato, come quelli degli Sciiti e di altri gruppi dissidenti; altri potevano riguardare la fede della comunità, come le idee di Ibn Sina e di Ibn 'Arabi.

Contro simili pericoli, Ibn Taymiyya si fece propugnatore di un ritorno all'affermazione della via intermedia degli Hanbaliti: senza compromessi nella loro affermazione dei principi della verità rivelata, ma tolleranti della diversità all'interno della comunità di coloro che tale verità accettavano:

> Il Profeta ha detto, «Il Musulmano è fratello del Musulmano»... Come può essere permesso allora che la comunità di Maometto si divida in opinioni così diverse che un uomo può unirsi ad un gruppo e odiarne un altro semplicemente sulla base di presunzioni o capricci personali, senza alcuna prova proveniente da Dio?... L'unità è un segno della clemenza divina, la discordia è una punizione di Dio.[8]

Dio era uno e molteplice: uno nella Sua essenza, molteplice nei Suoi attributi, che andavano accettati come il Corano li descriveva. Il Suo attributo più significativo per la vita umana era il Suo Volere. Egli aveva creato tutte le cose dal nulla con un atto di volontà e aveva fatto conoscere Se stesso agli esseri umani con l'espressione del Suo Volere nelle scritture rivelate alla serie di profeti che terminava in Maometto. Egli era al tempo stesso infinitamente distante dalle Sue creature e vicino ad esse, conosceva i particolari bene come gli universali, vedeva i più riposti segreti del cuore e amava coloro che Gli obbedivano.

La vita umana andava vissuta al servizio di Dio sotto la guida del Profeta, accettando la Sua parola rivelata, e conformando sinceramente la propria vita all'ideale umano che era implicito in essa. Come si doveva interpretare il Volere di Dio? Come Ibn Hanbal, anche Ibn Taymiyya guardava innanzitutto al Corano, inteso in modo rigido e letterale, poi agli Hadith, poi ai Compagni del Profeta, il cui consenso aveva una validità uguale a quella degli Hadith. Oltre a ciò, il mantenimento della verità dipendeva dalla trasmissione della conoscenza religiosa ad opera della massa dei Musulmani zelanti e colti. Vi era la continua necessità di *ijtihad* da parte di individui che ne fossero capaci; essi potevano esercitarlo con una certa elasticità, dando l'approvazione a certi atti che non erano strettamente raccomandati dalla *shari'a*, ma la cui esecuzione avrebbe avuto risultati benefici, a patto che non fossero proibiti dalla *shari'a*. Ibn Taymiyya non pensava che coloro che praticavano l'*ijtihad* costituissero un gruppo corporativo; il consenso degli studiosi di un'epoca aveva un certo peso, ma non poteva essere considerato infallibile.

La sua versione dell'Islam andava contro alcune delle idee avanzate da Ibn Sina: l'universo era stato creato dal nulla per mezzo di un atto di Volere Divino, non per mezzo di emanazioni; Dio conosce gli esseri umani nella loro particolarità; essi Lo conoscono non per mezzo dell'esercizio della loro ragione ma per mezzo della Sua rivelazione a loro. L'opposizione di Ibn Taymiyya era ancora più forte nei confronti delle idee di Ibn 'Arabi, in quanto queste ponevano problemi più gravi e urgenti per la comunità nel suo complesso. Per lui come per altri Hanbaliti, non era difficile ammettere l'esistenza di santi o «amici di Dio». Essi erano coloro cui le verità erano state fornite per mezzo di un'ispirazione, e non per mezzo della comunicazione di una missione profetica. Essi potevano essere i destinatari di grazie divine attraverso le quali poteva sembrare che oltrepassassero i limiti consueti dell'umano agire. Tali uomini e donne andavano rispettati, ma non dovevano esservi forme esteriori di devozione nei loro confronti: né visite alle loro tombe né preghiere eseguite colà. Il rituale sufi del *dhikr*, la ripetizione del nome di Dio, era una forma di adorazione valida ma inferiore come valore spirituale alla preghiera rituale e alla recitazione del Corano. La teosofia speculativa con cui Ibn 'Arabi ed altri interpretavano l'esperienza mistica andava rigettata *in toto*: l'uomo non era la manifestazione della Luce Divina, bensì un essere creato. Egli non poteva essere assorbito nell'Essere di Dio; il solo modo in cui egli poteva avvicinarsi a Dio era ubbidendo al Suo Volere rivelato.

Ibn Taymiyya svolse un ruolo importante nella società musulmana del suo tempo, e dopo la sua morte la sua formulazione della tradizione hanbalita rimase un elemento della cultura religiosa delle regioni islamiche centrali, anche se nel complesso rimase un elemento sommerso, fino a quando la consapevolezza di esso venne accresciuta, nel XVIII secolo, ad opera di un movimento religioso con implicazioni politiche, quello dei Wahhabiti che portò alla creazione dello stato saudita nel centro dell'Arabia. A dispetto della netta contrapposizione tra la sua concezione dell'Islam e quella di Ibn 'Arabi, l'istintivo atteggiamento di comprensiva tolleranza della comunità sunnita consentì ad ambedue di convivere, e anzi alcuni Musulmani furono in grado di conciliarle. Uno studioso ci ha lasciato la descrizione del suo incontro ad Aleppo con un gruppo di sufi naqshbanditi, che studiavano una accanto all'altra le opere di Ibn 'Arabi e quelle di Ibn Taymiyya. Ibn Taymiyya, così essi ragionavano, era l'*imam* della *shari'a*, Ibn 'Arabi quello della *haqiqa*, la verità cui aspiravano i ricercatori sul cammino dei sufi; il perfetto Musulmano doveva essere capace di riunire in sé questi due aspetti della realtà dell'Islam.[9]

L'evoluzione dello Sciismo

Disperse in una maggioranza di Musulmani di lingua araba che accettavano la versione sunnita della fede, talora in conflitto, talora in pace con essi, erano le comunità di Sciiti «duodecimani». Gradualmente esse svilupparono il proprio punto di vista su ciò che era avvenuto nella storia, e ciò che doveva avvenire. Esse appoggiavano le pretese di 'Ali e dei suoi successori, e ingiuriavano i primi tre califfi, considerati degli usurpatori. La storia esteriore dei Musulmani, la storia del potere politico, era considerata deviante rispetto all'autentica storia interiore.

Per gli Sciiti, questa storia interiore era quella della preservazione e della trasmissione della verità rivelata ad opera della sequela degli *imam*. Secondo la teoria dell'imamato, che si sviluppò gradualmente a partire dal X secolo, Dio aveva posto nel mondo l'*imam* come Sua prova (*hujja*) in ogni tempo, per insegnare autorevolmente le verità della religione e per governare l'umanità secondo giustizia. Gli *imam* erano discendenti del Profeta attraverso sua figlia Fatima e il di lei marito 'Ali, il primo *imam*; ogni *imam* veniva designato dal suo predecessore; ognuno era infallibile nella sua interpretazione del Corano e della *sunna* del Profeta, attraverso il segreto della conoscenza datogli da Dio; ognuno era senza peccato.

Gli Sciiti della corrente maggioritaria sostenevano che le serie di *imam* conosciute si erano interrotte con il dodicesimo, Muhammad, scomparso nell'874. Questo avvenimento era noto come «occultamento minore», perché per un certo numero di anni si ritenne che l'*imam* nascosto comunicasse coi fedeli tramite un suo rappresentante. Venne poi l'«occultamento maggiore», quando cessò questa comunicazione regolare, e l'*imam* nascosto venne visto solo occasionalmente, in apparizioni fugaci o in sogni o visioni. Egli sarebbe apparso nella pienezza dei tempi per instaurare il regno della giustizia; in questa riapparizione egli sarebbe stato il *mahdi*, il «guidato» (era questo un termine che nel pensiero sciita aveva un significato più preciso che nella tradizione popolare sunnita).

Fino a che non fosse comparso l'*imam*, l'umanità avrebbe ancora avuto bisogno di una guida. Alcuni Sciiti credevano che il Corano e gli Hadith, come trasmessi e interpretati dagli *imam*, costituivano una guida adeguata; altri, invece, sostenevano che vi era un continuo bisogno di interpretazione e guida, e dal XIII secolo si rivolsero agli uomini di cultura che erano competenti per intelletto, carattere e istruzione, per interpretare il deposito della fede attraverso lo sforzo dell'intelletto, l'*ijtihad*, (donde il nome con cui essi erano noti, *mujtahid*). Costoro non erano infallibili, e non erano guidati direttamente da Dio, ma potevano semplicemente interpretare l'insegnamento degli *imam* secondo le loro migliori capacità; in ogni generazione vi era bisogno di nuovi *mujtahid*, e i comuni Musulmani erano obbligati a seguire gli insegnamenti dei *mujtahid* della loro epoca.

Col tempo si sviluppò una teologia razionale per spiegare e giustificare la fede dei Musulmani sciiti. I primi Sciiti sembra che fossero razionalisti, ma alla fine del X secolo al-Mufid (ca. 945-1022) affermò che le verità della rivelazione andavano difese col *kalam* o teologia dialettica, e un suo seguace, al-Murtada (966-1044) sostenne che le verità della fede potevano essere provate con la ragione. A partire da questo momento la dottrina sciita più ampiamente accettata contenne elementi della scuola mu'tazilita.

Pensatori sciiti successivi incorporarono nel loro sistema elementi presi dalle teorie neoplatoniche cui era stata data una forma islamica da Ibn Sina e da altri. Maometto, Fatima e gli *imam* erano visti come incarnazioni delle Intelligenze attraverso le quali era stato creato l'universo. Gli *imam* venivano considerati guide spirituali sul cammino della conoscenza di Dio: per gli Sciiti finirono per assumere la stessa posizione che per i Sunniti avevano gli «amici di Dio».

La medesima tendenza a porre l'accento sull'uso della ragione umana per spiegare la fede portò allo sviluppo di una scuola di giurisprudenza sciita. Essa fu il prodotto di un gruppo di studiosi iracheni, in particolare di quelli conosciuti come al-Muhaqqiq (1205-1277) e al-'Allama al-Hilli (1250-1325). La loro opera venne proseguita da Muhammad ibn Makki al-'Amili (1333/4-1384), noto come il «protomartire» a causa delle circostanze della sua morte in Siria. Per la maggior parte i principi della giurisprudenza sciita erano presi da quella dei Sunniti, ma vi erano alcune significative divergenze che nascevano dalla particolare concezione sciita della religione e del mondo. Venivano accettati solo quegli *hadith* del Profeta che erano stati trasmessi da un membro della sua famiglia; gli *hadith* di ciò che avevano detto o fatto gli *imam* venivano considerati alla stessa stregua di quelli del Profeta, anche se non potevano abrogare il Corano o uno *hadith* profetico. Il consenso della comunità non aveva la stessa importanza che aveva presso i Sunniti; se vi era un *imam* infallibile, il solo *ijma'* valido era quello della comunità raccolta intorno all'*imam*. L'*'aql*, la ragione usata in modo responsabile da quanti erano competenti a farne uso, aveva una posizione importante come fonte del diritto.

L'opera condotta sulle fonti da parte di *mujtahid* successivi produsse coll'andar del tempo un corpo di diritto sciita che per molti aspetti differiva da quello delle quattro scuole sunnite. Era consentita una sorta di matrimonio temporaneo, in cui i diritti e i doveri delle due parti non erano gli stessi del matrimonio completo; anche le regole sull'eredità erano diverse da quelle della legge sunnita. Alcune materie rimasero dibattute tra gli studiosi, in particolare i doveri degli Sciiti nei confronti di coloro che governavano il mondo in assenza dell'*imam*. Non li si poteva considerare dotati di legittima autorità nel senso in cui l'avevano gli *imam*, ma se essi usavano il loro potere in sostegno della giustizia e della legge era lecito pagare loro le tasse o entrare al loro servizio? In assenza dell'*imam*, le preghiere del venerdì, e il sermone che ne faceva parte, erano valide? Si poteva proclamare il *jihad*, e se sì da parte di chi? Gli studiosi di diritto argomentarono che i *mujtahid* potevano proclamare il *jihad*, e anche fungere da esattori e distributori delle *zakat*, le elemosine canoniche; fu questo incarico che diede loro un ruolo sociale relativamente indipendente, facendo della loro integrità una questione che riguardava tutta la comunità nel suo complesso.

A partire perlomeno dal X secolo, le tombe degli *imam* furono meta di pellegrinaggi. Quattro di essi erano sepolti a Medina, sei in Iraq – a Najaf (dove si trovava la tomba di 'Ali), a Karbala (in cui vi era la tomba di Husayn), a Kazimayn e a Samarra – e una a Mashhad nel Khurasan. Intorno alle loro tombe sorsero scuole, ospizi, e cimiteri in cui venivano portati per essere sepolti gli sciiti defunti. Anche le tombe dei figli degli *imam*, dei Compagni del Profeta e di celebri dotti furono tenute in venerazione.

La distinzione tra luoghi di culto sunniti e sciiti non andrebbe comunque fatta in modo troppo rigido. Tutti insieme essi compivano il pellegrinaggio alla Mecca e visitavano la tomba del Profeta a Medina. C'erano degli Sciiti che si recavano alle tombe dei santi sufi, e in alcune località la popolazione sunnita riveriva gli *imam* e le loro famiglie; al Cairo era al centro della devozione popolare la tomba dove si supponeva fosse sepolta la testa dell'Imam Husayn.

Vi era però una celebrazione annuale che aveva un significato particolare per gli Sciiti. Si trattava dell'*'ashura*, la commemorazione della battaglia di Karbala in cui era stato ucciso l'Imam Husayn, il decimo giorno del mese di muharram dell'anno 680. Per gli Sciiti questo era uno dei giorni più significativi della storia. Esso segnava il punto in cui il corso visibile degli eventi del mondo aveva preso a divergere da quello che Dio aveva voluto per esso. La morte di Husayn era vista come un martirio, un sacrificio volontario per il bene della comunità, e una promessa che alla fine Dio avrebbe restaurato il giusto ordine delle cose. In quella giornata gli Sciiti indossavano abiti a lutto, e nelle moschee si tenevano prediche che narravano il sacrificio di Husayn e ne spiegavano il significato. In un certo periodo il racconto della storia di Husayn sfociò in una sua riproduzione in forma di dramma.

Fin da uno stadio precoce nello sviluppo dello Sciismo, la reverenza per gli *imam* ebbe la tendenza a trasformare questi ultimi in figure più che umane, manifestazioni visibili dello spirito di Dio, e dietro al chiaro significato esteriore del Corano si credeva vi fosse una verità occulta. Simili idee ebbero il sostegno dei Fatimidi quando questi regnarono sull'Egitto e sulla Siria. Gli Ismailiti, il gruppo sciita da cui i Fatimidi provenivano, o cui pretendevano di essere affiliati, professavano delle credenze che in seguito vennero oscurate da un sistema di pensiero elaborato da studiosi patrocinati dai Fatimidi e diffuso con l'aiuto del potere dei Fatimidi.

La dottrina che i Fatimidi favorirono dava legittimazione alle loro pretese che l'imamato fosse stato trasmesso da Ja'far al-Sadiq a suo nipote Muhammad, settimo *imam*, ed ultimo *imam* visibile della sua serie. Per giustificare e spiegare questa credenza, venne proposta una definizione di ciò che doveva essere un *imam*, basata su un certo modo di vedere la storia. Nel corso di tutta la storia, si sosteneva, l'umanità aveva bisogno di un maestro guidato da Dio e senza peccato, e vi erano sette cicli di tali maestri. Ogni ciclo cominciava con un messaggero (*natiq*) che rivelava al mondo una verità; egli era seguito da un interprete (*wasi*), che insegnava ai pochi scelti il segreto riposto della rivelazione del messaggero. Questo significato era sempre lo stesso che si celava dietro la forma esteriore di tutte le religioni: Dio era Uno e inconoscibile, da Lui procedeva l'Intelligenza Universale che conteneva le forme di tutti gli esseri creati, e queste forme si manifestavano attraverso un processo di emanazione. Ogni *wasi* era seguito da una successione di sette *imam*, l'ultimo dei quali era il messaggero dell'era successiva. Il *natiq* della settima e ultima era sarebbe stato l'atteso *mahdi*, che avrebbe svelato a tutti la verità riposta; l'era della legge esteriore sarebbe finita, e sarebbe cominciata quella della conoscenza senza veli della natura dell'universo.

Per qualche tempo la versione dello Sciismo appoggiata dai Fatimidi ebbe una certa diffusione, benché più in Siria che in Egitto o nel Maghreb. Quando la potenza fatimide prese a declinare e venne alla fine sostituita da quella degli Ayyubidi, le comunità ismailite decaddero, ma continuarono ad esistere nei monti lungo la costa siriana e nello Yemen, oltre che in Iran. Frammiste ad esse sui monti costieri della Siria erano altre due comunità che professavano altre varietà di credo sciita. La fede dei Drusi sorse dall'insegnamento di Hamza ibn 'Ali; egli portava ancora più in là l'idea ismailita che gli *imam* fossero incarnazioni delle intelligenze che emanavano dall'Unico Dio, e sosteneva che l'Unico in persona fosse presente agli esseri umani, e si fosse alla fine incarnato nel califfo fatimide al-Hakim (996-1021), che era scomparso dalla vista degli uomini ma che sarebbe ritornato. L'altra comunità, quella dei Nusayriti, risaliva a Muhammad ibn Nusayr, che insegnava come il Dio Unico fosse inesprimibile, ma che da Lui emanava una gerarchia di esseri, e 'Ali era stato l'incarnazione del più elevato tra essi (donde il nome di 'Alawiti con cui furono spesso conosciuti).

Più oscure erano le origini di due comunità diffuse soprattutto in Iraq. Gli Yazidi al nord avevano una religione che comprendeva elementi tratti sia dal Cristianesimo che dall'Islam. Essi credevano che il mondo fosse creato da Dio, ma fosse sostenuto da una gerarchia di esseri subordinati, e che gli uomini si sarebbero gradualmente perfezionati in una successione di vite. Nel sud dell'Iraq i Mandei conservavano anch'essi relitti di antiche tradizioni religiose. Essi credevano che l'anima umana ascendesse per mezzo di un'intima illuminazione fino alla riunione con l'Essere Supremo: una parte importante della loro pratica religiosa era il battesimo, un processo di purificazione.

Essendo tagliate fuori dalle fonti del potere e della ricchezza nelle grandi città, e vivendo perlopiù circondate da un alone di sospetto se non di ostilità da parte dei sovrani sunniti, tali comunità si ripiegarono in se stesse sviluppando pratiche diverse da quelle della maggioranza. Mentre le dottrine e le leggi ibadite e zaydite non erano molto diverse da quelle dei Sunniti, presso i Drusi e i Nusayriti le divergenze rispetto ai Sunniti arrivarono a un punto tale che essi vennero considerati dai giuristi sunniti, nel migliore dei casi, al limite estremo dell'Islam, e sotto i Mamelucchi vi fu un periodo in cui furono perseguitati. Essi avevano i propri luoghi di osservanza religiosa, che erano diversi da quelli dei Sunniti e degli Sciiti: la semplice *khalwa* dei Drusi, posta sulla sommità di un colle dominante una cittadina o un villaggio, dove gli uomini di conoscenza e pratica religiosa vivevano in ritiro, oppure il *majlis* degli Isma'iliti. La tradizione della cultura veniva trasmessa da dotti religiosi nelle scuole o nelle loro stesse case, e in assenza degli *imam* erano essi a detenere l'autorità morale nelle loro comunità.

La cultura giudaica e cristiana

Fino agli inizi dell'era moderna, i principali centri di popolazione e cultura religiosa ebraica si trovarono nei paesi governati da Musulmani. Gli Ebrei appartenevano perlopiù alla corrente principale della vita giudaica che riconosceva l'autorità del Talmud, la raccolta di interpretazioni e discussioni della legge ebraica che era stata redatta in Babilonia o in Iraq, ma vi erano anche comunità minori: quella dei Caraiti, i quali sostenevano che l'unica fonte della legge fosse la Torah, l'insegnamento rivelato da Dio e incarnato nella Sacra Scrittura, e che ogni studioso doveva studiarla per proprio conto; e quella dei Samaritani, che si erano separati dal corpo principale dell'Ebraismo ancora in epoche antiche.

Agli inizi del periodo islamico l'Iraq continuava ad essere il centro principale della cultura religiosa ebraica. Nelle sue due grandi accademie operavano gli studiosi che venivano considerati i custodi della lunga tradizione orale della religione ebraica, e ai quali venivano inviate da tutto il mondo ebraico domande su questioni di interpretazione. Più tardi, però, quando si disintegrò l'Impero 'Abbaside, un'autorità indipendente venne esercitata dai collegi (*yeshivot*) sorti nei principali centri di popolazione ebraica, il Cairo, Qayrawan e le città della Spagna musulmana.

Nei primi tempi del periodo islamico, gli Ebrei che vivevano in paesi dove l'arabo era diventato la lingua principale del governo e della popolazione musulmana, adottarono tale idioma come lingua della vita profana, pur continuando ad usare l'ebraico a scopi liturgici e religiosi. All'influsso di idee religiose e giuridiche del Giudaismo sull'elaborazione dell'Islam in un sistema di pensiero fecero riscontro analoghe influenze di quest'ultimo sul Giudaismo, con il conseguente sviluppo di una teologia e una filosofia ebraica fortemente influenzate dal *kalam* e dalla filosofia islamica. In Andalusia vi fu anche una fioritura della poesia ebraica, sia religiosa che profana, sotto lo stimolo delle convenzioni poetiche e degli stili arabi. L'intenso sviluppo della cultura e della vita ebraica in Andalusia ebbe però termine con l'avvento degli Almohadi nel XII secolo. La figura di maggiore spicco del Giudaismo medievale, Musa ibn Maymun (Mosé Maimonide, 1135-1204) trovò alla corte ayyubide del Cairo un ambiente più liberale di quello andaluso da cui proveniva. La sua *Guida dei perplessi*, scritta in arabo, forniva un'interpretazione filosofica della religione ebraica, ed altre opere, in arabo e in ebraico, esponevano la legge ebraica. Egli fu medico di corte di Salah al-Din e di suo figlio, e la sua vita e le sue opere forniscono la testimonianza di quanto fossero agevoli le relazioni tra Musulmani ed Ebrei di una certa cultura e posizione nell'Egitto del suo tempo. Nei secoli successivi, però, le distanze si accentuarono e, anche se alcuni Ebrei continuarono a prosperare come commercianti e ad occupare posti di potere come funzionari al Cairo e nelle altre grandi città musulmane, il periodo creativo della cultura ebraica nel mondo dell'Islam poté dirsi concluso.

Come era successo con gli Ebrei, anche per i Cristiani i primi tempi del dominio islamico erano stati contrassegnati da fruttuosi rapporti con i Musulmani. In tale fase, i Cristiani costituivano ancora la maggioranza della popolazione, perlomeno nella parte del mondo islamico che stava a occidente dell'Iran.

L'avvento dell'Islam rafforzò la posizione delle chiese nestoriana e monofisita, liberandole dalla posizione di inferiorità in cui si trovavano quando erano sotto il dominio bizantino. Il Patriarca Nestoriano fu una personalità di spicco nella Baghdad dei califfi 'abbasidi, e la chiesa di cui era il capo si estese a oriente fin nel cuore dell'Asia giungendo addirittura in Cina. Lo sviluppo dell'Islam ebbe luogo in un ambiente in gran parte cristiano, e studiosi cristiani svolsero un ruolo di primo piano nella trasposizione in arabo del pensiero scientifico e filosofico dei Greci. Le lingue che i Cristiani parlavano e scrivevano in precedenza (greco, siriaco e copto a est, latino in Andalusia) continuarono ad essere impiegate e alcuni monasteri furono importanti centri di pensiero e dottrina: Dayr Za'faran nel sud dell'Anatolia, Mar Mattai nel nord dell'Iraq, e Wadi Natrun nel deserto occidentale dell'Egitto. Col passare del tempo, però, le cose cambiarono. La minoranza musulmana dominante divenne una maggioranza, ed acquisì una vita intellettuale e spirituale dinamica, autonoma e sicura di sé. A oriente, la Chiesa Nestoriana da diffusa in tutto il mondo che era rischiò di estinguersi con la conquista di Timur; nel Maghreb, il Cristianesimo scomparve del tutto; in Andalusia, la progressiva espansione degli stati cristiani dal nord causò un accrescersi di tensioni tra Musulmani e Cristiani. Sia in Andalusia che nei paesi orientali in cui vivevano dei Cristiani (Egitto, Siria e Iraq) la maggior parte di questi abbandonarono la loro lingua per l'arabo; ma fino al XIX secolo l'arabo non ebbe su di essi lo stesso effetto vivificante che ebbe sulle comunità giudaiche.

Per quanto agevoli e ravvicinati potessero essere i rapporti tra Musulmani, Ebrei e Cristiani, tra gli uni e gli altri permaneva un abisso di reciproca ignoranza e pregiudizio. Essi eseguivano separatamente i loro atti di culto, e avevano ciascuno i propri luoghi di culto e di pellegrinaggio: per gli Ebrei, Gerusalemme; per i Cristiani un'altra Gerusalemme, oltre ai santuari di questo o quel santo in diverse località. Le differenze dovevano però essere maggiori nelle città che nelle campagne. Comunità residenti l'una vicino all'altra, in particolari regioni dove l'intervento del governo non si faceva sentire direttamente, potevano vivere in una stretta simbiosi basata sul reciproco bisogno, o sulla comune obbedienza e lealtà ad un signore locale. Sorgenti, alberi e pietre che erano stati considerati luoghi di intercessione o risanamento fin da prima dell'affermazione dell'Islam o dello stesso Cristianesimo erano talvolta sacri a seguaci di fedi diverse. Alcuni esempi di ciò sono stati osservati in tempi moderni: in Siria, il *khidr*, lo spirito misterioso identificato con San Giorgio, veniva riverito in sorgenti e altri luoghi santificati; in Egitto i Copti e i Musulmani celebravano allo stesso modo la festa di San Damiano, martirizzato durante l'ultima persecuzione dei Cristiani sotto l'Impero Romano; in Marocco, Musulmani ed Ebrei prendevano parte insieme a festività intorno alle tombe di sant'uomini ebrei e musulmani.

Capitolo Dodicesimo

LA CULTURA DELLE CORTI E QUELLA DEL POPOLO

Sovrani e mecenati

La disintegrazione del califfato 'Abbaside e la sua estinzione finale eliminarono l'istituzione centrale di potere e mecenatismo che aveva reso possibile lo sviluppo di una cultura arabo-islamica universale. Poeti e uomini di cultura religiosa e laica si incontravano a Baghdad, e tradizioni culturali differenti si fondevano dando luogo a qualcosa di nuovo. La divisione politica dei territori del califfato recò con sé una certa dispersione di energie e di talenti, ma portò anche all'affermazione di un certo numero di corti e di capitali che funsero da centri di produzione artistica e intellettuale. La frammentazione non fu totale: per quell'epoca si era già affermata una lingua comune dell'espressione culturale, che veniva preservata ed arricchita dal continuo movimento di dotti e di autori da una città all'altra. Col passar del tempo, però, si fecero più marcate le differenze di stile e di accento che erano sempre esistite tra le regioni principali del mondo arabo musulmano. Semplificando forse all'eccesso, si può dire che l'Iraq rimase nella sfera di irradiazione dell'Iran, la Siria e l'Egitto formarono un'unità culturale, la cui influenza si estendeva su parti della penisola araba e del Maghreb, mentre nell'occidente estremo si sviluppò una civiltà andalusa diversa, sotto certi aspetti, da quella che vi era a oriente.

La società andalusa era formata da un fecondo miscuglio di elementi diversi: Musulmani, Ebrei e Cristiani; Arabi, Berberi, Spagnoli indigeni, e soldati di ventura dall'Europa dell'ovest e dell'est (i *Saqaliba* o «Slavi»). Essa era tenuta insieme dal califfato Umayyade di Cordova, e intorno alla corte del califfo vi era una élite andalusa di famiglie che rivendicavano un'origine araba, discendenti dai primi coloni e con ricchezze e potere sociale derivanti da incarichi governativi e dal controllo delle terre. Fu alla corte degli ultimi Umayyadi e nella loro cerchia che fece la sua prima comparsa una cultura caratteristica e raffinata. I teologi e i giuristi appartenevano per lo più al *madhhab* malikita, ma alcuni di essi aderivano al *madhhab* zahirita che professava un'interpretazione letterale della fede e sarebbe successivamente scomparso; i dottori e i funzionari studiavano filosofia e scienze naturali; la potenza dei sovrani e dell'élite si esprimeva negli splendidi edifici e nella poesia.

Questa cultura continuò a fiorire intorno ad alcune corti dei minuscoli regni in cui si suddivise il califfato Umayyade, i *muluk al-tawa'if* o «re delle frazioni». Gli Almoravidi, che vennero dai margini del deserto del Maghreb, introdussero un'austera atmosfera di rigida adesione alla legge malikita e di sospetto nei confronti della libera speculazione razionale. La potenza dei loro successori, gli Almohadi, sorse anch'essa da un impulso di restaurazione della religiosità, e poneva l'accento sull'unità di Dio e sull'osservanza della legge; esso traeva però sostegno dal pensiero religioso dell'oriente del mondo musulmano, dove il suo fondatore, Ibn Tumart, aveva studiato e forgiato il suo pensiero, mentre coloro che lo imposero in tutto il Maghreb e l'Andalusia venivano dalle popolazioni sedentarie berbere dei monti dell'Atlante. La loro fu l'ultima grande stagione della cultura andalusa, e in un certo senso ne rappresentò il culmine: il pensiero di Ibn Rushd fu l'espressione finale in arabo dello spirito filosofico; quello di Ibn 'Arabi avrebbe esercitato la sua influenza per molti secoli sulla tradizione sufi all'ovest come all'est. Dopo gli Almohadi, il processo di espansione cristiana estinse uno dopo l'altro i centri di vita arabo-musulmana fino a lasciare il solo regno di Granada. La tradizione che vi era sorta ebbe comunque continuazioni, in varie forme, nelle città del Maghreb, e del Marocco in particolare, dove emigrarono gli Andalusi.

Gli edifici, i più duraturi tra i manufatti umani, sono sempre stati l'espressione della fede, della ricchezza e della potenza dei sovrani e delle classi dominanti. Le grandi moschee furono il marchio indelebile lasciato dai primi sovrani musulmani nelle terre conquistate, e l'affermazione di centri di potere e ricchezza locali, coll'indebolirsi dell'influenza 'abbaside, e la sua successiva scomparsa, diede origine ad un proliferare di edifici, destinati, in modi diversi, a preservare la religione e, con essa, la vita civilizzata. Lo sviluppo del sistema del *waqf* incoraggiò la costruzione di tali edifici: *madrasa*, *zawiya*, mausolei, ospedali, fontane pubbliche, e caravanserragli per i mercanti. Alcuni vennero fondati da sudditi ricchi e potenti, ma i maggiori dai sovrani, che costruirono anche palazzi e cittadelle. I centri cittadini di cui rimangono le vestigia al Cairo e a Tunisi, ad Aleppo e a Damasco, e a Fez, nonché nei centri di pellegrinaggio, come Gerusalemme, furono in gran parte creazione degli ultimi secoli di questo periodo. Di essi, il Cairo fu il più grande e importante, con la Cittadella e i palazzi dei Mamelucchi su di un basso sperone delle colline di Muqattam, le moschee con le sepolture dei sultani negli immensi cimiteri fuori dalle mura della città, e complessi come la moschea e la *madrasa* del Sultano Hasan edificata sui quattro lati di un cortile.

Nel X secolo la forma-base degli edifici pubblici di maggiore rilevanza era stata definita: la moschea con la sua *qibla*, il *mihrab* e i minareti, con accesso da un cortile cintato in cui vi era una fontana per le abluzioni; e il palazzo del sovrano, separato nettamente dalla città per mezzo delle mura o per via della distanza, che viveva la sua vita in una sequenza di sale ed edicole disposte nei parchi. In tali edifici, nei primi tempi, contava poco la facciata esterna, mentre erano le pareti interne che esprimevano la potenza o la fede, decorate a disegni floreali, geometrici o calligrafici. In epoche successive, gli edifici di città anche molto distanti tra loro continuarono ad avere, in certa misura, lo stesso linguaggio decorativo: da Baghdad a Cordova, pareti di stucco, piastrelle o legno lavorato recavano disegni o scritte in lingua araba. In qualche modo, però, si fecero strada stili caratteristici. Si diede maggiore rilievo alla apparenze esterne (facciate, archi di porta, cupole e minareti), ed è qui che emersero significative differenze. Nelle città siriane ed egiziane sotto gli Ayyubidi prima e i Mamelucchi poi, le facciate erano rivestite di pietra a strisce di colore alternate; era questo lo stile *ablaq*, retaggio romano che fu adottato in Siria e si diffuse in Egitto, e può essere anche visto in alcune chiese italiane in Umbria, in Toscana e altrove. La cupola divenne più notevole; esternamente, poteva essere decorata con una varietà di disegni geometrici o di altro tipo; all'interno, la transizione dalla sala quadrata alla cupola rotonda poneva un problema che venne risolto con l'uso di nicchie a tromba o pennacchi angolari, spesso con decorazioni a stalattite.

Nell'estremo occidente del mondo arabo musulmano, un caratteristico stile di costruzione delle moschee venne inaugurato con la grande moschea di Cordova, dalle numerose navate, le decorazioni di marmo scolpito, e le colonne di forma caratteristica, con pilastri diritti sormontati da archi a ferro di cavallo. Le dinastie almoravide e almohade lasciarono i loro monumenti memorabili nelle grandi moschee di Andalusia, Marocco, Algeria e Tunisia. La moschea Qarawiyyin a Fez, creazione degli Almoravidi, può essere presa ad esempio di quello stile, con il suo cortile lungo e stretto, i due minareti disposti simmetricamente alle estremità, la sua sala di preghiera con file di colonne parallele alla parete in cui si trovava il *mihrab*, e le piastrelle verdi del soffitto. Il minareto nel Maghreb era tendenzialmente quadrato, con un edificio squadrato di pianta più piccola che si elevava da una piattaforma sulla cima. Alcuni erano molto alti e notevoli: la Giralda a Siviglia, la Kutubiyya a Marrakesh (*Marrakush*).

Il più impressionante monumento in stile andaluso giunto fino a noi non era una moschea bensì un palazzo, l'Alhambra di Granada. Costruito soprattutto nel XIV secolo, non era solo un palazzo, ma piuttosto una cittadella reale separata dalla città principale che si trovava ai suoi piedi. Entro le sue mura vi era un complesso di edifici: caserme e fortificazioni nella parte esterna, e al centro due cortili reali, la Corte del Mirto e quella dei Leoni, dove vi erano specchi d'acqua circondati da giardini e da edifici, mentre alle loro estremità si trovavano le sale cerimoniali. Il materiale usato erano i mattoni, riccamente decorati con stucco o piastrelle, recanti iscrizioni tratte dal Corano e da poesie in arabo composte appositamente. La presenza dell'acqua segnala una caratteristica frequente nello stile andaluso e maghrebino: l'importanza del parco. Nel cuore del parco vi era un corso d'acqua o uno stagno, circondato da un rettangolo di giardini e padiglioni; fiori e cespugli venivano scelti e piantati con cura; tutto il complesso era racchiuso da alte pareti in muratura ricoperta da stucco.

L'ornamento principale dell'interno degli edifici era la decorazione delle pareti, eseguita con piastrelle, stucco o legno. Nei palazzi e nei bagni sembra vi fossero dipinti parietali raffiguranti esseri umani ed animali, intenti alla caccia, alla guerra o a piacevoli intrattenimenti: temi che sarebbe stato impossibile raffigurare nelle moschee per via della rigida dottrina religiosa che disapprovava la riproduzione di esseri viventi, considerando ciò un tentativo di imitare l'unica potenza creativa di Dio. Non si usava appendere quadri alle pareti, mentre esistevano libri illustrati. Vi sono manoscritti di *Kalila wa Dimna* del XII e del XIII secolo che contengono immagini di uccelli e di animali; quelli delle *Maqamat* di al-Hariri contengono scene di vita: la moschea, la biblioteca, il bazar e la casa; altri ancora illustrano congegni scientifici. Questa tradizione proseguì nel periodo mamelucco, ma senza la forza di quella, più orientale, dell'Iran.

Più notevoli nell'ornamento tanto delle case private quanto degli edifici pubblici erano i prodotti di vetro, ceramica e metallo, importanti non solo per l'uso o per la bellezza delle forme, ma anche come supporti di immagini che potevano essere simboli delle verità della religione o del potere regale: alberi, fiori, parole, animali o sovrani. Le più antiche ceramiche erano fatte di terracotta smaltata, ma in seguito vennero prodotte ceramiche a pasta vitrea. A partire dal XIV secolo si importò e si imitò la porcellana cinese bianca e azzurra. Principale centro di produzione era l'Egitto, ma dopo la distruzione di Fustat nel XII secolo, gli artigiani emigrarono in Siria e altrove. A Mosul, a Damasco, al Cairo e in altri luoghi si fabbricavano vasi di rame, bronzo e ottone per il consumo interno. Si producevano anche elaborati lampadari di vetro da appendere nelle moschee.

La poesia e la narrativa

La poesia svolgeva un ruolo importante nella cultura dei sovrani e dei ricchi. Dovunque vi fossero protettori vi erano anche poeti pronti a tesserne le lodi. Spesso l'elogio assumeva una forma ben nota: quella della *qasida* quale era stata sviluppata dai poeti dell'epoca 'abbaside. In Andalusia, invece, entro e intorno alle corti degli Umayyadi e di qualche loro successore, si svilupparono nuove forme poetiche. La più importante fu la *muwashshah*, che fece la sua comparsa sul finire del X secolo e continuò poi ad essere coltivata per centinaia di anni, non solo in Andalusia ma anche nel Maghreb. Essa era una composizione strofica: vale a dire che non tutti i versi terminavano con la stessa rima, ma che vi era uno schema di rime in ogni strofa o serie di versi, che veniva ripetuto per tutta la poesia. I metri e la lingua usati erano in linea di principio gli stessi della *qasida*, ma ogni strofa terminava con un congedo (*kharja*), sulla cui origine sono state fatte molte congetture da parte degli studiosi; era scritta in un linguaggio che si avvicinava alla parlata colloquiale, e talvolta nemmeno in arabo ma nel volgare romanzo del tempo; essa esprimeva, spesso, sentimenti di amore romantico, con parole poste in bocca a qualcuno diverso dal poeta. Gli argomenti della *muwashshah* comprendevano tutti quelli della poesia araba: descrizioni della natura, l'elogio dei sovrani, l'amore, e l'esaltazione di Dio e del cammino verso la Sua mistica conoscenza. Qualche tempo dopo apparve un'altra forma, lo *zajal*, anch'esso una poesia strofica, composta però nell'arabo colloquiale di Andalusia.

In alcune poesie d'amore andaluse è forte il tratto personale, l'espressione di un destino individuale, come nelle poesie di Ibn Zaydun (1003-1071). Cresciuto a Cordova, all'epoca della decadenza del califfato umayyade, fu profondamente coinvolto nella vita politica del suo tempo. Imprigionato dal governo del califfo, cercò rifugio prima presso un sovrano locale, poi presso un altro a Siviglia; quando il sovrano di Siviglia conquistò Cordova, fece ritorno in questa città per qualche tempo. La maggior parte della sua vita fu però trascorsa in esilio dalla sua città, e i lamenti per il suo luogo di nascita perduto, frammisti al rimpianto per la giovinezza trascorsa, riecheggiano alcuni temi tradizionali della *qasida* classica, ma in un modo che rivela la sua personalità. In una poesia su Cordova, egli ricorda la città e la sua giovinezza:

> Dio ha mandato acquazzoni sulle dimore abbandonate di coloro che amammo. Ha intessuto su di loro un abito a strisce, multicolore, e fatto sorgere in mezzo a loro un fiore simile a una stella. Quante ragazze simili a immagini trascinavano i loro abiti in mezzo a tali fiori, quando la vita era fresca e il tempo era al nostro servizio... Quanto erano felici, quei giorni che sono trascorsi, giorni di piacere, quando vivevamo con quelle che avevano nere chiome fluenti e bianche spalle... Ora di' al Destino i cui favori sono svaniti – favori che ho rimpianto come le notti che sono trascorse – con quanto languore la sua brezza mi ha toccato nella mia serata. Ma per colui che cammina nella notte

> le stelle brillano ancora: saluti a te, Cordova, con amore e nostalgia.[1]

La stessa nota personale di rimpianto ed angoscia si può cogliere nelle poesie d'amore che egli indirizzò a Wallada, la principessa umayyade che aveva amato in gioventù ma che lo aveva lasciato per un altro:

> Sì, ti ho ricordato con nostalgia, ad al-Zahra, quando l'orizzonte era chiaro e il volto della terra dava piacere, e la brezza era dolce nel tardo pomeriggio, come se avesse pietà di me. Il giardino risplendeva con le sue acque d'argento, come se dai petti vi fossero state gettate delle collane. Era un giorno come i giorni dei nostri piaceri che ora ci hanno lasciati. Passammo la notte come ladri che rubavano quel piacere mentre la sorte dormiva... Una rosa risplendeva nel suo letto esposta al sole, e il pieno giorno crebbe più radioso alla sua vista; una ninfea passò, diffondendo la sua fragranza, una dormiente i cui occhi erano stati aperti dall'alba... La mia più preziosa, più brillante, più diletta proprietà – se gli innamorati possono avere proprietà – non potrebbe compensare la purezza del nostro amore, nel tempo in cui vagavamo liberi nel giardino dell'amore. Ora ringrazio Dio per il mio tempo con te; tu hai trovato consolazione per esso, ma io sono rimasto innamorato.[2]

Questa fu l'ultima fioritura di una poesia lirica originale e personale prima dell'era moderna. La poesia continuò ad essere scritta in abbondanza, come attività di persone colte, ma poche delle sue produzioni hanno attirato l'attenzione delle epoche successive. La maggiore eccezione al riguardo è costituita da alcune poesie ispirate dal sufismo, come quella di 'Umar ibn al-Farid (1181-1235), con le sue immagini di amore e di ebbrezza, suscettibili di più significati.

Uno dei motivi della fioritura dell'Andalusia può essere stata la commistione di popoli, lingue e culture. Vi erano usate non meno di cinque lingue. Due erano colloquiali, il caratteristico arabo andaluso e il dialetto romanzo che in seguito si sarebbe evoluto nello spagnolo; essi erano entrambi usati in varia misura da Musulmani, Cristiani ed Ebrei. Vi erano inoltre tre lingue scritte: l'arabo classico, il latino e l'ebraico; i Musulmani usavano l'arabo, i Cristiani il latino e gli Ebrei tanto l'arabo che l'ebraico. Gli Ebrei che scrivevano di filosofia o scienza usavano soprattutto l'arabo, mentre i poeti usavano l'ebraico in un modo nuovo. Perlomeno nei primi tempi, la poesia in ebraico veniva usata a scopi diversi da quelli liturgici; sotto la protezione di Ebrei ricchi e potenti che ricoprivano ruoli importanti nella vita delle corti e delle città, i poeti adottarono forme di poesia araba come la *qasida* e la *muwashshah*, e se ne servirono per scopi profani oltre che liturgici. Il poeta che ha conseguito la fama più duratura è Giuda Levita (Yehuda Halevi, 1075-1141).

La poesia elevata veniva scritta in lingua rigidamente corretta, celebrava determinati temi canonici e riecheggiava poesie del passato, ma intorno ad essa vi era una letteratura di più ampia diffusione che sarebbe troppo semplicistico chiamare «popolare», ma che doveva essere apprezzata da ampi strati della società. Una buona parte di essa era effimera, composta in modo più o meno improvvisato, non veniva messa per iscritto, era tramandata oralmente e si perdeva poi nei recessi del tempo, ma una parte è giunta fino a noi. Lo *zajal*, che cominciò ad affermarsi in Andalusia nell'XI secolo, si diffuse in tutto il mondo di lingua araba. Vi è anche una tradizione di opere teatrali. Si conservano ancora certe rappresentazioni per ombre cinesi, scritte da un attore del XIII secolo, Ibn Daniyal, e destinate ad essere messe in scena servendosi di marionette o delle mani poste davanti a una sorgente luminosa e dietro a uno schermo.

Il genere letterario più diffuso e duraturo fu quello del romanzo. Grandi cicli di storie di eroi si svilupparono nel corso dei secoli. Le loro origini si perdono nelle nebbie del tempo, e in parecchie tradizioni culturali se ne possono trovare versioni differenti. È possibile che essi esistessero già nella tradizione orale prima di essere affidate allo scritto. Essi comprendevano le storie di 'Antar ibn Shaddad, il figlio di una schiava, che divenne un eroe tribale arabo; Iskandar o Alessandro Magno; Baybars, il vincitore dei Mongoli e fondatore della dinastia mamelucca in Egitto; e i Banu Hilal, la tribù araba che emigrò nei paesi del Maghreb. I temi dei cicli sono svariati. In alcuni casi vi sono storie d'avventura o di viaggio narrate per il puro gusto narrativo; altre evocano l'universo di forze soprannaturali che circondano la vita umana: spiriti, spade dai poteri magici, città di sogno; nel cuore di esse vi è l'idea dell'eroe o della compagnia di eroi, un uomo o un gruppo di uomini che sono in gara contro le forze del male (siano esse uomini o demoni o le loro stesse passioni) e che hanno la meglio su di esse.

Queste composizioni erano recitate in un misto di poesia, prosa rimata (*saj'*) e prosa comune. Ciò era dovuto a diversi motivi: la rima era un aiuto alla memoria, e inoltre conferiva la narrazione una condizione separata rispetto alla vita e al modo di parlare ordinari; la commistione di diversi stili consentiva al narratore di passare da un registro all'altro, a seconda dell'uditorio e dell'impressione che voleva lasciare in esso: un uditorio rurale avrà avuto aspettative diverse da quelle degli abitanti di città, e ascoltatori colti ne avranno avute di diverse da quelle degli analfabeti. Col passare del tempo, le storie vennero messe per iscritto, ad opera di autori con qualche capacità letteraria, e può darsi che coloro che le recitavano fossero a conoscenza dei testi scritti, ma vi era sempre spazio per l'improvvisazione o l'adattamento ai bisogni di un particolare momento o di una particolare località.

La storia della genesi di questi cicli non è stata molto studiata, e forse non potrà mai esserlo. È chiaro, però, che essi si svilupparono accrescendosi progressivamente col passare dei secoli e che variavano da regione a regione. Uno studio sul ciclo di 'Antar ha mostrato che le sue origini stavano in qualche storia tradizionale oggi perduta dell'Arabia preislamica, che tuttavia gradualmente incorporò altro materiale man mano che si spostava da una località all'altra; il testo quale noi oggi lo possediamo si formò non più tardi della fine del XIV secolo. È stata avanzata l'ipotesi che un tale processo di sviluppo non abbia rilevanza esclusivamente letteraria; esso servì a fornire una legittimazione a popoli di fresca islamizzazione o arabizzazione inserendo la loro storia in un modello arabo; i nomadi delle tribù sahariane, narrando la loro versione della storia di 'Antar o dei Banu Hilal, rivendicavano per sé un'origine araba.

Il ciclo di racconti noto come le *Mille e una notte*, ancorché diverso sotto molto aspetti dai romanzi, riecheggia alcuni dei loro temi e sembra essersi sviluppato in una maniera abbastanza simile. Non si trattava di un romanzo costruito intorno alla vita e alle avventure di un singolo o di un gruppo, ma di una raccolta di racconti di vario tipo progressivamente uniti tra loro servendosi dell'espediente di un'unica narratrice che racconta queste storie al marito una notte dopo l'altra. Si pensa che il nucleo della raccolta stesse in un gruppo di racconti tradotti in arabo dal pahlavi nei primi secoli dell'Islam. Qualche accenno ad essa viene fatto nel X secolo, e si possiede un frammento di un antico manoscritto, ma il primo manoscritto completo risale al XIV secolo. Il ciclo di racconti sembra essersi formato a Baghdad tra il X e il XII secolo; si ampliò ulteriormente al Cairo durante il periodo mamelucco, e i racconti aggiunti o inventati allora vennero ambientati a Baghdad all'epoca del califfo 'abbaside Harun al-Rashid. Delle aggiunte vennero fatte anche successivamente; alcune delle storie che si trovano nelle prime traduzioni in lingue europee del XVIII secolo, e nelle prime versioni arabe a stampa, del XIX, non figurano affatto nei manoscritti più antichi.

Un'opera narrativa completamente diversa da queste venne prodotta sul finire del maggiore periodo della cultura andalusa, quello degli Almohadi: *Hayy ibn Yaqdhan* di Ibn Tufayl (m. 1185/6). Trattato filosofico in forma di racconto, esso narra di un bambino cresciuto in isolamento su di un'isola. Con l'esercizio solitario della ragione egli si innalza attraverso i vari stadi di comprensione dell'universo, con ogni stadio che dura sette anni e possiede un'adeguata forma di pensiero. Alla fine, egli raggiunge l'apice del pensiero umano, quando comprende il processo che è la natura ultima dell'universo, l'eterno ritmo dell'emanazione e del ritorno, le emanazioni dell'Uno che procedono da un livello all'altro giù fino alle stelle, il punto in cui lo spirito assume forma materiale, e lo spirito che si sforza di salire verso l'Uno.

Tale comprensione è però destinata solo ad una minoranza. Quando finalmente Hayy incontra un altro essere umano e tutti e due si trasferiscono per un certo tempo dall'isola al mondo abitato, egli si rende conto che vi è una gerarchia degli intelletti umani. Solo una minoranza può conseguire la verità servendosi esclusivamente della ragione; un'altra minoranza può conseguirla servendosi della ragione per decifrare ciò che viene fornito loro attraverso i simboli della rivelazione religiosa; altri ancora accettano le leggi basate su tali simboli ma non riescono a interpretarle per mezzo della ragione. La massa dell'umanità non si cura né della verità razionale né delle leggi della religione, ma solo delle cose del mondo. Ognuno dei primi tre gruppi ha la sua perfezione ed i suoi limiti, e non dovrebbe sforzarsi di avere di più. Parlando, nella sua visita alla terraferma, ad uomini del terzo gruppo,

> Hayy disse loro che egli era della loro opinione, e ammise che per essi era necessario rimanere entro i limiti delle leggi divine e dell'osservanza esteriore, trattenersi dall'andare a fondo di ciò che non li riguardava, avere fede in ciò che era oscuramente compreso ed accettarlo, evitare le innovazioni e i capricci soggettivi, prendere a modello i pii antenati e lasciare da parte le idee innovative. Egli li esortò a evitare il comportamento della gente comune che trascura i sentieri della religione e accetta il mondo... Questa era l'unica via per gente come loro, e se essi cercavano di innalzarsi al di sopra di ciò fino ad un'altezza tale da osservare a fondo ciò che possedevano sarebbero stati turbati: non sarebbero stati in grado di raggiungere il livello degli eletti, ma avrebbero vacillato e sarebbero caduti.[3]

La musica

Quasi in ogni epoca e luogo la musica è stata un ornamento della vita dei ricchi e dei potenti, e un accompagnamento per un certo tipo di poesia. Le *muwashshah* andaluse erano scritte per essere cantate, e continuavano una tradizione che aveva cominciato a svilupparsi nei primi tempi dell'Islam, la quale a sua volta continuava una più antica tradizione iranica. In epoca umayyade il musico era un personaggio di corte, che suonava per il sovrano, che sottolineava la sua distanza celandosi dietro ad una cortina. Una famosa antologia, il *Kitab al-aghani* (*Il libro dei canti*), descrive una simile situazione alla corte 'abbaside. Chi parla è il compositore del canto:

> Venni condotto in un ampio e splendido salone, all'estremità del quale pendeva un magnifico tendaggio di seta. Al centro della stanza vi erano numerosi sedili rivolti verso il tendaggio, e

> quattro di questi sedili erano già stati occupati da altrettanti musici, tre donne ed un uomo, che tenevano in mano dei liuti. Venni posto accanto all'uomo, e ci fu dato ordine di cominciare il concerto. Dopo che i quattro ebbero suonato, mi rivolsi al mio compagno e gli chiesi di accompagnarmi col suo strumento... Cantai quindi una musica di mia composizione... Alla fine la porta si aprì; Fadl ibn Rabi' gridò: «Il Principe dei Credenti», e apparve Harun.[4]

A un certo punto l'arte venne trasferita ad opera di un musico dalla corte degli 'Abbasidi a quella degli Umayyadi di Cordova; si sviluppò una tradizione andalusa e maghrebina diversa dalla tradizione iranica delle corti orientali.

Dal momento che la musica veniva tramandata oralmente per trasmissione diretta, non abbiamo praticamente registrazioni di ciò che veniva suonato o cantato fino agli ultimi secoli, ma qualche cosa si può ricavare dalle opere di autori di teoria musicale. Conformemente ai pensatori greci, i filosofi musulmani consideravano la musica una scienza: l'ordine dei suoni poteva essere spiegato secondo principi matematici. Trovarne una spiegazione era particolarmente importante per loro dal momento che essi ritenevano i suoni echi della musica delle sfere, vale a dire di quei celesti movimenti che davano origine a tutti i movimenti del mondo sotto la luna. Oltre alle speculazioni filosofiche che contengono, le opere sulla musica come quelle di Ibn Sina forniscono particolari sugli stili di composizione e di esecuzione e sugli strumenti. La musica di corte, a quanto si apprende, era in primo luogo vocale. Le poesie venivano cantate con l'accompagnamento di vari strumenti: strumenti a corde pizzicate e ad archi, flauti, percussioni. I suoni venivano organizzati secondo un certo numero di «modi» canonici, ma all'interno di questi modelli fissi vi era spazio per l'improvvisazione di variazioni e abbellimenti. La musica accompagnava anche la danza, eseguita da danzatrici professioniste in palazzi e case private.

Tutte le componenti della società, nel deserto, in campagna o nelle città, avevano la loro musica per occasioni importanti: la guerra e il raccolto, il lavoro e il matrimonio. Ogni regione aveva le proprie tradizioni, le propri canzoni eseguite con o senza l'accompagnamento di tamburi, zampogne, o violini ad una corda; alcune occasioni venivano festeggiate anche con danze, eseguite non da danzatrici professioniste ma da uomini o donne disposti in file o in gruppi La migrazione delle popolazioni e la diffusione dell'arabo con tutto ciò che questo comportò può avere indirizzato queste tradizioni in direzione di un'uniformità, ma le differenze si mantennero, tra villaggio e villaggio o tra tribù e tribù.

La musica di corte era associata con la mondanità della vita di corte, e anche la musica del popolo poteva essere un accompagnamento di celebrazioni mondane. Gli uomini di religione disapprovavano questo fatto, ma non potevano condannare la musica nel suo complesso, dal momento che essa prese ben presto a svolgere un ruolo nelle pratiche religiose: la chiamata alla preghiera aveva un suo ritmo particolare, il Corano veniva salmodiato secondo certe regole, e il *dhikr*, il solenne rituale della ripetizione del nome di Dio, era accompagnato dalla musica, e anche da movimenti del corpo, in alcune confraternite sufi. Fu quindi importante per coloro che scrivevano nel solco della tradizione della legge definire le condizioni alle quali era permesso eseguire ed ascoltare la musica. In un celebre capitolo dell'*Ihya 'ulum al-din*, al-Ghazali riconosceva il potere della musica sul cuore degli uomini:

> Non vi è accesso al cuore se non attraverso l'anticamera delle orecchie. Intonazioni musicali, cadenzate e piacevoli, portano alla luce ciò che vi è nel cuore e rendono evidenti le sue bellezze e i suoi difetti...quando l'anima della musica e del canto raggiunge il cuore, allora si agita nel cuore ciò che predomina in esso.[5]

È quindi necessario regolamentare l'uso di questa forza possente. La poesia e la musica non sono vietate in sé, ma a seconda delle circostanze. Esse sono consentite quando suscitano la bramosia del pellegrinaggio, o incitano gli uomini alla guerra in situazioni in cui lo stato di guerra è lecito, oppure quando evocano un lodevole rincrescimento («il rincrescimento di un uomo per i suoi difetti in fatto di religione, o per i suoi peccati»[6]) o l'amore, quando l'oggetto dell'amore è lecito, o l'amore di Dio: «nessun suono colpisce le orecchie di un uomo, ma egli lo ode da Lui e in Lui».[7] Esse sono vietate, invece, se chi le recita o canta è una persona che suscita la tentazione, o se la canzone è oscena o blasfema o suscita la lussuria; certi strumenti – strumenti a fiato e a corde – sono vietati perché associati a ubriaconi o effeminati.

Capire il mondo

Non erano solo gli studiosi di religione e gli allievi delle *madrasa* che leggevano libri, ma anche membri di famiglie cittadine che avessero avuto un'istruzione. A questo punto vi era a loro disposizione una gran massa di opere scritte in arabo da leggere, e si sviluppò una sorta di autocoscienza culturale, uno studio della cultura espressa in arabo che si era andata accumulando e una riflessione su di essa.

La condizione preliminare per una tale attività era che i libri fossero disponibili con facilità. La diffusione, a partire dal IX secolo, della fabbricazione e dell'uso della carta aveva reso più facile e a buon mercato la copiatura dei libri. Un libro veniva dettato a degli scribi dal suo autore o da un affermato studioso, che poi ascoltava la lettura o leggeva egli stesso la copia e la autenticava con un'*ijaza*, un certificato di trasmissione autentica. Questo processo si diffuse, man mano che coloro che avevano copiato un libro davano ad altri l'autorizzazione a copiarlo. Le copie venivano vendute da librai, i cui negozi si trovavano spesso vicino alle moschee principali di una città, e alcuni venivano acquistati da biblioteche.

Le prime grandi biblioteche di cui abbiamo la testimonianza furono create da sovrani: la «Casa della sapienza» (*bayt al-hikma*) a Baghdad ad opera del califfo Ma'mun (813-833) e poi la «Casa della cultura» (*Dar al-'ilm*), fondata agli inizi dell'XI secolo al Cairo sotto i Fatimidi. Ambedue erano più di un semplice deposito di libri; erano anche centri di studio e propaganda delle idee favorite dai sovrani; quelle delle scienze razionali sotto Ma'mun, quelle degli Ismailiti al Cairo. Più tardi, le biblioteche si moltiplicarono, anche perché finì per essere accolto il principio che anche i libri che contribuivano allo studio e all'insegnamento della religione potevano essere costituiti in dotazioni religiose (*waqf*). Molte moschee e *madrasa* avevano biblioteche annesse, non solo ad uso dei dotti nei loro studi privati, ma anche come centri per copiare i manoscritti e trasmetterli così ulteriormente.

I giuristi religiosi ammettevano come oggetto di *waqf* solo i libri che conducevano alla conoscenza religiosa, ma i sovrani e i ricchi non facevano necessariamente simili distinzioni. I palazzi e le grandi case erano dotati di biblioteche, talvolta contenenti libri scritti in splendida calligrafia e abbelliti da illustrazioni.

Gran parte della produzione di coloro che leggevano e scrivevano libri apparteneva a quella che uno studioso moderno ha chiamato la «letteratura compilatoria»: dizionari, commentari di letteratura, manuali di pratica amministrativa, e soprattutto storiografia e geografia. Lo scrivere la storia fu un tratto comune a tutte le società musulmane colte e urbane, e sembra che ciò che si scriveva venisse diffusamente letto. Se si esclude la letteratura religiosa, la massa maggiore delle opere scritte nelle principali lingue dell'Islam è costituita da quelle di storia e di argomenti consimili. Anche se questa materia non faceva parte del curriculum di base della *madrasa*, sembra che i libri di storia fossero molto studiati dai dotti e dagli studenti oltre che da un più vasto pubblico colto. Essi assumevano un'importanza particolare soprattutto per una determinata fetta del pubblico dei lettori: per i sovrani e per quanti erano al loro servizio, la storia non forniva solo una registrazione delle glorie e delle conquiste di una dinastia, ma anche una raccolta di esempi da cui trarre lezioni sull'arte di governare.

Man mano che svaniva l'unità del califfato e venivano alla luce nuove dinastie, intorno alle quali si raccoglievano nuove corti, burocrazie e borghesie, in tutto il mondo dell'Islam si svilupparono anche tradizioni di storiografia locale. Studiosi, funzionari o storici di corte scrivevano gli annali di una città o di una regione. In tali opere poteva capitare di trovare una ricapitolazione della storia universale tratta dai grandi storici del periodo 'abbaside, seguita però da una cronaca di avvenimenti locali o di una dinastia, registrati anno per anno; in aggiunta, si potevano anche trovare le biografie di coloro che erano morti in ogni anno. Fu così che in Siria Ibn al-Athir (1163-1233) collocò gli avvenimenti del suo tempo e luogo nel contesto di una storia universale. In Egitto, storie locali scritte da al-Maqrizi (m. 1442) e da Ibn Iyas (m. 1524) coprivano il periodo dei Mamelucchi. Nel Maghreb, la storia delle dinastie arabe e berbere di Ibn Khaldun era preceduta dalla *Muqaddima* (*Prolegomeni*) in cui venivano esposti i principi di selezione e interpretazione di una storiografia consapevole:

> Molte persone competenti e storici esperti hanno errato riguardo a tali racconti ed opinioni, e li hanno accolti senza un esame critico... e perciò la storia è stata confusa... Colui che si dedica a questa scienza deve conoscere le regole dell'arte di governare, la natura delle cose esistenti, e la differenza tra nazioni, regioni e tribù quanto ai modi di vivere, alle qualità del carattere, agli usi, alle sette, alle scuole di pensiero, e così via. Egli deve distinguere le somiglianze e le differenze tra il presente e il passato, e conoscere le svariate origini delle dinastie e delle comunità, le ragioni della loro nascita, le condizioni delle persone in esse coinvolte, e la loro storia. Egli deve procedere finché non ha una completa conoscenza delle cause di ogni avvenimento, e a questo punto esaminerà le informazioni che sono state tramandate alla luce dei suoi principi esplicativi. Se sono conciliabili con essi, queste informazioni sono autentiche, altrimenti sono false.[8]

L'interesse per la varietà delle esperienze umane emerge anche in un altro genere letterario, quello delle opere geografiche e di viaggio. Coloro che scrivevano di geografia combinavano cognizioni ricavate da opere greche, iraniche e indiane con le osservazioni di soldati e viaggiatori. Alcuni di essi erano interessati soprattutto a narrare la storia dei propri viaggi e di ciò che avevano osservato; quelli di Ibn Battuta (m. 1377) furono i più estesi, e trasmettevano un'idea dell'ampiezza del mondo islamico e della varietà di società umane al suo interno. Altri si dedicavano sistematicamente allo studio dei paesi del mondo nelle loro reciproche relazioni, per registrarne le differenti particolarità naturali, popolazioni, e usi, e anche per descrivere i percorsi che li collegavano e le distanze che li separavano. Così al-Muqaddasi (m. 1000) scrisse un compendio della geografia fisica e umana del mondo conosciuto, basato sulle proprie osservazioni e su quelle di testimoni degni di fede, e al-Yaqut (m. 1229) compose una sorta di dizionario geografico.

I gusti della borghesia potevano non essere del tutto identici a quelli degli studiosi di religione e degli allievi delle *madrasa*. In particolare, le famiglie da cui uscivano segretari, contabili e medici dei sovrani erano attratte, per la natura del loro lavoro, da quel tipo di pensiero che era il prodotto dell'osservazione e della deduzione logica a partire da principi razionali. Le speculazioni dei filosofi venivano guardate con sospetto da alcune scuole di legge religiosa e da qualche sovrano, ma altri modi di usare la ragione per spiegare la natura delle cose destavano minor sospetto e dimostravano un'utilità pratica.

L'astronomia aveva una valore pratico perché forniva i mezzi per calcolare le date e il tempo. Essa fu uno degli ambiti in cui l'uso dell'arabo su di una vasta area dal Mar Mediterraneo all'Oceano Indiano rese possibile di coniugare la tradizione scientifica greca con quelle iranica e indiana.

Un'altra scienza trovava applicazioni ancora più estese. I medici erano personalità di grande importanza nelle società musulmane; grazie al fatto di prendersi cura della salute dei sovrani e dei potenti essi potevano acquisire un notevole ascendente politico. Essi non potevano svolgere il loro lavoro senza una certa comprensione della natura e delle attività del corpo umano, e degli elementi naturali di cui il corpo era costituito. Il nucleo delle cognizioni mediche dei Musulmani era tratto dalla teoria medica e fisiologica greca, e in particolare dall'opera di Galeno, il grande sintetizzatore. La base di questa teoria era che il corpo umano era composto dei quattro elementi di cui era composto il mondo materiale nel suo complesso: fuoco, aria, terra e acqua. Questi elementi potevano mescolarsi in molteplici modi, e i vari miscugli davano origine a diversi temperamenti e «umori». Il corretto equilibrio tra gli elementi preservava la salute del corpo, mentre una mancanza di equilibrio portava alla malattia che richiedeva le arti risanatrici del medico.

I principi dell'arte medica erano stati esposti in età 'abbaside in due grandi opere di sintesi: lo *Hawi* (*Libro completo*) di Abu Bakr Muhammad al-Razi (863-925) e il *Qanun* (*Principi di medicina*) di Ibn Sina (il «Canone di Avicenna»). Pur essendo basati sulle opere dei grandi scienziati greci, ciononondimeno essi mostravano lo sviluppo di una caratteristica tradizione islamica che sotto certi aspetti faceva compiere dei progressi alla scienza medica; il libro di Ibn Sina, tradotto in latino e in altre lingue, rimase poi il principale testo di riferimento della medicina europea, perlomeno fino al XVI secolo.

L'arte della medicina, come la concepivano i dottori musulmani, non veniva insegnata nelle *madrasa* bensì con l'apprendistato o nei *bimaristan*, gli ospedali eretti in *waqf* che esistevano nelle città principali. Fu nella loro veste di professionisti dell'arte di risanare che i medici musulmani diedero i loro contributi più importanti. Essi fecero progredire le tecniche chirurgiche. Osservarono il decorso delle malattie e ne diedero una descrizione; Ibn al-Khatib (1313-1374) fu forse il primo a comprendere il modo in cui la peste si diffondeva per contagio. Essi studiarono la preparazione di medicamenti con piante medicinali e i loro effetti sul corpo umano, e la preparazione di farmaci fu ampiamente diffusa; c'è chi ha sostenuto che l'istituzionalizzazione della farmacia è un'invenzione islamica. Essi compresero anche l'importanza di quei fattori che potevano prevenire quello squilibrio degli elementi foriero, a loro modo di vedere, delle malattie: una dieta sana, l'aria aperta e l'attività fisica.

Neli ultimi secoli fu fatto un tentativo di creare un sistema alternativo di scienza medica, la «medicina del Profeta» (*tibb nabawi*). Esso rappresentava una reazione alla tradizione che proveniva da Galeno. Tale sistema venne costruito a partire da ciò che gli Hadith registravano tra le pratiche del Profeta e dei suoi Compagni in fatto di salute e malattia. A crearlo non furono però degli addetti ai lavori, bensì giuristi e tradizionalisti che propugnavano rigidamente l'idea che il Corano e gli Hadith contenessero tutto quanto era necessario per la conduzione della vita umana. Persino tra gli studiosi di religione questo era il punto di vista di una minoranza, e un'opinione critica al riguardo venne esposta, col suo sano buon senso, da Ibn Khaldun. Questo genere di medicina, egli sosteneva, poteva in modo occasionale e fortuito essere corretta, ma non era basata su alcun principio razionale. Gli avvenimenti e le opinioni che erano incidentalmente registrati in connessione con la vita del Profeta non facevano parte della rivelazione divina:

> Il Profeta (la pace sia su di lui) venne inviato per insegnarci la legge divina, non la medicina o qualunque altra questione ordinaria... Nessuna delle affermazioni sulla medicina che ricorrono nelle tradizioni autentiche andrebbe considerata dotata della forza di una legge.[9]

Intorno all'insegnamento ufficiale delle scienze religiose, e alle speculazioni dei filosofi, vi era un'ampia zona di penombra fatta di credenze e pratiche con le quali gli esseri umani speravano di riuscire a comprendere e a controllare le forze dell'universo. Siffatte credenze riflettevano la paura e lo smarrimento di fronte a quello che poteva apparire un destino incomprensibile e a volte crudele, ma potevano non limitarsi a questo. La separazione tra «scienza» e «superstizione» non correva lungo la stessa linea di oggi, e molte persone istruite ammettevano tali credenze e pratiche poiché esse si basavano su idee che erano largamente diffuse, e che solo pochi filosofi e teologi, per diversi motivi, respingevano.

Le pretese dell'astrologia erano basate su di un'idea che era largamente accettata e aveva una rispettabile discendenza: l'idea che il mondo celeste determinasse le vicende del mondo sublunare, quello umano.

Il confine tra i due mondi era rappresentato dai pianeti e dalle stelle, e uno studio della loro configurazione, e dei movimenti degli astri, non solo poteva spiegare ciò che avveniva nel mondo del divenire e del trapasso, ma addirittura poteva consentire di modificarlo. Questa era stata un'idea diffusa tra i Greci, era stata ripresa da alcuni pensatori musulmani, ed aveva ricevuto una forma specificamente islamica ad opera dei teosofi sufi: gli oggetti del mondo celeste erano visti come emanazioni di Dio. Gli astrologi musulmani svilupparono tecniche di predizione e di influenza: per esempio, mediante l'iscrizione solenne di cifre o lettere secondo certe disposizioni su materiali di vario tipo. Perfino alcuni illustri pensatori accoglievano le pretese dell'astrologia, e pensavano che le stelle potessero avere un influsso sulla salute del corpo. I giuristi di stretta osservanza e i filosofi razionali, invece, la condannavano; Ibn Khaldun riteneva che essa non avesse fondamento nella verità rivelata, e che rinnegasse il ruolo di Dio come unico agente.

Largamente diffusa era anche la credenza degli alchimisti che fosse possibile produrre oro e argento partendo da metalli vili, se solo si fosse riusciti a trovare il modo di farlo. Le pratiche alchemiche avevano anch'esse la loro base in una teoria scientifica ripresa dai Greci: l'idea che tutti i metalli formassero un'unica specie naturale, e si distinguessero tra loro solo per via dei rispettivi accidenti, e che tali accidenti si modificassero lentamente in direzione di una trasformazione verso il metallo più prezioso. Cercare di trasformarli in oro e argento non era, dunque, andare contro le leggi della natura, bensì accelerare, con l'intervento umano, un processo che era già in corso. Anche su questo punto vi erano discordie tra le persone colte. Ibn Khaldun pensava che fosse possibile produrre dell'oro o dell'argento per magia o per un miracolo divino, ma non con arti umane; e anche se ciò fosse stato possibile, non sarebbe stato desiderabile, dal momento che, se l'oro e l'argento non fossero più stati rari, non avrebbero più potuto servire da misura di valore.

Più diffusa, e di fatto praticamente universale, era la credenza nell'esistenza di spiriti e nella necessità di trovare qualche maniera di tenerli sotto controllo. I *jinn* erano spiriti con un corpo di vapore o di fiamma che potevano rivelarsi ai sensi, spesso sotto forma di animali, e potevano avere un influsso sulla vita degli uomini; talvolta essi erano cattivi, o quanto meno molesti, ed era perciò necessario cercare di tenerli sotto controllo. Potevano esservi anche degli esseri umani che avevano un potere sulle azioni o sulla vita degli altri, o a causa di qualche caratteristica su cui non avevano alcun controllo (il «malocchio») oppure attraverso il deliberato esercizio di certe arti, per esempio l'esecuzione di solenni atti rituali in particolari circostanze, che potevano suscitare forze soprannaturali. Questa era una riflessione distorta di quel potere che i virtuosi, gli «amici di Dio» potevano acquisire per grazia divina. Perfino lo scettico Ibn Khaldun credeva che la stregoneria esistesse, e che certi esseri umani potessero trovare il modo di esercitare un potere sugli altri, ma pensava che ciò fosse biasimevole. Vi era una convinzione generale che tali poteri potessero essere tenuti sotto controllo o respinti per mezzo di incantesimi e amuleti collocati su determinate parti del corpo, magiche disposizioni di parole o cifre, incantesimi o riti di esorcismo o propiziazione, come lo *zar*, un rituale di propiziazione ancora diffuso nella valle del Nilo.

Si riteneva comunemente, in tutte le culture prima dell'era moderna, che i sogni e le visioni potessero aprire una porta su di un mondo diverso da quello dei sensi. Essi potevano recare messaggi da Dio; potevano schiudere una dimensione nascosta dell'anima di una persona; potevano provenire da *jinn* o da demoni. Il desiderio di chiarire il significato dei sogni doveva essere diffuso, ed era generalmente considerato legittimo; i sogni ci dicevano qualcosa che era importante venire a sapere. Addirittura, Ibn Khaldun considerava l'interpretazione dei sogni come una scienza della religione: quando col sonno la normale percezione dei sensi veniva rimossa, l'anima poteva vedere di sfuggita la propria realtà; libera dal corpo, poteva cogliere percezioni dal proprio mondo, e una volta fatto ciò poteva fare ritorno con esse dentro al corpo; poteva trasmettere le sue percezioni all'immaginazione che avrebbe formato le immagini adeguate, che il dormiente avrebbe percepito come per mezzo dei sensi. Gli autori musulmani ripresero da quelli Greci la scienza dell'interpretazione dei sogni, ma vi aggiunsero del loro; è stato detto che non vi è letteratura sui sogni più ricca di quella islamica.

PARTE TERZA

L'ETÀ OTTOMANA

(Secoli XVI-XVIII)

Nel corso del XV e del XVI secolo la maggior parte del mondo musulmano venne integrata in tre grandi imperi, quelli degli Ottomani, dei Safavidi e dei Moghul. Tutti i territori di lingua araba furono compresi nell'Impero Ottomano, con capitale a Istanbul, ad eccezione di parte dell'Arabia, del Sudan e del Marocco; l'impero comprendeva anche l'Anatolia e il sudest dell'Europa. Il turco era la lingua della famiglia regnante e dell'élite militare e amministrativa, formata in notevole misura da convertiti all'Islam provenienti dai Balcani e dal Caucaso; l'élite religiosa era di origine mista, veniva addestrata nelle grandi scuole imperiali di Istanbul e trasmetteva un corpo di letteratura giuridica espressa in arabo.

Questo impero fu uno stato burocratico, che mantenne regioni diverse sotto un unico sistema amministrativo e fiscale. Esso fu però anche l'ultima grande espressione dell'universalità del mondo islamico. Conservò la legge religiosa, protesse ed ampliò i confini del mondo musulmano, custodì le città sante dell'Arabia e organizzò il pellegrinaggio diretto ad esse. Fu anche uno stato multireligioso, che forniva una condizione riconosciuta alle comunità cristiane ed ebree. Gli abitanti musulmani delle città di provincia furono integrati nel sistema di governo, e nei paesi arabi si sviluppò una cultura arabo-ottomana, che preservava il suo retaggio sviluppandolo, entro certi limiti, in modi nuovi. Al di là dei confini dell'impero, il Marocco conobbe uno sviluppo alquanto diverso, sotto proprie dinastie che rivendicavano anch'esse un'autorità basata sulla protezione che accordavano alla religione.

Nel XVIII secolo l'equilibrio tra il governo centrale ottomano e quello locale subì dei mutamenti e in alcune parti dell'impero gruppi o famiglie dominanti ottomane locali ebbero una relativa autonomia, ma rimasero fedeli all'interesse superiore dello stato ottomano. Vi fu un mutamento anche nei rapporti tra l'impero e gli stati dell'Europa.

Mentre nei secoli precedenti l'impero in Europa era stato in espansione, sul finire del XVIII secolo si trovò sotto minaccia militare da ovest e da nord. Vi furono anche i primi segni di un mutamento nella natura e nelle direzioni del commercio, man mano che i governi e i commercianti europei si rafforzavano nell'Oceano Indiano e nel Mare Mediterraneo. Alla fine del secolo l'élite dominante ottomana cominciava a rendersi conto di un declino relativo della potenza e dell'indipendenza, e a fare i primi tentativi di fronteggiare la nuova situazione.

Capitolo Tredicesimo

L'IMPERO OTTOMANO

I limiti del potere politico

L'accettazione del sovrano da parte degli *'ulama* e di coloro di cui questi ultimi erano i portavoce era un'arma a doppio taglio. Fintantoché il sovrano aveva il potere di mantenersi, e di difendere gli interessi cittadini che erano associati ai suoi, poteva sperare nell'acquiescenza delle città e dei loro hinterland, nel riconoscimento da parte dei dottori della legge e in qualche grado di cooperazione; nonostante la messa in guardia contro la frequentazione dei principi espressa da al-Ghazali e da altri, vi erano sempre *'ulama* pronti a servire il sovrano come giudici o funzionari ed a giustificarne le azioni. Se però il suo potere gli fosse venuto a mancare, poteva succedere che la città non facesse nulla per salvarlo e che trasferisse la sua obbedienza a un nuovo sovrano munito di effettivo potere. Il momento in cui una città cadeva era l'unico in cui la città poteva agire autonomamente: il *qadi* e altre autorità potevano uscire incontro al nuovo sovrano e consegnare a lui la città.

Durante il mezzo millennio che seguì l'inizio della disintegrazione dell'Impero 'Abbaside e precedette l'assunzione del potere sulla maggior parte delle regioni occidentali del mondo islamico da parte degli Ottomani, le ascese e le cadute di dinastie si ripeterono più e più volte. La spiegazione di tutto questo va ricercata in due ordini di fattori: da una parte il logoramento del potere di una dinastia già affermata, e dall'altro l'accumulo di potere da parte della sua antagonista. Osservatori e autori contemporanei tendevano a porre l'accento sui punti deboli interni alla dinastia, ed a darne una spiegazione in termini morali. Per Nizam al-Mulk, vi era un'alternanza senza fine nella storia umana. Una dinastia poteva perdere la saggezza e la giustizia di cui Dio l'aveva dotata, e allora il mondo cadeva nel disordine, fino a che non faceva la sua comparsa un nuovo sovrano, destinato da Dio e dotato delle qualità necessarie.

Il tentativo più sistematico di spiegare perché le dinastie cadevano vittime della propria debolezza fu quello di Ibn Khaldun. La sua era una spiegazione complessa: la *'asabiyya* del gruppo dominante, solidarietà tesa all'acquisizione e al mantenimento del potere, si dissolveva gradualmente sotto l'influsso della vita di città, e il sovrano cominciava a cercare il sostegno di altri gruppi:

> Un sovrano può ottenere il potere solo con l'aiuto del suo stesso popolo... Egli se ne serve per combattere contro coloro che si ribellano alla sua dinastia. È esso che riempie i suoi uffici amministrativi ed è al suo interno che nomina i suoi *wazir* e i suoi esattori delle tasse. Esso lo aiuta a conseguire la sua autorevolezza ed è partecipe di tutti i suoi affari importanti. Ciò è vero finché dura la prima fase di una dinastia, ma avvicinandosi alla seconda fase il sovrano si mostra indipendente dal suo stesso popolo: egli reclama per sé tutta la gloria e spinge il suo popolo lontano da essa... Come risultato, esso gli diventa ostile e per impedirgli di impadronirsi del potere egli ha bisogno di altri alleati, non della sua stessa razza, da poter usare contro il suo popolo.[1]

Col tempo, inoltre, il sovrano cessa di osservare la *shari'a*, fondamento della prosperità urbana e del suo patto con la popolazione cittadina. Coloro che lo circondano cadono preda del desiderio di lusso e di spese incontrollate, che provocano una tassazione eccessiva delle risorse del popolo, e a loro volta cadono in «quell'apatia che sopraffà le persone quando perdono il controllo sui propri affari e diventano lo strumento di altri e dipendono da questi ultimi».[2]

Quando le richieste del sovrano superavano le capacità di venirvi incontro da parte della società, ciò non dipendeva necessariamente da un aumento di sperperi del palazzo; poteva dipendere anche dai limiti delle capacità produttive della società. Perché uno stato fosse stabile, bisognava che la campagna da esso controllata producesse sia cibo a sufficienza per sfamare la sua popolazione e quella delle città, sia materie prime per le manifatture; anche coloro che allevavano animali, coltivavano la terra e producevano beni lavorati dovevano produrre un'eccedenza sufficiente a mantenere, mediante le tasse, la corte, il governo e l'esercito del sovrano. Che ciò riuscisse dipendeva da molteplici fattori, alcuni dei quali potevano mutare. Potevano esserci dei cambiamenti nelle tecniche di produzione: migliorie (per esempio coll'introduzione di nuove colture o di nuovi metodi di irrigazione) che avrebbero reso possibile un incremento della produzione e delle eccedenze, o, viceversa, una perdita di capacità tecniche che avrebbe avuto l'effetto opposto. Un mutamento nelle dimensioni delle eccedenze avrebbe avuto riflessi, a sua volta, sulla possibilità di investire nella produzione, acquisendo nuovi terreni alla produzione o coltivandoli in modo nuovo. Poteva aumentare o diminuire la domanda di prodotti della campagna o della città da parte di altri paesi, mentre mutamenti nei metodi o nei costi dei trasporti, o nella sicurezza dei viaggi per terra o per mare, potevano ripercuotersi sulla capacità di un paese di venire incontro a tale domanda. Nel medio o lungo periodo, il tasso di natalità o di mortalità poteva aumentare o diminuire, a causa di cambiamenti nella medicina o nei comportamenti e nei costumi della società.

Tutti questi erano processi i cui effetti erano visibili nel lungo periodo. Potevano però esservi avvenimenti improvvisi con risultati catastrofici: una guerra che avesse interrotto vie commerciali, distrutto le città con la loro mano d'opera specializzata e devastato le campagne; un cattivo raccolto, o un susseguirsi di cattivi raccolti, a causa di siccità nelle zone irrigate dalle precipitazioni, o una piena insufficiente dei grandi fiumi. Una malattia contagiosa poteva uccidere una gran parte della popolazione. In un'epoca in cui la diffusione delle malattie può in grande misura essere tenuta sotto controllo, tanto che alcune sono praticamente sparite, è difficile rendersi conto degli effetti improvvisi e devastanti delle epidemie, e in particolare della grande malattia epidemica di quei secoli, la peste bubbonica. Veicolata dal ratto nero, essa veniva esportata da alcune zone in cui era endemica, come il nord dell'Iraq o certe parti dell'India, vuoi per via di terra vuoi per mare, fino al mondo mediterraneo, dove poteva diffondersi rapidamente in città e villaggi, uccidendo una grossa percentuale di popolazione e animali domestici. (Nel 1739-1741, periodo per cui disponiamo di statistiche più affidabili, il porto di Smirne, nel Mediterraneo orientale, perse il 20% della popolazione in un'epidemia di peste, e una percentuale ancora superiore in un'altra avvenuta trent'anni dopo.)

Tali processi interagivano tra loro, e alcuni di essi si accumulavano e si perpetuavano. Essi aiutano a spiegare i cambiamenti nel rapporto tra le esigenze dei detentori del potere e la capacità della società di sodisfarle, nonché la comparsa di sfide da parte di capi o di gruppi che erano in grado di generare potere e di servirsene per estendere il proprio controllo sulle risorse. Un cambiamento di questo tipo poteva verificarsi all'interno di un sistema di governo preesistente: i soldati di un sovrano potevano strappare a lui il potere effettivo. I cambiamenti potevano anche verificarsi per mezzo dell'accumulo di potere al di fuori dell'area effettivamente sotto l'autorità del sovrano. Un condottiero mobilitava il potenziale umano di zone montuose o steppose, per mezzo di qualche carisma personale o anche col richiamo di un'idea religiosa. Sia che la presa del potere avvenisse dall'interno sia che avvenisse dall'esterno, la forza motrice era costituita tendenzialmente da soldati reclutati in regioni distanti dalle zone centrali dello stato, nei monti o nelle steppe, o al di là dei confini. Essi avevano la tempra e l'abilità nel maneggiare cavalli ed armi che erano necessarie nelle guerre dell'epoca, prima che divenissero armi decisive l'artiglieria e la fanteria addestrata all'uso di armi da fuoco. Si ha qualche indizio del fatto che, fino all'avvento delle moderne cure mediche, le popolazioni dei monti e delle steppe erano più sane delle altre e producevano un'eccedenza di giovani che potevano essere arruolati negli eserciti. Un leader che aspirava a divenire un sovrano, preferiva reclutare soldati al di fuori della società di cui intendeva assumere il controllo, o perlomeno nelle sue regioni più remote; ciò assicurava una convergenza tra i loro interessi e i suoi. Una volta che egli si era affermato saldamente, capitava che l'esercito perdesse la sua coesione o cominciasse ad acquisire interessi divergenti da quelli della dinastia, e allora egli cercava di sostituirlo con un esercito professionale e un personale composto da vassalli a lui direttamente legati, e anche per questo egli si volgeva alle campagne più lontane o al di là dei confini. I soldati che venivano addestrati all'interno del suo personale venivano considerati i suoi *mamluk*, o schiavi in un'accezione che non implicava tanto una degradazione individuale quanto il confondersi delle loro personalità e dei loro interessi in quelli del sovrano. Coll'andar del tempo, all'interno dell'esercito o del suo personale poteva emergere un nuovo sovrano e fondare una nuova dinastia.

In questo contesto è possibile comprendere quella che altrimenti potrebbe sembrare un'insignificante processione di dinastie nella storia dell'Islam. Nei primi secoli, un nuovo gruppo dominante proveniente dalle città dell'Arabia occidentale riuscì a creare e a mantenere un esercito, una burocrazia e un sistema di leggi che consentì alla vita sedentaria e civile di prosperare. Nell'hinterland delle grandi città imperiali venne ripristinato l'ordine: le opere di irrigazione furono restaurate o ampliate, vennero introdotte nuove produzioni e nuove tecnologie, l'incorporazione dei territori posti intorno al Mediterraneo e intorno all'Oceano Indiano in un'unica zona politica e culturale diede vita a un esteso traffico internazionale. I pochi dati a disposizione fanno pensare ad un contestuale incremento della popolazione. Si trattò di un periodo di regimi stabili in città fiorenti, circondate da campagne anch'esse fiorenti: Baghdad nel sud dell'Iraq, le città del Khurasan, Damasco in Siria, Fustat in Egitto, Qayrawan in Tunisia, Cordova in Spagna.

A partire dal X o XI secolo, però, vi fu un lungo periodo di disorganizzazione, i cui sintomi più evidenti sono la disintegrazione del califfato 'abbaside, la formazione di califfati rivali in Egitto e Andalusia, e l'avvento nel mondo dell'Islam di nuove dinastie che traevano la loro forza da altri elementi etnici, e qualcuna mossa dal fervore religioso: in Spagna i Cristiani, che presero ad espandersi ai danni degli stati musulmani in cui si era dissolto il califfato Umayyade d'occidente; nel Maghreb e in Andalusia gli Almoravidi e gli Almohadi, sorti da movimenti religiosi che mobilitarono i Berberi dai monti e dai margini del deserto del Marocco; all'est i Turchi e i Mongoli. Questi mutamenti dovevano essere i sintomi di un più profondo malessere nell'equilibrio tra governo, popolazione e produzione, malessere originato da altre cause: la contrazione delle zone a popolazione sedentaria in Iraq e in Tunisia, a causa del collasso di vetusti sistemi di irrigazione o dell'ampliamento delle aree interessate dal movimento delle popolazioni nomadi; forse un calo di popolazione in talune località; un calo della domanda dei prodotti delle città musulmane, connesso con la rinascita della vita e della produzione delle città italiane.

Nel XIII secolo si assisté ad una temporanea ripresa. Mentre declinavano la potenza e la ricchezza dell'Iraq, con le distruzioni causate dalle invasioni dei Mongoli e dalla fine del califfato 'abbaside, alcune dinastie furono in grado di ristabilire un certo ordine, grazie all'assenza di possibili minacce ad opera di forze potenti provenienti dal di fuori del mondo sedentario islamico: in particolare, gli Hafsidi a Tunisi, uno stato continuatore dell'Impero Almohade, e i Mamelucchi in Egitto e in Siria, élite militare autoperpetuantesi che si era formata al servizio della dinastia precedente, quella degli Ayyubidi. Le coltivazioni venivano praticate su di un'area estesa e forse in espansione, i funzionari del governo erano in grado di convogliare nelle città le eccedenze delle campagne, e la produzione e il commercio delle città fiorivano nel quadro di una *shari'a* sunnita di generale accettazione; si conservava una certa simbiosi tra gruppi dominanti e popolazioni urbane.

Si trattava però di un ordine fragile, che nel XIV secolo cominciò ad essere scosso da numerosi fattori. Il più importante di essi fu forse la grande epidemia di peste conosciuta nella storia d'Europa col nome di «Morte Nera», che si diffuse nella maggior parte dei paesi del mondo occidentale verso la metà del XIV secolo, ma per almeno un secolo ancora fu presente in scoppi ricorrenti. Secondo una valutazione approssimativa, si calcola che nella prima epidemia sia deceduto un terzo della popolazione del Cairo, e che a metà del XV secolo la popolazione della città fosse poco più della metà di quello che era stata cent'anni prima (circa 150.000 persone invece di 250.000). Il motivo di ciò non fu solo il fatto che alla prima ondata di peste ne seguirono delle altre, ma anche il fatto che la peste colpì le campagne oltre che la città, e così non fu possibile ripopolare la città con gli abitanti delle campagne. A causa della diminuzione della popolazione rurale e degli animali domestici, la produzione agricola, e quindi le risorse disponibili per il governo mediante l'imposizione di tasse, subirono un brusco calo.

Agli effetti complessivi della pestilenza si aggiunsero altri fattori. L'incremento della produzione tessile in Italia e in altri paesi europei, nonché l'espansione della navigazione europea nel Mediterraneo, ebbero delle ripercussioni sull'equilibrio dei commerci, facendo sì che per i governi musulmani fosse più difficile ottenere le risorse di cui avevano bisogno. Vi furono anche mutamenti nelle arti belliche, nella costruzione delle navi, e l'adozione della polvere da sparo nell'artiglieria e nelle armi da fuoco.

In queste mutate circostanze, l'ordinamento politico esistente nello stato mamelucco e in quelli del Maghreb dovette affrontare la sfida di nuove dinastie che erano in grado di trovare le risorse, in uomini e ricchezze, necessarie per creare eserciti grandi ed efficienti, tenere sotto controllo una campagna produttiva impossessandosi delle sue eccedenze, e favorire le produzioni ed i commerci delle città. Nel Mediterraneo occidentale la sfida veniva portata sia all'ordinamento politico sia a quello religioso, ad opera dei regni cristiani della Spagna, unificati poco prima dell'estinzione dell'ultima dinastia musulmana nel 1492, e destinati presto a impadronirsi delle ricchezze generate dalla conquista di un impero in America. Nel Mediterraneo orientale, la nuova potenza in ascesa era quella di una dinastia musulmana, che prendeva il nome dal suo fondatore, 'Uthman o (in trascrizione turca) Osman: da qui il suo nome islamico di Osmanli o simili, europeizzato in Ottomana.

Il governo ottomano

Per le sue origini, lo stato ottomano costituiva uno di quei principati originati dall'espansione a occidente verso l'Anatolia dei Selgiuchidi e di immigrati turchi. Sul confine conteso e mutevole con l'impero bizantino sorsero un certo numero di principati di questo genere, che accettavano la sovranità nominale dei Selgiuchidi, ma che di fatto erano indipendenti. Quello fondato da Osman era situato nel nordovest dell'Anatolia, nel punto di maggior frizione con i Bizantini. Esso attrasse combattenti delle guerre di frontiera e nomadi turchi in movimento verso occidente alla ricerca di terre da pascolo, ma aveva al proprio interno anche terreni agricoli relativamente estesi e produttivi, nonché cittadine mercantili, alcune delle quali erano dei punti importanti delle rotte commerciali che dall'Iran e dall'Asia ulteriore si dirigevano verso il Mediterraneo. Man mano che si espandeva, le sue risorse si accrescevano, tanto che esso riuscì a sfruttare le nuove armi e tecnologie belliche e a creare un esercito organizzato. Alla fine del XIV secolo le sue forze varcarono gli stretti, penetrarono in Europa orientale e vi iniziarono una rapida espansione. I suoi domini in Europa orientale contribuirono in vario modo a rafforzarlo. Esso venne a contatto con gli stati d'Europa, stabilendo con essi relazioni diplomatiche, ed acquisì nuove risorse umane: i preesistenti gruppi dominanti vennero integrati nel suo sistema di governo, e coscritti dai villaggi dei Balcani vennero accolti nel suo esercito. Con una forza così accresciuta, esso fu quindi in grado di rivolgersi a est verso l'Anatolia, nonostante un temporaneo scacco militare quando il suo esercito venne sconfitto da quello di un altro conquistatore turco venuto dall'oriente, Timur (Tamerlano). Nel 1453 esso assorbì ciò che restava dell'Impero Bizantino e fece di Costantinopoli la sua nuova capitale, Istanbul.

A oriente, però, la sua potenza era minacciata da quella dei Safavidi, un'altra dinastia emergente di incerte origini, intorno alla quale si raccolsero appartenenti a tribù turche. Vi fu una lunga lotta per il controllo delle regioni di frontiera poste tra i loro principali centri di potere, l'Anatolia orientale e l'Iraq. Baghdad venne conquistata dagli Ottomani nel 1534, fu poi perduta a vantaggio dei Safavidi nel 1623, e non venne ripresa dagli Ottomani che nel 1638. Fu anche come conseguenza della loro contesa con i Safavidi che gli Ottomani si diressero a sud verso i territori del sultanato mamelucco. Grazie soprattutto alla loro superiorità di fuoco e di organizzazione militare, essi riuscirono ad occupare la Siria, l'Egitto e l'Arabia occidentale nel 1516-1517.

L'Impero Ottomano era a questo punto la maggiore potenza militare e navale del Mediterraneo orientale, e anche nel Mar Rosso, il che lo poneva in potenziale conflitto con i Portoghesi nell'Oceano Indiano e con gli Spagnoli nel Mediterraneo occidentale. Nel Mar Rosso la sua politica fu di tipo difensivo, tesa a prevenire un'espansione portoghese, mentre nel Mediterraneo esso usò la propria potenza navale per tenere in iscacco l'espansionismo spagnolo fondando una catena di piazzeforti ad Algeri (negli anni successivi al 1520), a Tripoli (dopo il 1550) e a Tunisi (1574), ma senza arrivare più ad ovest in Marocco. Lo stato di guerra per mare tra Ottomani e Spagnoli si protrasse per qualche tempo, ma a questo punto le energie degli Spagnoli erano rivolte soprattutto verso il nuovo mondo dell'America. Si addivenne ad una spartizione più o meno stabile della potenza navale nel Mediterraneo, e a partire dal 1580 la Spagna e gli Ottomani intrattennero relazioni pacifiche.

In un, certo senso, la formazione dello stato ottomano costituiva un altro esempio di quel processo che si era ripetuto molte volte nella storia dei popoli musulmani, la sfida a dinastie preesistenti ad opera di una forza militare tratta da popoli in gran parte nomadi. La sua origine fu simile a quella degli altri due stati sorti suppergiù nello stesso periodo, quello dei Safavidi in Iran e dei Moghul in India. Tutti e tre trassero la loro forza, al principio, da zone abitate da popolazioni turche, e tutti dovettero il proprio successo militare all'adozione delle armi funzionanti con la polvere da sparo che avevano cominciato ad essere impiegate nell'emisfero occidentale. Tutti riuscirono a creare sistemi politici stabili e duraturi, potenti militarmente, organizzati in modo centralizzato e burocratico, in grado di riscuotere tasse e mantenere la legge e l'ordine su di una vasta area per lungo tempo. L'Impero Ottomano fu una delle più grandi strutture politiche che l'emisfero occidentale abbia conosciuto dalla disintegrazione dell'Impero Romano: esso governava sull'Europa orientale, sull'Asia occidentale e sulla maggior parte del Maghreb, e teneva uniti paesi con tradizioni politiche estremamente differenti, numerosi gruppi etnici (Greci, Serbi, Bulgari, Romeni, Armeni, Turchi, Arabi e Berberi) e svariate comunità religiose (Musulmani sunniti e sciiti, Cristiani di tutte le chiese storiche, ed Ebrei). Esso mantenne il proprio potere sulla maggior parte di essi per circa 400 anni, e su alcuni addirittura per 600.

Al vertice del sistema di controllo di questo vasto impero stavano il sovrano e la sua famiglia, la «casa di Osman». L'autorità risiedeva nella famiglia più che in un suo membro chiaramente designato. Non vi era una legge rigida per la successione, ma alcune consuetudini della famiglia fecero sì che nel complesso le successioni si svolgessero pacificamente e i regni durassero a lungo. Fino agli inizi del XVII secolo al sovrano succedeva generalmente uno dei suoi figli, ma da allora in poi si finì per ammettere il principio che quando un sovrano moriva, o comunque cessava di governare, doveva succedergli il più anziano tra i membri viventi della famiglia. Il sovrano viveva al centro di una sterminata organizzazione domestica che comprendeva le donne dell'*harem* e coloro che le custodivano, attendenti personali, giardinieri e guardie di palazzo.

A capo del sistema di governo mediante il quale egli manteneva la sua autorità era il *sadr-i azam*, l'alto funzionario più conosciuto nella terminologia europea come Gran Visir. Dopo il primo periodo ottomano, egli veniva considerato dotato di un potere assoluto subordinato al solo sovrano. Alle sue dipendenze vi erano un certo numero di altri *vizir*. Essi avevano l'autorità sull'esercito e sui governi delle province, oltre che sulla pubblica amministrazione.

Nella prima fase di espansione, l'esercito ottomano era stato soprattutto una forza di cavalleria composta da Turchi e da altri abitanti dell'Anatolia e dalle campagne dei Balcani. Agli ufficiali di cavalleria (*sipahi*) era dato il diritto di riscuotere e tenere per sé le tasse su certi terreni agricoli in cambio del servizio con un numero prefissato di uomini in momenti di necessità; questo è noto come sistema di *timar*. Col passare del tempo, questa forza divenne meno efficiente ed importante, sia a causa di trasformazioni nell'arte della guerra sia perché per un detentore di *timar* non era molto agevole assentarsi dalle sue terre per lunghe campagne in zone distanti dell'impero in espansione. Ben presto si creò un altro esercito, una forza militare permanente altamente disciplinata di fanteria (giannizzeri) e di cavalleria, formata per mezzo di *devişirme*, vale a dire la leva periodica di giovani dai villaggi cristiani dei Balcani convertiti all'Islam.

Nel corso del XVI secolo si sviluppò un'elaborata burocrazia (la *kalemiye*). Essa era formata principalmente da due gruppi: da una parte i segretari che redigevano nelle dovute forme i documenti (ordini, regolamenti e risposte a petizioni), e che li conservavano; dall'altra coloro i quali tenevano le registrazioni finanziarie, la ripartizione delle tassazioni e la contabilità di quanto era stato raccolto e dell'uso che ne era stato fatto. (I documenti ed i conti sono stati conservati con cura, e costituiscono un archivio senza l'uguale nel mondo islamico, e di fondamentale importanza per la storia di gran parte dell'emisfero occidentale; la sua sistematica esplorazione è stata intrapresa solamente da pochi decenni.)

I più alti ufficiali dell'esercito e funzionari del governo si riunivano regolarmente a palazzo in un consiglio (*divan*) che prendeva decisioni politiche, riceveva ambasciatori stranieri, redigeva ordini, indagava sulle lagnanze e rispondeva alle petizioni, in particolare quelle riguardanti abusi di potere; nei primi tempi era il sovrano in persona che presiedeva le riunioni del consiglio, ma in seguito la presidenza fu assunta dal Gran Visir.

Questo modo di organizzare l'autorità si riproduceva in tutto l'impero. Man mano che si annettevano nuovi territori, si nominavano dei governatori per le città più importanti e per il loro hinterland, e vi si collocavano guarnigioni di truppe imperiali; più tardi, i numerosi governi locali (*sancak*, «sangiaccati») vennero accorpati in un minor numero di province di maggiore estensione (*eyalet*). Il governo della provincia riproduceva, su scala ridotta, quello centrale: il governatore aveva la sua elaborata schiera di dipendenti, i suoi segretari e contabili, e il suo consiglio di alti funzionari che si riuniva regolarmente.

Tra i compiti essenziali del governo vi era quello di riscuotere le imposte da cui dipendeva la sua esistenza. Le registrazioni contabili, tenute con cura, perlomeno nei primi tempi e conservate negli archivi, contengono particolari sulla ripartizione delle tasse su case e terreni coltivabili, e bilanci regolari di entrate e di uscite. Come negli stati musulmani precedenti, le imposte regolari erano di tre tipi. Innanzitutto vi erano le tasse sui prodotti delle campagne, raccolti, pesca e allevamento; in qualche località le tasse sul grano e su altri prodotti agricoli venivano imposte in proporzione al raccolto (in linea di principio, un decimo, anche se in pratica molto di più), in altre venivano ripartite secondo la superficie coltivabile; alcune tasse venivano riscosse in denaro, altre in natura, in particolare quelle sulle granaglie, che potevano essere immagazzinate per lungo tempo. In secondo luogo, vi erano diverse imposte e diritti sulle attività cittadine: sui prodotti venduti nei mercati, sulle botteghe, su bagni e *khan*, sulle attività industriali (tessitura, tintura, conciatura) e sull'importazione e l'esportazione di beni; vi erano pedaggi sulle strade principali per pagarne la manutenzione. In terzo luogo, vi erano le tasse personali (*jizya*) pagate da Cristiani ed Ebrei; i Musulmani non pagavano tasse personali. In aggiunta a queste imposte regolari, vi erano occasionali imposizioni in momenti di necessità. Nei primi tempi dell'impero, queste tasse venivano accuratamente destinate a vari scopi: l'appannaggio reale del sovrano o di qualche membro della sua famiglia, gli stipendi e le spese dei governatori di *eyalet* e di *sancak*, il compenso dei detentori di *timar*. Nel XVII secolo, però, questo sistema cominciò a decadere, poiché le esigenze fiscali del governo (e in particolare del suo esercito) erano troppo grandi per permettere di ripartire in questo modo i proventi della tassazione. Esso venne quindi sostituito da un sistema di esattorie in appalto, per cui singoli individui, commercianti o funzionari, si impegnavano a riscuotere una data tassa e ad inviarne i proventi per gli scopi decisi dal governo, dopo averne dedotto una data percentuale come commissione. Alla fine del XVII secolo alcune esattorie erano praticamente diventate proprietà ereditarie.

Nei primi tempi dell'impero, i posti-chiave del governo erano in mano soprattutto a comandanti dell'esercito, a membri dei preesistenti gruppi dominanti degli stati annessi all'impero, ed alla popolazione colta delle città. Nel XVI secolo, invece, gli incarichi di comando (*visir*, capi dell'esercito, governatori delle province) erano ricoperti soprattutto da dipendenti del sovrano. Il personale alle sue dipendenze era costituito da elementi reclutati nell'esercito per mezzo di *devşirme*, schiavi importati dal Caucaso, o da membri di ex famiglie regnanti. Alle sue dipendenze potevano entrare anche i figli di chi deteneva importanti cariche di governo; qualunque ne fosse l'origine, però, essi venivano tutti considerati «schiavi» del sovrano. Essi venivano accuratamente addestrati a servire nel palazzo, e successivamente promossi a cariche nel palazzo stesso o nell'esercito o nel governo. La promozione poteva dipendere da protezione (*intisap*): un potente funzionario poteva procurare degli incarichi a quanti fossero a lui legati per parentela, di sangue o acquisita, o per origine etnica o per altri motivi. Sembra che i segretari ed i funzionari contabili venissero addestrati con un sistema di apprendistato, dopo un'istruzione di base in una *madrasa*, e che nella *kalemiye* vi fosse un elemento ereditario; i figli venivano introdotti nel mestiere dai padri.

In questo modo, il sovrano aveva la possibilità di mantenere il controllo sull'intero sistema di governo. Che vi riuscisse, però, dipendeva dalla sua abilità nell'esercitare l'autorità, e nella prima parte del XVII secolo vi fu un periodo durante il quale il potere si indebolì. Diverse furono le cause di ciò; una di esse fu l'inflazione provocata dalla svalutazione della moneta e dall'importazione nell'area del Mediterraneo di metalli preziosi dalle colonie spagnole in America. Ciò fu seguito da una rinascita della forza del governo, ma in forma diversa: il gran visir divenne ancora più potente, e la strada per le promozioni non passava più tanto dall'essere dipendenti del sovrano quanto dall'esserlo del gran visir o di altri alti funzionari. L'impero tese a diventare meno autocratico e più un'oligarchia di potenti funzionari legati dalla *'asabiyya* di essere stati allevati nel medesimo gruppo di dipendenti, da un'istruzione comune e spesso da parentela di sangue o acquisita.

L'organizzazione e i modi di agire del governo rispecchiavano quell'ideale persiano di regalità che era stato espresso da Nizam al-Mulk e da altri autori del genere. Il sovrano giusto e saggio doveva tenersi in disparte rispetto alle diverse classi sociali per essere in grado di regolamentarne le attività e di mantenere l'armonia dell'insieme. In linea di principio, la società ottomana era nettamente divisa in governanti (*asker*, letteralmente «soldati») e sudditi (*reaya*, letteralmente «il gregge»). *Asker*, per definizione, erano gli alti funzionari, i detentori di *timar*, e i membri dei vari corpi dell'esercito, sia regolari che ausiliari. Essi erano esentati dalle speciali imposizioni occasionali che erano divenute una sorta di tassa personale, ed erano sottoposti ad un particolare regime giuridico. In linea di principio, solo quanti avevano questa condizione potevano farsi nominare a incarichi di governo. I giannizzeri, in particolare, erano tenuti sotto un regime rigidamente separato. Fintantoché erano in servizio attivo, non era loro permesso sposarsi né svolgere un mestiere; se si sposavano dopo il collocamento a riposo, i loro figli non potevano entrare nel corpo. Sintomatica di questa separazione era la vita del sovrano, che viveva segregato nei cortili interni del suo palazzo Topkapi, su di una collina sovrastante il Bosforo, tra i suoi schiavi e il suo *harem*, senza mai contrarre matrimonio – dopo il regno di Süleyman (1520-1566) – con famiglie ottomane che potessero in tal modo acquisire soverchia influenza. Essa si esprimeva anche nell'esistenza di una cultura di corte: un raffinato codice di comportamento, una lingua turca ottomana arricchita da prestiti persiani oltre che arabi, un'istruzione che comprendeva l'elegante letteratura persiana oltre alla letteratura religiosa araba.

Ad un certo livello, però, l'ordine non poteva essere mantenuto, e le tasse non potevano essere riscosse senza la collaborazione dei *reaya*. Il sovrano ed i suoi *asker* guardavano ai *reaya* non come ad un insieme di individui con cui trattare direttamente, ma piuttosto come ad una quantità di gruppi (in turco *taife* o *cemaat*). Se si doveva trattare separatamente con una determinata categoria di sudditi, per motivi di tassazione o di altri servizi richiesti dallo stato, essa veniva considerata un gruppo unitario, e uno dei suoi membri veniva riconosciuto come intermediario attraverso il quale il governo poteva trattare con il gruppo nel suo complesso. Questi era di norma qualcuno ben accetto sia al gruppo sia al governo, e poteva quindi essere dotato di una certa posizione morale e perfino di una qualche autonomia di azione, sia nel fare da tramite degli ordini e delle richieste del governo al gruppo, sia nell'esprimere le lagnanze e le richieste di quest'ultimo al governo. Egli aiutava a conservare la pace e l'ordine nel gruppo, e a regolare le controversie e i conflitti al suo interno fungendo da arbitro, prima che si giungesse al punto di rendere necessario l'intervento del governo.

Questi gruppi erano di diversi tipi. Ai fini della tassazione, il *sancak* era diviso in unità minori, piccole cittadine, villaggi o tribù di pastori. Le città erano divise in quartieri (*mahalle*, *hara*), anche se l'uso del termine sembra avesse grandi oscillazioni: un quartiere poteva comprendere poche centinaia come parecchie migliaia di persone. Sia per quanto riguarda la tassazione, sia per quanto riguarda la manodopera specializzata le diverse arti e mestieri erano organizzate separatamente; in certe occasioni statali esse formavano solenni processioni; nel periodo ottomano si può parlare di questi raggruppamenti delle arti come di qualcosa grosso modo corrispondente alle corporazioni dell'Europa medievale, le cui funzioni non si limitavano all'esazione delle tasse o alla fornitura di manodopera specializzata. Esse non erano però autosufficienti; in un certo senso erano costituite per riconoscimento ottomano.

Le varie comunità ebree e cristiane avevano una posizione speciale, perché pagavano il testatico ed avevano propri sistemi legali di diritto personale, ed anche perché il governo doveva assicurarsi della loro lealtà. Nella capitale e nelle province, il governo riconosceva a un capo spirituale di ogni comunità una certa giurisdizione legale e la responsabilità dell'esazione della *jizya* e del mantenimento dell'ordine. In questo modo, i non Musulmani erano integrati nel sistema politico. Essi non ne facevano parte a pieno titolo, ma qualche individuo poteva assurgere a cariche di potere o di una certa influenza: vi furono Ebrei che ebbero una certa importanza nell'amministrazione finanziaria nel XVI secolo, e verso la fine del XVII, dei Greci divennero interpreti-capo nell'ufficio del gran visir, e governatori delle due province rumene, la Valacchia e la Moldavia. Non sembra però che essi vivessero isolati o in condizioni di oppressione: facevano parte delle *cemaat* delle arti e dei mestieri, e, entro certi limiti, il culto e l'istruzione erano liberi. Potevano svolgere la maggior parte delle attività economiche; gli Ebrei erano importanti come banchieri, i Greci nel commercio marittimo, e nel XVI secolo gli Armeni cominciavano ad assumere importanza nel commercio della seta iranica.

Gli Ottomani e la tradizione islamica

Titoli come *padishah* o sultano attribuiti al sovrano ottomano segnalavano il suo legame con la tradizione persiana della regalità, ma non va dimenticato che egli era anche l'erede di una tradizione specificamente islamica, e poteva pretendere di esercitare un'autorità legittima in termini islamici. Questa duplice pretesa compare nelle titolature usate nei documenti ufficiali:

> Sua Maestà, il sultano vittorioso e ricco di successi, il sovrano aiutato da Dio, la cui veste è la vittoria, il *padishah* la cui gloria è alta come il Cielo, re dei re che sono come stelle, corona del real capo, l'ombra di Colui che provvede, culmine della regalità, quintessenza del libro del destino, linea equinoziale della giustizia, perfezione della marea sigiziale della maestà, mare della benevolenza e dell'umanità, miniera dei gioielli della generosità, fonte dei ricordi del valore, manifestazione delle luci del-

la felicità, colui che innalza gli stendardi dell'Islam, colui che scrive la giustizia sulle pagine del tempo, sultano dei due continenti e dei due mari, sovrano dei due orienti e dei due occidenti, servo dei due sacri santuari, omonimo dell'apostolo degli uomini e dei *jinn*, il Sultano Muhammad Khan.[3]

Gli Ottomani facevano uso saltuariamente anche del titolo di califfo, ma a quell'epoca esso non comportava pretese a quel genere di autorità universale o esclusiva che era stata riconosciuta ai califfi precedenti. Esso stava piuttosto ad indicare che il sultano ottomano era qualcosa di più di un sovrano locale, e che usava il suo potere per scopi autorizzati dalla religione. In qualche occasione, gli autori ottomani rivendicarono per il sultano una posizione predominante nel mondo islamico, un «califfato elevato».

Gli Ottomani difesero le frontiere dell'Islam e ove possibile le ampliarono. Da più parti dovettero affrontare delle minacce. Ad est stavano i Safavidi dell'Iran; la contesa tra Ottomani e Safavidi per il controllo dell'Anatolia e dell'Iraq acquistò col tempo accesi toni religiosi, dal momento che i Safavidi proclamavano religione ufficiale della dinastia lo Sciismo, mentre gli Ottomani divennero sunniti sempre più rigidi man mano che il loro impero si ampliava fino ad includere i centri principali dell'alta cultura urbana dell'Islam. Sul lato opposto stavano le potenze dell'Europa cristiana. L'Impero Bizantino si era dissolto con la caduta di Costantinopoli nel 1453; lo stato ortodosso che si stava sviluppando in Russia, e pretendeva di essere l'erede di Bisanzio, non cominciò la sua avanzata verso sud in direzione del Mar Nero prima della fine del XVII secolo. La sfida maggiore non proveniva ancora di là ma dalle tre grandi potenze Cattoliche del nord e dell'ovest del bacino del Mediterraneo: la Spagna, il Sacro Romano Impero con il suo prolungamento a sud in Italia, e Venezia con le sue colonie del Mediterraneo orientale. Durante il XVI secolo vi furono contese con la Spagna per il controllo del Mediterraneo occidentale e del Maghreb, con Venezia per le isole del Mediterraneo orientale, e con il Sacro Romano Impero per il controllo del bacino del Danubio. Per la fine del secolo si erano definiti confini più o meno stabili: alla Spagna andava il controllo del Mediterraneo occidentale (ma solo di poche località sulla costa del Maghreb); gli Ottomani avevano il dominio del bacino del Danubio fino all'Ungheria; Venezia aveva perduto Cipro e altre isole ma conservava Creta. Questo equilibrio venne in parte modificato nel XVII secolo: gli Ottomani conquistarono Creta, l'ultimo grande avamposto veneziano, ma persero l'Ungheria a vantaggio del Sacro Romano Impero, e altre parti dei suoi territori europei in una guerra che si concluse con il Trattato di Carlowitz (1699).

Il sultano non era solo il difensore delle frontiere dell'Islam, ma era anche il custode dei suoi luoghi santi: la Mecca e Medina nell'Hijaz,

Gerusalemme e Hebron in Palestina. In quanto sovrano della Mecca e di Medina egli aveva l'orgoglioso titolo di Servo dei Due Santuari. Egli controllava anche le vie principali percorse dai pellegrini che si recavano nelle città sante. Organizzare e guidare il pellegrinaggio annuale era una delle sue funzioni principali; effettuato con grande solennità e come atto pubblico fondamentale, il pellegrinaggio era un riaffermare tutti gli anni la sovranità ottomana sul cuore del mondo musulmano.

Ogni anno migliaia di pellegrini venivano alle città sante da ogni parte del mondo islamico; un viaggiatore europeo che si trovava alla Mecca durante il pellegrinaggio del 1814 calcolava che vi fossero circa 70.000 pellegrini. Gruppi di pellegrini si recavano nelle città sante dallo Yemen, dall'Africa centrale attraverso i porti sudanesi, e dall'Iraq attraverso l'Arabia centrale, ma le principali carovane organizzate di pellegrini continuavano ad essere quelle del Cairo e di Damasco. Delle due, quella che partiva da Damasco ebbe una maggiore importanza nel periodo ottomano, perché questa città era collegata a Istanbul da una grande strada terrestre e poteva essere controllata con maggiore energia. Ogni anno un particolare delegato nominato dal sultano lasciava Istanbul alla volta di Damasco, accompagnato da alti funzionari o membri della famiglia ottomana che intendevano compiere il pellegrinaggio, e recando con sé la *surra*, denaro e provviste destinati alle popolazioni delle città sante, e parzialmente pagati dalle entrate di *waqf* imperiali all'uopo dedicati. (Fino al XVIII secolo, questa *surra* veniva mandata per mare in Egitto, e trasportata insieme al pellegrinaggio del Cairo.) A Damasco, essi si univano alla carovana dei pellegrini organizzata dal governatore della città e condotta da un funzionario nominato capo del pellegrinaggio (*amir al-hajj*); a partire dagli inizi del XVIII secolo questa carica fu ricoperta dallo stesso governatore di Damasco. Secoli dopo, sul finire dell'età ottomana, e poco prima che nuovi mezzi di trasporto cambiassero il modo di effettuare il pellegrinaggio, un viaggiatore inglese, C.M. Doughty, così descriveva la partenza da Damasco.

> All'apparire della nuova alba non ci muovevamo ancora. Sorto il giorno le tende furono smontate, i cammelli condotti pronti alle loro compagnie, e fatti sostare accanto ai loro carichi. Attendevamo di udire il colpo di cannone che avrebbe aperto il pellegrinaggio di quell'anno. Erano quasi le dieci quando udimmo sparare la cannonata di segnale, e allora, senza alcun disordine, le portantine vennero improvvisamente sollevate e fissate sulle bestie da soma, i loro bagagli caricati sui cammelli inginocchiati, e le migliaia di cavalieri, tutti nati nei paesi della carovana, salirono in silenzio sulle loro cavalcature. Quando tutto è caricato, rimangono i conducenti, in piedi o seduti sui talloni ad assaporare questi ultimi momenti di riposo: costoro, con al-

tri servitori di campo e di tenda, dovranno percorrere quelle trecento leghe sui loro piedi nudi, per quanto malconci; e di nuovo dovranno misurare il terreno coi loro piedi affaticati al ritorno dai luoghi santi. Alla seconda cannonata, sparata dopo qualche istante, la portantina del Pascià si fa avanti, e dietro a lui parte la testa della carovana: per altri quindici o trenta minuti noi, che abbiamo posto nella retroguardia, dobbiamo sostare fino a che il lungo treno si sia sgranato davanti a noi; poi diamo un colpo ai cammelli ed il grande pellegrinaggio è in movimento.[4]

I pellegrini uscivano dalla città in solenne processione, recando con sé il *mahmal*, un'intelaiatura di legno ricoperta di tessuto ricamato, e lo stendardo del Profeta, che veniva conservato nella cittadella di Damasco. Nel corso del viaggio attraversavano una serie di località che fungevano da sede di tappa, munite di fortezze, guarnigioni e provviste, finché non raggiungevano la Mecca; una volta colà, al governatore di Damasco veniva riconosciuta una supervisione generale su tutto il pellegrinaggio. Organizzare e condurre le carovane dei pellegrini era di fatto uno dei compiti più importanti, e il pagamento delle sue spese era una delle destinazioni principali degli introiti di Damasco e delle altre province siriane. Non meno importante era la carovana che partiva dal Cairo. Oltre agli Egiziani essa comprendeva pellegrini provenienti dal Maghreb, che arrivavano in Egitto via mare o via terra. Guidata anch'essa da un *amir al-hajj*, e dotata di un proprio *mahmal* e di una *kiswa*, un velo per ricoprire l'esterno della Ka'ba, si dirigeva alla Mecca attraversando il Sinai e l'Arabia occidentale. Essa portava con sé dei sussidi per le tribù disseminate lungo il cammino. Non era però sempre possibile impedire l'aggressione di una o dell'altra carovana da parte delle tribù, vuoi per il mancato pagamento dei sussidi, vuoi a causa della siccità, che costringeva i beduini a cercare di razziare le provviste d'acqua della carovana.

Il compito fondamentale di un sovrano musulmano, quello che al contempo esprimeva e rafforzava la sua alleanza con la popolazione musulmana era quello di mantenere la *shari'a*. Nel periodo ottomano, le istituzioni mediante le quali veniva preservata la *shari'a* vennero portate a gravitare più strettamente di prima nell'orbita del sovrano. La scuola di diritto favorita dagli Ottomani era quella hanafita, e i giudici che la applicavano venivano nominati e pagati dal governo. Gli Ottomani crearono un corpo di *'ulama* ufficiali (*ilmiye*) parallelo ai corpi politico, politico-militare e burocratico; vi era un'equiparazione tra i gradi dei diversi corpi. Questi *'ulama* ufficiali svolgevano un ruolo importante nell'amministrazione dell'impero. A capo di essi vi erano i due giudici militari (*kadiasker*) che facevano parte del *divan* del sultano. Sotto ad essi vi erano i *qadi* delle grandi città, e sotto a questi ultimi quelli delle città e dei distretti più piccoli; ai fini giudiziari ogni provincia era divisa in distretti (*qada*), ognuno con un *qadi* residente. Le sue funzioni non erano solo giudiziarie: egli trattava le cause civili, cercando di mettere d'accordo le parti o di dare il loro verdetto nelle controversie; registrava le transazioni finanziarie (vendite, prestiti, donazioni, contratti) in forma coerente con la *shari'a*; si occupava delle eredità, dividendo le proprietà tra gli eredi secondo quanto previsto dalla *shari'a*. Egli era anche l'intermediario attraverso il quale il sultano e i suoi governatori emanavano ordini e proclami. (Tutti questi documenti di vario genere venivano accuratamente registrati e conservati negli archivi dei tribunali dei *qadi*; essi costituiscono la nostra fonte più importante per la storia amministrativa e sociale dei territori sotto il dominio ottomano, e gli storici stanno cominciando ora a servirsene.)

I *mufti* hanafiti venivano nominati dal governatore per interpretare la legge. Alla loro testa stava il *mufti* di Istanbul, lo *shaykh al-islam*, che fungeva da consigliere religioso del sovrano. Egli era considerato il personaggio più elevato di tutto quanto l'ordinamento religioso: era un segno della sua libertà di giudizio e del suo potere di frenare e rimproverare i detentori del potere il fatto che egli non facesse parte del *divan* di alti funzionari del sovrano.

Coloro che venivano nominati ad alte cariche nella gerarchia legale erano addestrati in scuole imperiali, in particolare in quelle della capitale: un grande complesso di scuole venne fondato da Mehmet II, il sovrano che conquistò Costantinopoli nel XV secolo, ed un altro fu creato da Süleyman «il Magnifico», come lo chiamano fonti europee, nel XVI secolo. Praticamente tutti gli alti funzionari dell'amministrazione erano usciti da queste scuole. Anche qui come nelle altre amministrazioni vi era una componente di protezione e di privilegio ereditario che col passare del tempo si fece sempre più importante; ai figli di alti funzionari era consentito saltare delle tappe sul cammino della promozione. Anche per quanti erano istruiti per servire nell'*ilmiye* era possibile trasferirisi nella burocrazia, o addirittura nell'amministrazione politico-militare, grazie a protezioni o in altri modi.

In linea di principio, il sultano usava il suo potere per sostenere la *shari'a*, ed espressione di ciò era il fatto che coloro che applicavano la legge venivano considerati *asker*, appartenenti all'élite dominante e muniti di privilegi finanziari e giuridici; lo stesso vale per i *sayyid*, coloro che erano riconosciuti discendenti del Profeta, i cui nomi erano tenuti su di un registro tenuto da uno di essi, il «capo amministrativo della nobiltà», *naqib al-ashraf*, nominato dal sultano in ogni città principale. Il capo dell'ordine dei *sayyid*, il *naqib* di Istanbul, era una grande personalità dell'impero.

Di fatto, la *shari'a* non era l'unica legge dell'impero. Come i sovrani precedenti, i sultani ottomani trovarono necessario emanare propri ordini e regolamenti allo scopo di conservare la propria autorità o di assicurarsi che venisse fatta giustizia. Essi sostenevano di fare ciò in virtù del potere che la stessa *shari'a* conferiva ai sovrani, fintantoché essi lo esercitavano entro i limiti della *shari'a* stessa. Tutti i sovrani musulmani avevano emanato regolamenti ed emesso sentenze, ma ciò che sembra contraddistinguere il sistema degli Ottomani è che essi costituirono una tradizione in continuo accumulo che venne incorporata in codici (*kanun-name*) che vennero solitamente associati ai nomi di Mehmet II o di Süleyman, conosciuto nella tradizione ottomana col titolo di *Kanuni* (il legislatore). Questi codici erano di vario genere. Alcuni di essi regolamentavano i sistemi di tassazione tradizionali delle varie province man mano che venivano conquistate; altri si occupavano di questioni penali, e cercavano di far sì che le leggi e le consuetudini delle province conquistate divenissero conformi ad un unico codice della giustizia ottomana; altri ancora riguardavano il sistema di promozione nel governo, il cerimoniale di corte, e gli affari della famiglia regnante. I *qadi* applicavano tali codici, ma questioni penali di maggiore importanza, e in particolare quelle che avevano a che fare con la sicurezza dello stato, venivano portate davanti al *divan* del sultano o dei suoi governatori provinciali. Nei tempi più recenti questo codice penale sembra sia caduto in disuso.

Il governo delle province arabe

L'Impero Ottomano era una potenza europea, asiatica ed africana, con interessi vitali da proteggere e nemici da affrontare in tutti e tre i continenti. Per gran parte della sua esitenza, una percentuale cospicua delle sue risorse e delle sue energie vennero destinate all'espansione in Europa orientale e centrale ed al controllo delle sue province europee, che ospitavano gran parte della popolazione dell'impero e fornivano una buona parte dei suoi introiti; a partire dalla fine del XVII secolo, dovette occuparsi della difesa contro l'espansionismo austriaco a occidente e quello russo al nord, nell'area intorno al Mar Nero. La situazione delle province arabe dell'impero va vista nel contesto di questa preoccupazione per i Balcani e l'Anatolia. Esse avevano, comunque, la loro importanza. Ad occidente Algeri era un valido bastione contro l'espansionismo spagnolo, e a oriente Baghdad lo era contro quello dei Safavidi. La Siria, l'Egitto e lo Hijaz non erano fino a questo momento esposti a minacce di questo tipo da parte di potenze straniere, una volta cessati i tentativi portoghesi, nel XVI secolo, di estendere la loro potenza marittima fino al Mar Rosso. Erano però importanti da altri punti di vista. Gli introiti dell'Egitto e della Siria costituivano una voce fondamentale del bilancio ottomano, ed inoltre, essi erano i luoghi in cui si disponeva per la partenza l'annuale pellegrinaggio alla Mecca. Il possesso delle città sante dava agli Ottomani una specie di legittimazione e giustificava la loro pretesa di un'attenzione da parte del mondo islamico che nessun altro stato musulmano possedeva.

Era dunque importante per il governo del sultano mantenere sotto la sua autorità le province arabe, anche se vi erano diversi modi per farlo. Nelle province a grande distanza da Istanbul, troppo lontane per invii regolari di un esercito imperiale, il modo poteva essere diverso da quello delle province più vicine, e poste sulle grandi strade imperiali. Col tempo, dopo le prime conquiste, si svilupparono diversi sistemi di governo, con differenti equilibri tra autorità centrale e potere locale.

Le province siriane di Aleppo, Damasco e Tripoli di Siria andavano gestite direttamente, a causa degli introiti delle loro tasse, della posizione di Aleppo nel sistema del commercio internazionale, di quella di Damasco come centro da cui si organizzava il pellegrinaggio, e di quella di Hebron e di Gerusalemme come città sante (Gerusalemme, il luogo da cui si riteneva che il Profeta fosse salito al cielo nel suo viaggio notturno, Hebron il luogo dove era stato sepolto il patriarca Abramo). Il governo di Istanbul riusciva a mantenere la sua autorità diretta sia per terra, lungo le strade che attraversavano l'Anatolia, sia per mare, ma ciò valeva limitatamente alle grandi città e alle pianure produttrici di grano intorno ad esse, nonché alle località portuali sulla costa. Sui monti e nel deserto, il controllo era più difficoltoso per via della natura del terreno, e meno importante perché il terreno produceva minori introiti. Per il governo ottomano era sufficiente dare il proprio riconoscimento a famiglie di signorotti locali, a patto che questi riscuotessero e trasmettessero gli introiti e non minacciassero la sicurezza delle vie attraverso le quali passavano commerci ed eserciti. Allo stesso modo, un riconoscimento formale veniva concesso anche ai capi delle tribù pastorali del deserto siriano, e di quelle che si trovavano sul percorso dei pellegrini diretti alla Mecca. Una politica di manipolazioni, volta a mettere l'una contro l'altra le famiglie o i membri di una stessa famiglia, era solitamente sufficiente per mantenere l'equilibrio tra interessi imperiali e interessi locali, anche se qualche volta tale equilibrio poteva essere minacciato. Agli inizi del XVII secolo, un governatore ribelle di Aleppo ed un signorotto prepotente dei monti dello Shuf nel Libano, Fakhr al-Din al-Ma'ni (m. 1635), con qualche incoraggiamento da parte di governanti italiani, riuscirono per qualche tempo a sfidare la potenza ottomana. Alla fine Fakhr al-Din venne catturato e giustiziato, dopodiché gli Ottomani fondarono una quarta provincia con capitale a Sayda, per mantenere sotto controllo i signorotti libanesi.

L'Iraq era importante soprattutto come bastione contro un'invasione da parte dell'Iran. La ricchezza delle campagne era molto diminuita da quando il sistema di irrigazione era decaduto, ed estese zone erano sotto il controllo di tribù di pastori e dei loro capi, non solo a oriente dell'Eufrate, ma anche nei territori posti tra questo ed il Tigri. L'autorità diretta degli Ottomani era in gran parte limitata a Baghdad, il centro da cui si poteva organizzare la difesa delle frontiere con l'Iran, ed alle città principali sul percorso che da Istanbul portava a Baghdad, in particolare Mosul sull'alto corso del Tigri. A nordovest, a un certo numero di famiglie curde fu accordato un riconoscimento come governatori locali o esattori delle tasse, allo scopo di rinsaldare la frontiera contro gli Iranici; per conservare una qualche autorità su di esse venne mantenuto un governatore provinciale ottomano a Shahrizor. A sud, Bàssora fu importante come base navale fintantoché vi fu una minaccia portoghese o olandese al Golfo Persico, ma più tardi la flotta ottomana che vi era stanziata venne lasciata decadere. Vi era però un punto debole nel sistema ottomano: le città sante sciite di Najaf e Karbala, che avevano stretti legami con i centri sciiti dell'Iran, e costituivano dei centri da cui lo Sciismo si irradiava nelle campagne circostanti.

Come la Siria, anche l'Egitto era importante per motivi strategici, finanziari e religiosi: esso era uno dei bastioni del controllo ottomano del Mediterraneo orientale, un paese che produceva grandi introiti per mezzo delle tasse, un antico centro di cultura islamica, ed una località da cui si organizzava il pellegrinaggio. Rispetto alla Siria, però, era più difficile da mantenere, sia a causa della sua distanza da Istanbul e della lunghezza della strada terrestre che attraversava la Siria, sia poiché esso possedeva le risorse necessarie a sostenere un centro di potere indipendente: una ricca campagna che produceva ampie eccedenze a disposizione del governo, ed una grande città con una lunga tradizione di capitale. Fin dagli inizi il governo ottomano fu restio a concedere troppo potere al suo governatore al Cairo. Questi veniva sostituito di frequente, e il suo potere era limitato da un certo numero di restrizioni. Quando gli Ottomani conquistarono l'Egitto, fondarono alcuni corpi militari. A un certo punto del XVII secolo questi corpi si erano inseriti nella società egiziana: alcuni soldati si erano imparentati per via di matrimoni con famiglie egiziane, ed erano entrati a far parte delle arti e dei mestieri. Gli Egiziani acquisirono il diritto di appartenenza ai corpi. Benché i comandanti dei vari corpi venissero inviati da Istanbul, altri ufficiali erano Ottomani del luogo, con una solidarietà locale.

Allo stesso modo, si sviluppò una certa solidarietà all'interno di alcuni gruppi di *mamluk*. Quando gli Ottomani occuparono il Cairo, assorbirono nel proprio sistema di governo alcuni membri della precedente élite dominante, quella dei Mamelucchi. Non è ben chiaro se questi *mamluk* riuscissero a perpetuare il personale al proprio servizio importando nuove reclute dal Caucaso, o se fossero gli ufficiali dell'esercito che abbiano creato nuovo personale ricorrendo a un analogo sistema di reclutamento e addestramento; quale che ne fosse l'origine, nel XVI secolo erano emersi gruppi di *mamluk* militari provenienti dal Caucaso e da altri luoghi, che furono abbastanza forti da occupare alcune delle cariche di comando nel governo e da ottenere il controllo su gran parte delle ricchezze urbane e rurali dell'Egitto. A partire all'incirca dal

1630, i dipendenti *mamluk* assunsero una posizione di potere predominante. Negli anni successivi al 1660 i governatori riuscirono a ristabilire la loro posizione, ma verso la fine del secolo ciò fu messo un'altra volta in dubbio dagli alti ufficiali di uno dei corpi militari, quello dei giannizzeri.

Il processo di decentramento del potere cominciò quindi in Egitto, e venne condotto più a fondo in alcune regioni più periferiche dell'impero. Nello Hijaz, per gli Ottomani era sufficiente detenere il controllo del porto di Gedda, dove vi era un governatore ottomano, e affermare la propria autorità sulle città sante una volta all'anno quando giungeva il pellegrinaggio, guidato da un alto funzionario del governo e recante sussidi per gli abitanti della Mecca e di Medina e per le tribù lungo la strada. La provincia era troppo povera per fornire introiti a Istanbul, troppo remota e difficile da controllare strettamente e in modo permanente; il potere locale nelle città sante era lasciato in mano a membri riconosciuti di una famiglia di *sharif* o discendenti del Profeta. Più a sud, nello Yemen, nemmeno un grado di controllo come questo poteva essere mantenuto in via permanente. Dalla metà del XVII secolo non vi fu alcuna presenza ottomana, nemmeno nei porti della costa dove il commercio del caffè assumeva importanza crescente. Nei monti, l'assenza del potere ottomano rese possibile l'affermazione di una nuova dinastia di *imam* zayditi.

Nel Maghreb, l'area sotto il dominio ottomano venne dapprima controllata dai governatori di Algeri, ma dagli anni successivi al 1570 vi furono tre province, con capitale a Tripoli, Tunisi e Algeri. Qui si stabilì una forma di governo tipicamente ottomana: un governatore inviato da Istanbul con i propri dipendenti, un'amministrazione di cui facevano parte ottomani locali, un corpo di giannizzeri di professione reclutati in Anatolia, un *qadi* hanafita (benché gli abitanti fossero in maggioranza malikiti), ed una flotta con equipaggi reclutati da fonti diverse, tra cui vi erano anche Europei convertiti all'Islam, e usata soprattutto per azioni di pirateria contro i navigli commerciali degli stati europei con cui erano in guerra il sultano ottomano o i governatori locali.

Nel volgere di un secolo, però, l'equilibrio tra governo centrale e poteri locali cominciò a modificarsi a vantaggio di questi ultimi. A Tripoli, i giannizzeri si impadronirono del potere effettivo all'inizio del XVII secolo, e il loro portavoce eletto o *dey* condivideva il potere con il governatore. Si trattava però di un potere precario. Le proporzioni della vita della provincia non erano tali da consentire di mantenere in permanenza un vasto apparato amministrativo e un esercito: le città erano piccole, la campagna colonizzata e coltivata era ridotta. Per il governo era difficile tenere sotto controllo i capitani delle navi, i cui atti di pirateria portarono più di una volta al bombardamento di Tripoli ad opera delle flotte europee.

A Tunisi, il governo diretto degli Ottomani durò ancora meno. Prima della fine del XVI secolo gli ufficiali inferiori dei giannizzeri si ribellarono, formarono un consiglio, ed elessero un capo (*dey*), che condivise il potere col governatore. A metà del XVII secolo una terza personalità, il *bey*, che comandava il corpo dei giannizzeri incaricato di riscuotere le tasse rurali, si impadronì di una quota del potere; al principio del XVIII secolo, uno di essi riuscì a fondare una dinastia di *bey*, gli Husaynidi. I *bey* ed il loro governo riuscirono con successo a mettere radice in loco e a costituire un'alleanza di interessi con la popolazione di Tunisi, città notevole per dimensioni, ricchezza e importanza. Le principali cariche politiche e militari erano in gran parte in mano ad un'élite di *mamluk* circassi e georgiani, con alcuni greci ed europei occidentali convertiti all'Islam, addestrati all'interno del personale del *bey*. Questa élite tendeva però a farsi più tunisina, mediante matrimoni o in altri modi, e i membri di locali famiglie tunisine detenevano cariche di segretari e di amministratori. Sia l'élite dominante turco-tunisina, sia i membri di famiglie notabili locali avevano in comune l'interesse a tenere sotto controllo le campagne e le loro eccedenze di produzione. La zona facilmente accessibile di pianure coltivate, il Sahil, era estesa, e i *bey* avevano un esercito locale con cui ne riscuotevano le tasse annuali. Il governo e la città avevano interessi comuni anche nelle attività di pirateria. I capitani ed i marinai provenivano soprattutto da Europei convertiti, o dalle province orientali dell'impero, ma le navi erano fornite e attrezzate in parte dal governo locale e in parte dalle ricche famiglie di Tunisi.

Dei tre centri del potere ottomano nel Maghreb, Algeri era il più importante. Per il sultano ottomano era fondamentale mantenere una forte postazione alla frontiera occidentale in un periodo di espansione della Spagna: anche quando l'attenzione principale della Spagna venne distolta dalle regioni del Mediterraneo e si rivolse all'America, vi fu sempre un pericolo che la Spagna si impadronisse dei porti sulla costa del Maghreb; Wahran (Orano) fu sotto il dominio spagnolo per buona parte del periodo compreso tra il 1509 e il 1792. Algeri era la sede di una forza navale ottomana che difendeva gli interessi ottomani nel Mediterraneo occidentale e praticava la pirateria contro le navi mercantili europee in tempo di guerra. (Allo stesso modo gli stati europei erano impegnati nella pirateria e solevano usare gli Algerini catturati come forzati nelle galere.) Era anche sede di un'importante guarnigione di giannizzeri, forse la più vasta dell'impero al di fuori di Istanbul. Con queste possenti forze, il governatore di Algeri poteva esercitare un'influenza su tutto il litorale del Maghreb. Anche qui, tuttavia, l'equilibrio si modificò. Fino a metà del XVII secolo il potere rimase ufficialmente nelle mani del governatore, inviato da Istanbul e sostituito ogni pochi anni. Sui capitani di marina aveva però ben poca autorità, e i giannizzeri obbedivano solo fintantoché egli riusciva a riscuotere le tasse e a pagare i loro stipendi. A metà del XVII secolo un consiglio di alti ufficiali dei giannizzeri riuscì a prendere il controllo dell'esazione delle tasse, e a scegliere un *dey* per riscuoterle ed assicurarsi che essi ricevessero quanto era loro dovuto. Agli inizi del XVIII secolo questo processo giunse alla sua logica conclusione, e il *dey* riuscì ad ottenere dal governo centrale la carica e il titolo di governatore.

Come a Tripoli e a Tunisi, dei comuni interessi univano l'élite dominante ed i commercianti di Algeri; assieme essi allestivano le attività di pirateria dei capitani delle navi, e si dividevano i profitti della vendita dei beni catturati e del riscatto dei prigionieri. Nel XVII secolo, le navi algerine giunsero fino alle coste dell'Inghilterra e persino dell'Islanda. A differenza di Tunisi, il Cairo, Damasco o Aleppo, Algeri non era il centro di una antica cultura urbana né di una ricca borghesia indigena. Essa era dominata da tre gruppi: i giannizzeri, importati soprattutto dall'Anatolia e da altre parti orientali dell'impero; i capitani di marina, in gran parte europei; ed i commercianti, in gran parte ebrei, che rivendevano le merci catturate dai pirati attraverso i loro contatti nel porto italiano di Livorno. I centri della vita urbana algerina stavano all'interno, intorno alle città poste sui grandi altipiani. Qui dei governatori nominati dal *dey* di Algeri detenevano le proprie forze armate, reclutate tra gli Algerini o tra i membri di famiglie di giannizzeri cui non era permesso entrare a far parte del corpo dei giannizzeri di Algeri; anche qui esisteva una borghesia locale che aveva stretti legami col governo. Al di là dell'hinterland di queste città, la sovranità di Algeri era mediata attraverso capi locali delle campagne, che riscuotevano le tasse e inviavano i proventi alla spedizione annuale di raccolta delle tasse. Vi erano però regioni in cui non esisteva nemmeno questa autorità mediata, e tutt'al più vi era una certa acquiescenza nei confronti dell'autorità ottomana di Algeri e Istanbul; tali erano i principati dei monti della Cabilia, le zone dei nomadi allevatori di cammelli nel Sahara, e le città dello oasi dello Mzab, abitate da Ibaditi che vivevano sotto la sovranità di un consiglio di dotti e pii anziani.

Capitolo Quattordicesimo

LE SOCIETÀ OTTOMANE

Popolazione e ricchezza dell'impero

I numerosi paesi annessi all'Impero Ottomano, sottoposti al suo sistema di controllo burocratico ed alla giurisdizione di un'unica legge, costituivano un'estesa zona di libero scambio, in cui le persone e le cose potevano spostarsi in relativa sicurezza, lungo vie commerciali tenute in ordine dalle forze imperiali e munite di *khan*, senza pagare diritti doganali ma solamente qualche tributo locale. Questa zona era collegata da una parte con l'Iran e l'India, dove pure il dominio dei Safavidi e dei Moghul manteneva condizioni di vita stabili, e dove l'avvento degli Europei nell'Oceano Indiano (Portoghesi, Olandesi, Francesi e Inglesi) non aveva ancora messo in crisi le forme tradizionali del commercio e della navigazione. A occidente era collegata ai paesi dell'Europa occidentale, che erano in una fase di espansione economica a causa dell'esistenza di forti monarchie accentratrici, della crescita della popolazione e dell'agricoltura, e dell'importazione di metalli preziosi dal nuovo mondo, dalle colonie spagnole e portoghesi d'America. Nuovi generi di merci pregiate, oltre ai tradizionali prodotti principali del commercio internazionale, venivano trasportati lungo le rotte del commercio a lunga distanza. Il commercio delle spezie continuava a transitare dal Cairo, almeno fino a quando, a un certo momento del XVII secolo, gli Olandesi non cominciarono a trasportarne grandi quantità doppiando il Capo di Buona Speranza; la seta persiana veniva trasportata seguendo una catena di città commerciali dall'impero safavide dell'Iran, attraverso l'Anatolia, fino a Istanbul, Bursa o Aleppo; il caffè, introdotto per la prima volta nel XVI secolo, veniva importato al Cairo dallo Yemen, e di lì distribuito in tutto il mondo del Mediterraneo; nel Maghreb, schiavi, oro e avorio venivano portati dalle savane a sud del Sahara.

Le manifatture delle città ottomane non avevano più nel mercato mondiale l'importanza che avevano avuto in precedenza, ma i tessuti della Siria e la *shashiya*, il caratteristico copricapo prodotto a Tunisi, erano richiesti nello stesso impero. In alcuni settori di questi commerci i mercanti dell'Europa occidentale svolgevano un ruolo sempre più esteso, ma i commerci più importanti erano ancora quelli con i paesi dell'Oceano Indiano, e qui la parte principale toccava ai commercianti ottomani.

Governo forte, ordine pubblico e commerci fiorenti erano connessi con altri due fenomeni che caratterizzarono il periodo del potere ottomano. Uno di questi fu la crescita della popolazione. Si trattò di un fenomeno comune all'intero mondo mediterraneo nel XVI secolo, non solo perché esso si stava riprendendo dalla lunga decadenza provocata dalla Morte Nera, ma anche a causa di altri mutamenti di quei tempi. Una stima approssimativa, che sembra riscuotere unanimità di consensi, valuta intorno al 50 per cento l'incremento della popolazione dell'impero nell'arco di questo secolo. (In Anatolia, la popolazione soggetta a tassazione raddoppiò, ma la spiegazione di ciò non sta forse solo in un incremento naturale, bensì in un maggior rigore nei controlli, che rese possibile registrare e riscuotere tasse da una quantità maggiore di persone.) Alla fine del secolo, la popolazione complessiva doveva essere nell'ordine dei 20-30 milioni di persone, ripartite più o meno equamente tra le parti europea, asiatica e africana dell'impero; a quest'epoca la popolazione della Francia era sì e no di 16 milioni, quella degli stati italiani di 13 milioni, e quella della Spagna di 8. Istanbul si trasformò da una città relativamente piccola nel periodo immediatamente precedente e successivo alla conquista ottomana a una di 700.000 abitanti nel XVII secolo; era più grande delle maggiori città europee del tempo, Napoli, Parigi e Londra. Questo incremento, però, non sembra essersi protratto nel corso del XVII secolo né nella parte musulmana né in quella cristiana del bacino del Mediterraneo.

Sembra che la crescita riguardasse non solo la popolazione ubana ma anche quella rurale. I dati disponibili fanno pensare ad un'estensione dell'agricoltura e ad un incremento della produzione rurale, perlomeno in alcune parti dell'impero; Ciò fu il risultato di un migliore ordinamento, di un sistema di tassazione più equo, di un aumento della domanda da parte della popolazione urbana, e dell'accumulo di capitali per investimenti prodotto dalla ricchezza delle città. Nel XVII secolo, però, è documentata una disorganizzazione della vita delle campagne sedentarie. I disordini in alcune regioni dell'Anatolia nei primi anni del secolo, noti come le sollevazioni dei *celali*, sono forse la spia di una sovrappopolazione delle campagne, oltre che di una diminuita capacità governativa di mantenere l'ordine nelle campagne.

Come sempre, furono le città, o quanto meno alcune classi urbane, a beneficiare maggiormente dell'ordinamento ottomano e della sua crescita economica. Quando Mehmet II entrò in Costantinopoli, ben poco rimaneva di quella che era stata una grande città imperiale. Egli e i suoi successori incoraggiarono, o addirittura costrinsero Musulmani, Cristiani ed Ebrei di altre località a trasferirsi colà, e dotarono la nuova Istanbul di grandi complessi di edifici. Sulla collina sovrastante il Corno d'Oro vi era il palazzo del Topkapi. Nel cortile esterno si svolgevano gli affari pubblici; nei cortili interni vivevano il sultano, la sua famiglia e i suoi dipendenti. Il palazzo era di fatto una città nella città, con molte migliaia di abitanti e circondata da mura. Al di là di esso vi era il cuore della città produttiva, il gruppo centrale di mercati e fondazioni imperiali, complessi di moschee, scuole, ospizi e biblioteche; un tratto caratteristico delle città imperiali erano i *waqf* imperiali, in virtù dei quali gli introiti di negozi e mercati venivano dedicati a scopi religiosi e caritatevoli. Un terzo polo di attività si trovava al di là del Corno d'Oro, nel sobborgo di Pera dove vivevano i commercianti stranieri, e che era praticamente una città italiana.

L'approvvigionamento della città era una preoccupazione fondamentale del governo. La popolazione urbana doveva avere grano per il pane, pecore per la carne, e tutto ciò che serve per vivere, e tutto questo doveva averlo ad un prezzo che fosse in grado di pagare. In linea di principio, il grano prodotto in un distretto andava consumato in loco, ma si faceva un'eccezione per le regioni che servivano una grande città. Per nutrire l'enorme popolazione di Istanbul, erano particolarmente importanti le regioni europee affacciate sul Mar Nero, la Tracia e il nord dell'Anatolia. Alcuni commercianti erano autorizzati a commerciare il grano, a comperarlo a prezzi fissi sotto la sorveglianza del *qadi*, a trasportarlo, in gran parte per mare, e a venderlo a prezzi stabiliti dal governo; le navi e i porti venivano rigidamente sorvegliati per essere sicuri che il grano non venisse inviato altrove.

Le ricchezze di quella immensa zona di produzione e di commercio che era l'impero affluivano in parte come entrate fiscali nelle mani del governo, per sostenere l'esercito e la burocrazia, e in parte in mani private. L'élite dominante delle città continuava ad essere quella combinazione di grandi commercianti e alti *'ulama* che costituiva un tratto caratteristico delle città del mondo islamico. I commercianti che si dedicavano al commercio sulle lunghe distanze, i produttori di tessuti di pregio, i *sarraf* o banchieri che prestavano denaro al governo e ai commercianti traevano profitto dall'aumentato volume dei commerci e dalla maggiore facilità con cui essi potevano essere condotti. Essi godevano di una posizione relativamente protetta e privilegiata, perché è a loro che il governo soleva rivolgersi qualora avesse avuto la necessità di procurarsi del denaro per scopi eccezionali. Gli alti *'ulama* traevano profitto non solo dai loro stipendi e dalla considerazione di cui il sultano li faceva oggetto, ma anche dai *waqf* che amministravano e che ne accrescevano i compensi. La loro ricchezza, e quella dei commercianti, era però superata da quella degli alti ufficiali dell'esercito e funzionari della pubblica amministrazione. Essi traevano profitto dagli uffici delle tasse che erano loro assegnati. La loro ricchezza era precaria, suscettibile di essere confiscata dal sultano qualora ne avessero perso il favore, dal momento che ufficialmente essi erano considerati suoi schiavi, e quindi impossibilitati ad ereditare, ma con l'aiuto della buona sorte e muovendosi con abilità potevano trasmetterla alle loro famiglie. Quando venne introdotto il sistema delle esattorie, sembra che si sia sviluppata una combinazione tra i detentori della ricchezza rurale e di quella urbana (funzionari, commercianti ed altri) per ottenere la concessione dell'appalto delle esattorie; nel XVIII secolo, i detentori di *malikane* (concessioni di appalto a vita) erano divenuti una nuova classe di proprietari terrieri, che coltivava la terra su base commerciale.

Le province arabe

Nella misura in cui essa è stata studiata, la storia delle province dell'impero di lingua araba sembra presentare molti tratti in comune con quella delle regioni europee e anatoliche. La popolazione sembra essere aumentata nel periodo immediatamente successivo alla conquista ottomana, a causa di una migliore sicurezza e della generale prosperità dell'impero, ma dopo questa fase sembra essere rimasta stazionaria o addirittura essersi leggermente ridotta. Dopo Istanbul, le grandi città arabe erano le più grandi dell'impero. La popolazione del Cairo era aumentata fino a raggiungere forse le 200.000 unità a metà del XVI secolo, e le 300.000 alla fine del XVII. Allo stesso tempo Aleppo era una città di circa 100.000 abitanti. Damasco e Tunisi erano forse di minori dimensioni, ma l'ordine di grandezza era lo stesso. Baghdad non si era mai ripresa dalla decadenza del sistema di irrigazione del sud dell'Iraq, dall'invasione mongola e dallo spostamento del commercio dell'Oceano Indiano dal Golfo Persico al Mar Rosso; aveva una popolazione alquanto inferiore alle grandi città della Siria. Algeri fu in grande misura una creazione ottomana, come bastione contro gli Spagnoli; alla fine del XVII secolo aveva tra i 50.000 e i 100.000 abitanti.

La crescita della popolazione era collegata alla trasformazione fisica e all'espansione delle grandi città. Il governo ottomano mantenne l'ordinamento delle città, con forze di polizia distinte per il giorno e per la notte e una forza di vigilanza nei vari quartieri, un'attenta sorveglianza dei servizi pubblici (rifornimento idrico, pulizia e illuminazione delle strade, lotta agli incendi), e un controllo delle vie e dei mercati, sotto la sorveglianza del *qadi*. Seguendo l'esempio del sultano di Istanbul, i governatori e i comandanti militari ottomani diedero l'avvio a grandiose opere pubbliche nei centri cittadini, soprattutto nel XVI secolo. Vennero costruite moschee e scuole, con edifici commerciali i cui introiti venivano usati per il loro mantenimento: per esempio, la fondazione di Duqakin-zade Mehmet Pasha ad Aleppo, in cui tre *qaysariyya*, quattro *khan* e quattro *suq* fornivano il mantenimento di una grande moschea; la Takiyya di Damasco, un complesso di moschea, scuola e ospizio per pellegrini edificato da Süleyman il Magnifico; di poco successivo, il complesso costruito dal notabile militare Ridwan Bey al Cairo.

Le mura della maggior parte delle grandi città erano ormai prive di scopo, sia per l'ordine che gli Ottomani mantenevano nelle campagne circostanti, sia perché lo sviluppo dell'artiglieria le aveva rese inefficaci per la difesa. Alcune vennero abbattute, altre caddero in disuso; le città presero ad espandersi in sobborghi residenziali destinati ad accogliere la crescente popolazione. I ricchi vivevano nel centro della città, vicino alla sede del potere, o in un quartiere dove avevano influenza, o anche in periferia, dove l'aria era fresca e il terreno abbondante. Gli artigiani, i piccoli commercianti e i proletari vivevano nei quartieri popolari che si stendevano lungo le arterie commerciali: ad Aleppo, Judayda, Bab Nayrab e Banqusa; a Damasco, Suq Saruja e il Maydan, che si estendeva lungo la strada diretta a sud, dalla quale il grano veniva portato dallo Hawran e i pellegrini partivano alla volta delle città sante; al Cairo, Husayniyya, posta a nord del vecchio centro cittadino, lungo la linea da cui andavano e venivano le carovane siriane, e Bulaq, il porto sul fiume.

In questi quartieri residenziali si hanno indizi che le famiglie, a parte le più povere, erano proprietarie delle loro case, e che quindi la popolazione era stabile. Nel periodo ottomano sembra esservi stata una tendenza dei quartieri a separarsi secondo criteri etnici o religiosi: Judayda ad Aleppo era prevalentemente cristiana, a Damasco vi era un quartiere curdo, al Cairo il rione circostante la moschea di Ibn Tulun era popolato da numerosi maghrebini. Raccolto intorno alla sua moschea, alla sua fontana pubblica e al suo piccolo mercato, il quartiere era il centro della vita dei suoi abitanti, uniti da cerimonie, vuoi pubbliche (la partenza e il ritorno dei pellegrini, la Pasqua ebraica o quella cristiana), vuoi private (nascite, matrimoni, funerali), protetto di notte dai suoi cancelli e dai suoi sorveglianti. Nelle loro attività economiche, però, gli abitanti della città (perlomeno gli uomini) ne varcavano i confini e tutte le componenti della società si incontravano nella piazza del mercato.

La politica fiscale degli Ottomani e la crescita dei commerci con l'Europa portarono ad un'accresciuta importanza di Ebrei e Cristiani nella vita delle città. Gli Ebrei erano influenti come prestatori di denaro e banchieri del governo centrale o dei governatori delle province, nonché come dirigenti delle esattorie in appalto; a un altro livello, come artigiani e commercianti di metalli preziosi. I commercianti ebrei furono importanti nei commerci di Baghdad, mentre a Tunisi e ad Algeri gli Ebrei, in gran parte di origine spagnola, ebbero un ruolo notevole negli scambi con i paesi del Mediterraneo settentrionale e occidentale. Le famiglie greche che vivevano nel quartiere di Phanar a Istanbul avevano il controllo di buona parte dei commerci di grano e pelli col Mar Nero. Gli Armeni svolgevano un ruolo importante nel commercio della seta con l'Iran. Ad Aleppo ed in altre località dove vivevano commercianti europei, i Cristiani fungevano da intermediari con essi, aiutandoli ad acquistare merci da esportare e a distribuire quelle importate dall'Europa; i Cristiani di Siria erano importanti nel commercio tra Damietta e la costa siriana; i Cristiani copti erano impiegati come contabili e dirigenti presso funzionari e appaltatori delle esattorie in Egitto.

Man mano che il governo ottomano metteva salde radici nei grandi centri provinciali, si sviluppavano locali gruppi dominanti ottomani. Nelle province sotto la diretta autorità ottomana, il governatore e il *qadi* venivano nominati da Istanbul, e cambiavano di frequente. I funzionari di cancelleria locali, invece, tendevano ad essere scelti tra le famiglie ottomane che si erano stabilite nelle città di provincia e tramandavano il loro bagaglio di esperienza di padre in figlio. Anche le guarnigioni di giannizzeri locali provenivano dalla comunità e si trasmettevano i loro privilegi di generazione in generazione, anche se vi furono dei tentativi di porre fine a ciò inviando da Istanbul nuovi distaccamenti. I governatori o i capi delle forze armate, se fossero rimasti a lungo nelle città, avrebbero potuto crearsi un proprio personale di *mamluk* cui assegnare le cariche più importanti.

Questi gruppi locali erano alleati con i commercianti e con gli *'ulama*. I maggiori detentori di ricchezza urbana erano i cambiavalute, i banchieri e i commercianti dediti ai traffici a lunga distanza. A dispetto dell'accresciuta importanza dei mercanti stranieri europei, cristiani ed ebrei, il commercio più importante e redditizio, quello tra differenti regioni dell'impero o con i paesi dell'Oceano Indiano, era in mano a mercanti musulmani: essi avevano il controllo sul commercio del caffè del Cairo, su quello che accompagnava il pellegrinaggio alla Mecca, e sulle vie carovaniere che attraversavano il deserto siriano e quello del Sahara. Poche fortune accumulate dai commercianti sembrano sopravvissute molte generazioni; più durature erano le famiglie con una tradizione di dottrina religiosa. Dal punto di vista numerico esse costituivano una classe importante: in Egitto nel XVIII secolo si calcola che gli *'ulama* nel senso più ampio del termine, comprendendo tutti coloro che esercitavano funzioni nella giurisprudenza, nell'istruzione o nel culto, fossero qualcosa come 4000 su di una popolazione di 50.000 maschi adulti. Nelle città arabe essi avevano caratteristiche diverse da quelli di Istanbul. I maggiori *'ulama* di Istanbul erano molto integrati nella macchina del governo, addestrati com'erano in scuole imperiali, nominati a cariche dell'amministrazione imperiale e con la prospettiva di assurgere ad alte cariche nel suo interno. Quelli delle città arabe erano invece di provenienza locale. Molti di essi avevano un'antica discendenza, che risaliva ai tempi dei Mamelucchi o ancora più indietro nel tempo, e alcuni di essi rivendicavano (non sempre a ragione) la qualifica di *sayyid*, discendenti del Profeta. Essi erano per la maggior parte addestrati in scuole locali (al-Azhar al Cairo, la Zaytuna a Tunisi, le scuole di Aleppo e di Damasco), ed erano eredi di una lingua e di una tradizione culturale che risalivano ben oltre l'avvento degli Ottomani. Pur mantenendo una certa indipendenza, erano pur sempre disposti a farsi inserire nell'amministrazione locale del sultano. Il *qadi* hanafita delle maggiori città veniva normalmente inviato da Istanbul, ma i suoi sostituti, la maggior parte dei *mufti*, il *naqib al ashraf*, e i docenti delle *madrasa* venivano perlopiù nominati dagli *'ulama* locali. Nelle città in cui la popolazione musulmana apparteneva a più di un *madhhab*, ciascuno di essi aveva il suo *qadi* e il suo *mufti*. A Tunisi l'intera popolazione musulmana, a parte quella di origine turca, era malikita quanto a *madhhab*, e il *qadi* malikita aveva una posizione ufficiale paragonabile a quella del *qadi* hanafita.

Tra gli Ottomani locali, i commercianti e gli *'ulama* locali, esistevano vari tipi di rapporti, che fornivano a ciascun gruppo una durata ed una condizione sociale che altrimenti non avrebbe potuto avere. Entro certi limiti, essi avevano una comune cultura. I figli di commercianti potevano frequentare la *madrasa*, e anche funzionari ed esponenti dell'esercito potevano inviarvi i propri figli, fornendo così loro la possibilità di un futuro meno precario: Bayram, funzionario turco della provincia di Tunisi, fondò una stirpe di celebri studiosi; al-Jabarti, lo storico dell'Egitto del XVIII secolo, proveniva da una famiglia di commercianti. Tra i membri dei vari gruppi vi erano matrimoni incrociati e anche legami finanziari, come soci in speculazioni commerciali. Quando si diffuse il sistema dell'appalto dell'esazione delle tasse, poteva capitare che funzionari e commercianti collaborassero nelle offerte per gli appalti. Nel complesso, erano i militari e i funzionari che avevano il controllo delle esattorie delle imposte rurali, perché queste non potevano essere riscosse senza il potere e il sostegno dei governatori. I mercanti e gli *'ulama* avevano una quota maggiore nelle esattorie di tasse e tributi locali. Gli *'ulama* erano amministratori di importanti *waqf*, ed è così che potevano ottenere dei capitali da investire in speculazioni di affari o negli appalti delle esattorie.

A un altro livello, esisteva una diversa alleanza. Nonostante i tentativi del sultano di mantenere il suo esercito di mestiere separato dalla popolazione locale, col tempo cominciarono ad aversi mescolanze. Alla fine del XVII secolo, vi erano dei giannizzeri che praticavano arti e mestieri, e l'appartenenza al corpo divenne una specie di proprietà, che conferiva il diritto a privilegi e pensioni, che poteva essere trasmessa ai figli, o essere venduta a membri della popolazione civile. L'alleanza di interessi trovava a volte espressione in moti violenti, con i caffè che costituivano il luogo in cui dai discorsi si passava all'azione. Tale azione poteva essere di due tipi. A volte era un'azione politica. A Istanbul, le fazioni del palazzo o dell'amministrazione civile o militare in lotta per il potere si servivano dei giannizzeri per mobilitare le masse urbane. Nel 1703 la rivolta di una parte dell'esercito si trasformò in un movimento di ribellione politica, in cui alti funzionari dipendenti da alcune delle maggiori famiglie, giannizzeri, *'ulama* e commercianti (ogni gruppo con i suoi interessi particolari, ma tutti uniti nella richiesta di giustizia) ottennero la rimozione dello *shaykh al-Islam*, di cui non apprezzavano l'influenza sul sultano Mustafa II, e successivamente la deposizione dello stesso sultano. Nelle città di provincia, potevano svilupparsi movimenti analoghi, ma potevano anche verificarsi esplosioni spontanee e incontrollate, quando il cibo era scarso e i prezzi elevati, e i funzionari del governatore o i detentori delle esattorie rurali in appalto venivano accusati di provocare una penuria in modo artificioso trattenendo per sé il grano fino a che i prezzi non fossero saliti. Tali moti potevano avere un successo a breve termine, con la sostituzione di un governatore o di un funzionario impopolare, ma l'élite cittadina li guardava con sentimenti contrastanti. Poteva anche succedere che i maggiori *'ulama*, nella loro qualità di portavoce della popolazione urbana, si unissero alla protesta, ma in definitiva i loro sentimenti erano dalla parte dell'ordine costituito.

La cultura delle province arabe

Nelle città delle province di lingua araba la conquista ottomana lasciò la propria impronta in grandiosi monumenti architettonici, alcuni creati dagli stessi sultani come segno della loro grandezza e religiosità, altri da mecenati locali mossi dalla forza dell'imitazione che viene stimolata dal potere e dal successo. Nelle capitali delle province, le moschee del XVI e del XVII secolo vennero costruite in stile ottomano: un ampio cortile conduceva ad una sala di preghiera a cupola, sopra la quale si innalzavano uno, due o quattro minareti, lunghi, sottili e appuntiti. La sala poteva essere decorata con piastrelle colorate nello stile Iznik che godeva il favore della corte ottomana, con disegni floreali in verde, rosso e azzurro. Così erano la moschea Khusrawiyya di Aleppo, progettata dal maggiore architetto ottomano, Sinan; la moschea di Sulayman Pasha nella Cittadella del Cairo; quella sopra la sepoltura di Sidi Mahraz a Tunisi; e la «Moschea Nuova» ad Algeri. La creazione provinciale ottomana più spettacolare fu la Takiyya a Damasco, un grandioso complesso di edifici, anch'esso progettato da Sinan, e destinato alle necessità del pellegrinaggio. È a Damasco che si radunava una delle due grandi carovane di pellegrini, quella che, in un certo senso, era la più importante delle due, perché è ad essa che prendevano parte emissari del sultano, e talvolta membri della sua famiglia. Una serie di caravanserragli era scaglionata lungo la strada dei pellegrini che giungevano da Istanbul attraverso l'Anatolia e il nord della Siria, e di essi il più elaborato era la Takiyya: una moschea a cupola con due alti minareti disposti in modo simmetrico sui suoi due lati, costruita in pietra con le fasce bianche e nere alternate che per lungo tempo erano state una caratteristica dello stile siriano; intorno al cortile vi erano stanze, refettori e cucine per i pellegrini. Anche nella città santa di Gerusalemme il sultano Süleyman lasciò la sua impronta, nelle piastrelle delle pareti esterne della Cupola della Roccia, e nelle grandi mura che circondavano la città. Solo a Baghdad, tra le grandi città ottomane, l'influsso del nuovo stile stentò a farsi sentire; il precedente stile persiano continuò ad esservi predominante. Anche nelle altre città moschee ed edifici pubblici di minori dimensioni continuarono ad essere costruiti negli stili tradizionali, anche se qualche elemento ottomano si fece gradualmente strada negli schemi delle decorazioni.

Sotto il dominio ottomano, la posizione della lingua araba non venne indebolita ma piuttosto rinforzata. Le scienze religiose e giuridiche venivano insegnate in arabo nelle grandi scuole di Istanbul non meno che in quelle del Cairo e di Damasco. Gli autori ottomani che scrivevano opere di un certo tipo tendevano a scrivere in arabo. La poesia e le opere profane potevano essere scritte nella lingua turca ottomana che si sviluppò in questo periodo come mezzo di espressione di una cultura elevata, ma le opere di religione e di diritto, e perfino quelle storiche e biografiche dovevano essere in arabo. Così, Hajji Khalifa (1609-1657), funzionario del governo a Istanbul, scrisse in entrambe le lingue, ma le sue opere più importanti furono scritte in arabo: una storia universale, ed un dizionario bibliografico degli autori arabi, *Kashf al-zunun*.

Nelle grandi città arabe proseguì la tradizione letteraria: non tanto la poesia e le belle lettere quanto la storia locale, la biografia e la compilazione di opere di *fiqh* e di *hadith*. Le grandi scuole continuarono ad essere centri per lo studio delle scienze religiose, sia pure con una differenza. Con poche eccezioni, le cariche maggiori dell'amministrazione della giustizia erano ricoperte da personale formatosi non ad al-Azhar o alle scuole di Damasco e di Aleppo, bensì a quelle delle fondazioni imperiali di Istanbul; anche i *qadi* principali hanafiti delle capitali provinciali erano per lo più Turchi inviati da Istanbul, e le maggiori cariche cui potesse aspirare chi usciva dalle scuole locali erano quella di giudice supplente (*na'ib*) o di *mufti*. (A Tunisi, tuttavia, la forza della tradizione locale di diritto malikita fu tale che vi erano due *qadi*, uno hanafita e uno malikita, altrettanto autorevoli e vicini al sovrano locale, e quest'ultimo proveniva dalla grande scuola di Tunisi, quella della moschea Zaytuna.)

L'avvento degli Ottomani favorì alcune confraternite sufi, ma stabilì anche un controllo su di esse. Uno dei primi atti del sultano Selim II dopo l'occupazione della Siria fu quello di erigere una tomba sontuosa sul luogo in cui era sepolto Ibn 'Arabi a Damasco. Una delle confraternite il cui insegnamento era influenzato da quello di Ibn 'Arabi, la Khalwatiyya, si diffuse dall'Anatolia in tutto l'Impero Ottomano, e originò diramazioni in Siria, Egitto e altrove. Anche la Shadhiliyya era diffusa, probabilmente a causa dell'influenza di sufi maghrebini; un membro della famiglia 'Alami che, proveniente dal Marocco, si stabilì a Gerusalemme, fu il rappresentante della Shadhiliyya in questa località, e la sua tomba sul Monte degli Ulivi divenne un luogo di pellegrinaggio.

Alla fine del XVII secolo, una nuova influenza venne dall'est del mondo islamico. La confraternita *naqshbandiyya* era presente a Istanbul e altrove fin da epoche antiche, ma nel 1670 o giù di lì un maestro sufi di Samarcanda, Murad, che aveva studiato in India, venne a vivere a Istanbul, e poi a Damasco, e portò con sé la nuova dottrina naqshbandita che era stata sviluppata da Ahmad al-Sirhindi nel nord dell'India nella prima parte del secolo. Egli ricevette favori dal sultano e fondò una famiglia a Damasco. Degli autori che vennero toccati da questa nuova dottrina naqshbandita, il più celebre fu 'Abd al-Ghani al-Nabulsi (1641-1731), un damasceno le cui opere voluminose comprendevano commenti della dottrina di Ibn 'Arabi e numerose descrizioni di viaggi a santuari, che sono anche la testimonianza di un'evoluzione spirituale.

Al di fuori della cultura sunnita delle grandi città, che riscuoteva il favore delle autorità ottomane, continuavano ad esistere altre forme di cultura religiosa. Quando gli Ottomani divennero più rigidamente sunniti, la posizione degli Sciiti di Siria si fece molto difficile. La loro tradizione dottrinale si era a quell'epoca ritirata nelle piccole cittadine e villaggi del sud del Libano, ma colà era continuata da famiglie di studiosi. Un autore degli inizi del periodo ottomano, Zayn al-Din al-'Amili (m. 1539), venne convocato a Istanbul e giustiziato; egli è conosciuto nella tradizione sciita come «il secondo martire» (*al-shahid al-thani*). La dottrina sciita continuò invece a prosperare al di fuori del raggio d'azione diretta dell'autorità ottomana, nelle città sante dell'Iraq e nelle regioni di al-Hasa e del Bahrayn sulla sponda occidentale del Golfo Persico. Ricevette nuovo impulso dalla proclamazione dello Sciismo quale religione ufficiale dell'Impero Safavide: il governo dello scià aveva bisogno di giudici e di insegnanti, e non riusciva a trovarne nello stesso Iran; studiosi dall'Iraq, dal Bahrayn e dal Libano meridionale si recarono quindi alla corte dello scià, ed alcuni rivestirono cariche importanti. Uno di essi, Nur al-Din 'Ali al-Karaki, proveniente dal Libano (ca. 1466-1534), scrisse opere ponderose e autorevoli sui problemi che poneva l'adozione dello Sciismo come religione di stato: se i fedeli dovessero pagare tasse al sovrano, se gli *'ulama* dovessero lavorare al suo servizio, e se le preghiere del venerdì andassero celebrate in assenza dell'*imam*.

Nel XVII secolo il mondo della dottrina sciita fu lacerato da un conflitto circa il ruolo dell'*ijtihad* nella formazione del diritto. Mentre la posizione dominante era stata quella degli Usuliti, che ammettevano la necessità dell'argomentazione razionale nell'interpretazione e nell'applicazione dei precetti del Corano e degli Hadith, sorse a questo punto un'altra scuola di pensiero, quella degli Akhbariti, che volevano limitare l'uso dell'argomentazione razionale per mezzo del *qiyas* (analogia), e ponevano l'accento sulla necessità di accogliere il significato letterale della tradizione degli *imam*. Questa scuola fu predominante nelle città sante nella seconda metà del secolo.

Influenze esterne, ma di altro genere, si facevano sentire anche nelle comunità giudaiche dell'Impero Ottomano. La riconquista cristiana dell'Andalusia portò alla distruzione delle locali colonie di Ebrei. Essi andarono in esilio, qualcuno in Italia e in altre parti d'Europa, ma molti a Istanbul e nelle altre città dell'Impero Ottomano. Essi recavano con sé le tradizioni caratteristiche dell'ebraismo sefardita o andaluso, e in particolare l'interpretazione mistica della fede, la Kabbala, che ivi era stata sviluppata. A partire dalla metà del XVI secolo, il centro più creativo di pensiero mistico fu Safad in Palestina. Un pensatore di grande originalità, Isacco Luria (1534-1572), giunse a Safad al termine della sua vita ed ebbe una profonda influenza sui locali seguaci della Kabbala.

Uno dei tratti distintivi del suo insegnamento era una particolare dottrina riguardante l'universo. La sua vita si era fatta disordinata, ed era compito degli esseri umani, ma soprattutto degli Ebrei, aiutare Dio nell'opera di redenzione, vivendo in conformità al Volere di Dio. Tale insegnamento diede origine ad un'attesa apocalittica, nella convinzione che la redenzione fosse vicina, e l'atmosfera era propizia per l'ascesa di un redentore. Nel 1665 Sabbatai Sevi (1626-1676), nato a Smirne e conosciuto per gli strani atti che compiva mentre era in uno stato di illuminazione, venne riconosciuto da un profeta locale come il Messia durante una sua visita in Terrasanta. La sua fama si sparse quasi subito in tutto il mondo dell'ebraismo, perfino in Europa nordorientale, dove le comunità ebraiche erano sconvolte dai massacri in Polonia ed in Russia. Il ritorno degli Ebrei in Terrasanta sembrava vicino, ma le speranze crollarono quasi immediatamente: convocato a presentarsi al cospetto del *divan* del sultano, Sabbatai Sevi dovette scegliere tra la morte e la conversione all'Islam. Egli scelse la conversione, e, mentre alcuni suoi seguaci gli restavano fedeli, la maggioranza non poteva più credere in lui.

Tra le popolazioni cristiane delle province di lingua araba, in particolare quelle della Siria, in questi secoli si produssero alcuni mutamenti nelle idee e nelle conoscenze. Ciò era connesso con la diffusione delle missioni cattoliche romane. Con qualche interruzione, esse erano presenti da tempo nella zona; dal XV secolo vi erano stati i Francescani in qualità di custodi dei santuari cattolici in Terrasanta; più tardi giunsero anche gesuiti, carmelitani, domenicani ed altri. A partire dalla fine del XVI secolo numerosi collegi vennero fondati dal papato a Roma per addestrare sacerdoti delle chiese orientali: i collegi maronita e greco nel 1584, il collegio della Congregazione per la Propaganda della Fede nel 1627. Nel XVII secolo il numero di sacerdoti missionari nei paesi del Medio Oriente andò aumentando. Questo processo ebbe due risultati. Incrementò il numero di appartenenti alle chiese orientali che accettavano l'autorità del Papa pur desiderando conservare le proprie liturgie, consuetudini e leggi religiose. I Maroniti assunsero questa posizione fin dai tempi delle Crociate, e al principio del XVIII secolo conclusero col Papato un concordato in cui venivano definiti i rapporti reciproci. Nelle altre chiese, la questione della supremazia papale fu all'origine di maggiori divisioni; in particolare, ad Aleppo, nel nord della Siria, vi furono conflitti tra Cattolici e non Cattolici a proposito dell'autorità sulle Chiese. Al principio del XVIII secolo si era praticamente conclusa una separazione. Da allora vi furono due serie di patriarchi e vescovi nel Patriarcato Ortodosso di Antiochia, una che riconosceva il primato del Patriarca Ecumenico di Costantinopoli, e l'altra «Uniate» o «Greco-cattolica», vale a dire che accettava l'autorità del Papa. Sviluppi analoghi si ebbero in momenti diversi nelle chiese Nestoriana, Siro-ortodossa, Armena e Copta, anche se fu solo agli inizi del XIX secolo che il sultano ottomano riconobbe ufficialmente gli Uniati come *millet* o comunità separate.

Il secondo risultato fu lo sviluppo di una caratteristica cultura cristiana espressa in arabo. Qualcosa esisteva già da molto tempo, ma ora essa cambiava natura. I sacerdoti istruiti nei collegi di Roma facevano ritorno con conoscenze di latino e di italiano; alcuni di essi si diedero ad uno studio approfondito dell'arabo; alcuni fondarono ordini monastici sul modello occidentale, soprattutto nell'atmosfera priva di costrizioni dei monti del Libano, e questi divennero centri sia di coltivazione del suolo, sia di studi teologici e storici.

Oltre l'impero: l'Arabia, il Sudan, il Marocco

Al di là delle frontiere ottomane in Arabia vi erano regioni con piccole cittadine o porti mercantili, e campagne disperse, dove le risorse urbane erano limitate e un governo poteva aversi solo su scala ridotta: i principati delle oasi cittadine dell'Arabia centrale e orientale, e quelli dei porti della sponda occidentale del Golfo Persico. Uno di essi era più importante degli altri. Nell'angolo sudorientale della penisola, nell'Oman, vi era una comunità rurale relativamente stabile e prospera nelle fertili vallate montane del Jabal Akhdar prospicienti il mare. I suoi abitanti erano ibaditi, e il loro imamato, che venne restaurato agli inizi del

XVII secolo sotto una dinastia del clan Ya'ribita, forniva una sorta di precaria unità alla società delle valli montane. Sulla costa, il porto di Masqat divenne un centro importante per i commerci dell'Oceano Indiano; gli Omaniti lo sottrassero ai Portoghesi verso la metà del XVII secolo, e commercianti dell'Oman si stabilirono longo le coste dell'Africa Orientale. Su questi margini della penisola araba gli Ottomani non esercitavano la loro sovranità, ma uno dei porti del Golfo, Bahrayn, fu sotto il dominio iraniano dal 1602 al 1783. Qui, come in altre parti del Golfo, gran parte della popolazione era sciita; la regione di al-Hasa a nord di Bahrayn era anzi un importante centro di insegnamento sciita. Nel sudovest della penisola, lo Yemen non era più sotto l'autorità ottomana; anche qui i porti commerciavano – soprattutto caffè – con l'India e il Sudest asiatico, ed emigrati sudarabici prestavano servizio negli eserciti dei sovrani indiani.

A sud dell'Egitto, l'autorità ottomana era limitata: si estendeva nella valle del Nilo fino alla Terza Cataratta, e sulle coste del Mar Rosso vi erano delle guarnigioni a Sawakin e a Massaua, sotto il comando del governatore di Gedda. Più in là, sorse un sultanato dotato di relativo potere e stabilità, quello del Funj, fondato nella zona di coltivazione sedentaria che si trova tra il Nilo Azzurro e il Nilo Bianco; esso sarebbe durato per più di tre secoli (dagli inizi del XVI secolo al 1821).

Al di là dei confini occidentali dell'impero, nell'estrema parte occidentale del Maghreb, vi era uno stato di tipo diverso: l'antico impero del Marocco. Le attività navali degli Ottomani non si estesero oltre il Mediterraneo fin nelle acque dell'Atlantico, né il governo ottomano giunse a impiantarsi nella parte costiera del Marocco, o ad imporre la sua autorità sui monti e gli altipiani del Rif e dell'Atlante. Qui esercitavano il loro dominio autorità locali, in qualche caso dotate di un riconoscimento religioso; in determinati casi il coagulo di forze locali intorno ad una leadership dotata di un riconoscimento religioso poteva dar vita ad entità politiche più estese. Nel XV secolo fece la sua comparsa un nuovo fattore che trasformò la natura di questi movimenti: la riconquista cristiana della Spagna e del Portogallo minacciava di traboccare fino in Marocco, e provocò anche un'emigrazione nelle città marocchine di Musulmani dell'Andalusia. Ogni movimento che apparisse in grado e intenzionato a difendere il paese contro i nuovi crociati aveva quindi un'attrazione particolare. A partire da questo momento, movimenti di questo genere tesero a reclamare la loro legittimità inserendosi in una discendenza spirituale fondamentale nel mondo musulmano. Nel 1510 una famiglia che sosteneva di discendere dal Profeta, quella degli sceriffi (*sharif*) Sa'diti, riuscì a fondare uno stato nella regione meridionale del Sus, stabilendo la propria autorità sulla città mercantile di Marrakesh (*Marrakush*) e muovendo poi verso il nord. I Sa'diti crearono un sistema di governo che riuscì a imporsi sulla maggior parte del paese, ancorché in modo limitato. La corte e l'amministrazione centrale, il *makhzan*, erano fino a un certo punto modellate sul modello ottomano. Il sultano aveva due tipi di forze armate su cui contare: il suo esercito personale formato da soldati negri reclutati tra gli abitanti di condizione servile delle oasi del sud e della valle del Niger, ed alcuni gruppi arabi delle pianure, le tribù *jaysh* o «militari»; costoro erano esentati da tassazione a condizione che riscuotessero le tasse e mantenessero l'ordine nelle campagne e, all'occasione, nelle città. Fu questo un periodo di crescente prosperità: le città commerciali del nord, i porti sull'Atlantico e le città interne di Fez (*Fas*) e Tetuan (*Titwan*) conobbero una rinascita, anche grazie all'arrivo di Andalusi dotati di capacità industriali e di contatti con altre parti del mondo mediterraneo. Dopo un periodo, a metà del XVI secolo, in cui Spagna, Portogallo e gli Ottomani lottarono per il controllo del paese, i Sa'diti riuscirono a mantenere una certa indipendenza, e addirittura ad estenderla verso sud. Dalla loro roccaforte di Marrakesh i sultani erano in grado di controllare il commercio di oro e schiavi dell'Africa occidentale; alla fine del XVI secolo, essi conquistarono e mantennero per un certo tempo le città delle vie commerciali del Sahara fino a Timbuktu.

Il governo degli sceriffi fu però sempre più debole di quello dei sultani ottomani. La ricchezza e la potenza delle città erano più limitate. Il centro urbano più importante, Fez, era una città con una notevole tradizione di cultura urbana, ma quanto a dimensioni era la metà di Aleppo, Damasco o Tunisi, e di gran lunga inferiore a Istanbul o al Cairo. Delle altre città, i porti sulla costa dell'Atlantico erano centri di commercio con l'estero e di attività di pirateria; i comandanti dei porti gemelli di Rabat e di Salé rivaleggiarono per qualche tempo con quelli di Algeri. Né il commercio delle città né la produzione delle campagne erano però sufficienti a consentire al sultano di mantenere un'elaborata burocrazia o un grande esercito permanente. Al di là di certe limitate regioni, egli esercitava una certa autorità grazie a sporadiche spedizioni militari, a manipolazioni politiche, ed al prestigio della sua discendenza dal Profeta. Con il suo *makhzan*, più che i governi centralizzati e burocratici dell'Impero Ottomano e di qualche stato europeo del tempo, ricordava quelli di una monarchia vagante del medioevo: il sovrano, la sua corte e i suoi ministri, i suoi pochi segretari e la tesoreria, con le sue truppe personali, si recava regolarmente nei distretti del paese a lui più prossimi, riscuotendo denaro sufficiente a pagare l'esercito e cercando con delicate manovre politiche di ottenere una sovranità perlomeno in ultima istanza su di un'area il più possibile estesa. Perfino nelle città la sua autorità era precaria. Per sopravvivere egli doveva controllare Fez, Maknas ed altre città: i loro *'ulama* gli fornivano una legittimazione, ed egli aveva bisogno degli introiti provenienti dai tributi sul commercio e sull'industria. Entro certi limiti egli poteva governarle attraverso funzionari da lui nominati, oppure concedendo o rifiutando favori, ma in un certo senso restava estraneo alle città. La popolazione della città non voleva che il potere del sultano fosse completamente assente, poiché ne aveva bisogno per proteggere le vie del commercio e per difenderla dagli attacchi europei sulla costa, ma desiderava che il rapporto si stabilisse alle sue condizioni: non pagare tasse, non venire terrorizzata dalle tribù *jaysh* circostanti, avere un governatore ed un *qadi* di propria scelta o quantomeno considerato accettabile. A volte essa riusciva a mobilitare le proprie forze a questi fini.

Con queste limitazioni alle loro risorse e al loro potere, gli sceriffi sa'diti non furono in grado di creare un sistema di governo duraturo, auto-perpetuantesi come quello degli Ottomani e dei Safavidi. Dopo circa un secolo, vi fu una spaccatura nella famiglia, e anche in questo caso emersero combinazioni di forze locali raccolte intorno a capi che rivendicavano la propria legittimità in termini religiosi. Dopo un periodo di conflitti, cui presero parte gli Ottomani di Algeri e i commercianti europei delle città portuali, un'altra famiglia di sceriffi, i Filaliti o 'Alawiti delle oasi del Tafilalt riuscirono ad unificare l'intero paese grazie alla loro abilità politica e all'aiuto di alcune tribù arabe: dapprima a est, dove assunsero il comando dei movimenti di opposizione al propagarsi del potere ottomano, poi a Fez e al nord, e quindi al centro e al sud entro il 1670. (Questa dinastia continua tuttora a governare il Marocco.)

Sotto uno dei primi sovrani della dinastia, Mawlay Isma'il (1672-1727), il governo assunse la forma che avrebbe mantenuto più o meno fino al principio del XX secolo: un corpo di dipendenti reali composto in gran parte da schiavi negri o da altri provenienti dal sud; ministeri affidati a membri delle famiglie notabili di Fez o delle tribù *jaysh*; un esercito di Europei convertiti, negri di origine servile, tribù *jaysh* delle pianure; e reclutamento di cittadini in casi di necessità. Il sultano doveva lottare contro due pericoli: il timore protratto di attacchi dalla Spagna e dal Portogallo, e l'espansione del potere ottomano da Algeri. Con il suo esercito, il suo riconoscimento religioso e il successo riportato nella lotta contro tali pericoli, egli riuscì per qualche tempo a generare quel potere che gli permise di volgere in suo favore l'equilibrio tra governo e città, e di esercitare un'autorità politica su gran parte delle campagne.

La conquista cristiana dell'Andalusia impoverì la civiltà del Marocco. L'espulsione definitiva dei Musulmani dalla Spagna nel XVII secolo portò nelle città marocchine altri coloni andalusi, che però non recavano più con sé una cultura capace di arricchire il Maghreb. Allo stesso tempo, i contatti con le regioni orientali del mondo islamico erano limitate dalla distanza e dalla barriera costituita dai monti dell'Atlante. Alcuni Marocchini si recavano, per la verità, in oriente, per commerci o per il pellegrinaggio; riunendosi nelle oasi del Tafilalt, proseguivano via terra lungo la costa del Nordafrica o via mare fino in Egitto, dove si riunivano alla carovana dei pellegrini che si radunava al Cairo. Capitava che qualche commerciante si fermasse colà, e che qualche studioso si arrestasse a studiare nelle moschee e nelle scuole del Cairo, di Medina o di Gerusalemme. Qualcuno di loro diveniva a sua volta insegnante e fondava famiglie di dotti; tale fu la famiglia 'Alami di Gerusalemme, che si considerava discendente da uno studioso e maestro sufi di Jabal 'Alam nel nord del Marocco. Erano invece pochi i sapienti dell'est che visitavano l'occidente estremo o vi si stabilivano.

La cultura del Marocco in questo periodo era quindi particolare e limitata. I poeti e gli uomini di lettere furono pochi e senza particolari qualità. Continuò invece la tradizione storiografica e biografica. Nel XVIII secolo al-Zayyani (1734-ca. 1833), personalità che aveva rivestito cariche importanti e viaggiato estesamente, scrisse una storia universale, la prima scritta da un Marocchino, che dimostrava una certa conoscenza della storia europea e una conoscenza ancor maggiore di quella ottomana.

Nelle scuole, la materia più studiata era il *fiqh* malikita, con le sue scienze sussidiarie. Veniva insegnato nella grande moschea di al-Qarawiyyin a Fez, con le sue annesse *madrasa*, e anche a Marrakesh e altrove; particolare importanza ebbe un compendio di diritto malikita, il *Mukhtasar* di al-Khalil. In queste città, come altrove nel mondo dell'Islam, vi furono grandi famiglie di studiosi che perpetuavano di generazione in generazione la tradizione di alta cultura da una generazione all'altra; tale fu la famiglia Fasi, di origine andalusa ma stabilitasi a Fez dal XVI secolo.

L'influenza dei giuristi delle città si estendeva in certa misura fin nelle campagne, dove gli *'ulama* potevano fungere da notai, dando espressione ufficiale a contratti ed accordi. La fonte principale di sostentamento intellettuale era però costituita da maestri e guide spirituali appartenenti alle confraternite sufi, e in particolare quelli legati alla Shadhiliyya. Essa era stata fondata da al-Shadhili (m. 1258), marocchino di nascita che si era trasferito in Egitto. Diffusasi ampiamente in Egitto, venne riportata in Marocco da al-Jazuli nel XV secolo (m. ca. 1465); fu un membro della famiglia Fasi che la portò a Fez. L'influsso della via insegnata dalla Shadhiliyya e da altre confraternite si fece sentire ad ogni livello della società. Tra i dotti, essa forniva una spiegazione del significato riposto del Corano ed un'analisi degli stati spirituali sul cammino che conduceva alla conoscenza empirica di Dio. Maestri e sant'uomini, affiliati o meno ad una confraternita, offrivano speranze di intercessione presso Dio per assistere uomini e donne nelle prove della vita terrena. Come avviene anche altrove, le tombe dei sant'uomini erano anche al centro di pellegrinaggi; tra i più famosi vi era quello di Mawlay Idris, ritenuto fondatore di Fez, in una città santuario che da lui prendeva nome, e di suo figlio, anch'esso di nome Idris, nella stessa Fez.

Come altrove, inoltre, anche qui gli uomini di cultura e di religione cercavano di preservare l'idea di una società musulmana giusta contro gli eccessi della superstizione o dell'ambizione mondana. La ricerca di uno studioso francese ha rivelato la vita e la dottrina di uno di costoro, al-Hasan al-Yusi (1631-1691). Uomo del sud, costui entrò a far parte della classe colta e insegnò a Fez per un certo tempo, dopo essere passato per le scuole di Marrakesh e di altre città. I suoi scritti sono di vario genere, e comprendono una serie di conversazioni (*muhadarat*) in cui egli cercava di definire e preservare la via di mezzo degli *'ulama* dotti e pii in mezzo a opposte tentazioni. Da una parte stavano le tentazioni e le corruzioni del potere. In un celebre saggio, in cui egli esprimeva il punto di vista degli *'ulama* sul proprio ruolo, metteva in guardia il sultano Isma'il contro la tirannide esercitata dai suoi funzionari in suo nome. La terra, egli affermava, apparteneva a Dio, e tutti gli uomini sono Suoi schiavi: se il sovrano tratta il suo popolo con giustizia, egli è un delegato di Dio sulla terra, l'ombra di Dio sui Suoi schiavi. Egli ha tre compiti: riscuotere tasse con giustizia, perseguire il *jihad* mantenendo la forza delle difese del regno, e prevenire l'oppressione del più debole ad opera del più forte. Tutti e tre sono trascurati nel suo regno: gli esattori delle tasse sono esosi, le difese sono trascurate e i funzionari opprimono il popolo. La lezione che egli ne ricava è ben conosciuta: una volta conclusa la fase profetica, custodi della verità restano gli *'ulama*; che il sultano faccia come fecero i califfi e accolga i consigli di leali esponenti della legge sacra.[1]

Dall'altra parte della via di mezzo vi era la corruzione spirituale arrecata alla gente comune delle campagne da maestri sufi falsi ed ignoranti:

> In epoche precedenti, le parole di uomini come quelli delle confraternite Qadiriyya e Shadhiliyya, e dei maestri di stati spirituali, colpivano le orecchie della gente comune e toccavano i loro cuori. Queste parole affascinavano le folle, che si lanciarono ad imitarli. Ma cosa vi potete aspettare da un ignorante che dà libero corso alle proprie stravaganze e non conosce nemmeno l'aspetto esteriore della legge divina, per non parlare della comprensione del suo intimo significato, e che non occupa alcuna posizione elevata dello spirito? Lo troverete intento a parlare con foga, facendo riferimento a conoscenze sia razionali sia rivelate. Questo lo trovate soprattutto tra i figli di sant'uomini, che desiderano adornarsi delle grazie dei padri, e si fanno seguire dai loro seguaci senza alcun diritto o verità, ma esclusivamente per amore delle vanità di questo mondo... Un uomo del genere non permetterà alla gente di amare alcuno per amore di Dio, né di conoscere o seguire alcuno al di fuori di lui stesso... Egli promette loro il Paradiso, qualunque siano state le loro azioni, a causa della sua intercessione in loro favore nel Giorno del Giudizio... Il popolino ignorante è soddisfatto di questo, e continua a servirli, di padre in figlio.[2]

MUTAMENTI NEGLI EQUILIBRI DI POTERE NEL XVIII SECOLO

Autorità centrali e locali

Nel VII secolo gli Arabi diedero vita a un nuovo mondo nella cui orbita vennero attratti altri popoli. Nei secoli XIX e XX, essi furono a loro volta attratti in un nuovo mondo sorto in Europa occidentale. Questa è certamente una maniera troppo semplicistica di descrivere un processo assai complesso, e anche le sue spiegazioni rischiano di essere troppo semplicistiche.

Una spiegazione che comunemente si dà suona più o meno così: nel XVIII secolo i vecchi regni del mondo musulmano e le società da essi governate erano in decadenza, mentre la forza dell'Europa era in crescita, e ciò rese possibile un incremento di beni, di idee e di potenza che portò all'imposizione dell'autorità europea, seguita da una rinascita, in forme nuove, della forza e della vitalità delle società arabe.

Il concetto di decadenza è però difficile da utilizzare. Tra gli stessi autori ottomani vi fu chi vi fece ricorso. A partire dalla fine del XVI secolo, quanti facevano un raffronto tra ciò che vedevano intorno a loro e ciò che ritenevano fosse esistito in epoche precedenti sostenevano spesso che le cose non andavano come erano andate in una precedente epoca di giustizia, e che le istituzioni e il codice di moralità sociale su cui riposava la forza ottomana erano in decadenza. Alcuni di essi avevano letto Ibn Khaldun; nel XVII secolo lo storico Naima riprendeva alcuni suoi concetti, e nel XVIII una parte della *muqaddima* venne tradotta in turco.

Per tali autori, il rimedio stava in un ritorno alle istituzioni dell'età dell'oro, vera o presunta. Per Sari Mehmed Pasha (m. 1717), che in un dato momento fu tesoriere o *defterdar*, e scriveva al principio del XVIII secolo, ciò che importava era che venisse ripristinata l'antica distinzione tra governanti e governati, e che i governanti agissero con giustizia:

> Va evitato accuratamente l'accesso dei *reaya* alla casta militare. Il disordine si produrrà sicuramente se coloro che non sono figli

> o nipoti di *sipahi* vengono all'improvviso trasformati in *sipahi*... Che [i funzionari] non opprimano i poveri *reaya* né facciano sì che che essi siano oppressi dalle pretese di nuove imposizioni in aggiunta alle ben note tasse annue che essi sono abituati a pagare... Il popolo delle province e gli abitanti delle città dovrebbero essere protetti e salvaguardati con l'eliminazione delle ingiustizie, e si dovrebbe prestare la massima cura affinché siano rese prospere le condizioni dei sudditi... Eppure non si dovrebbe mostrare troppa indulgenza nei confronti dei *reaya*.[1]

Invece di parlare di decadenza, sarebbe più giusto dire che quanto era avvenuto era un adeguamento dei metodi di governo ottomani e degli equilibri di potere all'interno dell'impero al mutare delle circostanze. Con la fine del XVIII secolo la dinastia ottomana compiva i 500 anni di esistenza, e da almeno 300 governava la maggior parte dei paesi arabi; era ragionevole attendersi che il suo modo di governare e l'estensione della sua autorità variassero a seconda dei luoghi e dei momenti.

Vi furono due tipi di trasformazioni che ebbero un'importanza particolare nel XVIII secolo. Nel governo centrale di Istanbul, si era evidenziata una tendenza a trasferire il potere dai dipendenti del sultano ad un'oligarchia di alti funzionari della pubblica amministrazione che gravitavano intorno agli uffici del gran visir. Benché al loro interno diversi gruppi si contendessero il potere, essi avevano più di un legame che li univa, tra loro e con gli alti dignitari dell'amministrazione giudiziaria e religiosa. Essi avevano una cultura comune, in cui vi erano elementi arabi e persiani oltre che turchi. Avevano in comune la preoccupazione per la forza e il benessere dell'impero e della società che questo proteggeva. Essi non si tenevano in disparte rispetto alla società, come avevano fatto gli schiavi alle dipendenze del sultano, ma erano inseriti nella sua vita economica, attraverso il controllo delle fondazioni religiose e delle esattorie in appalto, nonché attraverso associazioni con i commercianti per investimenti nel commercio e nei terreni.

Anche l'esercito di mestiere era stato integrato nella società; ci furono giannizzeri che divennero commercianti ed artigiani, e commercianti e artigiani che entrarono a far parte del corpo dei giannizzeri. Questo processo era connesso, come causa ed effetto, con l'altro mutamento importante: l'affermarsi, nelle capitali delle province, di gruppi dominanti locali, che erano in grado di controllare le risorse fiscali delle province e di utilizzarle per costituire propri eserciti locali. Tali gruppi esistevano nella maggior parte delle capitali delle province, a parte quelle che potevano essere tenute sotto controllo con facilità da Istanbul. Essi potevano essere di tipi diversi. In alcune località vi erano famiglie dominanti, con le proprie schiere di dipendenti e domestici; i loro appartenenti riuscirono ad ottenere il riconoscimento da Istanbul di generazione in generazione. Altrove, vi erano gruppi di *mamluk* autoperpetuantisi; costoro erano uomini provenienti dai Balcani o dal Caucaso, che erano giunti in una città come schiavi combattenti o come apprendisti nelle file dei dipendenti di un governatore o di un comandante militare, erano assurti a cariche importanti nel governo o nell'esercito locale, ed erano riusciti a trasmettere il proprio potere ad altri appartenenti allo stesso gruppo. Tali governanti locali riuscirono a stabilire alleanze di interessi con commercianti, proprietari terrieri e *'ulama* della città. Essi mantenevano l'ordine che era necessario per la prosperità della città, dalla quale in cambio traevano profitto.

Questa era la situazione nella maggior parte delle province ottomane dell'Anatolia e dell'Europa, con la sola eccezione di quelle che potevano essere raggiunte con facilità da Istanbul, e praticamente in tutte le province arabe. Aleppo nel nord della Siria, data la sua posizione su di una grande strada imperiale e di accesso relativamente agevole da Istanbul, rimase sotto la diretta autorità del sultano; ma a Baghdad e a San Giovanni di Acri ('Akka) sulla costa palestinese la carica di governatore era nelle mani di appartenenti a gruppi di *mamluk*; a Damasco e a Mosul, alcune famiglie che si erano affermate nell'amministrazione ottomana riuscirono a ricoprire per parecchie generazioni la carica di governatore. Nello Hijaz, gli sceriffi della Mecca, una famiglia che sosteneva di discendere dal Profeta, governavano le città sante, anche se vi era un governatore ottomano a Gedda sulla costa. Nello Yemen, non vi era più una presenza ottomana, e, nella misura in cui esisteva un'autorità centrale, questa era nelle mani di una famiglia di *imam* riconosciuta dagli abitanti zayditi.

In Egitto la situazione era più complessa. Vi era ancora un governatore inviato da Istanbul, al quale inoltre non era concesso di fermarvisi troppo a lungo per timore che potesse acquisire troppo potere; ma la maggior parte delle cariche più importanti, e il controllo delle esattorie in appalto, erano finiti dapprima in mano a gruppi rivali di *mamluk* e ufficiali dell'esercito, e successivamente in mano ad uno di essi. Nelle tre province ottomane del Maghreb, i comandanti degli eserciti locali si erano, in un modo o nell'altro, impadroniti del potere. A Tripoli e a Tunisi, i comandanti militari diedero origine a dinastie, che avevano un riconoscimento da parte di Istanbul in qualità di governatori, ma che portavano il titolo locale di *bey*. Ad Algeri, il corpo militare nominò una serie di governanti (i *dey*); ma col tempo il *dey* riuscì a dar vita a un gruppo di alti funzionari che riuscì a perpetuarsi e a mantenere nelle proprie mani la carica di *dey*. In tutte e tre le province, funzionari, ufficiali dell'esercito e commercianti si erano ritrovati uniti innanzitutto dal comune interesse nell'armare navi da pirateria (i «pirati barbareschi») per catturare navi degli stati europei con cui il sultano era in guerra e rivenderne le merci; con la fine del XVIII secolo, però, questa attività era praticamente cessata.

Per quanto grandi fossero stati questi mutamenti, la loro portata non va sopravvalutata. A Istanbul il sultano deteneva pur sempre il potere in ultima istanza. Perfino il più forte funzionario poteva essere deposto e giustiziato, e i suoi beni confiscati; i funzionari del sultano erano ancora considerati suoi «schiavi». Con qualche eccezione, perfino i governanti locali più forti erano soddisfatti di rimanere all'interno del sistema ottomano; essi erano «Ottomani locali», non monarchi indipendenti. Lo stato ottomano non era estraneo ad essi, esso era pur sempre l'incarnazione della comunità musulmana (o perlomeno di una gran parte di essa). I governanti locali potevano avere propri rapporti con potenze straniere, ma usavano la propria forza per portare avanti gli interessi fondamentali dell'impero e per difenderne le frontiere. Inoltre, il governo centrale aveva pur sempre un residuo di forza nella maggior parte delle regioni dell'impero. Poteva concedere o rifiutare il proprio riconoscimento ufficiale; perfino il *bey* di Tunisi e il *dey* di Algeri aspiravano ad essere ufficialmente investiti governatori dal sultano. Questi poteva sfruttare le rivalità tra differenti province, o tra diversi membri di una famiglia o di un gruppo di *mamluk*, o tra il governante della provincia e i notabili locali. Dove poteva servirsi delle grandi strade imperiali o delle rotte del Mediterraneo orientale, poteva inviare un esercito per riaffermare il suo potere; ciò accadde in Egitto, per breve tempo, nel decennio successivo al 1780. Il pellegrinaggio, che era organizzato dal governatore di Damasco, recava doni da Istanbul agli abitanti delle città sante, era sorvegliato da forze ottomane, e percorreva una strada tenuta in ordine da guarnigioni ottomane, era pur sempre un'affermazione annuale della sovranità ottomana lungo tutto il percorso che da Istanbul attraversava la Siria e l'Arabia occidentale fin nel cuore del mondo islamico.

Un nuovo equilibrio di forze si era creato nell'impero. Esso era precario, ed ogni parte in causa cercava di accrescere il proprio potere quando se ne presentava l'opportunità; tuttavia esso riuscì a mantenere un'alleanza di interessi tra il governo centrale, gli Ottomani delle province, ed i gruppi sociali che detenevano ricchezza e prestigio, i commercianti e gli *'ulama*. Si hanno le prove del fatto che in alcune regioni questa combinazione di forti governi locali e attive élite urbane mantenne invariata o accrebbe la produzione agricola, base della prosperità urbana e della forza dei governi. Sembra che ciò si sia verificato nelle province europee; l'incremento di popolazione in Europa centrale accrebbe la domanda di generi alimentari e materie prime, e le province balcaniche riuscirono a farvi fronte. In Tunisia e in Algeria, grano e pellami venivano prodotti per essere esportati a Marsiglia e a Livorno; nel nord della Palestina e nell'Anatolia occidentale la produzione di cotone fu incrementata per venire incontro alle richieste dalla Francia. Nella maggioranza delle province, però, l'autorità del governo locale e dei suoi alleati urbani non si estendeva di molto al di fuori delle città. Nel Maghreb, il potere ottomano non era granché diffuso nell'interno in direzione degli altipiani. Nella Fertile Mezzaluna, alcune tribù nomadi dedite all'allevamento dei cammelli si erano spostate verso nord dall'Arabia centrale; la zona utilizzata per il pascolo si ampliò a spese di quella impiegata per le colture, e lo stesso avvenne per le zone in cui erano i capi tribali, più che i funzionari cittadini, ad avere il controllo sugli agricoltori rimasti.

Nei territori oltre i confini dell'impero si erano verificati dei fenomeni di tipo analogo. Nell'Oman una nuova famiglia dominante, che in un primo momento rivendicò l'*imamato* degli ibaditi, si affermò a Masqat sulla costa, ed un'alleanza di governanti e commercianti riuscì a estendere il commercio dell'Oman su tutte le coste dell'Oceano Indiano. In altri porti del Golfo, Kuwait, Bahrayn e qualche altro di minore importanza, fecero la loro comparsa famiglie dominanti che avevano stretti legami con comunità di commercianti. Nel Sudan, a sud dell'Egitto, vi furono due sultanati di lunga durata: uno, quello del Funj, si trovava nel territorio fertile tra il Nilo Bianco e il Nilo Azzurro, dove le vie commerciali provenienti dall'Egitto e dirette in Etiopia si intersecavano con quelle che dall'Africa occidentale portavano al Mar Rosso; l'altro fu quello di Darfur, a occidente del Nilo, su di una via commerciale che dall'Africa occidentale arrivava fino in Egitto.

In Marocco, all'estremità del Maghreb, dalla metà del XVII secolo regnavano gli 'Alawiti, senza però quella forza militare o burocratica dalle solide basi su cui potevano contare anche i governanti ottomani locali. Come i loro predecessori, essi non poterno mai dominare completamente la città di Fez con le sue potenti famiglie di commercianti, i suoi *'ulama* arroccati intorno alla moschea Qarawiyyin, e le sue famiglie di santi che custodivano le sepolture dei loro antenati; al di fuori delle città, essi potevano tutt'al più cercare di controllare parte delle campagne con manipolazioni politiche e il prestigio della loro discendenza. Avendo basi malferme, la loro forza fu soggetta a oscillazioni; grande agli inizi del XVIII secolo, essa si fece successivamente più debole, ma nella seconda metà del secolo conobbe una rinascita.

La società e la cultura arabo-ottomane

Nel XVIII secolo, sembrò farsi più profonda l'impronta della potenza e della cultura ottomane sulle province arabe. Essa mise radici nelle città per mezzo di quelli che sono stati chiamati famiglie e gruppi di «Ottomani locali». Da una parte, i comandanti dell'esercito e i funzionari della pubblica amministrazione si stabilirono nelle capitali provinciali e fondarono famiglie e organizzazioni di dipendenti che riuscirono a detenere cariche nell'amministrazione ottomana di generazione in generazione; le famiglie dominanti locali e i gruppi di *mamluk* erano solo la punta emergente di un fenomeno che esisteva anche ad altri livelli. Alcuni di essi rivestirono cariche nell'amministrazione locale, alcuni accumularono ricchezze mediante l'acquisizione di esattorie in appalto, e alcuni inviarono i figli alle scuole religiose locali e di lì li fecero entrare nell'amministrazione della giustizia. D'altra parte, gli appartenenti a famiglie locali con una tradizione di cultura religiosa mostrarono una crescente tendenza ad ottenere cariche nell'amministrazione della religione e della giustizia, e ad acquisire, mediante queste, il controllo sui *waqf*, compresi quelli più redditizi che erano stati fondati a beneficio delle città sante o di istituzioni fondate dai sultani; molti di essi venivano dirottati dai loro scopi originari ad uso privato. Si è calcolato che nel sistema religioso-legale di Damasco, mentre all'inizio del XVIII secolo vi erano settantacinque cariche ufficiali, alla metà del secolo il loro numero era salito a più di trecento. Contemporaneamente, molte famiglie locali che per tradizione aderivano ai *madhhab* shafi'ita o malikita finirono per accettare il codice hanafita, l'unico ufficialmente riconosciuto dai sultani ottomani. (Ciò invece non sembra essersi verificato nel Maghreb; ivi la gran massa della popolazione, a parte quella di origine turca, rimase malikita.)

Sul finire del XVIII secolo, dunque, esistevano, perlomeno in alcune grandi città arabe, famiglie potenti e più o meno durature di «notabili» locali, alcune più turche altre più arabe. La loro potenza e stabilità trovarono espressione nella costruzione di ricche dimore e palazzi ad Algeri, Tunisi, Damasco e altrove. Uno dei più sontuosi fu il palazzo 'Azm a Damasco, una serie di stanze e appartamenti costruiti intorno a due cortili, uno per i maschi della famiglia e i loro visitatori, l'altro per le donne e per la vita domestica. Su scala minore, ma sempre sontuose, furono le case costruite a Judayda, quartiere cristiano di Aleppo, da famiglie che avevano fatto fortuna coi crescenti commerci con l'Europa. Tra i monti del Libano meridionale venne costruito da artigiani di Damasco il palazzo dell'*amir* del Libano, Bashir II: un palazzo cittadino che non ci si aspetterebbe di incontrare sui fianchi di una remota collina. Tali dimore vennero costruite da architetti ed artigiani locali, e la progettazione e lo stile architettonico si rifacevano a tradizioni locali, ma anche qui, come nelle moschee, era dato di vedere l'influsso degli stili decorativi ottomani, soprattutto nell'uso delle piastrelle; frammista a ciò vi era una certa imitazione di stili europei, come nella decorazione delle pareti, e nell'uso di cristalli di Boemia ed altre merci prodotte in Europa per il mercato mediorientale. A Tunisi, un viaggiatore francese della prima parte del secolo scoprì che l'antico palazzo dei *bey*, il Bardo, era fornito di mobilia in stile italiano.

La sopravvivenza e il potere sociale delle famiglie di notabili erano strettamente legate alle scuole locali. Uno studio condotto sul Cairo fa ritenere che fosse alfabetizzata una parte considerevole della popolazione maschile (forse addirittura la metà) mentre le donne dovevano esserlo solo in piccole proporzioni. Ciò implica che le scuole elementari, i *kuttab*, erano numerose. Ad un livello superiore, uno storico del tempo menziona una ventina di *madrasa* e un identico numero di moschee in cui si impartiva un insegnamento superiore. L'istituzione centrale, la moschea di al-Azhar, sembra prosperasse a spese di alcune delle moschee e delle *madrasa* più piccole e meno dotate; essa attirava studenti dalla Siria, dalla Tunisia, dal Marocco e dalle regioni dell'alto Egitto. Allo stesso modo, a Tunisi la moschea Zaytuna crebbe in dimensioni e in importanza nel corso del secolo; la sua biblioteca si ampliò, e la sua dotazione venne accresciuta con i proventi della *jizya*, il testatico sui non Musulmani.

In queste scuole superiori, si seguiva ancora il vecchio piano di studi. Le materie di studio più importanti erano: esegesi coranica, Hadith e *fiqh*, per il quale, oltre ai veri e propri manuali, si faceva uso di raccolte di *fatwa*; le materie linguistiche erano studiate come introduzione ad esse. Le dottrine fondamentali della religione venivano studiate soprattutto su compendi di epoca tarda, e sembra fosse ampiamente diffuso lo studio delle opere di Ibn 'Arabi e di altri sufi. Scienze razionali quali matematica ed astronomia venivano studiate ed insegnate perlopiù al di fuori del piano di studi ufficiale, ma sembra che riscuotessero grande interesse.

Nei limiti di un curriculum rigido ed immutabile, vi era purtuttavia spazio per la produzione letteraria di alta qualità. A Tunisi, una famiglia fondata da un soldato turco che era giunto nel paese con la forza di spedizione ottomana nel XVI secolo espresse quattro uomini in generazioni successive, tutti di nome Muhammad Bayram, che furono rinomati studiosi e *mufti* hanafiti. In Siria, la famiglia fondata da Murad, il Naqshbandita proveniente dall'Asia centrale, detenne anch'essa la carica di *mufti* hanafita per più di una generazione. Un membro di questa famiglia, Muhammad Khalil al-Muradi (1760-1791), proseguì la tradizione specificamente siriana di raccogliere biografie di uomini di cultura e rinomanza; il suo dizionario biografico copre il XII secolo dell'Islam.

Per avere un aiuto nella sua raccolta di biografie, Muradi si rivolse ad un celebre studioso residente in Egitto, Murtada al-Zabidi (1732-1791). La sua lettera esprime la consapevolezza di uno che è cosciente di costituire l'ultimo anello di una tradizione che va preservata:

> Quando ero a Istanbul con uno dei suoi grandi uomini... si parlava della storia e della sua decadenza nella nostra epoca, e della mancanza di cura per essa tra gli uomini di questo tempo, benché sia la maggiore delle arti; ce ne dolevamo tristemente.[2]

Di origine indiana, Zabidi era vissuto per un certo tempo a Zabid nello Yemen, importante tappa sulla via che dall'Asia meridionale e sudorientale porta alle città sante, e notevole centro di cultura del tempo; si era poi trasferito al Cairo e di lì la sua influenza si era propagata in lungo e in largo, sia a causa della sua reputazione di uomo dotato di potere di intercessione, sia attraverso i suoi scritti. Tra questi vi erano opere sugli Hadith, un commentario all'*Ihya 'ulum al-din* di al-Ghazali, ed un grande lessico arabo.

Murtada al-Zabidi a sua volta chiese ad uno studioso più giovane, 'Abd al-Rahman al-Jabarti (1753-1825) di aiutarlo a raccogliere materiale biografico, e fu questo l'impulso che volse il suo ingegno alla storiografia; a suo tempo egli avrebbe prodotto l'ultima grande cronaca in stile tradizionale, contenente non solo avvenimenti politici ma anche le vite di uomini dotti e famosi.

Anche nel mondo sciita continuò la tradizione di alta cultura, ma gli studiosi erano nettamente divisi. Per la maggior parte del secolo la scuola di pensiero akhbarita ebbe il sopravvento tra gli studiosi delle città sante, ma verso la fine vi fu una rinascita della scuola usulita, dietro l'impulso di due importanti studiosi: Muhammad Baqir al-Bihbihani (m. 1791) e Ja'far Kashif al-Ghita (ca. 1741-1812); sostenuta dai governanti locali dell'Iraq e dell'Iran, per i quali la flessibilità degli usuliti presentava qualche vantaggio, questa finì per ridiventare la scuola dominante. La Akhbariyya continuò però ad essere forte in alcune regioni del Golfo Persico. Verso la fine del secolo, tanto gli Usuliti quanto gli Akhbariti vennero minacciati da un nuovo movimento, la Shaykhiyya, sorta dalla tradizione mistica, quella dell'interpretazione spirituale dei libri sacri, che nello Sciismo era endemica: essa venne condannata da ambedue le altre scuole, che la considerarono al di fuori dei confini dello Sciismo *imamita*.

Non si hanno indizi di una penetrazione nel pensiero sunnita o in quello sciita delle nuove idee che andavano affermandosi in Europa. Alcuni sacerdoti siriani e libanesi che avevano acquisito una conoscenza del latino, dell'italiano o del francese conoscevano bene la teologia cattolica e la scienza europea del loro tempo. Qualcuno di essi insegnò in Europa e divenne uno studioso di reputazione europea: il più celebre fu Yusuf al-Sim'ani (Giuseppe Assemani, 1687-1768), un Maronita libanese, esperto di manoscritti siriaci ed arabi che divenne bibliotecario della Biblioteca Vaticana.

Il mondo dell'Islam

Indipendentemente dal fatto di vivere all'interno dell'Impero Ottomano o al di fuori dei suoi confini, quanti professavano la fede dell'Islam e vivevano servendosi della lingua araba avevano qualcosa in comune che era più profondo di un'alleanza politica o di un comune interesse. Tra essi, nonché tra essi e quanti parlavano turco o persiano o le altre lingue del mondo musulmano, vi era il comune senso di appartenenza ad un mondo duraturo e incrollabile sorto dalla rivelazione ultima di Dio attraverso il Profeta Maometto, e che si esprimeva in forme di pensiero e di attività sociali diverse: il Corano, le Tradizioni del Profeta, il sistema della legge o del comportamento sociale ideale, le confraternite sufi rivolte alle tombe dei loro fondatori, le scuole, i viaggi degli studiosi in cerca di istruzione, la circolazione dei libri, il digiuno del Ramadan, osservato nello stesso periodo ed allo stesso modo dai Musulmani ovunque si trovassero, e il pellegrinaggio che portava parecchie migliaia di persone da tutto il mondo musulmano fino alla Mecca nello stesso periodo dell'anno. Tutte queste attività preservavano il senso di appartenenza ad un mondo che conteneva tutto ciò che era necessario per il benessere in questa vita e per la salvezza nell'aldilà.

Anche riguardo a ciò, è del tutto normale che una struttura di lunga durata vada incontro a dei mutamenti e la Dimora dell'Islam nel XVIII secolo si presentava in modo assai diverso da come era stata in precedenza. Un'ondata di cambiamento venne dall'estremo oriente del mondo musulmano, dal nord dell'India, dove l'altra grande dinastia sunnita, i Moghul, governavano su Musulmani e Indù. Qui numerosi pensatori, il più famoso dei quali fu Shah Waliullah di Delhi (1703-1762), andavano predicando che i sovrani dovevano governare in conformità con i precetti dell'Islam, e che l'Islam andava purificato ad opera di maestri che usassero il loro *ijtihad* sulla base del Corano e degli Hadith; i diversi *madhhab* andavano fusi in un unico sistema di morale e di legge, e la devozione dei sufi andava mantenuta entro i suoi limiti. Studiosi e idee in movimento dall'India verso occidente si incontravano e mescolavano nelle grandi scuole e nelle città sante in occasione del pellegrinaggio, e da queste mescolanze conseguì un rafforzamento di quel genere di sufismo che poneva l'accento sulla stretta osservanza della *shari'a*, indipendentemente da quanto un Musulmano avesse progredito lungo il cammino che conduceva all'esperienza di Dio. La Naqshbandiyya si era diffusa in precedenza dall'Asia centrale e dall'India fin nei paesi ottomani, e la sua influenza andava crescendo. Un'altra confraternita, la Tijaniyya, venne fondata in Algeria e Marocco da un maestro di ritorno dalla Mecca e dal Cairo, e si diffuse in Africa occidentale.

Vi fu un altro movimento la cui importanza sul momento poteva sembrare secondaria, ma sarebbe stata in seguito ben più significativa. Esso sorse nel centro dell'Arabia agli inizi del XVIII secolo, quando un riformatore religioso, Muhammad ibn 'Abd al-Wahhab (1703-1792), cominciò a predicare la necessità che i Musulmani ritornassero alla dottrina dell'Islam quale la intendevano i seguaci di Ibn Hanbal: stretta obbedienza al Corano e agli Hadith come li interpretavano studiosi responsabili di ogni generazione, e rifiuto di tutto ciò che poteva essere considerato un'innovazione illecita. Tra queste innovazioni vi erano la reverenza tributata ai santi defunti considerati intercessori presso Dio, e la devozione particolare delle confraternite sufi. Il riformatore stabilì un'alleanza con Muhammad ibn Sa'ud, sovrano di una piccola città-mercato, Dir'iyya, e ciò portò alla formazione di uno stato che sosteneva di vivere sotto la guida della *shari'a* e che cercava anche di portare sotto la propria guida tutte le tribù pastorali circostanti. Così facendo esso portava avanti gli interessi della fragile società urbana delle oasi contro l'hinterland pastorale, ma al tempo stesso rigettava le pretese degli Ottomani di essere i protettori dell'Islam autentico. Con i primi anni del XIX secolo gli eserciti del nuovo stato avevano già allargato il loro raggio d'azione; avevano saccheggiato i santuari sciiti nel sudovest dell'Iraq e occupato le città sante dello Hijaz.

Mutamenti dei rapporti con l'Europa

Anche se alla maggioranza di coloro che ne facevano parte il mondo dell'Islam poteva apparire vitale, in crescita, autosufficiente e senza rivali, nell'ultimo quarto del XVIII secolo perlomeno alcuni membri dell'élite ottomana si rendevano conto che esso era minacciato da forze che stavano introducendo dei mutamenti nei suoi rapporti col mondo circostante. Il governo ottomano era sempre stato consapevole di un mondo al di là di se stesso: a oriente, l'impero sciita dell'Iran e al di là di questo l'impero dei Moghul; al nord e all'ovest, gli stati cristiani. Fin da tempi antichi era giunto in contatto con l'Europa occidentale e centrale; controllava la sponda orientale e quella meridionale del Mediterraneo, e le sue frontiere occidentali attraversavano il bacino del Danubio. I contatti non si limitavano alle ostilità. Queste certamente vi furono, quando la flotta ottomana combatté Veneziani e Spagnoli per il controllo del Mediterraneo, e l'esercito giunse alle porte di Vienna; da questo punto di vista, i rapporti potevano essere espressi in termini di crociata da una parte e *jihad* dall'altra. Vi erano però anche altri tipi di rapporti. Il commercio era in mano soprattutto a commercianti europei: Veneziani e Genovesi nei primi secoli dell'impero ottomano, Inglesi e Francesi in quello diciottesimo. Vi erano alleanze con re europei che avevano nemici in comune col sultano; in particolare con la Francia contro gli Asburgo d'Austria e di Spagna. Nel 1569 alla Francia vennero fornite delle concessioni (Capitolazioni), che regolamentavano l'attività dei mercanti e dei missionari; esse erano modellate su precedenti privilegi forniti a commercianti di qualche città italiana, e più tardi vennero concesse ad altre potenze europee. I principali stati d'Europa avevano ambasciate e consolati permanenti nell'impero, che entrò a far parte del sistema europeo degli stati, anche se a sua volta esso non inviò missioni permanenti nelle capitali europee fino a parecchio tempo dopo. (Allo stesso modo, il Marocco e l'Inghilterra intrattennero buoni rapporti quando erano ambedue ostili alla Spagna.)

Fino alla metà del XVIII secolo, gli Ottomani potevano ancora considerare abbastanza equilibrati i rapporti di forza. Sul finire del XV secolo il disciplinato esercito di mestiere del sultano, usando armi da fuoco, era stato competitivo con chiunque in Europa. Nel XVII secolo, gli Ottomani fecero la loro ultima grande conquista, l'isola di Creta, presa ai Veneziani. Agli inizi del XVIII secolo, essi trattavano con gli stati europei su di un piano di uguaglianza diplomatica, anziché con la superiorità che erano riusciti a mantenere in epoche precedenti, e il loro esercito era considerato superato dagli altri quanto a organizzazione, tattica e uso delle armi, anche se non così distaccato da rendere impossibile l'effettuazione di sforzi miranti a rafforzarlo nel quadro del sistema istituzionale esistente. Il commercio veniva sempre praticato nei termini previsti dalle Capitolazioni.

Nell'ultimo quarto del secolo, però, la situazione cominciò a mutare in modo rapido e spettacolare, man mano che si approfondiva il divario tra le capacità tecnologiche di alcuni paesi dell'Europa settentrionale e occidentale e quelle del resto del mondo. Nei secoli di dominio ottomano non vi erano stati progressi nella tecnologia, e il livello di conoscenze e comprensioni scientifiche era arretrato. A parte pochi Greci e altri individui istruiti in Italia, erano poco conosciute le lingue dell'Europa occidentale, come pure poca conoscenza si aveva dei progressi scientifici e tecnologici che vi si registravano. Le teorie astronomiche associate al nome di Copernico vennero menzionate in turco per la prima volta, e anche allora succintamente, alla fine del XVII secolo, e i progressi della medicina europea arrivarono lentamente a farsi conoscere solo nel XVIII secolo.

Alcuni paesi d'Europa avevano fatto un salto di qualità quanto a potenza. La peste aveva cessato di devastare le città dell'Europa man mano che si facevano efficaci i sistemi di quarantena, e l'introduzione del mais e l'incremento delle terre coltivate pose fine alla minaccia delle carestie e rese possibile sfamare una popolazione più numerosa. Miglioramenti nella costruzione delle navi e nella tecnica di navigazione avevano condotto marinai e commercianti europei in tutti gli oceani del mondo, e portato alla fondazione di centri commerciali e di colonie. Il commercio e lo sfruttamento delle miniere e delle colture delle colonie aveva dato origine a un'accumulazione di capitali, che veniva impiegata per produrre merci lavorate in modi nuovi e su scala più vasta. L'incremento della popolazione e della ricchezza rese possibile ai governi il mantenimento di eserciti e flotte di maggiori dimensioni. Così, alcuni paesi dell'Europa occidentale – in particolare l'Inghilterra, la Francia e i Paesi Bassi – avevano intrapreso un processo di continua accumulazione di risorse, mentre i paesi ottomani, come altre parti dell'Asia e dell'Africa, vivevano ancora in una situazione in cui la popolazione era mantenuta scarsa da pestilenze e carestie, e in alcune località era diminuita, mentre la produzione non riusciva a generare il capitale necessario per trasformazioni radicali nei suoi metodi o per qualunque incremento del potere organizzato del governo.

La crescita della potenza militare dell'Europa occidentale non veniva ancora sentita in modo diretto. Nel Mediterraneo occidentale, la potenza spagnola si era indebolita, e il *dey* di Algeri riuscì nel 1792 a catturare Orano, che era in mani spagnole; nel Mediterraneo orientale, la potenza veneziana era in declino, e quella dell'Inghilterra o della Francia non si faceva ancora sentire. Il pericolo sembrava provenire dal nord e dall'est. La Russia, il cui esercito e il cui governo erano stati riorganizzati sul modello occidentale, avanzava verso sud. In una guerra decisiva con gli Ottomani (1768-1774), una flotta sotto il comando russo navigò nel Mediterraneo orientale, e un esercito russo occupò la Crimea, che venne annessa all'impero russo pochi anni più tardi. A partire da questo momento, il Mar Nero cessò di essere un lago ottomano; il nuovo porto russo di Odessa divenne un centro commerciale.

Più lontano a oriente, in India, stava iniziando qualcosa di non meno inquietante. Sul finire del XV secolo le navi europee avevano doppiato per la prima volta il Capo di Buona Speranza, e stazioni commerciali europee erano state gradualmente fondate sulle coste dell'India, nel Golfo Persico e sulle isole del Sudest asiatico, anche se per un secolo o più ancora i loro commerci furono limitati. La rotta del Capo era lunga e rischiosa, e le spezie e altre merci asiatiche venivano ancora inviate alle città del Medio Oriente, attraverso il Golfo Persico o il Mar Rosso, per essere vendute nei mercati locali o distribuite più ad ovest e a nord. L'Europa voleva comprare spezie, ma aveva poco da offrire in cambio, e i suoi navigli e i suoi commercianti nell'Oceano Indiano si dedicavano per lo più ad acquisti e vendite tra porti asiatici. Agli inizi del XVII secolo il commercio delle spezie venne deviato dagli Olandesi sulla rotta intorno al Capo; ma entro certi limiti le perdite per i commercianti ottomani furono compensate dal nuovo commercio del caffè, coltivato nello Yemen e distribuito in tutto il mondo occidentale da commercianti del Cairo. Più tardi le compagnie commerciali europee cominciarono ad espandersi oltre i loro porti e divennero esattrici di imposte e di fatto governanti di ampie zone. La Compagnia delle Indie Orientali olandese estese la sua autorità in Indonesia, e quella britannica subentrò nell'amministrazione di un'estesa regione dell'Impero Moghul, il Bengala, negli anni successivi al 1760.

Negli ultimi anni del XVIII secolo, la natura del commercio europeo con il Medio Oriente e col Maghreb stava chiaramente mutando. Alcuni gruppi di commercianti e navigatori arabi riuscivano ancora a mantenere le loro posizioni nel commercio dell'Oceano Indiano, soprattutto quelli dell'Oman, le cui attività e il cui potere si diffusero sulla costa dell'Africa orientale. In generale, però, gli scambi tra regioni diverse del mondo caddero in mano a commercianti ed armatori europei; navigli inglesi giungevano a Mokha sulla costa dello Yemen per acquistare il caffè; le spezie dell'Asia venivano portate in Medio Oriente da commercianti europei. La concorrenza si fece sentire non solo sui mercanti, ma anche sui produttori. Le merci prodotte in Europa, o nelle colonie dell'Asia e del Nuovo Mondo sotto il controllo europeo, cominciarono a competere con quelle del Medio Oriente sia sul mercato europeo sia su quello mediorientale. Il caffè della Martinica era più a buon mercato di quello dello Yemen, e i commercianti che lo trattavano avevano tecniche commerciali migliori di quelli del Cairo; inoltre essi detenevano il monopolio dei mercati europei. Sul finire del XVIII secolo il caffè mokha aveva praticamente perduto i mercati europei, e doveva affrontare la concorrenza del caffè delle Antille al Cairo, a Tunisi e a Istanbul. Lo zucchero delle Antille, raffinato a Marsiglia, minacciava l'industria saccarifera egiziana. I tessuti francesi di buona qualità venivano acquistati tanto da gente comune come dalle corti. In cambio, l'Europa acquistava perlopiù materie prime: seta in Libano e cotone nel nord della Palestina, grano in Algeria e in Tunisia, cuoio in Marocco.

Per quanto riguardava il commercio con l'Europa, i paesi del Medio Oriente e del Maghreb si stavano trasformando in fornitori soprattutto di materie prime e compratori di prodotti finiti. Gli effetti di ciò erano però ancora limitati. Per le economie dei paesi arabi il commercio con l'Europa era meno importante rispetto a quello con i paesi più ad est, o a quello che si svolgeva tra le coste del Mediterraneo e l'Africa attraverso il Nilo o le piste del Sahara; l'effetto principale sembra sia stato quello di far diminuire il commercio tra diverse parti dell'Impero Ottomano per quelle merci in cui l'Europa stava rendendosi competitiva.

Per quanto limitato, esso era indice di un trasferimento di potenza. Se le navi inglesi si spingevano fino a Mokha, avrebbero potuto risalire ulteriormente il Mar Rosso e minacciare la sicurezza delle città sante e gli introiti dell'Egitto; l'espansione del potere britannico nel Bengala, regione ampiamente popolata da Musulmani e che faceva parte dell'impero dei Moghul, era conosciuta perlomeno dal gruppo dominante ottomano. Più diffusa era la conoscenza dell'occupazione russa della Crimea, territorio a popolazione prevalentemente musulmana, retto da una dinastia strettamente legata agli Ottomani, e dei movimenti della flotta russa nel Mediterraneo. Alla fine del secolo vi era una crescente consapevolezza dei pericoli. Tra la gente comune essa trovò espressione in profezie messianiche, tra l'élite ottomana nell'idea che si dovesse fare qualcosa. Occasionali ambascerie alle corti d'Europa, incontri con diplomatici e viaggiatori europei, avevano portato una certa conoscenza dei mutamenti che si stavano verificando in Europa occidentale. Ad alcuni alti ufficiali ottomani apparve chiaro che la difesa dell'impero necessitava di un rafforzamento. Vennero fatti tentativi di introdurre nell'esercito e nella marina corpi con addestramento ed equipaggiamento moderni, e negli anni successivi al 1790, su iniziativa di un nuovo sultano, Selim III (1789-1807), venne sostenuto uno sforzo più deciso per creare un nuovo esercito modello; ma alla fine non se ne fece nulla, perché la creazione di un nuovo esercito, e le riforme fiscali che ciò avrebbe comportato, minacciavano troppi e potenti interessi.

PARTE QUARTA

L'EPOCA DEGLI IMPERI EUROPEI

(1800-1939)

Il XIX secolo fu l'epoca in cui l'Europa dominò il mondo. La crescita della produzione industriale su vasta scala e i mutamenti nei metodi di comunicazione – l'avvento dei battelli a vapore, delle ferrovie e dei telegrafi – portarono ad un'espansione del commercio europeo. Esso fu accompagnato da un aumento della potenza degli eserciti dei grandi stati europei; la prima grande conquista di un paese di lingua araba fu quella dell'Algeria ad opera della Francia (1830-1847). La vita degli stati e delle società musulmane non poté più svolgersi all'interno di un sistema stabile e autosufficiente di cultura tradizionale; ora essi avevano l'esigenza di generare la forza necessaria a sopravvivere in un mondo dominato da altri. Il governo ottomano adottò nuovi metodi di organizzazione militare e di amministrazione, e codici di leggi modellati su quelli europei, e altrettanto fecero i sovrani di due delle provincie sostanzialmente autonome dell'impero, l'Egitto e la Tunisia.

Nelle capitali di questi governi riformatori, e nei porti che si svilupparono come risultato dell'aumento dei commerci con l'Europa, si costituì una nuova alleanza di interessi tra governi riformatori, commercianti stranieri e un'élite indigena di proprietari terrieri e commercianti impegnati nel commercio con l'Europa. Si trattava però di un equilibrio instabile, e col tempo caddero sotto il dominio europeo l'Egitto e la Tunisia, seguiti dal Marocco e dalla Libia. Anche l'Impero Ottomano perse la maggior parte delle province europee, e divenne più che altro uno stato turco-arabo.

Mentre l'Islam continuava a preservare la propria cultura religiosa e legale, si faceva strada un nuovo tipo di pensiero, che cercava di spiegare i motivi della forza dell'Europa e di mostrare che i paesi musulmani potevano adottare concetti e metodi europei senza venir meno alla loro fede. Coloro che svilupparono questo nuovo tipo di pensiero erano in gran parte i laureati prodotti dalle scuole create dai governi riformatori o da missionari stranieri, e poterono esprimere le loro idee attraverso i nuovi mezzi di comunicazione dei giornali e dei periodici. Le loro idee prevalenti erano: la riforma della legge islamica; la creazione di un nuovo fondamento per l'Impero Ottomano, la cittadinanza paritetica; nonché – alla fine del XIX secolo – il nazionalismo. A parte rari momenti di agitazione, le nuove idee non giunsero praticamente a incidere sulla vita della gente delle campagne e del deserto.

La prima guerra mondiale si concluse con la definitiva scomparsa dell'Impero Ottomano. Dalle rovine dell'impero emerse il nuovo stato indipendente della Turchia, ma le province arabe vennero poste sotto l'autorità inglese e francese; l'intero mondo di lingua araba era ora sotto il dominio europeo, ad eccezione di qualche parte della penisola araba. L'autorità straniera comportò una trasformazione dell'amministrazione e qualche progresso nell'istruzione, ma incoraggiò anche la crescita del nazionalismo, soprattutto tra le classi colte della società. In alcuni paesi si raggiunse un accordo con la potenza dominatrice sull'estensione, entro certi limiti, di un autogoverno, ma in altri i rapporti rimasero improntati alla contrapposizione. L'incoraggiamento dato dal governo britannico alla creazione di un focolare nazionale ebraico in Palestina fece nascere una situazione destinata ad incidere sulle idee nazionalistiche in tutti i paesi di lingua araba.

Capitolo Sedicesimo

LA POTENZA DELL'EUROPA E I GOVERNI RIFORMATORI (1800-1860)

L'espansionismo europeo

I primi tentativi di ristabilire la forza del governo imperiale vennero sollecitati dalle guerre tra la Francia rivoluzionaria, e poi quella napoleonica, e le altre potenze europee, che squassarono l'Europa dal 1792 al 1815 e vennero condotte ovunque potessero giungere gli eserciti europei via terra o le loro flotte via mare. Eserciti francesi, russi e austriaci occuparono in tempi diversi parte delle province europee del sultano. Per la prima volta, la potenza navale britannica e quella francese vennero dispiegate nel Mediterraneo orientale. A un certo punto la flotta inglese cercò di penetrare negli stretti che portano a Istanbul. Nel 1798 una forza di spedizione francese comandata da Napoleone occupò l'Egitto nel corso della guerra contro l'Inghilterra; i Francesi mantennero il potere in Egitto per tre anni, da lì cercarono di passare in Siria, ma vennero costretti a ritirarsi dall'intervento inglese e ottomano, dopo la prima alleanza ufficiale tra gli Ottomani e stati non musulmani.

Si trattò di un breve episodio, e la sua importanza è stata messa in dubbio da alcuni storici; altri l'hanno considerato l'inizio di una nuova era nel Medio Oriente. Era la prima incursione su vasta scala di una potenza europea in un paese al centro del mondo musulmano, e il primo incontro dei suoi abitanti con un nuovo genere di potenza militare, e con le rivalità tra i grandi stati europei. Lo storico islamico al-Jabarti viveva al Cairo all'epoca e descrisse l'impatto prodotto dagli invasori dilungandosi in vividi dettagli, e con una percezione della disparità di forza tra le due parti, e dell'inadeguatezza dei governanti dell'Egitto a reggere il confronto. Quando le prime notizie dello sbarco francese ad Alessandria giunsero ai capi dei Mamelucchi al Cairo, essi, ci dice, non se ne diedero pensiero: «confidando nella propria forza e nella validità dell'affermazione che se tutti i Franchi fossero venuti non sarebbero stati in grado di resistere loro, ed essi li avrebbero annientati sotto i meteorismi dei loro cavalli».[1] A ciò fecero seguito la sconfitta, il panico, e tentativi di rivolta. Frammista all'opposizione di Jabarti ai nuovi dominatori, vi era però una certa ammirazione per gli studiosi e gli scienziati giunti insieme a loro.

> Se qualche Musulmano veniva da loro allo scopo di esaminarli, essi non gli impedivano di penetrare nei loro luoghi più cari... e se trovavano in lui qualche brama o desiderio di conoscenza essi gli mostravano la loro amicizia e amore per lui, e gli facevano vedere ogni genere di disegni e cartine, e animali e uccelli e piante, e storie degli antichi e delle nazioni e racconti dei profeti... Io mi recai spesso da loro, ed essi mi mostrarono tutto ciò.[2]

Simili avvenimenti turbarono la vita dei territori ottomani e arabi. Gli eserciti francesi nel Mediterraneo acquistavano grano dall'Algeria, e l'esercito inglese in Spagna lo comprava dall'Egitto. Le navi mercantili britanniche e francesi non avevano piena libertà di movimento nel Mediterraneo orientale, e ciò costituiva un'opportunità favorevole per commercianti ed armatori greci. La creazione di repubbliche in alcune zone dei Balcani in seguito all'intervento dei Francesi non passò inosservata tra i Greci e i Serbi; echi della retorica della Rivoluzione vennero captati dai sudditi cristiani del sultano, anche se non in misura significativa da parte dei Musulmani turchi o arabi.

Terminate le guerre napoleoniche, la potenza e l'influenza europee si diffusero ancora di più. L'adozione di nuove tecniche di produzione e di nuovi metodi di organizzazione del lavoro avevano ricevuto un impulso dalle necessità e dalle energie sprigionate dalle guerre. Ora che le guerre erano finite e i commercianti e le merci potevano muoversi liberamente, il mondo era aperto ai nuovi e poco costosi tessuti di cotone e di lana e agli oggetti di metallo che si producevano dapprima soprattutto in Inghilterra, ma poi anche in Francia, Belgio, Svizzera e Germania occidentale. Negli anni '30 e '40 del XIX secolo prese l'avvio una rivoluzione nei trasporti, con l'avvento dei battelli a vapore e delle ferrovie. In precedenza i trasporti, soprattutto via terra, erano costosi, lenti e rischiosi. Ora divenivano veloci ed affidabili, e incidevano in percentuale ridotta sul prezzo complessivo dei prodotti; diventava possibile trasportare su lunghe distanze non solo prodotti di lusso ma anche merci voluminose destinate ad un ampio mercato. Anche gli uomini e le notizie potevano muoversi rapidamente, e ciò rese possibile lo sviluppo di un mercato monetario internazionale: banche, borse, valute collegate alla sterlina. I profitti del commercio potevano essere reinvestiti per generare nuove attività produttive. Dietro ai commercianti e ai navigatori stava la potenza armata degli stati europei. Le guerre napoleoniche avevano dimostrato la loro superiorità, non tanto negli armamenti, dal momento che i maggiori mutamenti nella tecnologia militare erano ancora di là da venire, quanto nell'organizzazione e nell'utilizzo degli eserciti.

Connessa con queste trasformazioni era la continua crescita della popolazione. Tra il 1800 e il 1850 la popolazione della Gran Bretagna salì da 16 a 27 milioni di persone, e quella dell'Europa nel suo complesso aumentò all'incirca del 50 per cento. Londra divenne la città più grande del mondo, con una popolazione di 2 milioni e mezzo di persone nel 1850; anche altre capitali crebbero, e si affermò un nuovo tipo di città industriale, in cui predominavano uffici e fabbriche. Alla metà del secolo più di metà della popolazione inglese viveva in città. Questa concentrazione nelle città fornì manodopera all'industria e agli eserciti, e un crescente mercato interno per i prodotti delle fabbriche. Essa richiedeva e contemporaneamente rendeva possibili dei governi che intervenissero più direttamente nella vita della società. Allo stesso tempo, la diffusione dell'alfabetizzazione e dei giornali favorì l'espansione delle idee sorte nella rivoluzione francese e fecero nascere una nuova politica, che mirava a mobilitare l'opinione pubblica pro o contro il governo.

Le ripercussioni di questa enorme crescita dell'energia e della potenza europee si fecero sentire in tutto il mondo. Tra gli anni '30 e gli anni '60 linee regolari di battelli a vapore collegavano i porti del Mediterraneo orientale e meridionale con Londra e Liverpool, Marsiglia e Trieste, e tessuti e prodotti di metallo trovarono un ampio e crescente mercato. Il valore delle esportazioni inglesi nei paesi del Mediterraneo orientale salì dell'800 per cento tra il 1815 e il 1850; a quell'epoca i beduini del deserto siriano indossavano camicie fatte di cotone del Lancashire. Contemporaneamente, la domanda, da parte dell'Europa, di materie prime per le fabbriche e di cibo per la popolazione che vi lavorava favorì la produzione di colture da vendere ed esportare: continuava l'esportazione di grano, anche se si faceva sempre meno importante man mano che cresceva l'esportazione di grano da parte della Russia; l'olio di oliva tunisino era richiesto per la fabbricazione di saponi, la seta libanese per le fabbriche di Lione, ma la maggiore richiesta era quella di cotone egiziano per i telai del Lancashire. Nel 1820 un tecnico francese, Louis Jumel, aveva cominciato a coltivare una varietà di cotone dalla fibra lunga adatto a tessuti di alta classe, da lui scoperta in un orto egiziano. A partire da quel momento una percentuale sempre crescente di terre coltivabili dell'Egitto venne convertita alla produzione del cotone, quasi tutto destinato all'esportazione in Inghilterra. Nei quarant'anni che seguirono l'inizio di Jumel, il valore delle esportazioni di cotone egiziano salì da quasi nulla a circa un milione e mezzo di sterline egiziane nel 1861 (una sterlina egiziana corrispondeva pressappoco a una sterlina inglese).

Posti di fronte a questa esplosione di energia europea, i paesi arabi, come del resto gran parte dell'Asia e dell'Africa, non riuscirono a generare per proprio conto una potenza in grado di controbilanciarla. Durante la prima metà del XIX secolo il numero degli abitanti di questi paesi rimase sostanzialmente invariato. La peste veniva gradualmente posta sotto controllo, per lo meno nelle città costiere, man mano che, sotto la sorveglianza europea, si introducevano sistemi di quarantena ma dall'India giunse il colera. I paesi arabi non erano ancora entrati nell'era delle ferrovie, se si eccettuano timidi inizi in Egitto e in Algeria; le comunicazioni interne erano disagevoli e potevano ancora verificarsi carestie. Mentre la popolazione dell'Egitto salì da 4 milioni di persone nel 1800 a 5 milioni e mezzo nel 1860, nella maggior parte degli altri paesi essa rimase stazionaria, e in Algeria, per motivi particolari, diminuì considerevolmente, da 3 milioni nel 1830 a 2 e mezzo nel 1860. Alcuni porti della costa accrebbero le loro dimensioni, soprattutto Alessandria, il principale porto per l'esportazione del cotone egiziano, che aumentò da qualcosa come 10.000 persone nel 1800 a 100.000 nel 1850. La maggior parte delle città, però, rimase più o meno delle stesse dimensioni di prima, e non si vedevano ancora quelle città moderne che stavano alla base della potenza degli stati moderni. A parte le zone che producevano prodotti agricoli per l'esportazione, la produzione dell'agricoltura rimaneva a un livello di sussistenza, e non poteva determinare un accumulo di capitale destinato a investimenti produttivi.

Gli inizi dell'imperialismo europeo

Dietro ai commercianti e agli armatori europei stavano gli ambasciatori e i consoli delle grandi potenze, sostenuti in ultima istanza dalla potenza delle armi dei rispettivi governi. Durante la prima metà del XIX secolo, essi riuscirono ad operare in un modo che in precedenza sarebbe stato impossibile, acquisendo influenza presso governi e funzionari, e servendosene per perseguire gli interessi commerciali dei loro concittadini e gli interessi politici primari dei loro paesi, nonché per estendere l'aiuto e la protezione alle comunità con cui i loro governi avevano particolari legami. La Francia aveva un rapporto particolare, che risaliva al XVII secolo, con i Cristiani uniati, quelle frazioni di Chiese orientali che accettavano il primato del Papa, e più specificamente con i Maroniti del Libano; alla fine del XVIII secolo, la Russia avanzò analoga pretesa di protezione delle Chiese ortodosse orientali.

Con la loro nuova potenza, non solo la Francia e la Russia, ma gli stati europei in generale cominciarono ora a intervenire collettivamente nei rapporti tra il sultano e i suoi sudditi cristiani. Nei Balcani, i Serbi si ribellarono nel 1818 al locale governo ottomano, e il risultato, dopo molte vicissitudini, fu la creazione, con l'aiuto europeo, di uno stato serbo autonomo nel 1830. Nel 1821 avvenne un fatto di importanza ancora più generale: una rivolta scoppiata tra i Greci, che per lungo tempo avevano goduto di una condizione relativamente favorita tra i popoli soggetti, e la cui ricchezza e i cui contatti con l'Europa erano andati aumentando. Tale rivolta consisteva in parte in una serie di ribellioni contro governanti locali, e in parte in un movimento religioso contro la dominazione musulmana, ma era anche mossa dal nuovo spirito del nazionalismo. L'idea che coloro che parlavano la stessa lingua e avevano in comune le stesse memorie collettive dovessero vivere insieme in una entità politica indipendente era stata diffusa dalla Rivoluzione Francese, e per i Greci essa fu connessa con una rinascita di interesse per la Grecia antica. Anche qui il risultato fu un intervento europeo, sia sul piano militare che su quello diplomatico, e la creazione di un regno indipendente nel 1833.

In alcune località, gli stati europei riuscirono ad imporre il proprio governo diretto. Ciò si verificò non nelle parti centrali del mondo ottomano, bensì ai suoi margini, là dove un singolo stato europeo riusciva ad agire senza doversi curare degli interessi altrui. Nel Caucaso, la Russia dilatò i propri confini verso sud fino a comprendere territori largamente abitati da Musulmani e retti da dinastie locali che erano vissuti nella sfera di influenza ottomana. Nella penisola araba, il porto di Aden venne occupato dagli Inglesi provenienti dall'India nel 1839, e divenne in seguito uno scalo sulla rotta delle navi a vapore dirette in India; nel Golfo Persico vi fu una crescente presenza britannica, basata sulla potenza navale, che in qualche località si tradusse in accordi formali con i piccoli governanti dei porti, in virtù dei quali vi era un impegno a mantenere una tregua reciproca sul mare (donde il termine con cui alcuni di essi furono conosciuti, gli «Stati della Tregua»: essi comprendevano Abu Dhabi, Dubai e Sharja).

Più importante fu ciò che avvenne nel Maghreb. Nel 1830 un esercito francese sbarcò sulla costa algerina e occupò Algeri. Vi erano già state diverse spedizioni navali europee per contrastare un risveglio della pirateria durante e dopo le guerre napoleoniche, ma questa volta si trattò di un avvenimento di natura diversa. A originarlo avevano contribuito in parte fatti di politica interna francese sotto la monarchia restaurata, in parte una vicenda poco chiara di debiti relativa alla fornitura di grano alla Francia durante le guerre, ma alla base vi era il nuovo dinamismo espansivo creato dalla crescita economica: i commercianti di Marsiglia volevano una forte stazione commerciale sulla costa algerina. Una volta insediatisi ad Algeri, e poco dopo in altre città costiere, i Francesi non sapevano a tutta prima cosa fare. Era difficile ritirarsi, sia perché una posizione di forza non poteva essere abbandonata a cuor leggero, sia perché avevano smantellato la locale amministrazione ottomana. Presto essi si trovarono indotti ineluttabilmente a espandersi nell'interno. Funzionari e commercianti vedevano prospettive di guadagno nell'acquisizione di territori; i militari volevano rendere più sicura la propria posizione e salvaguardare i rifornimenti di cibo ed il commercio con l'interno; inoltre l'eliminazione del locale governo ottomano aveva indebolito il tradizionale sistema di rapporti tra autorità locali. Al vertice di tale sistema stava in precedenza il governo del *dey*, che regolamentava per quanto poteva la misura in cui ogni autorità locale poteva estendere il proprio potere; rimosso quello, i vari capi dovevano trovare il proprio equilibrio reciproco, e ciò portò ad una lotta per la supremazia. Il contendente di maggior successo fu 'Abd al-Qadir (1808-1883) nelle regioni occidentali. Dotato di un prestigio che gli derivava dall'appartenere ad una famiglia con una posizione religiosa in vista, connessa con la confraternita Qadiriyya, egli divenne il punto di riferimento intorno al quale poterono raccogliersi forze locali. Per un certo tempo egli resse uno stato sostanzialmente indipendente, il cui centro era posto nell'interno, e che si estendeva dall'ovest fino alla parte orientale del paese. Ciò lo portò inevitabilmente a scontrarsi con la potenza francese che si stava espandendo a partire dalla costa. I simboli della sua resistenza ai Francesi erano quelli tradizionali - la sua guerra era un *jihad*, egli giustificava la sua autorità col fatto di essere stato scelto dagli *'ulama* e col suo rispetto della *shari'a* - ma nella sua organizzazione del governo vi erano anche aspetti moderni.

'Abd al-Qadir venne definitivamente sconfitto e mandato in esilio nel 1847; trascorse i suoi ultimi anni a Damasco, circondato dal rispetto della popolazione e in buoni rapporti con i rappresentanti della Francia e delle altre potenze europee. Nel corso della lotta che portò alla sua sconfitta, il dominio francese si era esteso in direzione sud attraverso l'altopiano fino ai margini del Sahara, e aveva cambiato natura. Immigrati dalla Francia e da altri paesi avevano cominciato ad affluire e a rilevare i terreni resi disponibili da confische, vendite di proprietà dello stato e in altri modi. Negli anni '40 il governo cominciò in modo più sistematico ad espropriare parti di quelli che venivano considerati terreni collettivi dei villaggi per installarvi degli immigrati (*colons*). Essi andarono soprattutto a quanti avessero il capitale necessario a coltivarli, servendosi di contadini provenienti da Spagna e Italia, oppure di manodopera araba. Quello che restava veniva considerato sufficiente per i bisogni degli abitanti dei villaggi, ma la ripartizione di fatto distrusse antichi modi di sfruttamento delle terre, e portò alla spoliazione dei piccoli proprietari, che divennero mezzadri o braccianti privi di terre proprie nei nuovi possedimenti.

Nel 1860 la popolazione europea dell'Algeria era salita a circa 200.000 persone, su di una popolazione musulmana di circa 2 milioni e mezzo (meno di un tempo, a causa di cali provocati dalle guerre di conquista, da epidemie e da carestie negli anni di cattivo raccolto). Algeri ed altre città della costa erano diventate in grande misura europee, e gli insediamenti agricoli si erano diffusi verso sud oltre la pianura costiera e fin negli altipiani. La vita economica aveva finito per essere dominata da un'alleanza di interessi tra i funzionari, quei proprietari terrieri dotati di capitali sufficienti e praticare un'agricoltura commerciale, e i commercianti che controllavano gli scambi tra l'Algeria e la Francia, in parte europei, in parte ebrei indigeni. Questo processo economico aveva una dimensione politica. L'aumento della colonizzazione sollevò con urgenza la questione di cosa la Francia dovesse fare in Algeria. Le regioni completamente conquistate e colonizzate in modo intensivo vennero incorporate nel sistema amministrativo francese negli anni '40; esse erano sotto il comando diretto dei funzionari, con governi locali in mano alla popolazione immigrata, mentre i notabili indigeni, che in precedenza svolgevano il ruolo di intermediari tra il governo e la popolazione musulmana, vennero ridotti al rango di funzionari subordinati. Le zone dove la colonizzazione non era altrettanto avanzata rimasero sotto l'autorità dei militari, ma esse andavano riducendosi di dimensioni coll'estendersi della colonizzazione. Gli immigrati volevano che questa situazione venisse mantenuta, e che il paese divenisse francese a pieno titolo: «non vi è più un popolo arabo, vi sono uomini che parlano una lingua diversa dalla nostra». Essi stavano facendosi abbastanza numerosi e ben collegati con esponenti politici francesi da costituire una lobby efficiente.

Questa politica poneva un problema, quello del futuro della popolazione musulmana, araba e berbera, e all'inizio degli anni '60 il sovrano francese, l'imperatore Napoleone III, cominciava a guardare con favore un'altra politica. A suo modo di vedere, l'Algeria era un regno arabo, una colonia europea e un accampamento francese; vi erano tre interessi separati da conciliare: quelli dello stato francese, quelli dei coloni e quelli della maggioranza musulmana. Questo concetto trovò espressione in un decreto del 1863 (il *senatus consultus*), che stabiliva la fine della politica di spartizione delle terre dei villaggi, riconosceva il diritto al possesso della terra da parte di chi la coltivava e il rafforzamento dei capi locali allo scopo di convincerli a sostenere l'autorità della Francia.

I governi riformatori

Da molteplici direzioni la potenza politica ed economica dell'Europa stava stringendo sempre di più d'assedio i paesi che costituivano il cuore del mondo arabo musulmano, ma in quei paesi vi era ancora qualche libertà di reazione, anche perché gli interessi divergenti dei singoli stati europei non avrebbero permesso ad uno solo di essi di spingersi troppo lontano. Fu quindi possibile per numerosi governi indigeni cercare di creare un proprio quadro istituzionale all'interno del quale l'Europa avrebbe potuto perseguire i propri interessi, ma con interventi limitati mentre i loro sudditi, tanto musulmani che non musulmani, avrebbero continuato ad accettare la loro sovranità.

Dopo il fallimento dei tentativi sperimentali di Selim III, fu solo dopo il 1820 che un altro sultano, Mahmud II (1808-1839), ed un piccolo numero di alti funzionari convinti della necessità di un mutamento trovarono la forza di intraprendere un'azione decisiva. La loro nuova politica prevedeva lo scioglimento del vecchio esercito e la creazione di uno nuovo reclutato con coscrizione obbligatoria e addestrato da istruttori europei. Con questo esercito fu possibile imporre gradualmente l'autorità diretta su alcune province europee e su Anatolia, Iraq e Siria, nonché su Tripoli in Nordafrica. Il progetto di riforma non si fermava però qui. L'intento non era solamente quello di ripristinare la forza del governo bensì quello di organizzarlo in un modo nuovo. Questa intenzione venne proclamata in un regio decreto (lo Hatt-i şerif di Gülhane), promulgato nel 1839, poco dopo la morte di Mahmud:

> Tutto il mondo sa che dai primi giorni dello stato ottomano, i nobili principi del Corano e le norme della *shari'a* sono sempre stati perfettamente preservati. Il nostro possente sultanato raggiunse il più alto grado di forza e di potenza, e tutti i suoi sudditi il massimo grado di agio e di prosperità. Ma negli ultimi centocinquant'anni, a causa di un susseguirsi di cause difficili e diverse, non si ottemperò alla sacra *shari'a* né vennero seguite le regole benefiche; conseguentemente, la sua forza e prosperità di un tempo si sono trasformate in debolezza e povertà. È evidente che i paesi non retti dalla *shari'a* non possono sopravvivere... Ripieni di fiducia nell'aiuto dell'Altissimo, e sicuri del sostegno del nostro Profeta, riteniamo necessario ed importante d'ora in avanti introdurre una nuova legislazione allo scopo di conseguire un'efficace amministrazione del governo ottomano e delle sue province.[3]

I funzionari dovevano essere liberi dal timore di condanne a morte arbitrarie e di confische delle loro proprietà; dovevano governare conformemente ai regolamenti redatti dagli alti funzionari riuniti in consiglio. I sudditi dovevano vivere sotto leggi ricavate da principi di giustizia, e che consentissero loro di perseguire liberamente i loro interessi economici; le leggi non dovevano formalizzare alcuna differenza tra ottomani musulmani, cristiani e ebrei. Nuove leggi commerciali avrebbero consentito ai mercanti stranieri di commerciare e viaggiare liberamente (la riorganizzazione che seguì questo decreto fu conosciuta come *Tanzimat*, dal termine arabo e turco per «ordine»).

Un'autorità centralizzata, una burocrazia consiliare, la sovranità della legge, l'uguaglianza: dietro a queste idee-guida ve n'era un'altra, quelle di un'Europa esempio di civiltà moderna e di un Impero Ottomano suo partner. Quando i riformatori promulgarono il decreto di Gülhane, esso venne comunicato agli ambasciatori delle potenze amiche.

In due province arabe, politiche alquanto simili vennero iniziate dai locali governanti ottomani. Al Cairo, il turbamento dell'equilibrio di potere locale conseguente all'invasione francese portò alla presa del potere da parte di Muhammad 'Ali (1805-1848), un Turco di Macedonia che era giunto in Egitto insieme alle forze ottomane inviate contro i Francesi; egli raccolse intorno a sé il sostegno della gente di città, mise fuori gioco tutti i suoi rivali e di fatto si impose sul governo ottomano come governatore. Attorno a sé egli formò il proprio gruppo dominante ottomano locale fatto di Turchi e *mamluk*, un esercito moderno e un'élite di funzionari ben istruiti, e li impiegò per imporre la propria autorità sull'amministrazione e sulla riscossione delle tasse dell'intero paese, e per espanderla più in là fino in Sudan, in Siria e in Arabia. La sovranità egiziana sulla Siria e sull'Arabia non durò a lungo; Muhammad 'Ali venne costretto al ritiro da uno sforzo congiunto delle potenze europee, che non gradivano vedere uno stato egiziano sostanzialmente indipendente indebolire quello degli Ottomani. In cambio del ritiro, però, egli ottenne nel 1841 che venisse riconosciuto alla sua famiglia il diritto a governare l'Egitto sotto la sovranità ottomana (il titolo particolare assunto dai suoi successori fu quello di *khedive*). La sovranità egiziana si mantenne invece sul Sudan, che per la prima volta costituì un'unica entità politica.

Da un certo punto di vista ciò che cercò di fare Muhammad 'Ali era più semplice di ciò che tentavano di fare gli statisti di Istanbul. Non vi era un'idea esplicita di cittadinanza o di mutamento delle basi morali del governo. Sotto altri punti di vista, invece, i mutamenti che egli introdusse in Egitto superavano quelli del resto dell'Impero, e a partire da questo momento l'Egitto avrebbe seguito una linea di sviluppo separata. Vi fu un tentativo prolungato di addestrare un gruppo di ufficiali, medici, tecnici e funzionari, istruendoli in nuove scuole e inviandoli in missione in Europa. In una società più piccola e semplice di quella della parte principale dell'impero, il sovrano riuscì a porre sotto la propria autorità tutti i terreni agricoli, confiscando le esattorie in appalto e le fondazioni religiose, e a sfruttare il suo potere per estendere la coltivazione del cotone, comprare il raccolto ad un prezzo stabilito e venderlo agli esportatori ad Alessandria: ciò richiedette un nuovo tipo di irrigazione, la costruzione di argini per deviare l'acqua dal fiume ai canali che l'avrebbero portata dove e quando ve ne fosse bisogno. In un primo momento egli cercò di produrre tessuti ed altri prodotti industriali, ma l'esiguità del mercato interno, la carenza di energia, e la mancanza di capacità tecniche resero inefficaci questi tentativi, anche se per un certo tempo vi fu una qualche esportazione di tessuti. Negli ultimi anni del suo regno, pressioni da parte europea lo costrinsero a cedere il suo monopolio sulla vendita del cotone e di altri prodotti, e l'Egitto assunse un ruolo di economia coloniale fornitrice di materie prime e importatrice di prodotti finiti a prezzi fissati dal mercato mondiale. Nello stesso periodo anche la terra veniva assegnata dal sovrano a membri della sua famiglia e del suo entourage, o ad altre persone in grado di coltivarla e di pagare le imposte fondiarie, così che si venne costituendo una nuova classe di proprietari terrieri.

A Tunisi gli inizi del cambiamento si ebbero sotto il regno di Ahmad Bey (1837-1855), che apparteneva alla famiglia che deteneva il potere fin dagli inizi del XVIII secolo. Alcuni membri del gruppo dominante di Turchi e Mamelucchi ricevettero un moderno addestramento, si formò il nucleo di un nuovo esercito, si estesero l'amministrazione e la tassazione dirette, si emanarono nuove leggi, e il sovrano cercò di creare il monopolio di alcuni generi. Sotto il suo successore, nel 1857, venne emanato un proclama di riforma: sicurezza, libertà civili, tassazione e coscrizione regolari, il diritto degli Ebrei e degli stranieri a possedere terreni e a svolgere ogni genere di attività economica. Nel 1861 venne promulgata una sorta di costituzione, la prima del mondo musulmano: essa prevedeva l'istituzione di un consiglio di sessanta membri la cui approvazione sarebbe stata necessaria per le leggi, e il *bey* si impegnava a governare nei limiti tracciati da quest'ultimo.

Al di là dei confini dell'impero, nella penisola arabica, l'impatto con la potenza europea si faceva a malapena sentire. In Arabia centrale, lo stato wahhabita venne distrutto per qualche tempo dall'espansione del potere egiziano, ma presto rifiorì, su scala più ridotta; nell'Oman la famiglia regnante che si era affermata a Masqat riuscì a estendere il suo dominio su Zanzibar e sulla costa orientale dell'Africa. In Marocco si registrò un'espansione del commercio europeo, vennero aperti consolati e presero il via linee regolari di navi a vapore. Il potere del governo rimaneva troppo limitato per tenere sotto controllo questi mutamenti. Il sultano 'Abd al-Rahman (1822-1859) cercò di far nascere un monopolio delle importazioni ed esportazioni, ma dietro pressioni straniere il paese venne aperto al libero commercio.

Anche nei casi migliori, i governi indigeni che cercavano di adottare nuovi metodi di governo e di mantenere la propria indipendenza potevano agire solo entro stretti limiti. I limiti venivano imposti innanzitutto dagli stati europei. Indipendentemente dalle loro rivalità, essi avevano alcuni interessi in comune e potevano trovarsi uniti al momento di assecondarli. Il loro interesse era innanzitutto rivolto ad ampliare l'ambito entro il quale potevano operare i loro commercianti. Tutti si opposero ai tentativi dei governanti di mantenere il monopolio sui commerci. Con una serie di accordi commerciali, essi introdussero un mutamento nei regolamenti doganali: nell'Impero Ottomano la prima di esse fu la convenzione anglo-ottomana del 1838; in Marocco ne venne stipulata una analoga nel 1856. Gli stati europei ottennero il diritto dei commercianti a viaggiare e a commerciare liberamente, a mantenere contatti diretti con i produttori, e a far giudicare le controversie commerciali da appositi tribunali, e non dai tribunali islamici sotto la legge islamica. Grazie all'influenza di ambasciatori e consoli, le Capitolazioni si trasformavano in un sistema per cui i residenti esteri erano praticamente al di fuori della legge.

Oltre a questo, le potenze erano interessate alla situazione dei sudditi cristiani del sultano. Negli anni successivi al decreto di Gülhane, esse intervennero collettivamente più volte per assicurarsi che i suoi impegni nei confronti dei non Musulmani venissero mantenuti. Stonavano invece rispetto a questo senso di «Concerto Europeo» le lotte tra le potenze per assicurarsi un'influenza dominante. Nel 1853 esse portarono alla Guerra di Crimea, in cui gli Ottomani ricevettero aiuti dall'Inghilterra e dalla Francia contro la Russia; ma essa si concluse con una riaffermazione del «Concerto Europeo». Il Trattato di Parigi del 1856 comprendeva un'ulteriore affermazione del sultano che riaffermava le sue garanzie verso i suoi sudditi. In un certo senso, quindi, il rapporto tra governanti e governati veniva posto ufficialmente sotto l'osservazione dell'Europa. A partire da questo momento, il sultano venne formalmente trattato come membro della comunità dei monarchi europei, ma con accenti di dubbio: mentre l'Inghilterra e la Francia pensavano che per l'Impero Ottomano fosse possibile divenire uno stato moderno sulla falsariga europea, la Russia era più scettica e riteneva che il futuro stesse nella concessione di un esteso autogoverno alle province cristiane d'Europa. Nessuna potenza, però, desiderava incoraggiare attivamente il collasso dell'impero, con le conseguenze che esso avrebbe avuto per la pace dell'Europa; le memorie delle guerre napoleoniche erano ancora vive.

Anche mantenendosi nei limiti imposti dall'Europa, le riforme riuscirono ad avere solamente un successo limitato. Esse erano gli atti di singoli governanti con piccoli gruppi di consiglieri, incoraggiati da qualche ambasciatore e console straniero. Un cambiamento di governanti, un mutamento nell'equilibrio tra diversi gruppi di funzionari, lo scontro con le idee e gli interessi degli stati europei potevano comportare un cambiamento nella direzione della politica. A Istanbul, l'élite di alti funzionari era abbastanza forte e stabile, nonché sufficientemente devota agli interessi dell'impero, per assicurare una certa continuità politica, ma al Cairo, in Tunisia e in Marocco ogni cosa dipendeva dal sovrano; quando morì Muhammad 'Ali, alcune linee della sua politica vennero ribaltate dal suo successore, 'Abbas I (1849-1854), ma poi ripristinate dal sovrano successivo, Sa'id (1854-1863).

Nella misura in cui le riforme venivano attuate, potevano avere inattesi risultati. Si verificarono alcune trasformazioni nel modo in cui operavano i governi: gli uffici vennero organizzati in modo nuovo, e i funzionari erano tenuti ad agire conformemente alle nuove norme; alcune nuove leggi vennero emanate; gli eserciti vennero addestrati in modi diversi, e reclutati con la leva; le tasse dovevano essere riscosse direttamente. Tali misure avevano lo scopo di conseguire maggiore forza e giustizia, ma nella prima fase tendevano anche a indebolire i rapporti tra governi e società. I nuovi metodi e le nuove politiche, attuati da funzionari addestrati in un nuovo modo, risultavano meno comprensibili ai sudditi, e non avevano radici in un sistema morale consacrato da un lungo consenso. Inoltre essi venivano a turbare un antico rapporto tra i governi e certi elementi della società.

Chi traeva profitto dai nuovi modi di governare? Innanzitutto, evidentemente le famiglie al potere e i loro alti funzionari. Una maggiore sicurezza della vita e della proprietà rendeva possibile accumulare ricchezze e trasmetterle alle famiglie. Eserciti e amministrazioni più forti rendevano loro possibile estendere il potere del governo sul territorio. In Egitto e in Tunisia ciò portò alla formazione di grandi proprietà terriere da parte di membri delle famiglie al potere o di quelle vicine ad esse. Nei paesi ottomani centrali, si verificò un processo analogo. La nuova amministrazione e il nuovo esercito andavano finanziati, ma non erano ancora forti abbastanza da riscuotere direttamente le tasse; si continuava con il vecchio sistema di esattorie in appalto, e gli appaltatori delle esattorie potevano prendersi la loro percentuale sulle eccedenze agricole.

Oltre alle élite dominanti, le nuove politiche favorivano i commercianti impegnati nel commercio con l'Europa. Il commercio di importazione ed esportazione era in crescita, e i mercanti che vi prendevano parte svolgevano un ruolo sempre più esteso non solo nel commercio ma anche nell'organizzazione della produzione, anticipando capitali ai proprietari terrieri o ai coltivatori, decidendo che cosa essi dovessero produrre, acquistando la produzione, sottoponendola a lavorazione (sgranando il cotone e avvolgendo in bobine la seta) e infine esportandola. I maggiori commercianti erano europei, che avevano un netto vantaggio perché conoscevano il mercato europeo e avevano accesso al credito da parte delle banche. Altri erano Cristiani ed Ebrei locali: Greci ed Armeni, Cristiani di Siria, Ebrei di Baghdad, Tunisi e Fez. Essi conoscevano i mercati locali ed erano in buona posizione per fungere da intermediari con i commercianti stranieri. A metà del XIX secolo, molti di essi avevano una conoscenza di lingue straniere, acquisita in scuole di un nuovo tipo, ed alcuni avevano anche una nazionalità o un salvacondotto straniero, grazie ad un'estensione del diritto delle ambasciate e dei consolati a nominare agenti o traduttori un certo numero di sudditi locali; qualcuno aveva stabilito i propri uffici in centri di affari europei, Manchester o Marsiglia. In alcune località gruppi di commercianti musulmani di lunga tradizione riuscirono a convertirsi al nuovo genere di commercio: Arabi dell'Arabia meridionale furono attivi nel Sudest asiatico; commercianti musulmani di Damasco e Fez si erano stabiliti a Manchester dal 1860; alcuni Musulmani marocchini erano addirittura diventati protetti di consolati stranieri.

D'altro canto, vi erano gruppi da cui in precedenza dipendevano i governi, e i cui interessi erano legati ai loro, i quali si videro escludere in misura crescente da una spartizione del potere. Gli *'ulama*, che detenevano l'autorità sul sistema legale erano minacciati dalla creazione di nuovi codici legali e nuovi tribunali. Le famiglie notabili delle città, che in precedenza avevano la funzione di intermediari tra il governo e la popolazione, videro indebolirsi la loro influenza. Anche se coloro che mantenevano la proprietà dei terreni potevano in qualche località trarre profitti dalla coltura di prodotti destinati alla vendita e all'esportazione, la loro posizione, e il loro ascendente sui coltivatori, erano minacciati dall'estensione del governo diretto e dalle attività in espansione dei commercianti nei porti. Industrie di lunga tradizione, come la tessitura siriana, la raffinazione dello zucchero in Egitto, e la fabbricazione del copricapo *shashiya* in Tunisia, soffrirono la concorrenza delle merci europee, anche se in qualche caso riuscirono ad adeguarsi alle nuove condizioni e perfino ad espandersi. Poco si sa delle condizioni della popolazione rurale, ma non sembra abbia avuto incrementi numerici, e in qualche caso deve essere diminuita. La produzione di cibo probabilmente aumentò in generale, ma cattivi raccolti e comunicazioni inefficienti potevano ancora provocare carestie, ancorché con frequenza minore che nel passato. Sotto due aspetti la situazione delle campagne doveva essere peggiorata: la coscrizione obbligatoria sottraeva una parte dei giovani per l'esercito, e inoltre le tasse erano più pesanti e venivano riscosse in modo più efficiente.

La disorganizzazione dell'economia, la perdita di potere e di influenza, la sensazione che il mondo politico dell'Islam fosse minacciato dall'esterno; tutto ciò trovò espressione a metà del secolo in un certo numero di moti violenti diretti contro le nuove politiche, contro la crescente influenza dell'Europa, e in qualche località contro i Cristiani locali che ne traevano profitto. In Siria, essi giunsero a una crisi decisiva nel 1860. Nelle valli montane del Libano vi era un'antica simbiosi tra le principali comunità religiose, i Cristiani Maroniti e i Drusi. Un membro di una famiglia locale, quella di Shihab, venne riconosciuto dagli Ottomani capo appaltatore delle tasse, e gli Shihab divennero di fatto principi ereditari della montagna, e capi di una gerarchia di famiglie proprietarie di terre, tanto cristiane che druse, tra le quali vi erano interessi comuni, alleanze e rapporti formali. Dal 1830 in avanti, però, la simbiosi si guastò, a causa di mutamenti nella popolazione e nel potere locale, del malcontento dei contadini nei confronti dei loro signori, dei tentativi ottomani di introdurre la loro autorità diretta, e di interferenze inglesi e francesi. Nel 1860 vi fu in Libano una guerra civile, e ciò fornì il pretesto per un massacro di Cristiani a Damasco, come espressione dell'opposizione alle riforme ottomane e agli interessi europei collegati ad esse, in un momento di depressione commerciale. Questo a sua volta portò all'intervento delle potenze europee, e alla creazione di un regime particolare per il Monte Libano.

In Tunisia nel 1864, in un periodo di cattivi raccolti e di epidemie, vi fu una violenta ribellione contro il governo del *bey* e le classi che da esso traevano profitto, i *mamluk* e i commercianti stranieri, e contro l'aumento delle tasse necessario a finanziare le riforme. Iniziatasi tra le tribù, la rivolta si diffuse alle città del Sahil, la pianura costiera produttrice di olio di oliva; i ribelli pretesero una diminuzione delle tasse, la fine del governo dei *mamluk*, e giustizia conforme alla *shari'a*. Per qualche tempo il potere del *bey* parve in pericolo, ma l'unità degli interessi tra il governo e le comunità straniere resse bene ed egli riuscì ad attendere fino a che l'alleanza dei ribelli si dissolse, dopodiché la stroncò.

Capitolo Diciassettesimo

GLI IMPERI EUROPEI E LE ÉLITES DOMINANTI (1860-1914)

I limiti dell'indipendenza

Il Trattato di Parigi del 1856 fece nascere una sorta di equilibrio tra gli interessi europei e quelli dei gruppi dominanti indigeni dell'Impero Ottomano impegnati nelle riforme. Le potenze che firmarono il trattato, mentre «riconoscevano l'alto valore» del decreto di riforma del sultano, promettevano di rispettare l'indipendenza dell'impero. Di fatto, però, esse non poterono fare a meno di intervenire nei suoi affari interni per diversi motivi: la disparità di forze militari tra esse e gli Ottomani, il modo in cui vari gruppi di funzionari cercavano aiuto presso le ambasciate, le relazioni di diversi stati con varie comunità cristiane, e la loro comune preoccupazione di salvaguardare la pace in Europa. Fu il loro intervento a imporre una pacificazione del Libano dopo la guerra civile del 1860. Pochi anni più tardi, nel 1866, le due province rumene si unificarono e divennero di fatto indipendenti. Nel decennio successivo, però, una crisi «orientale» prolungatasi per parecchio tempo mostrò gli ostacoli che si frapponevano a un efficace intervento. Una serie di moti nelle province europee furono repressi in modo particolarmente duro: i governi europei protestarono, e alla fine la Russia dichiarò la guerra nel 1877. L'esercitò russo avanzò verso Istanbul, e gli Ottomani firmarono un trattato di pace che concedeva l'autonomia alle regioni bulgare dell'impero. Ciò parve dare alla Russia, in prospettiva, una posizione di influenza preminente e suscitò una forte reazione inglese. Per qualche tempo parve possibile una guerra in Europa, ma in quel caso le potenze negoziarono il Trattato di Berlino (1878), in virtù del quale a due distinti distretti bulgari venivano concessi diversi gradi di autonomia, il governo ottomano prometteva di migliorare le condizioni delle province a forte popolazione cristiana, e le potenze si impegnavano ancora una volta a non intervenire negli affari interni dell'impero.

Era chiaro che nessuno stato europeo avrebbe concesso ad un altro di occupare Istanbul e gli Stretti, e che nessuno di essi desiderava rischiare l'esplosione che sarebbe stata originata da un tentativo di smantellare l'impero. Il processo di separatismo delle regioni di frontiera, però, continuò. I due distretti bulgari si unificarono in uno stato autonomo nel 1885; l'isola di Creta divenne autonoma nel 1898 e si unì alla Grecia nel 1913. In quello stesso anno, dopo una guerra con gli stati balcanici creati dai suoi ex sudditi, l'impero perse la maggior parte dei territori europei che ancora gli rimanevano. D'altro canto, coll'intensificarsi delle rivalità europee e con l'aggiunta di un nuovo elemento all'equilibrio europeo in seguito all'ascesa al potere della Germania, il governo ottomano acquisì un po' più di libertà d'azione nelle sue regioni centrali. Ciò fu evidente negli anni successivi al 1890, quando i partiti nazionalisti di un'altra comunità cristiana, quella degli Armeni, cominciarono a darsi da fare per ottenere l'indipendenza; gli Ottomani riuscirono a soffocare i moti con grandi perdite umane, e senza un'efficace azione degli Europei, anche se sotto la superficie il nazionalismo armeno continuava ad essere forte.

La perdita di gran parte delle province europee cambiò la natura dell'impero. Ancor più di prima esso appariva ai suoi cittadini musulmani, sia turchi che arabi, l'ultima manifestazione dell'indipendenza politica di un mondo musulmano assediato dai nemici. Era più che mai urgente attuare le politiche riformatrici. La burocrazia e l'esercito vennero ulteriormente modernizzati: ufficiali e funzionari vennero addestrati in scuole militari e civili. Migliori comunicazioni permisero l'estensione di un'autorità diretta. Con l'avvento delle navi a vapore, le guarnigioni ottomane potevano ricevere rapidamente rinforzi nelle regioni vicine al Mediterraneo e al Mar Rosso. Il telegrafo, canale di controllo fondamentale, venne esteso in tutto l'impero negli anni '50 e '60. Alla fine del XIX secolo erano state costruite linee ferroviarie in Anatolia e in Siria. Nei primi anni del XX, venne tracciata la ferrovia dello Hijaz da Damasco a Medina; essa consentì il trasporto dei pellegrini alle città sante, e rese anche possibile al governo ottomano di tenere sotto un più stretto controllo gli sceriffi della Mecca. Esso riuscì anche a ripristinare la sua presenza diretta nello Yemen. In Arabia centrale, una dinastia sostenuta dagli Ottomani, quella di Ibn Rashid, riuscì per qualche tempo a sopprimere lo stato saudita, che venne poi fatto rifiorire da un giovane ed energico membro della famiglia, 'Abd al-'Aziz, tanto che nel 1914 sfidava il potere di Ibn Rashid. In Arabia orientale, invece, la sua espansione venne limitata dalla politica inglese. Per prevenire la crescente influenza di altri stati, Russia, Francia e Germania, il governo britannico si stava adoperando per dare espressione più formale alle proprie relazioni con i sovrani del Golfo; vennero presi degli accordi, secondo i quali i governanti del Bahrayn, dell'Oman, degli Stati della Tregua e del Kuwait affidavano i loro rapporti col mondo esterno al governo britannico. Questi accordi ebbero l'effetto di impedire un'espansione ottomana, benché gli Ottomani mantenessero pretese di sovranità sul Kuwait.

Anche nell'ambito più ristretto dei suoi confini, il potere di Istanbul non era così saldo come poteva sembrare. La coalizione di forze all'interno dell'élite dominante che aveva reso possibili le riforme si stava sfaldando. Vi era una divisione tra quanti auspicavano un governo di funzionari riuniti in un consiglio, guidati dalla propria coscienza e dai propri principi di giustizia, e quanti auspicavano un governo rappresentativo, responsabile nei confronti della volontà del popolo espressa per mezzo di elezioni; molti funzionari anziani ritenevano che ciò sarebbe stato pericoloso in uno stato senza un pubblico istruito, e in cui diversi gruppi nazionali o religiosi avrebbero potuto approfittare della loro libertà politica per operare a favore dell'indipendenza dall'impero. Nel 1876, al culmine della «crisi orientale», venne concessa una costituzione e venne eletto un parlamento che si riunì, ma venne sospeso dal nuovo sultano, Abdülhamid II (1876-1909) non appena questi si sentì forte abbastanza. Da allora in poi si aprì una frattura ancora più profonda. Il potere si trasferì dall'élite di alti funzionari al sultano e al suo entourage, e ciò indebolì i legami tra la dinastia e l'elemento turco da cui l'impero dipendeva in ultima istanza.

Nel 1908 una rivoluzione sostenuta da una parte dell'esercito ripristinò la costituzione. (La Romania e la Bulgaria ne approfittarono per proclamare ufficialmente la propria indipendenza.) In un primo tempo a molti sembrò che questa rivoluzione fosse l'inizio di una nuova era di libertà e di cooperazione tra i popoli dell'impero. Un missionario americano per molto tempo residente a Beirut scrisse che la rivoluzione era considerata una transizione

> da un irresponsabile dominio di pascià affamati e corrotti a un parlamento di rappresentanti di tutte le parti dell'impero, eletti da ogni setta, Musulmani, Cristiani ed Ebrei! Tutto l'impero esplose in una gioia universale. La stampa parlò francamente. Si tennero riunioni pubbliche, città grandi e piccole furono decorate, si videro Musulmani abbracciati a Cristiani e ad Ebrei.[1]

Negli anni immediatamente successivi, però, il potere venne strappato al governo da un gruppo di ufficiali e funzionari turchi (il Comitato di Unione e Progresso, o «Giovani Turchi») che cercarono di rafforzare l'impero accrescendo l'autorità centrale.

Benché il governo ottomano riuscisse a mantenere la propria libertà di azione politica, un altro tipo di intervento europeo divenne più importante. Fin dagli anni '50, il governo ottomano aveva avuto necessità sempre crescenti di denaro per finanziare l'esercito, l'amministrazione e alcune opere pubbliche, e aveva trovato una nuova fonte di denaro in Europa, dove lo sviluppo dell'industria e del commercio aveva portato ad un'accumulazione di capitali che veniva incanalata, attraverso un nuovo tipo di istituzioni, le banche, in investimenti in ogni parte del mondo. Tra il 1854 e il 1879 il governo ottomano contrasse debiti di vaste proporzioni e a condizioni sfavorevoli; su una cifra nominale di 256 milioni di sterline turche (una sterlina turca corrispondeva a 0,9 sterline inglesi) ne ricevette solamente 139 milioni, mentre il resto era scontato. Nel 1875 non era più in grado di reggere il peso degli interessi e del rimborso del capitale, e nel 1881 venne insediata un'Amministrazione del Debito Pubblico in rappresentanza dei creditori esteri; ad essa venne attribuito il controllo di gran parte delle entrate ottomane, e in tal modo essa ebbe di fatto il controllo degli atti di governo che avevano implicazioni finanziarie.

La spartizione dell'Africa: l'Egitto e il Maghreb

Un processo analogo ebbe luogo in Egitto e in Tunisia, ma si concluse in modo diverso, vale a dire nell'imposizione dell'autorità diretta di uno stato europeo; in ambedue questi paesi, per vari motivi, un singolo stato riuscì a intervenire in modo decisivo. In Tunisia la crescita dell'indebitamento nei confronti delle banche europee ebbe nell'immediato i medesimi effetti visti per l'impero: la costituzione, nel 1869, di una commissione finanziaria internazionale. Seguì un ulteriore tentativo di riformare le finanze, riorganizzare la giustizia ed estendere un'istruzione moderna. Però, più il paese si apriva alle imprese straniere, più attirava l'interesse dei governi stranieri, in particolare di quello francese, già insediatosi al di là dei confini occidentali, in Algeria. Nel 1881 un esercito francese occupò la Tunisia, in parte per motivi finanziari, in parte per prevenire la crescita di un'influenza rivale, quella dell'Italia, e in parte per rendere sicure le frontiere dell'Algeria. Due anni più tardi venne concluso un accordo col *bey*, in virtù del quale la Francia avrebbe assunto un protettorato ufficiale e si sarebbe assunta la responsabilità dell'amministrazione e delle finanze.

Anche in Egitto maggiori aperture verso le imprese straniere fornirono maggiori incentivi a un intervento. Sotto i successori di Muhammad 'Ali, e soprattutto sotto Isma'il (1862-1879), proseguì il tentativo di creare le istituzioni di una società moderna. L'Egitto divenne di fatto indipendente dall'impero. L'istruzione venne estesa, si aprirono delle fabbriche, e soprattutto venne portato avanti il processo di trasformazione del paese in una piantagione che produceva cotone per il mercato inglese. La guerra civile americana del 1861-1865, che per qualche tempo interruppe le forniture di cotone, fu un incentivo ad accrescere la produzione. Essa non si arrestò alla fine della guerra, e comportò spese per l'irrigazione e per le comunicazioni; l'Egitto entrò precocemente nell'era delle ferrovie, a partire dagli anni '50 del secolo scorso.

Un'altra grande opera pubblica venne portata a termine: nel 1869 venne aperto il Canale di Suez, costruito con capitale prevalentemente francese ed egiziano e con manodopera egiziana. La sua apertura fu uno degli avvenimenti più importanti del secolo. Il khedive Isma'il colse l'opportunità per dimostrare che l'Egitto non faceva più parte dell'Africa, ma apparteneva al mondo civile dell'Europa. Tra gli ospiti vi erano l'Imperatore d'Austria, l'Imperatrice Eugenia, moglie di Napoleone III di Francia, il Principe Ereditario di Prussia, scrittori e artisti francesi (Théophile Gautier, Émile Zola, Eugène Fromentin), Henrik Ibsen, e celebri scienziati e musicisti. Si svolsero delle cerimonie celebrate da religiosi musulmani e cristiani, e l'Imperatrice nello yacht imperiale guidò la prima processione di imbarcazioni attraverso il nuovo canale; quasi contemporaneamente, il Teatro d'Opera del Cairo veniva inaugurato con una cantata in onore di Isma'il ed una rappresentazione del *Rigoletto* di Verdi. L'apertura del canale attirò inevitabilmente sull'Egitto l'attenzione della Gran Bretagna, che doveva difendere il suo commercio marittimo con l'Asia e col suo Impero Indiano.

L'esportazione e la lavorazione del cotone furono vantaggiose per i finanzieri europei, e altrettanto avvenne per il canale e le altre opere pubbliche. Tra il 1862 e il 1873 l'Egitto contrasse debiti per 68 milioni di sterline, ma ne ricevette soltanto i due terzi, dal momento che il resto era scontato. Nonostante gli sforzi per aumentare le proprie risorse, tra cui vi fu la vendita al governo britannico delle sue quote del canale, nel 1876 l'Egitto non fu più in grado di far fronte ai suoi debiti, e pochi anni più tardi venne imposto un controllo finanziario anglo-francese. L'aumento dell'influenza straniera, il peso crescente delle tasse necessarie a far fronte ai creditori stranieri, ed altre cause, fecero nascere un movimento teso a limitare il potere del *khedive* e venato di nazionalismo, che ebbe come portavoce un ufficiale dell'esercito, Ahmad 'Urabi (1839-1911); nel 1881 venne emanata una legge che creava una Camera dei Deputati, e quando la Camera si riunì, cercò di affermare la propria indipendenza di azione. La prospettiva di un governo meno influenzabile dagli interessi stranieri portò a sua volta all'intervento europeo, dapprima sul piano diplomatico ad opera di Francia e Gran Bretagna congiuntamente, e poi su quello militare, ad opera della sola Gran Bretagna, nel 1882. Il pretesto per l'invasione britannica fu la pretesa che il governo fosse in rivolta contro la legittima autorità, e che l'ordine era stato infranto; la maggioranza dei testimoni dell'epoca non corroborano questa pretesa. Il motivo vero era quell'istinto per il potere che gli stati possiedono in periodi di espansione, rinforzato dai portavoce degli interessi economici europei. Un bombardamento di Alessandria ad opera degli Inglesi, seguito dallo sbarco di truppe nella zona del canale, suscitò sentimenti religiosi più ancora che nazionalistici, ma l'opinione pubblica egiziana era polarizzata tra il *khedive* e il governo, e l'esercito egiziano non poté offrire un'efficace resistenza. L'esercito inglese occupò il paese, e a partire da quel momento la Gran Bretagna assunse di fatto il potere in Egitto, anche se il dominio britannico non veniva dichiarato in modo ufficiale a causa della molteplicità degli interessi stranieri; fu solo nel 1904 che la Francia riconobbe la posizione preminente della Gran Bretagna nel paese.

L'occupazione della Tunisia e quella dell'Egitto furono due fasi importanti del processo con cui le potenze europee definirono le rispettive sfere di interesse in Africa, come alternativa al combattersi a vicenda, ed aprirono la via ad altre fasi. La sovranità britannica fu estesa a sud lungo la valle del Nilo fino in Sudan. La motivazione ufficiale per questo fu l'ascesa di un movimento religioso, quello di Muhammad Ahmad (1844-1885), considerato dai suoi seguaci il *mahdi*, con l'obiettivo di ripristinare il dominio della giustizia islamica. La sovranità egiziana sul paese era terminata nel 1884, ed era stata creata una forma di governo islamico, ma non fu tanto il timore di una sua espansione quanto il timore dell'intromissione di altri governi europei che portò ad un'occupazione anglo-egiziana che distrusse lo stato islamico e fece sorgere, nel 1899, un nuovo sistema di governo, formalmente un «condominio» anglo-egiziano, ma di fatto un'amministrazione prevalentemente britannica.

Poco dopo, la crescita dell'influenza europea sul regno del Marocco pervenne ad una conclusione analoga. I tentativi del sultano di mantenere il paese libero da interventi si conclusero praticamente nel 1860, quando la Spagna invase il paese, sia per estendere la propria influenza al di là dei due porti di Ceuta e Melilla, che da secoli erano in mano spagnola, sia per contrapporsi all'espansione dell'influenza britannica. L'invasione si concluse con un trattato, in virtù del quale il Marocco doveva pagare un'indennità finanziaria che superava le sue possibilità. Gli sforzi per pagarla, e gli accordi commerciali conclusi con gli stati europei portarono ad un rapido aumento delle attività europee. Sotto il sultano Hasan (1873-1894), il governo cercò di attuare riforme analoghe a quelle tentate in altri paesi allo scopo di fornire una cornice entro la quale contenere la penetrazione europea: un nuovo esercito, un'amministrazione riformata, mezzi più efficaci di riscossione e utilizzo delle entrate. La politica ebbe un successo solo parziale, dal momento che il governo non deteneva un controllo del territorio sufficiente a renderla possibile. I signori delle campagne, la cui posizione era radicata nelle solidarietà religiose o tribali, erano sostanzialmente indipendenti, e al sud il loro potere era in aumento; nelle città i nuovi provvedimenti di tassazione e di amministrazione indebolirono l'autorità morale del sovrano. I capi locali stringevano rapporti diretti con rappresentanti stranieri, e i commercianti si ponevano sotto la loro protezione. Nell'intento di sopravvivere, il governo cominciò a contrarre prestiti dalle banche europee; ciò accrebbe gli interessi stranieri, e la logica conclusione si ebbe nel 1904, quando l'Inghilterra e la Spagna, due delle tre potenze coinvolte più a fondo, riconobbero l'interesse predominante della terza, la Francia. (La Gran Bretagna in cambio ottenne mano libera in Egitto, la Spagna una quota nel controllo definitivo.) Nel 1907 i principali stati europei si accordarono sul sostanziale controllo franco-spagnolo dell'amministrazione e delle finanze. Le due potenze occuparono parti del paese, la Spagna al nord, e la Francia sulla costa atlantica e sulla frontiera con l'Algeria. Vi fu una rivolta contro il sultano, che si pose sotto la protezione della Francia, ma l'espansione del potere francese proseguì e nel 1912 un nuovo sultano firmò un accordo con cui accettava un protettorato francese; anche i più importanti tra i capi del sud lo accettarono. Secondo un accordo franco-spagnolo, parte del nord sarebbe stato amministrato dalla Spagna; e Tangeri, il centro degli interessi stranieri, sarebbe rimasto sotto uno speciale regime internazionale.

Più o meno allo stesso momento la spartizione del Maghreb arrivò alla conclusione. Nel 1911 l'Italia, arrivata in ritardo alla «Spartizione dell'Africa», dichiarò guerra all'impero ottomano, fece sbarcare un esercito sulle coste della Tripolitania e, nonostante la resistenza ottomana, riuscì ad occupare i porti e ad ottenere qualche riconoscimento della sua posizione da parte del governo Ottomano.

L'alleanza di interessi dominanti

Allo scoppio della prima guerra mondiale, le conseguenze della conquista italiana della Libia e di quella francese e spagnola sul Marocco erano a malapena visibili, mentre la dominazione francese aveva già lasciato un'impronta sull'Algeria e sulla Tunisia, come pure quella inglese sull'Egitto e sul Sudan. Per certi aspetti, esse rappresentarono una rottura col passato e con ciò che si stava verificando nell'Impero Ottomano: dominanti erano i fondamentali interessi strategici ed economici di un singolo stato europeo, e benché in Egitto, Tunisia e Marocco esistessero nominalmente governi indigeni, essi persero progressivamente potere man mano che si ampliava l'influenza dei funzionari europei, e non conservarono nemmeno più quell'ambito limitato di azione indipendente che permetteva al governo di Istanbul di opporre una potenza all'altra e di perseguire quello che considerava l'interesse nazionale.

Per altri aspetti, le politiche seguite dall'Inghilterra e dalla Francia potevano essere considerate, in un certo senso, la continuazione, in forma più efficiente, di quelle dei riformatori indigeni. Dietro la facciata dei governi indigeni, venne introdotto un numero più elevato di funzionari stranieri, ed essi acquisirono gradualmente una maggiore autorità; le proporzioni tra essi e i funzionari indigeni si ribaltarono. (In Sudan non vi era una simile facciata, bensì un'amministrazione diretta di tipo coloniale, con quasi tutte le cariche maggiori ricoperte da funzionari inglesi mentre quelli egiziani e di altra origine erano assegnati a ruoli subalterni.) I governi operavano in modo più efficiente ma anche più distaccato. I soldati, stranieri o indigeni sotto un comando straniero, ed una polizia disciplinata permettevano di spingere l'autorità del governo fin nelle campagne. Migliori comunicazioni resero le province più prossime alla capitale: linee ferroviarie tanto in Tunisia che in Egitto, in Tunisia anche strade. Vennero creati o moltiplicati tribunali laici che applicavano leggi di stile europeo. Un più rigido controllo dell'economia e un'esazione delle tasse più efficace condussero ad una riduzione del debito estero a dimensioni più ragionevoli. Un'economia più risanata e un accesso al capitale straniero a condizioni più favorevoli rese possibile l'esecuzione di alcune opere pubbliche: in particolare, opere di irrigazione nella valle del Nilo, culminate nella Diga di Assuan, mediante la quale venne introdotta nell'Alto Egitto un'irrigazione perenne. Quanto alle scuole, se ne istituirono, o se ne mantennero dal periodo precedente, in numero limitato: quanto bastava per addestrare funzionari e tecnici al livello al quale si riteneva possibile impiegarli, ma non a sufficienza per produrre una vasta classe di intellettuali insoddisfatti.

Nelle zone governate da Istanbul, il Cairo, Tunisi e Algeri, l'alleanza di interessi intorno ai governi di nuovo tipo si estese e si rafforzò durante la seconda metà del XIX secolo. Oltre ai funzionari, due erano i gruppi sociali particolarmente favoriti dalla politica di quei governi. Il primo era quello legato al commercio e alla finanza. La crescita della popolazione e dell'industria in Europa, il miglioramento dei porti, la costruzione di ferrovie e (in Libano, Algeria e Tunisia) di strade, tutto ciò portò ad un'espansione dei commerci con l'Europa, oltre che tra regioni diverse del Medio Oriente e del Maghreb, nonostante periodi di depressione. In generale, essi si svolgevano lungo le stesse linee seguite in precedenza: esportazione in Europa di materie prime (cotone egiziano, seta libanese, lana e cuoio del Maghreb, fosfati tunisini) e generi alimentari (arance dalla Palestina e vino dall'Algeria, olio d'oliva dalla Tunisia); importazione di tessuti, prodotti metallici, tè, caffè e zucchero. In generale, il saldo del commercio con l'Europa era in passivo; ciò era controbilanciato in gran parte dall'importazione di capitali per opere pubbliche e, in qualche località, dalle rimesse di emigranti dal Nuovo Mondo e da un'uscita di oro e argento.

La quota principale del commercio era in mano a società e a commercianti europei, in primo luogo inglesi e francesi, con una quota crescente per i tedeschi man mano che la popolazione e l'industria della Germania si espandevano. Tuttavia, anche gruppi di commercianti indigeni svolgevano un ruolo considerevole nel commercio internazionale, e dominante nel commercio locale: nel Medio Oriente, Cristiani siriani e libanesi, Ebrei siriani e iracheni, oltre ai Copti egiziani nel commercio sul Nilo; nel Maghreb, Ebrei locali e anche altri gruppi con una lunga tradizione di commercio, mercanti del Sus in Marocco, delle oasi mzabite in Algeria, e dell'isola di Djerba al largo delle coste della Tunisia.

Gli interessi economici europei non si arrestavano al commercio. I primi grandi investimenti furono in quei prestiti ai governi che portarono all'instaurazione di una direzione straniera sull'economia; dopo di ciò ulteriori prestiti vennero contratti dai governi, ma l'esistenza di una direzione straniera rese possibile contrarli a condizioni meno onerose che in precedenza. Gli investimenti ora si estendevano oltre ai prestiti ai governi, a servizi pubblici per i quali venivano date concessioni a società straniere. Dopo il Canale di Suez, vennero assegnate concessioni, in varie regioni, per porti, servizi tramviari, le forniture dell'acqua, del gas, dell'elettricità e, soprattutto, per le ferrovie. Al confronto, gli investimenti per l'agricoltura erano ridotti, a parte quelle zone dell'Egitto e dell'Algeria in cui una richiesta estesa e regolare di certi prodotti, ed un governo sotto l'autorità europea, garantivano sicuri e lauti guadagni. Furono scarsi anche gli investimenti nell'industria, a parte qualche piccola industria di generi di consumo, e in qualche località l'industria estrattiva (fosfati in Tunisia, petrolio in Egitto).

Agli investimenti non prendevano parte solo banche e società interamente europee, ma anche qualche nuova banca sorta a Istanbul, al Cairo e altrove, come la Banca Ottomana. Il capitale di queste banche locali, però, era in grande misura europeo, ed una parte cospicua dei profitti degli investimenti non rimaneva nei paesi interessati per generare ulteriore ricchezza e capitale nazionale, ma veniva esportata nei paesi di origine e finiva per ingrossarne la ricchezza e il capitale.

Il controllo della terra

L'altro gruppo sociale i cui interessi si accordavano con quelli dei nuovi governi era quello dei proprietari terrieri. Sia nel corpo principale dell'Impero Ottomano sia in Egitto il fondamento legale della proprietà terriera venne cambiato a metà del XIX secolo. Nell'impero, la Legge Agraria del 1858 definì le varia categorie di terreni. La maggior parte dei terreni agricoli coltivati venivano considerati, conformemente a tradizioni di lunga data, di proprietà dello stato, ma coloro che li coltivavano, o si accingevano a farlo, potevano ottenere un diritto di proprietà che avrebbe consentito loro di goderne un uso pieno e incontrastato, e di venderlo o trasmetterlo ai propri eredi. Sembra che scopo della legge fosse quello di incentivare la produzione e rafforzare la posizione di chi effettivamente coltivava la terra. Può darsi che in qualche località ciò abbia avuto questo risultato: in qualche zona dell'Anatolia, ed in Libano, dove aumentarono le piccole proprietà su terreni destinati alla produzione della seta, anche grazie alle rimesse inviate dagli emigranti alle loro famiglie. Nella maggior parte delle località, invece, i risultati furono diversi. Nelle regioni prossime alle città, destinate alla produzione di generi alimentari e materie prime per le città o per l'esportazione, la terra ebbe la tendenza a cadere in mano a famiglie cittadine. Esse riuscivano a trarre miglior partito dalla macchina amministrativa per registrare il diritto di proprietà; esse erano in una posizione migliore rispetto ai contadini per ottenere prestiti dalle banche commerciali e dalle società di credito fondiario, o dalle banche agricole governative; esse potevano anticipare denaro ai contadini per consentire loro di pagare le tasse o per finanziare le loro operazioni; nelle zone che producevano per l'esportazione, i commercianti cittadini che avevano contatti con i mercati stranieri potevano controllare la produzione, decidendo che cosa si dovesse coltivare, anticipando il denaro per coltivarlo, ed acquistando la produzione. Alcuni agivano in regime di monopolio: l'acquisto di seta e di tabacco in tutto l'impero era monopolio di società concessionarie a capitale straniero. In questo modo si costituì una classe di proprietari non residenti, prevalentemente cittadini, che erano in grado di invitare il governo a sostenere le loro pretese su una quota della produzione; i contadini che coltivavano la terra erano o braccianti senza terreni o mezzadri, che ricevevano una percentuale della produzione sufficiente a sopravvivere. Di queste proprietà terriere private, forse le più estese, e tra le meglio amministrate, furono quelle dello stesso sultano Abdülhamid.

Nelle campagne più remote, al di là delle zone sotto un controllo efficace da parte delle città, si assisté alla nascita di un altro tipo di grande proprietà terriera: gran parte delle terre, in particolare nelle zone utilizzate per il pascolo, erano sempre state considerate, sia dal governo che da quanti vi abitavano, di proprietà collettiva di una tribù; ora gran parte di esse venne registrata a proprio nome dalla famiglia dominante della tribù. Se la zona era estesa, invece, il controllo effettivo dei terreni poteva non essere presso il capotribù bensì presso un gruppo intermedio di agenti, più vicini alla terra e alle procedure di coltivazione di quanto potessero essere un proprietario terriero cittadino o lo *shaykh* di una grande tribù.

Questi nuovi proprietari terrieri comprendevano commercianti e prestatori di denaro cristiani ed ebrei, ma pochi stranieri, nella maggioranza delle regioni dell'impero ancora sotto il governo di Istanbul. L'eccezione principale era costituita dalla Palestina, dove si stava sviluppando, a partire dagli anni '80, una comunità ebraica di nuovo tipo: non l'antica comunità tradizionale costituita da Ebrei orientali, bensì una comunità di Ebrei provenienti dall'Europa centrale ed orientale, e che non venivano a Gerusalemme per studiarvi, pregarvi e morirvi, ma vi si recavano inseguendo il nuovo ideale di una nazione ebraica ripristinata e nuovamente radicata in queste terre. Nel 1897 questa aspirazione venne espressa nella risoluzione del primo Congresso Sionista che avanzò la richiesta della creazione per gli Ebrei di un focolare nazionale in Palestina garantito dal diritto pubblico. Nonostante l'opposizione del governo ottomano, e la crescente inquietudine di parte della locale popolazione araba, nel 1914 la popolazione ebraica della Palestina era salita a circa 85.000 persone, vale a dire il 12 per cento del totale. Di essi, circa un quarto erano insediati sulla terra, parte della quale acquistata da un fondo nazionale e dichiarata proprietà inalienabile del popolo ebraico, su cui non si potevano impiegare non-Ebrei. Alcuni vivevano in insediamenti agricoli di nuovo tipo (i *kibbutz*), con controllo collettivo della produzione e della vita comunitaria.

In Egitto il processo mediante il quale la terra passò dal sovrano a mani private, avviato negli ultimi anni di Muhammad 'Ali, compì dei progressi tra il 1858 e il 1880, grazie a una serie di leggi e decreti che alla fine portarono ad una completa privatizzazione della proprietà, senza quelle limitazioni conservate dalla legge ottomana. Anche qui, può darsi che l'intenzione non fosse quella di creare una categoria di grandi proprietari terrieri, ma di fatto fu proprio questo che accadde, a causa di numerosi fatti connessi tra loro. Prima dell'occupazione britannica del 1882, molte terre furono distribuite dal *khedive* in assegnazione ai membri della sua famiglia o ad alti funzionari al suo servizio; molte vennero mantenute in suo possesso come proprietà privata; anche importanti famiglie dei villaggi riuscirono ad estendere le loro terre man mano che cresceva la richiesta di cotone. Dopo l'occupazione, le terre che erano state cedute dal sovrano per far fronte al debito estero, e le terre da poco messe a coltura, caddero in mano ai grandi proprietari terrieri o alle società di mutuo fondiario. I piccoli proprietari si indebitarono con i prestatori di denaro cittadini e persero le loro terre; e anche nei casi in cui riuscivano a conservarle, non potevano accedere con facilità a crediti per finanziare migliorie; le leggi sulla successione portarono ad una frammentazione delle proprietà fino al punto in cui esse non potevano permettere il sostentamento di una famiglia. Allo scoppio della prima guerra mondiale, più del 40 per cento della terra coltivabile era in mano a latifondisti (proprietari di più di cinquanta *feddan*), e circa il 20 per cento faceva parte di piccole proprietà inferiori a 5 *feddan*. (Un *feddan* è uguale a circa un acro o 0,4 ettari.) Circa un quinto delle grandi proprietà, soprattutto al nord, era in mano a stranieri, individui o società. Il modello che si era imposto era quello del grande proprietario le cui terre erano coltivate da agricoltori, che fornivano la manodopera in cambio del permesso di affittare e coltivare un appezzamento di terreno per se stessi; sotto ad essi vi era un numero crescente di braccianti senza terra, circa un quinto della popolazione attiva.

In Tunisia, l'appropriazione delle terre da parte di proprietari stranieri fu condotta ancora più a fondo. Già all'epoca dell'occupazione francese vi era una cospicua comunità francese e italiana. Per il primo decennio di protettorato, i provvedimenti presi dal governo furono a favore dei grandi interessi che desideravano acquistare terreni: le cause sui terreni dovevano essere discusse da tribunali misti con una componente europea; a coloro che affittavano terreni di un *waqf* fu permesso di acquistarli. Dal 1892 venne adottata una nuova politica, tesa a favorire l'immigrazione e la colonizzazione, in parte dietro pressioni dei coloni, in parte per accrescerne la componente francese. Grandi quantità di terre vennero rese disponibili per l'acquisto: terre dei *waqf*, proprietà dello stato, terreni collettivi delle tribù, riguardo alle quali era stata adottata la stessa politica seguita in Algeria, consistente nel comprimerne la popolazione in una porzione di terre di minore estensione. Condizioni vantaggiose vennero offerte agli acquirenti: credito agrario, attrezzature, strade. Anche le condizioni economiche erano favorevoli: la domanda di grano si manteneva stabile, e quella di vino e di olio di oliva era in aumento. In questo modo crebbe la quantità di terre in mano ad Europei, soprattutto nelle zone di coltivazione del grano al nord e nelle regioni coltivate a olivi del Sahil; nel 1915 i coloni possedevano circa un quinto delle terre coltivate. Relativamente pochi tra essi erano piccoli proprietari; la figura tipica era quella del grande proprietario terriero che coltivava i terreni con l'aiuto di manodopera siciliana, dell'Italia meridionale o tunisina, o che riscuoteva un affitto da contadini tunisini. Vi era abbondanza di manodopera, dal momento che il processo di esproprio delle terre aveva peggiorato le condizioni dei contadini; essi erano privati dell'accesso al capitale e della protezione che i proprietari terrieri indigeni avevano concesso loro. Il mutamento economico portò con sé un mutamento nel potere politico. I coloni reclamavano una partecipazione maggiore alla determinazione della politica; essi desideravano che il governo puntasse ad annettere il paese alla Francia, a dominare con la forza la popolazione indigena, e a mantenere quest'ultima nella sua cultura e nei suoi modi di vita tradizionali che le avrebbero impedito di partecipare efficacemente all'esercizio del potere. In ciò essi registrarono qualche successo: una gran parte dei funzionari del governo erano francesi; la conferenza consultiva per gli affari finanziari ed economici era costituita principalmente da coloni. D'altro canto, il governo di Parigi, e i funzionari superiori che ne provenivano, desideravano conservare il protettorato sulla base della cooperazione tra Francesi e Tunisini.

La politica francese in Tunisia nel 1914 aveva raggiunto uno stadio analogo a quello dell'Algeria negli anni successivi al 1860, ma nel frattempo in Algeria le cose erano cambiate. La sconfitta della Francia nella guerra franco-prussiana del 1870-71 e la caduta di Napoleone III indebolì l'autorità del governo ad Algeri. Per breve tempo i coloni presero il potere, ma ad est del paese avvenne qualcosa di diverso: una ribellione diffusa tra Arabi e Berberi, per molteplici cause: da parte della nobiltà, vi era il desiderio di riottenere la propria posizione politica e sociale, che era stata indebolita con l'espandersi dell'amministrazione diretta; da parte degli abitanti dei villaggi, vi erano l'opposizione alla perdita delle terre ed al potere crescente dei coloni, e la miseria che faceva seguito ad un periodo di epidemie e cattivi raccolti; nel complesso della popolazione vi era il desiderio di indipendenza, non ancora espresso in termini nazionalistici, ma piuttosto in termini religiosi, e che trovava in una confraternita sufi una leadership e una direzione. I moti vennero soffocati, con gravi conseguenze per i Musulmani algerini. Multe collettive e confische di terreni vennero imposte come punizione; è stato calcolato che le regioni interessate dalla rivolta persero il 70 per cento dei loro capitali.

Le conseguenze a lungo termine furono ancor più gravi. La distruzione della leadership indigena e il cambiamento di regime a Parigi rimossero gli ostacoli che si frapponevano alla diffusione della proprietà terriera tra gli Europei. Mediante vendite o assegnazioni di terre dello stato e di terreni confiscati, mediante prese di possesso delle terre collettive e sotterfugi legali, estese porzioni di territorio passarono in mano ai coloni. Nel 1914 gli Europei erano proprietari di circa un terzo delle terre coltivate, e si trattava dei terreni più produttivi, che producevano grano come in precedenza, o anche uva, dal momento che il vino algerino ora trovava un largo smercio in Francia. Gran parte delle coltivazioni su terreni destinati alla produzione di vino venivano praticate da immigrati europei, spagnoli e italiani oltre che francesi, ma appartenevano soprattutto a proprietari relativamente ricchi con disponibilità di capitali. Confinati a zone ridotte di terreni poco favoriti, senza capitali, e con risorse di bestiame in diminuzione, i piccoli proprietari algerini tendevano a divenire mezzadri o braccianti su possedimenti europei, anche se in qualche località stava venendo alla luce una nuova classe di proprietari terrieri musulmani.

Grazie anche alle nuove opportunità sulle terre, la popolazione europea in Algeria si accrebbe rapidamente, passando dalle 200.000 unità circa del 1860 alle circa 750.000 del 1911; quest'ultima cifra comprende anche gli Ebrei algerini ai quali era stata concessa in blocco la cittadinanza francese. La popolazione indigena era a questo punto salita a 4.740.000 abitanti; gli Europei costituivano quindi il 13 per cento della popolazione complessiva. Nelle grandi città la componente era ancora più vasta: nel 1914 i tre quarti degli abitanti di Algeri erano europei.

Questa crescente popolazione europea nel 1914 controllava di fatto il governo locale. A questo punto essa aveva dei rappresentanti al parlamento francese e formava una importante *lobby* politica a Parigi. Gradualmente, man mano che cresceva una nuova generazione nata in Algeria e immigrati di altri paesi prendevano la cittadinanza francese, essa sviluppò una identità distinta ed un interesse distinto che la *lobby* poteva contribuire ad affermare: avere un'Algeria quanto più possibile assimilata alla Francia, ma avere sotto il proprio controllo la locale amministrazione francese. Nel complesso ciò fu coronato dal successo. La stragrande maggioranza di funzionari locali erano francesi, e quasi la totalità di quelli ai massimi livelli. Si estesero le zone amministrate da consigli municipali a maggioranza francese, e in queste zone i Musulmani non avevano praticamente alcun potere. Essi pagavano imposte dirette di gran lunga superiori a quelle dei coloni, ma gli introiti venivano usati soprattutto a beneficio degli Europei; erano soggetti a uno speciale codice penale applicato da magistrati francesi; poco veniva speso per la loro istruzione. Alla fine del secolo il governo di Parigi stava rendendosi conto del «problema arabo»: dell'importanza, cioè, di salvaguardare l'indipendenza dell'amministrazione dalle pressioni dei coloni e renderla in grado di usare il suo potere per «salvaguardare la dignità degli sconfitti».[2] Qualcosa di nuovo venne fatto per l'istruzione dei Musulmani a livello elementare, ma nel 1914 gli Algerini con un'istruzione secondaria o superiore si potevano contare a dozzine o centinaia, certo non in migliaia.

La condizione del popolo

In quelle parti del Medio Oriente e del Maghreb in cui l'autorità dei governi si era fatta più efficace, negli anni tra il 1860 e il 1914 erano state costruite opere pubbliche, nuove leggi agrarie avevano assicurato diritti di proprietà, banche o società di credito fondiario offrivano accesso ai capitali e i prodotti trovavano un mercato nel mondo industrializzato, aumentavano le aree coltivate e le rese delle colture. Nonostante la povertà di statistiche, è chiaro che ciò fu quanto avvenne in Algeria e in Tunisia, dove l'area coltivabile raddoppiò. In Egitto le condizioni furono particolarmente favorevoli. A quest'epoca l'autorità del governo era incontestabile perfino nell'Alto Egitto, il mercato del cotone era in espansione, nonostante le fluttuazioni cui andava soggetto, e le grandi opere di irrigazione permettevano di aumentare la resa del terreno; le aree coltivate aumentarono di circa un terzo tra il 1870 e il 1914. Questo incremento non era esente da pericoli; la coltivazione del cotone per l'esportazione era così redditizia che sempre più terre venivano convertite ad essa, e intorno al 1900 l'Egitto era diventato un importatore netto di generi alimentari oltre che di beni lavorati.

Per la Siria, la Palestina e l'Iraq, le statistiche sono ancora più imperfette, ma le indicazioni che si possiedono sono concordi. In Siria e in Palestina, i contadini dei villaggi collinari riuscirono ad estendere la loro area coltivata fin nelle pianure, e a produrre grano e altre colture che avevano uno smercio nel mondo esterno: olio di oliva, semi di sesamo, arance della zona di Jaffa. In Libano, si estese la sericoltura. In Iraq, il fattore più importante non fu né l'estensione del potere dello stato né le migliorie all'irrigazione, visto che la prima opera di grandi dimensioni, lo sbarramento Hindiyya sull'Eufrate, non fu inaugurato prima del 1913. Fu piuttosto il modo in cui funzionarono le leggi sulla terra; quando i capi tribali registrarono la terra a proprio nome, ebbero uno stimolo a convertire i loro uomini dalla pastorizia all'agricoltura sedentaria, producendo grano o, al sud, datteri da esportare.

Un tale cambiamento nell'equilibrio tra l'agricoltura sedentaria e la pastorizia nomade ebbe luogo là dove erano presenti insieme due fattori. Il primo era l'espansione dell'area di autorità del governo, che preferiva sempre dei contadini sedentari in grado di pagare le tasse e rispondere alla chiamata di leva ai nomadi che vivevano al di fuori della comunità politica e che potevano sempre rappresentare un pericolo per l'ordine. Questa espansione ebbe luogo là dove i governi erano forti e le comunicazioni in via di miglioramento. In Algeria, l'esercito francese avanzò in direzione sud dall'altopiano fin nelle oasi del Sahara e nei territori abitati dai Tuareg. In Siria, la costruzione di ferrovie consentì di fare avanzare il fronte delle coltivazioni fin nella steppa. Ogni stazione ferroviaria, con i suoi funzionari, la sua guarnigione e il suo mercato diveniva un centro da cui si diffondevano l'agricoltura e il commercio. Determinate componenti della popolazione vennero impiegate per mantenere l'ordine nelle campagne: al nord vennero reclutati reggimenti curdi; in una serie di villaggi della Siria meridionale vennero stanziati i Circassi che avevano abbandonato le loro dimore nel Caucaso al momento della sua conquista da parte dei Russi.

Il secondo fattore era una diminuzione della domanda dei prodotti principali della steppa, o il calo dei profitti che se ne poteva trarre rispetto a quelli delle colture prodotte per la vendita e l'esportazione. Il mercato dei cammelli cominciò a calare man mano che si introducevano i moderni mezzi di comunicazione (ma il cambiamento decisivo, l'avvento dell'automobile, non era ancora praticamente cominciato). La domanda di pecore era stabile, e può darsi fosse aumentata col crescere della popolazione, ma il capitale rendeva di più se veniva investito nella coltivazione agricola, e i dati in nostro possesso fanno pensare che vi sia stata una diminuzione percentuale del numero di animali da allevamento rispetto alla popolazione: in Algeria vi erano 2,85 pecore per abitante nel 1885, e trent'anni dopo la cifra era scesa a 1,65.

In generale, questo periodo registrò un incremento demografico, a tassi molto differenziati da paese a paese. I paesi per i quali le statistiche sono più affidabili, e in cui l'incremento può essere osservato con maggiore evidenza, sono l'Algeria e l'Egitto. In Algeria, la popolazione musulmana raddoppiò nel volgere di cinquant'anni, dai 2 milioni del 1861 ai 4,5 del 1914. In Tunisia, l'incremento fu dello stesso ordine, da 1 a 2 milioni. In Egitto, la crescita fu costante per tutto il XIX secolo: da 4 milioni nel 1800 a 5,5 nel 1860 e a 12 nel 1914. In Sudan, la popolazione sembra essere cresciuta costantemente dall'inizio dell'occupazione inglese. Nella Fertile Mezzaluna, siamo ancora in un periodo di congetture. È probabile che la popolazione della Siria nel senso più ampio sia cresciuta di qualche cosa come il 40 per cento tra il 1860 e il 1914, salendo da 2,5 a 3,5 milioni; d'altro canto, vi fu una forte emigrazione dal Libano all'America del Nord e del Sud e altrove, e nel 1914 sembra che 300.000 Libanesi avessero lasciato il paese. L'incremento in Iraq deve essere stato di analoghe proporzioni. Si può grosso modo calcolare che la popolazione dei paesi arabi nel loro complesso sia salita da circa 18-20 milioni nel 1800 a circa 35-40 milioni nel 1914.

Si trattava ancora di una popolazione prevalentemente rurale. Alcune città conobbero un rapido sviluppo, in particolare i porti specializzati nel commercio con l'Europa: le città costiere dell'Algeria, Beirut, e Alessandria (che nel 1914 era per dimensioni la seconda città dei paesi arabi). Altre, in particolare le capitali di stato e di provincia, crebbero in modo più o meno proporzionale all'incremento generale della popolazione. Il Cairo, ad esempio, raddoppiò più o meno le sue dimensioni, e rimase la più grande città araba, ma anche la popolazione egiziana nel suo complesso crebbe altrettanto; il grado di urbanizzazione rimase più o meno inalterato, e il flusso di emigrati dalle campagne alle città non era ancora praticamente incominciato.

L'incremento demografico fu il risultato di più fattori. In Egitto è probabile che esso fosse da ricollegare alla diffusione della coltivazione del cotone: i bambini piccoli potevano essere di aiuto sui campi già in tenera età, e così vi era un incentivo a sposarsi presto e ad avere famiglie numerose. Nella maggior parte dei paesi esso fu dovuto ad un calo di intensità di due fattori che in precedenza limitavano la popolazione: le epidemie e le carestie. Miglioramenti nelle disposizioni per le quarantene, sotto il controllo di medici europei e con il sostegno dei governi stranieri, ora del 1914 avevano praticamente eliminato la peste dai paesi del Mediterraneo, e limitato l'incidenza del colera. La combinazione di un maggiore produzione di cibo e di migliori comunicazioni permetteva di sopperire a locali insufficienze dei raccolti che in epoche precedenti avrebbero originato carestie. In alcuni paesi (Algeria, Tunisia e Sudan) l'incremento demografico non ebbe tanto l'effetto di portare la popolazione a livelli nuovi e mai toccati, quanto quello di porre rimedio ad una brusca diminuzione precedente. In Algeria la guerra di conquista e le rivolte, unite a epidemie e carestie, avevano fatto diminuire considerevolmente la popolazione negli anni centrali del XIX secolo; in Tunisia, vi era stato un lungo periodo di graduale diminuzione; in Sudan i turbamenti causati dal movimento mahdista, seguiti da una serie di cattivi raccolti, avevano portato ad una seria diminuzione negli anni successivi al 1890.

Un incremento demografico non implica necessariamente un miglioramento del tenore di vita, e può anzi avere l'effetto l'opposto. Tuttavia, vi è motivo di pensare che in alcune località il tenore di vita sia migliorato. Ciò fu sicuramente vero per le classi più elevate della popolazione urbana composte da quanti erano legati ai nuovi governi od ai settori economici in espansione; essi avevano migliori guadagni, migliori alloggi e prestazioni mediche, ed una scelta più ampia di prodotti da acquistare. Nelle campagne, l'aumento della produzione di cibo e il miglioramento delle comunicazioni andarono a beneficio della nutrizione, perlomeno in alcune località: non nei paesi di colonizzazione europea dove i contadini avevano perduto le terre migliori, ma in Egitto e in qualche zona della Siria, dove vi fu un equilibrio tra produzione e popolazione. (In Egitto, però, ai miglioramenti nella salute a causa di una migliore nutrizione si contrappose la diffusione di un'infezione debilitante, la bilharzia, veicolata dall'acqua e in aumento coll'estendersi dell'irrigazione.)

Anche nelle circostanze più favorevoli, però, le possibilità di migliorare la vita dei coltivatori erano limitate, non solo per via della continua crescita della popolazione, ma anche a causa dei mutamenti nell'equilibrio dei poteri nella società che favorivano coloro che possedevano o comunque controllavano le terre. A sostegno delle loro pretese, costoro avevano il potere della legge e del governo; avevano accesso ai capitali, senza i quali non si sarebbe potuto continuare a produrre, e il prodotto non avrebbe potuto essere immesso sul mercato. Per la maggior parte, nel loro operato essi non dovevano tener conto di restrizioni derivanti da un vincolo morale tra essi e quanti lavoravano per loro: il colono, il prestatore di denaro cittadino, lo *shaykh* tribale trasformato in proprietario terriero non avevano con chi lavorava per loro gli stessi rapporti che avevano avuto alcuni loro predecessori. In tali circostanze, ai contadini mancava il potere di ottenere dalla produzione dei campi qualcosa di più del minimo necessario alla sussistenza, e mancava pure la protezione dei potenti in tempi di oppressione o di avversità.

La società dualista

Nel 1914 i paesi arabi dell'Impero Ottomano ed il Maghreb presentavano, in vario grado, un nuovo tipo di stratificazione sociale: gruppi commerciali e finanziari europei, e in qualche località comunità di coloni, protetti dall'influenza e favoriti dal potere dei loro governi; commercianti indigeni e ceti proprietari di terre i cui interessi erano entro certi limiti assimilati a quelli delle comunità straniere, ma che in determinate circostanze potevano essere in concorrenza con esse; infine una crescente popolazione rurale ed una popolazione di poveri nelle città, con limitato accesso al potere, ed escluse in grande misura dai benefici delle trasformazioni amministrative, legali ed economiche.

I mutamenti di rapporto tra le forze sociali trovarono espressione nei mutamenti che cominciarono a verificarsi nella vita delle città nella seconda metà del XIX secolo. L'attività economica ed il potere si trasferirono dalle grandi città dell'interno ai porti marittimi, in particolare quelli sulle rive del Mediterraneo. Essi divennero non solo i luoghi di smistamento delle merci ma anche i centri principali della finanza e del commercio, dove le merci confluivano dall'interno e vi venivano distribuite le importazioni, e dove si organizzavano e finanziavano gli affari dell'importazione e dell'esportazione, nonché, in grande misura, la produzione agricola. Alcuni porti erano antiche cittadine che assunsero nuove dimensioni e nuova importanza: Beirut che si sostituì a Sayda e a S. Giovanni di Acri (Acco) come porto principale della Siria meridionale; Alessandria, che prese il posto di Damietta e di Rosetta nel commercio marittimo dell'Egitto, man mano che aumentava il commercio con l'Europa e diminuiva quello con l'Anatolia e la costa siriana; Bàssora, principale località di esportazione dei datteri e del grano iracheni; Gedda, porto principale dello Hijaz, e di importanza crescente man mano che l'Arabia occidentale passava a rifornirsi di merci straniere via mare piuttosto che attraverso carovane dalla Siria; infine Tunisi e i porti dell'Algeria. Altri porti furono di fatto nuove creazioni come centri di traffici internazionali: Porto Said all'estremità settentrionale del Canale di Suez; Aden come porto di scalo e rifornimento di carbone per navi a vapore sulla rotta dall'Europa all'India passando per il Canale; Casablanca sulla costa atlantica del Marocco.

I centri portuali erano dominati da magazzini, banche, uffici delle compagnie di navigazione, costruiti nello stile monumentale dell'Europa meridionale; avevano quartieri residenziali con ville circondate da giardini; il loro assetto urbanistico comprendeva giardini pubblici, piazze, alberghi, ristoranti e caffè, negozi e teatri. Le loro vie principali erano larghe a sufficienza per permettere il passaggio di tram, carrozze a cavalli e, poco prima del 1914, le prime automobili. Anche le città dell'interno stavano mutando il loro aspetto in modo sostanzialmente analogo. In un primo momento, si cercò di inserire nuove vie e nuovi edifici nel cuore delle città vecchie: un ampio viale venne tracciato attraverso il Cairo fino ai piedi della Cittadella; a Damasco si raddrizzarono ed allargarono dei bazar per creare il Suq Hamidiyya e il Suq Midhat Pasha. A lungo andare, però, i nuovi quartieri si svilupparono al di fuori delle mura (se esistevano ancora) delle vecchie città, su terreni sgombri da edifici e da diritti di proprietà, e che quindi potevano svilupparsi in modo pianificato. La nuova Damasco prese ad espandersi a oriente della vecchia, sulle pendici del Jabal Qasiyun; il nuovo Cairo venne costruito dapprima a nord della città vecchia, e poi ad ovest su terreni che si stendevano fino al Nilo, e che in precedenza erano paludosi, ma a questo punto erano stati prosciugati ed erano pronti per essere edificati; la nuova Tunisi si sviluppò in parte su terreni ricavati dalla bonifica del lago che si trova a occidente di essa; Khartoum, la capitale del Sudan sotto gli Egiziani e poi sotto il Condominio, fu una creazione ex novo, con strade simmetricamente disposte, localizzata in

CARTINE

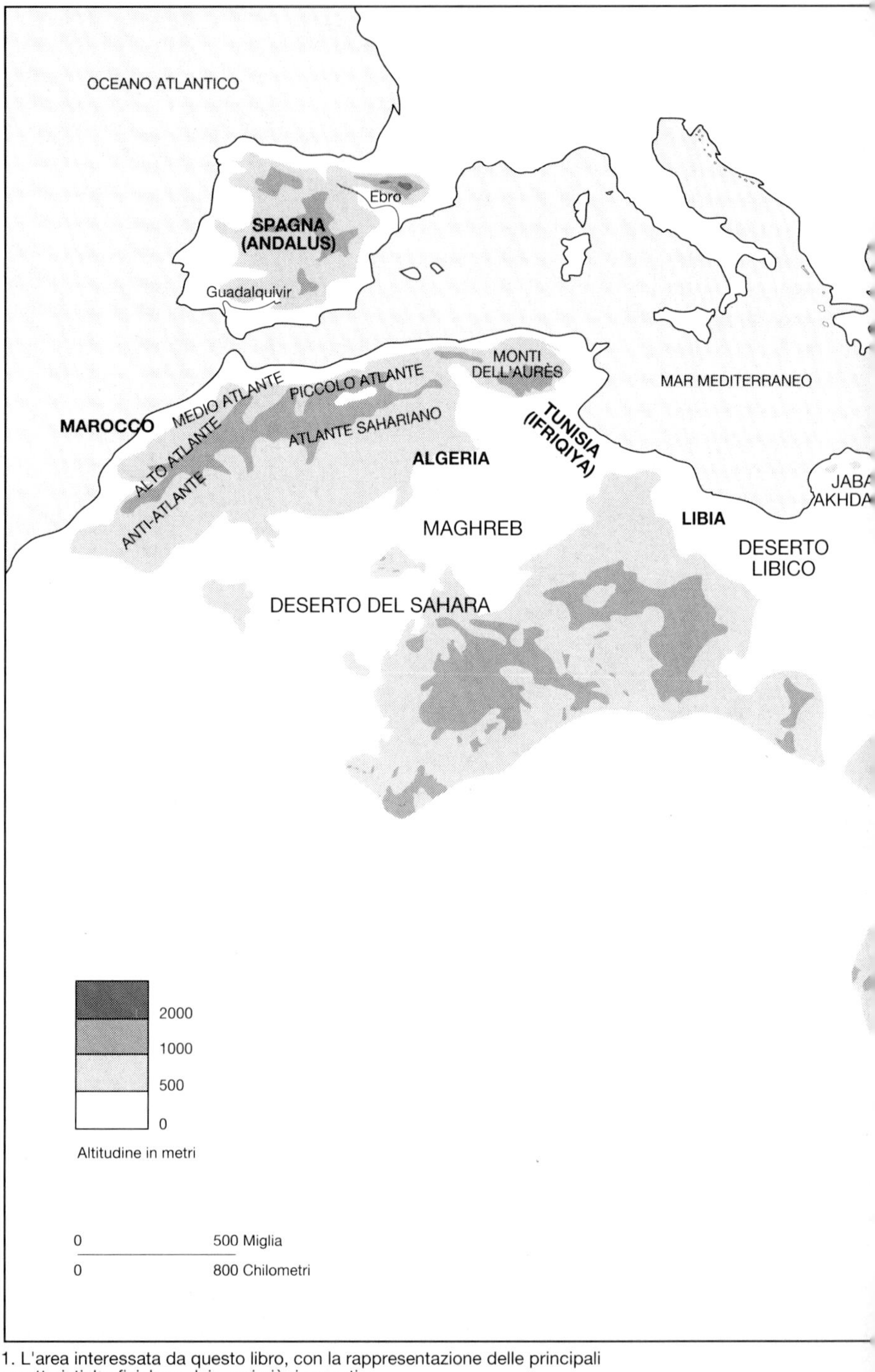

1. L'area interessata da questo libro, con la rappresentazione delle principali caratteristiche fisiche e dei nomi più ricorrenti

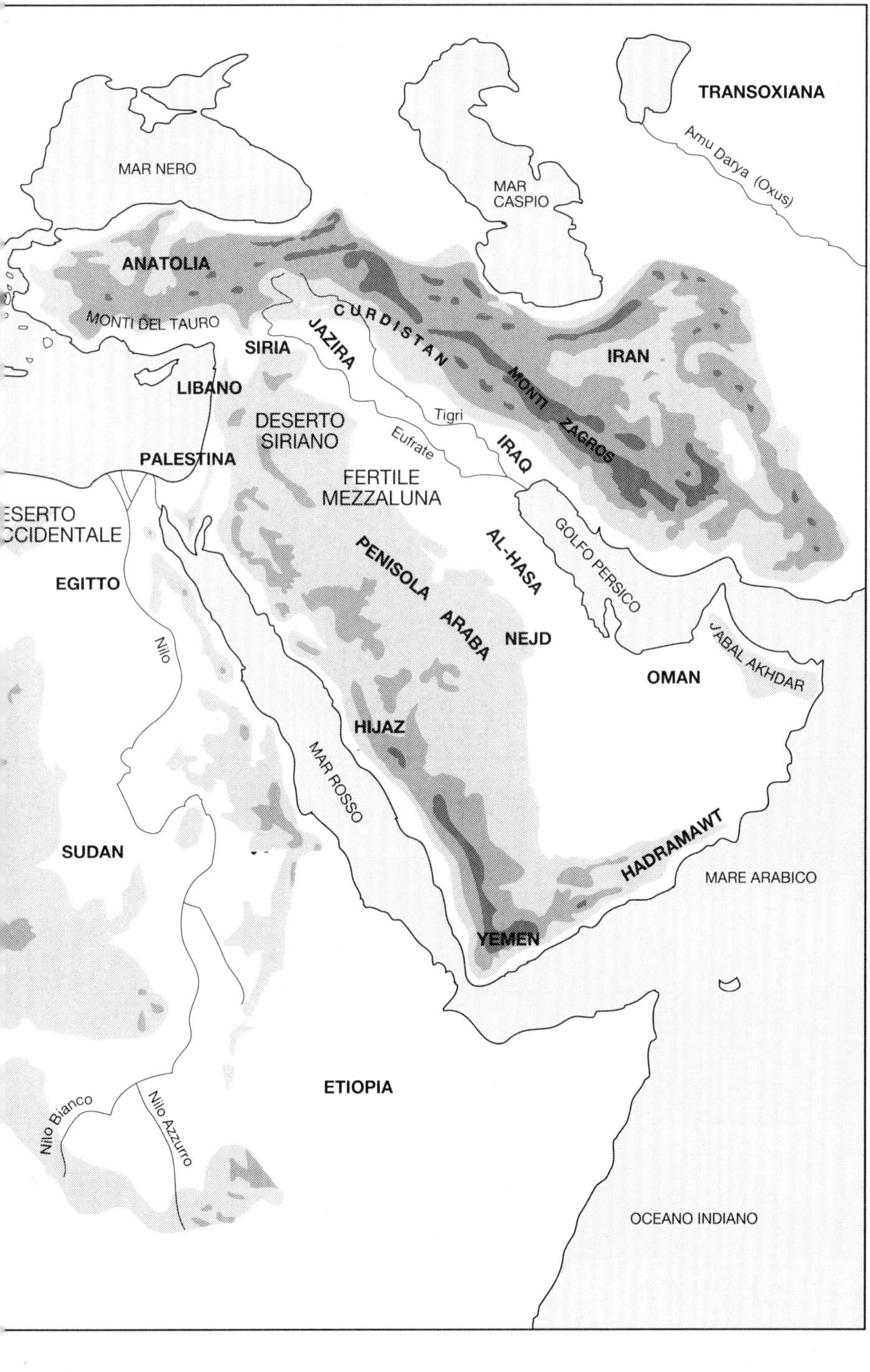
TRANSOXIANA
Amu Darya (Oxus)
MAR NERO
MAR CASPIO
ANATOLIA
MONTI DEL TAURO
CURDISTAN
JAZIRA
SIRIA
IRAN
LIBANO
MONTI ZAGROS
DESERTO SIRIANO
Tigri
Eufrate
IRAQ
PALESTINA
FERTILE MEZZALUNA
ESERTO
CCIDENTALE
AL-HASA
PENISOLA ARABA
GOLFO PERSICO
EGITTO
Nilo
NEJD
OMAN
JABAL AKHDAR
HIJAZ
MAR ROSSO
HADRAMAWT
SUDAN
MARE ARABICO
YEMEN
ETIOPIA
Nilo Bianco
Nilo Azzurro
OCEANO INDIANO

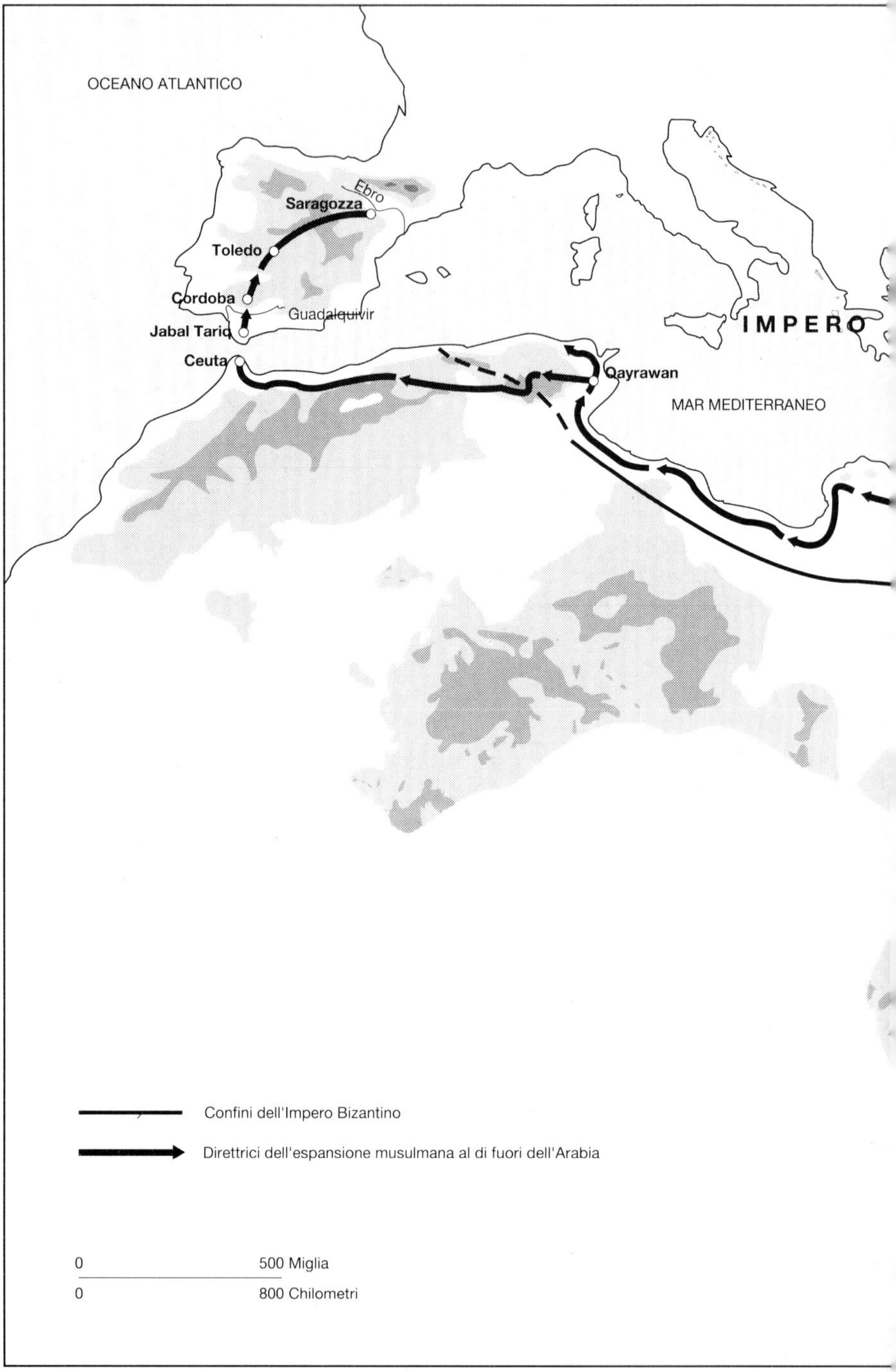

2. L'espansione dell'impero islamico

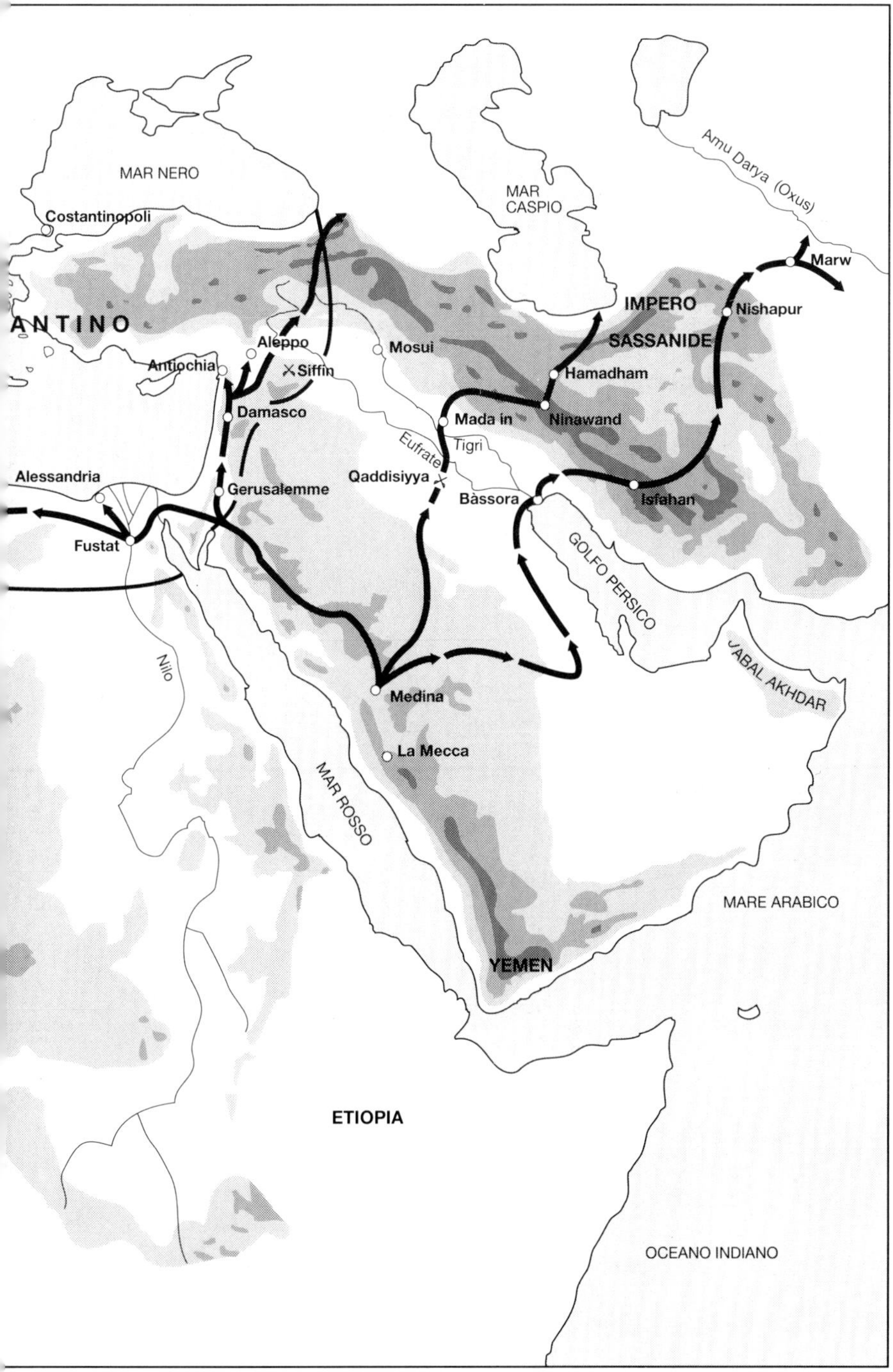

MAR NERO
Costantinopoli
MAR CASPIO
Amu Darya (Oxus)
Marw
IMPERO
SASSANIDE
Nishapur
ANTINO
Aleppo
Mosui
Antiochia
Siffin
Hamadham
Damasco
Mada in
Ninawand
Eufrate
Tigri
Alessandria
Qaddisiyya
Gerusalemme
Bàssora
Isfahan
Fustat
GOLFO PERSICO
Nilo
JABAL AKHDAR
Medina
La Mecca
MAR ROSSO
MARE ARABICO
YEMEN
ETIOPIA
OCEANO INDIANO

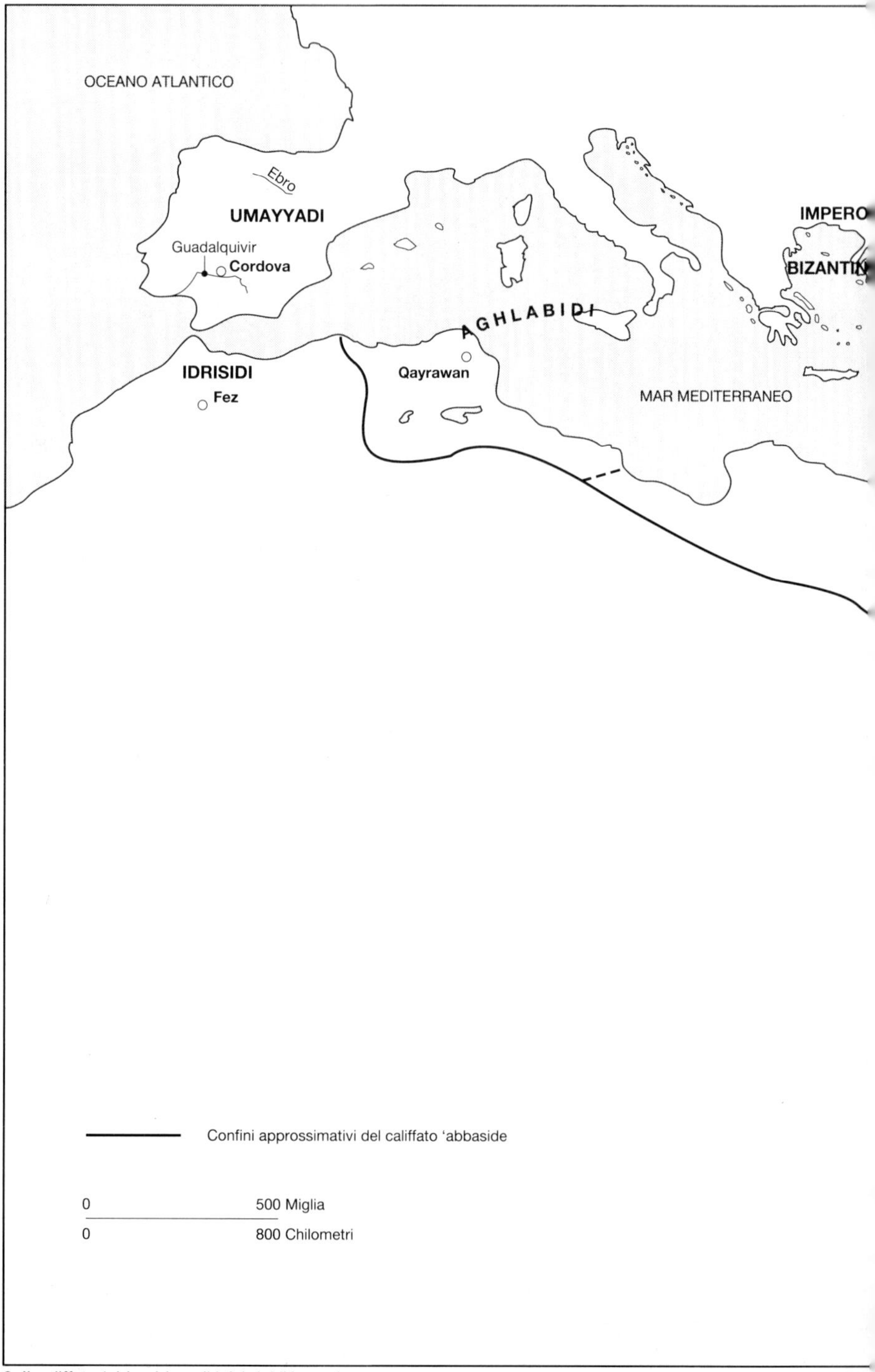

3. Il califfato 'abbaside agli inizi del IX secolo.

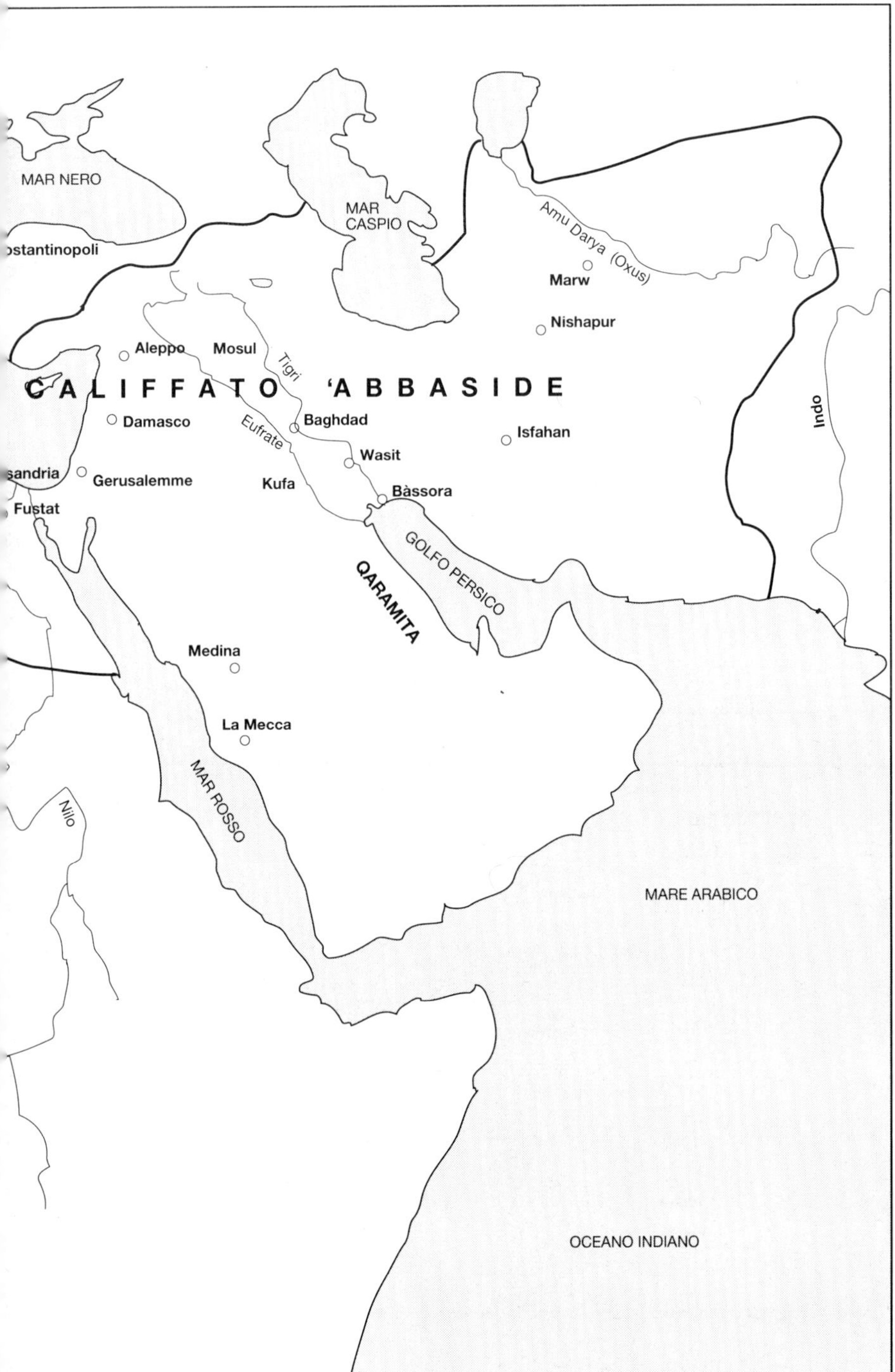
MAR NERO
ostantinopoli
MAR CASPIO
Amu Darya (Oxus)
Marw
Nishapur
Aleppo
Mosul
Tigri
CALIFFATO 'ABBASIDE
Damasco
Baghdad
Eufrate
Isfahan
Indo
Wasit
sandria
Gerusalemme
Kufa
Bàssora
Fustat
GOLFO PERSICO
QARAMITA
Medina
La Mecca
MAR ROSSO
Nilo
MARE ARABICO
OCEANO INDIANO

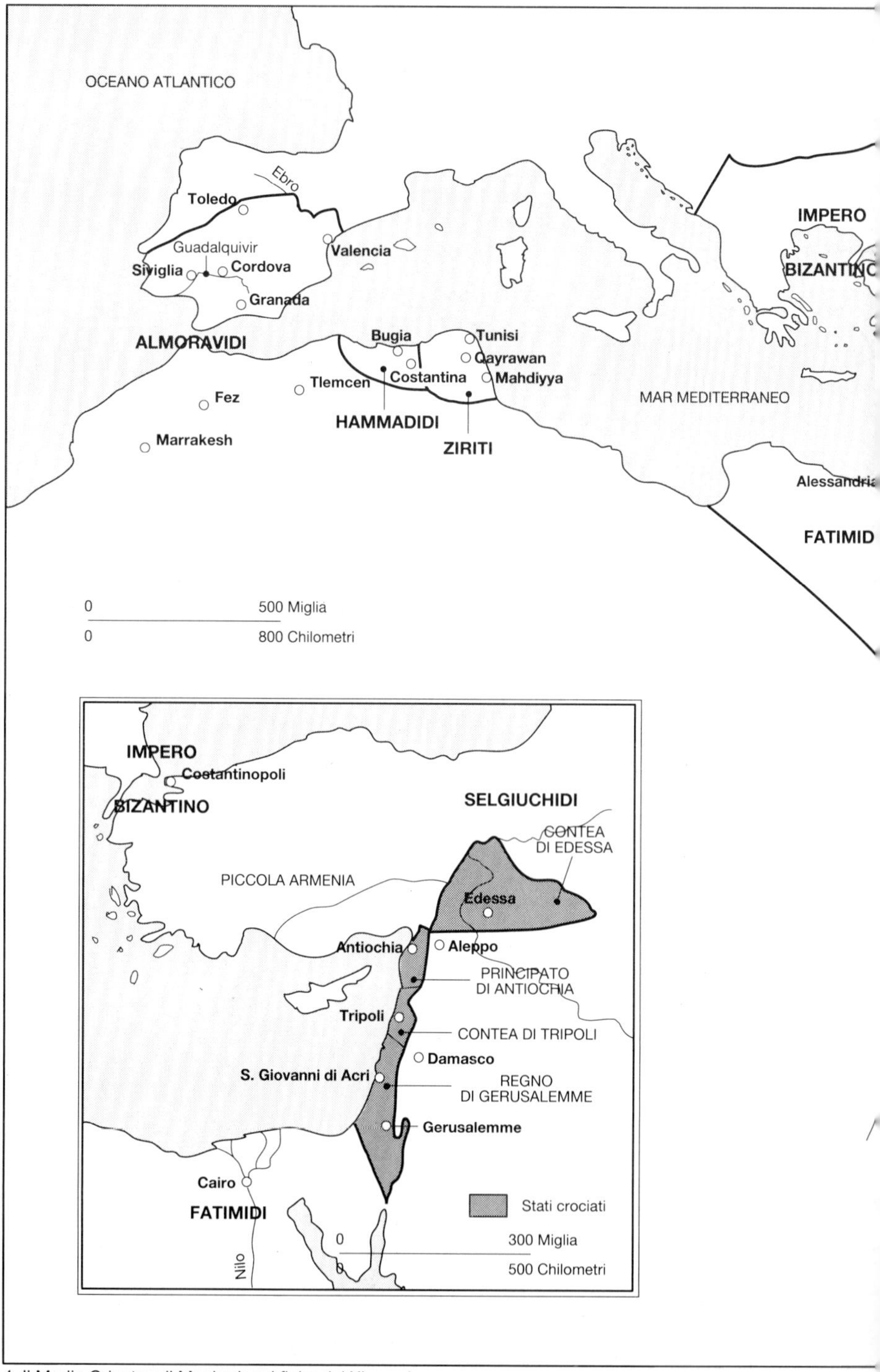

4. Il Medio Oriente e il Maghreb sul finire del XI secolo.

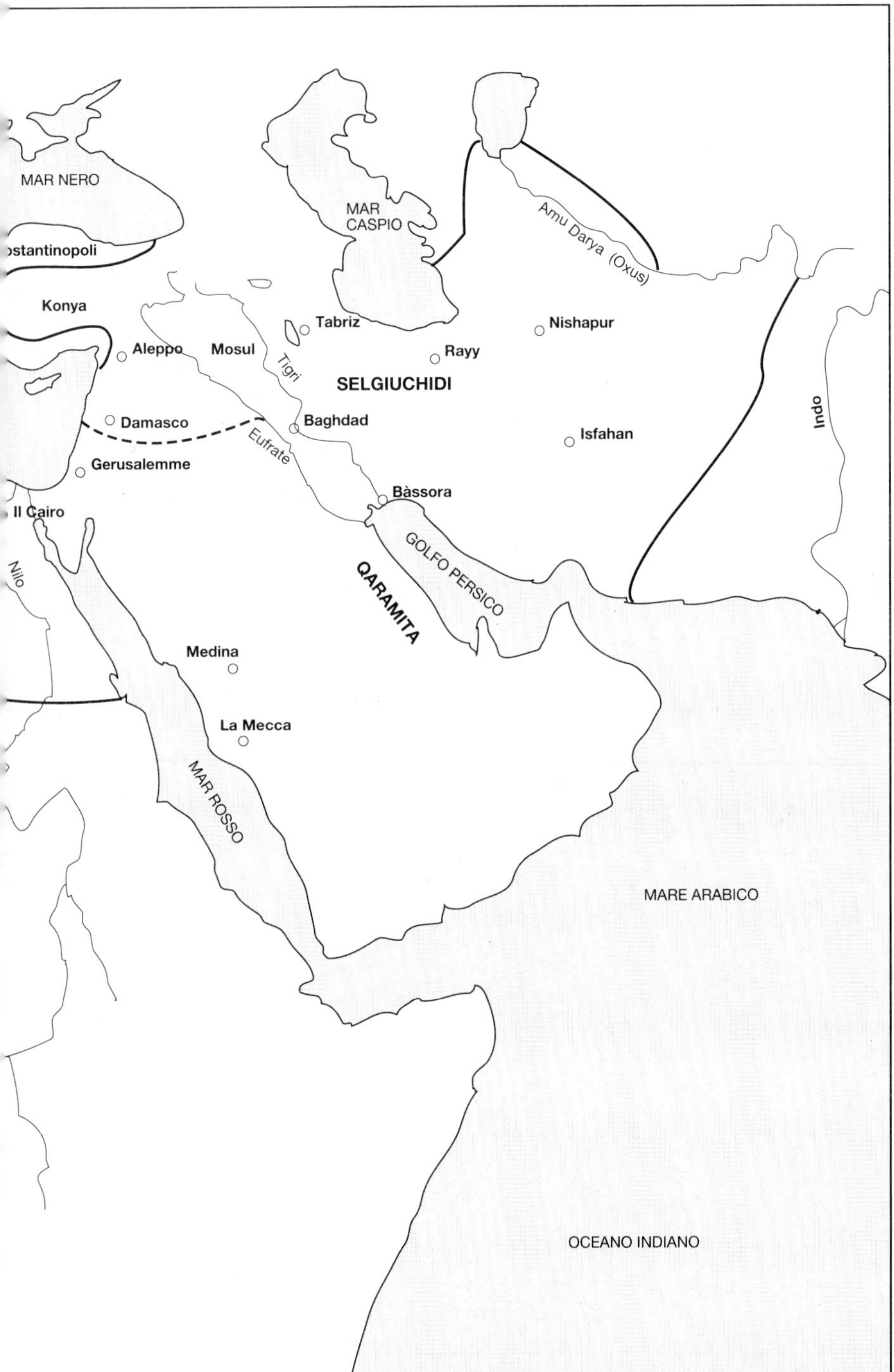
MAR NERO
ostantinopoli
MAR
CASPIO
Amu Darya (Oxus)
Konya
Tabriz
Nishapur
Aleppo
Mosul
Rayy
Tigri
SELGIUCHIDI
Damasco
Baghdad
Isfahan
Indo
Eufrate
Gerusalemme
Bàssora
Il Cairo
GOLFO PERSICO
Nilo
QARAMITA
Medina
La Mecca
MAR ROSSO
MARE ARABICO
OCEANO INDIANO

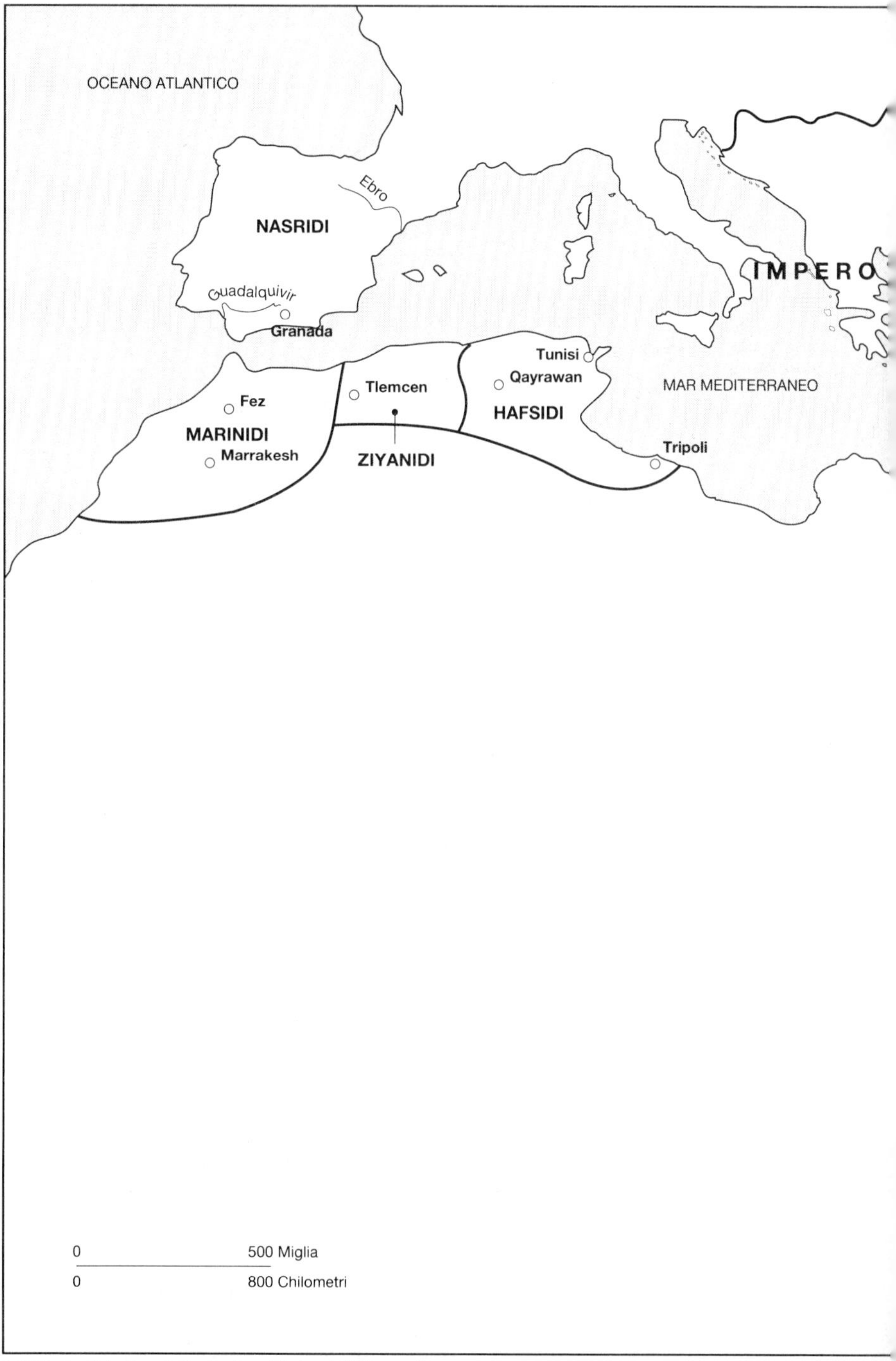

5. Il Medio Oriente e il Maghreb sul finire del XV secolo.

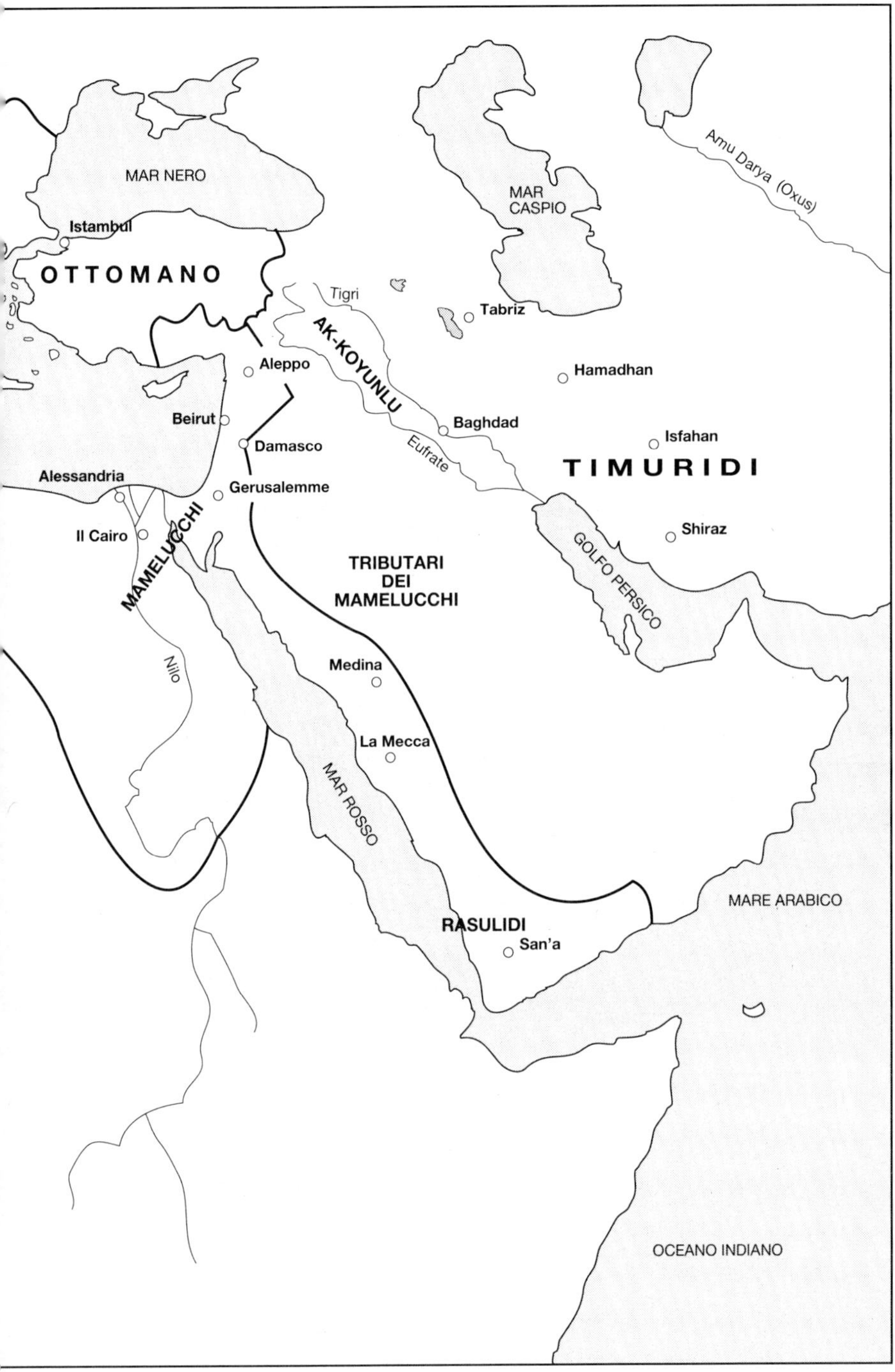
MAR NERO
Istambul
OTTOMANO
MAR CASPIO
Amu Darya (Oxus)
Tigri
Tabriz
AK-KOYUNLU
Aleppo
Hamadhan
Beirut
Baghdad
Damasco
Isfahan
Eufrate
TIMURIDI
Alessandria
Gerusalemme
Il Cairo
MAMELUCCHI
Shiraz
GOLFO PERSICO
TRIBUTARI DEI MAMELUCCHI
Nilo
Medina
La Mecca
MAR ROSSO
MARE ARABICO
RASULIDI
San'a
OCEANO INDIANO

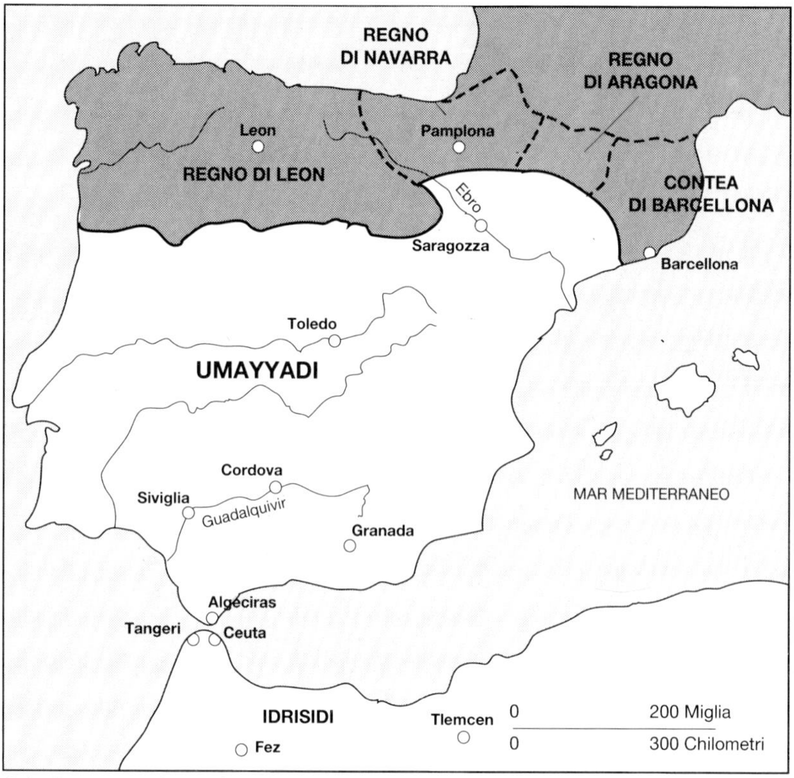

6. La Spagna musulmana: i) il califfato umayyade; ii) la riconquista cristiana

REGNO DI NAVARRA
REGNO
DI ARAGONA
REGNO
DI LEON E DI CASTIGLIA
REGNO DI
PORTOGALLO
Ebro
Barcellona
Toledo
Lisbona
Valencia
Cordova
Siviglia
Guadalquivir
Granada
NASRIDI
MAR MEDITERRANEO
MARINIDI
Fez
Confini all'inizio del XIII sec.
Confini alla fine del XIII sec.
0
200 Miglia
0
300 Chilometri

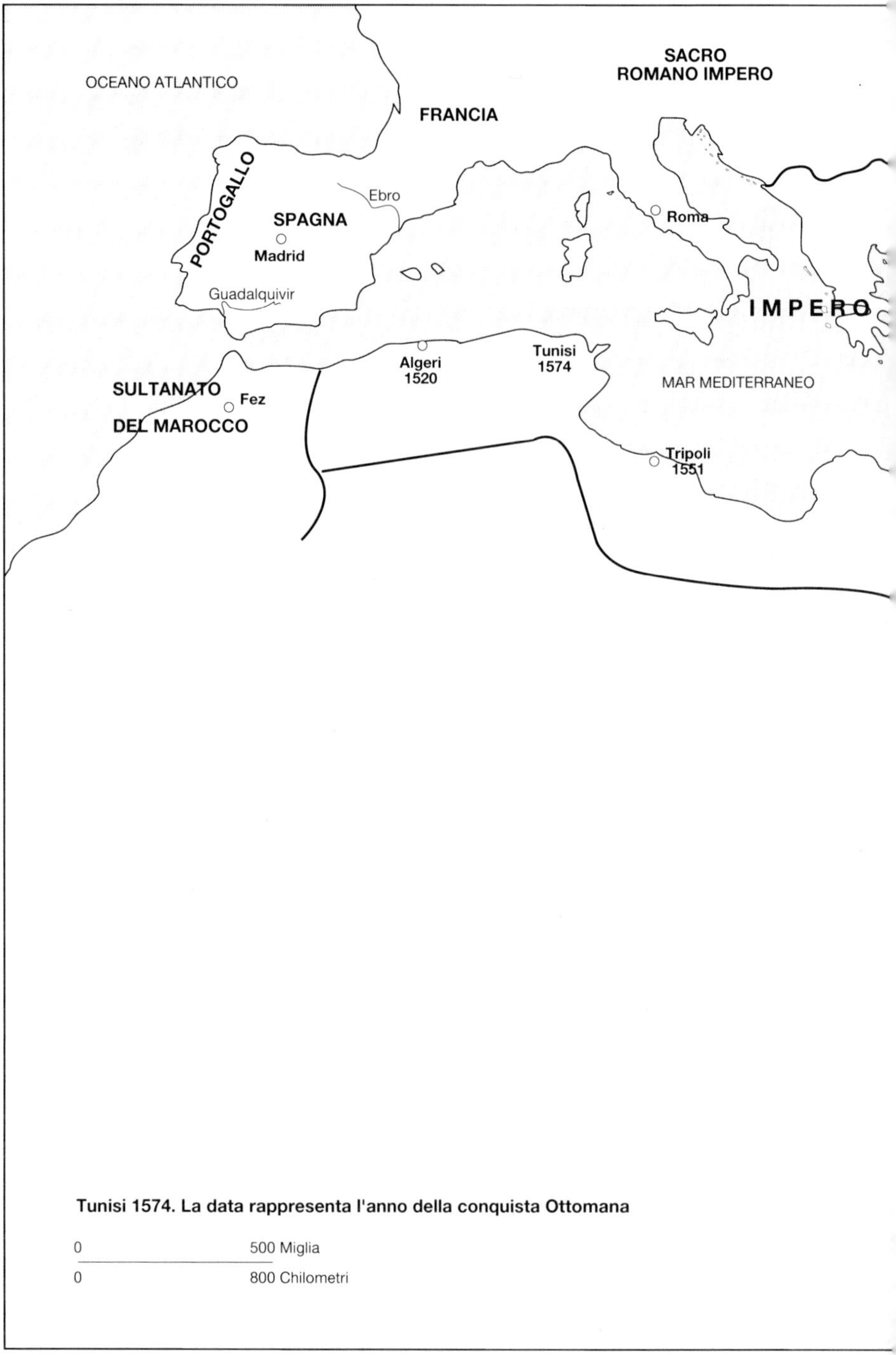

7. L'impero Ottomano sul finire del XVII secolo.

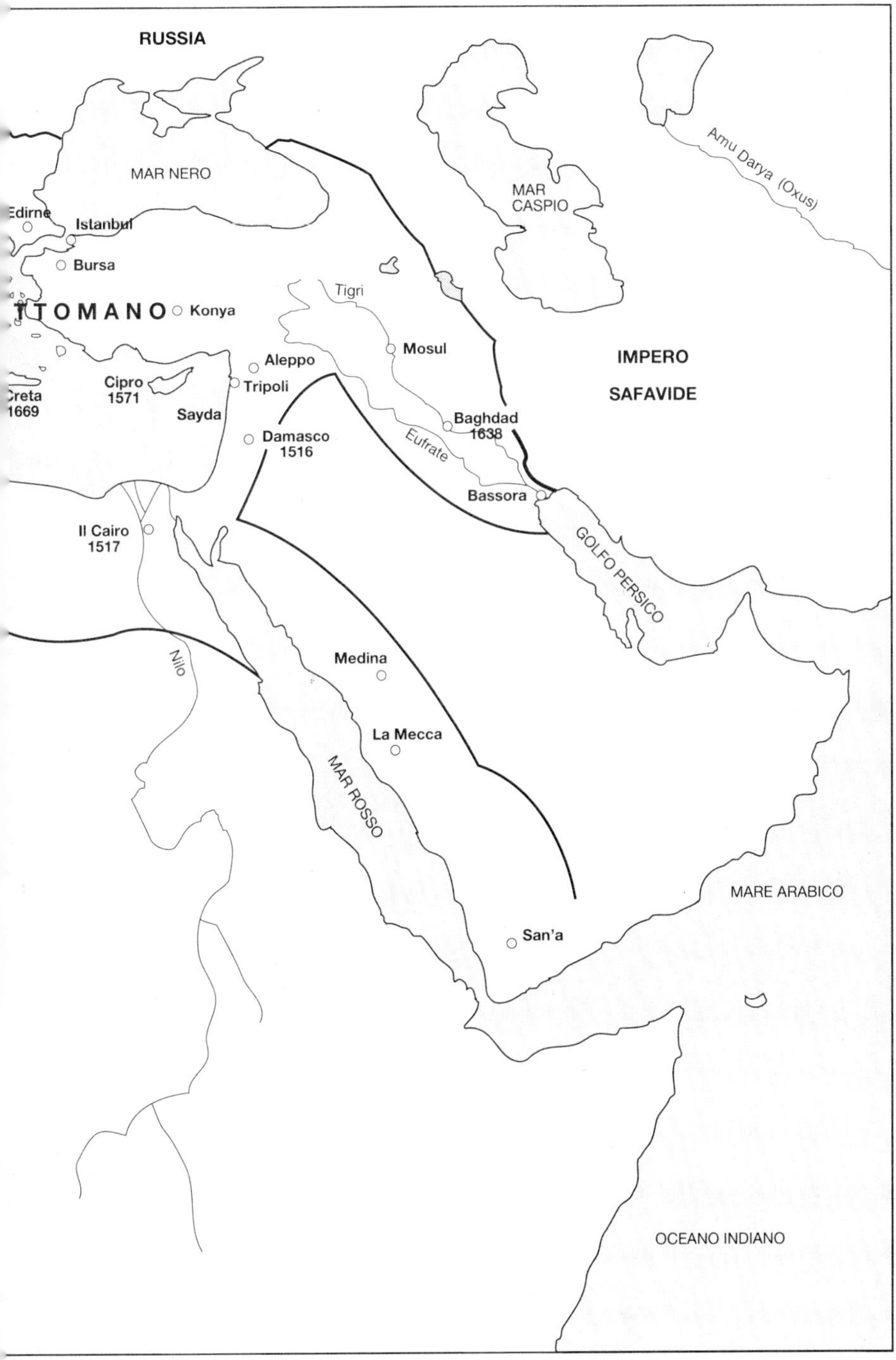

RUSSIA
MAR NERO
Edirne
Istanbul
Bursa
TTOMANO
Konya
Creta
1669
Cipro
1571
Aleppo
Tripoli
Sayda
Damasco
1516
Il Cairo
1517
Nilo
Tigri
Mosul
Baghdad
1638
Eufrate
Bassora
MAR
CASPIO
Amu Darya (Oxus)
IMPERO
SAFAVIDE
GOLFO PERSICO
Medina
La Mecca
MAR ROSSO
San'a
MARE ARABICO
OCEANO INDIANO

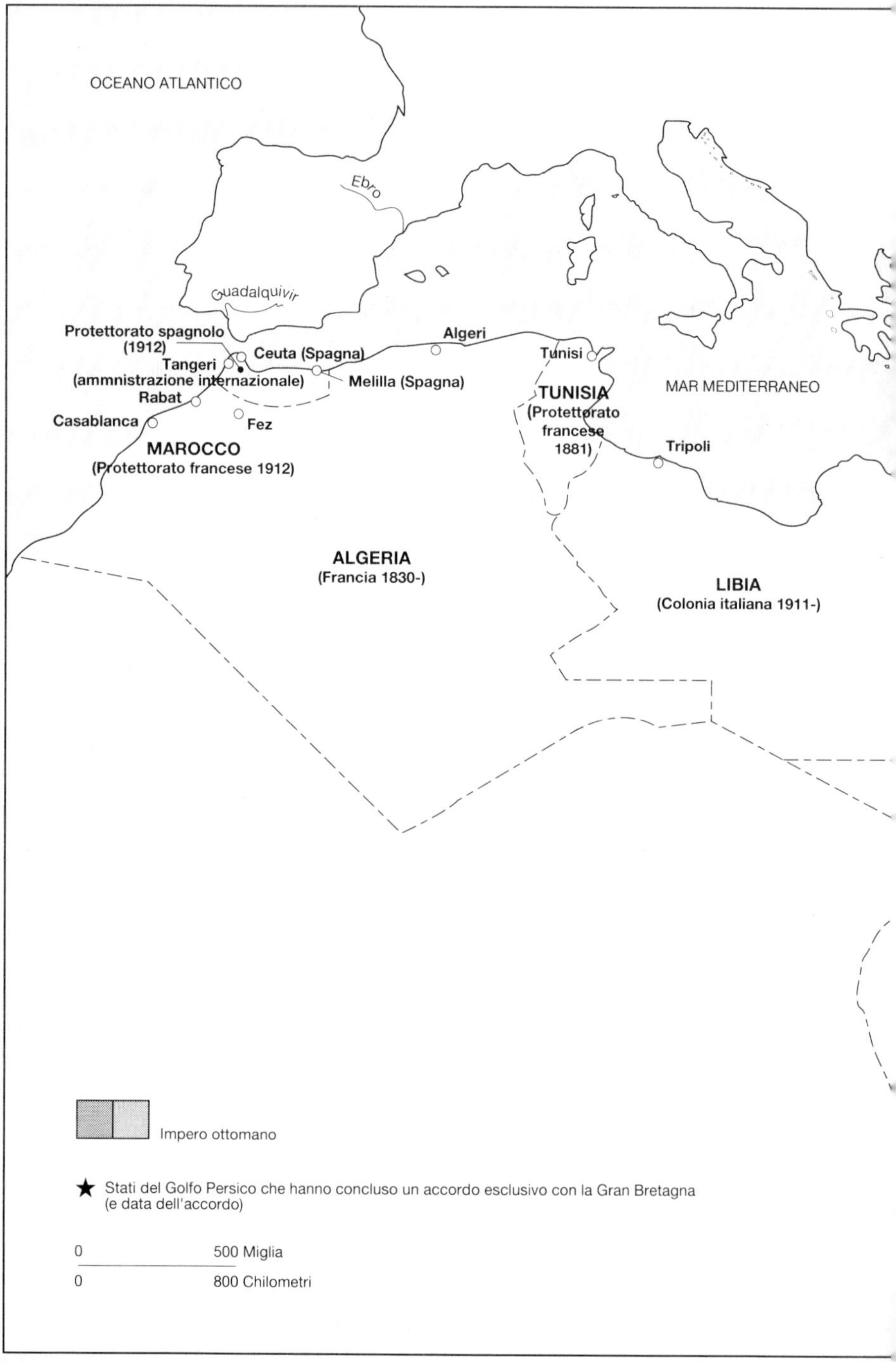

8. L'espansione degli imperi europei prima del 1914

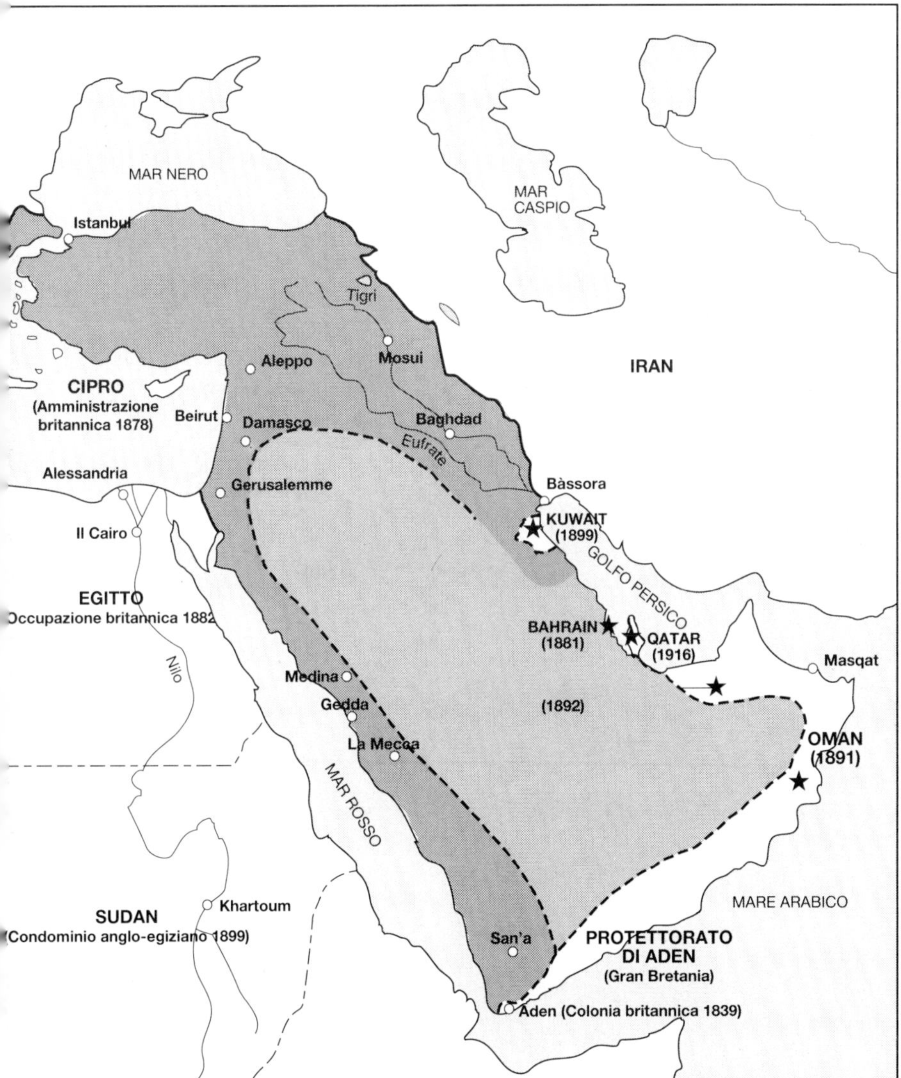
MAR NERO
MAR CASPIO
Istanbul
Tigri
Mosul
Aleppo
IRAN
CIPRO
(Amministrazione britannica 1878)
Beirut
Damasco
Baghdad
Eufrate
Alessandria
Gerusalemme
Bàssora
KUWAIT (1899)
Il Cairo
GOLFO PERSICO
EGITTO
Occupazione britannica 1882
BAHRAIN (1881)
QATAR (1916)
Nilo
Masqat
Medina
Gedda
(1892)
La Mecca
OMAN (1891)
MAR ROSSO
MARE ARABICO
SUDAN
Khartoum
(Condominio anglo-egiziano 1899)
San'a
PROTETTORATO DI ADEN
(Gran Bretania)
Aden (Colonia britannica 1839)
OCEANO INDIANO

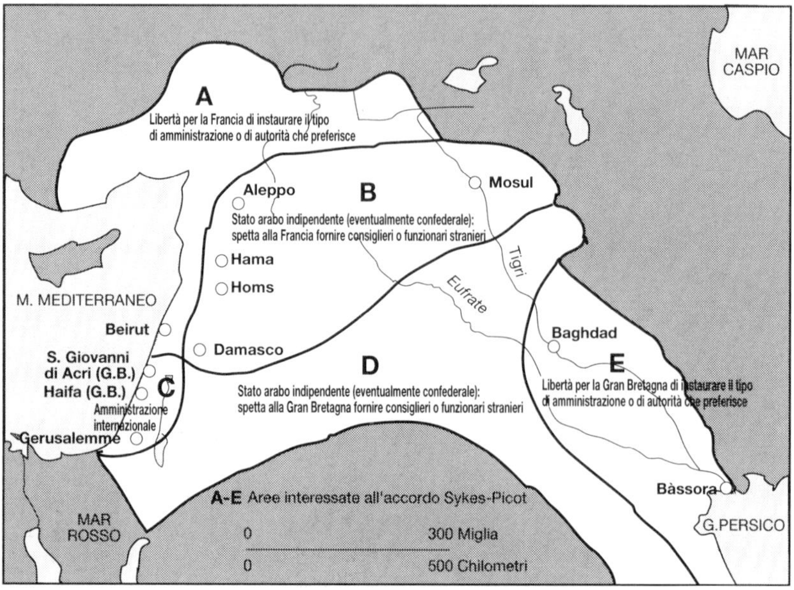

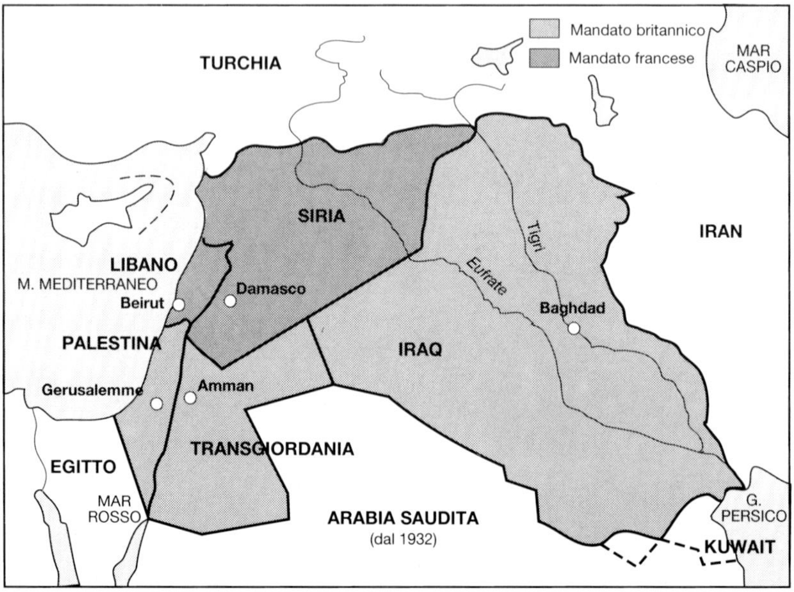

9. La sistemazione post-bellica, 1918-1923: i) l'accordo Sykes-Picot, 1916; ii) i Mandati.

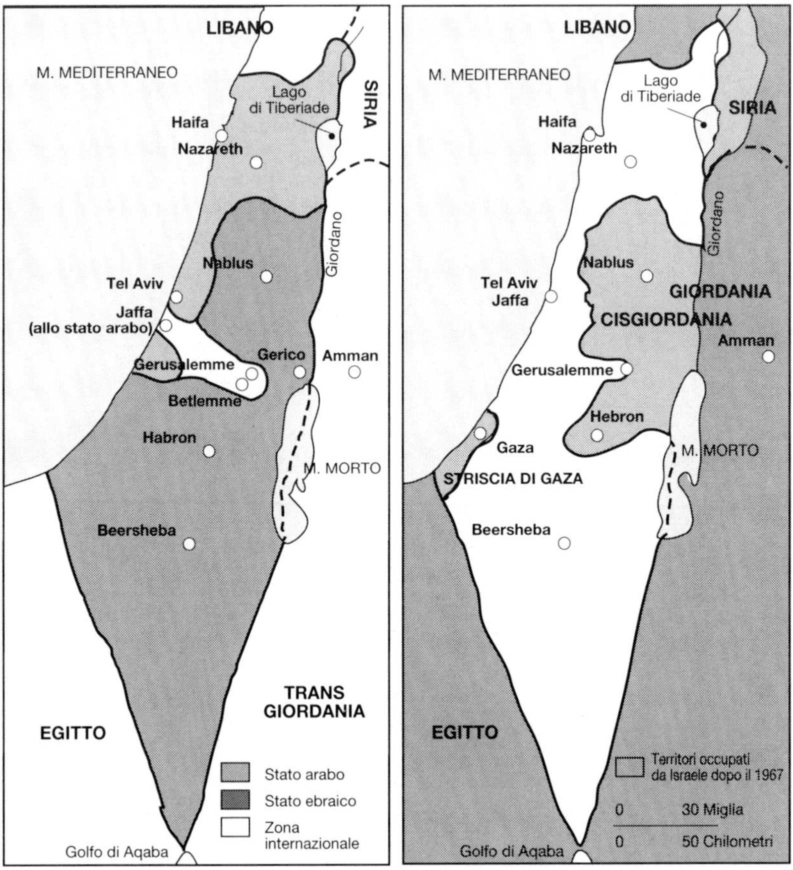

10. La spartizione della Palestina: i) il piano di spartizione della Commissione Reale, 1937; ii) La linea di armistizio del 1949, e i territori occupati da Israele nel 1967.

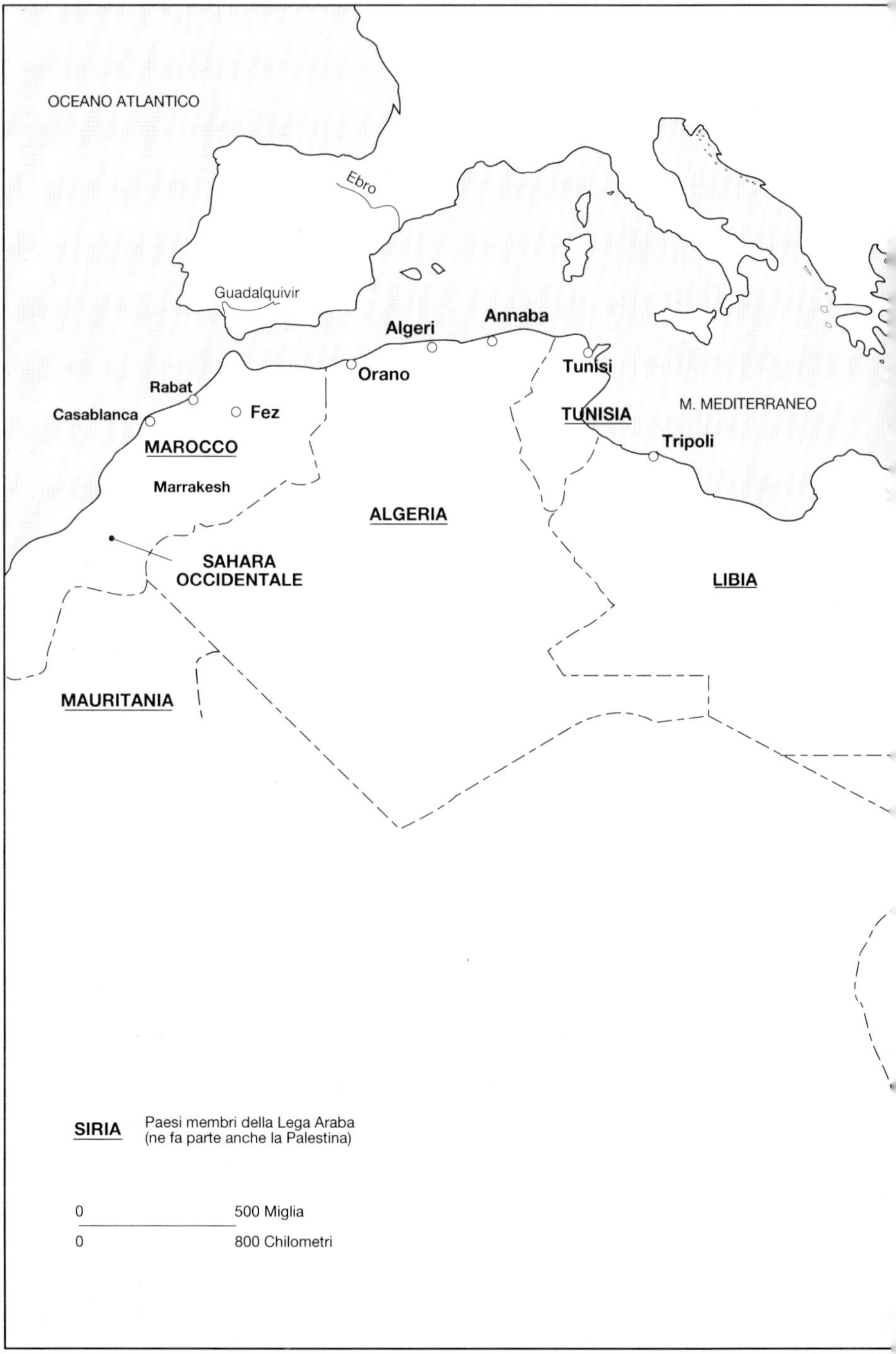

11. Il Medio Oriente e il Maghreb nel 1988

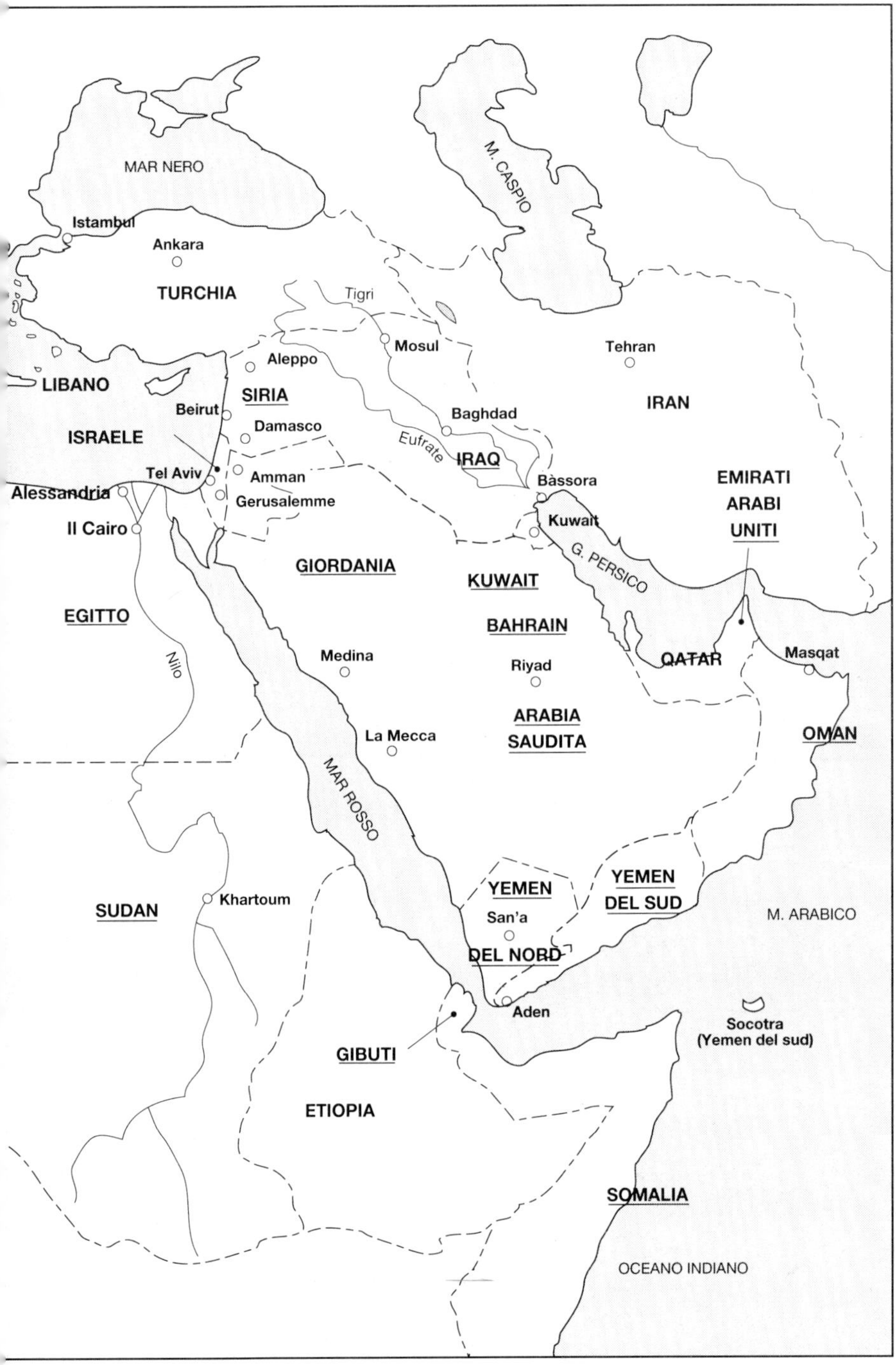
MAR NERO
M. CASPIO
Istambul
Ankara
TURCHIA
Tigri
Mosul
Tehran
Aleppo
LIBANO
SIRIA
IRAN
Beirut
Baghdad
Damasco
ISRAELE
Eufrate
IRAQ
Tel Aviv
Amman
Bàssora
EMIRATI
ARABI
UNITI
Alessandria
Gerusalemme
Il Cairo
Kuwait
G. PERSICO
GIORDANIA
KUWAIT
EGITTO
BAHRAIN
Nilo
Medina
Riyad
QATAR
Masqat
ARABIA
SAUDITA
La Mecca
OMAN
MAR ROSSO
YEMEN
YEMEN
DEL SUD
SUDAN
Khartoum
San'a
M. ARABICO
DEL NORD
Aden
Socotra
(Yemen del sud)
GIBUTI
ETIOPIA
SOMALIA
OCEANO INDIANO

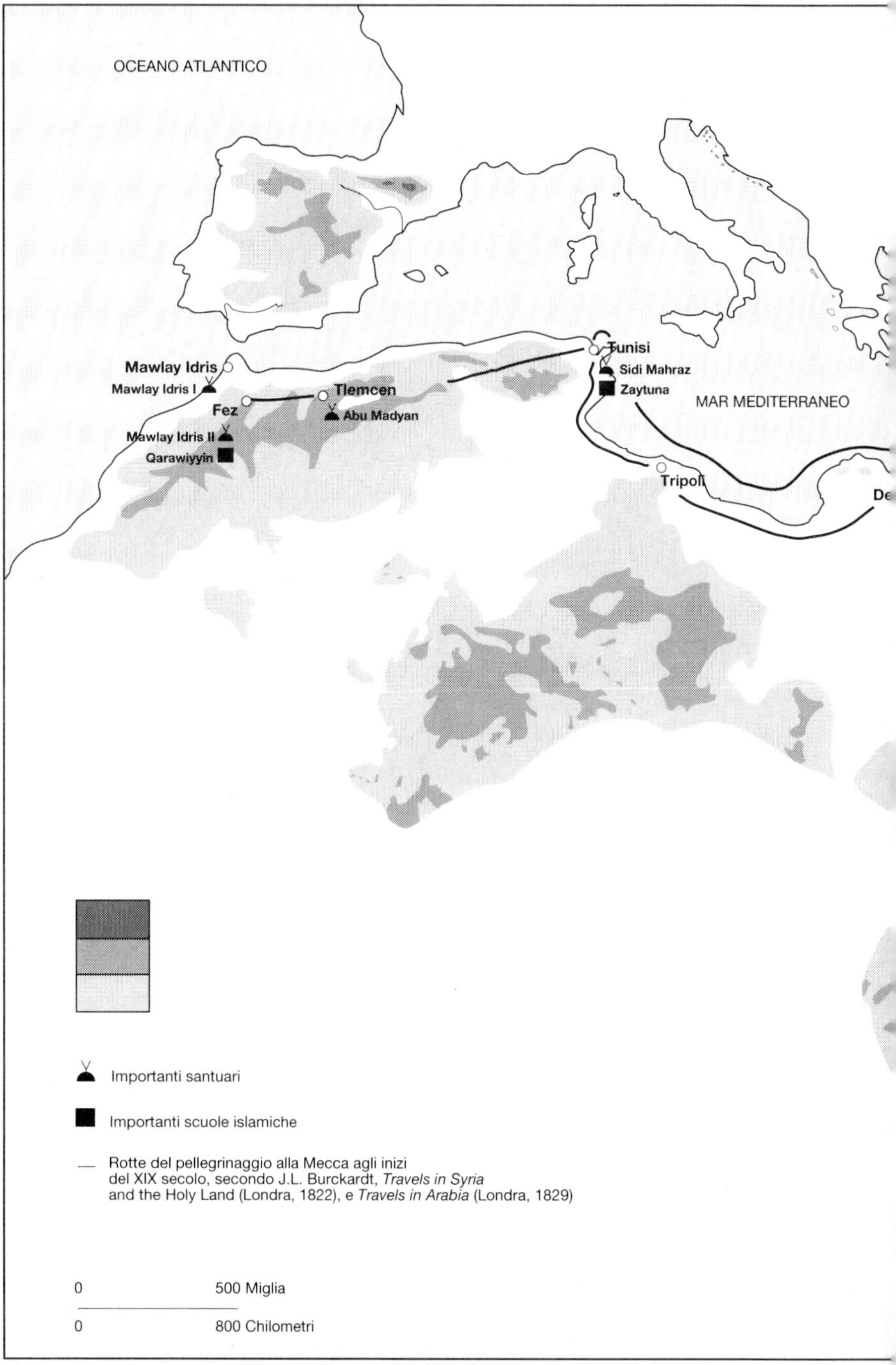

12. Rotte del pellegrinaggio, santuari e centri dottrinali

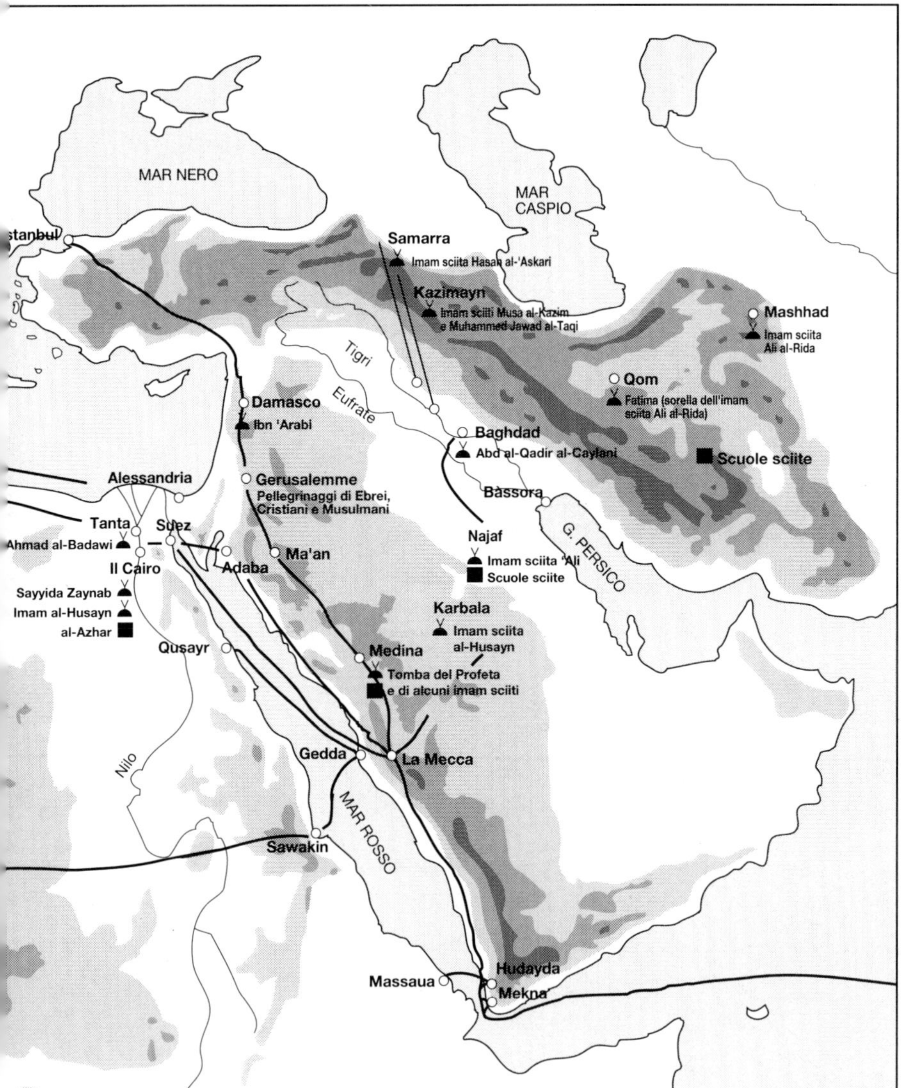

MAR NERO
MAR CASPIO
Istanbul
Samarra
Imam sciita Hasan al-'Askari
Kazimayn
Imam sciiti Musa al-Kazim e Muhammed Jawad al-Taqi
Mashhad
Imam sciita Ali al-Rida
Qom
Fatima (sorella dell'imam sciita Ali al-Rida)
Tigri
Eufrate
Damasco
Ibn 'Arabi
Baghdad
Abd al-Qadir al-Caylani
Scuole sciite
Alessandria
Gerusalemme
Pellegrinaggi di Ebrei, Cristiani e Musulmani
Bàssora
Tanta
Suez
Ahmad al-Badawi
Najaf
Imam sciita 'Ali
Scuole sciite
G. PERSICO
Ma'an
Adaba
Il Cairo
Sayyida Zaynab
Imam al-Husayn
al-Azhar
Karbala
Imam sciita al-Husayn
Qusayr
Medina
Tomba del Profeta e di alcuni imam sciiti
Nilo
Gedda
La Mecca
MAR ROSSO
Sawakin
Hudayda
Massaua
Mekna'
OCEANO INDIANO

prossimità della confluenza del Nilo Azzurro e del Nilo Bianco. Alla fine di questo periodo, analoghi cambiamenti stavano verificandosi in Marocco: la capitale del protettorato e residenza principale del sultano si trovava nella parte nuova di Rabat sulla costa; una nuova Fez era in corso di progettazione, fuori dalle mura della vecchia città, e stando attenti ad evitare la benché minima intrusione in essa.

Nelle città nuove si travasò gradualmente la vita di quelle vecchie. È qui che avevano i loro uffici le banche e le società, ed è qui che nascevano palazzi e uffici governativi. Al Cairo, i nuovi ministeri vennero costruiti nei quartieri occidentali, i consoli stranieri avevano colà la loro sede, e il *khedive* si trasferì dalla Cittadella ad un nuovo palazzo costruito in stile europeo; l'esercito inglese controllava il Cairo dalle caserme di Qasr al-Nil sugli argini del Nilo.

Gran parte della popolazione delle nuove città e dei nuovi quartieri era straniera: funzionari, consoli, commercianti, banchieri, professionisti. Algeri e Orano, le maggiori città dell'Algeria, avevano una maggioranza di Europei; al Cairo il 16 per cento della popolazione era straniera, ad Alessandria il 25 per cento. Essi conducevano una vita isolata e privilegiata, con proprie scuole, chiese, ospedali e luoghi di intrattenimento, le proprie cause giudicate da tribunali consolari europei o misti, i propri interessi economici protetti dai consolati e, nei paesi sotto l'autorità europea, dal governo. L'attrattiva del potere e dei nuovi modi di vita attirarono nelle nuove città anche commercianti indigeni (soprattutto Cristiani ed Ebrei) dediti al commercio internazionale, e talvolta dotati di protezione straniera e praticamente assorbiti nelle comunità straniere. Nel 1914 le famiglie musulmane di funzionari del governo o di proprietari terrieri cominciavano ad abbandonare le loro dimore ancestrali nelle vecchie città in cambio delle comodità dei nuovi quartieri.

Nelle nuove città si sviluppò un diverso genere di vita, che rispecchiava quello europeo. Uomini e donne si vestivano in modo diverso. Un aspetto significativo delle riforme modernizzatrici dei tempi di Mahmud II fu un mutamento dell'abbigliamento ufficiale. Il sultano ed i suoi funzionari abbandonarono gli abiti svolazzanti e gli ampi turbanti dei loro predecessori per una formale redingote europea e un nuovo copricapo, il fez rosso o tarbush con una nappa nera. I soldati dei nuovi eserciti, ottomano, egiziano e tunisino, indossavano uniformi di stile europeo. I viaggi, la vista dei residenti stranieri, e le nuove scuole abituarono i commercianti e i professionisti, con le loro famiglie, ai nuovi abiti; gli Ebrei e i Cristiani cominciarono ad usarli un po' prima dei Musulmani. Sul finire del secolo anche qualcuna delle loro mogli e figlie indossava abiti di stile francese o italiano, di cui erano venute a conoscenza grazie alle riviste illustrate, ai negozi delle nuove città, ai viaggi e alle scuole; nel 1914, però, erano poche le donne musulmane che uscivano senza qualche tipo di copertura sul capo quando non sul volto.

Anche le case erano l'espressione visibile dei mutamenti nel modo di vivere. Gli edifici dei nuovi quartieri, sia quelli destinati agli affari sia quelli residenziali, erano in gran parte progettati da architetti francesi o italiani o imitando il loro stile: in pietra, decorati a stucco, con ricche decorazioni in ferro battuto. Gli edifici pubblici presentavano al mondo esterno maestose facciate, e alcuni di essi esprimevano il nuovo modo di concepire la vita in società: al Cairo, il Teatro dell'Opera, il museo, la biblioteca khediviale. Le case rispecchiavano anche un diverso modo di concepire la vita di famiglia. La separazione di sale di soggiorno al piano terreno e camere da letto a quelli superiori era difficile da conciliare con la vecchia divisione rigida tra i saloni in cui gli uomini della famiglia ricevevano i visitatori e l'*harem* in cui si svolgeva la vita di famiglia. I mutamenti nella vita economica e nelle consuetudini sociali, oltre all'azione ottomana, egiziana e britannica contro il commercio degli schiavi, aveva praticamente posto fine, entro il 1914, alla schiavitù domestica, e all'infuori di alcuni palazzi, l'eunuco negro, custode dell'inviolabilità dell'*harem*, era quasi del tutto scomparso. Sedie e tavoli, fabbricati a imitazione dei mobili francesi del XVIII secolo, implicavano un modo diverso di ricevere gli ospiti e di mangiare insieme. Le case erano circondate da giardini, invece di essere costruite intorno a cortili interni; le loro finestre davano all'esterno sulla strada: era possibile guardare fuori e gli altri potevano guardare nell'interno. Nelle vie più larghe o nei sobborghi della città, le donne di buona famiglia potevano prendere aria in carrozze trainate da cavalli. I teatri offrivano nuovi modi di vedere, se non - per le donne - di essere viste; nel 1914 le dame aristocratiche del Cairo potevano assistere alle rappresentazioni di drammi classici francesi o di opere italiane presentate da compagnie in tournée, standosene discretamente nascoste dietro cortine di mussolina nei palchi d'onore del Teatro dell'Opera.

Capitolo Diciottesimo

LA CULTURA DELL'IMPERIALISMO E QUELLA DELLE RIFORME

La cultura dell'imperialismo

Nelle nuove città, e soprattutto nei territori sotto occupazione europea, gli Europei e gli Arabi si confrontavano ora in un modo nuovo, e questo mutò il modo in cui ciascuno considerava l'altro. Nel XVIII secolo, la curiosità della mente europea si era estesa, dietro l'impatto dei viaggi e del commercio, fino a comprendere il mondo intero. Nel XIX secolo, la curiosità si era fatta più profonda, e aveva più materiale di cui nutrirsi dal momento che per commerci, residenza e guerra un numero crescente di Europei e Americani ebbero modo di recarsi nel Medio Oriente e nel Nordafrica; il turismo organizzato ebbe inizio a metà del secolo, con pellegrinaggi in Terrasanta e crociere sul Nilo.

La curiosità universale si esprimeva in un nuovo tipo di sapere, che cercava di comprendere la natura e la storia delle società dell'Asia attraverso lo studio dei documenti scritti e dei manufatti che esse avevano lasciato. La prima traduzione europea del Corano risale a molto prima, al XII secolo, ma questo precoce sforzo lasciò poca traccia di sé, e un tentativo sistematico di comprendere i testi base della fede musulmana e della sua storia ha inizio nel XVII secolo, con la creazione di cattedre di arabo alle università di Parigi e Leida, di Oxford e di Cambridge, con la raccolta di manoscritti per le grandi biblioteche, e le loro prime edizioni accurate e traduzioni. All'epoca in cui Edward Gibbon scriveva il suo *Decline and Fall of the Roman Empire* (*Decadenza e caduta dell'Impero Romano*) (1776-1788), aveva a sua disposizione una notevole massa di fonti e di opere scientifiche.

Lo studio e l'insegnamento organizzato di arabistica e di islamistica, e la creazione di istituzioni attraverso le quali trasmettere i risultati di generazione in generazione cominciarono più tardi. Nel nuovo territorio britannico del Bengala, Sir William Jones (1746-1794) fondò la Società Asiatica (*Asiatic Society*) per lo studio della cultura musulmana dell'India, oltre che per quella indù: la prima di numerose accademie scientifiche di questo genere. A Parigi, lo studioso francese Silvestre de Sacy (1758-1838), fu il capostipite di una serie di docenti e ricercatori che si diramò per una specie di successione apostolica in altre generazioni e in altri paesi. Un ruolo particolare nella crescita di questa tradizione venne svolto da studiosi di lingua tedesca, in Germania e nell'Impero Asburgico, che guardavano alla religione e alla cultura dell'Islam con la mente formata dalle grandi discipline intellettuali dell'epoca: la storia della cultura, lo studio della continuità dello sviluppo dell'uomo da un'epoca all'altra e da un popolo all'altro; la filologia comparata, che cercava di ricostruire la storia naturale e i rapporti di parentela delle lingue, insieme alle culture e alle personalità collettive che mediante tali lingue si esprimevano; l'applicazione dei metodi critici ai testi sacri allo scopo di svelare i più antichi sviluppi delle tradizioni religiose. La documentazione e l'interpretazione della vita, dei costumi e delle credenze dei popoli dell'Asia e dell'Africa, ora a portata dei viaggi e dell'autorità degli Europei, consentirono la nascita della scienza antropologica. Per la fine del secolo un altro tipo di scienza si era fatta avanti per far luce sullo studio dei testi: l'archeologia, lo sforzo di scoprire e interpretare i resti degli insediamenti umani. In questo modo, la conoscenza della storia dei paesi in cui vivevano gli Arabi, soprattutto quella dell'Egitto e dell'Iraq, venne estesa fino a molto prima dell'affermazione dell'Islam.

L'immaginazione romantica, il culto del passato, remoto e sconosciuto, operando su quello che si sapeva, o si credeva di sapere, sulla base dei viaggi e degli studi eruditi, produsse una visione dell'Oriente, misterioso, seducente e minaccioso, culla di prodigi e di fiabe, che fecondò le arti. Traduzioni delle *Mille e una notte* entrarono a far parte del patrimonio occidentale. Immagini tratte da questa e da altre opere fornirono temi accessori alla letteratura europea: Goethe scrisse poesie su temi islamici, il *Westöstlicher Diwan*; Sir Walter Scott fece del Saladino un compendio della cavalleria medievale in *The Talisman*. Maggiore fu l'influsso sulle arti visive. Motivi islamici fecero la loro comparsa nella forma e nelle decorazioni di alcuni edifici. Uno stile pittorico «orientaleggiante» venne adottato da grandi artisti, Ingres e Delacroix, oltre ad altri minori. Alcune immagini erano ricorrenti nelle loro opere: il cavaliere arabo, simbolo dell'eroe selvaggio, la seduzione delle bellezze dell'*harem*, il fascino del bazar, la commozione della vita che continua tra le rovine di una passata grandezza.

Intrecciato al desiderio di conoscere e all'evocazione fantasiosa di una misteriosa attrattiva vi era un altro tema. La sconfitta fa breccia nell'animo umano più a fondo della vittoria. Essere sottomessi al potere di qualcun altro è un'esperienza cosciente che induce a dubitare dell'ordine dell'universo, mentre coloro che detengono il potere possono dimenticarsene, o possono supporre che ciò appartenga all'ordine naturale delle cose e inventare o far propri concetti che ne giustifichino il possesso da parte loro. Giustificazioni ideologiche di vario tipo vennero proposte nell'Europa del XIX secolo, in particolare in Gran Bretagna e Francia, dal momento che questi erano i due paesi maggiormente coinvolti nella dominazione sugli Arabi. Alcune esprimevano in un linguaggio più laico l'atteggiamento tenuto dai Cristiani d'Occidente nei confronti dell'Islam e dei Musulmani fin dal primo momento in cui si trovarono ad affrontare la potenza musulmana: l'Islam era visto come un pericolo, sia morale che militare, da contrastare. Tradotto in termini laici, ciò forniva sia una giustificazione del dominio sia una messa in guardia: il timore di una «rivolta islamica», di un'improvvisa sollevazione tra i popoli sconosciuti che essi dominavano, era presente nelle menti dei governanti inglesi e francesi. Allo stesso modo, le memorie delle crociate potevano essere usate per giustificare l'espansione.

Altri concetti venivano colti nel clima culturale dell'epoca. Se considerati nella prospettiva della filosofia della storia hegeliana, gli Arabi appartenevano a un periodo trascorso dello sviluppo dello spirito umano: essi avevano compiuto la loro missione di preservare il pensiero greco, e passato ad altri la fiaccola della civiltà. Considerati nella prospettiva della filologia comparata, coloro che comunicavano per mezzo di lingue semitiche venivano ritenuti incapaci della razionalità e della superiore civiltà che invece erano aperte agli Ariani. Una particolare interpretazione della teoria dell'evoluzione di Darwin poteva essere usata per sostenere la pretesa che quanti erano sopravvissuti nella lotta per l'esistenza erano superiori, e avevano quindi diritto a dominare. Per converso, del potere si sottolineava come esso implicasse degli obblighi. L'espressione inglese «*the White Man's burden*» [lett.: «il fardello dell'Uomo Bianco», cioè le responsabilità dei bianchi nei confronti delle razze di colore], esprimeva un'idea cui, in un modo o nell'altro si ispiravano funzionari, medici e missionari, e persino quanti leggevano da molto lontano notizie sull'Asia e sull'Africa. La sensazione di una responsabilità su scala mondiale trovò espressione nei primi aiuti a vittime di catastrofi; la raccolta di denaro in Europa e in America per le vittime della guerra civile libanese del 1860, denaro che fu poi distribuito dai consoli, fornì uno dei primi esempi di carità internazionale organizzata.

Ogni tanto si faceva strada il concetto di identità e uguaglianza umana, al di sotto di tutte le differenze. Al principio del XIX secolo, Goethe affermava che «Oriente ed Occidente non possono più essere separati»;[1] ma alla fine di esso la voce predominante era quella di Kipling, il quale sosteneva che «l'Est è l'Est e l'Ovest è l'Ovest»[2] (anche se con ciò egli probabilmente non voleva dire esattamente quello che altri hanno letto in queste sue parole).

L'ascesa dell'intelligentsia

Simili dibattiti non si svolgevano intorno ad un cadavere incapace di coglierne l'eco. Nell'ultima parte del XIX secolo, la consapevolezza della forza dell'Europa, che già prima esisteva nell'élite dominante ottomana, si era diffusa. Si era sviluppato un nuovo ceto istruito che guardava a se stesso e al mondo con occhi affinati da maestri occidentali, e che comunicava in modo nuovo quello che vedeva.

A parte poche eccezioni, questo ceto si era formato in scuole di nuovo tipo. Le più autorevoli erano quelle fondate da governi riformatori per i propri fini. Agli inizi si trattò di scuole specializzate per la formazione di funzionari, ufficiali, medici e tecnici, a Istanbul, al Cairo e a Tunisi. Alla fine del secolo, però, i sistemi ufficiali erano cresciuti. Nelle grandi città di provincia ottomane esistevano scuole primarie e secondarie, e le migliorie nelle comunicazioni consentivano ai giovani di continuare dopo di esse recandosi ai collegi superiori di Istanbul, donde potevano essere assorbiti nell'amministrazione imperiale; a Istanbul era stata fondata anche un'università. In Egitto si ebbero degli sviluppi al di fuori dei canali ufficiali; il Cairo aveva una scuola francese di diritto che formava gli avvocati destinati ai tribunali misti, e la prima università venne fondata su inziativa privata. In Sudan, un collegio governativo, il Gordon College, istruiva i giovani per i ruoli inferiori nell'amministrazione governativa, per i quali essi erano richiesti. Analogamente, in Tunisia gli incoraggiamenti da parte del governo erano limitati: vi erano alcune scuole primarie «franco-arabe», alcune scuole superiori per i maestri; la Sadiqiyya, una scuola secondaria modellata su di un *lycée*, venne riformata e controllata dai Francesi. In Algeria, le scuole elementari vennero progressivamente estese a partire dagli anni successivi al 1890, ma lentamente e ad un basso livello, e contro la volontà dei coloni, che non gradivano di vedere Algerini musulmani acquisire cognizioni di francese insieme alle idee che in questa lingua venivano espresse; vennero mantenute tre *madrasa*, in cui si insegnavano materie sia moderne che tradizionali a un livello secondario; pochi Algerini accedevano alle scuole secondarie francesi, o ai corsi di diritto, medicina o lettere dell'Università di Algeri, un po' perché erano pochi quelli che riuscivano a raggiungere il livello richiesto, e un po' perché gli Algerini erano riluttanti a mandare i propri figli nelle scuole francesi.

Accanto alle scuole governative vi era un numero limitato di scuole allestite da istituzioni indigene, mentre maggiore era il numero di quelle mantenute da missioni europee o americane. In Libano, Siria ed Egitto, alcune comunità cristiane avevano proprie scuole, in particolare i Maroniti con la loro lunga tradizione di istruzione superiore; un piccolo numero di scuole moderne vennero fondate anche da organizzazioni volontarie musulmane. Le scuole delle missioni cattoliche si estesero, con il sostegno finanziario del governo francese e sotto la sua protezione. Nel 1875, i Gesuiti fondarono una loro *Université St-Joseph* a Beirut, cui venne annessa nel 1883 una Facoltà di Medicina francese.

Fu sempre un'iniziativa francese che portò alla creazione dell'Alliance Israélite, organizzazione ebraica che fondò scuole per le comunità ebraiche dal Marocco all'Iraq. Fin dagli inizi del secolo, l'opera delle missioni cattoliche trovò sotto certi aspetti un complemento e sotto altri una sfida, ad opera delle missioni protestanti, soprattutto americane, che fecero nascere una piccola comunità protestante, ma che fornivano un'istruzione anche ad altri Cristiani, e più tardi anche ad alcuni Musulmani; al vertice delle loro scuole stava il Collegio Protestante Siriano di Beirut, fondato nel 1866, che in seguito sarebbe divenuto l'Università Americana di Beirut. Anche scuole russe vennero fondate per appartenenti alla Chiesa ortodossa orientale, ad opera della Società Ortodossa dell'Impero Russo per la Palestina.

In tutti questi sistemi vi erano scuole per ragazze, che non raggiungevano ancora il livello di quelle dei ragazzi, ma che diffondevano l'alfabetizzazione e da cui uscivano donne in grado di guadagnarsi da vivere in un numero limitato di professioni: come insegnanti o infermiere, e più raramente come giornaliste o scrittrici. Poche erano le scuole governative, mentre la maggior parte erano scuole delle missioni; le scuole delle suore cattoliche venivano preferite dai genitori musulmani, in quanto fornivano alle loro figlie la lingua francese, le buone maniere, doti femminili e protezione.

Si sviluppò una nuova generazione abituata a leggere. Molti erano in grado di leggere in lingua straniera. Per la metà del XIX secolo il francese si era sostituito all'italiano come *lingua franca* dei commerci e delle città; la conoscenza dell'inglese era praticamente inesistente nel Maghreb e più a oriente era meno diffusa del francese. Il bilinguismo era comune, e in alcune famiglie, in particolare al Cairo, ad Alessandria e a Beirut, il francese o l'inglese stava sostituendosi all'arabo in famiglia. Per quanti avevano avuto un'istruzione superiore in arabo, cominciava ad essere disponibile una nuova produzione letteraria. Prima del XIX secolo un'editoria in arabo era praticamente inesistente, ma in questo secolo essa si diffuse, soprattutto al Cairo e a Beirut, che sarebbero poi rimasti i centri principali dell'editoria: le scuole governative del Cairo e le scuole delle missioni a Beirut avevano fatto nascere un pubblico di lettori relativamente ampio. A parte i testi scolastici, i libri ebbero un'importanza inferiore a quella dei quotidiani e dei periodici, che cominciarono a svolgere un ruolo importante negli anni '60 e '70 del secolo scorso. Tra i periodici di idee, che aprirono una finestra sulla cultura, la scienza e la tecnologia dell'Occidente, vi furono i due prodotti al Cairo da Cristiani libanesi: «al-Muqtataf» di Ya'qub Sarruf (1852-1927) e Faris Nimr (1855-1951), e «al-Hilal» di Jurji Zaydan (1861-1914). Analoga impresa fu quella di un'enciclopedia, pubblicata in fascicoli periodici, prodotta da Butrus Bustani (1819-1883) e dalla sua famiglia, compendio del sapere moderno, che mostra che cosa si sapesse e si comprendesse a Beirut e al Cairo nell'ultimo quarto del XIX secolo. Le sue voci di scienza e tecnologia moderne sono accurate ed espresse con chiarezza; le voci di storia, mitologia e letteratura greca vanno molto al di là di quanto si sapesse sull'antichità classica nella cultura islamica di epoca precedente; benché opera curata e scritta soprattutto da Cristiani arabi, essa parla di argomenti islamici in toni esenti da riserve o timori. I primi quotidiani furono quelli pubblicati sotto il patrocinio ufficiale a Istanbul, al Cairo e a Tunisi, e che contenevano i testi e le spiegazioni di leggi e decreti. Il quotidiano di opinione non ufficiale si sviluppò più tardi, in un momento in cui una nuova generazione di lettori desiderava sapere cosa succedeva nel mondo, e il telegrafo permetteva di soddisfare questa curiosità. Le dimensioni del pubblico dei lettori e il maggiore spazio di libertà intellettuale fecero del Cairo il centro della stampa quotidiana, e anche in questo caso i primi giornalisti di successo furono immigrati libanesi; «al-Ahram», fondato dalla famiglia Taqla nel 1875, sarebbe in seguito diventato il quotidiano più importante del mondo arabo.

La cultura delle riforme

Libri, periodici e quotidiani erano i canali attraverso i quali giungeva agli Arabi la conoscenza del nuovo mondo dell'Europa e dell'America. Molto di quello che essi pubblicavano era tradotto o adattato dal francese o dall'inglese; il movimento di traduzione ebbe inizio sotto Muhammad 'Ali, che aveva bisogno di manuali per i suoi funzionari e ufficiali, oltre che di libri di testo per le scuole. Alcuni di coloro che erano stai istruiti in Europa ed avevano imparato il francese o un'altra lingua lasciarono descrizioni scritte di ciò che avevano visto e udito. Rifa'a al-Tahtawi (1801-1873), inviato da Muhammad 'Ali con una missione di istruzione a Parigi, così descriveva la città e i suoi abitanti:

> I Parigini si distinguono nel popolo del Cristianesimo per l'acutezza del loro intelletto, per la precisione della loro comprensione, e l'immersione della loro mente in materie profonde... essi non sono prigionieri della tradizione, ma amano sempre sapere l'origine delle cose e le prove di esse. Anche la gente comune sa leggere e scrivere, e si addentra come gli altri in argomenti importanti, ogni uomo secondo la propria capacità... Fa parte della natura dei Francesi l'essere curiosi ed entusiasti di tutto ciò che è nuovo, e l'amare il mutamento e l'alterazione nelle cose, in particolare negli abiti... Il cambiamento e il capriccio fanno parte della loro natura; essi cambieranno immediatamente dalla

gioia alla tristezza, o dalla serietà allo scherzo o viceversa, così che in un giorno un uomo farà ogni genere di cose contraddittorie. Ma tutto ciò si ritrova nelle piccole questioni; nelle grandi cose, le loro opinioni politiche non cambiano; ogni uomo rimane nelle sue convinzioni ed opinioni... Essi sono più prossimi all'avarizia che alla generosità... Essi negano i miracoli, e credono che non sia possibile infrangere le leggi della natura, e che le religioni siano giunte per dirigere l'uomo verso le opere buone... ma tra le loro turpi credenze vi è questa, che l'intelletto e la virtù dei loro saggi siano più grandi dell'intelligenza dei profeti.[3]

Col passar del tempo, però, si fece strada un nuovo genere di letteratura, in cui autori arabi cercavano di esprimere in arabo la loro coscienza di sé e la loro collocazione nel mondo moderno. Uno dei principali ambiti di interesse della nuova letteratura fu la stessa lingua araba. Coloro che erano stati nel raggio di azione della nuova cultura e letteratura d'Europa cominciarono a guardare in modo nuovo al proprio passato. Testi delle opere arabe classiche vennero pubblicati al Cairo oltre che in Europa. Vecchi generi letterari venivano fatti rifiorire; il più importante scrittore libanese del tempo, Nasif al-Yaziji (1800-1871), scrisse un'opera nello stile delle *maqamat*, serie di storie e di aneddoti su di un eroe dalle mille risorse, narrate in un'elaborata prosa rimata. Altri si disposero ad adattare la lingua in modo che potesse esprimere nuovi concetti e nuove forme di sensibilità artistica. Butrus Bustani e quanti furono da lui istruiti, usarono un nuovo tipo di prosa espositiva, che non si distaccava dalle regole fondamentali della grammatica araba ma con modelli di espressione più semplici e nuove parole e modi di dire, sia ricavati all'interno dello stesso arabo, sia anche adattati dall'inglese o dal francese. Vi fu anche un rifiorire della poesia araba, che si serviva ancora del sistema classico di metri e rime, ma che gradualmente passò ad esprimere nuove idee e nuovi sentimenti. Ahmad Shawqi (1868-1932) può essere considerato un tardo poeta classico, che usava una lingua elevata per commemorare avvenimenti pubblici o per esprimere sentimenti nazionali, o in lode dei governanti; egli proveniva dall'élite turco-egiziana che si raccoglieva intorno alla corte egiziana. Tra i suoi contemporanei, invece, Khalil Mutran (1872-1949) scriveva poesie in cui forme e linguaggio tradizionali venivano usati non per se stessi ma per fornire una espressione precisa ad una realtà, sia appartenente al mondo esterno sia ai sentimenti dell'autore. Hafiz Ibrahim (1871-1912) esprimeva le idee politiche e sociali degli Egiziani del suo tempo con un tratto più ordinario e suscitando un richiamo maggiore di Shawqi. Cominciarono a fare la loro comparsa generi di scrittura completamente nuovi: il dramma, la novella, il romanzo. Il primo romanzo importante, *Zaynab* di Husayn Haykal, pubblicato nel 1914, esprimeva un nuovo modo di considerare la campagna, la vita umana in quanto radicata nella natura, e il rapporto tra uomo e donna.

L'altro grande ambito di interesse dei nuovi scritti era il crescente potere sociale ed intellettuale dell'Europa, vista non solo come un avversario ma come latore di una sfida, per certi versi anche attraente. La potenza e la grandezza dell'Europa, della scienza e della tecnologia moderna, le istituzioni politiche degli stati europei, e l'etica sociale delle moderne società erano tutti temi di grande interesse. Questi scritti suscitavano un problema fondamentale: come potevano gli Arabi musulmani, come poteva lo stato musulmano ottomano acquisire la forza di confrontarsi con l'Europa e di entrare a far parte del mondo moderno?

I primi chiari tentativi di fornire una risposta a tale interrogativo compaiono negli scritti di alcuni funzionari impegnati nelle riforme intorno alla metà del secolo a Istanbul, il Cairo e Tunisi. Diversi erano scritti in turco, ma qualcuno in arabo, in particolare un'opera di Khayr al-Din (m. 1889), che fu a capo dell'ultimo tentativo di riformare il governo tunisino prima dell'occupazione francese. Nell'introduzione al suo libro, Khayr al-Din chiarisce il suo obiettivo:

> Innanzitutto, sollecitare quanti sono zelanti e risoluti tra gli uomini di stato e i religiosi ad adottare, per quanto essi possono, tutto ciò che possa condurre al benessere della comunità islamica e allo sviluppo della sua civiltà, come l'espansione dei confini della scienza e della cultura e la preparazione delle vie che conducono alla ricchezza... e la base di tutto questo è il buon governo. In secondo luogo, ammonire quanti sono distratti, tra la generalità dei Musulmani, contro il persistere nel tenere gli occhi chiusi davanti a ciò che è lodevole e conforme alla nostra legge religiosa nel trattare con i seguaci di altre religioni, semplicemente perché hanno fissa in mente l'idea che tutti gli atti e le istituzioni di coloro che non sono Musulmani siano da evitarsi.[4]

Nella concezione di questi autori, l'Impero Ottomano doveva acquisire la forza di uno stato moderno cambiando le leggi, il modo di amministrare e l'organizzazione militare; il rapporto tra sultano e sudditi doveva essere trasformato in un rapporto tra governo moderno e cittadini, e la lealtà ad una famiglia regnante doveva tramutarsi nel senso di appartenenza ad una nazione, la nazione ottomana, comprendente Musulmani e non Musulmani, Turchi e non Turchi. Tutto ciò poteva essere fatto senza tradire l'Islam o la tradizione dell'impero, se solo li si fosse interpretati correttamente.

Col procedere del secolo, e con l'ascesa di un nuovo ceto istruito negli anni '60 e '70, si registrò una spaccatura tra i sostenitori delle riforme. Si trattava di una divisione nel modo di concepire i fondamenti dell'autorità: se questa dovesse essere esercitata da funzionari responsabili nei confronti del proprio senso della giustizia e degli interessi dell'impero, o se invece andasse esercitata da un governo rappresentativo uscito dalle elezioni.

La spaccatura tra le generazioni andava comunque più a fondo. La seconda generazione, in tutti e tre i paesi, era consapevole di un problema insito nei cambiamenti che si stavano verificando. La riforma delle istituzioni sarebbe stata pericolosa se non avesse avuto alle radici qualche tipo di solidarietà morale: che cosa doveva essere questa solidarietà, e fino a che punto la si poteva ricavare dagli insegnamenti dell'Islam? Un interrogativo del genere si faceva sempre più urgente man mano che le nuove scuole cominciarono a produrre una generazione non radicata nella cultura islamica tradizionale, ed esposta ai venti delle dottrine che provenivano dall'Occidente.

Il problema non si poneva, evidentemente, per i Cristiani di lingua araba del Libano e della Siria, che svolsero un ruolo considerevole nella vita intelletuale di questo periodo. Per la maggioranza di costoro, la civiltà occidentale non si presentava completamente estranea; essi potevano farsi incontro ad essa senza sentirsi sleali verso se stessi. Tuttavia, anch'essi dovevano affrontare un problema di importanza analoga. Il potere delle gerarchie delle chiese, riconosciuto e sostenuto dallo stato, poteva essere un ostacolo alla loro possibilità di pensare e di esprimersi come volevano. Alcuni di essi si volsero al laicismo, o al protestantesimo, che era quanto di più prossimo al laicismo vi fosse in una società in cui l'identità si esprimeva in termini di appartenenza ad una comunità religiosa.

Per i Musulmani, però, il problema non poteva essere eluso. L'Islam era quanto di più profondo avessero in sé. Se vivere nel mondo moderno richiedeva dei mutamenti nel loro modo di organizzare la società, essi dovevano cercare di adottarli rimanendo fedeli a se stessi; e ciò era possibile solo a patto di interpretare l'Islam in modo da renderlo compatibile con la sopravvivenza, la forza e il progresso nel mondo. Fu questo il punto di partenza di coloro che si possono chiamare i «modernisti islamici». Secondo il loro modo di vedere, la ragione, il progresso e la solidarietà sociale, basi della moderna civiltà, non erano solo qualcosa di genericamente compatibile con l'Islam, ma erano anzi quello che esso, in una corretta interpretazione, prescriveva positivamente. Simili idee vennero avanzate da Jamal al-Din al-Afghani (1839-1897), un Iraniano i cui scritti erano oscuri, ma la cui autorevolezza personale era considerevole ed estesa. Esse vennero sviluppate più a fondo e in modo più chiaro negli scritti di un Egiziano, Muhammad 'Abduh (1849-1905), le cui opere erano destinate ad avere una grande e duratura influenza in tutto il mondo musulmano. Lo scopo della sua vita, stando a quanto egli affermava, era:

> affrancare il pensiero dai ceppi dell'imitazione [*taqlid*] e intendere la religione come essa era intesa dalla comunità prima che comparisse il dissenso; fare ritorno, nell'acquisizione di conoscenze religiose, alle sue prime fonti, e soppesarle sulla bilancia della ragione umana, che Dio ha creato allo scopo di prevenire eccessi o falsificazioni nella religione, così che la saggezza divina possa essere soddisfatta e l'ordine del mondo umano preservato; e provare che, vista in questa luce, la religione va considerata amica della scienza, in quanto induce l'uomo a indagare i segreti dell'esistenza, e gli impone di rispettare le verità stabilite e di dipendere da esse nella sua vita e condotta morale.[5]

Nella sua opera si fa strada una distinzione tra le dottrine fondamentali dell'Islam da una parte e i suoi insegnamenti sociali e le sue leggi dall'altra. Le dottrine sono state trasmesse da una linea centrale di pensatori, i «pii antenati» (*al-salaf al-salih*, donde il nome, con cui spesso viene chiamato questo genere di pensiero, di *salafiyya*). Esse sono semplici – fede in Dio, nella rivelazione attuata attraverso una serie di profeti conclusa con Maometto, nella responsabilità morale e nel giudizio finale – e possono essere articolate e difese dalla ragione. La legge e l'etica sociale, d'altro canto, rappresentano l'applicazione a situazioni particolari di determinati principi generali contenuti nel Corano e accettabili dalla ragione umana. Col mutare delle situazioni dovrebbero anch'esse cambiare; nel mondo moderno, compito dei pensatori musulmani è quello di adeguare leggi e consuetudini mutevoli a principi immutabili, e di fornire loro, così facendo, dei limiti ed una direzione.

Una simile concezione dell'Islam era destinata a diventare parte del bagaglio culturale di molti Musulmani istruiti, sia Arabi sia di regioni molto distanti dal mondo arabo. Nel suo sviluppo, essa poté però seguire linee diverse. Il più notevole seguace di 'Abduh, il siriano Rashid Rida (1865-1935), nel suo periodico «al-Manar», cercò di rimanere fedele ad ambedue i versanti dell'insegnamento del suo maestro. Nel difendere le immutabili dottrine dell'Islam contro tutti gli attacchi egli finì per accostarsi all'interpretazione che ne davano gli hanbaliti, e successivamente al wahhabismo; in una serie di *fatwa*, cercò di rendere le leggi adeguate al mondo moderno nella cornice di una *shari'a* riveduta.

La comparsa del nazionalismo

Tanto 'Abduh che Rida erano *'ulama* di formazione tradizionale, preoccupati non solo di giustificare il cambiamento ma anche di imporre ad esso dei limiti; ma per quanti erano istruiti nelle scuole moderne l'attrattiva della concezione dell'Islam da parte di 'Abduh stava nel fatto che essa li autorizzava ad accettare le idee dell'occidente moderno senza alcuna sensazione di tradire il proprio passato. Una serie di autori, alcuni dei quali rivendicavano una posizione fedele alle sue idee, cominciarono ad avanzare nuove idee circa il modo in cui andavano organizzati la società e lo stato. Fu in questa generazione che il concetto di nazionalismo si fece esplicito presso Turchi, Arabi, Egiziani e Tunisini. Già in precedenza vi erano stati dei sussulti di autocoscienza nazionale, e dietro ad essi vi era qualcosa di più antico e di più forte, il desiderio da parte di società di lunga tradizione di continuare la propria vita senza interruzioni, ma come idea elaborata in grado di ispirare movimenti politici il nazionalismo divenne importante solo nei due decenni che precedettero la prima guerra mondiale.

I vari movimenti nazionali sorsero in risposta a differenti sfide. Il nazionalismo turco fu una reazione alla pressione continua e crescente proveniente dall'Europa, ed al tracollo dell'ideale di un nazionalismo ottomano. Man mano che i popoli cristiani dell'impero se ne distaccavano, il nazionalismo ottomano assunse una coloritura più islamica, ma quando, sotto Abdülhamid, l'alleanza tra il trono e l'élite dominante turca si ruppe, si fece strada l'idea di una nazione turca: l'idea, cioè, che l'impero potesse sopravvivere solo sulla base della solidarietà di una naziona unita da una lingua comune.

Dal momento che in quest'epoca l'impero era divenuto in notevole misura uno stato turco-arabo, ogni tentativo di porre l'accento sulla predominanza dell'elemento turco aveva la conseguenza di sconvolgere l'equilibrio tra questo e gli Arabi, e per reazione venne gradualmente alla luce un nazionalismo arabo. Nella prima fase esso fu un movimento di opinione tra alcuni Musulmani colti in Siria, soprattutto a Damasco, e pochi scrittori cristiani siriani e libanesi. Le sue radici stavano nel riaffiorare della coscienza del passato degli Arabi nelle nuove scuole, e nell'accento che i riformatori islamici ponevano sul primo periodo della storia islamica, quello in cui un ruolo determinante era stato svolto dagli Arabi. Esso divenne una forza politica importante solamente dopo che la rivoluzione del 1908 ebbe indebolito la posizione del sultano, il tradizionale punto di riferimento del lealismo, portando in conclusione alla presa del potere da parte dei «Giovani Turchi». Dal momento che la politica di questi ultimi era tesa a rafforzare l'autorità centrale e a porre l'accento sull'unità nazionale dell'impero, essa tendeva, implicitamente, all'affermazione di un nazionalismo turco. Alcuni ufficiali e funzionari arabi, soprattutto siriani di Damasco, che per vari motivi si opponevano a questo gruppo, cominciarono ad avanzare la richiesta, non ancora di uno stato arabo indipendente, ma di una migliore condizione delle province arabe all'interno dell'impero, di un decentramento che rasentava l'autonomia. Nelle zone di lingua araba, alcuni Cristiani libanesi cominciarono a sperare in una maggiore autonomia per il Libano sotto la protezione di una potenza europea.

In questa fase il nazionalismo turco e quello arabo non erano rivolti principalmente contro gli abusi del potere europeo ma piuttosto verso problemi di identità e l'organizzazione politica dell'impero: quali erano le condizioni perché una comunità musulmana ottomana potesse continuare ad esistere? In linea di principio essi potevano rivolgersi, al di là dei confini dell'impero, a chiunque parlasse turco o arabo. I nazionalismi egiziano, tunisino e algerino furono diversi sotto questi aspetti. Tutti e tre si trovavano ad affrontare i problemi specifici della dominazione europea, e tutti e tre si occupavano di questi problemi in un paese ben definito. L'Egitto e la Tunisia erano stati per lungo tempo entità politiche sostanzialmente separate, dapprima ciascuna sotto una sua dinastia, poi sotto il dominio inglese o francese; anche l'Algeria era stata un territorio ottomano separato e a questo punto era praticamente integrata nella Francia.

Così, quando venne alla luce il nazionalismo egiziano, esso sorse come tentativo di limitare o far cessare l'occupazione britannica, ed ebbe un contenuto specificamente egiziano piuttosto che arabo o musulmano o ottomano. Già la resistenza all'occupazione britannica del 1882 aveva in sé un elemento nazionalistico, ma questo non era ancora pienamente elaborato, e fu solo nei primi anni del nuovo secolo che divenne un'efficace forza politica, in grado inoltre di fungere da punto di convergenza di altre idee sul modo in cui la società andasse organizzata. Non era una forza unitaria: vi era una divisione tra quanti richiedevano un ritiro inglese e quanti, sotto l'influsso delle idee del modernismo islamico, pensavano che la cosa più urgente fosse uno sviluppo sociale e intellettuale, e che l'Egitto potesse trarre profitto, in questa direzione, dalla presenza britannica. Analogamente, a Tunisi vi furono sfumature di sentimenti nazionalistici nella resistenza all'invasione francese del 1881, ma il primo gruppo nazionalista chiaramente distinto, i «Giovani Tunisini», un piccolo numero di uomini con una formazione francese, apparve intorno al 1907. Anche qui il sentimento predominante non mirava tanto a un immediato ritiro dei Francesi quanto a un mutamento della politica francese, affinché essa fornisse ai Tunisini maggiori possibilità di accesso all'istruzione francese e maggiori opportunità nell'amministrazione del governo e nell'agricoltura; questa politica veniva avversata dai coloni. Anche in Algeria, alla superficie della profonda e continua resistenza alla colonizzazione francese, espressa ancora nelle forme tradizionali, apparve un piccolo movimento di «Giovani Algerini» con la medesima base di idee «moderniste» e lo stesso genere di richieste di un'istruzione in francese, di riforme finanziarie e giuridiche, nonché di un ampliamento dei diritti politici all'interno del quadro esistente. In Marocco, invece, l'opposizione al protettorato francese, diffusa nelle città e nelle campagne, trovava ancora i suoi capi tra gli *'ulama* urbani e i suoi simboli nelle tradizionali forme del pensiero islamico.

La continuità della tradizione islamica

Ottomanismo, riformismo islamico e nazionalismo erano le idee di una minoranza colta cittadina, che esprimevano un nuovo rapporto con lo stato e il mondo esterno alla luce di nuovi concetti. Al di fuori di questa minoranza, vi saranno senz'altro stati anche moti del pensiero e del sentimento destinati ad articolarsi, nelle generazioni successive, in forma nazionalistica e a dare nuovo vigore ai movimenti nazionalistici, ma per la maggior parte era l'Islam, nella sua concezione tradizionale, che forniva i motivi che potevano spingere gli uomini all'azione e i simboli cui facevano ricorso per darle un significato. Ciò che viene chiamato «tradizione», però, non era immutabile; essa seguiva il proprio cammino col proprio passo.

Il sistema delle vecchie scuole aveva perso posizioni nella gerarchia della società. Lo studio condotto in esse non portava più ad alte cariche nell'amministrazione governativa; man mano che si introducevano nuovi metodi di amministrazione, venivano richieste capacità di nuovo tipo, e la conoscenza di una lingua europea diveniva quasi indispensabile. Chi usciva da esse non controllava più il sistema giudiziario. Nuovi codici penali e commerciali, modellati su quelli dell'Europa occidentale, limitavano l'ambito di efficacia della *shari'a*; anche il codice civile dell'Impero Ottomano, pur mantenendo il suo fondamento nella *shari'a*, venne rimodellato. Con le nuove leggi giunsero nuovi tribunali: tribunali misti o tribunali stranieri per cause in cui fossero implicati degli stranieri, tribunali di nuovo tipo (e in Algeria tribunali francesi) per la maggioranza delle cause riguardanti questioni locali. Il tribunale del *qadi* venne relegato a questioni di statuto personale. Vi era quindi bisogno di giudici e di avvocati di nuovo tipo, ed essi venivano formati in un modo nuovo. In Egitto e in Algeria fu fatto un tentativo di fornire agli studenti formati in modo tradizionale un'istruzione nelle materie moderne: le *madrasa* in Algeria e Dar al-'Ulum in Egitto. I figli delle famiglie ricche e ragguardevoli venivano però mandati sempre più nelle scuole di nuovo tipo.

Ciononostante, le vecchie scuole rimasero in vita, e lo stesso vale per la produzione di opere dotte di teologia e di diritto all'interno delle tradizioni cumulative della cultura islamica. I più svegli tra i loro studenti cominciavano ad esprimere il loro disappunto per il tipo di insegnamento che vi ricevevano. Come scrisse uno di loro, la vita dello studente era fatta di

> monotona ripetizione, in cui egli non trovava nulla di nuovo dall'inizio dell'anno fino alla sua fine... lungo tutti i suoi studi egli udiva parole e discorsi reiterati che non toccavano il suo cuore o suscitavano la sua bramosia o nutrivano la sua mente, o aggiungevano qualcosa a ciò che sapeva.[6]

Qualche tentativo di riformarle venne fatto, in particolare al-Azhar sotto l'influsso di 'Abduh, ma senza grande successo. Esse avevano ancora, invece, un grande potere nella società, in quanto erano i canali attraverso i quali ragazzi diligenti di famiglie rurali povere potevano trovare un innalzamento di livello, e in quanto formavano ed elaboravano una sorta di coscienza collettiva. Per questo motivo, i governi riformatori cercarono di esercitare un controllo più stretto su di esse. Alla fine del XIX secolo al capo di al-Azhar era attribuita un'autorità maggiore di prima su docenti e studenti, ma a sua volta egli era posto sotto un controllo più stretto da parte del *khedive*; anche le autorità francesi in Tunisia cercavano di porre sotto il proprio controllo la Zaytuna.

A quest'epoca non era ancora dato osservare un declino nell'influenza delle confraternite sufi. L'opposizione ad esse da parte dei wahhabiti ebbe poca influenza al di fuori dell'Arabia centrale. Alcuni modernisti criticavano quelli che consideravano gli abusi del sufismo (l'autorità che i maestri sufi esercitavano sui loro discepoli, la fede nei miracoli operati dall'intercessione degli «amici di Dio»), ma la maggioranza riteneva che un sufismo depurato fosse possibile e addirittura necessario per la salvezza della comunità. In generale, vasti strati della popolazione continuavano a mantenere un'affiliazione a questa o quella confraternita. Le più antiche, come la Shadhiliyya e la Qadiriyya continuavano a dar luogo alla nascita di confraternite minori; quelle come la Naqshbandiyya e la Tijaniyya che ponevano l'accento sull'osservanza della *shari'a* continuarono a diffondersi; fecero la loro comparsa anche alcune confraternite nuove di tipo analogo, come la Sanusiyya (i «Senussi»), fondata in Cirenaica negli anni successivi al 1840 ad opera di un Algerino che aveva studiato a Fez e alla Mecca.

Nuovi metodi di mantenimento dell'ordine nelle città, da parte di funzionari, polizia e guarnigioni dell'esercito (straniere in Egitto e nel Maghreb), limitarono l'influenza sociale delle confraternite in ambito urbano, come pure, per la verità, di tutte le forze che avrebbero potuto fomentare o cavalcare il malcontento popolare. La parte conclusiva del XIX secolo fu un periodo caratterizzato dalla sostanziale assenza di disordini urbani, dopo i grandi moti degli anni '60 e '70 e i disordini all'epoca delle occupazioni straniere. Nelle campagne, invece, i maestri che avevano qualche pretesa di autorità spirituale potevano ancora esercitare lo stesso potere di prima. All'epoca dell'espansione imperiale, i portavoce e i capi della resistenza rurale erano in gran parte personalità religiose. In Algeria, la posizione di 'Abd al-Qadir nella locale confraternita Qadiriyya aveva costituito il punto di partenza per l'espansione del suo potere; nella successiva rivolta del 1871, un ruolo importante fu svolto dalla confraternita Rahmaniyya. Analogamente, in Egitto, in Tunisia e in Marocco la resistenza alla crescente influenza europea poteva mobilitarsi raccogliendosi intorno ai simboli dell'Islam, e il tentativo italiano di conquistare la Libia avrebbe in seguito trovato la sua massima opposizione nella Sanusiyya, che per quell'epoca disponeva di una rete di centri locali nelle oasi del deserto della Cirenaica. Non tutte le confraternite sufi, però, intrapresero la via della resistenza: in Algeria la Tijaniyya fece la pace con i Francesi; in Egitto, nella crisi del 1882 la maggior parte delle confraternite si schierò dalla parte del *khedive*.

L'esempio più impressionante del potere politico di cui disponevano i capi religiosi venne fornito dal Sudan durante quella sollevazione che pose fine alla dominazione egiziana negli anni '80. Essa traeva la sua forza dall'opposizione ai governatori stranieri, ma le sue radici erano molto più profonde. Il suo fondatore, Muhammad Ahmad, fu ispirato dalla sua formazione sufi, e venne considerato dai suoi seguaci il *mahdi*, il guidato da Dio per ripristinare nel mondo il regno della giustizia. Il suo movimento si diffuse velocemente, in un paese in cui l'autorità governativa era limitata, le città erano piccole e l'Islam degli *'ulama* era troppo debole per controbilanciare l'influenza di un maestro di campagna. Dopo aver posto fine alla dominazione egiziana, egli riuscì a dar vita ad uno stato basato sulle dottrine dell'Islam, quale egli lo interpretava, e modellato consapevolmente sulla comunità ideale del Profeta e dei suoi Compagni. Questo stato venne mantenuto in vita dai suoi *khalifa* dopo la sua morte, ma vide la fine ad opera dell'occupazione anglo-egiziana alla fine del secolo.

Simili movimenti alimentarono il timore della «rivolta dell'Islam» nutrito dai governi riformatori e da quelli stranieri, e portò a tentativi di opporvisi o quantomeno di tenerli sotto controllo. In Egitto, fin dai tempi di Muhammad 'Ali vi era stato un tentativo di stabilire un controllo sulle confraternite sufi nominando a capo di tutte quante il capo di una famiglia associata ad una di esse, la Bakriyya; i suoi poteri e le sue funzioni vennero definiti sul finire del secolo. Quella di capo di una confraternita divenne una carica formalmente riconosciuta dal governo, e attraverso i capi si poterono limitare alcuni degli eccessi della pratica popolare, che erano sottoposti a critiche crescenti. In Algeria, dopo la rivolta del 1871 le confraternite vennero guardate con sospetto dai Francesi, e venne fatto un tentativo di reprimere quelle che sembravano ostili, e di farsi amici i capi delle altre concedendo loro dei favori.

Nell'Impero Ottomano, il sultano era in una posizione suscettibile di incanalare a proprio vantaggio il sentimento religioso popolare. Fin dalla metà del XIX secolo vi fu un prolungato sforzo del governo per porre l'accento sul ruolo del sultano in quanto difensore dello stato che era di fatto l'ultimo relitto del potere politico e dell'indipendenza dell'Islam sunnita. La pretesa del sultano di essere califfo non era stata avanzata fino a questo momento con molta enfasi, se non nel senso in cui ogni potente governante musulmano poteva essere chiamato califfo. Dalla metà del XIX secolo, invece, essa cominciò a venire imposta più sistematicamente, sia come appello per i Musulmani nell'impero e fuori a raccogliersi intorno al trono ottomano, sia come ammonimento agli stati europei che avevano milioni di sudditi musulmani. Il sultano Abdülhamid si servì di consiglieri e protetti sufi per accentuare le proprie pretese religiose; la costruzione della ferrovia dello Hijaz, con capitale musulmano e con lo scopo di portare pellegrini nelle città sante, si inscriveva nella stessa politica. I modernisti islamici criticavano tale politica, sulla base del fatto che il tipo di Islam che egli favoriva non era l'Islam autentico; probabilmente essi contestavano anche la sua pretesa di essere califfo e auspicavano che il califfato ritornasse agli Arabi. Ciononostante, questa politica suscitò effettivamente sentimenti favorevoli e lealtà in tutto il mondo dell'Islam, e non solo in quello arabo o turco: in India, dove l'Impero Moghul si era definitivamente estinto dopo la «Grande Rivolta» del 1857 (la «Rivolta dei Cipoys»), nel Caucaso e nell'Asia centrale dove l'espansione della potenza russa stava distruggendo le antiche monarchie, e nelle regioni del Nordafrica sotto l'autorità inglese e francese.

Capitolo Diciannovesimo

L'APOGEO DELLA POTENZA EUROPEA (1914-1939)

La supremazia della Gran Bretagna e della Francia

Nel 1914 le rivalità tra le potenze europee stavano travalicando i limiti imposti dal senso di un comune destino e dalle memorie delle guerre napoleoniche, e l'Impero Ottomano era il punto in cui esse si facevano più acute, a causa della sua debolezza e dell'importanza degli interessi in gioco. In alcune regioni, la distribuzione di concessioni ferroviarie aveva dato origine ad una sorta di divisione in sfere di interessi, ma in altre (parte dei Balcani, Istanbul e gli Stretti, e in Palestina) gli interessi delle potenze si scontravano direttamente tra loro. Proprio la rivalità tra Austria e Russia nei Balcani fu la causa immediata dello scoppio della prima guerra mondiale nel 1914, e quando l'Impero Ottomano entrò in guerra in novembre al fianco di Germania ed Austria, contro Inghilterra, Francia e Russia, il suo stesso territorio divenne un campo di battaglia. L'esercito ottomano, rinforzato dai suoi alleati, doveva combattere la Russia sui suoi confini nordorientali, ed una forza prevalentemente britannica nelle sue province arabe. In un primo momento, l'esercito ottomano giunse a minacciare la posizione inglese in Egitto, ma in seguito un esercito britannico ed alleato avanzò fino in Palestina, ed alla fine della guerra occupava l'intera Siria. Nel frattempo, un altro esercito inglese e indiano era sbarcato in Iraq in fondo al Golfo Persico, e alla fine della guerra controllava l'intero Iraq.

Nel 1918, dunque, l'autorità militare di Gran Bretagna e Francia sul Medio Oriente e sul Maghreb era più forte di quanto fosse mai stata in precedenza, e, cosa ancor più importante, il grande governo imperiale sotto il quale avevano vissuto per secoli la maggior parte dei paesi arabi, e che aveva esercitato una sorta di protezione contro il dominio europeo, era tramontato e destinato ben presto a scomparire. L'Impero Ottomano aveva perso le sue province arabe ed era confinato all'Anatolia e ad una piccola parte di Europa; il sultano era sotto il controllo delle flotte e dei rappresentanti degli Alleati nella sua capitale, e venne obbligato a firmare un trattato di pace sfavorevole (il Trattato di Sèvres del 1920), che di fatto imponeva una tutela straniera sul suo governo; ma un moto di rifiuto da parte della popolazione turca dell'Anatolia, guidato da ufficiali dell'esercito e rafforzato dal fatto che gli Alleati incitavano la Grecia a occupare una parte dell'Anatolia occidentale, sfociò nella creazione di una repubblica turca e nell'abolizione del sultanato. Queste trasformazioni furono accettate dagli Alleati nel Trattato di Losanna (1923), che, si può dire, sancì formalmente la fine dell'Impero Ottomano.

La struttura politica entro la quale la maggior parte degli Arabi erano vissuti per quattro secoli si era disintegrata; la capitale del nuovo stato turco non fu Istanbul bensì Ankara, negli altipiani anatolici, e la grande metropoli che era stata la sede del potere per così lungo tempo aveva perduto la sua forza di attrazione; la dinastia che, indipendentemente dal fatto di accettarne o meno le pretese al califfato, era stata considerata la custode di ciò che era rimasto del potere e dell'indipendenza dell'Islam sunnita, era svanita, consegnata definitivamente alla storia. Questi mutamenti ebbero un effetto profondo sul modo in cui gli Arabi politicamente consapevoli concepivano se stessi e cercavano di definire la propria identità politica. Ciò poneva l'interrogativo di come essi dovessero vivere insieme in una comunità politica. Le guerre sono dei catalizzatori, che portano alla coscienza sentimenti fino ad allora espressi in modo inorganico, e fanno nascere aspettative di cambiamento. L'idea che il mondo andasse ricreato sulla base dell'autodeterminazione di entità nazionali era stata incoraggiata da affermazioni fatte da Woodrow Wilson, presidente degli Stati Uniti, e da altri leader alleati, e gli eventi bellici avevano fatto nascere in seno a determinate classi di alcune popolazioni arabe il desiderio di un cambiamento della loro condizione politica. Nel Maghreb, soldati algerini e tunisini, in gran parte volontari, avevano combattuto nell'esercito francese sul fronte occidentale, e potevano attendersi dei cambiamenti che riconoscessero quanto essi avevano fatto. Gli Egiziani, ancorché non coinvolti direttamente come combattenti nella guerra, avevano sofferto privazioni: lavori forzati, alti prezzi e mancanza di generi alimentari, l'umiliazione dell'occupazione da parte di un esercito straniero. Nelle regioni arabe dell'Impero Ottomano, il mutamento fu di tipo diverso. Nel 1916 Husayn, lo sceriffo della Mecca della famiglia hashimita (1908-1924), capeggiò una ribellione al sultano ottomano, ed una forza araba, reclutata in parte fra i beduini dell'Arabia occidentale e in parte fra i prigionieri e i disertori dell'esercito ottomano, combatté al fianco delle forze alleate in occasione dell'occupazione della Palestina e della Siria. Questi moti facevano seguito ad una corrispondenza intercorsa tra gli Inglesi e Husayn, che agiva tenendosi in contatto con i gruppi nazionalistici arabi, nel corso della quale gli Inglesi avevano incoraggiato le speranze di indipendenza degli Arabi (la corrispondenza Mc Mahon-Husayn, 1915-16). Un possibile svolgimento del ragionamento che indusse a questa azione britannica viene spiegato dall'uomo il cui nome viene più spesso ad essa associato, T.E. Lawrence:

> Era chiaro che un nuovo fattore si rendeva necessario a oriente, una potenza o un popolo che sopravanzasse i Turchi in numero, in rendimento e in attività mentale. La storia non ci incoraggiava per nulla a credere che queste qualità potessero essere fornite già bell'e pronte dall'Europa... Alcuni di noi ritenevano che vi fosse energia latente in abbondanza tra i popoli arabi (la maggiore componente del vecchio Impero Turco), un prolifico raggruppamento semitico, grande nel pensiero religioso, sufficientemente industrioso, mercantile, dotato di senso politico, e tuttavia di carattere piuttosto propenso a dissolversi che a dominare.[1]

In un modo che forse presentava in modo esagerato il suo ruolo, egli sosteneva: «Intendevo costruire una nuova nazione, ripristinare un'autorevolezza perduta».[2] Se siano effettivamente state fatte delle promesse, e se sì quali, e quanto abbia contato la rivolta degli sceriffi per la vittoria alleata, è tuttora oggetto di discussione, ma quello che è chiaro è che per la prima volta la pretesa che tutti coloro che parlavano arabo costituissero una nazione e dovessero avere uno stato era stata entro certi limiti accolta da una grande potenza.

Speranze, torti subiti e ricerca di un'identità, tutto si scontrava contro la potenza e la politica di Inghilterra e Francia negli anni del dopoguerra. In Algeria, per la verità, alcuni cambiamenti vennero introdotti dal governo francese, ed i Musulmani da quel momento furono tenuti a pagare le stesse tasse dei coloni europei ed ebbero un numero maggiore di rappresentanti nelle assemblee locali; però un movimento guidato da un discendente di 'Abd al-Qadir, che chiedeva che tutti i Musulmani venissero rappresentati nel parlamento francese senza per questo dovere abbandonare le leggi islamiche sullo statuto personale, venne soffocato. In Marocco, un movimento armato di resistenza al dominio francese e spagnolo, guidato da 'Abd al-Karim al-Khattabi («Abdelkrim»), un ex giudice della zona spagnola del nord del Marocco (1882-1963), nei monti del Rif, venne sconfitto nel 1926, e la conquista francese dell'intero paese venne sostanzialmente completata alla fine degli anni '20; analogamente, per il 1934 la dominazione italiana era stata estesa dalla costa libica fin nel deserto. In Egitto, una dichiarazione inglese aveva posto fine alla sovranità ottomana nel 1914 facendo del paese un protettorato britannico; il *khedive* aveva assunto il titolo di sultano. Nel 1919, il rifiuto britannico a consentire al governo egiziano di presentare la causa della sua indipendenza alla Conferenza di pace fece esplodere una diffusa sollevazione nazionalistica, organizzata in modo centralistico e dotata di un sostegno popolare. Essa venne soffocata, ma portò alla creazione di un partito nazionalista, il Wafd, con a capo Sa'd Zaghlul (1857-1927), e successivamente, nel 1922, all'emanazione, da parte britannica, di una «dichiarazione di indipendenza» che riservava agli Inglesi l'autorità sugli interessi strategici ed economici fino ad un accordo tra i due paesi. La dichiarazione rese possibile l'emanazione di una costituzione egiziana; il sultano cambiò ancora una volta il suo titolo e divenne re. Al sud, in Sudan, un movimento di opposizione nell'esercito venne soffocato, e i soldati ed ufficiali egiziani, che condividevano con gli Inglesi l'autorità sul paese secondo l'accordo di condominio, ne vennero espulsi.

Nelle altre province arabe dell'Impero Ottomano la situazione era più complicata. Un accordo anglo-francese del 1916, pur accogliendo il principio dell'indipendenza araba formulato nella corrispondenza con lo sceriffo Husayn, divideva la regione in zone di influenza permanente (Accordo Sykes-Picot, maggio 1916); inoltre, un documento britannico del 1917, la Dichiarazione Balfour, affermava che il governo vedeva con favore l'insediamento di un focolare nazionale ebraico («Jewish national home») in Palestina, a patto che questo non pregiudicasse i diritti civili e religiosi degli altri abitanti del paese. Dopo la fine della guerra, il Trattato di Versailles stabilì che i paesi arabi che in precedenza erano stati sotto il governo ottomano potessero essere provvisoriamente riconosciuti indipendenti, salvo la fornitura di assistenza e consiglio da parte di uno stato incaricato di un «mandato» nei loro confronti. Furono questi documenti, e gli interessi che in essi si rispecchiavano, a determinare il destino politico dei paesi. Ai sensi dei mandati, accordati formalmente dalla Lega delle Nazioni nel 1922, la Gran Bretagna sarebbe stata responsabile dell'Iraq e della Palestina, e la Francia della Siria e del Libano. In Siria, un tentativo, effettuato dai sostenitori della rivolta di Husayn (con qualche temporaneo sostegno da parte britannica), di creare uno stato indipendente con a capo il figlio di Husayn, Faysal, venne soffocato dai Francesi, e vennero create due entità politiche: lo stato siriano e quello libanese, ampliamento della regione privilegiata creata nel 1861. Nel 1925 una combinazione di lagnanze specifiche contro l'amministrazione francese nella regione drusa della Siria e di opposizione nazionalistica alla presenza francese sfociò in una rivolta, che venne domata solo con difficoltà. A sud della zona sotto mandato francese, in Palestina e nei territori a oriente di questa, il mandato era in mano agli Inglesi. A seguito dell'impegno, assunto nella Dichiarazione Balfour e ribadito nel mandato, di facilitare la costituzione di un focolare nazionale ebraico, la Gran Bretagna amministrava direttamente la Palestina; ma a est di questa venne fondato un principato di Transgiordania, retto da un altro figlio di Husayn, 'Abdullah (1921-1951), sotto mandato britannico ma senza impegni riguardo alla creazione del focolare nazionale ebraico. Nella terza zona, l'Iraq, una rivolta tribale nel 1920 contro l'occupazione militare inglese, con accenti di nazionalismo, fu seguita da un tentativo di instaurare istituzioni di autogoverno sotto l'autorità britannica. Faysal, che era stato espulso dalla Siria ad opera dei Francesi, divenne re dell'Iraq (1921-1933), sotto la supervisione britannica e nel quadro del mandato; le clausole del mandato vennero incorporate in un trattato anglo-iracheno.

Di tutti i paesi arabi, solo alcune regioni della penisola araba rimanevano esenti dalla dominazione europea. Lo Yemen, una volta cessata l'occupazione ottomana, divenne uno stato indipendente sotto l'*imam* degli Zayditi, Yahya. Nello Hijaz, lo sceriffo Husayn si proclamò re e governò per qualche anno, ma negli anni '20 il suo regno, inefficiente e privato del sostegno inglese, vide la fine a seguito di un'estensione del potere del sovrano saudita, 'Abd al-'Aziz (1902-1953), dall'Arabia centrale; esso entrò a far parte del nuovo regno dell'Arabia Saudita, che si estendeva dal Golfo Persico al Mar Rosso. Anche qui, però, vi era da fare i conti, a sud e ad est, con la potenza britannica. Il protettorato sugli staterelli del Golfo continuava ad esistere; una zona di protezione britannica si stendeva ad est di Aden; inoltre, nell'angolo sudest della penisola, con l'aiuto britannico il potere del sultano di Oman da Masqat si estese nell'interno a spese di quello dell'*imam* ibadita.

Privi di risorse conosciute, con pochi collegamenti col mondo esterno, e circondati su tutti i lati dalla potenza britannica, lo Yemen e l'Arabia Saudita potevano essere indipendenti solo entro certi limiti. Nei territori dell'ex impero ottomano, il solo stato davvero indipendente uscito dalla guerra fu la Turchia. Costruita intorno all'ossatura dell'amministrazione e dell'esercito ottomani, e dominata fino alla sua morte da un capo autorevole, Mustafa Kemal (Atatürk, 1881-1938), la Turchia si avviò su di un cammino che la staccava dal suo passato e dai paesi arabi con cui il suo passato era stato così strettamente connesso: la rifondazione di una società sulla base della solidarietà nazionale, in un quadro di rigida separazione tra stato e religione, e con uno sforzo consapevole di voltare le spalle al mondo mediorientale e di entrare a far parte dell'Europa. L'antico legame tra Turchi ed Arabi venne disciolto, in circostanze che lasciarono qualche rancore da ambo le parti, acuito per qualche tempo da contese sui confini con l'Iraq e con la Siria. Ciononostante, l'esempio di Atatürk, che aveva sfidato con successo l'Europa e posto la propria nazione su di un nuovo cammino, era destinato ad avere un effetto profondo sui movimenti nazionali in tutto il mondo arabo.

Il primato degli interessi britannici e francesi

Una volta arrestati i movimenti di opposizione degli anni '20, Gran Bretagna e Francia non dovettero più fronteggiare alcuna seria sfida dall'interno al loro potere nel Medio Oriente e nel Maghreb, e per qualche anno non vi furono nemmeno sfide provenienti dall'esterno. Gli altri grandi stati dell'Europa - gli imperi russo, tedesco e austro-ungarico - alla fine della guerra si erano dissolti o si erano ripiegati su se stessi, e ciò voleva dire che il Medio Oriente, che per molto tempo era stato il campo di azioni comuni o di rivalità per cinque o sei potenze europee, era adesso dominio di Gran Bretagna e Francia, e più della Gran Bretagna che della Francia, che era uscita dalla guerra formalmente vittoriosa ma molto indebolita; nel Maghreb, invece, la Francia continuò ad essere la potenza incontrastata.

Per Gran Bretagna e Francia, l'autorità sui paesi arabi era importante non solo a causa dei loro interessi nella regione in quanto tali, ma anche perché ciò rafforzava la loro posizione nel mondo. La Gran Bretagna aveva interessi fondamentali nel Medio Oriente: la produzione di cotone per le fabbriche del Lancashire, di petrolio in Iran e successivamente in Iraq, investimenti in Egitto e altrove, mercati per i prodotti industriali, gli interessi morali che si sviluppavano intorno all'impegno di creare un focolare nazionale ebraico. Vi erano anche interessi più estesi: la presenza della Gran Bretagna nel Medio Oriente contribuiva a garantirle la sua condizione di potenza mediterranea e mondiale. Le rotte per l'India e per l'Estremo Oriente passavano per il Canale di Suez. Negli anni '20 e '30 si sviluppavano anche rotte aeree che solcavano i cieli del Medio Oriente: una portava fino in India attraversando l'Egitto e l'Iraq, un'altra attraverso l'Egitto giungeva fino in Sudafrica. A proteggere questi interessi vi erano una serie di basi che rinforzavano ed erano rinforzate da altre nel bacino del Mediterraneo e nell'Oceano Indiano: il porto di Alessandria ed altri porti che potevano essere utilizzati, basi militari in Egitto e in Palestina, e basi aeree oltre che in quei paesi anche in Iraq e nel Golfo.

Analogamente, il Maghreb era importante per la Francia, non solo per se stesso ma anche per la sua posizione nel sistema imperiale francese. Il Maghreb forniva potenziale umano per l'esercito, minerali ed altre materie prime per l'industria; era al centro di enormi investimenti, e vi dimorava più di un milione di cittadini francesi. Attraverso il Maghreb passavano rotte terrestri, marittime e aeree dirette nei possedimenti francesi dell'Africa occidentale e centrale. Questi interessi venivano difesi dall'esercito francese disseminato in tutto il Maghreb e dalla marina dislocata a Biserta, Casablanca e, più tardi, Mers el-Kebir. Al confronto, gli interessi nel Medio Oriente erano più limitati, ma pur sempre notevoli: investimenti in Egitto e Libano; il petrolio iracheno che nel 1939, forniva la metà del fabbisogno francese; un certo livello di impegno morale nei confronti dei Cristiani dei territori sotto mandato. Inoltre, la presenza militare della Francia in Siria e in Libano rafforzava la sua posizione di potenza mediterranea e mondiale; il suo esercito poteva usarne i territori, la marina i porti, ed una rotta aerea militare conduceva, attraverso il Libano, all'impero francese in Indocina.

Fino alla fine degli anni '30, queste posizioni rimasero praticamente intatte. La prima seria sfida - ed era difficile dire quanto sarebbe stata seria - giunse dall'Italia. Nel 1918 l'Italia si era già insediata nelle isole del Dodecaneso (strappate all'Impero Ottomano nel 1912) e sulla costa libica, e nel 1939 occupava la totalità della Libia e l'Albania nel Mediterraneo, e l'Etiopia nell'Africa Orientale; era quindi in grado di minacciare la posizione francese in Tunisia, dove molti degli Europei residenti erano di origine italiana, e quella inglese in Egitto, Sudan e Palestina. L'Italia esercitò una certa pressione sui movimenti arabi di opposizione alla dominazione inglese e a quella francese, e altrettanto fece, prima del 1939, la Germania, anche se a questo punto non vi erano chiari segnali di una sfida diretta della Germania agli interessi inglesi e francesi in questa zona. Anche la Russia aveva fatto poco per affermare la propria presenza dopo la rivoluzione del 1917, anche se i funzionari britannici e francesi erano propensi ad attribuire le proprie difficoltà ad influssi comunisti.

Saldamente attestate nelle loro posizioni di potere, Gran Bretagna e Francia riuscirono, nel periodo 1918-1939, ad estendere il proprio controllo sui commerci e sulla produzione della regione. Il mondo arabo era ancora di primaria importanza per l'Europa come fonte di materie prime, ed una gran parte degli investimenti francesi e inglesi erano destinati a creare le condizioni per estrarle ed esportarle. Era un periodo di scarsità di capitale per ambedue i paesi, ma il capitale francese si dirigeva nel Maghreb per migliorare le infrastrutture della vita economica - irrigazione, ferrovie, strade, produzione di energia elettrica (dall'acqua là dove essa era disponibile, o da carbone o petrolio di importazione) - e per sfruttare le risorse minerali, in particolare fosfati e manganese, di cui i paesi del Maghreb finirono per essere tra i maggiori esportatori. Gli investimenti britannici estendevano la coltivazione del cotone per l'esportazione in Egitto e nelle regioni del Sudan comprese tra il Nilo Azzurro e il Nilo Bianco; in Palestina essi consentivano di sviluppare il porto di Haifa, e inoltre vi era una notevole importazione di capitali ad opera di istituzioni ebraiche impegnate ad edificare il focolare nazionale ebraico.

In confronto agli investimenti di capitali europei nell'agricoltura e nell'attività estrattiva, quelli nelle industrie furono scarsi, e per lo più limitati a materiali da costruzione, industria alimentare e tessile. La principale eccezione era l'industria petrolifera. Già nel 1914 il petrolio veniva estratto in Iran, e, in minore quantità, in Egitto. Nel 1939 esso veniva prodotto in grande quantità anche in Iraq, ed esportato nei paesi europei - soprattutto in Francia - attraverso un oleodotto con due diramazioni che giungevano sulla costa del Mediterraneo a Tripoli nel Libano e a Haifa in Palestina; in quantità ridotta esso veniva prodotto anche in Arabia Saudita e Bahrayn. Le compagnie petrolifere erano di proprietà prevalentemente inglese, francese, americana e olandese, e i loro accordi con i paesi produttori rispecchiavano l'ineguaglianza della forza non solo finanziaria ma anche politica, rispetto alla potenza inglese che sosteneva, in ultima istanza, la posizione delle compagnie; le concessioni con cui operavano attribuivano loro il controllo della ricerca, della produzione, della raffinazione e dell'esportazione e valevano per aree estese e per lunghi periodi, dietro il pagamento di *royalties* limitate ai governi ospitanti e di una fornitura di limitate quantità di petrolio destinate al loro uso.

Con questa sola eccezione, i paesi arabi dipendevano ancora dall'Europa per la maggior parte dei prodotti lavorati: non solo tessuti ma anche combustibili, metalli e macchinari. Le importazioni e le esportazioni si svolgevano soprattutto mediante mercantili inglesi o francesi. Però l'Egitto si assicurò un maggior controllo sulle sue tariffe doganali, e in Marocco la Francia era obbligata, da un accordo sottoscritto nel 1906 dagli stati europei, a mantenere una «porta aperta».

Gli immigrati e la terra

Nei paesi in cui gli Europei erano immigrati in grande quantità, essi detenevano il controllo non solo della finanza, dell'industria e del commercio estero, ma anche, in grande misura, della terra. I coloni dell'Algeria erano già ben sistemati nel 1914, ma negli anni del dopoguerra il governo francese cercò di promuovere un'ulteriore immigrazione e colonizzazione delle terre in Tunisia e in Marocco. Man mano che il Marocco veniva posto sotto l'autorità francese negli anni '20, i terreni di proprietà dello stato e quelli detenuti a titolo collettivo venivano spalancati ai coloni. Questi sforzi furono coronati dal successo nel senso che portarono ad una notevole immigrazione, insieme ad un ampliamento della superficie coltivata e della resa dei raccolti, ma non riuscirono a tenere legati al lavoro dei campi la maggior parte degli immigrati. A partire dal 1929 il Maghreb fu coinvolto nella crisi economica mondiale che fece calare i prezzi dei generi alimentari. I governi dei tre paesi, e le banche francesi, si accordarono per un'estensione del credito ai proprietari terrieri, ma di fatto furono i grandi proprietari che riuscirono ad avvalersene. Nel 1939, il modello di insediamento più ricorrente era quello delle grandi tenute, dove si faceva uso di trattori e di tecnologie all'avanguardia, in cui erano impiegati braccianti spagnoli, berberi o arabi, e che producevano cereali e vino per il mercato francese. Anche se quello che uno scrittore ha chiamato «il simbolo della casa colonica dal tetto rosso»[3] rivestiva ancora un ruolo importante nell'immagine che di sé aveva la popolazione europea, l'immigrato-tipo non era un piccolo coltivatore bensì un funzionario governativo, un dipendente di qualche società, un negoziante o un meccanico. Gli Europei costituivano un po' meno del 10 per cento della popolazione totale (all'incirca 1 milione e mezzo su 17 milioni), ma erano predominanti nelle grandi città: Algeri e Orano avevano una maggioranza di Europei, e gli Europei costituivano la metà della popolazione di Tunisi e quasi la metà di quella di Casablanca.

Nel periodo tra il 1918 e il 1939, in altri due paesi avvenne un'importante appropriazione di terre da parte di immigrati. In Cirenaica, la parte orientale della Libia, vi fu una colonizzazione ufficiale di terre espropriate all'uopo e con fondi forniti dal governo italiano. Anche qui, però, si ripeté l'esperienza di altre parti del Maghreb, e nel 1939 solo un 12 per cento circa delle 110.000 persone che costituivano la popolazione italiana viveva nei campi; l'italiano-tipo in Libia era un abitante di Tripoli o di qualche altra città della costa.

In Palestina, l'acquisizione di terre per gli immigrati ebrei provenienti dall'Europa, avviata sul finire del XIX secolo, proseguì nel quadro del nuovo sistema amministrativo instaurato dalla Gran Bretagna nella sua qualità di governo mandatario. L'immigrazione ebraica veniva incoraggiata, nei limiti imposti in parte dalle stime governative del numero di immigrati che il paese poteva assorbire in un dato periodo, e in parte dalla maggiore o minore pressione che i Sionisti o gli Arabi riuscivano ad esercitare sul governo di Londra. La composizione della popolazione del paese mutò, durante questo periodo, in modo spettacolare. Nel 1922 gli Ebrei costituivano circa l'11 per cento di una popolazione complessiva di 750.000 persone, mentre il resto era formato da Musulmani o Cristiani di lingua araba; nel 1949 essi costituivano più del 30 per cento di una popolazione che nel frattempo era raddoppiata. Nello stesso tempo erano stati fatti notevoli investimenti tanto da parte di singoli Ebrei che da parte di istituzioni costituite allo scopo di contribuire alla creazione del focolare nazionale. Gran parte di essi venne destinata alle necessità immediate dell'immigrazione, e qualcuno a progetti industriali: l'elettrificazione (per la quale venne data una concessione esclusiva ad una società ebraica), materiali da costruzione, trasformazione dei prodotti alimentari. Inoltre, molti vennero destinati all'acquisto di terreni e a progetti agricoli. All'inizio degli anni '40, gli Ebrei erano proprietari di qualcosa come il 20 per cento delle terre coltivabili, e gran parte di esse erano di proprietà del Fondo Nazionale Ebraico, che le considerava proprietà inalienabile del popolo ebraico, su cui non potevano essere impiegati non-Ebrei. Come nel Maghreb, le terre possedute e coltivate da immigrati comprendevano una notevole percentuale delle zone più produttive; ma anche qui, come nel Maghreb, la popolazione immigrata era divenuta prevalentemente cittadina. Nel 1939 solo il 10 per cento della popolazione ebraica viveva nei campi, perché l'immigrazione di quel tempo era troppo forte per potere essere assorbita nell'agricoltura. Il tipico Ebreo di Palestina era un cittadino residente in una delle tre grandi città, Gerusalemme, Haifa o Tel Aviv; ma un simbolo importante era anche il contadino residente in un insediamento collettivo, il *kibbutz*.

Lo sviluppo di una élite indigena

Per le comunità di coloni, e per i governi europei, l'uso del proprio potere per difendere i propri interessi era predominante, ma il potere non è a proprio agio se non riesce a trasformarsi in un'autorità legittima, ed era forte tra gli Europei che governavano paesi arabi, o che svolgevano in essi i propri affari, l'idea di trovarsi colà per svolgere una missione civilizzatrice, vuoi espressa nell'idea di una civiltà superiore che ne portava al proprio livello una inferiore o moribonda, vuoi in quella della creazione di giustizia, ordine e prosperità, o della trasmissione di una lingua e della cultura che in essa si esprimeva. Simili idee, la cui logica conclusione era l'assorbimento, in definitiva, degli Arabi a un livello di uguaglianza in un nuovo mondo unificato, si intersecavano con altre: la sensazione di una differenza incolmabile, di una superiorità innata che conferiva il diritto a dominare; inoltre, tra i gruppi di coloni vi era dell'altro. Nel Maghreb aveva fatto la sua comparsa quella che a questo punto era quasi una nazione separata di coloni: l'élite superiore poteva anche appartenere socialmente e culturalmente alla Francia metropolitana, ma la massa dei *petits blancs* era diversa. Di origine mista italiana, spagnola e francese, in gran parte nati nel Maghreb, essi parlavano un francese sui generis, non erano del tutto a casa propria in Francia, erano consapevoli di essere completamente circondati da un mondo alieno e ostile, che allo stesso tempo li attraeva e li respingeva, e si rivolgevano alla Francia per proteggere i loro interessi, che potevano essere diversi da quelli, maggiori, di quest'ultima. Analogamente, in Palestina si stava affermando una nuova nazione ebraica, diversa in modo consapevole da quella cui aveva volto le spalle con l'emigrazione, che si serviva per comunicare dell'ebraico, che era stato fatto rivivere come lingua della vita quotidiana. La separavano dalla popolazione araba differenze di cultura e abitudini sociali, l'aspirazione a creare qualcosa di totalmente ebraico, e la crescente angoscia per il destino degli Ebrei in Europa. Questa nazione si rivolgeva all'Inghilterra per difendere i propri interessi fino a che non fosse riuscita a mantenersi da sé.

Oltre alle pressioni da parte della popolazione dei coloni, vi erano degli interessi fondamentali che rafforzavano la determinazione dell'Inghilterra e della Francia a mantenere la proprio autorità, ma d'altro canto tale determinazione non era esente da dubbi, se non a proposito della moralità del dominio imperiale, quantomeno riguardo ai suoi costi Tra i francesi, fin dal primo momento vi furono dubbi sulla vantaggiosità del mandato siriano, ma pochi avrebbero preso in considerazione qualunque tipo di disimpegno dal Maghreb; perfino i comunisti francesi, pur auspicando un diverso rapporto con i Musulmani e gettando il proprio peso in proteste contro specifici atti di ingiustizia, erano piuttosto propensi a pensare in termini di un assorbimento più completo e paritetico dell'Algeria in una Francia di tipo diverso. In Inghilterra vi fu una tendenza crescente a porre in questione la giustizia del dominio imperiale e a ritenere che gli interessi britannici fondamentali potevano essere salvaguardati in altro modo, accordandosi con quegli elementi dei popoli soggetti che desideravano venire a un compromesso con i dominatori imperiali.

Lo stimolo ad un cambiamento dei rapporti era tanto maggiore in quanto sembravano esistere coloro che, sul fronte opposto, lo avrebbero reso possibile: i membri di una nuova élite che, per interesse o formazione mentale, erano impegnati a perseguire quel tipo di organizzazione politica e sociale che era considerato necessario per vivere nel mondo moderno, e che poteva salvaguardare gli interessi fondamentali delle potenze imperiali.

Negli anni '20 vi era nella maggioranza dei paesi arabi un ceto di proprietari terrieri i cui interessi erano strettamente legati alla produzione di materie prime per l'esportazione, od al mantenimento della dominazione imperiale. Alcuni dei signori delle campagne erano riusciti a trasformarsi in proprietari terrieri moderni, talvolta con l'aiuto di governanti stranieri, che cercavano di garantirsi il loro sostegno. In Marocco, il modo in cui l'autorità francese venne estesa nell'interno, e la natura delle campagne, rendevano conveniente un accordo con alcuni potenti signori dell'Alto Atlante, in particolare con Thami al-Glawi, un capo berbero che aveva il controllo della zona montuosa a est di Marrakesh. In Iraq, il processo per cui i terreni tribali venivano registrati come proprietà delle famiglie che avevano il comando della tribù, iniziato nel XIX secolo, venne proseguito sotto il governo mandatario britannico; in Sudan, per parecchi anni il governo perseguì una politica di «amministrazione indiretta», di controllo delle campagne per mezzo di capi tribali, il cui potere veniva trasformato e accresciuto dalla protezione ufficiale. In altre località, invece, i proprietari terrieri appartenevano in gran parte ad un nuovo ceto che doveva la sua esistenza alle nuove condizioni dell'agricoltura commerciale. I proprietari terrieri che coltivavano cotone in Egitto furono i primi rappresentanti di questo nuovo ceto, e continuarono ad essere i più ricchi, quelli con le proprietà più estese e con la maggiore autorevolezza nella vita nazionale. Gruppi analoghi esistevano in Siria e in Iraq, e perfino nei paesi di colonizzazione europea nel Maghreb si andava affermando un nuovo ceto di proprietari terrieri indigeni: Tunisini coltivatori di ulivi nel Sahil, e Algerini che acquistavano terreni dai coloni che si trasferivano in città, finendo per sviluppare aspirazioni economiche simili alle loro.

Il commercio internazionale rimaneva in gran parte in mano agli Europei o ad appartenenti alle comunità cristiane ed ebraiche che con essi erano in stretti rapporti, ma vi erano delle eccezioni. Alcuni proprietari terrieri egiziani erano dediti all'esportazione del cotone; i commercianti di Fez, in qualche caso installati ora a Casablanca, importavano ancora tessuti dall'Inghilterra. Anche per l'industria vi erano delle eccezioni alla norma generale secondo cui essa era in mano agli Europei. La più importante di esse fu l'Egitto, dove nel 1920 venne fondata una banca con lo scopo di procurare risorse finanziarie per le imprese industriali; il capitale della banca Misr veniva soprattutto da grandi proprietari terrieri in cerca di investimenti più redditizi di quelli che allora poteva fornire l'agricoltura, e negli anni immediatamente successivi essa venne utilizzata per costituire un gruppo di società, in particolare compagnie di navigazione, società per la produzione di film, e per la filatura e la tessitura del cotone. La sua costituzione era il segnale di molteplici cambiamenti: l'accumulo di capitali nazionali in cerca di investimenti, la minore redditività degli investimenti nell'agricoltura, il desiderio di forza e di indipendenza nazionale. Le nuove condizioni erano però precarie, e verso la fine degli anni '30 il gruppo Misr incontrò delle difficoltà e venne salvato solo da un intervento governativo.

Non meno importante era un altro tipo di élite: coloro che avevano avuto un'educazione di tipo europeo. La scolarità in questo periodo era ancora ristretta soprattutto a quanti potevano permettersela, o possedevano qualche altro vantaggio; e anche all'interno di questo gruppo, ulteriori limitazioni potevano venire dalla riluttanza della società a mandare i suoi ragazzi (e il discorso vale ancor più per le ragazze) a scuole che li avrebbero resi estranei alle loro famiglie e alle loro tradizioni, o dalla riluttanza dei governi stranieri a istruire un ceto che non avrebbe potuto essere assorbito nel governo e che quindi avrebbe potuto passare all'opposizione. Cionondimeno, l'istruzione si estese, a ritmi diversi a seconda dei paesi.

In Marocco, le scuole moderne erano ancora agli inizi, con la creazione di un certo numero di scuole secondarie «franco-musulmane», e qualche istituto superiore a Rabat. In Algeria, nel 1939 i detentori di diplomi di scuola secondaria si contavano ancora a centinaia, e i laureati erano ancora di meno; l'Università di Algeri, una delle scuole francesi più prestigiose, era destinata soprattutto agli Europei, ma un numero crescente di Musulmani trovavano il modo di recarsi a Parigi, a Tunisi o al Cairo. Anche in Tunisia il numero di coloro che andavano ai *lycées* di tipo francese era in aumento, e un gruppo, destinato in seguito a fornire i capi di quella nazione, si era recato in Francia per proseguire gli studi superiori. In Egitto, il numero di studenti delle scuole secondarie aumentò da meno di 10.000 nel 1913-14 a più di 60.000 trent'anni dopo; la piccola università privata fondata nei primi anni del secolo venne assorbita nel 1925 in una Università Egiziana più grande e finanziata dal governo, con facoltà di arte e scienze, legge, medicina, ingegneria e commercio. Quando i mutamenti politici diedero al governo egiziano una maggiore autorità sulla politica dell'istruzione, le scuole si estesero rapidamente ad ogni livello. Lo stesso si verificò in Iraq, anche se il processo partiva da un livello inferiore.

Gran parte dell'istruzione di livello secondario e superiore era nelle mani di missioni religiose o culturali europee o americane. Ciò valeva anche per Sira, Libano e Palestina. Di governativo vi era una piccola università a Damasco, e un collegio per la formazione di insegnanti a Gerusalemme, ma le maggiori università erano di proprietà privata: a Beirut l'Université St-Joseph dei Gesuiti, sostenuta del governo francese, e l'American University; inoltre a Gerusalemme l'Università Ebraica, che era soprattutto un centro per la creazione di una cultura nazionale espressa in ebraico, e all'epoca era difficile che attirasse studenti arabi di sorta. In questi paesi anche l'istruzione secondaria era largamente in mani straniere, che in Libano erano soprattutto francesi.

Il fatto che così tante istituzioni superiori fossero straniere aveva diverse conseguenze. Per un giovane arabo studiare in una di esse era di per sé un atto di sradicamento sociale e psicologico; ciò implicava studiare secondo metodi e curricula estranei alle tradizioni della società da cui proveniva, e fare ciò servendosi di una lingua straniera, che diventava la prima e magari l'unica lingua in cui poteva pensare a certe materie e praticare certe vocazioni. Un'ulteriore conseguenza era che il numero di ragazze che ricevevano un'istruzione secondaria o superiore era maggiore di quanto sarebbe stato se le uniche scuole esistenti fossero state statali. Poche ragazze frequentavano scuole statali al di sopra del livello elementare, molte andavano invece alle scuole tenute da suore cattoliche francesi o da maestre protestanti americane. Nel Maghreb, dove le scuole missionarie erano in numero minore e strettamente associate alla popolazione immigrata, l'istruzione delle donne oltre il livello elementare era solo agli inizi. Nell'oriente arabo erano più le ragazze cristiane ed ebree che non quelle musulmane a frequentare le scuole straniere; esse tendevano a farsi assorbire più completamente nella cultura straniera, divenendo estranee alle tradizioni della loro società.

Coloro che uscivano dalle nuove scuole trovavano certi ruoli che attendevano di essere occupati nelle loro società in trasformazione. Per le donne era ancora difficile trovare impieghi pubblici che non fossero quello di insegnante o di infermiera, ma gli uomini potevano diventare avvocati e medici, nonché - sia pure in misura ridotta - ingegneri o tecnici; l'istruzione scientifica e tecnologica era arretrata, e così pure, a un livello inferiore, la formazione di addetti all'agricoltura e all'artigianato. La loro maggiore aspirazione era quella di divenire funzionari di governo, a un livello variabile a seconda del grado e della natura dell'autorità straniera sulla società: migliore di tutti in Egitto e in Iraq, peggiore in Palestina e Sudan, dove per motivi diversi gli incarichi di maggiore prestigio erano mantenuti in mani inglesi, e nel Maghreb, dove i funzionari provenienti dalla Francia avevano gli incarichi direttivi, mentre quelli intermedi e perfino quelli più bassi erano in gran parte occupati da Europei locali.

Proprietari terrieri e commercianti indigeni avevano bisogno di controllare la macchina del governo per i propri interessi; i giovani istruiti desideravano diventare funzionari governativi. Queste aspirazioni diedero forza e indirizzo ai movimenti di opposizione nazionale al governo straniero che caratterizzarono questo periodo, ma frammisto ad esse vi era anche dell'altro: il desiderio e la necessità di vivere nella società in un nuovo modo.

Tentativi di accordo politico

Gli uomini e le donne istruiti volevano più opportunità nell'amministrazione del governo e nelle professioni, e i proprietari terrieri e i commercianti avevano bisogno di riuscire a controllare la macchina del governo; a volte essi potevano mobilitare il sostegno delle masse cittadine, quando potevano fare appello alle loro lagnanze pratiche, o alla loro sensazione di una comunità in pericolo. Un nazionalismo di questo tipo poteva anche offrire ai governanti stranieri la possibilità di un compromesso, e mobilitare un sostegno sufficiente a costringerli a prenderla in considerazione.

Nella maggior parte dei paesi, il livello di organizzazione politica non era elevato, sia perché le potenze imperiali non avrebbero consentito una minaccia troppo seria alle proprie posizioni, sia a causa della permanenza dei modelli tradizionali di comportamento politico. In Marocco un gruppo di giovani istruiti, in gran parte di estrazione dalla borghesia di Fez, stesero un «progetto di riforma» nel 1934, e cominciarono a richiedere un cambiamento nel protettorato francese. In Algeria, alcuni appartenenti al ceto professionale di cultura francese cominciarono ad avanzare pretese di una migliore posizione all'interno dell'Algeria francese e di conservazione della loro cultura, con l'indipendenza come speranza ancora remota; le celebrazioni pubbliche nel 1930 del centenario dell'occupazione francese del paese resero ancora più incalzante il loro movimento. In Siria, Palestina e Iraq, gli ex funzionari e ufficiali dell'amministrazione ottomana, dei quali alcuni appartenevano a vecchie famiglie di notabili cittadini, mentre altri erano sorti in seno all'esercito ottomano, avanzarono pressanti richieste di un maggiore grado di autogoverno; la loro posizione era la più difficile da fare accettare, perché fino a poco prima essi avevano fatto parte di un'élite dominante. In Sudan, un piccolo gruppo di licenziati dalle scuole superiori cominciava nel 1939 a richiedere una maggiore partecipazione all'amministrazione.

In due paesi, invece, i dirigenti riuscirono a creare partiti politici con un più alto livello di organizzazione. Si trattava della Tunisia e dell'Egitto, ambedue paesi in cui vi era una lunga tradizione di predominio da parte di una grande città sulle campagne circostanti. In Tunisia, il partito Destour, che era un indefinito raggruppamento di dirigenti analogo a quelli esistenti negli altri paesi, venne sostituito negli anni '30 da un altro di tipo nuovo, il Neo-Destour; fondato da Habib Bourguiba (n. 1902), esso era guidato da giovani Tunisini con un'istruzione superiore francese, ma riuscì anche a mettere radici nelle città di provincia e nei villaggi della pianura costiera coltivata ad ulivi, il Sahil. Lo stesso avvenne in Egitto, dove il partito Wafd, costituitosi nel corso della lotta contro la Gran Bretagna alla fine della guerra, diede vita ad un'organizzazione permanente in tutto il paese. Esso traeva un sostegno dall'élite professionale e da altri settori della borghesia, da alcune componenti, anche se non tutte, dei ceti proprietari di terre, e in momenti di crisi dall'intera popolazione cittadina; il carisma di Zaghlul sopravvisse alla sua morte, avvenuta nel 1927, così che, nonostante scissioni tra i dirigenti, nel 1939 il Wafd poteva ancora sostenere di parlare per la nazione.

Indipendentemente dagli obiettivi finali di questi gruppi e partiti, il loro scopo immediato era quello di conseguire un maggiore grado di autogoverno all'interno dei sistemi imperiali che non potevano sperare di sovvertire. In Gran Bretagna in misura alquanto maggiore che in Francia, l'opinione politica e ufficiale del periodo si volse gradualmente a cercare di proteggere gli interessi britannici mediante accordi con tali gruppi, in modo che l'autorità in ultima istanza restasse in mano alla Gran Bretagna mentre la responsabilità del governo locale ed un limitato livello di azione internazionale indipendente, sarebbero stati attribuiti a governi rappresentativi dell'opinione nazionalista.

Questa politica venne perseguita in Iraq e in Egitto. In Iraq, l'autorità mandataria britannica era stata esercitata fin quasi dall'inizio attraverso il re Faysal e il suo governo; le competenze del governo vennero estese nel 1930 da un Trattato Anglo-Iracheno, secondo il quale all'Iraq veniva formalmente accordata l'indipendenza in cambio dell'accordo di coordinare la sua politica estera con quella della Gran Bretagna e di concedere alla Gran Bretagna due basi aeree e l'uso dei mezzi di comunicazione in caso di necessità; l'Iraq venne accolto come membro della Lega delle Nazioni, a simboleggiare la sua uguaglianza e la sua accettazione nella comunità internazionale. In Egitto, da una parte l'esistenza di un partito nazionalista ben organizzato con alle spalle un potente ceto di proprietari terrieri e di una borghesia in espansione non desiderosa di cambiamenti violenti, e dall'altra il timore britannico per le ambizioni italiane, rese possibile un analogo compromesso attuato col Trattato Anglo-Egiziano del 1936. Venne dichiarata cessata l'occupazione militare dell'Egitto ma la Gran Bretagna avrebbe ancora potuto mantenere forze armate in una zona intono al Canale di Suez; poco dopo le Capitolazioni vennero abolite da un accordo internazionale, e l'Egitto fece il suo ingresso nella Società delle Nazioni. In ambedue i paesi l'equilibrio così raggiunto era fragile: la Gran Bretagna era desiderosa di concedere l'autogoverno entro limiti più stretti di quelli che i nazionalisti avrebbero accettato in modo permanente; in Iraq il gruppo dominante era ristretto ed instabile, e non aveva solide basi di potere su cui fare affidamento nella società; in Egitto, sarebbe giunto un momento, negli anni '40, in cui il Wafd non sarebbe riuscito a controllare e dirigere in modo permanente tutte le forze politiche del paese.

Nei paesi sotto la dominazione francese, l'accordo degli interessi percepibili non era tale da consentire di raggiungere nemmeno un equilibrio così fragile. Nel mondo la Francia era più debole della Gran Bretagna. Anche allentandosi il controllo su Egitto e Iraq, questi paesi sarebbero pur sempre rimasti circondati su ogni lato dalla potenza militare e finanziaria britannica. La loro vita economica sarebbe ancora stata dominata dalla City di Londra, e dalle industrie tessili del Lancashire. Dal canto suo, invece, la Francia, con una valuta instabile, un'economia stagnante e le forze armate concentrate sui confini orientali, non poteva essere sicura di mantenere nella propria sfera di influenza dei paesi resi indipendenti. I suoi interessi fondamentali nel Maghreb erano diversi da quelli inglesi in Egitto. La popolazione europea aveva delle rivendicazioni da avanzare nei confronti del governo francese, ed era in condizioni tali da fare accogliere le proprie rivendicazioni: in Algeria e in Tunisia, i numerosi uomini di affari e proprietari terrieri europei controllavano i consigli locali che consigliavano il governo su questioni di bilancio e su altre questioni finanziarie; a Parigi, i rappresentanti dei Francesi d'Algeria nel parlamento, e i grandi interessi finanziari che avevano il controllo delle banche, delle industrie e delle società commerciali del Maghreb, formavano una lobby potente alla quale i deboli governi francesi di quel periodo non potevano opporsi. Ciò apparve chiaro quando il governo del Fronte Popolare del 1936 cercò di fare delle concessioni; esso propose che un elettorato limitato di Algerini musulmani fosse rappresentato in parlamento, e intavolò un dialogo con i dirigenti nazionalisti in Tunisia e in Marocco; ma l'opposizione della lobby impedì il cambiamento, e il periodo si concluse con disordini e repressioni in tutto il Maghreb.

L'influenza di potenti lobbies che si opponevano al cambiamento si faceva sentire anche nei territori sotto mandato francese della Siria e del Libano. Nel 1936 il governo del Fronte Popolare negoziò con questi paesi dei trattati analoghi a quello della Gran Bretagna con l'Iraq: essi sarebbero divenuti indipendenti, ma per venticinque anni la Francia avrebbe conservato l'uso di due basi aeree in Siria, e di postazioni militari in Libano. Tali accordi vennero accolti dalla alleanza dominante di dirigenti nazionalisti in Siria, e dall'élite politica in maggioranza cristiana del Libano, ma non vennero mai ratificati dalla Francia, dal momento che il governo del Fronte Popolare cadde e le deboli coalizioni che lo seguirono cedettero alle pressioni di diverse lobbies parigine.

La medesima mancanza di un praticabile equilibrio di interessi si riscontrava anche in Palestina. Fin dai primi tempi dell'amministrazione mandataria britannica apparve chiaro che sarebbe stato difficile creare qualunque tipo di struttura locale di governo che conciliasse gli interessi degli abitanti arabi indigeni e quelli dei Sionisti. Per questi ultimi, l'importante era tenere la porta aperta all'immigrazione, e ciò richiedeva il mantenimento dell'autorità inglese fino a che la comunità ebraica non fosse diventata abbastanza consistente e non si fosse assicurata un controllo delle risorse economiche del paese sufficiente a permetterle di badare in prima persona ai propri interessi. Per gli Arabi, era essenziale prevenire un'immigrazione ebraica di proporzioni tali da danneggiare lo sviluppo economico e in prospettiva l'autodeterminazione, e la stessa esistenza della comunità araba. Presa tra due fuochi da queste pressioni contrapposte, la politica del governo britannico fu quella di conservare l'autorità diretta, consentire entro certi limiti l'emigrazione, favorire nel complesso lo sviluppo economico della comunità ebraica, e rassicurare gli Arabi di tanto in tanto che non avrebbe consentito che quanto stava avvenendo portasse al loro assoggettamento. Questa politica favoriva più gli interessi dei sionisti che quelli degli Arabi, dal momento che, indipendentemente dalle rassicurazioni fornite, la crescita della comunità ebraica avvicinava il momento in cui questa avrebbe potuto assumere in prima persona il controllo della situazione.

A metà degli anni '30, era sempre più difficile per la Gran Bretagna mantenere un equilibrio. L'avvento al potere dei nazisti in Germania aumentava la pressione da parte delle comunità ebraiche e di quanti le sostenevano in Inghilterra a favore di una maggiore immigrazione; e a sua volta l'immigrazione cambiava l'equilibrio della popolazione e del potere in Palestina. Nel 1936 l'opposizione araba cominciò ad assumere l'aspetto di un'insurrezione armata. La dirigenza politica era in mano ad un'associazione di notabili cittadini, che aveva come figura dominante Amin al-Husayni, *mufti* di Gerusalemme, ma cominciava a fare la sua comparsa una dirigenza militare popolare, e il movimento aveva echi nei paesi arabi confinanti, in un momento in cui la minaccia agli interessi britannici da parte di Italia e Germania rendeva auspicabile per la Gran Bretagna avere buoni rapporti con gli stati arabi. Di fronte a questa situazione, il governo inglese fece due tentativi per risolverla. Nel 1937, in seguito all'inchiesta di una Commissione Reale (la Commissione Peel), venne proposto un progetto di divisione della Palestina in uno stato ebraico ed uno arabo; esso era accettabile in linea di principio per i Sionisti, ma non per gli Arabi. Nel 1939, una relazione governativa prevedeva l'instaurazione definitiva di un governo a maggioranza araba, e limitazioni all'immigrazione e all'acquisto di terreni da parte degli Ebrei. Questo sarebbe stato accettabile, con qualche modifica, per gli Arabi, ma la comunità ebraica non avrebbe acconsentito ad una soluzione che chiudesse le porte della Palestina in faccia alla maggior parte degli immigrati e impedisse la nascita di uno stato ebraico. Una resistenza armata da parte ebraica cominciava a farsi vedere quando lo scoppio di una nuova guerra in Europa pose fine per il momento all'attività politica ufficiale.

MUTAMENTI NEL MODO DI VIVERE E DI PENSARE (1914-1939)

La popolazione e la campagna

Anche nei momenti in cui fu maggiore ed efficace, la comprensione tra le potenze imperiali e i nazionalisti locali esprimeva solo una limitata convergenza di interessi, e negli anni '30 si stavano verificando nelle società arabe dei cambiamenti destinati, col tempo a modificare la natura del processo politico.

Dovunque sia possibile fare delle stime, si registrò un accelerato incremento demografico. Il maggiore, e il più facile da calcolare in modo attendibile, è forse quello registrato in Egitto, dove la popolazione salì dai 12,7 milioni del 1917 ai 15,9 del 1937: un incremento del 12 per mille su base annua. Secondo una stima approssimata, la popolazione complessiva dei paesi arabi era sull'ordine dei 55-60 milioni di persone nel 1939; nel 1914 era di 35-40 milioni. Una piccola parte dell'incremento era dovuta all'immigrazione: Europei in Marocco e in Libia, Ebrei in Palestina, Armeni che dalla Turchia si erano rifugiati in Siria e in Libano durante e dopo la prima guerra mondiale. Essa era controbilanciata dall'emigrazione: Siriani e Libanesi diretti in Africa occidentale e in America Latina (ma non più in grande quantità negli Stati Uniti, come prima del 1914, a causa delle nuove leggi statunitensi sull'immigrazione); operai algerini diretti temporaneamente in Francia. L'incremento maggiore fu invece dovuto a cause naturali. Il tasso di natalità non sembra avere subito cali, a parte forse in qualche settore della borghesia che praticava il controllo delle nascite, e si attendeva un miglioramento nel tenore di vita. Per la maggior parte della gente, avere dei figli, e in particolare figli maschi, era sia inevitabile (perché in generale non si conoscevano efficaci mezzi di controllo delle nascite), sia motivo di orgoglio; e l'orgoglio esprimeva un interesse, dal momento che i bambini potevano lavorare nei campi fin da piccoli, e inoltre avere molti figli era una garanzia, in una società in cui le aspettative di vita erano basse e non vi era un sistema di assistenza nazionale, che qualcuno di essi sarebbe sopravvissuto per badare ai genitori nella vecchiaia. Responsabile dell'incremento demografico fu soprattutto un calo del tasso di mortalità, a causa del controllo delle epidemie e delle migliori cure mediche. Ciò valeva per tutte le componenti della società, ma ebbe un particolare significato nelle città, dove per la prima volta le epidemie non svolsero il loro ruolo storico di decimare di quando in quando le masse cittadine.

Come conseguenza, almeno in parte, dell'incremento demografico, ma anche di altri motivi, vi furono mutamenti anche nell'equilibrio tra i diversi settori della società. Gli anni '20 e '30 furono il periodo in cui i pastori nomadi scomparvero, di fatto, come fattore importante della società araba. L'avvento della ferrovia e dell'automobile colpì l'attività da cui dipendeva l'economia pastorale su grandi distanze: l'allevamento di cammelli da trasporto. E anche nelle zone in cui il pascolo era pur sempre il migliore se non l'unico modo di utilizzare la vegetazione rarefatta e le scarse risorse idriche, la libertà di movimento dei beduini venne limitata dall'uso di forze armate arruolate tra gli stessi nomadi. Le pecore avevano ancora un loro mercato, ma nelle regioni di allevamenti ovini sulle pendici dei monti o ai margini della steppa l'estensione dell'autorità dei governi e i cambiamenti nella domanda dalle città spingevano la maggior parte dei gruppi nomadi ad accingersi ad una trasformazione in agricoltori sedentari; ciò avvenne, per esempio, nella regione della Jazira tra il Tigri e l'Eufrate.

Fu in questo periodo che la forza armata dei nomadi venne usata, forse per l'ultima volta, nel processo politico. Quando lo sceriffo Husayn si ribellò ai Turchi, le sue prime forze erano tratte dai beduini dell'Arabia occidentale, ma nelle fasi successive ogni efficace azione militare venne da ufficiali o coscritti che avevano militato nell'esercito ottomano. Anche le forze con cui 'Abd al-'Aziz ibn Sa'ud conquistò la maggior parte dell'Arabia erano reclutate tra i beduini animati da una dottrina religiosa, ma l'uomo che li guidava apparteneva a una famiglia cittadina, ed una parte fondamentale della sua politica fu quella di convincere i beduini a sedentarizzarsi. In Iraq, ancora negli anni '30 un conflitto tra gruppi politici cittadini poté essere combattuto incitando alla rivolta le tribù della vallata dell'Eufrate, ma contro di esse il governo riuscì ad usare il metodo nuovo dei bombardamenti aerei.

Nella campagna sedentaria, i cambiamenti non furono dovuti, come nelle zone pastorali, ad un indebolimento delle basi dell'economia. Nella maggior parte dei paesi l'estensione delle colture aumentò; in alcuni di essi – Marocco e Algeria, Egitto e Sudan, nonché Iraq – l'irrigazione venne ampliata. È vero che in Egitto i terreni più fertili erano già stati messi a coltura, e che l'estensione si verificò verso terreni più marginali, ma ciò non valeva per la maggioranza degli altri paesi, e dove vi era la disponibilità di capitali fu possibile aumentare la resa dei terreni. In alcuni paesi, nonostante l'ampliamento delle zone coltivate, queste ultime non riuscivano a mantenere la popolazione rurale. Il fatto è che non solo la popolazione aumentava seguendo l'incremento naturale, ma i terreni più produttivi non richiedevano più tanta manodopera. I grandi proprietari terrieri riuscivano ad ottenere risorse finanziarie e ad usarle per la meccanizzazione, e ciò voleva dire che diminuiva la manodopera necessaria. In alcune località (Marocco e Palestina) le importazioni di capitali erano collegate all'insediamento di lavoratori stranieri nei campi.

In diversi paesi, quindi, ebbe luogo un processo di polarizzazione delle campagne. Da una parte vi erano grandi proprietà terriere, costituite da terreni fertili e irrigati, che producevano per l'esportazione (cotone, cereali e vino, olio di oliva, arance e datteri), con uso, ove necessario, di trattori e di fertilizzanti, e con l'impiego di salariati (la mezzadria diventava a questo punto meno frequente); una grande percentuale di esse appartenevano a società o individui stranieri, e in Palestina, e in misura minore nel Maghreb, anche la forza lavoro era fornita da immigranti. Dall'altra parte vi erano piccole proprietà di terreni detenuti comunitariamente da un intero villaggio, solitamente meno fertili e peggio irrigati, in cui piccoli coltivatori indigeni privi di risorse finanziarie e di accesso al credito producevano cereali, frutta o verdura con metodi arretrati, per il consumo o per i mercati locali, e in cui l'incremento demografico stava causando un calo del rapporto tra terreni disponibili e popolazione e quindi anche del reddito pro-capite. La situazione di questi agricoltori era resa ancor più precaria dal sistema di successione, che frammentava le piccole proprietà in altre ancora più piccole. Negli anni '30 vi furono anche i danni prodotti dalla crisi economica mondiale, che portò ad un abbassamento dei prezzi dei prodotti agricoli. Essa toccò tutti i coltivatori, ma coloro che erano già in una posizione di debolezza ne risentirono nel modo peggiore; i governi e le banche intervennero per soccorrere i grandi proprietari che avevano influenza politica o la cui produzione era collegata all'economia internazionale.

La popolazione delle campagne in eccesso si trasferì nelle città. Ciò si era sempre verificato, ma ora aveva luogo più in fretta e su scala maggiore, e con esiti diversi. Nelle epoche precedenti, gli abitanti dei villaggi che si trasferivano nelle città ripopolavano le città decimate dalle epidemie. Ora gli immigrati rurali venivano a gonfiare ulteriormente una popolazione urbana già in crescita a causa delle migliorie nella salute pubblica. Le città, e in particolare quelle in cui era maggiore la possibilità di un impiego, crebbero più velocemente della campagna nel suo complesso. La percentuale di popolazione residente nelle grandi città era maggiore che in precedenza. La popolazione del Cairo crebbe da 800.000 abitanti nel 1917 a 1.300.000 nel 1937. Nel 1900 meno del 15 per cento della popolazione complessiva dell'Egitto viveva in città con più di 20.000 abitanti; nel 1937 la percentuale era salita al 25 per cento. Analogamente, in Palestina la popolazione araba delle cinque maggiori città era più che raddoppiata in venti anni. Anche nelle città miste del Maghreb l'elemento arabo aumentò rapidamente.

La vita nelle nuove città

Il risultato fu un cambiamento nella natura e nella forma delle città. Alcune delle trasformazioni che erano cominciate prima del 1914 continuarono a prodursi dopo la guerra. All'esterno delle *madina* si svilupparono nuovi quartieri borghesi, costituiti non solo da ville per i ricchi ma anche da edifici con appartamenti per le classi intermedie in espansione, funzionari governativi, professionisti, e notabili rurali che si trasferivano in città dalla campagna. In alcune località essi vennero pianificati, in altri si svilupparono a casaccio a costo di distruggere quelli vecchi. La pianificazione più accurata si ebbe in Marocco, dove un Residente generale francese dotato di gusto, Lyautey, collocò la nuova Fez a una certa distanza dalla vecchia città circondata di mura. Il suo scopo era quello di conservare la vita della città vecchia, ma quello che avvenne alla fine non era precisamente quello che egli aveva progettato. Le famiglie ricche e con una posizione cominciarono ad abbandonare le loro vecchie case della *madina* per la maggiore convenienza dei nuovi quartieri, e il loro posto fu preso da immigrati dalle campagne e dai poveri; donde un certo degrado nell'aspetto fisico e nella vita della *madina*.

Non tutti gli immigrati trovarono rifugio nella *madina*. Vi furono anche quartieri popolari di nuova costruzione. La maggior parte dei loro occupanti erano Arabi o, nel Maghreb, Berberi, ma vi erano anche altri: in Algeria, *petits blancs* strappati ai terreni che non avevano i capitali per mettere a frutto; a Beirut e ad Aleppo, rifugiati armeni provenienti dalla Turchia; in Palestina, ebrei immigrati. Alcuni di questi quartieri crebbero ai margini delle città, dove laboratori e fabbriche offrivano lavoro. Al Cairo, l'espansione dei quartieri borghesi a occidente fino al Nilo e oltre venne controbilanciata da un'espansione a nord dei quartieri più poveri, dove nel 1937 viveva un terzo della popolazione; a Casablanca i quartieri poveri si svilupparono tutto intorno alla città, ma soprattutto nelle zone industriali. In queste parti, ma anche altrove, vi erano delle *bidonvilles*, villaggi fatti di giunchi o di bidoni di latta (donde il nome), sorti dovunque vi fosse uno spazio vuoto.

Nelle città con una notevole popolazione straniera, i quartieri europei e quelli indigeni tendevano ad essere separati, anche se poteva succedere che si trovassero vicini tra loro. A Casablanca, che dal piccolo porto che era si trasformò in questo periodo nella più grande città del Maghreb, intorno alla *madina* vi era una città europea, e al di là di questa vi era una nuova città musulmana con tutte le caratteristiche della *madina*: *suq*, moschee, un palazzo per il sovrano, ville per la borghesia e abitazioni popolari. Nelle città mediorientali la separazione era meno completa, in particolare in Siria e in Libano, dove la borghesia era prevalentemente indigena e la popolazione straniera scarsa; però in Palestina una linea netta separava i quartieri arabi da quelli ebraici, ed una città completamente ebraica, Tel Aviv, si sviluppò fianco a fianco con l'araba Jaffa.

Gli emigrati dalle campagne tendevano a stabilirsi tra la propria gente e, almeno agli inizi, a conservare le proprie consuetudini sociali. All'inizio, essi lasciavano le loro famiglie nel villaggio, e, se riuscivano a sistemarsi abbastanza da poterle prendere con sé, la loro vita in città era una continuazione o una ricostruzione di quella che si erano lasciata alle spalle. Portavano al Cairo la vita del delta del Nilo, a Baghdad quella della vallata del Tigri, ad Algeri quella dei monti della Cabilia, a Casablanca quella degli Shawiya e dell'Anti-Atlante.

Alla fine, però, venivano trascinati in un modo di vivere che era diverso non solo da quello del villaggio, ma anche da quello della *madina*. Andare nei negozi non era esattamente lo stesso che andare al *suq*, benché vi fosse sempre una preferenza per negozi piccoli, dove era possibile un rapporto personale; ristoranti, caffè e cinematografi offrivano nuovi tipi di svago e nuovi luoghi di incontro; le donne potevano uscire più liberamente e le generazioni più giovani di donne musulmane istruite cominciavano ad andare senza il velo, o coperte in modo molto leggero. Le comodità della vita domestica erano maggiori. I moderni sistemi di condotte idriche e fognarie, l'elettricità e il telefono si diffusero negli anni '20; il gas lo aveva già fatto in precedenza. I mezzi di trasporto cambiavano. Una società belga aveva installato delle linee tranviarie in alcune città della costa alla fine del XIX secolo, e successivamente fece la sua comparsa l'automobile; la prima fu vista per le vie del Cairo nel 1903, e in seguito nella maggior parte delle altre città. Alla fine degli anni '30 erano frequenti le automobili private, gli autobus e i taxi, e le carrozze a cavalli erano praticamente scomparse in tutte le città di provincia ad eccezione delle più piccole. Il traffico motorizzato richiedeva strade e ponti migliori, e questi a loro volta consentivano di ampliare l'area delle città: Baghdad si estese per miglia e miglia lungo le sponde del Tigri; il Cairo si estese alle due isole del Nilo, Rawda e Gazira, e al di là della riva occidentale del fiume.

Questi mezzi di trasporto integrarono la popolazione delle città in un modo nuovo. Uomini e donne non conducevano più la loro vita interamente all'interno di un quartiere. Potevano vivere assai distanti dal luogo di lavoro; la famiglia estesa poteva disperdersi per tutta la città; la gente con la stessa origine etnica o appartenente alla medesima comunità religiosa poteva vivere indifferentemente nello stesso quartiere o in quartieri diversi; l'ambito delle scelte matrimoniali poté essere esteso. Permanevano, però, invisibili linee di divisione; matrimoni che superassero le divisioni tra le comunità religiose erano sempre difficili e rari;

nelle città sotto il dominio straniero vi erano barriere create non solo dalle differenze religiose e nazionali, ma anche dalla consapevolezza del potere e dell'impotenza. Sotto certi aspetti le barriere erano maggiori di prima: man mano che crescevano le comunità europee, si faceva sempre maggiore per esse la possibilità di condurre una vita separata, simile a quella della madrepatria; se aumentava il numero di Arabi che parlavano francese o inglese, erano pochi gli Europei che sapevano l'arabo o avevano un qualche interesse per la cultura islamica. Molti studenti arabi di ritorno dai loro studi all'estero portavano con sé delle mogli straniere, che non venivano pienamente accettate né nell'una né nell'altra comunità.

Se i borghesi non vivevano necessariamente nei propri quartieri, allo stesso modo avevano meno limitazioni di un tempo per quanto riguardava la città di residenza. I cambiamenti nei mezzi di trasporto collegavano tra loro le città e i paesi in modo nuovo. La rete ferroviaria, che già esisteva nel 1914, venne estesa ulteriormente in alcuni paesi; nella maggior parte di essi, buone strade collegarono per la prima volta tra loro le città principali. Il cambiamento più spettacolare fu la conquista del deserto da parte dell'automobile. Negli anni '20, due fratelli australiani che i casi della guerra avevano portato in Medio Oriente diedero l'avvio ad un servizio regolare di taxi, e in seguito di corriere, dalle coste del Mediterraneo a Baghdad attraverso Damasco o Gerusalemme; il viaggio dall'Iraq alla Siria, che prima della guerra richiedeva un mese, poteva ora essere effettuato in meno di una giornata. Uno studente del nord dell'Iraq, che all'inizio degli anni '20 per recarsi all'Università Americana di Beirut sarebbe dovuto passare per Bombay, poteva ora andarci via terra. Allo stesso modo, camion e corriere potevano attraversare il Sahara partendo dalle coste del Mediterraneo.

Non solo i contatti erano più estesi di quanto non fossero mai stati, ma potevano anche avvenire ad un livello più profondo. Nuovi mezzi di espressione creavano un universo di discorso che univa gli Arabi istruiti più di quanto fossero riusciti a fare il pellegrinaggio e i viaggi degli studiosi in cerca di sapere. I quotidiani si moltiplicavano, e quelli del Cairo venivano letti anche al di fuori dell'Egitto; i vecchi periodici culturali egiziani continuavano ad esistere, e ne venivano alla luce di nuovi, in particolare riviste letterarie, come «al-Risala» e «al-Thaqafa» che pubblicavano le opere di poesia e di critica. Le case editrici del Cairo e di Beirut producevano libri di testo per un numero crescente di studenti, e anche poesie, romanzi e opere di divulgazione scientifica e di storia, che circolavano dovunque si leggesse l'arabo.

Nel 1914 vi erano già dei cinematografi al Cairo e in qualche altra città; nel 1925 venne realizzato il primo film autenticamente egiziano, e significativamente esso era basato sul primo romanzo autenticamente egiziano, *Zaynab*. Nel 1932 venne prodotto in Egitto il primo film sonoro, e per il 1939 i film egiziani venivano proiettati in tutto il mondo arabo. Per quell'epoca vi erano anche stazioni radio locali che trasmettevano conversazioni, musica e notizie, e alcuni paesi europei, in competizione tra loro, indirizzavano proprie trasmissioni verso il mondo arabo.

Le possibilità di viaggiare, l'istruzione e i nuovi mezzi di comunicazione, tutto contribuiva a creare un mondo di idee e di gusti in comune. Il fenomeno del bilinguismo era diffuso, perlomeno nei paesi sulle rive del Mediterraneo; il francese e l'inglese venivano impiegati negli affari e in famiglia; tra le donne istruite nelle scuole confessionali francesi, capitava che il francese sostituisse di fatto l'arabo come madrelingua. Dai quotidiani o dalle trasmissioni radio straniere si potevano avere le notizie del mondo; gli intellettuali e gli scienziati avevano più bisogno di letture in inglese o in francese che in arabo; l'abitudine di recarsi in Europa per le vacanze estive si diffondeva soprattutto tra i ricchi Egiziani che potevano trascorrervi diversi mesi; gli Algerini, gli Egiziani e i Palestinesi crebbero abituati a vedere e a incontrare turisti europei e americani. Questi movimenti e contatti portarono a cambiamenti nei gusti e negli atteggiamenti, non sempre facili da definire: modi diversi di arredare le stanze, di appendere quadri alle pareti, di mangiare a tavola, di intrattenere gli amici; diverse fogge nel vestire, soprattutto per le donne, le cui mode si ispiravano a quelle di Parigi. Vi erano diversi intrattenimenti: le grandi città avevano ippodromi, e in un certo senso questa era una nuova forma di gustare un vecchio sport, ma il tennis, uno sport borghese, e il football, apprezzati da tutti e praticati da molti, erano delle novità.

L'esempio dell'Europa e dei nuovi mezzi di comunicazione apportarono anche mutamenti nell'espressione artistica. Le arti visive nel loro complesso erano in una fase intermedia tra il vecchio e il nuovo. Vi era una decadenza nella qualità dell'artigianato, sia a causa della concorrenza con le merci estere prodotte in serie, sia per motivi interni: l'uso di materie prime di importazione e la necessità di adeguarsi a nuovi gusti, compresi quelli dei turisti. Alcuni pittori e scultori cominciarono a lavorare in uno stile occidentale, senza però produrre granché di interessante per il mondo esterno; non vi erano praticamente gallerie d'arte in cui si potesse formare il gusto, e i libri illustrati non erano ancora così comuni come sarebbero divenuti in seguito. Le grandi commesse di opere architettoniche per edifici governativi venivano perlopiù assegnate ad architetti inglesi o francesi, alcuni dei quali (soprattutto quelli francesi nel Maghreb) operavano in un composito stile «orientale» che poteva essere piacevole. Anche alcuni architetti arabi formati all'estero cominciarono a costruire ville di stile mediterraneo, residenze liberty nel quartiere di Garden-City al Cairo, e le prime costruzioni secondo quella che era allora la scuola «moderna».

I primi dischi per grammofoni di musica araba vennero prodotti in Egitto molto precocemente, agli inizi del secolo, e le esigenze delle trasmissioni radio e dei film musicali comportarono progressivi mutamenti nelle convenzioni musicali: dall'esecuzione improvvisata a quella scritta e provata, dall'esecutore che prende lo spunto da un pubblico che applaude e lo incoraggia al silenzio degli studi di incisione. I cantanti si esibivano accompagnati da orchestre che combinavano strumenti occidentali e tradizionali; alcune delle composizioni che essi eseguivano erano divenute, negli anni '30, più prossime alla musica da caffè italiana o francese che alla musica tradizionale. I vecchi stili continuavano però ad esistere: vi erano tentativi di studiarli al Cairo, a Tunisi e a Baghdad; Umm Kulthum, una grande cantante di stile tradizionale, salmodiava il Corano e cantava poesie scritte da Shawqi e da altri poeti, e i nuovi mezzi di comunicazione la facevano conoscere da un capo all'altro del mondo arabo.

La cultura del nazionalismo

La fusione più riuscita tra elementi occidentali e indigeni si ebbe nella letteratura. I giornali, la radio e i film diffondevano in tutto il mondo arabo una versione moderna e semplificata dell'arabo letterario; grazie ad essi, voci e intonazioni egiziane divennero familiari ovunque. Tre accademie, a Baghdad, a Damasco e al Cairo, vennero fondate per vigilare sull'eredità della lingua. Con poche eccezioni, il primato della lingua letteraria non veniva messo in discussione, solo che gli scrittori la utilizzavano in modi nuovi. Una scuola di poeti egiziani, sorta nel 1890 o negli anni immediatamente successivi, il gruppo «Apollo», non si scostava dalla tradizione per quanto riguarda i metri e la lingua di cui si serviva, ma cercava di esprimere sentimenti personali in un modo che conferiva unitarietà a un'intera poesia; tra i più conosciuti vi era Zaki Abu Shadi (1892-1955). L'influsso della poesia inglese o francese era evidente nelle loro opere e in quelle di un gruppo della generazione successiva: i Romantici, convinti che la poesia dovesse essere l'espressione sincera delle emozioni e con un'attenzione al mondo naturale che non era tradizionale nella poesia araba, e che diventava nostalgia di un mondo perduto nelle opere dei poeti libanesi che erano emigrati in America del Nord o del Sud. Essi erano Romantici anche nella loro concezione del poeta come veggente che dava voce alle verità ricevute per ispirazione dall'esterno. La ribellione nei confronti del passato poteva spingersi fino al totale rifiuto, espresso negli scritti di uno dei più originali di essi, il tunisino Abu 'l-Qasim al-Shabbi (1909-1934): «Tutto quello che lo spirito arabo ha prodotto in tutte le epoche della sua storia è monotono e totalmente privo di ispirazione poetica».[1]

La rottura col passato si evidenziava anche nello sviluppo di determinate forme letterarie praticamente sconosciute alla letteratura classica. Nel XIX secolo erano stati scritti dei lavori teatrali, e in questo periodo se ne scrissero altri ancora, ma i teatri in cui rappresentarli erano ancora rari, se si eccettua la comparsa in Egitto del teatro di arguta critica sociale di Najib Rihani con la sua creazione «Kish-Kish Bey». Più significativo fu lo sviluppo del romanzo e della novella, prevalentemente in Egitto, dove numerosi scrittori nati nell'ultimo decennio del XIX secolo e nel primo del XX fecero nascere un nuovo mezzo per l'analisi e la critica della società e degli individui; nelle loro storie dipingevano la miseria e l'oppressione dei poveri dei villaggi e delle città, la lotta degli individui per essere se stessi in una società che cercava di imprigionarli, il conflitto tra le generazioni, i turbamenti prodotti dai modi di vivere e dai valori occidentali. Tra essi vi erano Mahmud Taymur (1894-1973) e Yahya Haqqi (n. 1905).

Lo scrittore che diede voce nel modo migliore ai problemi e alle speranze della sua generazione fu l'egiziano Taha Husayn (1889-1973). Di essi egli non fu solo il rappresentante più tipico, ma forse il più originale, oltre che autore di uno dei libri che hanno più probabilità di conservarsi un posto imperituro nella letteratura mondiale: la sua autobiografia *al-Ayyam* (*I giorni*), narrazione di come un ragazzo cieco divenne consapevole di se stesso e del mondo. I suoi scritti comprendono romanzi, saggi, opere di storia e di critica letteraria, ed un'opera importante, *Mustaqbil al-thaqafa fi Misr* (*Il futuro della cultura in Egitto*). Essi mostrano, in questa fase, un prolungato tentativo di mantenere in equilibrio i tre elementi fondamentali, a suo modo di vedere, della caratteristica cultura egiziana: l'elemento arabo, e soprattutto la lingua araba classica; gli elementi apportati dall'esterno in diverse epoche, e soprattutto quello del razionalismo greco; e inoltre l'elemento egiziano di base, persistente nel corso di tutta la storia:

> Tre elementi hanno formato lo spirito letterario dell'Egitto sin da quando esso è stato arabizzato. Il primo di essi è l'elemento meramente egiziano che abbiamo ereditato dagli antichi Egizi... e che abbiamo tratto perennemente dalla terra e dal cielo d'Egitto, dal suo Nilo e dal suo deserto... Il secondo elemento è l'elemento arabo, che ci è giunto attraverso la sua lingua e la sua religione e la sua civiltà. Qualunque cosa facciamo non riusciremo a sfuggire ad esso, o ad indebolirlo, o a ridurre la sua influenza sulla nostra vita, perché esso è mischiato a quella vita in un modo che l'ha formata e ha modellato la sua personalità. Non dire che è un elemento straniero... La lingua araba non è una lingua straniera presso di noi, è la *nostra* lingua, e mille volte più vicina a noi della lingua degli antichi Egizi... Quanto al terzo elemento, esso è l'elemento straniero che ha sempre influenzato la vita egiziana, e sempre lo farà. È quello che è giunto in Egitto dai suoi contatti con i popoli civili dell'est e dell'ovest... Greci e Romani, Ebrei e Fenici nei tempi antichi, Arabi, Turchi e Crociati

> nel Medio Evo, l'Europa e l'America nell'era moderna... Mi piacerebbe che la cultura egiziana fosse saldamente basata su di una certa armonia tra questi tre elementi.[2]

La sua asserzione che l'Egitto facesse parte del mondo della cultura formata dal pensiero greco fu quella che suscitò la maggiore attenzione all'epoca, ma forse il suo contributo più durevole sta nella sua cura per la lingua araba, e nella sua dimostrazione che essa poteva essere impiegata per esprimere ogni sfumatura di un animo e di una sensibilità moderni.

Egli scrisse anche a proposito dell'Islam, ma almeno negli anni '20 e '30 ciò che scriveva era in forma di rielaborazione immaginaria della vita del Profeta, di un genere che poteva soddisfare le emozioni della gente comune. Più tardi egli avrebbe scritto seguendo ben altra ispirazione, ma per il momento il principio unificante del suo pensiero non era tanto l'Islam quanto l'identità collettiva della nazione egiziana. In una forma o in un'altra questo sarebbe stato caratteristico degli intellettuali arabi della sua generazione. Il tema centrale era quello della nazione; non solo come avrebbe potuto diventare indipendente, ma anche come avrebbe potuto avere la forza e il valore necessari a prosperare nel mondo moderno. La definizione di nazione poteva variare: dal momento che ogni paese arabo doveva fronteggiare un diverso problema in rapporto ai suoi governanti europei, vi era la tendenza, perlomeno tra i dirigenti politici, a sviluppare in ciascuno di essi un distinto movimento nazionale, e un'ideologia che lo giustificasse. Questo valeva in modo particolare per l'Egitto, che fin dai tempi di Muhammad 'Ali aveva avuto un proprio destino politico. In alcuni casi il mantenimento di un'esistenza separata veniva legittimato alla luce di una teoria della storia. I movimenti nazionalistici erano una ribellione contro il presente e l'immediato passato, e potevano fare appello alla memoria di un passato più remoto, preislamico, al quale le scoperte degli archeologi e l'apertura dei musei conferivano una realtà visibile. La scoperta della tomba di Tutankhamen nel 1922 suscitò grande interesse, e spinse gli Egiziani a sottolineare la continuità della vita egiziana dal tempo dei faraoni.

Ahmad Shawqi, che era stato il poeta della corte egiziana, si rivelò negli anni '20 come portavoce di un nazionalismo egiziano che traeva ispirazione e speranze dai monumenti del passato immemorabile dell'Egitto. In una delle sue poesie, scritta, per lo scoprimento di una statua in un giardino pubblico del Cairo, ritrae la sfinge che guarda giù, immutata, su tutta quanta la storia egiziana:

> Parla! e forse la tua parola ci guiderà. Informaci, e forse ciò che ci dirai ci consolerà. Non hai tu visto il Faraone, nella sua possanza, rivendicare la sua discendenza dal sole e dalla luna, riparare la civiltà dei nostri antenati, i grandi edifici, le grandi reli-

quie?... Tu hai visto Cesare nella sua tirannide su di noi, farci schiavi, mentre i suoi uomini ci spingevano davanti a loro come si spingono gli asini, e poi sconfitto da una piccola banda di nobili conquistatori... [parla la Sfinge:] Ho conservato per te qualcosa che ti rafforzerà, perché nulla conserva la dolcezza come la pietra... Il mattino di speranza annienta le tenebre della disperazione, è ora l'alba tanto attesa.[3]

Profondamente radicato in tali movimenti, in modo più o meno esplicito, era un elemento arabo. Dal momento che lo scopo dei movimenti nazionalistici era quello di creare una società moderna autonoma e fiorente, il rifiorire della lingua araba come moderno mezzo di espressione e come vincolo unitario era un tema centrale.

Per lo stesso motivo, nel nazionalismo vi era inevitabilmente un elemento islamico. Esso tendeva ad essere implicito e sommerso tra i ceti colti dell'epoca, sia perché la separazione della religione dalla vita politica sembrava una condizione del successo di una vita nazionale nel mondo moderno, sia perché in alcuni paesi arabi orientali (Siria, Palestina, Egitto), vi era una convivenza di Musulmani e Cristiani, e per questo l'accento veniva posto sui loro comuni vincoli di nazionalità. (Il Libano costituiva in parte un'eccezione. Il «grande Libano» creato dai Francesi comprendeva più Musulmani di quanti ne ospitasse la regione privilegiata ottomana. La maggioranza dei Musulmani incorporati in esso ritenevano che esso andasse assorbito in una più ampia entità araba o siriana; per la maggioranza dei Cristiani, esso era sostanzialmente uno stato cristiano. Fu solo verso la fine degli anni '30 che l'idea di uno stato basato su di un accordo tra le varie comunità cristiane e musulmane cominciò a guadagnare consensi.)

L'idea che un gruppo di persone formasse una nazione, e che la nazione dovesse essere indipendente, era elementare, troppo elementare per riuscire da sola a fornire un'indicazione del modo in cui si dovesse organizzare la vita sociale. In questo periodo, però, essa serviva come punto di convergenza intorno al quale raccogliere altre idee. In generale, il nazionalismo di questo periodo era laico, credeva in un vincolo che potesse abbracciare gente di diverse scuole o fedi e in una politica basata sugli interessi dello stato e della società, ed era costituzionalista, in quanto sosteneva che la volontà della nazione dovesse esprimersi attraverso governi elettivi responsabili nei confronti di assemblee elettive. Poneva molto l'accento sulla necessità di un'istruzione popolare, che avrebbe consentito alla nazione di prendere parte più attivamente alla sua vita collettiva. Era favorevole allo sviluppo di industrie nazionali, dal momento che l'industrializzazione sembrava essere la fonte della forza.

L'idea che l'Europa fosse il rappresentante ideale della civiltà moderna, idea che aveva animato i governi riformatori del secolo precedente, era potente in questi movimenti nazionali. Essere indipendenti voleva dire essere accettati dagli stati europei su un piano di eguaglianza, vedere abolite le Capitolazioni, i privilegi legali dei cittadini stranieri, essere ammessi nella Lega delle Nazioni. Essere moderni voleva dire avere una vita politica e sociale simile a quella dei paesi dell'Europa occidentale.

Un'altra componente di questo ventaglio di idee merita più di una fuggevole menzione. Il nazionalismo diede impulso al movimento per l'emancipazione della donna. Un primo impulso in questa direzione lo aveva dato, durante la seconda metà del XIX secolo, l'apertura di scuole femminili, da parte dei governi e delle missioni estere; i viaggi, la stampa europea e l'esempio delle donne europee, tutto lo favoriva; esso trovò una giustificazione teorica negli scritti di alcuni autori collegati col movimento di riforma islamica (anche se non certo presso la totalità dei suoi componenti).

L'autobiografia di una donna appartenente a una famiglia in vista di Beirut musulmana sunnita dà qualche idea dei fermenti di cambiamento. Nata negli ultimi anni del XIX secolo, cresciuta nelle calde certezze di una vita familiare tradizionale, e abituata a portare il velo in pubblico fin dopo i vent'anni, 'Anbara Salam ricevette un'istruzione completamente moderna. Sua madre e sua nonna sapevano leggere e scrivere e leggevano libri di religione e di storia, e lei stessa venne mandata a scuola: per qualche tempo in una scuola cattolica, dalla quale conservò un ricordo indelebile dell'umiltà e della dolcezza delle suore, poi in una fondata da un'associazione benefica musulmana. Prese anche lezioni di arabo da uno degli studiosi più in vista del tempo. Una visita al Cairo nel 1912 le rivelò alcune meraviglie della civiltà moderna: luci elettriche, ascensori, automobili, il cinema, teatri con posti speciali per le donne. Prima di vent'anni aveva cominciato a scrivere sui giornali, a parlare a riunioni di donne, e a farsi un'idea nuova dell'indipendenza personale: rifiutò di essere promessa in sposa ad un parente in giovane età, e decise che non avrebbe potuto sposare qualcuno che non avesse già conosciuto. Quando si sposò, lo fece con un membro di una famiglia in vista di Gerusalemme, Ahmad Samih al-Khalidi, uno dei capi della promozione dell'istruzione araba, con cui condivise la vita e le sventure degli Arabi palestinesi, pur continuando a svolgere la propria parte a favore dell'emancipazione delle donne arabe.[4]

Il desiderio di generare tutta la forza potenziale della nazione diede un nuovo significato all'emancipazione delle donne: come poteva prosperare la nazione mentre metà della sua potenza non veniva usata; come poteva essere libera una società fintantoché vi era un'ineguaglianza di diritti e di doveri? L'esaltazione dell'attività nazionalista dava un nuovo tipo di coraggio. Quando la principale femminista del suo tempo, Huda Sha'rawi (1878-1947), giunse alla stazione principale del Cairo di ritorno da una conferenza femminile a Roma nel 1923, salì sulla pedana del treno e tirò via il velo dal viso; si dice che le donne presenti siano scoppiate in un applauso e che alcune l'abbiano imitata. Il suo esempio venne seguito da qualcuna della sua generazione, mentre nella generazione successiva vi sono state donne che non hanno mai portato il velo.

Nel 1939, però, il cambiamento non era andato molto in profondità. Vi erano più allieve nelle scuole e qualcuna anche nelle università, vi era una crescente libertà nei rapporti sociali, ma nessun cambiamento effettivo nella condizione legale della donna; alcune donne prendevano parte ad attività politiche, al movimento del Wafd in Egitto e alla resistenza alla politica britannica in Palestina, ma poche professioni erano aperte ad esse. L'Egitto, il Libano e la Palestina erano quelli che avevano fatto i maggiori passi avanti in questa direzione; in qualche altro paese, come il Marocco, il Sudan e i paesi della penisola araba, non era dato osservare quasi nessun cambiamento.

L'Islam dell'élite e quello delle masse

Nelle città di antica tradizione, la società era stata forgiata, indipendentemente dalle classi di reddito, dall'esperienza di vivere insieme in una comunità urbana. Un sistema di consuetudini, un possesso comune di valori considerati sacri, l'avevano cementata; notabili e borghesi, residenti in mezzo agli artigiani e ai negozianti, controllavano la loro produzione e fungevano da loro protettori. La religiosità delle città e quella delle campagne, ancorché differenti, trovavano un punto di incontro nella comune osservanza delle preghiere, del Ramadan e del pellegrinaggio, e nel rispetto per comuni luoghi di culto. La maggior parte degli *'ulama* urbani appartenevano a questa o a quella confraternita sufi, le cui ramificazioni erano diffuse in tutta la campagna; anche se gli abitanti dei villaggi seguivano il diritto consuetudinario, avevano, in linea di principio, rispetto per la *shari'a* e capitava che si servissero delle sue forme per esprimere accordi importanti e impegni comuni. Adesso, invece, i due mondi di pensiero e di prassi divenivano più distanti l'uno dall'altro. Nelle città di nuovo tipo, la separazione fisica tradiva una più profonda divergenza di atteggiamenti, di gusti, di abitudini e di fede.

Negli anni '30 una gran parte dell'élite istruita non viveva già più conformemente ai dettami della *shari'a*. Nella nuova repubblica turca questa era formalmente abolita e sostituita da leggi precise ricavate da modelli europei. Nessun paese arabo, e nessuna delle potenze europee dominatrici degli arabi si era spinta a tanto, ma nei paesi toccati dalle riforme del XIX secolo, sia che queste fossero state introdotte da autocrati indigeni sia che lo fossero state da governanti stranieri, era a questo punto saldamente instaurato un dualismo di sistemi legali. Le cause penali, civili e commerciali venivano discusse secondo codici e procedure europei, mentre l'autorità della *shari'a*, e dei giudici che l'amministravano, era limitata a questioni di statuto personale. La principale eccezione era la penisola araba: in Arabia Saudita, la versione hanbalita della *shari'a* era la sola legge riconosciuta dallo stato, e gli obblighi religiosi, quelli della preghiera e del digiuno, erano fatti rispettare rigorosamente da funzionari dello stato. Nei paesi in cui il ritmo del cambiamento era più veloce, le stesse prescrizioni religiose della *shari'a* erano osservate in modo meno esteso. Esse governavano ancora i momenti cruciali della vita umana – la nascita e la circoncisione, il contratto di matrimonio, la morte e l'eredità – ma nei nuovi quartieri borghesi il rituale delle cinque preghiere giornaliere, annunciate dalla chiamata dall'alto dei minareti, aveva minore importanza come misura del tempo e della vita; forse il Ramadan era osservato in modo meno completo che in passato, una volta che la vita fu liberata dalla pressione sociale della *madina* in cui ciascuno osservava i propri vicini; l'uso di bevande alcoliche era più diffuso. Cresceva il numero di coloro per i quali l'Islam era più una cultura ereditata che una norma di vita.

Quegli appartenenti all'élite istruita per i quali l'Islam era ancora una fede viva tendevano ad interpretarlo in un modo diverso. La posizione degli *'ulama* nell'alta società urbana era cambiata. Essi non ricoprivano più incarichi importanti nel sistema di governo; non erano essi, bensì i dirigenti dei partiti politici a farsi portavoce delle aspirazioni della borghesia. L'istruzione che essi offrivano non era più così attraente per i giovani ambiziosi, che avevano possibilità di scelta; essa non conduceva ad una promozione nell'amministrazione del governo, e non sembrava offrire alcun aiuto per comprendere o dominare il mondo moderno. In Siria, Palestina e Libano, in Egitto e in Tunisia, i giovani (e in certa misura anche le giovani) di buona famiglia preferivano frequentare una scuola secondaria moderna, ufficiale o straniera, o le università del Cairo, o di Beirut, oppure recarsi a studiare in Francia, in Inghilterra o negli Stati Uniti. Perfino in Marocco, dove più lento era stato il cambiamento, la nuova scuola fondata dai Francesi a Fez, il Collège Moulay Idris, sottraeva studenti a al-Qarawiyyin.

L'Islam di quanti erano istruiti secondo le nuove usanze non era più quello di al-Azhar o della Zaytuna, bensì quello dei riformisti della scuola di 'Abduh. Coloro che ne interpretavano il pensiero nel senso di una separazione *de facto* tra le sfere della religione e della vita sociale trovarono un nuovo argomento di discussione negli anni '20: l'abolizione del califfato ottomano ad opera della Repubblica Turca fu lo spunto per una riflessione sulla natura dell'autorità politica, e uno dei seguaci di 'Abduh, 'Ali 'Abd al-Raziq (1888-1966), scrisse un celebre libro, *al-Islam wa usul al-hukm* (*L'Islam e i fondamenti del-*

l'autorità politica), in cui arguiva che il califfato non era di origine divina, e che il Profeta non era stato inviato per fondare uno stato, e di fatto non lo aveva fatto:

> In realtà, la religione dell'Islam è esente da quel califfato che i Musulmani hanno finito per conoscere... Esso non è un'istituzione religiosa, come non lo è la carica di giudice o qualunque carica dello stato... Esse sono tutte cariche meramente politiche. La religione non ha nulla a che fare con esse; non le conosce né le ripudia, né le impone né le vieta, essa le ha lasciate a noi, perché noi consultiamo, riguardo ad esse, i principi della ragione, l'esperienza delle nazioni, e le leggi dell'arte di governare.[5]

Le sue idee ricevettero una cattiva accoglienza da parte dei conservatori religiosi, ma la loro conseguenza, che il califfato non andasse ripristinato, venne generalmente accolta.

L'altra linea di pensiero che derivava da 'Abduh, era quella che poneva l'accento sulla necessità di far ritorno alle basi della fede e di ricavare da esse, ragionando in modo responsabile, una morale sociale che fosse acettabile nei tempi moderni. Questo tipo di riformismo cominciò ad avere una grande influenza nel Maghreb, un'influenza che alla fine avrebbe assunto forma politica. In Algeria, nel 1931 venne fondata, ad opera di Muhammad Ben Badis, un'Associazione degli 'Ulama Algerini che si poneva l'obiettivo di restaurare la supremazia morale dell'Islam, e con esso della lingua araba, in un popolo che un secolo di dominazione francese aveva strappato dalle sue radici. Essa cercava di fare ciò promuovendo un'interpretazione dell'Islam basata sul Corano e sugli Hadith e tendendo ad abbattere le barriere tra le differenti sette e scuole di diritto, creando scuole non governative in cui si insegnava in arabo, e operando per far cessare l'autorità dello stato sulle istituzioni islamiche. La sua opera le attirò l'ostilità dei capi sufi e il sospetto del governo francese. Nel 1939 essa era stata assorbita più a fondo nella vita politica, e identificata con la pretesa nazionalistica che i Musulmani avessero uguali diritti nel sistema francese, senza dovere rinunciare alle proprie leggi tradizionali e alla loro moralità sociale.

Anche in Marocco le dottrine riformiste posero radice negli anni '20, con effetti analoghi. Cercare di purgare l'Islam marocchino dalla corruzione dei tempi recenti voleva dire, implicitamente, attaccare la posizione che i capi delle confraternite sufi avevano ottenuto nella società marocchina; e richiedere una società ed uno stato basati su di una *shari'a* riformata voleva dire opporsi al dominio degli occupanti stranieri del paese. Tali dottrine puntavano all'azione politica, e quando fece la sua comparsa un movimento nazionalista, esso era diretto da un discepolo dei riformatori, 'Allal al-Fasi (1910-1974). Il momento per l'azione venne nel 1930, quando quello che si riteneva un tentativo francese di sostituire la *shari'a* con il diritto consuetudinario nelle regioni berbere venne interpretato dai nazionalisti come un tentativo di dividere i Berberi dagli Arabi, e fornì un argomento di discussione su cui mobilitare l'opinione delle città.

Questi furono movimenti sorti all'interno dell'élite istruita, ma le masse urbane, e la popolazione rurale che le andavano ingrossando, si attenevano ancora ai modi tradizionali di credere e di comportarsi. La preghiera, il digiuno e il pellegrinaggio scandivano ancora il fluire dei giorni e degli anni; il predicatore nella moschea del venerdì e il maestro sufi che custodiva la tomba di un santo erano ancora quelli che formavano ed esprimevano l'opinione pubblica sulle questioni del giorno. Le confraternite sufi erano ancora diffuse tra le masse delle città e delle campagne, ma la loro natura e il loro ruolo stavano mutando. Sotto la spinta del riformismo e del wahhabismo, diminuivano gli *'ulama* e gli appartenenti al ceto istruito che vi aderivano, e il pensiero e la pratica sufi non erano più mantenuti là dove arrivava l'influenza dell'alta cultura urbana. Quando i governi avevano saldamente in mano il controllo delle campagne, il ruolo politico dei capi sufi era più limitato che in precedenza, ma dove questa autorità era debole o assente, essi potevano ancora porsi a capo di un movimento politico. Durante la conquista italiana della Libia, la resistenza nella regione orientale, la Cirenaica, fu condotta e diretta dai capi della confraternita senussita.

Anche all'interno del mondo dell'Islam popolare si diffondeva la versione più militante e politica. Tra i lavoratori algerini, in Francia e nella stessa Algeria, negli anni '30 si diffuse un movimento popolare: l'Étoile Nord-Africaine. Esso era capeggiato da Messali al-Hajj, era più apertamente nazionalista rispetto ai movimenti dell'élite di cultura francese, e faceva appello più apertamente al sentimento islamico. Un significato più generale ebbe un movimento egiziano che sarebbe poi servito da prototipo di gruppi consimili in altri paesi musulmani: la Società dei Fratelli Musulmani. Fondato nel 1928 da un maestro elementare, Hasan al-Banna (1906-1949), esso non era specificamente o esclusivamente politico:

> Voi non siete una società benefica, né un partito politico, né un'organizzazione locale con obiettivi limitati. Piuttosto, voi siete una nuova anima nel cuore di questa nazione per dare vita ad essa per mezzo del Corano... Quando vi chiedono che cos'è che chiedete, rispondete che è l'Islam, il messaggio di Maometto, la religione che contiene al proprio interno il governo, ed ha tra i suoi obblighi la libertà. Se vi dicono che siete politici, rispondete che l'Islam non ammette una simile distinzione. Se vi accusano di essere rivoluzionari, dite: «Noi siamo voci a favore

del diritto e della pace in cui crediamo ad ogni costo, e di cui siamo orgogliosi. Se vi levate contro di noi o vi frapponete sul cammino del nostro messaggio, allora noi abbiamo il permesso di Dio di difenderci contro la vostra ingiustizia».[6]

Quello dei Fratelli Musulmani cominciò come movimento per la riforma della moralità individuale e sociale, basato su di un'analisi di ciò che non andava nelle società musulmane analoga a quella della Salafiyya, da cui in parte derivava. L'Islam, esso riteneva, era decaduto per la prevalenza di uno spirito di cieca imitazione e per l'avvento degli eccessi del sufismo; a questi si era aggiunta l'influenza dell'occidente, che, nonostante le sue virtù sociali, aveva portato valori estranei, immoralità, attività missionaria e dominazione imperiale. L'inizio di una guarigione voleva dire per i Musulmani fare ritorno all'Islam autentico, quello del Corano interpretato da un *ijtihad* genuino, e cercare di seguirne gli insegnamenti in ogni ambito della vita; l'Egitto doveva diventare uno stato islamico basato su di una *shari'a* riformata. Questo avrebbe avuto conseguenze in ogni aspetto della sua vita. Le donne dovevano ricevere un'istruzione ed avere la possibilità di andare a lavorare, ma si sarebbe dovuto mantenere qualche tipo di distanza sociale tra esse e gli uomini; l'istruzione doveva essere basata sulla religione; anche l'economia doveva esere riformata alla luce dei principi dedotti dal Corano.

Questa dottrina aveva anche implicazioni politiche. Benché i Fratelli non avanzassero sulle prime la pretesa di governare in prima persona, avrebbero riconosciuto come governanti legittimi solo coloro che agivano conformemente alla *shari'a* e si opponevano ad un dominio straniero che minacciava la *shari'a* e la comunità dei credenti. Essi si occupavano in prima istanza dell'Egitto, ma il loro punto di vista si estendeva a tutto il complesso del mondo islamico, e il loro primo intervento attivo in politica si ebbe con la rivolta degli Arabi di Palestina sul finire degli anni '30. Per la fine del decennio essi costituivano una forza politica con cui fare i conti e si diffondevano nella popolazione urbana – né tra i più poveri né tra quelli di cultura elevata, bensì tra quelli che si trovavano in posizione intermedia: artigiani, piccoli commercianti, insegnanti e professionisti che stavano al di fuori della cerchia incantata dell'élite dominante, erano stati istruiti piuttosto in arabo che in inglese o in francese, e leggevano le loro scritture sacre in un modo semplice, letterale.

La convinzione di movimenti come i Fratelli Musulmani che le dottrine e le leggi dell'Islam potessero fornire la base della società nel mondo moderno trovò un sostegno nella creazione di uno stato munito di tale base: quello dell'Arabia Saudita. Lo sforzo del re 'Abd al-'Aziz e dei suoi sostenitori wahhabiti di mantenere la prevalenza della *shari'a* nella sua forma hanbalita, contro le consuetudini tribali da una parte e le innovazioni occidentali dall'altra, avrebbe avuto un'influenza maggiore in un periodo successivo, quando il regno giunse ad occupare una posizione più importante nel mondo, ma anche in quest'epoca ebbe una certa risonanza; per quanto povera e arretrata essa fosse, l'Arabia Saudita conteneva le città sante dell'Islam.

PARTE QUINTA

L'ETÀ DEGLI STATI NAZIONALI

(dal 1939)

La seconda guerra mondiale modificò la struttura del potere nel mondo. La sconfitta della Francia, il peso finanziario della guerra, l'ascesa di USA e URSS come superpotenze ed un certo mutamento nel clima dell'opinione pubblica avrebbero condotto, nei due decenni successivi, alla fine del dominio anglo-francese sui paesi arabi. La crisi di Suez del 1956 e la guerra algerina del 1954-1962 segnarono gli ultimi tentativi di una certa importanza di riaffermare la propria posizione da parte delle due potenze. In una regione, la Palestina, il ritiro britannico portò ad una sconfitta degli Arabi quando venne creato lo stato di Israele. Altrove, i governi precedenti vennero sostituiti da regimi in un modo o nell'altro impegnati a favore di quell'insieme di idee che si erano raccolte intorno al nazionalismo: lo sviluppo delle risorse nazionali, l'istruzione popolare e l'emancipazione delle donne. Essi dovevano cercare di portare a compimento la loro politica in una società in rapida trasformazione: la popolazione cresceva rapidamente, le città e soprattutto le capitali andavano dilatandosi; la stratificazione della società seguiva diversi criteri; inoltre i nuovi mass media *– il cinema, la radio, la televisione e le cassette – rendevano possibile un nuovo tipo di mobilitazione.*

L'idea dominante degli anni '50 e '60 fu quella del nazionalismo arabo, che aspirava ad una stretta unione dei paesi arabi, all'indipendenza dalle superpotenze e alle riforme sociali dirette ad una maggiore eguaglianza; questa idea fu incarnata per qualche tempo dalla personalità di Jamal 'Abd al-Nasir (Nasser), leader dell'Egitto. Tuttavia, la sconfitta di Egitto, Siria e Giordania nella guerra del 1967 con Israele arrestò il cammino di questo ideale, e aprì un periodo di disunione e di crescente dipendenza dall'una o dall'altra superpotenza, con gli USA in posizione dominante. Su altri piani, i contatti tra i popoli arabi si facevano più stretti: i media, vecchi e nuovi, trasmettevano idee ed immagini da un paese arabo all'altro, in alcuni paesi arabi lo sfruttamento delle risorse petrolifere rese possibile una rapida crescita economica, e questa attrasse immigrati da altri paesi.

Negli anni '80, una combinazione di fattori aggiunse una terza idea a quelle del nazionalismo e della giustizia sociale come forza in grado di legittimare un regime, ma anche di animare movimenti di opposizione. La necessità di trovare una solida base per la propria vita da parte delle popolazioni urbane sradicate, il senso del passato implicito nell'idea del nazionalismo, un'avversione per le nuove idee ed abitudini che si introducevano dal mondo occidentale, e l'esempio della rivoluzione iraniana del 1979, tutto portava alla rapida crescita di un sentimento e di un lealismo islamici.

Capitolo Ventunesimo

LA FINE DEGLI IMPERI (1939-1962)

La seconda guerra mondiale

La seconda guerra mondiale si abbatté su di un mondo arabo che sembrava saldamente in mano ai sistemi imperiali britannico e francese. I nazionalisti potevano anche auspicare una posizione migliore al loro interno, ma la prevalenza militare, economica e culturale di Inghilterra e Francia sembrava inattaccabile. Né gli Stati Uniti né l'Unione Sovietica avevano più di un limitato interesse per il Medio Oriente o il Maghreb. La potenza e la propaganda tedesca e italiana ebbero qualche influenza sulle generazioni più giovani, ma fino allo scoppio della guerra una struttura con basi così solide sembrava in grado di resistere alla sfida. Anche in questo caso, però, la guerra fu un catalizzatore, in grado di apportare bruschi cambiamenti nel potere e nella vita sociale, nonché nelle idee e nelle speranze di coloro che ne venivano toccati.

Per i primissimi mesi la guerra fu limitata al Nordeuropa, con gli eserciti francesi nel Maghreb e quelli inglese e francese nel Medio Oriente in stato di allarme ma non impegnati. La situazione mutò nel 1940, quando la Francia venne sconfitta e si ritirò dalla guerra, mentre vi entrava l'Italia. Gli eserciti italiani minacciavano la posizione inglese nel deserto occidentale dell'Egitto, e in Etiopia sulla frontiera meridionale del Sudan. Nei primi mesi del 1941 l'occupazione tedesca della Jugoslavia e della Grecia suscitò il timore che la Germania potesse puntare ancora più a est, verso la Siria e il Libano, che erano governati da un'amministrazione francese che riceveva ordini dalla Francia, e verso l'Iraq, dove il potere era caduto in mano ad un gruppo di ufficiali dell'esercito e di politici capeggiati da Rashid 'Ali al-Gaylani (1892-1965), e che aveva rapporti con la Germania. Nel maggio del 1941 l'Iraq venne occupato da una forza inglese che reinsediò un governo favorevole alla Gran Bretagna, e in giugno la Siria veniva invasa da forze inglesi e imperiali, insieme ad una forza francese costituita da coloro che avevano risposto all'appello del Generale De Gaulle il quale sosteneva che la

Francia non aveva perso la guerra e che i Francesi dovevano continuare a parteciparvi.

Dalla metà del 1941 la guerra tra gli stati europei divenne una guerra mondiale. L'invasione tedesca della Russia aprì alla Germania la possibilità di avanzare nel Medio Oriente attraverso il Caucaso e la Turchia, e il desiderio di inviare rifornimenti inglesi ed americani alla Russia portò ad un'occupazione congiunta dell'Iran da parte degli eserciti britannico e sovietico. Alla fine dell'anno, l'attacco giapponese alla flotta americana trascinò in guerra gli Stati Uniti, contro Germania e Italia, oltre che contro il Giappone. Gli anni 1942-43 furono cruciali per il Medio Oriente. Un esercito tedesco era giunto a rinforzare gli Italiani in Libia, e nel luglio del 1942 essi cominciarono un'avanzata in Egitto e si arrestarono poco lontano da Alessandria; ma la guerra nel deserto richiedeva movimenti rapidi, e prima della fine dell'anno un contrattacco portò le forze inglesi molto più a ovest, in territorio libico. Quasi nello stesso tempo, in novembre, eserciti anglo-americani sbarcarono nel Maghreb e occuparono rapidamente il Marocco e l'Algeria. I Tedeschi si ritirarono nella loro ultima roccaforte in Tunisia, ma alla fine dovettero abbandonarla, attaccati dall'est e dall'ovest, nel maggio del 1943.

La guerra combattuta era a questo punto praticamente conclusa per quanto riguarda i paesi arabi, e poteva apparire conclusa con la riaffermazione del predominio anglo-francese. Tutti i paesi che in precedenza erano stati sotto il dominio britannico lo erano tuttora, ed eserciti inglesi erano anche in Libia, Siria e Libano. Formalmente l'autorità francese era mantenuta sulla Siria, sul Libano e sul Maghreb, dove si stava ricostituendo un esercito francese per prendere parte attivamente alle ultime fasi della guerra in Europa.

Di fatto, però, le basi della potenza britannica e francese erano state scosse. Il crollo della Francia nel 1940 aveva indebolito la sua posizione agli occhi di quanti erano sottoposti al suo governo; benché fosse riuscita vincitrice, e nella condizione formale di grande potenza, il problema di ricreare una vita nazionale stabile e di ripristinare un'economia danneggiata avrebbe reso più difficile il mantenimento di un impero che si estendeva dal Marocco all'Indocina. In Gran Bretagna, le fatiche della guerra avevano portato ad una crisi economica che poté essere superata solo gradualmente e con l'aiuto degli Stati Uniti; la stanchezza e la consapevolezza della propria dipendenza rafforzarono i dubbi di chi si chiedeva se fosse possibile o auspicabile dominare un impero così vasto nello stesso modo di prima. Ad oscurare il primato di Gran Bretagna e Francia erano giunte le due potenze la cui forza potenziale era stata messa in luce dalla guerra. Gli Stati Uniti e l'Unione Sovietica avevano risorse economiche e umane superiori a qualunque altro stato, e nel corso della guerra avevano affermato la loro presenza in molte parti del mondo. Di conseguenza esse erano in posizione di pretendere che dovunque si tenesse conto dei loro interessi, e la dipendenza economica dell'Europa dagli aiuti americani forniva agli Stati Uniti un potente strumento di pressione nei confronti dei loro alleati europei.

Tra i popoli arabi, gli avvenimenti bellici suscitarono speranze di una nuova vita. I movimenti degli eserciti (particolarmente rapidi e massicci nel deserto), i timori e le aspettative di un'occupazione e di una liberazione, le prospettive fatte balenare dai servizi di propaganda concorrenti, lo spettacolo di un'Europa che si faceva in pezzi da sé, le dichiarazioni di alti principi da parte dell'alleanza vittoriosa anglo-americana, e l'affermazione della Russia comunista come potenza mondiale: tutto questo induceva a credere che la vita potesse essere diversa.

Insieme a molti altri cambiamenti, le circostanze della guerra rafforzarono l'idea di una più stretta unità tra i paesi arabi. Il Cairo fu il centro principale da cui gli Inglesi organizzarono la lotta per il Medio Oriente, ed anche la sua vita economica; la necessità di conservare la marina mercantile portò alla creazione del Centro di Approvvigionamento del Medio Oriente (dapprima britannico, poi anglo-americano), che non si arrestava a regolamentare le importazioni ma incoraggiava trasformazioni nell'agricoltura e nell'industria capaci di rendere più autosufficiente il Medio Oriente. Il fatto che il centro decisionale militare ed economico fosse al Cairo diede al governo egiziano (con un incoraggiamento abbastanza vago dalla Gran Bretagna) l'opportunità di prendere inizative per la creazione di legami più stretti tra gli stati arabi. All'inizio del 1942 un ultimatum britannico al re dell'Egitto costrinse quest'ultimo a chiedere al Wafd di formare un governo; in questa fase critica della guerra alla Gran Bretagna sembrava auspicabile che vi fosse un governo egiziano in grado di controllare il paese e più disposto del re e della sua cerchia a cooperare con gli Inglesi. L'autorità che questo conferì al governo del Wafd gli consentì di intraprendere colloqui con altri stati arabi circa la possibilità di un'unità più stretta e formale tra loro. Vi erano diversità di sentimenti e di interessi: in Siria e in Iraq, i dirigenti avevano ancora un ricordo della perduta unità dell'Impero Ottomano, e desideravano legami più stretti; il Libano era in un precario equilibrio tra quanti si consideravano Arabi e quanti, soprattutto Cristiani, vedevano il Libano come un paese a sé strettamente legato all'Europa occidentale; i governi di Egitto, Arabia Saudita e Yemen avevano un certo senso della solidarietà araba, ma un forte concetto dei propri interessi nazionali; tutti volevano creare un sostegno efficace per gli Arabi in Palestina. Due conferenze tenute ad Alessandria nel 1944 e al Cairo nel 1945 sfociarono nella costituzione della Lega degli Stati Arabi. Essa riuniva sette stati che avevano una certa libertà di azione (Egitto, Siria, Libano, Transgiordania, Iraq, Arabia Saudita e Yemen), insieme a rappresentanti degli Arabi palestinesi, e lasciando aperta agli altri paesi arabi la possibilità di unirsi ad essi quando fossero divenuti indipendenti. Non vi erano interferenze nella sovranità dei singoli paesi, ma si auspicava un'azione comune in questioni di comune interesse – in particolare, la difesa degli Arabi di Palestina e del Maghreb – e in ogni organizzazione internazionale che fosse sorta dalla guerra. Quando, nel 1945, vennero create le Nazioni Unite, gli stati arabi indipendenti ne entrarono a far parte.

L'indipendenza nazionale (1945-1956)

Dopo la fine della guerra, il Medio Oriente ed il Maghreb, in cui per una generazione due stati europei avevano esercitato la loro influenza in modo quasi esclusivo, divennero l'ambito in cui potevano esercitare potere ed influenza quattro o più stati, oltretutto in una situazione di rapporti reciproci più instabili di quelli che vi erano nel periodo del «Concerto Europeo». In questa situazione, per i partiti nazionalisti e per gli interessi locali da essi rappresentati era possibile fare pressioni per cambiare la condizione dei loro paesi.

La Francia era in una posizione più debole rispetto alla Gran Bretagna, e maggiore era la pressione che su di essa veniva esercitata. Alla fine della guerra essa riuscì a ripristinare la sua posizione in Indocina e nel Maghreb, dopo una dura repressione di moti scoppiati in Algeria orientale nel 1945, ma fu costretta ad abbandonare la Siria e il Libano. Quando le forze britanniche e della Francia libera occuparono il paese nel 1941, venne concluso un accordo in virtù del quale i Francesi avevano l'autorità amministrativa, mentre gli Inglesi avevano la direzione strategica; la Gran Bretagna riconosceva alla Francia il ruolo di potenza europea dominante subordinatamente alla concessione dell'indipendenza ai due paesi. Le possibilità di uno scontro di interessi erano forti. I Francesi Liberi erano restii a concedere immediatamente l'autogoverno; la loro pretesa di essere la vera Francia non sarebbe parsa plausibile agli occhi dei Francesi se avessero ceduto un territorio francese non per consegnarlo ai suoi abitanti, bensì, come ad essi sembrava, per farlo finire nella sfera di influenza inglese. Per gli Inglesi, d'altra parte, esaudire la promessa di indipendenza sarebbe stato vantaggioso nei confronti dei nazionalisti arabi ostili alla loro politica in Palestina. I politici di Beirut e Damasco riuscirono a sfruttare questo disaccordo per ottenere l'indipendenza prima che la guerra finisse, senza correre il rischio di essere poi abbandonati sotto il dominio incondizionato dei Francesi. Ci furono due crisi, una nel 1943 quando il governo libanese cercò di limitare l'autorità francese, e la seconda nel 1945 quando un analogo tentativo da parte dei Siriani portò ad un bombardamento di Damasco da parte dei Francesi, a un intervento britannico, e ad un processo negoziale che si concluse con un accordo in virtù del quale i Francesi e gli Inglesi si sarebbero ritirati simultaneamente e completamente entro la fine del 1945. Così la Siria e il Libano ottennero una completa indipendenza, senza quelle limitazioni che i trattati con l'Inghilterra avevano imposto all'Egitto e all'Iraq. D'ora in avanti sarebbe stato difficile per qualunque partito nazionalista accontentarsi di qualcosa di meno.

La posizione inglese nel Medio Oriente alla fine della guerra sembrava intatta e per certi versi rafforzata. Le campagne nel deserto avevano portato sotto il dominio britannico un altro paese arabo, la Libia. Nelle regioni arabe del Medio Oriente, gli Stati Uniti sembravano non avere voglia di sostituire la Gran Bretagna come potenza dominante, anche se vi era qualche accenno di rivalità per i mercati e per il controllo della produzione petrolifera. L'inizio della «Guerra Fredda», tuttavia, indusse l'America ad un maggiore coinvolgimento. Nel 1947 gli Stati Uniti assunsero la responsabilità di difendere la Grecia e la Turchia contro ogni minaccia russa nei loro confronti, e la conseguenza di ciò fu che più a sud, nei paesi arabi, la maggiore responsabilità per la protezione degli interessi politici e strategici dell'Occidente nella nuova era della Guerra Fredda ricadeva sulla Gran Bretagna.

Questa implicita intesa era destinata a durare una decina di anni, e durante la prima parte di questo periodo si assisté ad uno sforzo prolungato da parte del governo laborista della Gran Bretagna teso a porre su nuove basi i suoi rapporti con i paesi arabi. Poteva sembrare che il ritiro britannico dall'India nel 1947 rendesse meno importante di prima per la Gran Bretagna una permanenza nel Medio Oriente, ma il governo non la pensava così; gli investimenti, il petrolio, i mercati, le comunicazioni, gli interessi strategici dell'alleanza occidentale, ed inoltre la sensazione che il Medio Oriente e l'Africa rimanevano le uniche parti del mondo in cui la Gran Bretagna poteva assumere iniziative sembrava rendere ancora più importante la conservazione delle proprie posizioni, sia pure su nuove basi.

La linea di fondo della politica inglese tendeva a sostenere l'indipendenza e un grado maggiore di unità araba, pur conservando gli interessi strategici fondamentali per mezzo di accordi amichevoli, e anche a favorire lo sviluppo economico e l'acquisizione di capacità tecnologiche tali da consentire ai governi arabi di assumere la responsabilità della propria difesa. Questa politica si basava su due postulati: che i governi arabi considerassero i propri interessi fondamentali identici a quelli della Gran Bretagna e dell'alleanza occidentale; e che gli interessi inglesi e americani continuassero a coincidere a tal punto che la parte più forte acconsentisse a lasciare la difesa dei suoi interessi a quella più debole. Nei dieci anni che seguirono, però, ambedue questi postulati si mostrarono infondati.

Il primo paese per il quale si dovette prendere una decisione fu la Libia. Alla fine della guerra vi era un'amministrazione militare inglese su due delle tre regioni del paese, la Cirenaica e la Tripolitania, ed una francese sulla terza, il Fezzan. Nella regione orientale, la Cirenaica, forze fedeli al capo della confraternita senussita avevano fornito aiuto nella conquista, ricevendo promesse per il futuro. Nel corso di discussioni tra le maggiori potenze e altre parti interessate, e alle Nazioni Unite venne avanzata la proposta di applicare in Libia il nuovo concetto di «amministrazione fiduciaria» da parte di «paesi più avanzati». In una delle prime espressioni di quell'ostilità al dominio imperiale che sarebbe diventato una caratteristica dell'ONU, la maggioranza si mostrò riluttante a consentire a Inghilterra o Francia di rimanere in Libia, o all'Italia di farvi ritorno come amministratore fiduciario. Vari gruppi locali avanzarono richieste di indipendenza, pur essendo in disaccordo circa i rapporti futuri tra le tre regioni, e nel 1949 le Nazioni Unite approvarono una risoluzione che sosteneva l'indipendenza e insediava una commissione internazionale per sovrintendere al trasferimento dei poteri. Nel 1951 il paese divenne indipendente, con il capo della Senussia nominato re Idris, ma per un certo numero di anni la Gran Bretagna e gli Stati Uniti vi mantennero delle basi militari.

In un altro paese, la Palestina, la conciliazione degli interessi in conflitto si dimostrava impossibile, e questo avrebbe provocato danni duraturi ai rapporti tra i popoli arabi e le potenze occidentali. Durante la guerra, l'immigrazione ebraica in Palestina era stata di fatto impossibile, e l'attività politica era stata per lo più sospesa. Quando la guerra fu prossima alla fine, divenne evidente che i rapporti di forza erano mutati. Gli Arabi di Palestina erano meno di prima in condizione di presentare un fronte unito, a causa dell'esilio o della cattura di alcuni dirigenti durante e dopo la rivolta del 1936-1939, nonché delle tensioni e delle ostilità prodotte da movimenti violenti; la costituzione della Lega Araba, con il suo impegno a favore dei Palestinesi, sembrava offrire loro una forza che in definitiva si rivelò illusoria. Gli Ebrei palestinesi, per parte loro, erano uniti da forti istituzioni comunitarie; molti di loro avevano avuto un addestramento e un'esperienza militare nell'esercito inglese durante la guerra; essi avevano un sostegno più ampio e determinato da parte degli Ebrei di altri paesi, impressionati dai massacri di Ebrei in Europa, e risoluti a creare per i sopravvissuti non solo un rifugio, ma una posizione di forza che rendesse impossibile il ripetersi di fatti simili in futuro. Il governo britannico, pur essendo consapevole degli argomenti a favore di una rapida e massiccia immigrazione ebraica, era anche consapevole del fatto che essa avrebbe portato alla richiesta di uno stato ebraico, e che ciò avrebbe suscitato una forte opposizione da parte degli Arabi, che temevano di essere assoggettati o spodestati, e degli stati arabi. Esso non aveva più la libertà di azione di cui godeva prima del 1939, a causa dei suoi stretti rapporti con gli Stati Uniti e della dipendenza economica da essi; il governo americano, che in questo momento aveva ancora pochi interessi propri in Medio Oriente, ed era sottoposto a pressioni da parte della sua comunità ebraica, grande e politicamente attiva, era propenso a sfruttare la sua influenza a vantaggio delle richieste sioniste di immigrazione e di uno stato. La questione della Palestina divenne a questo punto un argomento di discussione importante nelle relazioni anglo-americane. Tentativi di accordarsi su di una linea di condotta, per mezzo di una commissione di inchiesta anglo-americana (1945-46) cui fecero seguito discussioni bilaterali, non portarono ad alcuna conclusione, dal momento che nessuna linea di condotta proposta incontrava l'approvazione contemporanea degli Ebrei e degli Arabi, e il governo britannico era restio ad imporre una linea di condotta che non avesse questa approvazione. La pressione americana sulla Gran Bretagna aumentò, e gli attacchi ebraici a funzionari britannici e a loro installazioni in Palestina si avvicinarono all'aperta rivolta.

Nel 1947 la Gran Bretagna decise di investire della questione le Nazioni Unite. Una speciale commissione delle Nazioni Unite incaricata di studiare il problema partorì un progetto di spartizione le cui condizioni erano ancora più favorevoli ai Sionisti di quanto lo fosse quello del 1937. Esso venne approvato dall'Assemblea Generale delle Nazioni Unite nel novembre del 1947, col sostegno molto attivo da parte degli Stati Uniti e della Russia, che miravano ad un ritiro degli Inglesi dalla Palestina. Gli stati arabi membri delle Nazioni Unite e gli Arabi palestinesi lo respinsero, e la Gran Bretagna, trovandosi ancora una volta nell'impossibilità di trovare una linea di condotta che potesse essere accettata tanto dagli Ebrei quanto dagli Arabi, decise di ritirarsi dalla Palestina entro una data prestabilita, il 14 maggio 1948. Ciò aveva un precedente costituito, poco tempo prima, dal ritiro britannico dall'India, e probabilmente si sperava che, come in India, l'approssimarsi del ritiro inducesse le parti in causa a qualche tipo di accordo. Man mano che si avvicinava la data, inevitabilmente l'autorità britannica veniva meno, e scoppiavano combattimenti, in cui gli Ebrei ebbero ben presto la meglio. Ciò a sua volta portò alla decisione di intervenire da parte degli stati arabi confinanti, e così una serie di conflitti locali si trasformarono in una guerra. Il 14 maggio la comunità ebraica dichiarò la propria indipendenza come stato di Israele, che venne immediatamente riconosciuto dagli Stati Uniti e dalla Russia, mentre forze egiziane, giordane, irachene, siriane e libanesi penetravano nelle parti a maggioranza araba del paese. In una situazione in cui non vi erano frontiere stabili o una netta divisione delle popolazioni, si ingaggiarono combattimenti tra il nuovo esercito israeliano e quelli degli stati arabi, e in quattro campagne interrotte da altrettanti cessate il fuoco Israele riuscì ad occupare la maggior parte del paese. In un primo momento per motivi prudenziali, e successivamente a causa del panico e della deliberata linea di condotta dell'esercito israeliano, quasi i due terzi dei componenti la popolazione araba lasciarono le proprie case e divennero profughi. All'inizio del 1949 vennero stipulati una serie di armistizi tra Israele e i suoi vicini arabi sotto la sorveglianza delle Nazioni Unite, e vennero create delle frontiere stabili. Nei confini di Israele era compreso circa il 75 per cento della Palestina; una striscia di terra sulla costa meridionale, da Gaza alla frontiera egiziana, venne presa sotto amministrazione egiziana; il resto venne annesso dal Regno Hashimita di Giordania (il nome assunto nel 1946 dalla Transgiordania dopo che un trattato con la Gran Bretagna ebbe ridefinito i rapporti tra i due paesi). Gerusalemme venne spartita tra Israele e la Giordania, anche se molti altri paesi non riconobbero tale spartizione.

L'opinione pubblica dei paesi arabi fu molto scossa da questi avvenimenti. Essi vennero considerati una sconfitta per i governi arabi, e questo portò, negli anni immediatamente successivi, a numerose sollevazioni. Essi vennero considerati anche una sconfitta per gli Inglesi, che erano riusciti a ritirare senza perdite dal paese i loro funzionari e soldati, ma in circostanze che suscitavano sospetti e ostilità da ambo le parti. Nei paesi arabi l'opinione prevalente fu quella che la politica britannica aveva di fatto favorito i Sionisti: avendo incoraggiato l'immigrazione ebraica, il governo si era rifiutato di ammettere le conseguenze che essa aveva per gli Arabi, e di arrestarla prima che portasse al loro assoggettamento o spoliazione, o quanto meno cercare di limitare i danni che essa avrebbe prodotto. Quanto agli Stati Uniti, il loro comportamento veniva giudicato teso costantemente a sostenere i Sionisti.

Ciononostante, sia la posizione inglese che quella americana rimasero forti. Il governo israeliano, in cui la figura dominante era quella di David Ben Gurion (1886-1973), rifiutò di riprendersi grandi quantità di profughi arabi; i governi inglese, statunitense e israeliano davano però per scontato che presto o tardi essi sarebbero stati assorbiti dalla popolazione dei paesi in cui avevano trovato rifugio, e che, se non una vera pace, si potesse quanto meno instaurare uno stabile modus vivendi tra Israele e i suoi vicini. Nel frattempo, le maggiori energie del governo di Israele furono rivolte all'impresa di assorbire grandi quantità di immigrati ebrei, provenienti non solo dall'Europa orientale ma anche dai paesi arabi. Ciò modificò la composizione della popolazione; nel 1956, su un totale di 1,6 milioni di abitanti, gli Arabi musulmani e cristiani erano 200.000, vale a dire all'incirca il 12,5 per cento. Gran parte delle terre che erano state di proprietà araba vennero confiscate, ricorrendo a diversi mezzi legali, per gli insediamenti ebraici. I cittadini arabi di Israele, pur essendo dotati di diritti legali e politici, non facevano parte a pieno titolo della comunità nazionale che stava prendendo forma. Il flusso di popolazione in direzione di Israele ebbe ripercussioni anche sugli stati arabi. Nella generazione successiva al 1948, le antiche comunità ebraiche dei paesi arabi cessarono sostanzialmente di esistere; quelle dello Yemen e dell'Iraq si trasferirono soprattutto in Israele; quelle della Siria, dell'Egitto e del Maghreb si trasferirono in Europa e in Nordamerica oltre che in Israele; solo la comunità ebraica del Marocco continuò ad avere dimensioni significative.

Negli anni immediatamente successivi il centro dei conflitti e dei dibattiti politici non si focalizzò sul conflitto arabo-israeliano, bensì su altri paesi in cui la Gran Bretagna aveva ancora una posizione particolare: l'Iran, al di là dei confini orientali del mondo arabo, dove la nazionalizzazione della compagnia petrolifera di proprietà inglese provocò una crisi internazionale, e l'Egitto. Qui la Gran Bretagna aveva ancora una notevole libertà di azione. Avendo tenuto una posizione diversa da quella britannica in Palestina, gli Stati Uniti non erano disposti a indebolire la posizione della Gran Bretagna come custode degli interessi occidentali in altre parti del mondo arabo, anche se gli enormi investimenti di capitali americani nei campi petroliferi dell'Arabia Saudita di fatto portarono, in questo paese, alla sostituzione dell'influenza britannica da parte di quella statunitense. L'Unione Sovietica, da parte sua, era troppo occupata in altre regioni per perseguire una politica attiva nei paesi arabi. Gli stati arabi, per quanto impegnati, in linea di principio, a difendere gli interessi dei Palestinesi, erano interessati soprattutto ai propri problemi.

La base della potenza britannica nel Medio Oriente era sempre stata la presenza militare in Egitto, e fu qui che l'Inghilterra si trovò a dovere affrontare il problema più urgente. Appena terminata la guerra, vi fu una richiesta da parte del governo egiziano, di modifiche all'accordo che era stato raggiunto nel 1936. Negoziati tra i due governi ebbero luogo a partire dal 1946, ma si incagliarono su due punti: in primo luogo, la pretesa egiziana di sovranità sul Sudan, pretesa che il governo britannico non poteva accettare, nella convinzione che la maggioranza dei Sudanesi non l'avrebbero consentito, e che la Gran Bretagna avesse degli obblighi nei loro confronti; e in secondo luogo, la questione di una presenza strategica inglese nella regione. In adempimento del trattato del 1936, le forze inglesi vennero ritirate dal Cairo e dal delta, ma le trattative giunsero a un punto morto riguardo alla Zona del Canale; gli uomini politici e gli strateghi inglesi ritenevano fondamentale rimanervi in forze, sia per la difesa degli interessi occidentali nel Medio Oriente sia per quella degli Inglesi nel Mediterraneo orientale e in Africa. Nel 1951 si ebbero seri scontri tra le forze inglesi e guerriglieri egiziani, e nel gennaio del 1952 ciò fece esplodere una sommossa popolare al Cairo, nel corso della quale vennero distrutte installazioni legate alla presenza britannica; a sua volta lo scoppio dei disordini fornì l'occasione per la presa del potere nel luglio del 1952 da parte di una società segreta di ufficiali egiziani di grado intermedio, in un primo momento sotto una dirigenza collettiva e poi sotto il comando di Jamal 'Abd al-Nasir («Nasser», 1918-1970). La rottura col passato, che si sarebbe fatta vedere in molti campi, venne simboleggiata dalla deposizione del re e dalla proclamazione della repubblica in Egitto.

Avendo un controllo sul paese più saldo dei governi precedenti, i capi militari riuscirono a riprendere i negoziati con gli Inglesi. Delle due questioni principali sul tappeto, quella sudanese venne rimossa quando il governo egiziano raggiunse un accordo direttamente con i principali partiti sudanesi nel 1953. I movimenti politici in Sudan erano riusciti ad esprimersi con maggiore libertà dopo che, nel 1947, era stata creata un'Assemblea Legislativa elettiva, ed erano emerse tre forze principali: coloro che auspicavano l'indipendenza e la conservazione di un legame con la Gran Bretagna, coloro che auspicavano l'indipendenza ed un più stretto legame con l'Egitto, e coloro che parlavano per i popoli non musulmani e non arabi del sud. L'accordo raggiunto con l'Egitto impegnava i primi due gruppi, e venne accettato dalla Gran Bretagna, sia pure con una certa riluttanza. Esso prevedeva il passaggio del potere dal condominio anglo-egiziano ai Sudanesi sotto il controllo internazionale. Nello stesso anno si tennero delle elezioni e per il 1955 il processo venne ultimato, col passaggio dell'amministrazione in mani sudanesi e col ritiro delle forze armate inglesi ed egiziane. L'ombra più minacciosa sul futuro era costituita dall'inizio di uno stato di rivolta e di guerriglia nelle province meridionali, dove la popolazione, che non era né araba né musulmana, temeva per i risultati del passaggio da un governo inglese ad uno arabo.

Risolto il problema sudanese, andarono avanti i negoziati sull'altro problema sul tappeto, quello della posizione strategica della Gran Bretagna, e nel 1954 si giunse ad un accordo. Le forze britanniche sarebbero state ritirate dalla Zona del Canale, ponendo fine a più di settant'anni di occupazione inglese; venne però convenuto che la base sarebbe stata posta in attività nel caso di un attacco all'Egitto, a un altro stato arabo, o alla Turchia. L'inclusione della Turchia esprimeva la preoccupazione inglese e americana per la difesa degli interessi occidentali in Medio Oriente contro una possibile minaccia dalla Russia; erano in discussione diversi progetti per un patto di difesa mediorientale e la volontà dell'Egitto di includere la menzione della Turchia nell'accordo sembrava indicare che esso avesse intenzione di farne parte.

La fine dell'occupazione straniera in Siria, Libano, Egitto e Sudan rendeva difficile all'Iraq e alla Giordania accettare meno di ciò che questi stati avevano ottenuto. In Iraq, il regime che era stato reinsediato dall'intervento britannico nel 1941 era ansioso di mantenere un legame strategico con le potenze occidentali; esso era più consapevole degli altri paesi arabi della vicinanza della Russia. Nel 1948 venne fatto un tentativo di rinegoziare su queste linee il trattato anglo-iracheno del 1930, tentativo che però fallì a causa dell'opposizione di quanti desideravano un Iraq meno compromesso con l'alleanza occidentale. In seguito, nel 1955, il governo si accordò con la Turchia per stipulare un patto di difesa comune ed economico (il Patto di Baghdad); ad esso si unirono il Pakistan, l'Iran e la Gran Bretagna, e in seguito anche gli Stati Uniti cominciarono a prendere parte ai suoi lavori. Nel contesto di questo patto, si concluse un accordo con la Gran Bretagna, secondo il quale le due basi aeree britanniche venivano consegnate all'Iraq, ma la Gran Bretagna si impegnava a fornire assistenza nel caso che vi fosse stato un attacco, o la minaccia di un attacco, all'Iraq, e se l'Iraq ne avesse fatto richiesta.

In Giordania vi era una situazione analoga, con un regime ansioso di procurarsi un aiuto contro pericoli esterni - da parte dei suoi vicini arabi, e anche da parte di Israele - ma sottoposto alla pressione dell'opinione pubblica nazionalista. Dopo il 1948 il paese ospitava una maggioranza di Palestinesi, che consideravano Israele il loro nemico principale e vigilavano su ogni segnale che sembrasse indicare che il regime si accingesse a fare concessioni nei suoi confronti. Nel 1951 il re 'Abdullah venne assassinato, il che è indicativo del sospetto nazionalista che egli fosse più accomodante nei confronti degli Israeliani e dei loro protettori occidentali di quanto sembrava opportuno e giusto. L'incerto equilibrio si spostò per qualche tempo dalla parte di una completa indipendenza. Nel 1957 si pose fine per reciproco accordo al trattato con la Gran Bretagna, e le forze inglesi vennero ritirate dalle basi che occupavano; ma a tradire la posizione precaria della Giordania e del regime hashimita fu, lo stesso anno una dichiarazione dei governi inglese e americano che l'indipendenza e l'integrità del paese erano per essi di vitale importanza.

Nel Maghreb, era più difficile per la Francia trovare un accordo con quanti richiedevano l'indipendenza. Qui la presenza francese non era solo una questione di eserciti o del dominio degli interessi economici metropolitani, ma anche delle grandi comunità francesi che vi risiedevano, che avevano il controllo dei settori redditizi dell'economia e detenevano il maggior numero di incarichi nel governo a tutti i livelli salvo quelli più bassi. Introdurre un qualsiasi cambiamento nei rapporti tra Francesi e Arabi richiedeva uno sforzo maggiore e si scontrava con una resistenza più forte. Gli sforzi cominciarono in Tunisia e in Marocco appena terminata la guerra. In Tunisia, il partito Neo-Destour aveva da una parte il vantaggio morale che il suo leader, Bourguiba, aveva dato un appoggio inequivocabile ai Francesi Liberi e ai loro alleati mentre era in esilio o prigioniero durante la guerra, e dall'altra parte la forza materiale derivante dalla combinazione del partito e della federazione dei sindacati, fondata dopo la guerra quando ai Tunisini fu consentito per la prima volta di entrare nel sindacato. In Marocco, la forza proveniva da una combinazione di numerosi elementi. I piccoli gruppi nazionalisti che erano comparsi negli anni '30 si organizzarono nel Partito dell'Indipendenza (*Istiqlal*), e stabilirono rapporti col sultano, Muhammad V (1927-1962), che cominciò con discrezione e chiedere la fine del protettorato francese. L'idea dell'indipendenza cominciò a toccare strati sempre più ampi di popolazione: si formò una federazione sindacale e il partito Istiqlal riuscì ad assumerne il controllo; l'emigrazione dalle campagne verso Casablanca ed altre città creò vincoli più saldi tra città e campagna e favorì la diffusione delle idee nazionalistiche. La presenza di interessi commerciali stranieri protetti da un trattato internazionale fin dall'inizio del secolo, ed un nuovo interesse strategico americano, diede ai nazionalisti qualche speranza di una certa comprensione dall'esterno.

I deboli governi francesi degli anni del dopoguerra, basati su mutevoli coalizioni e attenti ad un'opinione pubblica che non si era ancora ripresa dalle umiliazioni della sconfitta, non potevano offrire che repressione o una «co-sovranità», con cui si voleva dire che la comunità europea avrebbe avuto lo stesso peso della popolazione indigena nelle istituzioni locali e che la voce decisiva sarebbe sempre stata quella del governo francese metropolitano. Nel 1952 Bourguiba e numerosi altri vennero arrestati in Tunisia, e cominciò un movimento di resistenza attiva, che suscitò un analogo movimento violento da parte dei coloni europei. L'anno successivo la situazione in Marocco giunse ad una svolta. I contatti tra il palazzo reale e il partito Istiqlal si erano fatti più stretti, e il sultano avanzò la richiesta di una sovranità completa. In risposta, le autorità francesi usarono, forse per l'ultima volta, un modo di agire politico tradizionale. Essi fecero intervenire le forze dei capi rurali, il cui potere era stato da loro costruito e la cui posizione veniva minacciata dal rafforzamento dell'autorità centrale che era implicito nella visione nazionalista del futuro. Nel 1953 il sultano venne deposto ed esiliato; ciò ebbe l'effetto di farne un simbolo unificante per la maggioranza dei Marocchini, e di trasformare le agitazioni in un'insurrezione armata.

Nel 1954, invece, la politica francese cambiò. La posizione francese in Indocina era seriamente minacciata da un nuovo tipo di movimento nazionalista popolare armato, e in Algeria stava sorgendo un movimento analogo. Un governo francese nuovo e più deciso aprì dei negoziati con il Neo-Destour e con il sultano del Marocco, che venne riportato dall'esilio. Ad ambedue i paesi venne concessa l'indipendenza nel 1956. In Marocco, la zona spagnola e la città internazionale di Tangeri vennero incorporate a pieno titolo nello stato indipendente. L'indipendenza rafforzò il sultano (che nel 1957 divenne re), mentre in Tunisia il *bey*, che aveva svolto un ruolo di secondo piano nel processo politico, venne deposto e Bourguiba divenne presidente. In entrambi i paesi, però, l'indipendenza e le relazioni con la Francia rimasero precarie per gli anni immediatamente successivi, poiché da questo momento l'Algeria fu travolta da una guerra di indipendenza: i primi colpi vennero sparati nel novembre del 1954, e ben presto le sue ripercussioni si fecero sentire in tutto il Maghreb.

La crisi di Suez

A metà degli anni '50, la maggior parte dei paesi arabi che erano stati sotto un governo europeo erano divenuti formalmente indipendenti; in alcuni di essi rimanevano basi militari straniere, che però presto sarebbero state abbandonate. L'autorità diretta francese restava solo in Algeria, dove una rivoluzione nazionalista popolare la stava attivamente sfidando. L'autorità diretta o la protezione degli Inglesi permaneva ai margini orientali e meridionali della Penisola Araba. Lo stato principale della penisola, l'Arabia Saudita, non aveva mai avuto momenti di dominio straniero, ma l'influenza britannica era stata considerevole. La scoperta e lo sfruttamento delle risorse petrolifere avevano condotto alla sostituzione degli Inglesi da parte degli Statunitensi, ma aveva anche consentito al governo patriarcale della famiglia saudita di cominciare un processo di trasformazione in un sistema di governo più sviluppato; all'epoca della morte del re 'Abd al-'Aziz, avvenuta nel 1953, lo stato che questi aveva fondato stava diventando più centrale ed importante nella vita politica della regione. Lo Yemen, d'altro canto, rimaneva isolato dagli altri paesi sotto il suo *imam*, pur entrando a far parte della Lega Araba.

L'ambiguità della politica irachena e giordana, invece – il desiderio di porre fine alla presenza delle forze inglesi, mantenendo però allo stesso tempo rapporti militari con le potenze occidentali – mostrava che il ritiro formale delle forze militari straniere non era di per sé sufficiente a far nascere un rapporto diverso con gli ex dominatori imperiali, ma piuttosto riproponeva in forma nuova il problema dell'indipendenza. I paesi arabi si trovavano a dover affrontare il potere e l'influenza crescenti, in tutti gli aspetti della vita economica e politica, di un altro stato occidentale, gli Stati Uniti, che ora, nel periodo della Guerra Fredda e dell'espansione economica, ritenevano che i propri interessi nel Medio Oriente potessero essere protetti solo mediante stretti rapporti con i governi locali disposti a vincolare la propria politica a quella dell'alleanza occidentale. Molte personalità e raggruppamenti politici sostenevano, invece, che la sola garanzia di indipendenza nel mondo postcoloniale stava nel mantenimento della neutralità rispetto ai due blocchi armati. Dal momento che il blocco occidentale era legato ai ricordi del dominio imperiale, ed ai problemi ancora irrisolti della Palestina e dell'Algeria, e dal momento che è proprio da questa parte che provenivano le maggiori pressioni a favore di accordi di difesa, il desiderio di neutralità portava con sé la tendenza a una maggiore propensione per il campo opposto.

La polarizzazione dei blocchi, occidentale e orientale, ed il conflitto di linee di comportamento tra la neutralità e l'alleanza occidentale diedero una nuova dimensione ai rapporti tra gli stati arabi. Il desiderio di un'unità più stretta tra essi era entrato a far parte del linguaggio comune della politica araba; argomento di dibattito era ora se tale unità andasse perseguita nel quadro di uno stretto accordo con le potenze occidentali o indipendentemente da esse.

Anche il futuro dei rapporti tra gli stati arabi e Israele era vincolato alla questione generale dell'allineamento. Negli anni '50 i governi inglese e americano discussero vari progetti di soluzione del problema: essi dovevano contemplare qualche ritocco alle frontiere del 1949, a favore degli Arabi, il ritorno di alcuni dei profughi alle loro case e l'assorbimento della maggior parte di essi all'interno dei paesi arabi confinanti; l'eventuale esistenza di stretti vincoli tra stati arabi e le potenze occidentali avrebbe voluto dire un'implicita accettazione di tale soluzione e una sorta di riconoscimento dell'esistenza di Israele. D'altro canto, la formazione di un gruppo neutrale di stati arabi che avevano rapporti effettivi con il blocco orientale e con quello occidentale avrebbe potuto essere sfruttata per accrescere il peso politico dei paesi arabi e rafforzarne le forze armate, introducendo così un cambiamento radicale nella situazione sancita dagli accordi dell'armistizio del 1949.

Man mano che queste differenze di approccio e di condotta politica si facevano più acute, esse finivano per essere legate alla persona di Jamal 'Abd al-Nasir (Nasser), leader del gruppo militare che in questo momento governava l'Egitto. La firma dell'accordo secondo cui le forze inglesi dovevano abbandonare la Zona del Canale non portò di fatto all'ingresso dell'Egitto nel sistema di difesa occidentale. Al contrario, diede all'Egitto la libertà di perseguire una politica di non allineamento, e di raccogliere intorno a sé un gruppo di stati arabi anch'essi non allineati con cui il mondo esterno avrebbe dovuto trattare in modo unitario. Espressione di questa politica furono gli stretti rapporti instaurati con i principali sostenitori dell'idea di non allineamento, India e Jugoslavia; un'altra e più spettacolare espressione fu l'accordo concluso nel 1955 per la fornitura di armi all'Egitto da parte dell'Unione Sovietica e dei suoi alleati, accordo che infranse il controllo che gli Stati Uniti, la Gran Bretagna e la Francia avevano cercato di mantenere sulle forniture di armi a Israele e ai suoi vicini arabi.

Questa politica di neutralità attirò in modo quasi inevitabile sull'Egitto e sui suoi alleati l'ostilità di coloro i cui interessi ne venivano colpiti. Le potenze occidentali dovevano aspettarsi quantomeno ostacoli e limitazioni al perseguimento dei loro interessi politici ed economici; esse non potevano più governare l'evoluzione del problema di Israele, o di altri problemi come forse avevano sperato di fare; per il governo degli Stati Uniti nell'era della Guerra Fredda, il rifiuto di aderire ad un'alleanza di difesa occidentale in Medio Oriente equivaleva di fatto ad aderire al blocco orientale. L'appello alla neutralità e ad una più stretta unità rivolti da 'Abd al-Nasir ai popoli arabi passando sulla testa dei loro governi, era una minaccia per quei regimi arabi che sostenevano una politica diversa: in particolare, quello dell'Iraq, che dopo la formazione del Patto di Baghdad divenne il principale protagonista dell'alleanza occidentale; la sua vita politica in questo periodo era dominata da Nuri al-Sa'id (1888-1958), che aveva svolto un ruolo di primo piano nella politica nazionale araba fin dalla rivolta araba durante la prima guerra mondiale. L'ascesa di un forte governo egiziano, munito di proprie fonti di armamento e che si appellava con forza ai sentimenti dei Palestinesi e degli altri Arabi, era vista da Israele come una minaccia alla propria posizione. Questi antagonismi locali a loro volta approfondivano l'ostilità delle potenze occidentali: gli Stati Uniti a causa del loro legame con Israele, la Gran Bretagna a causa della sua appartenenza al Patto di Baghdad, e la Francia a causa del sostegno e dell'aiuto che l'Egitto si pensava fornisse alla rivoluzione algerina con la sua visione di un mondo arabo indipendente e non allineato.

Tra il 1955 e il 1961 vi furono una serie di crisi in cui erano presenti tutti questi elementi. Nel 1956, gli Stati Uniti, che avevano alimentato aspettative riguardo alla fornitura all'Egitto del sostegno finanziario necessario per un gigantesco progetto di irrigazione (la Grande Diga di Assuan), ritirarono improvvisamente la propria disponibilità. In risposta a ciò, il governo egiziano nazionalizzò altrettanto rapidamente la Compagnia del Canale di Suez e subentrò nell'amministrazione del Canale. Ciò provocò un allarme tra gli utenti del Canale, i quali temevano che la libertà di utilizzo potesse essere condizionata da considerazioni politiche. Ai governi inglese e francese questo apparve un atto di ostilità, sia a causa dell'impegno britannico e francese nella società che aveva costruito e possedeva il canale, sia perché ciò accresceva la stima di 'Abd al-Nasir nei paesi arabi. Gli Israeliani videro in ciò un'occasione per indebolire uno stato confinante troppo potente ed ostile, i cui confini erano stati turbati per qualche tempo. Il risultato fu un accordo segreto tra Francia, Gran Bretagna e Israele per attaccare l'Egitto e sovvertire il regime di 'Abd al-Nasir.

In ottobre forze israeliane invasero l'Egitto e si spinsero verso il Canale di Suez. In conformità al loro precedente accordo, Gran Bretagna e Francia inviarono un ultimatum diretto sia verso Israele che verso l'Egitto, ingiungendo loro di ritirarsi dalla Zona del Canale, e il rifiuto di 'Abd al-Nasir fornì alle forze inglesi e francesi il pretesto per attaccare e occupare parte della zona. Questa azione, però, costituiva una minaccia non solo nei confronti dell'Egitto e di quegli stati arabi che lo sostenevano, ma anche degli Stati Uniti e dell'Unione Sovietica, che in quanto grandi potenze non potevano ammettere che si intraprendessero delle azioni così decisive in una zona in cui avevano degli interessi senza che si tenesse conto di questi interessi. Dietro pressioni statunitensi e sovietiche, e di fronte all'ostilità del mondo intero ed al pericolo di un tracollo finanziario, le tre forze si ritirarono. Fu questo uno dei rari episodi in cui si rivelò con chiarezza la struttura del potere nel mondo: le ostilità di forze locali coinvolsero potenze mondiali di secondo piano, miranti alla salvaguardia dei propri interessi, salvo scontrarsi duramente contro i limiti della loro forza quando si videro minacciati gli interessi delle superpotenze.

Gli esiti di questa crisi finirono per accrescere la stima di 'Abd al-

Nasir nei paesi arabi vicini, dal momento che lo si considerò uscito politicamente vincitore dalla crisi, e finì anche per approfondire il fossato tra quanti lo sostenevano e quanti invece consideravano pericolosa la sua politica. Questa divisione si introduceva ora come fattore presente nelle vicende interne di altri stati arabi. Nel 1958 essa si combinò con rivalità locali per provocare lo scoppio di una guerra civile in Libano. In quello stesso anno, una lotta per il potere tra gruppi politici siriani portò uno di essi a prendere l'iniziativa di invocare un'unione con l'Egitto; l'unione ebbe luogo, e in febbraio i due paesi si fusero nella Repubblica Araba Unita. I due regni hashimiti, l'Iraq e la Giordania, allestirono un'unione concorrente, ma più tardi quello stesso anno, in luglio, la medesima combinazione di malcontento interno e attese di un nuovo mondo arabo suscitate dalla dirigenza egiziana portò alla presa del potere in Iraq da parte di un gruppo di ufficiali dell'esercito. Il re e la maggior parte dei membri della sua famiglia vennero uccisi, e così pure Nuri al-Sa'id. L'Iraq divenne una repubblica, e la dinastia hashimita dovette deporre le speranze di svolgere un ruolo guida nella politica araba (anche se l'altro ramo continuò a regnare sulla Giordania). Le notizie della rivoluzione causarono l'invio di truppe statunitensi in Libano e britanniche in Giordania per stabilizzare una situazione incerta, ma ben presto esse si ritirarono, e per quanto riguarda la Gran Bretagna, questo segnò la fine del suo ruolo come elemento attivo e fondamentale nella politica araba.

Sulle prime sembrò che la rivoluzione schiudesse la prospettiva di un Iraq destinato ad entrare a far parte dell'unione con l'Egitto e la Siria, ma ben presto apparve chiara la divergenza degli interessi di Baghdad e del Cairo. Anche all'interno della stessa Repubblica Araba Unita, gli interessi divergenti di Damasco e del Cairo condussero, nel 1961, a un colpo di stato militare in Siria e alla dissoluzione dell'unione. A dispetto di questi contrattempi, tuttavia, 'Abd al-Nasir appariva ancora, agli occhi della maggioranza degli Arabi, e di gran parte del mondo esterno, il simbolo del movimento dei popoli arabi verso una maggiore unità ed un'autentica indipendenza.

La guerra d'Algeria

Gli anni di crisi del Medio Oriente furono anche quelli della crisi conclusiva della dominazione imperiale nel Maghreb, dove gli Arabi d'Algeria combatterono una lunga battaglia, coronata alla fine dal successo, per ottenere l'indipendenza dalla Francia.

Gli Algerini nella loro lotta per l'indipendenza si trovavano ad affrontare difficoltà maggiori di quelle degli altri popoli arabi. Ufficialmente, il loro paese non era una colonia, bensì una parte integrante della Francia metropolitana, e ogni richiesta di distacco si scontrava con la resistenza di coloro per i quali il territorio francese era indivisibile. Inoltre, i coloni europei erano a questo punto diventati quasi una nazione a sé, che aveva le sue radici in Algeria, dove era nato l'80 per cento di essi. Essi non avrebbero ceduto volentieri la propria posizione di forza: avevano il controllo dei terreni più fertili e delle colture più produttive, incrementate grazie alla meccanizzazione e in continua espansione; le città principali, Algeri e Orano, erano più francesi che algerine e musulmane; i coloni detenevano la stragrande maggioranza degli incarichi governativi e professionali; la loro influenza forte e affermata da tempo sull'amministrazione locale e sul governo di Parigi poteva impedire ogni cambiamento che andasse a loro detrimento. Un manifesto pubblicato da un gruppo di intellettuali algerini nel 1943, che propugnava una repubblica autonoma collegata alla Francia non incontrò alcuna risposta se si eccettua l'abolizione di qualche svantaggio legale; un movimento più violento nel 1945 venne soffocato senza pietà. Vennero introdotti alcuni cambiamenti: gli Algerini musulmani sarebbero stati rappresentati nel parlamento francese, e avrebbero avuto lo stesso numero di deputati degli Europei nell'Assemblea Algerina; ma le elezioni dell'Assemblea vennero manovrate dall'amministrazione allo scopo di produrre una docile maggioranza.

Sotto la parvenza superficiale di un'autorità francese irremovibile, però, la società algerina si stava trasformando. La popolazione musulmana cresceva a ritmi sostenuti; nel 1954 era arrivata a quasi 9 milioni di persone, di cui più della metà aveva meno di vent'anni; la popolazione europea era di quasi un milione di persone. La maggior parte della popolazione musulmana si accalcava nella parte meno produttiva della terra, senza il capitale necessario a sfruttarla, e con limitate possibilità di avere credito, nonostante piccoli e tardivi tentativi del governo di fornire l'uno e l'altro. Di conseguenza, il tenore di vita era basso e il tasso di disoccupazione rurale era elevato. Vi era una crescente emigrazione di contadini dalle campagne depresse e sovrappopolate alle pianure, per lavorare come braccianti nelle fattorie europee, e nelle città della costa, dove formavano un proletariato non specializzato e sottoimpiegato; nel 1954 quasi un quinto dei Musulmani risiedevano nelle città algerine e circa 300.000 si erano trasferiti oltremare in Francia. Le possibilità di accedere all'istruzione erano maggiori che nel passato, ma erano sempre scarse; il 90 per cento della popolazione era analfabeta. Solo poche migliaia di studenti passavano dalla scuola primaria a quella secondaria, e solo poche dozzine accedevano all'istruzione superiore; nel 1954 vi erano meno di 200 Musulmani medici e farmacisti, e un numero ancora minore di ingegneri.

Tra gli emigranti che vivevano lontano dalle loro famiglie in città estranee, soldati dell'esercito francese, studenti con opportunità limitate, vi era una consapevolezza dei grandi cambiamenti in corso nel mondo; le sconfitte francesi nella guerra e in Indocina, l'indipendenza dei paesi asiatici e africani, i cambiamenti di idee riguardo al dominio imperiale. L'indipendenza cominciava ad apparire possibile, ma a caro prezzo: la repressione dei moti del 1945 aveva mostrato che essa non sarebbe stata concessa facilmente. Negli anni successivi al 1945, il partito di quanti erano disposti ad un compromesso in cambio di una migliore posizione all'interno del sistema politico francese perse molta della sua influenza, e all'interno del partito nazionalista venne progressivamente formato un gruppo rivoluzionario: perlopiù uomini di istruzione limitata ma con un'esperienza militare nell'esercito francese, anche se in seguito essi avrebbero attratto intorno a sé anche appartenenti all'élite intellettuale. Nel 1954 essi fondarono il Front de Libération Nationale (FLN), e nel novembre di quell'anno spararono i primi colpi della rivoluzione.

Dapprincipio fu un movimento limitato, e si poteva dubitare delle sue speranze di successo. Tuttavia, l'impeto della rivoluzione e le azioni del governo francese finirono per trasformarlo in un movimento nazionale con un sostegno diffuso nel mondo. La prima reazione del governo fu quella di una repressione militare; quando giunse al potere un governo più aperto alle sinistre, sembrò disposto a fare delle concessioni, ma si scontrò con l'opposizione dell'esercito e degli Europei d'Algeria. Alla fine del 1956 un tentativo di negoziare un accordo per mezzo dell'aiuto del Marocco e della Tunisia si risolse in un nulla di fatto, quando alcuni dirigenti algerini in volo da Rabat a Tunisi vennero dirottati su Algeri dove vennero arrestati; il governo francese accettò un atto che sembra fosse dovuto ad un'iniziativa locale.

A questo punto il potere effettivo era stato trasferito dal governo di Parigi all'esercito e agli Europei d'Algeria; sul fronte opposto, la maggior parte della popolazione algerina musulmana si era raccolta intorno al FLN. Una studiosa francese ben informata e comprensiva osservava che, dopo due anni di guerra, «quasi tutta la società musulmana si trovava saldamente ed efficacemente sostenuta da una struttura clandestina ... gli uomini della direzione non venivano solo dai ranghi rivoluzionari ... essi rappresentavano l'intero schieramento dell'élite della popolazione algerina».[1] L'abbozzo di una futura nazione algerina indipendente cominciò a farsi luce, con il fervore provocato dalla rivoluzione rivolta ad una parità sociale ed alla riappropriazione delle terre. La guerra raggiunse il culmine delle operazioni militari nel 1957, quando vi fu una dura e prolungata lotta per il controllo della stessa Algeri. L'esercito ristabilì la sua autorità sulla capitale, e nelle campagne seguì una politica di deportazioni in massa di popolazioni. Gradualmente mutò la natura del conflitto: nel 1958 il FLN che agiva dal Marocco, dalla Tunisia e dal Cairo si proclamò «Governo Provvisorio della Repubblica Algerina» ricevendo il sostegno e conducendo negoziati in tutto il mondo, e con il sostegno anche di elementi radicali in Francia. Un tentativo dell'esercito francese di espandere la guerra in Tunisia venne bloccato dalla contrarietà degli Stati Uniti e di altri, e fu a causa del timore che le pressioni internazionali potessero sopraffare il debole governo francese del dopoguerra che l'esercito, gli Europei e i loro sostenitori in Francia imposero praticamente un cambiamento di regime; la Quarta Repubblica ebbe fine e nel 1958 ritornò al potere De Gaulle, con una nuova costituzione che conferiva poteri più ampi al presidente della repubblica.

Coloro che portarono De Gaulle al potere nutrivano la speranza che egli avrebbe sfruttato la sua posizione per rafforzare il dominio francese sull'Algeria. Divenne però ben presto chiaro che egli si stava muovendo, in modo oscuro e indiretto, in direzione di un accordo con gli Algerini, anche se non è certo che prevedesse fin dagli inizi la concessione di una completa indipendenza. In una prima fase, la sua politica fu quella di mantenere le misure militari per sopprimere la rivolta, introducendo però, senza badare all'esercito e agli Europei d'Algeria, misure tese al miglioramento delle condizioni dei Musulmani. Venne annunciato un progetto di sviluppo economico con sostegni all'industria e una distribuzione di terre. Si dovevano tenere le elezioni per l'Assemblea Algerina, e la speranza era che esse facessero sorgere una dirigenza alternativa con cui la Francia potesse negoziare senza bisogno di scendere a patti col FLN. Questa speranza si rivelò però vana, e non vi furono più alternative al negoziato col FLN. I primi colloqui del 1960 si conclusero con un nulla di fatto. L'anno successivo De Gaulle ebbe maggiore libertà di manovra: un referendum in Francia mostrò che vi era una maggioranza a favore della concessione dell'autodeterminazione all'Algeria; un tentativo dell'esercito in Algeria di effettuare un colpo di stato contro De Gaulle venne stroncato. Si ripresero i negoziati, e due furono i problemi che si dimostrarono maggiormente difficili da risolvere: quello della comunità europea e quello del Sahara algerino, che la Francia desiderava conservare perché ora vi erano state scoperte importanti riserve di petrolio e di gas naturale, che venivano sfruttate da una società francese. Alla fine la Francia cedette su ambedue i punti: gli Europei sarebbero stati liberi di restare o di andarsene con le loro proprietà; l'intera Algeria, compreso il Sahara, sarebbe divenuto uno stato sovrano, che avrebbe ricevuto aiuti dalla Francia. Un accordo venne firmato nel marzo del 1962. L'indipendenza era stata conseguita, ma a caro prezzo in termini umani per tutti gli interessati. Una gran parte della popolazione musulmana era stata deportata, forse 300.000 persone o anche più erano state uccise, molte migliaia di coloro che si erano schierati per la Francia vennero uccisi o costretti a emigrare dopo l'indipendenza. I Francesi ebbero forse 20.000 morti. Nonostante le garanzie, la stragrande maggioranza dei coloni lasciarono il paese; troppo sangue era scorso per poterlo dimenticare; nelle ultime fasi della guerra un gruppo di militanti reclutati tra i coloni si era reso responsabile di atti di violenza, e questo contribuiva a rendere precaria la posizione degli Europei.

SOCIETÀ IN TRASFORMAZIONE (ANNI '40 E '50)

La popolazione e lo sviluppo economico

Questi anni di tensione politica furono anche un periodo di rapida trasformazione delle società. Innanzitutto, la crescita demografica e la pressione che questa esercitava sui mezzi di sussistenza erano a questo punto osservabili quasi dovunque, e cominciavano ad essere considerate all'origine di molteplici problemi.

In Egitto l'incremento continuava da più di un secolo, a ritmi sempre crescenti. Mentre il tasso di accrescimento negli anni '30 era stato di poco superiore all'1 per cento all'anno, nel 1960 era tra il 2,5 e il 3 per cento; la popolazione complessiva era salita da 16 milioni di abitanti nel 1937 a 26 milioni nel 1960. Il mutamento era provocato principalmente da un abbattimento del tasso di mortalità, dal 27 per mille del 1939 al 18 per mille del 1960; in particolare, la mortalità infantile era diminuita nel medesimo lasso di tempo dal 160 al 109 per mille. Al confronto con queste cifre, il tasso di natalità aveva subito pochi cambiamenti. Analoghi tassi di crescita esistevano a questo punto in altri paesi, anche se il fenomeno aveva avuto inizio più tardi che in Egitto. In Marocco, sembra che prima del 1940 l'incremento delle nascite fosse modesto, ma nei venti anni successivi la popolazione salì da 7 a 11,5 milioni di abitanti. In Tunisia, l'incremento in quegli anni fu da 2,6 a 3,8 milioni; in Siria da 2,5 a 4,5 milioni; in Iraq da 3,5 a 7 milioni.

Il risultato di una crescita così repentina fu che cambiò la composizione della popolazione per fasce di età; nel 1960, nella maggior parte dei paesi più di metà della popolazione aveva meno di vent'anni. Vi furono anche altri cambiamenti nella composizione della popolazione. Col mutare della situazione politica e con l'abolizione dei privilegi economici, vi era stata una contrazione dell'elemento straniero, che aveva avuto un ruolo così esteso nel settore moderno dell'economia. Il numero degli stranieri residenti in Egitto calò dai 250.000 del 1937 ai 143.000 del 1960; in Libia da 100.000 si ridusse alla metà nello stesso lasso di tempo;

in Tunisia da 200.000 a meno di 100.000; in Marocco da 350.000 a 100.000; in Algeria da quasi un milione a meno di 100.000. Al contrario, si registrò un enorme flusso di Ebrei sia dall'Europa sia dai paesi del Medio Oriente e del Maghreb verso il nuovo stato di Israele, la cui popolazione ebraica salì da 750.000 persone nel 1948 a 1,9 milioni nel 1960; le antiche comunità ebraiche dei paesi arabi si contrassero in misura corrispondente, per via di un'emigrazione verso Israele, l'Europa e l'America.

Un mutamento di significato più generale fu l'abbandono delle campagne da parte dei loro abitanti. Esso si verificò soprattutto a causa della crescita della popolazione rurale oltre la capacità del suolo di sostentarla, ma in alcune località venne provocato anche da cambiamenti nelle tecniche dell'agricoltura: l'introduzione dei trattori su terreni coltivati a grano comportava la necessità di un minor numero di addetti; i proprietari di terreni coltivati in modo intensivo a scopi commerciali dovevano preferire operai specializzati ai mezzadri. In un paese, la Palestina, lo spostamento della popolazione fu più direttamente prodotto da mutamenti politici. La sovrappopolazione rurale nei villaggi arabi era già evidente nel 1948, ma gli avvenimenti di quell'anno portarono all'esproprio delle proprietà di più della metà degli abitanti dei villaggi, e la maggior parte di essi divennero profughi senza terra in campi o in quartieri miserabili in Giordania, Siria e Libano.

Per i contadini che non potevano sopravvivere nei villaggi, i centri del potere e del commercio esercitavano una sicura attrazione: qui essi potevano sperare di trovare lavoro nei settori dell'economia in espansione, quelli industriale e terziario, e di godere di un tenore di vita più elevato e di migliori opportunità per l'istruzione dei figli. Molte migliaia di contadini della Cabilia (Algeria), del Marocco e della Tunisia emigrarono dai rispettivi paesi verso le grandi città della Francia, e in misura minore verso la Germania; nel 1960 in Francia vi era circa mezzo milione di Nordafricani. La maggior parte degli emigranti rurali, invece, si diressero verso le città del proprio paese o di quelli vicini. In Marocco, Casablanca crebbe più rapidamente delle altre città: dalla cittadina di 250.000 abitanti che era nel 1936, nel 1960 si era trasformata in una città di un milione di abitanti. Il Cairo aveva 1,3 milioni di abitanti nel 1937; nel 1960 ne aveva 3,3 milioni, di cui più della metà era nato fuori dalla città. La popolazione di Baghdad crebbe dal mezzo milione degli anni '40 a 1,5 milioni degli anni '60. La crescita più spettacolare fu quella di Amman, salita da 30.000 abitanti nel 1948 a 250.000 nel 1960; l'incremento era dovuto in massima parte all'afflusso dei profughi palestinesi.

A causa di queste migrazioni interne, i paesi arabi conoscevano perlopiù una trasformazione da una società prevalentemente rurale ad una in cui una parte grande e crescente della popolazione era concentrata in poche grandi metropoli. In Egitto quasi il 40 per cento della popolazione viveva in città nel 1960; quasi il 13 per cento al Cairo (e ancora di più se si calcola anche la città di Giza, oggi praticamente assorbita dal Cairo). Casablanca conteneva il 10 per cento di tutti i Marocchini, Baghdad il 20 per cento di tutti gli Iracheni.

Se si doveva nutrire una popolazione crescente, e migliorarne il tenore di vita, era necessario produrre di più, sia nelle campagne sia nelle città. Questa necessità fornì una nuova urgenza all'idea di crescita economica, che attirava i governi anche per altri motivi. Nell'ultima fase del dominio imperiale, sia la Gran Bratagna che la Francia avevano cominciato a prendere in considerazione una rapida crescita economica come possibile modo di creare un interesse comune tra governanti e governati, e quando subentrarono i governi nazionalisti, anch'essi si volsero allo sviluppo economico come unico modo di conseguire la forza e l'autosufficienza senza le quali le nazioni non potevano essere veramente indipendenti.

Questo fu quindi un periodo in cui i governi intervennero con maggiore energia nell'economia allo scopo di promuovere lo sviluppo. Nelle campagne, fu un'epoca di gigantesche opere di irrigazione in numerosi paesi: Marocco, Algeria, Tunisia, Siria e soprattutto Egitto e Iraq. In Egitto, più di un secolo di trasformazioni nel sistema di irrigazione raggiunse la sua conclusione alla fine degli anni '50, quando partirono i lavori per la Grande Diga di Assuan, da costruire con l'assistenza finanziaria e tecnica dell'Unione Sovietica che subentrò quando gli Stati Uniti si ritirarono. I precedenti sistemi di irrigazione della valle del Nilo miravano a trattenere la piena annuale e a distribuire l'acqua in modo da irrigare perennemente un'area di terreno più vasta, così da consentire la produzione di più raccolti in un anno, ma la Grande Diga doveva fare ancora di più. Lo scopo della costruzione fu quello di immagazzinare le piene successive in un enorme lago, rilasciando l'acqua dove e quando ve ne fosse stato bisogno. In questo modo si potevano trascurare le variazioni di volume dell'acqua da un anno all'altro, e per la prima volta nella lunga storia della vita sedentaria della valle del Nilo la piena annuale avrebbe cessato di essere l'evento centrale dell'anno. Si sperava in questo modo di accrescere la superficie coltivabile di un milione di *feddan*, e ancora di più la superficie dei raccolti, a causa dell'estensione dell'irrigazione perenne a territori che erano già coltivati. La diga doveva anche essere utilizzata per produrre energia elettrica, e nel lago vi era la possibilità di incrementare la pesca. Tra le conseguenze negative, invece, vi sarebbe stato un alto tasso di evaporazione, con possibili ripercussioni sul clima, e l'arresto delle acque nel lago avrebbe fatto sì che il limo trasportato si sarebbe depositato colà senza giungere fin nelle zone settentrionali del paese.

In Iraq, un aumento delle entrate del governo a causa di una maggiore produzione di petrolio consentì per la prima volta di completare opere di irrigazione e di controllo delle piene su vasta scala e in modo pianificato. Nel 1950 venne creato un ministero per lo sviluppo con autorità sulla maggior parte delle entrate petrolifere, e questo progettò e portò a compimento grandi piani di controllo delle piene sia sul Tigri sia sull'Eufrate, e la costruzione di dighe su affluenti del Tigri nel nord del paese.

Fu anche un periodo in cui vennero introdotti su vasta scala i trattori. Essi venivano già impiegati nel 1939 su terreni di proprietà europea nel Maghreb e su quelli di proprietà ebraica in Palestina, ma erano praticamente assenti altrove. Adesso essi venivano importati in Iraq, in Siria, in Giordania e in Egitto, dove nel 1959 ne venivano impiegati più di 10.000. L'uso di concimi chimici non era altrettanto diffuso, a parte in Egitto, Libano e Siria, e anche nelle sementi e nell'allevamento non si registravano migliorie.

Il risultato di queste trasformazioni fu un'estensione della superficie coltivabile in pochi paesi e di quella dei raccolti quasi dovunque, oltre che, assai spesso, un passaggio dalla produzione di cereali destinati al consumo locale a quella di colture destinate alla vendita che trovavano smercio nelle città o all'estero. In Marocco, le autorità francesi nell'ultimo periodo del loro governo fecero uno sforzo sistematico di «modernizzazione dei contadini»: agricoltori indigeni riuniti in grandi gruppi venivano istruiti sui nuovi metodi e sulla produzione di colture destinate alla vendita, e forniti di opportunità cooperative per il credito e per la commercializzazione. In Siria e nel nord dell'Iraq, i cambiamenti vennero introdotti da imprese private. Nella regione compresa tra il Tigri e l'Eufrate, commercianti muniti di capitali cominciarono a prendere in affitto terreni dagli *shaykh* tribali e a coltivare il grano con l'uso di trattori; per la prima volta, in questa regione di precipitazioni incerte, la terra poteva essere coltivata su scala abbastanza vasta e con sufficiente economia di manodopera da permettere una coltivazione redditizia. Il risultato fu una nuova modifica degli equilibri tra agricoltura sedentaria e allevamento di bestiame (che in precedenza costituiva l'impiego più sicuro e redditizio dei terreni), oltre all'estensione delle coltivazioni: in Siria, l'area coltivata a grano era più che raddoppiata in venti anni, dai 748.000 ettari del 1934 al 1.890.000 del 1954. Nella vallata dell'Eufrate e in altre zone della Siria si estese anche la coltura del cotone.

Per quanto importante essa fosse, l'espansione dell'agricoltura non costituiva la principale priorità per la maggior parte dei governi che avevano delle risorse da investire. Più urgente sembrava il rapido sviluppo dell'industria. La maggioranza dei governi prestarono particolare attenzione alla creazione di infrastrutture senza le quali l'industria non poteva svilupparsi: strade, ferrovie, porti, telecomunicazioni ed energia idroelettrica. Nei tre paesi del Maghreb, i Francesi fecero sforzi sistematici per migliorare i trasporti e le comunicazioni, la produzione di energia elettrica e le opere di irrigazione.

Gli investimenti governativi, e quelli, di minore entità, di singoli privati (soprattutto Europei nel Maghreb, e proprietari terrieri con denaro da investire nei paesi arabi dell'est) portarono ad una certa crescita dell'industria. Per lo più si trattava di un'industria di prodotti di consumo: alimentari, materiali di costruzione, e tessili, soprattutto in Egitto e in Siria, che avevano proprie risorse di cotone. In paesi con risorse minerarie divenne importante l'attività estrattiva, soprattutto fosfati in Giordania, Marocco e Tunisia.

Per certi aspetti, la crescita economica accrebbe per lo più la dipendenza degli stati arabi dai paesi industrializzati. L'accumulazione di capitali nazionali da investire non era sufficiente per le loro necessità, e la crescita dipendeva dagli investimenti e dagli aiuti dall'estero. Negli anni successivi alla seconda guerra mondiale, alcuni paesi riuscirono ad attingere a un solido bilancio accumulato dalle spese belliche durante la guerra, e quelli del Maghreb potevano contare su fondi messi a disposizione dal governo francese stornandoli dagli aiuti forniti alla Francia col Piano Marshall. Gli investimenti privati dall'estero erano ridotti, a parte il Marocco, che negli anni del dopoguerra attrasse capitalisti francesi timorosi di ciò che poteva accadere in Francia. In seguito, prestiti americani vennero concessi a quei paesi la cui politica era in armonia con quella degli Stati Uniti, e alla fine degli anni '50 Egitto e Siria ebbero accesso a prestiti sovietici.

Gli aiuti dall'estero venivano concessi, almeno in parte, per motivi politici e, quando non venivano impiegati per rafforzare le forze armate di paesi di recente indipendenza che si trovavano ad avere tra loro rapporti complessi e improntati spesso all'ostilità, venivano perlopiù impiegati per finanziare l'importazione di merci o materiali di primaria importanza che erano necessari per migliorare le infrastrutture o per sviluppare l'industria. Il risultato tendeva ad essere quello di una accresciuta dipendenza dai paesi da cui provenivano gli aiuti. I paesi che ricevevano gli aiuti rimanevano indebitati con coloro che li concedevano, e i loro principali rapporti commerciali continuavano ad essere con gli stati industriali d'Europa, e in misura crescente con gli Stati Uniti; un'eccezione fu l'Egitto, che alla fine degli anni '50 inviava più del 50 per cento delle sue esportazioni a paesi del blocco orientale e acquistava da essi circa il 30 per cento delle sue importazioni. La composizione degli scambi rimaneva in gran parte quella che vi era in precedenza, con esportazione di materie prime e importazione di prodotti finiti. Vi erano però due cambiamenti significativi: l'importazione di prodotti tessili divenne meno importante, man mano che si creavano industrie tessili locali; aumentò l'importazione di frumento, dal momento che la produzione locale non era più sufficiente per nutrire la crescente popolazione delle città.

Vi fu un genere di esportazione che in quegli anni vide rapidamente accrescersi la propria importanza: il petrolio, e ciò fornì l'esempio più impressionante dell'interdipendenza economica tra i paesi che possedevano il petrolio e il mondo industrializzato. Dopo un inizio in sordina prima della seconda guerra mondiale, le risorse petrolifere dei paesi del Medio Oriente e del Maghreb si dimostrarono tra le più importanti del mondo. Nel 1960 questi paesi producevano il 25 per cento del greggio mondiale e – a causa delle piccole dimensioni del mercato locale – erano nel loro insieme il massimo esportatore mondiale. La produzione maggiore era in Iran e, tra i paesi arabi, in Iraq, Kuwait e Arabia Saudita, ma vi era una produzione anche da parte di altri paesi del Golfo e dell'Egitto, e prima del 1960 grandi giacimenti erano stati scoperti anche in Libia e in Algeria. Nel futuro, il petrolio mediorientale sembrava destinato a diventare ancora più importante: nel 1960 si calcolava che le riserve costituissero qualcosa come il 60 per cento delle riserve mondiali conosciute.

In tutti i paesi le concessioni per la ricerca del petrolio, e per la sua estrazione ed esportazione una volta che lo si fosse trovato, erano in mano a società occidentali, per la maggior parte controllate dal numero ristretto delle grandi compagnie petrolifere che tra tutte detenevano un monopolio di fatto dell'industria estrattiva. In Iraq lo sfruttamento dei giacimenti era in mano a una società a proprietà congiunta inglese, francese, olandese e statunitense, in Arabia Saudita era in mano a società statunitensi, in Kuwait a società inglesi e statunitensi; in Libia era in mano a numerose società; infine in Algeria era in mano ad una società francese con investimento di capitali governativi. I capitali di queste società provenivano perlopiù da investitori privati occidentali, e questo fu anzi l'esempio più importante di investimenti privati occidentali nei paesi arabi durante questo periodo. Anche la tecnologia superiore era fornita soprattutto da funzionari europei e statunitensi. Il grosso del petrolio veniva esportato verso i paesi occidentali. A parte il petrolio in sé, l'apporto dei paesi ospiti consisteva soprattutto in manodopera, specializzata o meno, ai più bassi livelli, e anche questa in quantità limitata, dal momento che l'estrazione e la lavorazione del petrolio non ne richiedeva molta.

All'inizio degli anni '60 la situazione stava però cambiando. Un numero maggiore di lavoratori locali veniva impiegato in lavori altamente specializzati e, sebbene la quantità di manodopera complessiva continuasse ad essere limitata, coloro che erano stati formati nell'industria si trasferivano in altri settori dell'economia. Particolare ancora più importante, la divisione dei profitti tra compagnie e paesi ospiti stava cambiando. Nel 1948, il 65 per cento degli introiti lordi dell'industria andavano alle compagnie, e la quota dei paesi era limitata ad una *royalty*, una piccola percentuale di un prezzo fissato dalle stesse compagnie. Dal 1950, una pressione esercitata dai paesi produttori riuscì ad assicurare un cambiamento negli accordi, fino a fare arrivare la loro quota al 50 per cento dei redditi netti delle società. Nel 1960 i principali paesi produttori (non solo quelli mediorientali) si riunirono nell'Organizzazione dei Paesi Esportatori di Petrolio (OPEC), un'alleanza con lo scopo di presentare un fronte comune nei negoziati con le grandi compagnie petrolifere, che da parte loro operavano in stretta connessione l'una con l'altra. Era quindi aperta la via ad un nuovo processo la cui conclusione fu il subentro degli stessi paesi al posto delle compagnie, almeno per quanto riguarda la produzione.

I profitti della crescita: commercianti e proprietari terrieri

Con l'avvento dell'indipendenza, i commercianti e i proprietari terrieri locali riuscirono a trarre vantaggio da gran parte dei profitti della crescita economica. I commercianti riuscirono a sfruttare la loro possibilità di avere udienza presso i governi indipendenti in modo da ottenere una quota maggiore del commercio di import-export; perfino nel commercio del cotone egiziano, che per così tanto tempo era stato in mano a società e banche straniere, svolgevano un ruolo importante delle società egiziane di notevoli dimensioni, operando in stretto contatto con esponenti politici. In Iraq, la maggior parte della borghesia ebraica, che era stata prevalente nei commerci con l'Inghilterra e con l'India, se ne andò quando la sua posizione si fece difficile dopo la creazione dello stato di Israele, e il suo posto venne preso perlopiù da commercianti iracheni sciiti. Anche la maggior parte delle nuove industrie erano in mani locali, grazie a una certa accumulazione di capitali da parte di commercianti e proprietari terrieri, ma anche a causa della necessità delle giovani industrie di avere udienza presso il governo. In alcuni paesi, invece, esisteva una collaborazione tra capitalisti indigeni e stranieri. Ciò valeva per il Marocco, dove continuarono ad avere importanza dopo l'indipendenza delle società miste franco-marocchine, e fino a una certa data anche per l'Egitto. Cominciavano ad assumere importanza anche banche indigene o miste; la riscossione e l'investimento delle *royalties* e dei profitti privati dell'industria petrolifera erano in gran parte in mano a banche amministrate da Libanesi e Palestinesi a Beirut.

Nella maggior parte delle località, inoltre, l'espansione dell'agricoltura negli anni del dopoguerra era nell'interesse primario di coloro che possedevano o controllavano la terra, e in particolare dei grandi proprietari terrieri, che avevano accesso al credito dalle banche e dalle società di credito fondiario e che potevano accumulare capitali per gli investimenti. In Marocco e in Tunisia, i terreni che erano stati in mano a proprietari stranieri vennero acquistati dopo l'indipendenza, sia da capitalisti indigeni, sia dal governo. In Egitto, la posizione dei grandi proprietari terrieri rimase salda fino al 1952. I 400 e più membri della famiglia reale erano collettivamente i più grandi proprietari terrieri; intorno ad essi vi era un gruppo di circa 2500 famiglie e società egiziane, e circa 200 straniere, che possedevano più di 100 *feddan* a testa; nel loro insieme, questi grandi proprietari terrieri detenevano il 27 per cento delle terre coltivabili. Di fatto essi avevano il controllo del governo; in media, la metà dei ministri, senatori e deputati proveniva da questo ceto. Essi riuscirono quindi a ottenere vantaggi nell'irrigazione e a conservare un sistema di tassazione ad essi favorevole. A causa del capitale che avevano accumulato e del loro accesso al credito, erano in grado di acquistare terreni quando ve ne erano disponibili, e il loro controllo delle terre migliori consentiva loro di imporre alti affitti ai fittavoli che ne coltivavano la maggior parte. Alcuni economisti sollecitavano la necessità di una riforma agraria, e il senso di ingiustizia era forte tra i contadini, ma prima del 1952 nelle assemblee pubbliche della nazione non si alzò quasi alcuna voce a favore della riforma.

In questo periodo il potere dei proprietari terrieri crebbe anche in Siria e in Iraq. In Siria, le grandi pianure interne, passate alla coltura del grano, erano sempre state di proprietà di famiglie cittadine di spicco, ma ora il ceto dei grandi proprietari veniva ingrossato da quanti coltivavano il cotone nei terreni irrigui della vallata dell'Eufrate e quanti (proprietari o fittavoli) coltivavano grano nella Jazira. In Iraq, il ceto dei grandi proprietari ebbe origine in misura rilevante dai cambiamenti che erano intervenuti fin dal XIX secolo: l'estensione delle coltivazioni con l'aiuto di trattori, pompe e opere di irrigazione, la transizione dalla pastorizia all'agricoltura sedentaria, e la registrazione dei titoli di proprietà dei terreni. La politica del governo mandatario inglese, e successivamente del governo indipendente, fu diretta a favorire i proprietari terrieri, e in particolare quanti tra loro erano *shaykh* tribali e potevano usare la propria autorità a vantaggio degli Inglesi e della monarchia. Nel 1958, più del 60 per cento della terra di proprietà privata era in mano a quanti possedevano più di 1000 *dunum*, e 49 famiglie possedevano più di 30.000 *dunum* ciascuna. (Il *dunum* iracheno corrisponde all'incirca a 0,25 ettari e a 0,6 acri.) Le proprietà erano più estese che in Egitto, perché la coltivazione era estensiva e la terra abbondante, e l'eccessiva salinità del suolo tendeva a esaurirlo rapidamente. A parte gli *shaykh* tribali, il ceto proprietario comprendeva famiglie di notabili cittadini che avevano ottenuto le terre attraverso il servizio nell'amministrazione governativa o il prestigio religioso, nonché commercianti musulmani con capitali da investire. Come in Egitto, i proprietari terrieri erano ben inseriti nella politica, sia perché ricoprivano incarichi direttamente nei ministeri e nel parlamento, sia perché la monarchia e il gruppo dominante avevano bisogno di loro.

Il potere dello stato

Il trionfo del nazionalismo poteva dunque apparire a prima vista il trionfo dei ceti possidenti indigeni, ma nella maggior parte dei paesi esso fu di breve durata, e il vincitore fu lo stato stesso: coloro che controllavano il governo e coloro che facevano parte dell'amministrazione militare e di quella civile attraverso le quali il potere veniva esercitato. Il processo sociale di base mediante il quale il governo aveva assunto una diretta autorità su tutti i suoi territori, era già completato nella maggior parte dei paesi all'epoca in cui i governanti stranieri se ne andarono, e ciò valeva anche per quelli, come il Marocco, in cui l'autorità dei governi urbani era sempre stata debole; i governi indipendenti ereditarono gli strumenti dell'autorità, esercito, forze di polizia e burocrazia. Anche in Arabia Saudita il governo che 'Abd al-'Aziz lasciò in eredità ai suoi figli, rafforzato e meglio organizzato, manteneva regioni diverse in una società politica unificata. Solo ai margini meridionali della penisola il processo era ancora incompleto. In Yemen, il governo degli *imam* trovava ancora difficoltà ad estendersi su tutto il paese. L'amministrazione britannica di Aden aveva creato un vago raggruppamento di piccoli capi locali sotto la protezione britannica nelle campagne circostanti, senza però governarle direttamente. Anche in Oman il potere del sovrano, sostenuto dagli Inglesi, non si stendeva ancora a tutto l'interno dalla capitale posta sul mare, Masqat.

Il raggio di attività dei governi, a questo punto, cominciò ad estendersi oltre il semplice mantenimento della legge e dell'ordine, l'esazione delle tasse e la cura di alcuni servizi fondamentali. Quasi dovunque, i servizi di pubblica utilità divennero di proprietà pubblica: istituti di emissione, ferrovie, telefoni, l'approvvigionamento di acqua, gas ed elettricità. Ciò era in conformità con quanto si stava verificando in tutto il mondo, ma qui vi era un motivo particolare per la cosa: nella maggior parte dei paesi, i servizi pubblici erano stati di proprietà di società straniere, e la loro nazionalizzazione significava un cambiamento non solo dalla proprietà privata a quella pubblica, ma anche dalla proprietà straniera a quella indigena.

Il movimento di nazionalizzazione procedette a un ritmo particolarmente elevato. I nuovi governi temevano la permanenza o la crescita di centri autonomi di potere economico, che avrebbero potuto generare un potere politico o collegarsi ai governanti precedenti. Inoltre, una rapida industrializzazione sarebbe stata difficoltosa e avrebbe subito rallentamenti se affidata solo alle imprese private: l'accumulazione di capitali privati per gli investimenti era stata limitata sotto i governi stranieri, ed era ancora insufficiente; incanalarla in investimenti produttivi era difficile fintantoché non vi era un mercato dei capitali organizzato; gli investitori privati potevano esitare a investire i loro soldi in industrie nuove e non sperimentate piuttosto che in edifici urbani o in terreni; e anche se lo facevano, le fabbriche che essi impiantavano potevano non essere quelle cui una pianificazione nazionale avrebbe dato la priorità.

Questi erano gli argomenti a favore dell'intervento del governo nell'economia, intervento che a questo punto era possibile grazie all'accumulazione di risorse in sua mano. Il ritiro dei governanti stranieri voleva dire che le entrate della tassazione erano ora sotto la piena autorità dei governi, e le entrate erano tanto maggiori in quanto erano stati aboliti i privilegi di cui avevano goduto le imprese straniere. In alcuni paesi, le risorse per gli investimenti venivano ora fornite dalle maggiori entrate petrolifere; anche i paesi che non disponevano di petrolio potevano trarre profitti dai pagamenti fatti dalle compagnie petrolifere per i diritti di transito, o da prestiti o sovvenzioni concessi loro dai paesi più ricchi. Nel 1960, il 61 per cento delle entrate del governo iracheno proveniva dal petrolio, la percentuale era dell'81 per cento in Arabia Saudita, e quasi del 100 per cento negli staterelli del Golfo; in Siria, il 25 per cento delle entrate - e in Giordania il 15 per cento - provenivano dagli oleodotti che trasportavano fino alla costa del Mediterraneo il petrolio dell'Iraq e dell'Arabia. I prestiti per lo sviluppo venivano anche dai paesi industrializzati e da organizzazioni internazionali.

Alcune attività economiche erano già state portate sotto il controllo statale anche prima dell'indipendenza. L'estrazione di fosfati in Marocco, da quando si era fatta importante, era sempre stata sotto il controllo di un'organizzazione parastatale; in Sudan, la concessione rilasciata a società britanniche per coltivaree cotone nel distretto della Jazira andò in scadenza nel 1951. Dopo l'indipendenza, il processo subì un'accelerazione. La Tunisia rilevò l'industria dei fosfati, e anche in Giordania le società dei fosfati videro una partecipazione notevole del governo. In Egitto, il governo militare che prese il potere nel 1952 adottò in misura crescente una politica di nazionalizzazione delle fabbriche, che raggiunse l'apice nel 1961, quando lo stato rilevò tutte le banche e le società di assicurazioni, e quasi tutte le grandi società industriali. L'anno precedente era stato varato il primo piano quinquennale, con lo scopo di una rapida crescita industriale ed agricola sotto la direzione del governo. L'eccezione principale a questa tendenza fu il Marocco, dove nel 1960 si presentò con chiarezza l'alternativa tra un'economia dirigista, con industrializzazione accelerata e restrizioni ai consumi, ed un'economia affidata alle imprese private e agli investimenti. La scelta dipendeva da una lotta per il potere tra un partito nazionalista che premeva per un rapido cambiamento e le forze più conservatrici raccolte intorno al re; essa si concluse con l'assunzione diretta del potere da parte del re, e con una scelta a favore delle imprese private.

L'esempio più spettacolare di intervento statale nell'economia non fu dato dall'industria ma dalla riforma del sistema di proprietà terriera. Essa ebbe la massima importanza politica e sociale, dal momento che la maggior parte della popolazione dei paesi arabi viveva ancora in campagna, e anche perché quasi dovunque i grandi proprietari terrieri costituivano il ceto più potente, quello dotato della maggiore influenza sul governo e dei maggiori capitali; colpire la sua proprietà voleva dire distruggere un potere che poteva controllare il governo, e liberare capitali per investimenti in altri campi.

Il primo e più ambizioso schema di riforma agraria venne annunciato dal nuovo governo militare dell'Egitto poco dopo la sua presa del potere nel 1952. Il fatto che si potesse proporre un progetto così particolareggiato così in fretta dopo la presa del potere, anche se la questione non era stata praticamente discussa da precedenti governi o dal parlamento, era il segno, oltre che del potere indipendente del governo, anche dell'affermazione di un nuovo gruppo dominante con idee assai diverse da quelli di cui aveva preso il posto. La parte più rilevante del progetto era la limitazione delle dimensioni delle proprietà a un massimo di 200 *feddan* per ogni individuo, con ulteriori 100 *feddan* per i suoi figli; questo massimo venne abbassato a 100 *feddan* nel 1961 e a 50 nel 1969. I terreni che avessero oltrepassato il massimo sarebbero stati acquistati dallo stato ad un prezzo fissato in titoli governativi, e distribuiti a piccoli coltivatori diretti; inoltre, i terreni appartenenti alla famiglia reale vennero confiscati senza risarcimento. Venne limitata l'entità dell'affitto che un proprietario poteva esigere da un fittavolo, e si stabilì che gli accordi di locazione dovevano durare almeno tre anni. Fittavoli e piccoli proprietari sarebbero stati agevolati nell'ottenimento di crediti e nella commercializzazione dei loro prodotti da cooperative che il governo si impegnava a fondare. Nel decennio che seguì, circa mezzo milione di *feddan* vennero acquistati forzosamente dallo stato, ed una parte di essi venne distribuita. Gli effetti furono notevoli, anche se non furono sempre quelli che ci si aspettava: dal punto di vista politico, il potere dei grandi proprietari e della famiglia reale vide la fine; dal punto di vista economico, i redditi vennero redistribuiti dai grandi proprietari ai piccoli proprietari e a fittavoli, mentre il gruppo intermedio dei proprietari di medie dimensioni venne a malapena toccato.

In Siria un provvedimento analogo venne preso nel 1958: le dimensioni massime delle proprietà vennero limitate, i contratti agrari vennero ridefiniti a vantaggio dei fittavoli o dei mezzadri, e venne stabilita una paga minima per i braccianti agricoli. Nei primi anni esso non poté essere applicato con la stessa efficacia riscontrata in Egitto, perché la burocrazia non era adeguata al compito, non vi erano rilevazioni complete dei titoli di proprietà, e il potere politico dei proprietari terrieri era ancora incontrastato. Anche in Iraq venne preso un analogo provvedimento dopo il colpo di stato militare del 1958, ma prima dovette emergere dalla rivoluzione un gruppo di governo stabile con idee chiare e concordi su come dovesse essere organizzata la società; nei primissimi anni i governanti non si trovarono d'accordo sul da farsi: se i terreni rilevati dallo stato dovessero essere mantenuti e messi a frutto da esso o se andassero distribuiti in piccole proprietà.

I ricchi e i poveri nelle città

Le crescenti dimensioni della popolazione, la migrazione dalla campagna verso la città e la consistenza e il potere crescenti delle borghesie nazionali (proprietari terrieri, commercianti, proprietari e dirigenti di fabbriche, dipendenti della pubblica amministrazione e ufficiali dell'esercito) si riflettevano in vari modi sulla natura della vita urbana. Con l'avvento dell'indipendenza, il ceto medio indigeno si trasferì nei quartieri che in precedenza erano abitati soprattutto da Europei, e gli immigrati dalle campagne si diressero verso quei quartieri che essi lasciavano liberi, o in nuovi quartieri. In entrambi i casi, vi fu un cambiamento nelle abitudini e nei modi di vita: il ceto medio prese a vivere in un modo che in precedenza era tipico dei residenti stranieri, e gli immigrati rurali adottarono il modo di vita dei ceti poveri urbani.

Nel Maghreb, il processo mediante il quale i ceti con un'istruzione moderna si sostituivano agli stranieri nei centri urbani era già cominciato prima dell'indipendenza, negli anni '40 e nei primi anni '50. La segregazione urbana, che era stata la politica del protettorato francese in Marocco, e che esisteva anche in Algeria e in misura minore in Tunisia, stava venendo meno, e l'avvento dell'indipendenza fece progredire ulteriormente questa tendenza. Se ne andarono gli Europei coi loro capitali, e si installarono i nuovi governanti, i funzionari e i ceti proprietari e mercantili associati ad essi. Al Cairo e ad Alessandria la segregazione non era mai stata così completa, ma vi erano stati quartieri che erano più europei che egiziani, e la loro natura cambiò. La completa apertura del Gazira Sporting Club agli Egiziani, e l'incendio di alcuni edifici connessi con gli stranieri durante i disordini del 1952 al Cairo, furono i simboli di un mutamento sociale. In Libano, Siria ed Iraq, le colonie straniere non erano mai state così consistenti o esclusive, ma in Palestina la conseguenza della spoliazione della maggioranza della popolazione araba nel 1948 fu che quelle che in precedenza erano state delle città miste divennero città abitate prevalentemente da Ebrei di origine europea; gli Ebrei immigrati da paesi arabi si stabilirono soprattutto in nuove città o villaggi. A Gerusalemme, ora divisa tra Israele e Giordania, la metà giordana, che comprendeva la Città Vecchia, era quasi completamente araba, ma una gran parte della borghesia araba di Gerusalemme, come quella di Haifa e di Jaffa, si stabilì in città situate fuori dalla Palestina, e furono i loro capitali e le loro energie che provocarono la rapida crescita di Amman.

Nei loro nuovi quartieri i borghesi vivevano per lo più come facevano gli Europei, in case dello stesso tipo e vestendosi con abiti dello stesso tipo, anche se potevano esservi dei compromessi tra il vecchio modo di vita e quello nuovo; un Marocchino di Casablanca poteva indossare abiti europei negli affari, ma il vestito tradizionale, la *jallaba*, il venerdì in moschea; una casa moderna poteva avere una stanza con mobili in stile orientale, con divani bassi, bacili di rame e arazzi alle pareti. In alcuni dei nuovi quartieri, gli appartenenti a religioni diverse si mescolavano più di quanto avrebbero fatto in una *madina*; vivevano nelle stesse vie o in appartamenti della stessa casa, e i loro figli frequentavano le medesime scuole; i matrimoni misti tra Musulmani, Cristiani ed Ebrei erano ancora rari, ma forse un po'meno di prima.

Nell'atmosfera aperta dei nuovi quartieri, la ricchezza poteva essere esibita più liberamente che nelle vecchie città, dove il timore del sovrano o dei vicini induceva la gente a nascondere le tracce della propria prosperità. Le case presentavano una facciata più sfrontata sulla via, le stanze erano arredate con maggiore sfarzo, i gioielli erano ostentati più apertamente. In questo periodo assunse importanza un particolare *status symbol*, l'automobile privata. Relativamente rare prima della seconda guerra mondiale, le automobili si fecero in questo periodo più frequenti; al Cairo il loro numero quasi raddoppiò tra il 1945 e il 1960. L'aumento del numero delle automobili, come pure degli autocarri e degli autobus, rese necessarie nuove e più ampie strade in città e nelle campagne. Tracciare un ampio viale attraverso un quartiere della città vecchia divenne quasi un atto simbolico di modernità e di indipendenza. Ciò si era verificato per la prima volta negli anni successivi al 1870 quando Isma'il Pasha fece la via Muhammad 'Ali al Cairo, e si ripeté ora nel Medio Oriente, anche se non nel Maghreb. Le automobili private, e le strade costruite per esse, trasformarono il modo di vivere delle classi più abbienti. La loro vita non era più confinata nel quartiere; potevano disporre dell'intera città e del suo hinterland rurale, e potevano abitare lontano dal luogo di lavoro.

I quartieri lasciati liberi dai borghesi venivano rilevati dagli immigrati rurali. Alcuni di essi andavano nelle *madina*, attirati dal richiamo di qualche celebre santuario o moschea, o dall'esistenza di alloggi disponibili: nelle città miste, alcuni si stabilirono in quelli che erano stati i quartieri della piccola borghesia europea, come Shubra al Cairo. In alcune città, le *bidonvilles* che già esistevano crebbero e si moltiplicarono ovunque vi fossero terreni liberi; questo però non si verificò al Cairo, dove la «Città dei Morti», gli enormi cimiteri all'esterno della città vecchia, assolsero la medesima funzione di dare un alloggio alla popolazione in esubero. Le *bidonvilles* vennero spostate da un luogo all'altro ad opera delle autorità, ma col tempo alcune di esse acquisirono gli edifici permanenti e le comodità della città; gli accampamenti dei profughi palestinesi alla periferia di Beirut, Damasco e Amman divennero di fatto dei nuovi quartieri cittadini. Furono pochi i paesi i cui governi diedero l'avvio a programmi di costruzione di alloggi popolari a basso costo, ai margini esterni delle città o vicino alle nuove zone industriali. Nell'ultimo decennio di governo francese in Marocco, un urbanista di talento cercò di elaborare un programma di questo tipo; in Egitto nel 1960 venne annunciato un piano alloggi quinquennale, che comprendeva la costruzione di una nuova città-satellite vicino al Cairo, Madinat Nasr. In questi anni un architetto egiziano, Hasan Fathi (1900-1989), poneva importanti quesiti circa il modo di concepire e portare a compimento questi progetti. Invece di adottare i metodi e le forme consuete dell'architettura occidentale, egli sosteneva che fosse possibile imparare molto dalle tradizioni della pianificazione urbanistica islamica e delle sue costruzioni.

Al Cairo, a Beirut e in poche altre città, i modi di vivere caratteristici della «modernità», e il reddito necessario a sostenerli, si erano diffusi al di là di un ceto ristretto, e tra i quartieri ricchi e quelli poveri vi era una «fascia di transizione», in cui una piccola borghesia di bottegai, piccoli funzionari e artigiani specializzati cercavano di mantenere un tenore di cita da ceto medio. Nella maggior parte delle città, invece, tra ricchi e poveri vi era un abisso. Gli immigrati dalle campagne tendevano ad assumere le abitudini delle masse urbane in un momento in cui gli abitanti delle città stavano forse rinunciandovi, e così facendo veniva perpetuato un modo di vita tradizionale. Donne che in campagna lavoravano senza velo nei campi o andavano al pozzo ad attingere l'acqua ora si velavano e si rinchiudevano in casa. Perfino a questo livello della società, però, vi furono dei cambiamenti. La poligamia, che in determinati strati sociali era stata praticata in certa misura, divenne più rara, a causa delle difficoltà della vita in un piccolo appartamento, o di una diversa concezione della vita di famiglia. Il tasso dei divorzi era elevato, ma doveva essere in diminuzione. Il tasso di natalità, ancorché elevato al confronto dei paesi industriali, era più basso in città che nelle campagne, perché le ragazze che andavano a scuola tendevano a sposarsi più tardi, e gli uomini cercavano di ottenere un impiego fisso e di mettere da parte qualche soldo prima di sposarsi, ma anche a causa della diffusione del controllo delle nascite; in Egitto sul finire degli anni '50 la praticavano più del 50 per cento delle persone con un'istruzione superiore, e circa il 10 per cento degli indigenti nelle città, ma praticamente nessuno degli indigenti nelle campagne. A quest'epoca i problemi dell'esplosione della popolazione erano ampiamente noti e dibattuti in Egitto, e alcuni *'ulama* dichiararono che il controllo delle nascite era legittimo.

La vita continuava ad essere dura per gli indigenti nelle città. Una grande percentuale di essi era disoccupata. Nel 1960 si calcolava che il 7,5 per cento della popolazione del Cairo lavorasse nell'industria, il 23 per cento nei servizi e il 66 per cento fosse privo di un lavoro stabile o regolare. Nelle case popolari o nelle baracche sovraffollate in cui viveva la maggior parte di essi, le malattie erano diffuse: le grandi epidemie di peste e colera che avevano decimato le città in epoche precedenti erano ormai più o meno scomparse, ma erano frequenti la tubercolosi, la febbre tifoidea, la malaria e le malattie degli occhi. La mortalità infantile era elevata: nelle *bidonvilles* di Baghdad, si calcola che nel 1956 il tasso di mortalità infantile fosse di 341 ogni 1000 gravidanze.

Vi sono però alcuni indizi che le condizioni di vita fossero in via di miglioramento perlomeno per una parte dei ceti più indigenti. Il tè e lo zucchero, che in precedenza non erano alla loro portata, erano in quest'epoca diventati articoli principali della vita in Marocco e in Iraq; il consumo di generi alimentari in Egitto salì da una media di 2.300 calorie al giorno all'inizio degli anni '50 ad una di 2.500 dieci anni più tardi. I servizi sociali erano in espansione, gli ospedali fornivano servizi sanitari, miglioramenti nell'approvvigionamento idrico consentivano di abbassare la frequenza di alcune malattie, in alcune città erano migliorati i trasporti pubblici, una percentuale maggiore di ragazzi frequentavano la scuola elementare, e si promuovevano campagne contro l'analfabetismo. Più donne andavano a lavorare, soprattutto come lavoratrici domestiche o come operaie nelle fabbriche; esse erano per lo più giovani e nubili e vivevano nella casa di famiglia, e il fatto che lavorassero all'esterno e guadagnassero dei soldi non provocava grandi cambiamenti nella vita della famiglia; esso accresceva il reddito familiare, ma non rendeva necessariamente più prospere o indipendenti le lavoratrici stesse.

Tali cambiamenti interessarono alcuni strati di popolazione più di altri. Probabilmente si ampliò il divario tra i lavoratori dell'industria e i lavoratori occasionali privi di specializzazione. I governi cominciavano ad intervenire più attivamente nell'industria, a regolamentare le condizioni lavorative; in Egitto venne fissato per legge un massimo di ore lavorative giornaliere e settimanali. Nella maggioranza dei paesi erano adesso autorizzati i sindacati; il cambiamento si verificò perlopiù negli anni '40, dietro l'impulso della guerra, e poi del governo laborista in Gran Bretagna e dei partiti della sinistra nei governi di coalizione francesi. Il numero di lavoratori iscritti al sindacato aumentò con l'estendersi delle industrie. In Marocco e in Tunisia i sindacati costituirono parte integrante del movimento nazionalista, e anche in Egitto le organizzazioni dei lavoratori furono attive nell'opposizione all'autorità britannica dopo il 1945. Ottenuta l'indipendenza, i governi cercarono di limitare le attività politiche dei sindacati, ma in alcune località questi riuscirono ad ottenere migliori condizioni lavorative.

Le diseguaglianze tra città e campagne erano ancora maggiori di quelle all'interno della città. Tutti i ceti urbani trassero profitto in qualche misura dalle mutate condizioni di vita nelle città, ma questi miglioramenti avevano a malapena cominciato a farsi sentire nella vita dei villaggi. In quasi tutti i paesi arabi gli abitanti dei villaggi vivevano perlopiù come avevano sempre fatto, generando molti figli ma vedendone morire la maggior parte nell'infanzia o nella giovinezza, senza cure mediche e con un'istruzione solo rudimentale, senza energia elettrica, inviluppati in un sistema di coltivazione in cui le eccedenze della produzione agricola venivano incamerate dai proprietari terrieri e dagli esattori delle imposte, e in condizioni di sovrappopolazione tali da deprivarli di una forte posizione negoziale. Qualche tentativo venne fatto dai governi negli anni '40 per migliorare le loro condizioni senza modificare il modello dei rapporti sociali: in particolare i «gruppi combinati rurali» in Egitto, che fornivano assistenza sanitaria ed altri servizi per gruppi di villaggi. I primi seri tentativi di cambiare i rapporti dei ceti rurali e di redistribuire i redditi dell'agricoltura non si fecero vedere prima dei provvedimenti di riforma agraria adottati da alcuni paesi negli anni '50. Qualche cosa però stava cambiando: gli emigrati nelle città potevano rimandare dei soldi alle loro famiglie, e gli orizzonti della vita di villaggio venivano ampliati dal movimento verso le città, dall'estensione delle strade per automobili e autocarri, dalla circolazione dei quotidiani, e dalla diffusione della radio e delle scuole elementari.

LA CULTURA NAZIONALE (ANNI '40 E '50)

Problemi di istruzione

I mutamenti sociali e l'avvento al potere di un'élite indigena portarono ad una rapida diffusione dell'istruzione. Le esigenze della vita in città rendevano ancor più necessarie l'alfabetizzazione e l'acquisizione di una specializzazione; i governi nazionalisti erano impegnati a costruire delle nazioni forti, e ciò implicava l'uso di tutte le potenzialità umane; i moderni governi centralizzati richiedevano di comunicare con i loro soggetti in modo più esteso di quanto non fosse necessario in passato.

La creazione di un'élite intellettuale per mezzo di un'istruzione superiore era, naturalmente, un processo che era cominciato assai prima in alcuni paesi arabi, ma con la vittoria dell'indipendenza il ritmo accelerò. Nel 1939 vi erano una mezza dozzina di università, per lo più piccole e dirette da stranieri; per il 1960 le università erano diventate più di venti, per tre quarti nazionali, e vi erano molte altre istituzioni di istruzione superiore. Il numero di studenti universitari era nell'ordine delle 100.000 persone, senza contare quanti studiavano in Europa o in America. Il numero di gran lunga maggiore si aveva in Egitto, seguito da Siria, Libano e Iraq. Nel Maghreb invece l'incremento fu meno rapido. Quando i Francesi abbandonarono la Tunisia, vi erano solo 143 medici e 41 ingegneri indigeni; in Marocco vi erano solo 19 medici musulmani e 17 ebrei, 15 ingegneri musulmani e 15 ebrei, ma un numero alquanto superiore di avvocati, insegnanti e funzionari. La formazione di un'élite dovette quindi partire da un livello inferiore.

La logica del nazionalismo esigeva, oltre alla formazione delle élite, l'istruzione di un intero popolo. L'istruzione delle masse popolari fu uno dei primi obiettivi che i nuovi governi si posero, e al quale destinarono una notevole percentuale delle loro risorse. Quasi dovunque vennero aperte scuole in gran quantità, nei quartieri poveri delle città e in alcuni villaggi. In Egitto nel 1960 il 65 per cento dei ragazzi in età da scuola primaria frequentava la scuola, e vi era una popolazione scolastica di 3 milioni di studenti, 200.000 dei quali in scuole secondarie. In Marocco, solo il 12 per cento dei ragazzi musulmani frequentavano la scuola ne 1954, nonostante gli sforzi fatti dai Francesi negli ultimi anni del loro protettorato, ma nel 1963 la percentuale era salita al 60 per cento, e quasi al 100 per cento dei bimbi di sette anni. In Tunisia, l'incremento nel medesimo lasso di tempo fu dall'11 al 65 per cento. Questo incremento della popolazione scolastica, insieme agli sforzi per un'istruzione degli adulti, avvicinò alcuni paesi all'obiettivo della completa alfabetizzazione, anche se esso era ancora distante. In Egitto, il 76 per cento degli uomini era analfabeta nel 1937, e nel 1960 la percentuale era scesa al 56 per cento. Nei paesi della Penisola Araba, invece, il mutamento fu più lento. I regimi conservatori con sanzione religiosa in Arabia Saudita e in Yemen erano più prudenti degli altri rispetto all'apertura di scuole di nuovo tipo e all'esposizione degli studenti ai venti di nuove idee; a parte le città sante della Mecca e di Medina, essi non avevano grandi centri da cui una cultura urbana letterata potesse irradiarsi sulle campagne. Negli stati marginali sotto l'autorità o il protettorato inglese, le risorse erano scarse, e inoltre né gli Inglesi né i governanti dei protettorati avevano un attivo desiderio di cambiamenti repentini con tutti i problemi che essi avrebbero comportato; la sola eccezione era il Kuwait, dove le crescenti entrate derivanti dal petrolio venivano sfruttate per creare una società moderna.

La percentuale di donne che erano prive di istruzione e analfabete era superiore a quella degli uomini; in Egitto, il 94 per cento erano analfabete nel 1937 e l'83 per cento nel 1960, mentre nella maggior parte dei paesi le cifre erano ancora più elevate. Tuttavia, il proposito dei governi nazionali era quello di istruire anche le ragazze oltre che i ragazzi, perché in caso contrario metà della forza potenziale della nazione non sarebbe stata utilizzata nell'economia salariata. In Egitto, il 50 per cento delle ragazze in età scolare frequentavano la scuola nel 1960; in Tunisia circa il 30 per cento. Inferiore, ma in aumento, era la percentuale di ragazze presenti nell'istruzione secondaria o superiore: nell'Università di Baghdad, il 22 per cento degli studenti erano femmine nel 1960/61, in quella di Rabat il 14 per cento, in quella di Tunisi il 23 per cento; in Sudan, dove l'istruzione femminile era cominciata più tardi, era stato creato un collegio privato femminile, e nel 1959/60 vi era qualche ragazza che frequentava l'Università di Khartoum.

Alcuni dei problemi posti da un'istruzione in rapida espansione erano comuni a tutti i paesi che attraversavano questo stadio di cambiamento e di sviluppo. Il rapido incremento della popolazione significava che, anche se cresceva la percentuale dei ragazzi in età scolare che frequentavano la scuola, ciò non comportava necessariamente una diminuzione del numero totale di ragazzi che non frequentavano ancora la scuola. Per accogliere quanti più studenti possibile, vennero aperte in fretta delle scuole, ma le classi erano troppo numerose per un insegnamento efficace e la maggior parte degli insegnanti non erano preparati per il loro lavoro. Le conseguenze si facevano sentire a tutti i livelli; in particolare l'istruzione araba tendeva ad essere inadeguata al livello delle scuole secondarie, e gli studenti che passavano all'università non erano nel complesso bene addestrati per gli studi superiori. Vi era una tendenza a concentrarsi sull'istruzione accademica suscettibile di sbocchi negli impieghi governativi o nelle libere professioni, piuttosto che sulla formazione tecnica o professionale; l'uso delle mani oltre a quello della mente era estraneo al concetto di istruzione nella cultura islamica come in un gran numero di altre culture pre-moderne. Lo sviluppo dell'industria petrolifera stava però producendo una differenza; i lavoratori arabi impiegati in essa acquisivano una specializzazione e una conoscenza che potevano sfruttare in altri settori dell'economia.

Alcuni problemi, invece, erano l'espressione della particolare esperienza storica delle società arabe. Quando divennero indipendenti, esse ricevettero in eredità una varietà di scuole: alcune pubbliche, altre private; alcune moderne, altre tradizionalmente islamiche; alcune in cui si impartivano insegnamenti in arabo, altre in cui l'insegnamento avveniva in una lingua europea, di solito l'inglese o il francese. La tendenza dei governi indipendenti era quella di uniformare i sistemi e di porli tutti sotto l'autorità dello stato. Le scuole islamiche tradizionali vennero o chiuse o incorporate nel sistema statale; l'antica moschea in cui si praticava l'insegnamento di al-Azhar al Cairo entrò a far parte di un'università di tipo moderno, la Zaytuna di Tunisi divenne la facoltà di *shari'a* dell'Università di Tunisi, la Qarawiyyin di Fez cessò praticamente di esistere come istituzione di insegnamento, mentre le scuole di Medina e quelle delle città dei santuari sciiti in Iraq proseguirono senza grandi cambiamenti.

In alcuni paesi le scuole straniere vennero portate sotto l'autorità dello stato e vi venne impartito un insegnamento conforme ai programmi scolastici nazionali, ma vi furono delle eccezioni: in Libano le due università straniere, quella americana e quella francese, continuarono a prosperare, anche se accanto ad esse venne creata un'università statale, e in Egitto l'Università Americana del Cairo e le scuole della missione cattolica che avevano la protezione diplomatica del Vaticano riuscirono a conservare la loro indipendenza. La tendenza più diffusa fu quella all'arabizzazione delle scuole: quelle scuole straniere che avevano insegnato servendosi di lingue straniere ora usavano in misura maggiore l'arabo. Al livello primario questa era ora la norma generale. In Siria, questa tendenza progredì a tal punto che non si studiavano lingue straniere prima di undici anni di età, il che ebbe conseguenze sull'istruzione secondaria e superiore. Nel Maghreb, invece, dove la presenza di una numerosa popolazione straniera che aveva il controllo del governo e dell'economia aveva provocato la penetrazione di una conoscenza del francese fino a livelli sociali più bassi che nell'oriente arabo, i governi indipendenti, pur sottolineando l'importanza dell'arabo, consideravano il bilinguismo parte del loro patrimonio culturale. In alcune università ci si sforzò di insegnare tutte le materie in arabo, comprese le scienze naturali, ma ciò procurò delle difficoltà: si poterono produrre libri di testo in arabo, ma uno studente che non fosse stato in grado di leggere opere scientifiche nelle principali lingue di insegnamento superiore era svantaggiato. Molte migliaia di studenti vennero inviati all'estero per studiare con borse di studio governative, ed essi avevano bisogno di recarvisi dopo avere imparato alla perfezione una lingua straniera.

Come in tutte le società, coloro che avevano ricchezze, accesso al potere o una tradizione familiare di cultura potevano superare o evitare questi problemi. In ogni paese vi erano delle scuole che erano migliori delle altre, dirette da organizzazioni straniere o private, con classi meno numerose e migliori insegnanti, come i *lycées* nel Maghreb, in Egitto e in Libano, i cui insegnanti erano forniti dal governo francese. Gli studenti che provenivano da queste scuole potevano studiare con successo all'estero grazie a fondi di famiglia o governativi, e il risultato era quello di perpetuare un divario tra due culture, ma in una forma alquanto diversa da quella che esisteva in precedenza. Un'élite che tendeva a perpetuarsi viveva, non – come nelle generazioni precedenti – in un ambiente culturale inglese o americano o francese, bensì in un ambiente anglo-arabo, o franco-arabo, conoscendo bene due o tre lingue, trovandosi a proprio agio con l'arabo, ma acquisendo la propria alta cultura e conoscenza del mondo attraverso l'inglese o il francese (e sempre più attraverso l'inglese, salvo che nel Maghreb). Un ceto molto più esteso, però, era a suo agio solo con l'arabo, e traeva le proprie conoscenze di politica mondiale, le sue idee sulla società e la sua comprensione della scienza solo da libri, giornali e trasmissioni in arabo.

Lingua ed autoespressione

A questo punto vi era una massa crescente di materiale per nutrire le menti di coloro che vedevano il mondo attraverso il mezzo della lingua araba, e per lo più si trattava di materiale comune a tutti i paesi arabi.

Fu questo il periodo d'oro del cinema. Nei primi anni '60 la televisione stava appena cominciando a fare la sua comparsa nei paesi arabi, mentre i cinematografi erano numerosi: in Egitto ve n'erano 194 nel 1949, e nel 1961 essi erano 375; l'incremento negli altri paesi era di portata analoga. Erano in voga i film americani, come quasi dovunque nel mondo, e quelli francesi nel Maghreb, ma anche i film prodotti in Egitto avevano un'ampia diffusione. Nel 1959 si produssero al Cairo sessanta lungometraggi; per la maggior parte si trattava di romantici film musicali di un genere che era stato prodotto fin dagli inizi, ma vi era anche qualche film più impegnato, di realismo sociale. Essi accrebbero la consapevolezza comune degli Arabi, diffondendo ovunque una scorta di immagini, una familiarità con le voci egiziane, con l'arabo parlato egiziano e con la musica popolare egiziana, che andava sostituendo la musica andalusa nel Maghreb.

Era anche l'epoca d'oro della radio. Negli anni '40 e '50 gli apparecchi radio vennero importati in quantità. Nel 1959 ve n'erano 850.000 in Egitto e mezzo milione in Marocco, ed ogni apparecchio poteva essere seguito da dozzine di persone nei caffè o nelle piazze dei villaggi; gli avvenimenti della guerra e del dopoguerra, le vittorie e le sconfitte, le promesse le speranze e i timori venivano conosciuti più estesamente e più rapidamente che mai prima d'allora. Ogni governo aveva la propria stazione radio, e anche le grandi potenze con interessi nei paesi arabi avevano le loro trasmissioni a onde corte in arabo. Una gran parte dei programmi trasmessi da tutte le stazioni - conversazioni, musica e rappresentazioni - erano prodotti al Cairo, e anch'essi diffondevano una conoscenza dell'Egitto e del suo modo di parlare. La più autorevole tra tutte le stazioni di questo periodo era «La voce degli Arabi», irradiata dall'Egitto ai paesi circostanti, che esprimeva in toni striduli le aspirazioni degli Arabi dal punto di vista egiziano. Alcune voci egiziane divennero popolari ovunque: quella del leader del paese, Jamal 'Abd al-Nasir, e quella della più famosa cantante egiziana Umm Kulthum; quando cantava lei, l'intero mondo arabo stava in ascolto.

Con il diffondersi dell'alfabetizzazione e dell'interesse per gli affari pubblici, i quotidiani conobbero una maggiore circolazione ed assunsero una maggior importanza nella formazione di un'opinione pubblica. Anche in questo caso, quelli del Cairo erano i più letti e autorevoli. «Al-Ahram» era sempre il più famoso, con una tiratura di centinaia di migliaia di copie. La stampa egiziana fu relativamente libera fino all'avvento al potere dei militari nel 1952, ma dopo di allora passò sotto il controllo dello stato, fino a che, nel 1960, non fu nazionalizzata contemporaneamente ad altre imprese. Anche in seguito, i quotidiani egiziani continuarono ad essere letti, perché mostravano come vedevano il mondo i governanti del paese; gli articoli di Hasanayn Haykal, il direttore di «al-Ahram», costituivano degli importanti eventi politici. Anche nella maggior parte degli altri paesi i quotidiani erano rigidamente controllati per quel che riguarda le notizie ed i commenti, ma ve n'erano alcuni in cui le notizie potevano essere riportate con maggiore libertà e si potevano esprimere opinioni di ogni genere. La stampa più libera era quella di Beirut: il suo pubblico istruito era ampio e svariato, e proveniente anche da altri paesi oltre al Libano, e inoltre il delicato equilibrio delle forze politiche rendeva impossibile l'affermazione di un governo forte e oppressivo. I quotidiani e i periodici di Beirut, come quelli del Cairo, venivano letti molto anche al di fuori dai confini del paese.

Il Cairo e Beirut erano anche i centri principali dell'editoria di libri per i paesi arabi, e in ambedue le località il numero di libri pubblicati e quello delle copie stampate si accrebbe enormemente per venire incontro alle necessità di un pubblico crescente di studenti e di lettori comuni. Negli anni '60, in Egitto si pubblicavano circa 3000 titoli all'anno. Vi erano libri di ogni tipo: libri di testo ad ogni livello, opere di divulgazione scientifica e letteraria, i primi testi di una letteratura specifica per ragazzi (il concetto di un mondo infantile, formulato in Europa nel XIX secolo, stava ora diventando universale), ed anche letteratura pura.

Della massima importanza furono quei libri in cui gli autori arabi esploravano i loro rapporti con la propria società e col suo passato. In questo periodo vi era già una tradizione affermata di ricerca storica in alcune università (quella di Tunisi, quella del Cairo, l'Università Americana di Beirut) e si produssero alcune interpretazioni originali della storia araba e islamica, come *Nash'at 'ilm al-tarikh 'ind al-'arab* (*Nascita della storiografia presso gli Arabi*) di 'Abd al 'Aziz Duri (n. 1919) e *Histoire du Maghreb* di Abdullah Laroui (n. 1933), tentativo di riappropriarsi dell'interpretazione della storia maghrebina togliendola agli autori francesi che, a suo parere, non erano riusciti a comprenderne l'essenza:

> Possiamo distinguere un lungo periodo durante il quale il Maghreb è un mero oggetto e può essere visto solo attraverso gli occhi dei suoi conquistatori stranieri... la storia di questo periodo cessa di essere qualcosa di più di una storia di stranieri sul suolo africano... In diverse occasioni il meccanismo sociale si è arrestato nel Maghreb. Gli individui e i gruppi hanno spesso concluso una pace separata col destino. Che cosa possiamo fare per impedire che ciò avvenga di nuovo, adesso che la fine della colonizzazione ci ha offerto l'opportunità di ripartire da zero?... Quello che ciascuno di noi vuole sapere oggi è come liberarci di noi stessi, come sfuggire ai nostri monti e alle nostre dune di sabbia, come definirci rispetto a noi stessi e non rispetto a qualcun altro, come cessare di essere esuli nello spirito.[1]

Il romanzo e la novella continuavano ad essere le forme principali in cui gli autori arabi esploravano i loro rapporti con la società. Al romanzo che esprimeva temi nazionalistici, e la condizione dell'intellettuale arabo lacerato tra il proprio retaggio culturale e la cultura europea, si aggiungeva ora quello di analisi e di conseguente critica sociale. Come in precedenza, la narrativa più interessante era prodotta in Egitto. In una serie di romanzi di vita urbana, ambientati al Cairo e scritti negli anni '40 e '50, Najib Mahfuz (n. 1911) tratteggiava la vita della piccola borghesia egiziana con le sue inquietudini e i suoi turbamenti in un mondo che le diveniva sempre meno familiare; nel 1988 gli è stato conferito il Premio Nobel per la Letteratura. 'Abd al-Rahman al-Sharqawi (n. 1920) descriveva la vita degli indigenti delle campagne nel suo romanzo, *al-Ard* (*La terra*). Opere del genere contribuivano, almeno implicitamente, a spiegare l'alienazione della società dai suoi governanti, ma anche quella degli individui dalla società. Una nuova voce si poté udire con la comparsa di un certo numero di scrittrici di romanzi, le cui opere si occupavano degli sforzi delle donne per vivere con maggiore libertà; il titolo del primo romanzo di Layla Ba'albaki, *Ana ahya* (*Io vivo*), era emblematico dei loro propositi. In alcuni romanzieri si poteva osservare un nuovo tipo di ribellione: contro il presente, nel nome di un passato «autentico» prima che cominciassero a presentarsi le fratture della vita moderna. Gli scrittori di questo genere guardavano la religione in una luce diversa; l'Islam che essi rappresentavano non era quello dei modernisti, né quello del primo periodo di purezza, reale o immaginario, bensì l'Islam come si era sviluppato nei fatti, il culto dei santi e la venerazione delle loro tombe, le pratiche sufi dei villaggi.

In Egitto, e in misura minore in altri paesi, simili temi venivano espressi anche attraverso un mezzo relativamente nuovo, il dramma. Le rappresentazioni stavano diventando una forma di intrattenimento popolare: il cinema e la radio abituavano il pubblico a vedere e ad udire la tensione dei rapporti umani espressa in parole e in gesti, e fornivano anche un patrocinio agli autori di testi per rappresentazioni. Si continuavano a scrivere drammi poetici, composti in lingua classica elevata e destinati ad essere letti più che recitati, come per esempio quelli di Tawfiq al-Hakim (1899-1987), ma accanto ad essi fece la sua comparsa il dramma della società moderna, destinato ad essere recitato, e rappresentato nei piccoli teatri del Cairo e di altre città. Questi testi erano scritti in misura crescente nella lingua parlata, o in una lingua che vi si avvicinava, ed i motivi sono stati spiegati da uno studioso di letteratura. La lingua classica si presta più alla declamazione statica che all'azione drammatica; è una lingua pubblica che difficilmente può farsi la voce di un singolo carattere; essa è astratta, priva di riferimento ad uno specifico ambiente. D'altra parte, alla lingua parlata può mancare la risonanza necessaria per innalzare un momento drammatico o tragico.

Tracce della medesima insoddisfazione per la natura fredda, impersonale della lingua classica e delle forme di espressione ad essa associate si potevano rilevare nella poesia dell'epoca. A partire dalla fine degli anni '40 vi fu una rivoluzione poetica, soprattutto tra i giovani poeti di Libano, Siria, Palestina e Iraq, residenti soprattutto a Baghdad e a Beirut, dove si pubblicava quello che era il loro portavoce, il periodico «Shi'r». Quello che essi cercavano di introdurre era un cambiamento molteplice. Vi era un mutamento nello scopo e nel contenuto delle poesie. I Romantici della generazione precedente avevano cercato di sostituire la poesia della retorica e degli avvenimenti pubblici con una poesia che esprimesse le emozioni personali e vedevano nel mondo esterno un segno esteriore di quelle emozioni. Ora i nuovi poeti cercavano di rompere con la soggettività dei Romantici, pur conservando qualcosa che da essi avevano appreso. La poesia doveva esprimere la realtà delle cose, ma la realtà poteva non essere appresa solo dall'intelletto; essa doveva essere appresa dalla personalità complessiva del poeta, dalla sua immaginazione oltre che dalla sua mente. I singoli poeti divergevano nell'accento che ponevano sui vari aspetti delle molteplici sfaccettature della realtà. Alcuni erano assorbiti dai problemi della propria identità in un'epoca di inquietudine; altri, riprendendo dai dibattiti letterari francesi degli anni '50 l'idea che un autore dovesse essere «impegnato» si occupavano delle tematiche della nazione araba e delle sue debolezze. Una nuova nazione araba, un nuovo individuo arabo, avevano bisogno di essere portati alla luce, e il poeta doveva essere il «creatore di un mondo nuovo». Uno dei principali poeti di questo gruppo, il siriano Ahmad Sa'id (n. 1929), che scriveva col nome di Adunis, diceva che la poesia dovrebbe essere «un cambiamento nell'ordine delle cose».[2]

Nella poesia di Badr Shakir al-Sayyab (1926-1964), il villaggio iracheno in cui egli era stato allevato diventa un simbolo della vita - non solo la vita individuale, ma quella del popolo arabo - accerchiata dalle vie della città, la sterile prigione dello spirito umano:

> Le vie di cui storie raccontate accanto al caminetto dicono che Nessuno ne ritorna, come nessuno ritorna dai lidi della morte... chi farà scaturire da esse dell'acqua in sorgenti, così che i nostri villaggi siano costruiti intorno ad esse?... Chi ha chiuso le porte di Jaykur in faccia al suo figlio che batte ad esse, chi ha deviato da esso le strade, così che, dovunque egli vada, la città erge il suo capo contro di lui?... Jaykur è verde; l'imbrunire ha raggiunto la sommità delle sue palme con un sole funereo; Il mio cammino si è diretto ad esso come il bagliore di un lampo; è balzato in alto, poi è scomparso, e poi la luce è ritornata e lo ha fatto avvampare, fino a che esso ha illuminato la città.[3]

Un nuovo mondo aveva bisogno di un nuovo linguaggio e questi poeti cercarono di rompere con le opinioni correnti circa il modo in cui si dovesse scrivere in poesia. L'unità base del linguaggio poetico non doveva più essere il verso composto da un determinato numero di piedi, bensì il singolo piede; il sistema di rime canonico - e la stessa rima - poteva essere abbandonato; a stretti rapporti sintattici tra le parole potevano subentrare raggruppamenti più liberi. Le parole e le immagini che erano state svuotate di significato dalla ripetizione andavano sostituite con altre e si doveva creare un nuovo sistema di simboli. Alcuni di essi erano personali, altri tratti dalla comune scorta di simboli della moderna poesia francese o inglese.

Uno dei tratti distintivi dei poeti di questa tendenza era la misura in cui il loro modo di intendere e di sentire la poesia era stato plasmato dalla poesia europea. Essi cercavano di ampliare la consapevolezza poetica dei lettori arabi fino a comprendere il retaggio della cultura del mondo intero: immagini della fertilità prese da *The Waste Land* di Eliot, quella della morte e risurrezione di Tammuz (Adone), presa dalla mitologia classica ma fornita di risonanza locale a causa della sua risonanza con la campagna di Siria. (Significativa era l'adozione da parte di Ahmad Sa'id dello pseudonimo Adunis, «Adone».)

Nel Maghreb, in quest'epoca faceva la sua comparsa un gruppo di autori che pubblicavano romanzi, testi teatrali e poesie in francese, ma esprimendo una sensibilità e un modo di pensare caratteristici. In Algeria, autori della «generazione del 1952» come Kateb Yacine (1929-1989), Mouloud Feraoun (1913-1962) e Mouloud Mammeri (1917-1988) sfruttavano la loro padronanza del francese per esplorare problemi di liberazione personale e di identità nazionale. Il fatto che essi scrivessero in francese non voleva dire che essi fossero staccati dalle loro radici; era il risultato della loro educazione e della posizione delle loro comunità; alcuni degli Algerini, in quanto Berberi della Cabilia, erano più a loro agio col francese che coll'arabo.[4] Alcuni presero parte alla lotta per l'indipendenza nazionale e tutti ne vennero marcati; il più conosciuto in Francia, Kateb Yacine, dopo il 1970 cessò di scrivere in francese e si dedicò alla produzione drammatica in arabo parlato.

Movimenti islamici

La nuova poesia era scritta per essere letta e rimeditata, e presentava significative differenze rispetto alla poesia scritta per essere recitata ad un vasto pubblico nei festival poetici che caratterizzavano questo periodo. Essa veniva letta da una minoranza che poteva comprendere le sue allusioni, ma cionondimeno esprimeva un malessere generale, un malcontento degli Arabi verso se stessi e il loro mondo.

In strati più ampi di popolazione, simili sentimenti, e il desiderio di un cambiamento, venivano espressi in parole ed immagini associate all'Islam, in questa o quella delle sue molteplici forme. Il tentativo modernista di riformulare l'Islam in modi che potevano renderlo una risposta praticabile alle esigenze della vita moderna era forse ancora la forma di Islam più diffusa nell'élite intellettuale che aveva guidato i movimenti nazionalistici ed ora dominava i nuovi governi. In una forma intellettualmente meno rigorosa esso veniva esposto per un uditorio più vasto ad opera di scrittori di successo che erano letti da un vasto pubblico: per esempio, l'egiziano Khalid Muhammad Khalid (n. 1920), la cui formulazione recava con sé un netto rifiuto della religione insegnata a al-Azhar. L'Islam del «clero», egli asseriva, era una religione reazionaria, che attentava alla libertà dell'intelletto umano, sosteneva gli interessi dei ricchi e dei potenti, e giustificava la povertà. La vera religione era razionale, a misura d'uomo, democratica e votata al progresso economico; legittimo era non il governo religioso bensì quello basato sull'unità nazionale e mirante alla prosperità e alla giustizia. Alcuni degli scrittori più importanti del tempo cominciarono in questo periodo a scrivere in un linguaggio più esplicitamente islamico, e anche in questo caso l'accento veniva posto soprattutto sulla giustizia sociale; per Taha Husayn il califfo 'Umar era un riformatore sociale di idee analoghe a quelle dell'epoca moderna.

A queste voci ne erano frammiste altre, le quali asserivano che la giustizia sociale poteva essere conseguita solo sotto la direzione di un governo che prendesse l'Islam come base della sua politica e delle sue leggi. Dopo la guerra il movimento dei Fratelli Musulmani divenne un fattore politico di primaria importanza in Egitto, e tutt'altro che trascurabile in Siria e in altri paesi. Negli anni tra il 1945 e il 1952, anni di disintegrazione del sistema politico egiziano, la dottrina dei Fratelli sembrava fornire un principio di azione unitaria alla luce del quale si poteva perseguire in unità e fiducia la lotta contro gli Inglesi e contro la corruzione. Dopo la presa del potere da parte degli ufficiali nel 1952, i Fratelli, con cui alcuni ufficiali avevano stretti contatti, sembravano fornire una meta verso la quale si potevano dirigere le linee di condotta del nuovo governo. Essi furono la sola organizzazione politica cui non si applicò in un primo momento il decreto scioglimento dei partiti politici. I rapporti divennero però ben presto ostili, e dopo un attentato alla vita di 'Abd al-Nasir nel 1954 alcuni dirigenti dei Fratelli vennero giustiziati; dopo di allora essi ebbero la funzione di canale più efficiente di opposizione clandestina e continuarono a fornire un modello alternativo di società giusta.

Il loro fondatore, Hasan al-Banna, era stato assassinato negli anni turbolenti che seguirono la guerra, ma altri scrittori legati al movimento esprimevano ora l'idea di una società giusta specificamente islamica: Mustafa al-Siba'i in Siria e Sayyid Qutb (1906-1966) in Egitto. In un celebre libro, *al-'Adala al-ijtima'iyya fi'l-islam* (*La giustizia sociale nell'Islam*), Sayyid Qutb proponeva una potente interpretazione della dottrina sociale dell'Islam. Per i Musulmani, egli proponeva, a differenza dei Cristiani, non vi era a suo avviso alcuna separazione tra fede e vita. Tutte le azioni umane potevano essere considerate azioni di culto, e il Corano e gli Hadith fornivano i principi su cui si doveva basare l'agire. L'uomo era libero solo se era affrancato dalla soggezione a qualunque potere che non fosse quello di Dio: dal potere del clero, dal timore, e dalla prevalenza dei valori sociali, delle passioni e delle bramosie umane.

Tra i principi da far discendere dal Corano, egli sosteneva, vi era quello della responsabilità reciproca degli uomini nella società. Anche se gli esseri umani erano sostanzialmente uguali agli occhi di Dio, essi avevano diversi compiti corrispondenti alla loro differente posizione nella società. Uomini e donne erano spiritualmente alla pari, ma diversi quanto a funzioni ed obblighi. Anche i governanti avevano delle specifiche responsabilità: sostenere la legge, che doveva essere amministrata rigorosamente allo scopo di preservare diritti e vite umane; far rispettare la moralità; sostenere una società giusta. Questo voleva dire mantenere il diritto di proprietà, ma assicurarsi che essa venisse usata per il bene della comunità: la ricchezza non doveva essere sfruttata per circondarsi di lusso o per praticare l'usura, o in modi disonesti; essa doveva essere tassata a beneficio della società; le cose necessarie per la vita comunitaria non dovevano essere in mano ai singoli, ma possedute in comune. Fintantoché i governanti sostenevano l'edificazione di una società giusta, si doveva obbedire loro, ma se cessavano di farlo veniva a mancare l'obbligo di obbedienza. L'età dell'oro della giustizia islamica erano stati i primi tempi; dopo di allora, governanti privi di approvazione da parte del popolo avevano apportato una successione di disastri alla comunità musulmana. Una vera società islamica poteva essere ripristinata solo mediante la creazione di una nuova mentalità per mezzo di un'istruzione adeguata.

In Egitto e in altri paesi, i dirigenti di simili movimenti tendevano ad essere uomini di istruzione e di posizione sociale relativamente elevate, ma i loro seguaci provenivano in gran parte da un livello inferiore, il livello di quanti avevano ricevuto una certa istruzione in arabo piuttosto che in francese o in inglese, e che occupavano una posizione intermedia nella società urbana, ma erano tagliati fuori dai gradi più elevati. Per costoro, i movimenti di questo tipo fornivano una possibile base morale per la vita nel mondo moderno. Essi fornivano un sistema di principi che riguardavano tutti i problemi sociali ed erano accessibili a tutti gli uomini e le donne, a differenza dell'Islam dei santi e dei santuari che per sua natura faceva riferimento ad un determinato luogo e ad un gruppo limitato. Era dunque adeguato ad una società in cui l'attività sociale e politica si era estesa all'intera comunità nazionale, e aveva anche i numeri per valicare i confini nazionali ed estendersi all'intero mondo dell'Islam.

Vi erano ancora ampi strati della società che non erano stati inseriti nella nuova vita su scala maggiore; per gli abitanti dei villaggi, e per il nuovo proletariato urbano di emigrati dalle campagne, la tomba del santo locale manteneva tuttora il suo ruolo di incarnare un'assicurazione che la vita aveva un senso; per gli emigrati rurali nelle città, i grandi luoghi di pellegrinaggio – Mawlay Idris a Fez, Sayyida Zaynab al Cairo, Ibn 'Arabi a Damasco – erano segni familiari in un mondo estraneo. Poteva darsi che i custodi delle tombe avessero perso qualcosa della loro funzione sociale rispetto ai medici, ai gendarmi o ai funzionari del governo, ma potevano ancora fungere da efficaci mediatori nei problemi della vita di tutti i giorni, per quanti erano colpiti dalla sventura, donne senza figli, vittime di furti o di ripicche dei vicini. Per una *tariqa* sorta dalla memoria di un sant'uomo morto da poco era possibile estendere la propria presa servendosi dei moderni metodi di organizzazione negli interstizi della società borghese urbana.

Capitolo Ventiquattresimo

L'APOGEO DELL'ARABISMO (ANNI '50 E '60)

Il nazionalismo popolare

Una certa componente islamica rimaneva sempre importante in quella combinazione di idee che costituiva il nazionalismo popolare dell'epoca, che non si arrestava all'élite di cultura superiore ma comprendeva anche quegli strati più estesi di quanti, soprattutto nelle città, erano spinti dall'istruzione e dai *mass media* a qualche forma di partecipazione politica. Che si trattasse dell'Islam dei modernisti o di quello dei Fratelli, esso rimaneva comunque nel complesso una componente di secondo piano del sistema. Gli elementi principali che caratterizzavano il nazionalismo popolare venivano da altre fonti. Fu questa l'epoca in cui divenne importante il concetto di «terzo mondo»; il concetto, cioè, di un fronte comune dei paesi in via di sviluppo, per lo più appartenenti agli ex imperi coloniali, che si mantenevano non impegnati verso alcuno dei due blocchi, quello dell'«occidente» e quello dell'«est» comunista, e che esercitavano un certo potere collettivo agendo in comune, e in particolare controllando una maggioranza in seno all'Assemblea Generale delle Nazioni Unite. Un secondo elemento era l'idea dell'unità araba: l'idea che gli stati arabi di recente indipendenza avessero abbastanza in comune, sia per quanto riguarda una comune cultura ed una comune esperienza storica, sia per quanto riguarda gli interessi comuni, da render loro possibile di giungere ad una unione più stretta, e che una tale unione non solo avrebbe fornito loro un maggior potere collettivo, ma avrebbe anche comportato quella unità morale tra popolo e governo che avrebbe reso leggittimo e stabile il governo stesso.

A questi elementi venne ad aggiungersene un altro: quello del socialismo. Vale a dire, l'idea del controllo delle risorse da parte del governo nell'interesse della società, della proprietà e della direzione statale della produzione, e di un'equa distribuzione dei guadagni mediante la tassazione e la fornitura di servizi sociali. La forza crescente di questa idea era un parziale riflesso di ciò che avveniva altrove nel mondo: la forza dei partiti socialisti e comunisti in Europa occidentale, la crescente influenza nel mondo dell'URSS e dei suoi alleati, l'avvento al potere del partito comunista in Cina, la miscela di idee nazionaliste e socialiste nei programmi di alcuni dei partiti che avevano preso il potere negli stati dell'Asia di recente indipendenza. Specificamente esso era rappresentato dalla rielaborazione in arabo delle idee marxiste. Anche in questo caso, il centro di questa attività fu l'Egitto. Gli storici cominciarono ad interpretare la storia egiziana in chiave marxista, così che quelli che erano sembrati dei movimenti nazionalistici venivano ora visti come movimenti di particolari classi intente a perseguire i propri interessi. Una critica socialista della cultura egiziana venne scritta da Mahmud Amin al-'Alim e da 'Abd al-'Azim Anis. La cultura, essi dichiararono, doveva rispecchiare l'intera natura e situazione di una società, la letteratura doveva cercare di mostrare i rapporti dell'individuo con l'esperienza della sua società. Una letteratura che si sottrae a questa esperienza è vuota; così le opere che rispecchiavano il nazionalismo borghese sono ora sprovviste di significato. Le nuove opere vanno giudicate tenendo conto se esse esprimono adeguatamente la lotta con la «piovra del capitalismo» che è il dato di fatto fondamentale della vita egiziana, e se rispecchiano la vita della classe lavoratrice. Da questo punto di vista, diventa importante la questione delle forme di espressione. Un divario tra espressione e contenuto è il sintomo, a loro avviso, di una fuga dalla realtà; Najib Mahfuz, che descrive la vita popolare evitando però di servirsi dell'arabo parlato, sembra loro mostrare una certa alienazione dalla vita reale.

Il modo in cui questi diversi elementi venivano integrati nei movimenti popolari variava da paese a paese. Nel Maghreb, le circostanze della lotta contro il dominio francese aveva portato alla creazione di movimenti nazionalistici con un sostegno popolare più ampio e con una organizzazione migliore di quelli dei paesi dell'oriente arabo. Dal momento che i Francesi erano stati presenti non solo come governo estraneo ma anche come gruppo privilegiato di residenti con il controllo delle risorse produttive, il solo modo di contrapporsi con successo ad essi era stato per mezzo di una rivolta popolare, ben organizzata e diffusa ben oltre le città, fin nelle campagne. In Tunisia, l'indipendenza era stata conseguita e il nuovo governo era dominato da una combinazione di sindacati e partito Neo-Destour, diretta da un'élite colta le cui radici stavano per lo più nelle piccole città e villaggi del Sahil e con ramificazioni in tutto il paese. Analogamente in Algeria: l'organizzazione che diede il via alla rivolta contro il dominio francese nel 1954, il Fronte di Liberazione Nazionale (FLN), guidato perlopiù da uomini di umili origini ma muniti di un addestramento militare, attrasse gradualmente intorno a sé, sotto la pressione della guerra, un ampio sostegno in ogni strato della società. Quando si trasformò da forza rivoluzionaria in forza di governo, la sua dirigenza fu una miscela di capi militari storici della rivoluzione e tecnocrati con un alto livello di istruzione senza i quali non si poteva gestire un governo moderno, e trasse la sua forza da una rete su scala nazionale di ramificazioni del partito cui aderivano piccoli commercianti, proprietari e insegnanti. In Marocco, un'analoga coalizione di interessi – tra il re, il partito Istiqlal e i sindacati – conseguì l'indipendenza ma non si dimostrò altrettanto stabile e unitaria quanto negli altri paesi del Maghreb. A differenza del partito Istiqlal, il re poté affermare di essere l'autentica incarnazione della comunità nazionale, e riuscì ad assumere la direzione del nuovo esercito. L'Istiqlal, privo del sostegno popolare che gli sarebbe derivato ove fosse stata generalmente accolta la sua pretesa di esprimere la volontà generale, tese a smembrarsi in frazioni secondo criteri di classe; da esso sorse un nuovo movimento, l'Union Nationale des Forces Populaires, diretto da capi provenienti dalle campagne e dalle regioni montuose, che pretendeva di rappresentare gli interessi del proletariato urbano.

Nella maggior parte dei paesi del Medio Oriente, l'indipendenza era stata raggiunta grazie ai maneggi di forze politiche, sia interne che esterne, e a negoziati relativamente pacifici, nonostante qualche periodo di disordini popolari. Il potere negli stati di recente indipendenza passò in prima istanza a famiglie regnanti o a élite colte che avevano avuto la posizione sociale e la capacità politica che erano state necessarie durante la fase di transizione del potere. Simili gruppi, però, non possedevano, nel complesso, le capacità e il richiamo necessari per mobilitare il sostegno popolare nelle nuove condizioni dell'indipendenza, o per creare uno stato in piena regola. Essi non parlavano lo stesso linguaggio politico dei ceti che pretendevano di rappresentare, e i loro interessi stavano nella conservazione della struttura sociale e della distribuzione della ricchezza esistenti, piuttosto che nei cambiamenti rivolti ad una maggiore giustizia sociale. In questi paesi i movimenti politici tesero a smembrarsi dopo l'indipendenza, e la strada rimase aperta a nuovi movimenti e nuove ideologie, che mescolavano in una maniera più attraente gli ingredienti del nazionalismo, della religione e della giustizia sociale. Tale era il movimento dei Fratelli Musulmani, soprattutto in Egitto, in Sudan e in Siria. Anche gruppi comunisti e socialisti cominciarono a svolgere un ruolo significativo nell'opposizione sia al dominio imperiale nella sua ultima fase sia ai nuovi governi che ne avevano preso il posto.

In Egitto, il movimento comunista era diviso in gruppi minori che ciononostante riuscirono a svolgere un ruolo in determinati momenti di crisi. In particolare, durante il confronto con gli Inglesi negli anni che seguirono la fine della guerra, il Comitato dei Lavoratori e degli Studenti dominato dai comunisti fornì una dirigenza e una strategia alle forze popolari che si erano destate. In Iraq, un ruolo analogo fu svolto dai comunisti nel movimento che costrinse il governo a ritirarsi dall'accordo sulla difesa che aveva firmato con la Gran Bretagna nel 1948. L'accordo aveva il sostegno della maggior parte dei dirigenti politici tradizionali, e presentava dei vantaggi per l'Iraq, con la fornitura di armi all'esercito e la possibilità di avere il sostegno inglese nella lotta che stava allora cominciando in Palestina, ma sembrava implicare un legame permanente tra Iraq e Gran Bretagna, e quindi in ultima istanza una subordinazione permanente degli interessi iracheni a quelli britannici. L'opposizione ad esso servì come punto focale intorno al quale poterono coalizzarsi un certo numero di interessi divergenti: quelli dei contadini spossessati dai loro *shaykh* che erano divenuti proprietari terrieri; quelli del proletariato urbano che doveva affrontare alti prezzi per i generi alimentari; quelli degli studenti; e quelli dei dirigenti nazionalisti di diverso colore. In questa situazione, il Partito Comunista svolse un ruolo importante fungendo da collegamento tra gruppi diversi. Anche in Sudan, il gruppo dominante che ereditò la posizione degli Inglesi era legato a due partiti, ciascuno dei quali era associato ad una dirigenza religiosa tradizionale, e che erano simili quanto a composizione sociale, pur essendo in disaccordo circa il grado dei legami auspicato tra il Sudan e l'Egitto; vi era un ruolo popolare che essi non potevano svolgere, e che il Partito Comunista, formato in gran parte da studenti che avevano studiato in Egitto, cercava di interpretare.

Di fronte a questa frammentazione di forze politiche, vi furono parecchi tentativi di creare movimenti di tipo nuovo che potessero combinare tutti gli elementi più importanti. Due ebbero particolare importanza negli anni '50 e '60. Uno fu il partito Ba'th (Risurrezione), che si sviluppò in Siria. Era un partito che portava una sfida al dominio della politica siriana da parte di un numero ristretto di famiglie urbane e dei partiti o vaghe associazioni di dirigenti che ne esprimevano gli interessi. Il suo appello era rivolto in primo luogo al nuovo ceto istruito, creato dalla rapida crescita dell'istruzione, che proveniva dai ceti meno dominanti nella società, e in grande misura da comunità esterne alla maggioranza musulmana sunnita: 'Alawiti, Drusi e Cristiani. Le sue origini risalivano a un dibattito intellettuale sull'identità nazionale dei Siriani, e sui loro rapporti con altre comunità di lingua araba: un dibattito che era più pressante in Siria che altrove in quanto qui le frontiere tracciate da Inghilterra e Francia per i propri interessi corrispondevano meno che negli altri paesi mediorientali a divisioni naturali e storiche.

La risposta che alla questione dava il maggiore teorico del Ba'th, Michel 'Aflaq (1910-1989), un Cristiano di Damasco, veniva espressa in termini inequivocabilmente arabi. Vi era un'unica nazione araba, con il diritto di vivere in un unico stato unito. Essa era stata forgiata da una grande esperienza storica, la creazione da parte del Profeta Maometto della religione islamica e della società che la incarnava. Questa esperienza apparteneva non soltanto agli Arabi musulmani, ma a tutti gli Arabi che la facevano propria, e la consideravano la base della propria pretesa di avere una missione particolare nel mondo e un diritto all'indipendenza e all'unità. Essi potevano conseguire questi scopi solo per mezzo di una duplice trasformazione: prima una trasformazione dell'intelletto e dell'anima - un'appropriazione dell'idea della nazione araba attraverso la comprensione e l'amore - e poi una trasformazione del sistema politico e sociale.

In questo sistema di idee l'elemento della riforma sociale e del socialismo era sulle prime di importanza secondaria, ma a metà degli anni '50 il partito Ba'th si fuse con un partito più esplicitamente socialista. In questa forma la sua influenza si diffuse in Siria, e nei paesi circostanti, Libano, Giordania e Iraq, ed anche nei paesi della penisola araba. Il suo appello non si arrestò agli studenti e agli intellettuali che erano travagliati da questioni di identità; esso fu particolarmente sentito presso la generazione di ufficiali dell'esercito di umili origini, e presso la classe operaia urbana di emigrati dalla campagna. In Siria negli anni '50 vi furono alternanze di amministrazione militare e governo parlamentare; in una situazione di frammentazione del potere, un partito che avesse una chiara linea politica e un richiamo popolare poteva svolgere un ruolo che andasse al di là dei suoi numeri, e il Ba'th fu importante sia nel movimento che portò alla formazione della Repubblica Araba Unita nel 1958 sia nella sua rottura nel 1961. Analogamente in Iraq esso ebbe una crescente influenza dopo la rivoluzione del 1958.

Se il Ba'th era un'ideologia che divenne una forza politica, l'altro importante movimento di questo periodo fu invece un regime che gradualmente sviluppò un sistema di idee alla luce delle quali pretendeva di essere legittimato. Gli ufficiali egiziani che presero il potere nel 1952, tra cui ben presto 'Abd al-Nasir [Nasser] si rivelò il leader incontestato, aveva dapprincipio un programma di azione limitato, e nessuna ideologia comune al di là di un richiamo all'interesse nazionale in quanto superiore agli interessi dei partiti e delle fazioni, ed un sentimento di solidarietà con le masse contadine, dalle quali proveniva la maggior parte, se non la totalità, di essi. Col tempo, però, essi acquisirono un'ideologia caratteristica, che venne generalmente identificata con la persona di 'Abd al-Nasir. In questa ideologia nasserista si ritrovava un certo numero di elementi che a quell'epoca avevano il potere di smuovere l'opinione pubblica. Il linguaggio dell'Islam era il linguaggio naturale che i leader usavano negli appelli alle masse. In generale essi si schieravano a favore di una versione riformista dell'Islam che non si opponeva ma anzi incoraggiava il genere di trasformazioni laiche e modernistiche che essi introducevano. In questo periodo al-Azhar finì sotto un controllo ancora più stretto da parte del governo.

Nel complesso, però, più che sul richiamo all'Islam essi ponevano l'accento sul richiamo al nazionalismo e all'unità araba. L'unità araba era stata accolta dai precedenti governi dell'Egitto come direttiva importante di politica estera, ma l'evoluzione storica separata dell'Egitto e la cultura caratteristica che si era sviluppata nella valle del Nilo avevano creato in questo paese una sensibilità alquanto diversa da quella dei suoi vicini. Ora, invece, il regime di 'Abd al-Nasir cominciava a concepire il paese come parte del mondo arabo, e suo leader naturale. La sua leadership, essi ritenevano, andava sfruttata in direzione della rivoluzione sociale: la proprietà o il controllo statale dei mezzi di produzione e la redistribuzione dei redditi erano fondamentali per elevare al massimo grado la forza nazionale e per generare un sostegno di massa al regime.

Il programma di riforma sociale veniva giustificato alla luce dell'idea di uno specifico «socialismo arabo», un sistema a metà strada tra il marxismo, che propugnava la lotta di classe, e il capitalismo, che voleva dire il primato degli interessi individuali e la dominazione delle classi che detenevano i mezzi di produzione. Nel «socialismo arabo», si pensava che la società nel suo complesso si raccogliesse intorno ad un governo che perseguisse gli interessi di tutti. Questa idea venne avanzata nella «Carta Nazionale», promulgata nel 1962:

> La rivoluzione è il modo in cui la nazione araba può liberarsi dei suoi ceppi, e sbarazzarsi dell'oscura eredità che l'ha oppressa... È l'unico modo di vincere il sottosviluppo che le è stato imposto con la repressione e lo sfruttamento... e di affrontare la sfida che attende la nazione araba e le altre nazioni sottosviluppate: la sfida offerta dalle sbalorditive scoperte scientifiche che aiutano ad ampliare il divario tra i paesi avanzati e quelli arretrati... Ere di sofferenza e di speranza hanno infine prodotto chiari obiettivi per la lotta araba. Questi obiettivi, che sono l'autentica espressione della consapevolezza araba, sono la libertà, il socialismo e l'unità... Libertà oggi significa quella del paese e dei cittadini. Il socialismo è divenuto allo stesso tempo un mezzo ed un fine: la sufficienza e la giustizia. La via verso l'unità è la richiesta popolare del ripristino dell'ordine naturale di un'unica nazione.[1]

La democrazia politica veniva dichiarata impossibile senza una democrazia sociale, e questa implicava la proprietà privata delle comunicazioni e di altri servizi pubblici, banche e compagnie di assicurazioni, industria pesante e intermedia, nonché – cosa della massima importanza – il commercio estero. Vi doveva essere una parità di opportunità, cure mediche e istruzione per tutti, uomini e donne indifferentemente; veniva favorita la pianificazione familiare. Nell'unità nazionale doveva dissolversi la divisione in classi, e così pure dovevano dissolversi le divisioni tra i paesi arabi: l'Egitto doveva avanzare la richiesta dell'unità araba senza accettare l'obiezione che ciò costituisse un'interferenza negli affari di altri paesi. Negli anni immediatamente successivi vennero portati avanti con energia provvedimenti di riforma sociale: limitazioni all'orario di lavoro, un salario minimo, l'estensione dei servizi sanitari pubblici, la destinazione di una percentuale dei profitti dell'industria ai servizi di previdenza e di assistenza sociale. Questi provvedimenti furono resi possibili dalla rapida crescita dell'Egitto nei primi anni '60. Nel 1964, invece, la crescita si esaurì e i consumi privati pro capite non aumentarono più.

Anche nel suo momento di maggiore fortuna, il regime di 'Abd al-Nasir non riuscì a incanalare tutte le forze del popolo egiziano. Il suo movimento politico di massa, l'Unione Socialista Araba, era più un canale attraverso il quale venivano comunicate al popolo le intenzioni del governo che non un canale mediante il quale potessero trovare espressione i desideri, i suggerimenti e le lamentele popolari. I Fratelli Musulmani lo accusavano di servirsi del linguaggio dell'Islam allo scopo di coprire una politica fondamentalmente laica; i marxisti criticavano il «socialismo arabo» in quanto questo era diverso dal «socialismo scientifico» basato su di un riconoscimento delle differenze e dei conflitti di classe.

In altri paesi arabi, invece, il «nasserismo» incontrò un'accoglienza pubblica vasta e ininterrotta. La personalità di 'Abd al-Nasir, i successi del suo regime – la vittoria politica nella crisi di Suez nel 1956, la costruzione della Grande Diga, i provvedimenti di riforma sociale – e la promessa di una forte leadership a difesa della causa palestinese: tutto questo sembrava offrire la speranza di un mondo diverso, di una nazione araba ringiovanita da una autentica rivoluzione sociale e in grado di prendere il posto che le spettava nel mondo. Tali speranze erano alimentate da un uso sapiente della stampa e della radio, che, passando sopra le teste degli altri governi, facevano appello direttamente al «popolo arabo». Questi appelli approfondirono i contrasti tra i governi arabi, ma il nasserismo rimase un potente simbolo di unità e di rivoluzione, e si incarnò in movimenti politici di grande portata, come il Movimento dei Nazionalisti Arabi che fu fondato a Beirut e divenne popolare tra i profughi palestinesi.

L'ascendente del nasserismo

Per tutti gli anni '60 la vita politica dei paesi arabi continuò ad essere dominata da quest'idea di una forma socialista e neutralista del nazionalismo arabo, di cui 'Abd al-Nasir era il leader e il simbolo.

Con il conseguimento dell'indipendenza da parte dell'Algeria nel 1962, l'epoca degli imperi europei ebbe di fatto termine, ma vi erano ancora alcune zone del Medio Oriente in cui permaneva il potere inglese, incarnato in forme di governo e basato in ultima istanza sulla possibilità di usare la forza militare. A Aden e nel protettorato circostante, negli anni '50 gli interessi britannici si erano fatti più consistenti. La raffineria e la base navale di Aden erano importanti a causa del timore che l'URSS potesse stabilire la sua autorità sul Corno d'Africa, sulla sponda opposta del Mar Rosso. Il vago protettorato sul paese circostante andava trasformandosi in un sistema di controllo più formale.

I moti di consapevolezza politica a Aden, incoraggiati dall'ascesa del «nasserismo» e da certi mutamenti politici che si verificavano nello Yemen imposero agli Inglesi di estendere il grado di partecipazione locale al governo. A Aden venne insediata un'assemblea legislativa, e gli stati protetti circostanti vennero riuniti in una federazione, in cui venne incorporata la stessa Aden. Concessioni limitate portarono però con sé nuove richieste, provenienti dall'esiguo ceto istruito e dai lavoratori di Aden, nonché da quanti, incoraggiati dall'Egitto, si opponevano al fatto che la federazione fosse dominata dagli attuali governanti. Scoppiarono dei disordini e nel 1966 il governo britannico decise di ritirarsi. A quell'epoca le opposizioni si erano scisse in due gruppi, e quando, nel 1967, il ritiro ebbe luogo, quello che riuscì a impadronirsi del potere fu un gruppo urbano di orientamento marxista.

Nel Golfo, non fu tanto la pressione locale quanto una mutata concezione della posizione della Gran Bretagna nel mondo che portò al ritiro di quest'ultima. Nel 1961 venne concessa una piena indipendenza al Kuwait: uno stabile ceto dominante di famiglie di commercianti stretto attorno ad una famiglia regnante riuscì ora a creare un nuovo tipo di governo e di società grazie allo sfruttamento del suo petrolio. Più giù nel Golfo, una revisione delle risorse e della strategia inglesi portò nel 1968 alla decisione del governo di ritirare le sue forze armate e quindi la propria autorità in tutta la zona dell'Oceano Indiano entro il 1971. In un certo senso, questa decisione andava contro gli interessi locali degli Inglesi. La scoperta del petrolio in varie parti del Golfo, e il suo sfruttamento su vasta scala a Abu Dhabi, diede nuova importanza a quella che era stata una zona molto povera e portò ad una certa estensione dell'autorità inglese dai piccoli porti sulla costa fin nell'interno, dove a questo punto diventava importante una precisa delimitazione dei confini. Attraverso l'influenza inglese, si instaurò una sorta di confederazione, gli Emirati Arabi Uniti, destinata ad assumere il ruolo unificante in precedenza esercitato dagli Inglesi. Essa era composta da sette staterelli (Abu Dhabi, Dubai, Sharja e altri quattro), ma non entrarono a farne parte né il Bahrayn né il Qatar. Per qualche tempo l'indipendenza del Bahrayn venne messa in discussione da pretese iraniane alla sovranità, basate su motivazioni storiche, ma nel 1970 esse vennero ritirate.

Dopo di ciò, l'unica parte della penisola in cui permaneva un presenza britannica era una parte in cui essa non era mai ufficialmente esistita. Il sovrano dell'Oman era stato per lungo tempo praticamente sotto il controllo di un numero ristretto di funzionari britannici. Il suo governo si estendeva a malapena nell'interno, dove il potere effettivo era detenuto dall'*imam* della setta ibadita. Negli anni '50, invece, la prospettiva di trovare giacimenti di petrolio nell'interno portò ad un'estensione del potere del sultano, spalleggiato dagli Inglesi. A sua volta, questo fatto condusse ad una rivolta locale, sostenuta dall'Arabia Saudita, che aveva le proprie pretese territoriali; sullo sfondo del conflitto vi era lo scontro di interessi tra le compagnie petrolifere inglesi e quelle statunitensi. La sollevazione venne soffocata, con l'aiuto inglese, e l'imamato fu soppresso, ma nel 1965 una rivolta più seria scoppiò nella parte occidentale del paese, il Dhufar. Essa proseguì negli anni '70, sempre con un sostegno esterno. Il sultano era restio a fare alcuna concessione in direzione del cambiamento, e nel 1970 venne deposto su istigazione inglese a favore di suo figlio.

Negli anni '60, l'attenzione di quanti avevano a cuore quella che sembrava l'ascesa di una nazione araba non era più concentrata sulle vestigia del dominio imperiale, bensì su due altri tipi di conflitto: quello tra le due «superpotenze»; e quello tra gli stati retti da gruppi impegnati in un rapido cambiamento o in una rivoluzione su di una linea grosso modo nasserista e quelli retti da dinastie o gruppi più prudenti nel cambiamento politico e sociale e più ostili alla diffusione dell'influenza nasserista. In Siria, il potere fu preso dal partito Ba'th nel 1963: in un primo momento ad opera dei suoi dirigenti civili, poi degli ufficiali dell'esercito affiliati ad esso. In Iraq, il governo di ufficiali instaurato dalla rivoluzione del 1958 venne rovesciato nel 1963 da uno più favorevole al Ba'th e al nasserismo; tuttavia il dibattito sull'unità tra Iraq, Siria ed Egitto fece venire alla luce la differenza di interessi e di idee tra i tre paesi. In Sudan, nel 1958 si verificò un colpo di stato militare, e il governo che ne risultò seguì una politica di neutralismo e di sviluppo economico, fino a che nel 1964 venne ripristinato, dietro pressioni popolari, un governo parlamentare. In Algeria il primo governo instaurato dopo l'indipendenza, con a capo Ahmad Ben Bella, venne sostituito nel 1965 da un governo più impegnato per il socialismo e il neutralismo, guidato da Hawari Boumediene. Sul fronte opposto stavano invece le monarchie di Marocco, Libia, Giordania e Arabia Saudita, mentre la Tunisia si trovava in una posizione ambigua, dal momento che il suo leader, Bourguiba, era il capo di un partito nazionalista di massa impegnato in riforme di grande portata ma ostile all'estensione dell'influenza egiziana e a molte delle idee correnti del nazionalismo arabo.

La sensazione che si fosse in presenza di una nazione in via di formazione veniva rafforzata in questo periodo dalla nuova ricchezza e da altri cambiamenti prodotti dallo sfruttamento del petrolio. Le risorse petrolifere dei paesi arabi e dagli altri paesi del Medio Oriente erano ora diventate realmente importanti nell'economia mondiale, e ciò aveva un forte impatto sulla società dei paesi produttori di petrolio. A metà degli anni '60 i cinque maggiori paesi arabi produttori di petrolio – Iraq, Kuwait, Arabia Saudita, Libia e Algeria – disponevano nel loro insieme di entrate governative dell'ordine dei 2 miliardi di dollari l'anno. Le entrate venivano usate – con maggiore responsabilità in Iraq, Kuwait, Libia e Algeria, meno responsabilmente in Arabia Saudita, fino a che una rivoluzione di famiglia sostituì Sa'ud, primogenito di 'Abd al-'Aziz divenuto re alla morte del padre, con suo fratello Faysal (1964-75), dotato di maggiore abilità – per creare le infrastrutture di una società moderna, per estendere i servizi sociali, ma anche per creare strutture amministrative più elaborate, oltre alle forze di difesa e di sicurezza che ne costituivano il fondamento.

Questi sviluppi cominciavano a modificare, per due diversi motivi, la posizione della penisola araba nel mondo. Da una parte, i governanti dell'Arabia Saudita e degli altri paesi del Golfo riuscirono a sfruttare la propria ricchezza per conseguire una posizione di maggiore autorevolezza negli affari arabi; in quest'epoca essi cominciarono a fornire aiuti in grande quantità agli stati più poveri. Dall'altra, la rapida trasformazione della loro società cominciò ad attrarre un gran numero di emigranti da altri paesi arabi. Ciò valeva in misura minore per l'Algeria e l'Iraq, che avevano un'ampia popolazione e che potevano trovare al proprio interno lavoratori specializzati e istruiti, mentre in Arabia Saudita, in Kuwait, negli altri stati del Golfo e in Libia la popolazione era troppo scarsa per sopperire alle necessità dello sviluppo, e i ceti istruiti erano ancora più scarsi. Gli emigranti erano soprattutto Palestinesi, Siriani e Libanesi; tranne che in Libia, pochi provenivano dall'Egitto, in cui la necessità di un ampio esercito permanente ed una crescente economia controllata dallo stato rendeva il governo restio a consentire un'emigrazione su vasta scala. Al principio degli anni '70 gli emigrati dovevano essere circa mezzo milione. La maggior parte di essi erano lavoratori istruiti o addestrati, e portavano con sé nei paesi di immigrazione le idee che erano correnti nei paesi da cui provenivano: le idee della rivoluzione nasserista o del nazionalismo ba'thista, e l'interminabile aspirazione dei Palestinesi a ricongiungersi con il proprio paese. Le idee e le aspirazioni di questi emigranti sembravano sostenere l'interesse dell'Egitto di 'Abd al-Nasir a sfruttare la ricchezza degli stati produttori di petrolio come strumento per creare un forte blocco di paesi arabi sotto la guida dell'Egitto.

La crisi del 1967

Già nei primi anni '60 vi furono dei segnali che lasciavano trasparire come le pretese e le richieste del nasserismo andassero al di là del suo potere effettivo. La dissoluzione dell'unione tra Egitto e Siria nel 1961, e il fallimento dei successivi colloqui sull'unità, mostrarono i limiti della leadership di 'Abd al-Nasir e degli interessi comuni degli stati arabi. Più significativi furono gli eventi verificatisi nello Yemen. Nel 1962 l'*imam* zaydita, sovrano del paese, morì, e il suo successore fu quasi istantaneamente deposto da un movimento in cui intellettuali liberali che erano stati in esilio erano alleati a ufficiali del nuovo esercito regolare, con qualche limitato sostegno tribale. L'antico imamato divenne la Repubblica Araba dello Yemen (noto anche come Yemen del Nord, per distinguerlo dallo stato fondato dopo il ritiro britannico dallo Yemen e dal protettorato circostante, denominato ufficialmente Repubblica Democratica Popolare dello Yemen, ma spesso chiamato Yemen del Sud).[2] Il gruppo che si impadronì del potere richiese subito l'aiuto egiziano, e a sostenerlo vennero inviate unità dell'esercito egiziano. Anche con questo sostegno, però, il compito di governare un paese che era stato sottoposto ad un'autorità diretta ma era stato tenuto insieme dall'abilità e dai contatti accumulati dall'imamato, si rivelò eccessivo per il nuovo governo. Alcune zone rurali, che accettavano ancora l'autorità dell'*imam*, o si opponevano al genere di autorità che il governo cercava di instaurare, si sollevarono in rivolta. Esse avevano il sostegno dell'Arabia Saudita, e seguirono parecchi anni di guerra civile, in cui si intrecciavano il conflitto tra gruppi locali e quello tra l'Egitto e le monarchie arabe «tradizionaliste». Nessuna delle due parti riuscì a sottomettere l'altra; il governo sostenuto dall'Egitto riusciva a malapena a controllare le città principali e le strade che le collegavano, ma non la maggior parte delle campagne, ed un grande esercito egiziano, impegnato a combattere in condizioni sfavorevoli, fu tenuto in scacco per diversi anni.

I limiti del potere egiziano e arabo vennero alla luce in modo più decisivo in una crisi di maggiore portata che si verificò nel 1967, e portò l'Egitto e altri paesi arabi ad un confronto diretto e disastroso con Israele. Era inevitabile che la dinamica della politica nasserista trascinasse 'Abd al-Nasir a rivestire il ruolo di campione degli Arabi in quello che per la maggior parte di essi era il problema centrale: la questione dei loro rapporti con Israele. Sulle prime prudente nell'approccio al problema, nel 1955 il governo militare dell'Egitto aveva cominciato ad affermare la propria leadership. Gli avvenimenti del 1956 e degli anni successivi trasformarono 'Abd al-Nasir nella figura-simbolo del nazionalismo arabo, ma dietro a ciò vi era un certa linea perseguita dalla politica egiziana: fare dell'Egitto il leader di un blocco arabo unito in modo così stretto che il mondo esterno potesse trattare con esso solo a patto di accordarsi col Cairo. L'incarico di fungere da leader e portavoce della causa palestinese comportava degli ovvi pericoli, e fino al 1964 l'Egitto lo svolse con responsabilità; in quell'anno rifiutò di farsi trascinare in uno scontro con Israele a causa di progetti israeliani di usare l'acqua del Giordano per l'irrigazione. Da quel momento, però, 'Abd al-Nasir fu esposto a pressioni da diverse parti. I regimi «conservatori», con cui era già in conflitto a causa della guerra civile nello Yemen, sostenevano che la sua prudenza era un segnale che egli non credeva realmente nella causa che pretendeva di sostenere. In Siria, il potere era caduto in mano ad un gruppo di ba'thisti che ritenevano che solo con la rivoluzione sociale e il confronto diretto con Israele si sarebbe potuto risolvere il problema della Palestina e creare una nuova nazione araba.

Nel tessuto delle relazioni interarabe venne a questo punto ad inserirsi un nuovo filo. Fin dal 1948 i Palestinesi non erano riusciti a svolgere in prima persona un ruolo indipendente nel dibattito sul loro stesso destino: la loro dirigenza era scomparsa, essi erano dispersi in numerosi stati, e quanti avevano perduto la propria casa e il proprio lavoro dovevano farsi una nuova vita. Essi erano riusciti a svolgere un ruolo solo sotto il controllo degli stati arabi e con il loro permesso. Nel 1964 la Lega Araba diede vita per essi a un'entità distinta, l'Organizzazione per la Liberazione della Palestina (OLP). Questa, però era sotto il controllo egiziano, e le sue forze armate erano integrate negli eserciti di Egitto, Siria, Giordania e Iraq. In quest'epoca stava crescendo una nuova generazione di Palestinesi, in esilio ma con un ricordo della Palestina, istruiti al Cairo o a Beirut e sensibili alle correnti di pensiero che vi circolavano. Gradualmente sul finire degli anni '50 cominciarono ad emergere due tipi di movimenti politici caratterizzati come palestinesi: da una parte al-Fatah, che propugnava la completa indipendenza dai regimi arabi, i cui interessi non coincidevano con quelli dei Palestinesi, e il confronto militare diretto con Israele; dall'altra parte, numerosi movimenti minori che si svilupparono dai gruppi nazionalistici arabi filo-nasseristi di Beirut e gradualmente si spostarono in direzione di un'analisi marxista della società e dell'azione sociale, ed una convinzione che il cammino verso la rinascita della Palestina passasse per una rivoluzione da cima a fondo dei paesi arabi.

Nel 1965, tali gruppi cominciavano a portare azioni dirette all'interno di Israele, e gli Israeliani cominciavano ad effettuare rappresaglie, non contro il Ba'th siriano che sosteneva i Palestinesi, bensì contro la Giordania. Queste azioni israeliane non erano una semplice risposta alle attività dei Palestinesi, ma avevano la loro origine nella dinamica della politica israeliana. La popolazione di Israele aveva continuato a crescere, soprattutto grazie all'immigrazione; nel 1967 arrivava all'incirca a 2,3 milioni di persone, di cui gli Arabi costituivano pressappoco il 13 per cento. La sua forza economica si era accresciuta, grazie agli aiuti degli Stati Uniti, ai contributi degli Ebrei del mondo esterno, e alle riparazioni dalla Germania Occidentale. Esso stava anche costruendo la forza e la capacità delle sue forze armate, e in particolare dell'aviazione. Israele sapeva di essere militarmente e politicamente più forte dei suoi vicini arabi; di fronte alle minacce di quei vicini, la condotta migliore era quella di dare una dimostrazione della propria forza. Ciò avrebbe potuto portare ad un accordo più stabile di quello che si era riuscito ad ottenere; ma dietro a queste motivazioni vi era anche la speranza di conquistare il resto della Palestina e di terminare la guerra lasciata a metà nel 1948.

Tutte queste linee si trovarono a convergere nel 1967. Trovandosi di fronte ad una rappresaglia israeliana contro altri stati arabi, e con segnalazioni (che forse erano prive di fondamento) di un imminente attacco israeliano alla Siria, 'Abd al-Nasir chiese alle Nazioni Unite di ritirare le forze che erano state dislocate lungo la frontiera con Israele fin dalla guerra di Suez del 1956, e quando ciò fu fatto, bloccò il golfo di 'Aqaba al transito delle navi israeliane. Probabilmente era convinto di non avere nulla da perdere: all'ultimo momento ci sarebbe stato un intervento degli Stati Uniti per negoziare una sistemazione politica che per lui sarebbe stata una vittoria, oppure, se si fosse arrivati alla guerra, le sue forze armate, rifornite e addestrate dall'URSS, erano abbastanza forti da vincere. I suoi calcoli si sarebbero verosimilmente dimostrati esatti se gli Stati Uniti avessero avuto un pieno controllo della politica israeliana, dal momento che vi era, in seno al governo statunitense, un movimento favorevole ad una risoluzione pacifica della questione. Tuttavia, i rapporti tra le grandi potenze e i loro satelliti non sono mai semplici. Gli Israeliani non erano disposti a lasciare all'Egitto una vittoria politica che non corrispondeva agli effettivi rapporti di forza, e anch'essi non avevano nulla da perdere; essi erano convinti che le proprie forze armate fossero più forti, e nel caso di un rovescio inatteso potevano essere sicuri di un sostegno da parte degli Stati Uniti. Man mano che la tensione saliva, la Giordania e la Siria stringevano accordi militari con l'Egitto. Il 5 giugno Israele attaccò l'Egitto e distrusse le sue forze aeree; e in pochi giorni di combattimenti gli Israeliani occuparono il Sinai fino al Canale di Suez, Gerusalemme e la parte palestinese della Giordania, e una parte della Siria meridionale (il Jawlan o le «alture del Golan»), prima che un cessate il fuoco concordato alle Nazioni Unite ponesse fine ai combattimenti.

La guerra costituì una svolta decisiva sotto diversi punti di vista. La conquista di Gerusalemme da parte di Israele, e il fatto che i luoghi santi dell'Islam e del Cristianesimo fossero adesso sotto il controllo ebraico, aggiungeva un'altra dimensione al conflitto. La guerra cambiò l'equilibrio di forze nel Medio Oriente. Risultò chiaro che Israele era militarmente più forte di qualunque combinazione di stati arabi, e ciò mutò i rapporti che ciascuno di essi aveva con il mondo esterno. Quella che, a ragione o a torto, veniva considerata una minaccia all'esistenza di Israele suscitò solidarietà in Europa e in America, dove era ancora forte il ricordo del destino degli Ebrei durante la seconda guerra mondiale: e la vittoria-lampo israeliana rese anche Israele più desiderabile come alleato agli occhi degli Americani. Per gli stati arabi, e in particolare per l'Egitto, ciò che era successo era sotto ogni punto di vista una sconfitta che mostrava i limiti della loro capacità militare e politica; anche per l'URSS si trattò di una sorta di sconfitta, che però rese i Sovietici più risoluti a impedire ai loro satelliti di incorrere in una disfatta delle medesime dimensioni. A un livello molto profondo, la guerra lasciò un marchio su chiunque nel mondo si identificasse come Ebreo o Arabo, e quello che era stato un conflitto locale divenne di dimensioni mondiali.

Il risultato più importante nel lungo termine fu l'occupazione israeliana di ciò che era rimasto della Palestina araba: Gerusalemme, Gaza e la parte occidentale della Giordania (solitamente nota come Cisgiordania o «West Bank»). Aumentò il numero di Palestinesi profughi o sotto amministrazione israeliana. Ciò rafforzò il senso di identità dei Palestinesi, e la convinzione, che si diffondeva tra essi, di poter contare in definitiva solo su se stessi; inoltre pose un problema per gli Israeliani, gli stati arabi e le grandi potenze. Israele avrebbe dovuto continuare ad occupare ciò che aveva conquistato, o barattare territori in cambio di qualche tipo di sistemazione pacifica con gli stati arabi? Doveva esistere una qualche sorta di entità politica per i Palestinesi? Come avrebbero potuto gli stati arabi riconquistare i territori che avevano perduto? Come avrebbero potuto le grandi potenze raggiungere una sistemazione che non sfociasse in un'altra guerra, in cui avrebbero potuto essere trascinate?

È possibile che qualche iniziativa da parte dei vincitori fosse in grado di aprire la strada alla risposta a qualcuno almeno di questi interrogativi; ma quest'iniziativa non venne, forse perché ci volle del tempo prima che gli Israeliani assimilassero i risultati di una vittoria così improvvisa e completa, e che tutti i partiti si disponessero su nuove posizioni. I Palestinesi, trovandosi per la maggior parte uniti sotto l'amministrazione israeliana, avanzarono la richiesta di un'esistenza nazionale separata e autonoma. Gli Israeliani cominciarono ad amministrare i territori occupati come se fossero praticamente parte di Israele. Alla fine, in novembre, il Consiglio di Sicurezza delle Nazioni Unite riuscì ad accordarsi sulla risoluzione numero 242, secondo la quale vi doveva essere pace entro confini sicuri e riconosciuti, Israele doveva ritirarsi «da territori» che aveva conquistato e venivano prese le necessarie disposizioni per i profughi. Vi era però disaccordo sul modo in cui ciò andasse interpretato: se Israele dovesse ritirarsi da tutti o da una parte dei territori; se i Palestinesi andassero considerati una nazione o come una massa di profughi individuali. I capi degli stati arabi adottarono la loro risoluzione in una conferenza tenuta a Khartoum nel settembre del 1967: nessun riconoscimento delle conquiste israeliane, e nessun negoziato. Anche in questo caso, però, potevano esservi interpretazioni diverse: per l'Egitto e la Giordania perlomeno, la via era ancora aperta per una composizione negoziale.

Capitolo Venticinquesimo

UNITÀ E DISUNITÀ ARABA (DOPO IL 1967)

La crisi del 1973

'Abd al-Nasir sopravvisse tre anni alla sua sconfitta. La sua posizione nel mondo ne era stata notevolmente scossa; i suoi rapporti con gli Stati Uniti e con la Gran Bretagna erano esacerbati dalla sua accusa e convinzione che essi avessero aiutato militarmente Israele durante la guerra, e dall'insistenza americana sul fatto che Israele si sarebbe ritirato dai territori occupati solo in cambio della pace. La sua posizione rispetto ad altri leader arabi si indeboliva man mano che divenivano evidenti i limiti del suo potere. Un risultato immediato della guerra del 1967 fu che egli decise di contenere le perdite in Yemen, e concluse un accordo con l'Arabia Saudita, in virtù del quale ritirava le proprie truppe.

All'interno dell'Egitto, invece, la sua posizione era ancora forte. Alla fine della fatidica settimana di giugno del 1967 annunciò le proprie dimissioni, ma ciò suscitò in Egitto e in altri paesi arabi diffuse proteste, forse predisposte ad arte, ma forse provocate dalla sensazione che le sue dimissioni avrebbero costituito una sconfitta ed un'umiliazione ancora più cocente. Permase forte anche la sua presa sul sentimento popolare in altri paesi arabi. Sia in virtù della sua statura personale, sia a causa della posizione riconosciuta dell'Egitto, egli fu il mediatore indispensabile tra i Palestinesi e coloro in mezzo ai quali essi vivevano. Negli anni successivi al 1967, la crescita del sentimento nazionale palestinese e l'accresciuta forza di al-Fatah, che dal 1969 aveva il controllo dell'OLP, portò a numerose azioni di guerriglia contro Israele, e a rappresaglie israeliane contro i paesi in cui i Palestinesi avevano una certa libertà di azione. Nel 1969, l'intervento egiziano favorì la conclusione di un accordo tra il governo libanese e l'OLP, che stabiliva i limiti entro i quali l'OLP sarebbe stata libera di operare nel sud del Libano. L'anno successivo, nel 1970, scoppiarono aspri combattimenti in Giordania tra l'esercito e gruppi di guerriglieri palestinesi che sembravano sul punto di impadronirsi del potere nel paese. Il governo giordano riuscì ad imporre la sua autorità e a porre fine alla libertà di azione dei gruppi palestinesi, e anche in questa occasione fu la mediazione di 'Abd al-Nasir che ristabilì la pace tra loro.

Immediatamente dopo questi fatti, 'Abd al-Nasir morì all'improvviso. Le scene straordinarie dei suoi funerali, con milioni di persone in lacrime per le strade, significavano certo qualcosa; perlomeno per il momento, era difficile immaginare l'Egitto o il mondo arabo senza di lui. La sua morte fu la fine di un'era di speranza in un mondo arabo unito e rinnovato.

A 'Abd al-Nasir succedette un collega di vecchia data, Anwar Sadat (1918-1981). Sulle prime sembrò che l'Egitto proseguisse come prima. Anche in altri paesi arabi dei cambiamenti prodottisi tra il 1969 e il 1970 portarono al potere persone che sembravano disposte a seguire una politica grosso modo analoga a quella del nasserismo, o perlomeno coerente con esso. Per la verità, in Marocco e in Tunisia non vi furono cambiamenti di fondo nel regime; il re Hasan e la sua cerchia, e Bourguiba e il Neo-Destour, rimasero al potere. Anche in Algeria il cambiamento all'interno del gruppo dominante si era prodotto alcuni anni prima. Più a est permanevano i governi di re Faysal in Arabia Saudita, di re Husayn in Giordania e delle dinastie degli stati del Golfo. In Libia, invece, una combinazione non nuova di ufficiali dell'esercito e di intellettuali radicali rovesciarono la monarchia nel 1969; dopo qualche tempo, nel nuovo gruppo al potere emerse la figura dominante di un ufficiale, Mu'ammar al-Qadhafi [Gheddafi]. In Sudan un gruppo analogo, guidato da Ja'far al-Numayri, rovesciò il regime costituzionale nel 1969. In Siria il regime ba'thista che era stato coinvolto in pieno nella sconfitta del 1967, venne sostituito nel 1970 da un gruppo di ufficiali dell'esercito guidato da Hafiz al-Asad [Assad], appartenente anch'egli al Ba'th ma politicamente più prudente. Anche in Iraq un periodo di governo piuttosto precario da parte di coalizioni di ufficiali dell'esercito e civili si concluse quando un gruppo più compatto legato al Ba'th prese il potere nel 1968; al suo interno emerse gradualmente come figura di spicco Saddam Husayn. Anche nello Yemen del Sud il 1969 fu un anno critico. La coalizione di forze che aveva preso il potere all'avvento dell'indipendenza fu sostituita da un gruppo più rigidamente marxista. Nello Yemen del Nord, invece, questi anni non furono contrassegnati da alcun cambiamento decisivo: la fine della guerra civile portò al potere una coalizione di elementi delle due parti, i cui rapporti reciproci rimanevano ancora da definire. Fu solo dopo il 1974 che si stabilì un regime più o meno stabile, col sostegno dell'esercito e di qualche potente capo tribale.

Nel 1973 si verificarono degli avvenimenti non meno drammatici di quelli del 1967, che parvero segnare una nuova fase nel cammino verso l'unità araba e la riaffermazione dell'indipendenza di fronte alle grandi potenze. Anche in questa occasione vi fu un confronto con Israele. Già prima della morte di 'Abd al-Nasir, il desiderio di vendicare la sconfitta del 1967 si era fatto vedere in una «guerra di logoramento» lungo il Canale di Suez e nel riarmo degli eserciti egiziano e siriano da parte dell'URSS. All'inizio degli anni '70 il nuovo leader dell'Egitto, Sadat, diede una certa svolta alla sua politica richiedendo il ritiro dei consiglieri e dei tecnici sovietici, ma l'esercito rimase quello che era stato equipaggiato e addestrato dai Russi, e nell'ottobre del 1973 lanciò un improvviso attacco contro le forze israeliane sulla sponda orientale del Canale di Suez; nello stesso istante, e di concerto, l'esercito siriano attaccava gli Israeliani sul Jawlan.

Nel primo impeto del combattimento, l'esercito egiziano riuscì ad attraversare il Canale e a stabilire una testa di ponte, e i Siriani occuparono parte del Jawlan; le armi fornite dai sovietici permisero loro di neutralizzare le forze aeree israeliane, che avevano determinato la vittoria del 1967. Nei giorni immediatamente successivi, però, la fortuna delle operazioni militari cambiò di segno. Le forze israeliane attraversarono il Canale e attestarono una loro testa di ponte sulla sponda occidentale, e respinsero i Siriani verso Damasco. Oltre che alla loro effettiva abilità, il loro successo fu dovuto in parte agli equipaggiamenti che vennero rapidamente inviati loro dagli Statunitensi, e in parte a divergenze politiche tra Egitto e Siria che vennero ben presto alla luce. I combattimenti mostrarono ancora una volta la superiorità militare degli Israeliani, ma la guerra non assunse l'aspetto di una sconfitta né agli occhi degli Arabi né a quelli del mondo. Gli attacchi avevano evidenziato una scrupolosa pianificazione ed una seria determinazione; essi attirarono non solo solidarietà ma anche aiuti finanziari e militari dagli altri paesi arabi; e si conclusero con un cessate il fuoco imposto dall'autorevolezza delle superpotenze dal quale risultò chiaro che, se da una parte gli USA non avrebbero consentito che Israele uscisse sconfitto, dall'altra né gli stessi Stati Uniti né l'URSS avrebbero permesso che uscisse sconfitto l'Egitto, e che ambedue le superpotenze non desideravano lasciare che la guerra si ampliasse fino a rischiare di convolgerle in prima persona.

Uno dei motivi per cui intervennero le superpotenze fu l'impiego, da parte degli stati arabi, di quella che si presentò come la loro arma più forte: il potere di imporre un blocco all'esportazione del petrolio. Per la prima e forse ultima volta quest'arma venne impiegata con successo. I paesi arabi produttori di petrolio decisero di ridurre drasticamente la propria produzione di petrolio fintantoché Israele avesse continuato ad occupare territori arabi, e l'Arabia Saudita impose un blocco totale alle esportazioni dirette agli Stati Uniti ed ai Paesi Bassi, che venivano considerati il paese europeo più favorevole a Israele, ed era inoltre un centro del mercato libero del petrolio.

Gli effetti di queste decisioni furono tanto maggiori in quanto venivano più o meno a coincidere con un altro cambiamento al quale i paesi esportatori di petrolio miravano già da tempo. La domanda di petrolio mediorientale era andata crescendo dal momento che la domanda dei paesi industrializzati cresceva più velocemente della produzione, e l'organizzazione dei paesi esportatori di petrolio (OPEC) stava diventando sempre più forte e determinata ad aumentare la propria quota di profitti, che costituivano una percentuale del prezzo inferiore a quella costituita dalle somme incassate in tasse da parte dei paesi consumatori che importavano petrolio. Alla fine del 1973 l'OPEC decise di rincarare il prezzo di vendita del petrolio del 300 per cento circa; promotori di questa decisione furono l'Iran e i paesi arabi. (L'aumento dei prezzi pagati dal consumatore fu però inferiore perché le tasse e gli altri costi non aumentarono nella stessa misura.)

Il predominio dell'influenza statunitense

Entro pochi anni, però, apparve chiaro che quella che era potuta sembrare una dichiarazione di indipendenza politica ed economica era di fatto il primo passo verso una maggiore dipendenza dagli Stati Uniti. L'iniziativa fu presa, come era successo in ogni iniziativa araba negli ultimi vent'anni o giù di lì, dall'Egitto. Per Sadat, la guerra del 1973 non era stata combattuta allo scopo di conseguire una vittoria militare, bensì col fine di scuotere le superpotenze, in modo che esse prendessero l'iniziativa di negoziare una soluzione ai problemi esistenti tra Israele e Arabi in grado di prevenire un'ulteriore crisi ed un pericoloso confronto. E questo fu per l'appunto ciò che avvenne, ma in un modo che accrebbe il potere e la partecipazione di una delle due superpotenze, gli USA. Gli Stati Uniti erano intervenuti in modo decisivo nella guerra, dapprima per fornire armi a Israele e impedirne la sconfitta, e poi per provocare un equilibrio di forze tendente ad una composizione del conflitto. Nei due anni che seguirono, la mediazione statunitense portò ad un accordo israelo-siriano in virtù del quale Israele si ritirava da alcuni dei territori siriani che aveva conquistato nel 1967 e nel 1973, e a due accordi analoghi tra Israele e Egitto. Vi fu un breve tentativo abortito di riunire le superpotenze, Israele e gli stati arabi in una conferenza globale sotto gli auspici dell'ONU, ma la direttiva principale della politica USA era quella di escludere, per quanto possibile, l'Unione Sovietica dal Medio Oriente, sostenere Israele politicamente e militarmente, indurlo ad accordi con gli stati arabi secondo i quali esso si sarebbe ritirato dai territori conquistati in cambio della pace, ma mantenere l'OLP fuori dalle trattative, per rispetto dei desideri israeliani, perlomeno fino a che l'OLP non avesse riconosciuto Israele.

La politica cambiò per breve tempo nel 1977, quando un nuovo presidente americano, Jimmy Carter, cercò di elaborare una piattaforma comune sul problema da parte di USA e URSS, e di trovare un modo di far rientrare nel processo negoziale i Palestinesi. Questi sforzi, però, si conclusero con un nulla di fatto per due motivi: l'opposizione israeliana, che aumentò quando in Israele prese il potere un governo più fortemente nazionalista, con Menahem Begin come primo ministro, e l'improvvisa decisione di Sadat, nel novembre del 1977, di recarsi a Gerusalemme e di offrire a Israele l'occasione favorevole di concludere una pace attraverso negoziati diretti.

L'intenzione di Sadat era chiaramente quella di porre fine al susseguirsi di guerre che, si rendeva conto, gli Arabi non potevano vincere, ma vi erano anche prospettive di più lunga portata: negoziati diretti, patrocinati dagli USA, avrebbero sottratto all'URSS la possibilità di svolgere un ruolo nel Medio Oriente; una volta in pace con Israele, l'Egitto sarebbe potuto diventare un alleato più importante per l'America, con tutte le conseguenze che ne sarebbero potute discendere in fatto sia di sostegno economico, sia di un atteggiamento statunitense più favorevole nei confronti delle rivendicazioni degli Arabi palestinesi. Le intenzioni del governo israeliano dell'epoca erano invece diverse: fare la pace con l'Egitto, l'avversario più temibile di Israele, anche al prezzo di un ritiro dal Sinai, e avere quindi le mani libere per quelli che erano gli scopi fondamentali della loro politica: insediare coloni ebrei nei territori conquistati della Cisgiordania e gradualmente annetterseli, e riuscire a fronteggiare efficacemente qualunque opposizione da parte della Siria o dell'OLP. Nei dibattiti che seguirono il viaggio di Sadat, quindi, la questione centrale fu quella della connessione da stabilire tra una pace israelo-egiziana e il futuro statuto della Cisgiordania. Quando alla fine un accordo venne raggiunto, con la mediazione americana, nel 1978 (gli «Accordi di Camp David»), apparve chiaro che su questo punto essenziale l'opinione israeliana aveva prevalso su quella dell'Egitto, e fino a un certo punto su quella degli Stati Uniti. Gli accordi prevedevano una rappacificazione ufficiale tra Egitto e Israele, insieme a un certo grado di autonomia, da definire in seguito, per la Cisgiordania e Gaza, che dopo cinque anni avrebbe dato luogo a un dibattito sul suo statuto definitivo; ma non vi fu alcun legame formale tra le due cose. Nei successivi dibattiti sull'autonomia, apparve ben presto evidente che le idee di Israele erano assai diverse da quelle dell'Egitto o degli Stati Uniti, e Israele rifiutò di sospendere la sua politica di insediamenti ebraici nei territori conquistati.

Il presidente Sadat venne assassinato nel 1981 da appartenenti ad un gruppo che si opponeva alla sua politica e si proponeva di ripristinare la base islamica della società egiziana, ma le linee fondamentali della sua politica vennero proseguite dal suo successore, Husni Mubarak. Negli anni immediatamente successivi, i rapporti dell'Egitto con gli Stati Uniti si fecero più stretti, e l'Egitto ricevette grandi quantità di aiuti finanziari e militari. L'accordo con Israele, invece, venne respinto non solo dai Palestinesi ma dalla maggioranza degli stati arabi, con maggiore o minore convinzione, e l'Egitto fu formalmente espulso dalla Lega Araba, che trasferì il suo quartier generale dal Cairo a Tunisi. Cionondimeno, i vantaggi derivanti da un più stretto allineamento alla politica statunitense erano così grandi ed evidenti che anche un certo numero di altri stati arabi si mosse in quella direzione: il Marocco, la Tunisia, la Giordania, e in particolare i paesi produttori di petrolio della penisola araba, poiché, dopo l'apogeo della loro influenza nel 1973, apparve ben presto evidente che la ricchezza derivante dal petrolio poteva generare più debolezza che forza.

Quella ricchezza era veramente imponente, rispetto a qualunque standard precedente. Tra il 1973 e il 1978, le entrate petrolifere annuali nei principali paesi produttori arabi salirono enormemente: in Arabia Saudita da 4,35 a 36 miliardi di dollari, in Kuwait da 1,7 a 9,2 miliardi di dollari; in Iraq da 1,8 a 23,6 miliardi di dollari; in Libia da 2,2 a 8,8 miliardi di dollari. Anche qualche altro paese incrementò notevolmente la propria produzione, in particolare Qatar, Abu Dhabi e Dubai. Si ampliò anche il controllo dei paesi sulle loro risorse. Nel 1980 tutti i principali stati produttori o avevano nazionalizzato la produzione del petrolio oppure avevano assunto un maggior coinvolgimento nelle società che la gestivano, anche se le grandi multinazionali avevano ancora una posizione di forza nel trasporto e nella vendita. L'aumento della ricchezza portò ad un aumento della dipendenza dai paesi industrializzati. I paesi produttori dovevano vendere il loro petrolio, e i paesi industrializzati erano i loro principali clienti. Nel corso degli anni '70 l'eccesso di domanda rispetto alle disponibilità venne a cessare, a causa di una recessione economica, degli sforzi per contenere il consumo di combustibile, di un'accresciuta produzione da parte di paesi che non facevano parte dell'OPEC; la posizione contrattuale e l'unità dell'OPEC si indebolirono, e non si poté mantenere un livello elevato ed uniforme dei prezzi. Quei paesi che avevano entrate superiori a quello che potevano spendere per lo sviluppo, a causa della limitata popolazione e delle limitate risorse naturali, dovettero investire da qualche parte il loro surplus, e per lo più lo fecero nei paesi industrializzati. A quegli stessi paesi dovevano rivolgersi anche per le merci di maggior importanza e per l'esperienza tecnologica di cui avevano bisogno per lo sviluppo economico e per costituire le proprie forze armate.

L'accresciuta dipendenza aveva anche un altro risvolto. L'utilizzo da parte dei paesi arabi dell'arma del blocco petrolifero nel 1973 aveva aperto gli occhi ai paesi occidentali sulla loro dipendenza dal petrolio mediorientale, e col procedere del decennio vi furono segnali che gli Stati Uniti avrebbero potuto intervenire in forze nel caso che le forniture di petrolio fossero nuovamente interrotte, sia nel caso di rivoluzioni nei paesi produttori, sia – a giudizio degli Americani – nel caso di un pericolo di estensione dell'influenza sovietica nei paesi del Golfo. L'intervento, però, sarebbe stato un'estrema risorsa, e per lo più gli Stati Uniti facevano affidamento sui loro principali alleati nella regione del Golfo, l'Arabia Saudita e l'Iran. Alla fine degli anni '70, però, la situazione cambiò. L'occupazione sovietica dell'Afghanistan, avvenuta nel 1979, suscitò il timore, non si sa fino a che punto giustificato, che l'URSS intendesse estendere ulteriormente la sua influenza nella regione dell'Oceano Indiano. La rivoluzione iraniana del 1978-79 abbatté la posizione dello scià, il più forte alleato degli Stati Uniti, e sostituì il suo governo con uno votato a fare dell'Iran uno stato autenticamente islamico, come primo passo in direzione di un cambiamento analogo negli altri paesi musulmani; vi fu qualche pericolo che la rivoluzione si estendesse a occidente nei paesi vicini, il che avrebbe fatto crollare il sistema politico dei paesi del Golfo e delle loro relazioni con gli Stati Uniti. Simili considerazioni indussero gli Stati Uniti alla formulazione di piani per la difesa nel Golfo in caso di necessità, di concerto con quei paesi mediorientali che erano disposti a collaborare. La maggior parte degli stati del Golfo cercavano, però, di mantenere una certa distanza da una completa alleanza con gli Stati Uniti, e nel 1981 l'Arabia Saudita e gli stati minori costituirono il loro Consiglio di Cooperazione del Golfo.

L'apertura all'occidente non si limitò ad un mutamento di politica estera o militare; fu anche un cambiamento di atteggiamenti e di linee di condotta da parte della maggioranza dei governi arabi rispetto all'economia. Fu un cambiamento che, non a caso, in Egitto fu conosciuto col nome di *infitah* (politica della porta aperta), dal nome di una legge emanata nel 1974. Numerose erano le cause che portarono a ciò: la potenza degli Stati Uniti, esibita con chiarezza nella guerra del 1973 e negli sviluppi successivi; la necessità di prestiti e investimenti esteri per sviluppare le risorse e potersi rafforzare; forse anche una crescente consapevolezza dei limiti del controllo statale sull'economia, nonché la spinta degli interessi privati.

L'*infitah* constava di due processi, strettamente connessi tra loro. Da una parte vi fu un sovvertimento degli equilibri tra il settore pubblico e quello privato dell'economia. A parte il Libano, in cui era praticamente assente il settore pubblico, persino i paesi più votati all'impresa privata mantennero delle aree di controllo pubblico, poiché non vi era possibilità di sviluppo rapido al di fuori dell'intervento e della direzione da parte dello stato; in Arabia Saudita, per esempio, l'industria petrolifera venne nazionalizzata e delle nuove imprese industriali, quelle di maggiori dimensioni erano di proprietà statale. Nella maggior parte dei paesi, però, l'impresa privata poteva adesso godere di un più vasto raggio di azione, nell'agricoltura, nell'industria e nel commercio. Ciò si poté osservare nel modo migliore in Egitto, dove gli anni '70 videro mutamenti rapidi e di grande portata rispetto al socialismo statale degli anni '60. In Tunisia, un tentativo di porre sotto il controllo dello stato le importazioni e le esportazioni, la produzione industriale e la distribuzione interna, si scontrò con delle difficoltà e nel 1969 fu lasciato cadere. Anche in Siria e in Iraq si verificò un analogo cambiamento, nonostante i principi socialisti del partito Ba'th.

In secondo luogo, l'*infitah* significò un'apertura agli investimenti e alle imprese dall'estero, e specificamente dai paesi occidentali. Nonostante l'accumulazione di capitali derivanti dalla produzione petrolifera, la disponibilità di capitali della maggioranza dei paesi arabi non era adeguata allo sviluppo rapido e massiccio al quale puntavano i rispettivi governi. Gli investimenti dagli Stati Uniti, dall'Europa e dalle organizzazioni internazionali, vennero favoriti per mezzo di garanzie e di privilegi fiscali, mentre vennero allentate le restrizioni alle importazioni. I risultati nel complesso non furono quelli sperati. Non fu molto il capitale privato straniero che venne attirato in paesi in cui, perlopiù, i regimi apparivano instabili e le aspettative di guadagno incerte. La maggior parte degli aiuti vennero da governi o da organismi internazionali, e vennero usati per armamenti, infrastrutture e programmi costosi e troppo ambiziosi. Alcuni aiuti vennero concessi dietro condizioni, esplicite o implicite; nel 1977 le pressioni del Fondo Monetario Internazionale sull'Egitto perché riducesse il suo deficit portarono a un tentativo di innalzare il prezzo dei generi alimentari, il che diede luogo a gravi disordini. Inoltre, l'alleggerimento delle restrizioni alle importazioni volle dire per le giovani industrie indigene scontrarsi con la concorrenza delle affermate industrie americane, dell'Europa occidentale e giapponesi, per lo meno in quei settori della produzione in cui era richiesto un elevato livello di conoscenze tecniche e di esperienza. Il risultato fu quello di mantenere i paesi arabi, come quelli della maggior parte del Terzo Mondo, in una situazione in cui essi potevano produrre beni di consumo per il proprio mercato interno, ma continuavano a importare prodotti di alta tecnologia.

L'interdipendenza dei paesi arabi

La morte di 'Abd al-Nasir e gli avvenimenti degli anni '70 indebolirono quella che poteva essere stata un'illusione di indipendenza, e anche un'illusione di unità, ma per certi aspetti i legami tra i diversi paesi arabi in questo periodo si fecero più stretti. Non si era mai registrato un numero così elevato di organizzazioni interarabe, alcune delle quali erano efficienti. La Lega Araba perse molta di quella che era sempre stata un'autorità limitata quando l'Egitto ne venne espulso, ma incrementò il numero dei suoi aderenti: vennero accolti come membri la Mauritania in Africa occidentale e Gibuti e la Somalia in Africa orientale, anche se nessuno di essi era stato considerato in precedenza un paese arabo, e la loro accettazione era un sintomo dell'ambiguità del termine «arabo». Alle Nazioni Unite e in altri organismi internazionali, i membri della Lega riuscirono spesso a seguire una comune linea di comportamento, soprattutto quando era in gioco il problema palestinese.

La differenza di interessi tra gli stati che possedevano risorse petrolifere e quelli che ne erano privi fu resa meno acuta dalla creazione di istituzioni economiche attraverso le quali una parte della ricchezza dei paesi più ricchi poté essere assegnata o prestata a quelli più poveri. Alcune di queste istituzioni erano sovrannazionali: il fondo speciale creato dall'OPEC, quello istituito dall'organizzazione dei paesi arabi esportatori di petrolio (OAPEC), il Fondo Arabo per lo Sviluppo Economico e Sociale. Altre vennero istituite da singoli paesi, il Kuwait, l'Arabia Saudita e Abu Dhabi. Alla fine degli anni '70 il volume degli aiuti era assai consistente. Nel 1979 circa 2 miliardi di dollari vennero concessi dai paesi produttori di petrolio ad altri paesi in via di sviluppo, attraverso vari canali; questa cifra costituiva il 2,9 per cento del loro PIL.

Altri tipi di legami erano anche più importanti, perché erano un legame tra singoli esseri umani oltre che tra le società di cui essi facevano parte. Una cultura comune era in via di formazione. La rapida espansione dell'istruzione che aveva avuto inizio quando i paesi erano diventati indipendenti continuò a velocità accelerata, in tutti i paesi in misura maggiore o minore. Nel 1980 la percentuale di ragazzi di età scolare che frequentavano la scuola primaria erano l'88 per cento in Egitto e il 57 per cento in Arabia Saudita; quella delle ragazze era del 90 per cento in Iraq e del 31 per cento in Arabia Saudita. Il tasso di alfabetizzazione in Egitto era del 56,8 per cento tra gli uomini e del 29 per cento tra le donne. In Egitto e in Tunisia quasi un terzo della popolazione universitaria era costituito da studentesse, e in Kuwait più del 50 per cento; perfino in Arabia Saudita la percentuale era quasi del 25 per cento. Le scuole e le università erano di qualità variabile; la necessità di istruire il maggior numero di persone nel più breve tempo possibile voleva dire classi numerose, insegnanti formati in modo non adeguato ed edifici non adatti. Un elemento diffuso nella maggioranza delle scuole era l'insistenza sull'insegnamento dell'arabo, e sull'insegnamento delle altre materie in arabo. Per il numero crescente di coloro che uscivano dalle scuole e dei laureati delle nuove università, l'arabo era la sola lingua familiare, e il mezzo attraverso il quale essi vedevano il mondo. Ciò rafforzò la consapevolezza di una comune cultura condivisa da tutti coloro che parlavano arabo.

Questa cultura e consapevolezza comuni venivano ora diffuse attraverso un nuovo mezzo di comunicazione. La radio, i cinematografi e i giornali continuavano ad essere importanti, ma alla loro influenza si aggiunse quella della televisione. Gli anni '60 furono il decennio durante il quale i paesi arabi fondarono stazioni televisive, e l'apparecchio televisivo divenne una parte della casa di importanza pari a quella della cucina o del frigorifero presso tutti i ceti, ad eccezione solo di quelli più poveri o di coloro che vivevano in villaggi non ancora raggiunti dall'elettricità. Nel 1973 si calcolava che vi fossero circa 500.000 televisori in Egitto, un numero analogo in Iraq e 300.000 in Arabia Saudita. Le trasmissioni comprendevano notizie, presentate in modo da guadagnare consensi alla linea del governo, programmi religiosi in gran parte dei paesi in misura maggiore o minore, film e telefilm importati dall'Europa e dall'America, e anche rappresentazioni e programmi musicali prodotti in Egitto e in Libano; le rappresentazioni trasmettevano al di là delle frontiere tra gli stati arabi idee, immagini, e la cosa più difficile da trasmettere, gli stati d'animo.

Un altro legame tra paesi arabi che si fece sempre più stretto in questi dieci anni fu quello creato dal movimento delle persone. Questo fu il periodo in cui il trasporto aereo arrivò alla portata di ampi strati di popolazione. Si costruivano aeroporti, la maggior parte dei paesi aveva le proprie linee aeree nazionali, vi erano rotte che univano tra loro le capitali arabe. Anche i viaggi su strada si intensificavano man mano che venivano migliorate le strade e le automobili e gli autobus diventavano sempre più diffusi: il Sahara e i deserti arabo e siriano erano attraversati da strade in buono stato. Nonostante i conflitti politici che potevano chiudere frontiere e fermare viaggiatori o merci, queste strade trasportarono un numero crescente di turisti e uomini di affari; gli sforzi sostenuti dalla Lega Araba e da altri organismi per rafforzare i legami commerciali tra gli stati arabi ebbero qualche successo, anche se nel 1980 il commercio interarabo pesava ancora per meno del 10 per cento sul totale del commercio estero dei paesi arabi.

I movimenti più importanti lungo le rotte aeree e terrestri non erano però quelli delle merci, bensì quelli degli emigranti dai paesi arabi più poveri a quelli arricchiti dal petrolio. Il flusso migratorio ebbe inizio negli anni '50, ma sul finire degli anni '60 e nel corso degli anni '70 il flusso divenne ancora maggiore a causa di due diversi tipi di fattori. Da una parte, l'enorme incremento dei profitti derivanti dal petrolio e l'avvio di ambiziosi programmi di sviluppo accrescevano la domanda di manodopera negli stati produttori di petrolio, mentre il numero di tali stati aumentava; a parte l'Algeria e l'Iraq, nessuno di essi aveva la manodopera necessaria, ai vari livelli, per valorizzare le proprie risorse. D'altra parte, la pressione demografica nei paesi più poveri cresceva sempre più, e si faceva più invitante la prospettiva dell'emigrazione. Ciò valeva in modo particolare per l'Egitto dopo il 1967; la crescita economica era scarsa, e durante il periodo dell'*infitah* il governo favorì l'emigrazione. Quello che era stato soprattutto un movimento di giovani istruiti diveniva ora una migrazione di massa da parte di lavoratori di tutti i livelli di specializzazione, per operare non solo nella pubblica amministrazione o nelle professioni, ma anche come operai edili o come servitù domestica. Si trattava per lo più di un movimento di uomini soli, o, in misura crescente, di donne che si lasciavano alle spalle la famiglia; invece i Palestinesi, che avevano perduto le loro case, tendevano a trasferirsi con tutta la famiglia e a stabilirsi in permanenza nel paese di immigrazione.

Stime precise sul numero complessivo dei lavoratori non si possono fare, ma alla fine degli anni '70 i lavoratori arabi emigrati dovevano essere circa 3 milioni, e di essi forse la metà si trovava in Arabia Saudita, con una quantità notevole anche in Kuwait, negli altri stati del Golfo e in Libia. Il gruppo più esteso, forse un terzo del totale, proveniva dall'Egitto, e un numero analogo dai due Yemen; mezzo milione erano Giordani o Palestinesi (comprese le persone a carico dei lavoratori), e una quantità minore proveniva da Siria, Libano, Sudan, Tunisia e Marocco. Qualche movimento migratorio vi era pure tra paesi poveri: man mano che i Giordani si trasferivano nel Golfo, gli Egiziani prendevano il loro posto in alcuni settori dell'economia giordana.

L'accresciuta conoscenza di popoli, abitudini e dialetti che si determinò con questa massiccia migrazione devono avere reso più profondo il senso dell'esistenza di un unico mondo arabo all'interno del quale gli Arabi potevano muoversi con relativa libertà e comprendersi vicendevolmente. Ciò, però, non aumentò necessariamente il desiderio di un'unione più stretta; vi era anche una consapevolezza delle differenze, e gli emigranti si rendevano conto di essere esclusi dalla società dei luoghi in cui si erano trasferiti.

La disunità araba

Nonostante il rafforzarsi di questi vincoli, nell'ambito politico la tendenza di fondo degli anni '70 fu quella verso la differenziazione e anche verso l'ostilità più che verso una maggiore unione. Benché la personalità di 'Abd al-Nasir avesse suscitato ostilità e condotto a divisioni tra gli stati arabi e a conflitti tra governi e popoli, essa aveva pur sempre generato una sorta di solidarietà, il sentimento che una nazione araba in formazione fosse qualcosa di realmente esistente. Negli anni immediatamente successivi alla sua morte questo fenomeno non si arrestò del tutto, e la sua ultima manifestazione fu nel corso della guerra del 1973, quando per un momento sembrò che vi fosse un fronte comune di stati arabi, indipendentemente dalla natura dei loro regimi. Il fronte comune si disintegrò quasi subito, però; e anche se di tanto in tanto venivano ancora discussi o annunciati tentativi di unione tra due o più stati arabi, l'impressione generale che gli stati arabi davano ai loro popoli e al mondo sul finire degli anni '70 era un'impressione di debolezza e di disunione.

La debolezza si evidenziava nel modo più chiaro riguardo a quello che tutti i popoli arabi consideravano il loro problema comune: quello di Israele e del destino dei Palestinesi. Alla fine degli anni '70 la situazione nei territori occupati da Israele stava mutando rapidamente. La politica degli insediamenti ebraici, iniziata quasi subito dopo la fine della guerra del 1967 per motivi che erano in parte anche strategici, aveva ora assunto un nuovo significato con l'avvento al potere in Israele del governo più rigidamente nazionalista capeggiato da Begin; gli insediamenti vennero attuati su scala ancor maggiore, con l'esproprio di terreni e risorse idriche degli abitanti arabi, e con lo scopo ultimo di annettere a Israele tutta la zona; la parte araba di Gerusalemme, e la regione del Jawlan conquistata alla Siria, vennero di fatto ufficialmente annesse. Di fronte a simili provvedimenti sia i Palestinesi che gli stati arabi sembravano impotenti. L'OLP e il suo presidente, Yasir 'Arafat, riuscirono a rendersi portavoce dei Palestinesi dei territori occupati e ad ottenere un sostegno internazionale, ma non a cambiare la situazione in modo apprezzabile. Nessuna delle due vie che, in teoria, si presentavano agli stati arabi sembrava condurre da qualche parte. Un'opposizione attiva a Israele era impossibile, data la superiorità militare degli Israeliani, e gli interessi separati che i singoli stati arabi non erano intenzionati a mettere a repentaglio. La via che l'Egitto di Sadat aveva cercato di percorrere ottenne effettivamente il risultato di un ritiro israeliano dal Sinai, ma apparve ben presto chiaro che l'Egitto non aveva conseguito un'influenza sufficiente su Israele per convincerlo a cambiare la sua politica, né sugli Stati Uniti per convincerli ad opporsi alla politica israeliana in un modo che non fosse solo formale.

La debolezza militare, unita alla crescita di interessi separati e di una dipendenza economica, portò alla disintegrazione di qualunque fronte comune fosse sembrato esistere fino alla guerra del 1973. La linea più evidente lungo la quale correva tale disintegrazione era quella che divideva i paesi la cui tendenza ultima era favorevole agli Stati Uniti, ad un compromesso con Israele, e ad una economia liberista e capitalista, e quelli che aderivano ad una politica di neutralismo. Di questo secondo campo si riteneva comunemente facessero parte Algeria, Libia, Siria, Iraq e Yemen del Sud, insieme all'OLP, che veniva formalmente considerato dagli stati arabi alla stregua di un governo a sé.

In pratica, però, i confini non erano tracciati in modo così netto, e le alleanze tra singoli stati potevano attraversare i due schieramenti. All'interno di ciascun campo, i rapporti non erano necessariamente stretti o facili. Tra quanti erano «filo-occidentali», la politica indipendente adottata dall'Egitto nel suo avvicinamento a Israele provocò esitazioni e imbarazzo, e furono praticamente tutti gli stati arabi a troncare ufficialmente i loro rapporti con questo paese, anche se non interruppero il flusso delle rimesse degli emigranti alle famiglie. Nello schieramento opposto, vi erano diversi rapporti con l'altra superpotenza; la Siria, l'Iraq e lo Yemen del Sud ottennero aiuti militari ed economici dall'URSS. Vi era anche un profondo antagonismo tra i due regimi ba'thisti di Siria e Iraq, provocati sia dalla rivalità per la leadership di quello che per un certo tempo era sembrato un partito nazionalista potente e in espansione sia da interessi diversi dei due paesi che avevano una frontiera comune e condividevano il sistema idrico dell'Eufrate. Vi erano, inoltre, interminabili attriti con la Libia, la cui figura di spicco, Gheddafi, sembrava a volte cercare di raccogliere l'eredità di 'Abd al-

Nasir senza alcuna base di forza che non fosse quella che il denaro gli poteva procurare.

In questo periodo vi furono tre conflitti armati che ebbero gravi ripercussioni sui rapporti tra stati arabi. Il primo si verificò all'estremo ovest del mondo arabo e riguardò un territorio noto come Sahara Occidentale, una propaggine occidentale del deserto del Sahara che arriva fino all'Oceano Atlantico, a sud del Marocco, con una bassa densità di popolazione. Esso era stato occupato e governato dalla Spagna a partire dalla fine del XIX secolo, ma la sua importanza strategica o economica era ridotta fino alla scoperta, negli anni '60, di importanti giacimenti di fosfati, la cui estrazione fu intrapresa da una società spagnola. Negli anni '70 il Marocco cominciò ad avanzare delle rivendicazioni su di esso, perché in precedenza l'autorità del sultano si estendeva anche su questa regione. Queste rivendicazioni trovarono un'opposizione da parte della Spagna, e anche della Mauritania, il paese che si trovava immediatamente a sud, il quale, dopo essere stato sotto il dominio francese fin dai primi anni del XX secolo, aveva ottenuto l'indipendenza nel 1960 e avanzava anch'esso delle rivendicazioni su una parte almeno del territorio. Dopo una lunga procedura diplomatica, la Spagna, il Marocco e la Mauritania raggiunsero un accordo nel 1975, in base al quale la Spagna si sarebbe ritirata e il territorio sarebbe stato suddiviso tra gli altri due paesi. Questo però non pose fine alla crisi; per quell'epoca la stessa popolazione del territorio aveva organizzato propri movimenti politici e dopo l'accordo del 1975 uno di essi, noto con l'acronimo «Polisario», si affermò nel ruolo di oppositore alle pretese del Marocco e della Mauritania e reclamò l'indipendenza. La Mauritania rinunciò alle sue rivendicazioni nel 1979, mentre il Marocco continuò ad essere coinvolto in una lunga contesa col Polisario, che aveva il sostegno dell'Algeria, altro paese confinante con questo territorio, che non vedeva con favore un'estensione del potere del Marocco. Scoppiò un conflitto che sarebbe continuato sotto varie forme per diversi anni, complicando i rapporti non solo tra Marocco e Algeria, ma anche in seno alle organizzazioni di cui entrambi facevano parte: la Lega Araba e l'Organizzazione per l'Unità Africana.

Un altro conflitto scoppiato in Libano più o meno nello stesso periodo, finì per coinvolgere, in un modo o nell'altro, le principali forze politiche attive nel Medio Oriente: gli stati arabi, l'OLP, Israele, l'Europa occidentale e le superpotenze. Le sue origini risalivano a certi cambiamenti della società libanese che mettevano in questione il sistema politico. Quando, negli anni '40, il Libano era divenuto indipendente, esso comprendeva tre regioni diverse per tipo di popolazione e tradizione di governo: la regione del Monte Libano, la cui popolazione era composta prevalentemente da Cristiani maroniti al nord e da Drusi e Cristiani al sud; le città costiere con una popolazione mista musulmana e cristiana, e infine certe zone rurali a est e a sud del Monte Libano, dove la popolazione era prevalentemente musulmana sciita. La prima di queste tre regioni aveva una lunga tradizione di amministrazione separata, prima sotto signori locali, e in seguito come distretto privilegiato dell'Impero Ottomano; la seconda e la terza erano state parte integrante dell'impero, e furono incorporate nel Libano dal governo mandatario francese. Il nuovo stato aveva una costituizone democratica, e quando i Francesi lasciarono il paese vi fu un accordo tra i dirigenti dei maroniti e dei musulmani sunniti, secondo il quale il presidente della repubblica sarebbe stato sempre un maronita, il primo ministro un sunnita, e gli altri incarichi nel governo e nell'amministrazione sarebbero stati ripartiti tra le diverse comunità religiose, ma in modo tale da conservare il potere effettivo in mano ai Cristiani.

Tra il 1945 e il 1958 il sistema riuscì a salvaguardare un equilibrio e un certo grado di cooperazione tra i dirigenti delle varie comunità, ma nel volgere di una generazione la sue basi andarono indebolendosi. Vi fu un cambiamento demografico: la popolazione musulmana crebbe più velocemente di quella cristiana, e negli anni '70 era generalmente ammesso che le tre comunità collettivamente considerate musulmane (Sunniti, Sciiti e Drusi) erano superiori di numero alle comunità cristiane, e alcuni dei loro capi erano meno disposti ad accettare una situazione in cui la presidenza e il potere in ultima istanza fossero in mano ai Cristiani. Inoltre, i rapidi mutamenti economici nel paese e nel Medio Oriente portarono alla trasformazione di Beirut in una grande città in cui risiedeva metà della popolazione e in cui aveva un impiego più di metà della popolazione. Il Libano era diventato una città-stato estesa e richiedeva l'autorità di un governo solido ed efficiente. Il fossato tra ricchi e poveri si era ampliato, e i poveri erano soprattutto Musulmani sunniti o sciiti; essi avevano necessità di una redistribuzione di ricchezze mediante le tasse e servizi sociali. Un governo basato su di un fragile accordo tra capi non era in posizione ideale per fare ciò che era necessario, perché poteva sopravvivere solo a patto di non perseguire alcuna politica che turbasse potenti interessi acquisiti.

Nel 1958 l'equilibrio si ruppe e vi furono diversi mesi di guerra civile, che si conclusero con una riaffermazione dell'accordo all'insegna del motto «né vincitori né vinti». Le motivazioni profonde che avevano portato alla crisi non erano però state eliminate, e nel successivo decennio e mezzo si venne ad aggiungere un altro fattore: l'accresciuto ruolo svolto dal Libano nel confronto tra Palestinesi e Israele. Dopo che il potere di al-Fatah e di altre organizzazioni di guerriglieri fu annientato in Giordania nel 1970, i loro sforzi principali si concentrarono nel sud del Libano, la cui frontiera con Israele era l'unica al di là della quale potessero sperare di operare con una certa libertà, e con il sostegno di una grande quantità di profughi. Ciò suscitò l'allarme di importanti esponenti cristiani, e in particolare del loro partito politico meglio organizzato, i Kata'ib (la Falange): sia perché le attività di Palestinesi nel sud provocavano un'energica risposta di Israele, che poteva minacciare l'indipendenza del paese, sia perché la presenza dei Palestinesi forniva un sostegno a quei gruppi, soprattutto musulmani e drusi, che volevano cambiare il sistema politico in cui il potere stava soprattutto in mano ai Cristiani.

Nel 1975 si profilava un pericoloso confronto di forze, ed ogni protagonista aveva trovato armi e sostegno dall'estero: i Kata'ib e i loro alleati da Israele, i Palestinesi e i loro alleati dalla Siria. Duri combattimenti scoppiarono nella primavera di quell'anno, e proseguirono, con sorte alterna, fin verso la fine del 1976, quando venne concordata una tregua più o meno stabile. Ne fu promotrice soprattutto la Siria, che aveva modificato la propria politica nel corso dei combattimenti. All'inizio aveva favorito i Palestinesi ed i loro alleati, ma successivamente si era avvicinata ai Kata'ib e ai loro alleati quando questi parvero sul punto di essere sconfitti; il suo interesse stava nel mantenimento di un equilibrio di forze che tenesse impegnati i Palestinesi e rendesse loro difficile continuare ad operare nel sud del Libano in un modo che potesse trascinare la Siria in un conflitto con Israele. Per preservare questi interessi, essa inviò in Libano dei contingenti armati, con una sorta di benestare degli altri stati arabi e degli USA, e questi vi rimasero anche dopo la fine dei combattimenti. Seguirono cinque anni di tregua travagliata. I gruppi maroniti governavano il nord, l'esercito siriano stava ad est, l'OLP era predominante nel sud. Beirut era divisa tra una sezione orientale sotto il controllo dei Kata'ib, ed una occidentale sotto il controllo dell'OLP e dei suoi alleati. L'autorità del governo aveva praticamente cessato di esistere. Il potere incontrastato dell'OLP nel sud la portava di tanto in tanto a scontrarsi con Israele, che nel 1978 diede il via ad un'invasione; questa venne arrestata dalla pressione internazionale, ma lasciò dietro di sé un governo locale sotto il controllo israeliano in una fascia di territorio lungo la frontiera. L'invasione e la situazione agitata nel sud convinsero gli abitanti sciiti della zona a dar vita ad una propria forza politica e militare, Amal.

Nel 1982 la situazione acquisì una dimensione ancora più pericolosa. Il governo nazionalista di Israele, rese sicure le frontiere meridionali grazie al trattato di pace con l'Egitto, cercò ora di imporre la propria soluzione al problema dei Palestinesi. Ciò implicava un tentativo di distruggere sia il potere militare che quello politico dell'OLP in Libano, di instaurarvi un regime amico, e quindi, libero da un'efficace resistenza palestinese, di proseguire la sua politica di insediamenti e di annessione della Palestina occupata. Con una certa acquiescenza da parte degli Stati Uniti, Israele invase il Libano nel giugno del 1982. L'invasione culminò in un lungo assedio della parte occidentale di Beirut, abitata prevalentemente da musulmani e dominata dall'OLP. L'assedio si concluse con un accordo, negoziato attraverso il governo americano, in virtù del quale l'OLP avrebbe evacuato Beirut ovest, con garanzie per la sicurezza dei civili palestinesi fornite dai governi libanese e statunitense. Nello stesso tempo, un'elezione presidenziale dava come risultato l'elezione a presidente del capo militare dei Kata'ib, Bashir Jumayyil (Bechir Gemayel); ben presto questi fu assassinato, dopodiché venne eletto suo fratello Amin. L'assassinio venne sfruttato dagli Israeliani come occasione per occupare Beirut ovest, e ciò permise ai Kata'ib di perpetrare un massacro di Palestinesi su vasta scala nei campi profughi di Sabra e Chatila.

Il ritiro dell'OLP, se da una parte poneva fine ai combattimenti, dall'altra portò il conflitto in una fase più pericolosa. L'abisso tra i gruppi locali si fece sempre più vasto. Il nuovo governo, dominato dai Kata'ib e sostenuto da Israele, cercò di imporre la sua soluzione: concentrazione del potere nelle sue mani, e un accordo con Israele in base al quale le forze israeliane si potevano ritirare in cambio di un controllo di fatto politico e strategico del paese. Ciò suscitò una forte opposizione da parte delle altre comunità, i Drusi e gli Sciiti, col sostegno della Siria. Benché l'invasione avesse mostrato l'impotenza della Siria o di qualunque altro stato arabo a intraprendere un'azione concertata ed efficace, vi erano ancora truppe siriane in alcune regioni del paese, ed era forte l'influenza siriana su quanti si opponevano al governo. La Siria e i suoi alleati potevano contare su un certo sostegno da parte dell'URSS, mentre gli USA erano in posizione tale da potere fornire sostegno sia militare che diplomatico ai Kata'ib e ai loro sostenitori israeliani. In conformità ad una delle condizioni alle quali l'OLP lasciò Beirut, era stata inviata in Libano una forza multinazionale con una forte componente statunitense. Essa era stata ritirata rapidamente, ma ritornò dopo il massacro di Sabra e Chatila. Da quel momento, la componente americana della forza multinazionale allargò gradualmente le proprie competenze, dalla difesa della popolazione civile al sostegno attivo del nuovo governo libanese e dell'accordo israelo-libanese che aveva aiutato a negoziare nel 1983. Negli ultimi mesi dell'anno fu impegnata in operazioni militari a sostegno del governo libanese, ma in seguito ad attacchi ai marines USA e all'insistenza dell'opinione pubblica americana, ritirò le sue truppe. Privato di un efficace sostegno israeliano o americano e dovendo fronteggiare una forte resistenza da parte di Drusi, Sciiti e Siriani, il governo libanese annullò l'accordo con Israele. Uno dei risultati di questo episodio fu l'ascesa di Amal e di altri gruppi sciiti come attori di primo piano nella politica libanese. Nel 1984 Amal assunse il controllo effettivo di Beirut ovest; fu anche in seguito alla sua pressione che le forze israeliane si ritirarono da tutto il Libano ad eccezione di una fascia lungo il confine meridionale.

Un terzo conflitto riguardò in quegli anni uno stato arabo con uno non arabo, e minacciò di coinvolgere anche altri stati arabi; si trattò della guerra tra Iraq e Iran, cominciata nel 1980. Tra i due paesi erano aperte certe questioni di confine, che erano state risolte in favore dell'Iran nel 1975, quando lo scià era all'apice del suo potere nel mondo. La rivoluzione iraniana, e il periodo di confusione e di apparente debolezza che la seguì, fornirono all'Iraq un'occasione per cercare di rifarsi. Tuttavia la posta in palio era più importante. Il nuovo regime iraniano faceva appello ai Musulmani dovunque si trovassero per ristabilire l'autorità dell'Islam nella società, e sembrava potesse avere una particolare presa sulla maggioranza sciita in Iraq; il regime iracheno si trovava a fronteggiare una duplice sfida, in quanto governo nazionalista laico e in quanto dominato da Musulmani sunniti. Nel 1980 l'esercito iracheno invase l'Iran. Dopo i primi successi, però, esso non riuscì a occupare in permanenza alcuna parte del paese, e dopo qualche tempo l'Iran riuscì a prendere l'iniziativa e a invadere l'Iraq. La guerra non provocò lacerazioni nella società irachena, perché gli sciiti dell'Iraq rimanevano quantomeno consenzienti, ma in qualche misura provocò divisioni nel mondo arabo. La Siria sosteneva l'Iran, a causa delle sue discordie con l'Iraq, ma la maggior parte degli stati arabi fornirono sostegno finanziario o militare all'Iraq, perché una vittoria iraniana avrebbe sconvolto il sistema politico del Golfo e avrebbe anche potuto avere ripercussioni sulla società dei paesi in cui era forte il sentimento musulmano e in particolare quello sciita.

I combattimenti giunsero finalmente al termine con un cessate il fuoco negoziato dalle Nazioni Unite nel 1988. Nessuna delle due parti aveva guadagnato dei territori, e ambedue avevano avuto pesanti perdite in vite umane e in risorse economiche. In un certo senso, però, ambedue avevano portato in salvo qualcosa: né l'uno né l'altro regime era crollato sotto lo stress della guerra, e la rivoluzione iraniana non si era diffusa all'Iraq o nel Golfo.

La fine della guerra tra l'Iraq e l'Iran aprì prospettive di un cambiamento nei rapporti tra stati arabi. Sembrò probabile che l'Iraq, con le sue energie lasciate libere e con un esercito ben allenato nella guerra, avrebbe svolto un ruolo più attivo in altri ambiti: nel Golfo e nella politica generale del mondo arabo. I suoi rapporti con l'Egitto e la Giordania erano stati rafforzati dall'aiuto che essi gli avevano fornito nel corso della guerra; i suoi rapporti con la Siria non erano buoni perché la Siria aveva sostenuto l'Iran, e in quanto oppositore della Siria l'Iraq poteva intervenire in modo più attivo nelle intricate vicende del Libano.

Anche il problema palestinese entrò in una nuova fase nel 1988. Alla fine dell'anno precedente, la popolazione dei territori sotto occupazione israeliana, la Cisgiordania e Gaza, era esplosa in un movimento di rivolta, quasi universale, a volte pacifico, a volte violento, pur evitando l'uso di armi da fuoco; la dirigenza locale aveva legami con l'OLP e con altre organizzazioni. Il movimento, l'*intifada*, proseguì per tutto il 1988, modificando i rapporti dei Palestinesi tra loro e rispetto al mondo esterno nei territori occupati. Essa rivelò l'esistenza di un popolo palestinese unito, e ripristinò la divisione tra territori sotto occupazione israeliana e Israele. Il governo israeliano fu incapace di soffocare il movimento, sempre più sulla difensiva contro le critiche dall'estero, e con un'opinione pubblica profondamente divisa. Il re Husayn di Giordania, scoprendosi incapace di controllare i moti o di parlare a nome dei Palestinesi, si ritirò da una partecipazione attiva alla ricerca di una soluzione. L'OLP era in posizione per inserirsi nel vuoto di potere, ma la sua stessa natura era cambiata. Essa doveva ora fare i conti con le opinioni di coloro che vivevano nei territori occupati, e col loro desiderio di porre fine all'occupazione. Il Consiglio Nazionale Palestinese, l'organismo rappresentativo dei Palestinesi, si riunì ad Algeri e approvò un documento in cui proclamava la sua volontà di accettare l'esistenza di Israele e di negoziare una composizione definitiva con esso. Questi sviluppi avvenivano in un nuovo contesto: una certa riaffermazione dell'unità araba di fronte al problema, il ritorno dell'Egitto ad un ruolo attivo nelle vicende arabe, e un mutamento nei rapporti tra gli Stati Uniti e l'URSS. Gli Stati Uniti dichiararono per la prima volta la propria disponibilità a dialogare direttamente con l'OLP, e l'URSS cominciò a occuparsi in modo più attivo degli affari del Medio Oriente.

Capitolo Ventiseiesimo

UN'INQUIETUDINE DEGLI ANIMI (DOPO IL 1967)

Divisioni etniche e religiose

I conflitti del Libano e dell'Iraq rivelarono con quanto facilità le ostilità tra stati potessero intrecciarsi con quelle tra entità rivali all'interno di uno stesso stato. In questo periodo assunsero maggiore rilevanza alcune divisioni interne esistenti in tutti gli stati. In Iraq vi era la contrapposizione di Arabi e Curdi. La minoranza curda nel nordest del paese era stata a lungo trascurata nelle misure di trasformazione economica e sociale che venivano prese soprattutto in distretti prossimi alle grandi città. In quanto abitanti di regioni montane o appartenenti a tribù dedite a pastorizia nomade, essi non volevano uno stretto controllo da parte delle burocrazie urbane; erano anche stati raggiunti dall'idea dell'indipendenza curda, che era nell'aria a partire dalle ultime fasi dell'Impero Ottomano. Fin dal tempo del mandato britannico vi furono a intermittenza rivolte curde, che si fecero più tenaci e meglio organizzate, e con un maggiore sostegno da parte di stati ostili all'Iraq, dopo la rivoluzione del 1958. Per qualche anno la rivolta ebbe un sostegno dall'Iraq, che però venne ritirato quando i due paesi raggiunsero un accordo su diverse questioni nel 1975. Dopo di allora la rivolta si arrestò, e il governo prese alcuni provvedimenti tesi a garantire alle zone curde una particolare amministrazione e un programma di sviluppo economico, ma la situazione rimase inquieta, e la rivolta divampò nuovamente sul finire degli anni '80, durante la guerra tra Iraq e Iran.

Una situazione analoga esisteva, potenzialmente, in Algeria. Una parte della popolazione delle zone montuose dell'Atlante in Marocco e della Cabilia in Algeria erano Berberi, parlavano dialetti di una lingua diversa dall'arabo ed avevano una lunga tradizione di organizzazione e gruppi dirigenti locali. Nel periodo della dominazione francese, il governo aveva avuto una tendenza a conservare le differenze tra essi e gli abitanti di lingua araba, in parte per motivi politici, ma anche a causa di una naturale tendenza dei funzionari locali a preservare la natura particolare delle comunità che amministravano. Quando, dopo l'indipendenza, assunsero il potere dei governi nazionalisti, la loro politica fu quella di estendere l'autorità del governo centrale e anche la preminenza della cultura araba. In Marocco questa tendenza venne rafforzata da due fattori, la lunga e potente tradizione della sovranità del sultano, e il prestigio della cultura araba delle grandi città; il berbero non era una lingua scritta di alta cultura, e man mano che gli abitanti dei villaggi berberi rientravano nell'area di irradiazione della vita urbana, tendevano a diventare arabofoni. In Algeria, invece, la situazione era diversa: la tradizione della cultura araba era più debole, dal momento che l'Algeria non aveva avuto grandi città o scuole, e quella della cultura francese era più forte e sembrava offrire una visione alternativa del futuro. Anche l'autorità del governo non era radicata in modo altrettanto saldo; la sua pretesa di legittimità era basata sulla sua direzione della lotta per l'indipendenza, e in tale lotta i Berberi della Cabilia avevano avuto un ruolo tutt'altro che secondario.

Le differenze etniche, quindi, potevano approfondire divergenze di interessi, e lo stesso poteva darsi con le differenze di religione. L'esempio del Libano mostrava con quanta facilità una lotta per il potere potesse esprimersi in termini di religione. Una situazione analoga era presente in Sudan. Gli abitanti delle regioni meridionali del paese non erano né Arabi né Musulmani; alcuni di essi erano Cristiani, convertiti dai missionari durante il periodo di amministrazione britannica. Essi avevano il ricordo di un periodo in cui erano stati alla mercé di incursioni schiavistiche dal nord, e dopo l'indipendenza, col potere in mano ad un gruppo dominante che era prevalentemente arabo e musulmano, erano inquieti per il futuro: il nuovo governo avrebbe potuto cercare di estendere a sud l'Islam e la cultura araba e avrebbe prestato più attenzione agli interessi delle regioni vicine alla capitale che a quelli delle regioni più distanti da essa. Quasi subito dopo l'indipendenza, nel sud scoppiò una rivolta, che proseguì fino al 1972, quando ebbe termine in seguito ad un accordo che concedeva al sud un notevole grado di autonomia. Tensioni e sospetti reciproci continuavano però ad esistere, e vennero alla luce all'inizio degli anni '80 quando il governo cominciò a perseguire una politica più esplicitamente islamica: una rivolta contro il governo di Khartoum si trascinò su vasta scala per tutti gli anni '80, senza che il governo riuscisse a soffocarla o a venire a patti con essa.

Una situazione di grande pericolo e complessità esisteva in paesi con una forte presenza sciita: Iraq, Kuwait, Bahrayn, Arabia Saudita, Siria e Libano. La rivoluzione iraniana sembrava in grado di suscitare un più forte senso di identità sciita, e ciò avrebbe potuto avere conseguenze politiche in paesi in cui il governo era saldamente in mano a sunniti. D'altra parte, però, una senso di nazionalità comune o di interessi economici comuni potevano operare in senso inverso. In Siria esisteva una situazione diversa, perlomeno in via temporanea. Il regime Ba'thista che aveva detenuto il potere fin dagli anni '60 era dominato, a partire dagli anni '70, da un gruppo di ufficiali e di politici, a capo dei quali era Asad, tratti in gran parte dalla comunità 'alawita, una setta sciita dissidente; l'opposizione al governo tendeva quindi ad assumere la forma di una energica affermazione dell'Islam sunnita da parte dei Fratelli Musulmani o da analoghe organizzazioni.

Ricchi e poveri

Un divario di altro tipo stava ampliandosi nella maggior parte dei paesi arabi: quello tra ricchi e poveri. Naturalmente esso esisteva da sempre, ma assumeva un significato diverso in un momento di rapide trasformazioni economiche. Questo momento era contraddistinto più da una crescita che da cambiamenti di fondo delle strutture dell'economia. Grazie soprattutto all'aumento delle entrate petrolifere, il tasso di crescita era elevato non solo nei paesi produttori di petrolio ma anche in altri, che traevano vantaggio da prestiti e sovvenzioni, da investimenti e rimesse dei lavoratori emigrati. Negli anni '70 il tasso annuo superava il 10 per cento negli Emirati Arabi Uniti e in Arabia Saudita, il 9 per cento in Siria, il 7 per cento in Iraq e Algeria, il 5 per cento in Egitto. La crescita però non si registrava in uguale misura in tutti i settori dell'economia. Una parte notevole dell'incremento delle entrate del governo veniva spesa per l'acquisto di armi (soprattutto dagli USA e dall'Europa occidentale), e per espandere la macchina dell'amministrazione; il settore dell'economia che cresceva più rapidamente era quello dei servizi, soprattutto la pubblica amministrazione; nel 1976 i dipendenti della pubblica amministrazione costituivano il 13 per cento della popolazione economicamente attiva dell'Egitto. L'altro importante polo di espansione era quello della produzione di generi di consumo: tessili, trasformazione dei generi alimentari, beni di consumo e costruzioni. Questa espansione era sostenuta da due fenomeni attivi in questo periodo: l'allentamento, che aveva luogo in molti paesi, delle restrizioni sulle imprese private, che ebbe come risultato una proliferazione di piccole società, e l'enorme incremento del volume delle rimesse degli emigrati. Nel 1979 il volume totale di queste ultime era dell'ordine di 5 miliardi di dollari l'anno; esse erano incoraggiate dai governi perché alleggerivano i problemi di bilancia dei pagamenti, e venivano in grande misura utilizzate per l'acquisto di beni immobili e di beni di consumo durevoli.

Nel complesso, gli investitori privati non avevano motivo di investire il loro denaro nell'industria pesante, dove erano elevati sia le spese di impianto sia i rischi, e anche gli investimenti stranieri in essa erano limitati. Praticamente, le sole industrie pesanti nuove erano quelle in cui decidevano di investire i governi, se avevano le risorse necessarie. Un certo numero di paesi esportatori di petrolio cercarono di sviluppare un'industria petrolchimica, e anche acciaierie e fabbriche di alluminio; nel complesso gli investimenti furono di dimensioni superiori a quelle che le previsioni di mercato avrebbero giustificato. I progetti industriali più ambiziosi furono quelli dell'Arabia Saudita, che costruì due grandi complessi, uno sul Mar Rosso ed uno sul Golfo Persico, e quelli dell'Algeria. Sotto Boumediene la politica del governo algerino fu quella di destinare la maggior parte delle sue entrate alle industrie pesanti come le acciaierie, e a industrie che richiedevano un'alta tecnologia, con la speranza di rendere il paese indipendente dalle potenti nazioni industrializzate, e di utilizzare solo successivamente, in un secondo momento, le nuove tecnologie e i prodotti dell'industria pesante per sviluppare l'agricoltura e la produzione di beni di consumo. Dopo la morte di Boumediene, avvenuta nel 1979, questa politica venne però modificata, e venne dedicata maggiore attenzione all'agricoltura e ai servizi sociali.

Quasi dappertutto il settore più trascurato era quello agricolo. La principale eccezione era costituita dalla Siria, che destinava più di metà dei suoi investimenti all'agricoltura, e in particolare alla Doga di Tabqa sull'Eufrate, iniziata nel 1968 con l'aiuto dell'URSS e in grado prima della fine degli anni '70 di produrre energia elettrica e di consentire l'estensione dell'irrigazione nel bacino del fiume. Il risultato di questa generale trascuratezza per l'agricoltura fu che, benché una gran parte della popolazione di ogni paese vivesse nei villaggi, la produzione agricola non fece registrare aumenti nella maggior parte dei paesi, e in alcuni di essi andò calando. In Arabia Saudita, il 58 per cento della popolazione attiva viveva in campagna, ma produceva solo il 10 per cento del Prodotto Interno Lordo. Qui la situazione era eccezionale, a causa dell'importanza preponderante della produzione petrolifera, ma le percentuali non erano granché diverse in Egitto: il 52 per cento della popolazione viveva in campagna e produceva il 28 pe cento del PIL. Alla fine degli anni '70, gran parte dei generi alimentari consumati nei paesi arabi erano di importazione.

La crescita economica non innalzò il tenore di vita nella misura che ci si poteva attendere, sia perché la popolazione cresceva più in fretta che mai, sia perché il sistema politico e sociale della maggior parte dei paesi arabi non provvedeva ad una più equa distribuzione dei proventi della produzione. Considerando i paesi arabi nel loro complesso, la popolazione totale, che era di circa 55-60 milioni nel 1930 ed era salita a 90 milioni nel 1960, nel 1979 aveva raggiunto il livello di circa 179 milioni. Il tasso di incremento demografico nella maggior parte dei paesi si collocava tra il 2 e il 3 per cento. Il motivo di ciò non stava principalmente in un incremento delle nascite; se mai, il tasso di natalità andava calando man mano che cominciavano a diffondersi metodi di controllo delle nascite e che le condizioni di vita nelle città spingevano i giovani a sposarsi più tardi. Il motivo principale era un incremento delle aspettative di vita e in particolare un calo della mortalità infantile.

Come in precedenza, l'aumento della popolazione dilatava le città, sia perché l'incremento demografico delle città, col migliorare delle condizioni igieniche, era maggiore di prima, sia a causa dell'immigrazione dalle campagne. A metà degli anni '70 all'incirca metà della popolazione della maggior parte dei paesi arabi viveva in città: più del 50 per cento in Kuwait, Arabia Saudita, Libano, Giordania e Algeria, e tra il 40 e il 50 per cento in Egitto, Tunisia, Libia e Siria. L'incremento riguardava sia le città minori che quelle maggiori, ma era più rilevante nelle capitali e nei principali centri commerciali ed industriali. A metà degli anni '70 vi erano otto città arabe con una popolazione superiore al milione: il Cairo aveva 6,4 milioni di abitanti e Baghdad 3,8 milioni.

La natura della crescita economica, e della rapida urbanizzazione, portò ad una polarizzazione della società maggiore e più che mai evidente. A trarre profitto dalla crescita furono in primo luogo membri dei gruppi di governo, ufficiali dell'esercito, funzionari governativi ai più alti livelli, tecnici, uomini d'affari impegnati nelle costruzioni, nell'importazione ed esportazione o nelle industrie di beni di consumo, o in qualche modo legati alle multinazionali. Anche gli operai specializzati nell'industria trassero qualche beneficio, soprattutto là dove la situazione politica permetteva loro di organizzarsi in modo efficace. Altri segmenti di popolazione ebbero benefici inferiori o non ne ebbero per nulla. Nelle città, vi era una popolazione di piccoli salariati, piccoli commercianti e personale al servizio dei ricchi, e intorno ad essi vi era una popolazione più ampia e fluttuante costituita da quanti erano impiegati nell'«economia sommersa», in qualità di venditori ambulanti o lavoratori occasionali, o quanti non avevano alcun impiego. In campagna, i proprietari di terreni di media grandezza, o i grandi proprietari nei paesi che non avevano avuto una riforma agraria, potevano conseguire profitti dalla coltivazione dei propri terreni perché avevano accesso al credito, ma i contadini più poveri, che possedevano piccoli appezzamenti o non ne possedevano affatto, avevano ben poche speranze di migliorare la propria condizione. I lavoratori emigrati nei paesi produttori di petrolio riuscivano forse a guadagnare più di quanto potessero sperare di fare nei rispettivi paesi, ma erano privi di sicurezza e non avevano possibilità di migliorare la propria condizione per mezzo di un'azione concertata. Potevano essere licenziati a piacimento e vi erano altri che aspettavano di prenderne il posto. Alla fine degli anni '70 essi erano ancora più vulnerabili, in quanto molti di loro non provenivano più da paesi arabi ma venivano importati temporaneamente e a contratto da paesi più orientali: l'Asia Meridionale, la Thailandia, la Malaysia, le Filippine o la Corea.

Alcuni governi, dietro l'influsso di idee diffuse nel mondo esterno, si dedicarono ora alla creazione di servizi sociali che finirono per determinare una certa redistribuzione del reddito: alloggi popolari, servizi sanitari e di pubblica istruzione, e sistemi di previdenza sociale. Non tutta la popolazione era in grado di usufruirne, nemmeno nei paesi più ricchi. In Kuwait, tutti i Kuwaitiani ne potevano fruire in pieno, ma in misura assai minore poteva farlo la parte non kuwaitiana della popolazione; in Arabia Saudita le grandi città erano contornate dalle *bidonvilles*, ed i villaggi non erano in floride condizioni. La situazione più difficile era nelle grandi città che erano cresciute rapidamente per via dell'immigrazione e dell'incremento delle nascite. Se si eliminavano le *bidonvilles*, gli alloggi a buon mercato che le sostituivano non erano necessariamente molto meglio, data la loro mancanza di comodità materiali e di quel senso di comunità che poteva esistere in una *bidonville*. Le opportunità di trasporto pubblico erano quasi dovunque carenti, e vi era una netta distinzione tra quanti possedevano un mezzo di trasporto privato e quanti non lo possedevano. Nella maggior parte delle città il sistema idrico e quello fognario erano stati costruiti per comunità più piccole, e non potevano far fronte alle esigenze di una popolazione maggiore; al Cairo il sistema fognario era praticamente al collasso. Nel Kuwait e in Arabia Saudita il problema dell'approvvigionamento idrico veniva risolto con la dissalazione dell'acqua di mare, un metodo costoso ma efficace

Le donne nella società

Questo fu anche il periodo in cui un altro tipo di rapporto esistente all'interno della società si poneva esplicitamente come un problema. I mutamenti nel ruolo delle donne, e le trasformazioni nella struttura della famiglia, ponevano questioni non solo agli uomini che desideravano costruire una comunità nazionale forte e sana, ma anche alle donne consapevoli della propria condizione di donne.

Nelle generazioni precedenti, si erano verificati diversi cambiamenti destinati ad avere ripercussioni sul ruolo delle donne nella società. Uno di questi fu la diffusione dell'istruzione: in tutti i paesi, perfino nelle società più conservatrici della penisola araba, adesso le ragazze andavano a scuola. Al livello primario, in alcuni paesi vi era quasi lo stesso numero di ragazze e ragazzi che frequentavano le scuole; ai livelli superiori, la percentuale di studentesse stava salendo velocemente. Il grado di alfabetizzazione delle donne era in crescita, anche se era ancora inferiore a quello degli uomini; in alcuni paesi praticamente tutte le donne della generazione più giovane erano alfabetizzate. Anche per questo motivo, ma non solo per esso, la gamma di lavori accessibili alle donne si era fatta più ampia. In campagna, quando gli uomini emigravano in città o verso i paesi produttori di petrolio, spesso erano le donne che badavano ai terreni e agli animali mentre gli uomini della famiglia erano via. Nelle città, le fabbriche moderne impiegavano donne, ma qui il lavoro era precario; esse venivano assunte se vi era penuria di manodopera maschile, ma in una situazione di crisi economica o di esubero di manodopera erano le prime ad essere licenziate. Le donne prive di specializzazione avevano maggiori prospettive di lavoro come domestiche; si trattava perlopiù di giovani donne nubili provenienti dai villaggi. Donne istruite lavoravano in numero crescente negli uffici pubblici, soprattutto in incarichi impiegatizi, e vi era un numero crescente di professioniste donne: avvocati, dottoresse e assistenti sociali. In alcuni paesi vi era un numero ristretto ma in progressivo aumento di donne ad alti livelli di responsabilità nel governo; ciò valeva soprattutto per paesi come la Turchia, lo Yemen del Sud e l'Iraq, che stavano conducendo uno sforzo consapevole di rottura col passato per la creazione di una società «moderna». Nonostante questi cambiamenti, però, solo una piccola percentuale di donne avevano un impiego fuori di casa, e quasi ad ogni livello erano svantaggiate nella competizione con gli uomini.

Le condizioni di vita in città, e il lavoro fuori casa, ebbero ripercussioni sulla vita delle famiglie e sul ruolo delle donne al loro interno. Nei villaggi, l'emigrazione degli uomini in cerca di lavoro poteva voler dire per le mogli l'assunzione di maggiori responsabilità all'interno della famiglia e la necessità di prendere in prima persona una serie di decisioni che normalmente avrebbero lasciato ai mariti. In città, la famiglia estesa non poteva esprimere la stessa realtà di quella del villaggio; capitava spesso che le mogli non si trovassero più a vivere in una grande comunità femminile di sorelle e di cugine, sotto il dominio della suocera; i mariti e le mogli erano costretti ad un contatto reciproco più stretto; i bambini non ricevevano più la loro educazione alla vita sociale all'interno della famiglia estesa, e venivano formati dalla scuola e dalla strada oltre che dalla vita di casa. La circolazione delle idee e l'estensione dei servizi medici portarono alla diffusione della contraccezione; le famiglie cittadine, per motivi economici e grazie alle nuove possibilità, tendevano ad essere più piccole di quelle rurali. A causa dell'istruzione e dell'impiego, le ragazze tendevano a sposarsi piuttosto intorno ai vent'anni che intorno ai quindici. Per strada e sul luogo di lavoro, l'isolamento finiva inevitabilmente per scomparire. Non solo il velo era meno frequente di prima, ma anche altre forme di separazione tra uomini e donne andavano scomparendo. In Arabia Saudita si cercò di impedire ciò: il velo veniva ancora portato sempre per strada, l'istruzione era rigidamente separata, e venne definito un ambito separato di lavoro per le donne: esse potevano lavorare come insegnanti o negli ospedali per donne, ma non negli uffici governativi o in altri luoghi in cui si sarebbero mescolate ad uomini.

Questi cambiamenti, però, si verificavano all'interno di un quadro legale ed etico che era ancora in gran parte immutato, e che sosteneva la supremazia del maschio. Qualche modifica veniva per la verità introdotta nel modo di interpretare le leggi islamiche sullo statuto personale. Tra i paesi islamici, solo la Tunisia aveva abolito la poligamia, che tuttavia anche altrove stava diventando una rarità. In alcuni paesi, per esempio la Tunisia e l'Iraq, era diventato più agevole per le donne richiedere lo scioglimento del matrimonio, ma dovunque permaneva il diritto del marito a divorziare dalla moglie senza fornire motivazioni, e senza procedimento legale; intatto restava pure il diritto del marito divorziato alla custodia dei figli dopo una certa età. In qualche paese era stato elevato il limite minimo di età per contrarre matrimonio. In qualcuno, anche le leggi sulla successione erano state reinterpretate, ma in nessuno di essi vi era ancora una legislazione laica sulle successioni. Né tantomeno vi era alcuno stato arabo che avesse introdotto una legislazione laica sullo statuto personale che sostituisse quelle derivate dalla *shari'a*, come invece era successo in Turchia.

Anche quando cambiavano le leggi, non per questo le consuetudini sociali cambiavano di pari passo con esse. Non sempre si riusciva a far rispettare le nuove leggi, soprattutto quando esse si scontravano con consuetudini sociali profondamente radicate, che affermavano e perpetuavano il predominio del maschio. Che le ragazze si dovessero sposare presto, che i loro matrimoni dovessero essere combinati dalla famiglia, e che le mogli potessero essere ripudiate con facilità erano idee saldamente radicate, e preservate dalle stesse donne; spesso la madre e la suocera erano i pilastri del sistema. Un gran numero di donne ammettevano ancora questo sistema in linea di principio, ma cercavano di ottenere per se stesse una condizione migliore al suo interno per mezzo di manipolazioni più o meno sottili dei loro uomini. Il loro atteggiamento veniva espresso, per esempio, nelle storie di una scrittrice egiziana, Alifa Rifaat, che ritraeva le donne musulmane la cui vita era ancora scandita dal richiamo del minareto alle cinque preghiere quotidiane:

> Ella... portò la mano alle labbra, baciandola sul palmo e sul dorso in ringraziamento della Sua generosità. Le dispiaceva che fosse solo attraverso questi gesti e la recitazione di poche semplici invocazioni che riusciva a rendere grazie al suo Fattore. Quando era vivo Ahmed ella soleva starsene dietro a lui quando egli eseguiva le preghiere, seguendone i movimenti quando si piegava in avanti e poi si prostrava al suolo, ascoltando con devozione le parole che egli recitava e sapendo che chi sta diètro all'uomo che guida le preghiere e ne segue i movimenti ha eseguito egli stesso le preghiere... con la sua morte ella aveva rinunciato ad eseguire le preghiere canoniche.[1]

Vi era però un numero crescente di donne che non accettavano il sistema e rivendicavano il diritto di definire la propria identità e di apportare cambiamenti alla loro condizione sociale che riflettessero quella nuova definizione. Esse non ricoprivano ancora incarichi di potere; donne ministro o deputato erano poco più che un assaggio di cambiamento. Le loro opinioni venivano espresse attraverso le organizzazioni femminili e sulla stampa. A parte le scrittrici di romanzi, vi erano numerose autrici conosciute di scritti polemici le cui opere erano ampiamente diffuse, oltre che nei paesi arabi, anche nel mondo esterno in traduzione. La marocchina Fatima Mernissi, nel suo *Beyond the Veil*, sosteneva che la disparità dei sessi era basata su, o almeno giustificata da, un modo di vedere le donne caratteristico dell'Islam, che le considerava dotate di un potere pericoloso che andava tenuto a bada; questo, a suo avviso, era un modo di vedere incompatibile con le necessità di una nazione indipendente nel mondo moderno.

Alla fine degli anni '70 e nei primi anni '80 si osservò, per la verità, un fenomeno che poteva sembrare rappresentativo di una tendenza opposta. Per strada e sui posti di lavoro, e soprattutto nelle scuole e nelle università, un numero crescente di donne si coprivano i capelli, quando non il volto, ed evitavano di mescolarsi per motivi sociali o professionali con gli uomini. Anche se può sembrare un paradosso, questo intendeva essere un segnale più della loro affermazione della propria identità che del potere del maschio. Spesso quelle che intraprendevano questa strada non provenivano da famiglie in cui la segregazione era la norma, ma la intraprendevano come atto deliberato di una scelta, che sorgeva da un certo modo di concepire come doveva essere una società islamica, e che era entro certi limiti influenzata dalla rivoluzione iraniana. Quali che fossero i motivi di questo atteggiamento, tuttavia, a lungo andare ciò tendeva a rafforzare una concezione tradizionale della posizione delle donne nella società.

Una tradizione e il suo rinnovamento

Gli avvenimenti del 1967, e le trasformazioni che li seguirono, resero più intensa quell'inquietudine degli animi, quella sensazione di un mondo fallito, che già era stata espressa dalla poesia degli anni '50 e '60. La sconfitta del 1967 era considerata da molti non solo un arretramento militare, ma addirittura una sorta di giudizio morale. Se gli Arabi erano stati sconfitti così velocemente, completamente e pubblicamente, questo non poteva essere il segno del fatto che vi era qualcosa di corrotto nelle loro società e nel sistema morale che esse esprimevano? Il periodo eroico della lotta per l'indipendenza era passato; quella lotta non poteva più unire i paesi arabi, o il popolo all'interno di qualcuno di essi, e i fallimenti e le carenze non potevano più essere imputati totalmente come nel passato alla potenza e all'intervento dello straniero.

Tra gli uomini e le donne istruiti e in grado di riflettere, vi era una crescente consapevolezza degli enormi e rapidi cambiamenti nelle loro società, e dei modi in cui la loro stessa posizione ne era influenzata. L'incremento demografico, l'espansione delle città, la diffusione dell'istruzione di massa ed i *mass media* portavano una nuova voce nel dibattito sugli affari pubblici, una voce che esprimeva le proprie convinzioni, le proprie lamentele e le proprie speranze, in un linguaggio tradizionale. Ciò a sua volta suscitava la consapevolezza tra gli intellettuali di una divaricazione tra essi e le masse, e faceva sorgere un problema di comunicazione: come poteva l'élite intellettuale parlare alle masse o a nome di esse? Sullo sfondo di questo problema ve n'era un altro, quello dell'identità: quale era il vincolo morale che li legava, e in virtù del quale essi potevano sostenere di essere una società ed una comunità politica?

In grande misura, il problema dell'identità si esprimeva in termini di rapporti tra il retaggio del passato e le necessità del presente. I popoli arabi dovevano forse percorrere un cammino tracciato per essi dall'esterno, o potevano trovare nel proprio credo e nella cultura che avevano ereditato quei valori che potevano fornire loro una guida nel mondo moderno? Posta in questo modo la questione, risultava evidente lo stretto rapporto esistente tra il problema dell'identità e quello dell'indipendenza. Se i valori secondo i quali la società doveva vivere erano importati dall'esterno, ciò non avrebbe avuto come conseguenza una dipendenza permanente dal mondo esterno, e più specificamente dall'Europa occidentale e dal Nordamerica, e la dipendenza culturale non avrebbe potuto comportare anche una dipendenza economica e politica? Il punto veniva fatto vigorosamente dall'economista egiziano Galal Amin (n. 1935) in *Mihnat al-iqtisad wa'l-thaqafa fi Misr* (*Lo stato dell'economia e della cultura in Egitto*), un libro che cercava di portare alla luce le connessioni tra l'*infitah* e una crisi della cultura. Il popolo egiziano e gli altri popoli arabi, egli sosteneva, avevano perso la fiducia in se stessi. L'*infitah*, e anzi tutto quanto il susseguirsi degli avvenimenti successivi alla rivoluzione egiziana del 1952, si appoggiava su basi erronee: i falsi valori di una società dei consumi nella vita economica, il predominio di una élite di governo invece di una genuina lealtà patriottica. Gli Egiziani importavano qualunque cosa gli stranieri li inducevano a desiderare, e ciò originava una dipendenza perpetua. Per essere sana, la loro vita politica ed economica doveva essere ricavata dai loro autentici valori morali, che a loro volta non potevano avere altro fondamento che religioso.

In un modo abbastanza analogo, un altro autore egiziano, Hasan Hanafi, scrisse sui rapporti tra la tradizione e il bisogno di rinnovamento. Gli Arabi, come gli altri esseri umani, erano coinvolti in una rivoluzione economica, che non poteva essere portata a termine senza che vi fosse una «rivoluzione umana». Ciò non implicava un abbandono del retaggio del passato, per il quale gli Arabi non erano più responsabili di quanto lo fossero per «il popolo e la terra e la ricchezza», ma piuttosto una sua reinterpretazione «conforme alle necessità dell'epoca», e una sua trasformazione in un'ideologia capace di dare vita a un movimento politico. Tanto una cieca aderenza alla tradizione quanto una cieca innovazione erano ambedue atteggiamenti inadeguati, il primo perché non forniva risposte ai problemi del presente, e il secondo perché non poteva muovere le masse, essendo espresso in un linguaggio estraneo a quello che esse avrebbero compreso. Quello che era necessario era una sorta di riforma del pensiero religioso che fornisse alle masse popolari una nuova definizione di se stesse, e un partito rivoluzionario che creasse una cultura nazionale, trasformando così il modo di comportarsi collettivo.

Gran parte del dibattito teorico arabo contemporaneo ruotava intorno a questo dilemma tra passato e presente, e alcuni autori fecero audaci tentativi di risolverlo. La risposta fornita dal filosofo siriano Sadiq Jalal al-'Azm (n. 1934) nasceva da un rifiuto totale del pensiero religioso. Esso era falso in sé, egli sosteneva, e incompatibile con l'autentico pensiero scientifico per la sua concezione di cosa fosse la conoscenza e per i suoi metodi per giungere alla verità. Non vi era modo di conciliarli; era impossibile credere nella verità letterale del Corano, e se qualche parte di esso andava scartata, allora si doveva respingere la pretesa che esso fosse la Parola di Dio. Il pensiero religioso non era solamente falso, esso era anche pericoloso. Esso sosteneva l'ordine sociale esistente e quanti ne avevano il controllo, e così impediva un autentico movimento di liberazione sociale e politica.

Pochi altri autori avrebbero sottoscritto questa posizione, mentre era più diffusa la tendenza a dissolvere il corpo di credenze religiose in un corpo di cultura ereditata, trasformandolo così in qualcosa di suscettibile di un trattamento critico. Per il tunisino Hisham Djaït (n. 1935), l'identità nazionale non poteva essere definita in termini di cultura religiosa. In verità essa andava conservata; la visione della vita umana mediata attraverso il Profeta Maometto, e l'amore e la devozione che si erano raccolti intorno alla sua figura nel corso dei secoli andavano serbati e dovevano essere protetti dallo stato. Le istituzioni e le leggi della società, però, andavano tenute completamente separate dalla religione e dovevano basarsi su principi «umanistici»; il singolo cittadino doveva essere libero, se lo desiderava, di abbandonare la fede che aveva ereditato.

> Noi siamo per il laicismo, ma un laicismo che non intende essere ostile all'Islam e che non trae le sue motivazioni da un sentimento anti-islamico. Nel nostro viaggio tormentato abbiamo conservato il nucleo essenziale della fede, una tenerezza profonda e inestirpabile per la religione che ha illuminato la nostra infanzia ed è stata la nostra prima guida verso il Bene e la scoperta dell'Assoluto... Il nostro laicismo trova i suoi limiti nel riconoscimento del rapporto fondamentale esistente tra lo stato, certi elementi di comportamento morale e sociale, la struttura della personalità collettiva e la fede islamica, e nel nostro essere a favore del mantenimento di questa fede e della sua riforma. La riforma

> non dovrebbe essere fatta in opposizione alla religione, dovrebbe essere fatta allo stesso tempo dalla religione, nella religione e indipendentemente da essa.[2]

Per un altro autore maghrebino, Abdullah Laroui, era fondamentale una ridefinizione sia del passato che del presente. Quello che era necessario era un'autentica comprensione storica, «impossessarci del nostro passato» mediante una comprensione delle cause, di come le cose si sono evolute derivando una dall'altra. Al di là di questo, era necessario un autentico «storicismo»: vale a dire, una volontà di trascendere il passato, di prendere da esso ciò che era necessario mediante una «critica radicale della cultura, della lingua e della tradizione», e servirsene per creare un nuovo futuro. Questo processo di comprensione critica non poteva di per sé fornire una direzione per il futuro. Esso doveva essere guidato dal pensiero vivente dell'epoca, e in particolare dal marxismo correttamente inteso; con la sua percezione di come la storia avesse una sua direzione e si dirigesse verso una mèta, esso poteva fornire la capacità di osservazione con la quale il passato poteva essere incorporato in un nuovo sistema di pensiero e di azione.[3]

All'estremo opposto stavano quanti ritenevano che il retaggio islamico fosse di per sé in grado di fornire la base della vita nel presente, e che solamente esso potesse farlo, perché era derivato dalla Parola di Dio. Questo era l'atteggiamento espresso in termini sempre più netti da quanti aderivano ai Fratelli Musulmani in Egitto e altrove. In tali movimenti, negli anni '60, si verificò una certa polarizzazione; alcuni dei dirigenti e degli affiliati erano intenzionati a scendere a un compromesso con i detentori del potere e ad accettare i regimi esistenti, almeno per il presente, nella speranza che ciò conferisse loro una certa influenza politica. Altri, invece, si muovevano in una direzione opposta: un rifiuto totale di ogni forma di società ad eccezione di quella completamente islamica. In un'opera pubblicata in precedenza, nel 1964, *Ma'alim fi'l-tariq* (*Pali indicatori sul cammino*), Sayyid Qutb aveva definito la vera società islamica senza mezzi termini. Essa era una società che accettava l'autorità sovrana di Dio; vale a dire, che considerava il Corano fonte di ogni indicazione per la vita umana, perché esso soltanto poteva far nascere un sistema di moralità e di legge che corrispondessero alla natura della realtà. Tutte le altre società erano società della *jahiliyya* (ignoranza della verità religiosa), indipendentemente dai loro principi: che esse fossero comuniste, capitaliste, nazionaliste, basate su altre, false religioni, o pretendessero di essere musulmane senza però prestare obbedienza alla *shari'a*:

> La leadership dell'uomo occidentale nel mondo umano sta giungendo alla fine, non perché la civiltà occidentale sia materialmente fallita o abbia perso la sua forza economica o militare, ma

> perché l'ordine occidentale ha fatto la sua parte, e non possiede più quella riserva di «valori» che gli consentivano il suo predominio... La rivoluzione scientifica ha finito il suo ruolo, come hanno fatto il «nazionalismo» e le comunità territorialmente limitate che sono sorte nella sua epoca... È giunto il turno dell'Islam.[4]

Il cammino verso la creazione di una società autenticamente musulmana, affermava Sayyid Qutb, cominciava con la convinzione individuale, trasformata in immagine vivente nel cuore e incarnata in un programma di azione. Coloro che accettavano questo programma avrebbero formato un'avanguardia di zelanti combattenti, pronti a servirsi di ogni mezzo, incluso il *jihad*, che non avrebbe dovuto essere intrapreso fino a che i combattenti non avessero conseguito una purezza interiore, ma avrebbe poi dovuto essere perseguito, se necessario, non solo a scopo difensivo, ma per distruggere ogni adorazione di falsi dei e per rimuovere tutti gli ostacoli che impedivano agli uomini di accogliere l'Islam. La lotta doveva mirare a creare una società musulmana universale in cui non vi fossero distinzioni di razza e che fosse di dimensioni mondiali. «L'età dell'Occidente è finita»: essa non poteva fornire il valori che erano necessari per sostenere la nuova civiltà materiale. Solo l'Islam offriva al mondo una speranza.

Le conseguenze implicite in un tale insegnamento, se lo si prendeva sul serio, erano di vasta portata. Esso portò quella parte dei Fratelli Musulmani che sostenevano Sayyid Qutb ad opporsi al regime di 'Abd al-Nasir; lo stesso Qutb venne arrestato, processato e giustiziato nel 1966. Nel decennio successivo, alcuni gruppi sorti dai Fratelli seguirono letteralmente il suo insegnamento secondo cui il primo passo in direzione della creazione di una società islamica consisteva nel ritirarsi dalla società della *jahiliyya*, nel vivere conformemente alla *shari'a*, purificare il cuore, e formare il nucleo di zelanti combattenti. Tali gruppi erano pronti alla violenza ed al martirio; ciò apparve in modo evidente quando i membri di uno di essi assassinarono Sadat nel 1981, e quando, l'anno successivo, i Fratelli Musulmani siriani cercarono di rovesciare il regime di Hafiz al-Asad.

Nelle posizioni centrali dello schieramento ideologico vi erano coloro che continuavano a credere che l'Islam non fosse un semplice fatto di cultura: esso era la Parola di Dio, ma andava compresa in modo corretto, e la moralità e la legge della società derivate da essa potevano essere adattate in modo da renderle la base di una società moderna. Molte erano le forme di questo atteggiamento riformista. I conservatori della scuola wahhabita, in Arabia Saudita e altrove, ritenevano che il codice legale esistente potesse essere modificato lentamente e con prudenza fino a divenire un sistema adeguato alle necessità della vita moderna; alcuni pensavano che solo il Corano fosse sacro, e che esso potesse essere liberamente usato come base di una nuova legge; alcuni ritenevano che l'interpretazione autentica del Corano fosse quella dei Sufi, e che una devozione mistica privata fosse compatibile con l'organizzazione della società secondo linee più o meno laiche.

Venne fatto qualche tentativo di dimostrare come si potesse dedurre il nuovo sistema morale e legale dal Corano e dagli Hadith in un modo che era responsabile ma audace. In Sudan, Sadiq al-Mahdi (n. 1936), bisnipote del capo religioso della fine del secolo scorso, e a sua volta importante dirigente politico, sosteneva che era necessario avere un nuovo tipo di pensiero religioso che traesse dal Corano e dagli Hadith una *shari'a* che fosse adatta ai bisogni del mondo moderno. Il tentativo forse più ragionato di stabilire i principi di una nuova giurisprudenza venne dal di fuori dei confini del mondo arabo, ad opera del dotto pachistano Fazlur Rahman (1919-1988). Nel tentativo di fornire un antidoto al «panico spirituale» dei Musulmani nel tempo presente, egli proponeva un metodo di esegesi coranica che sarebbe stato, a suo dire, fedele allo spirito dell'Islam pur rispondendo alle necessità della vita moderna. Il Corano era «una risposta divina, attraverso la mente del Profeta, alla situazione morale e sociale dell'Arabia del Profeta». Per applicare il suo insegnamento alla situazione morale e sociale di un'epoca diversa, era necessario estrarre da quella «risposta divina» il principio generale che la informava. Ciò poteva essere fatto a patto di studiare le specifiche circostanze in cui era stata rivelata la risposta, e fare ciò alla luce di una considerazione unitaria del Corano. Una volta ricavato il principio generale, esso andava applicato con una considerazione altrettanto chiara e dettagliata della situazione particolare riguardo alla quale era necessaria una guida. Così, l'interpretazione più adeguata dell'Islam era storica, indirizzata con precisione dal presente al passato e viceversa, la qual cosa richiedeva un nuovo tipo di educazione religiosa.[5]

La stabilità dei regimi

Chi avesse osservato i paesi arabi negli anni '80 avrebbe trovato delle società in cui i legami culturali, per quanto forti e forse in via di un progressivo rafforzamento, non avevano dato origine all'unità politica; dove la ricchezza crescente, diffusa in modo ineguale, aveva portato a qualche tipo di crescita economica, ma anche ad un divario crescente tra quanti ne traevano i maggiori profitti e quanti no, nelle città in espansione e nelle campagne; dove alcune donne si stavano sempre più rendendo conto della propria posizione subordinata nel mondo pubblico e in quello privato; dove le masse urbane stavano mettendo in questione la giustizia dell'ordine sociale e la legittimità dei governi attingendo al fondo del loro retaggio culturale, e l'élite intellettuale mostrava una profonda inquietudine degli animi.

Questo osservatore avrebbe anche rilevato, però, qualche cosa d'altro che, in tutte le situazioni, lo avrebbe potuto sorprendere: l'apparente stabilità dei regimi politici. Benché i paesi arabi fossero spesso ritenuti politicamente instabili, dalla fine degli anni '60 vi erano stati di fatto ben pochi cambiamenti nella natura generale dei regimi o nella direzione della politica, anche se vi erano stati ricambi di persone. In Arabia Saudita, negli stati del Golfo, in Giordania, in Tunisia e in Marocco, non vi erano stati mutamenti di rilievo per una generazione o anche più. In Algeria, il vero cambiamento aveva avuto luogo nel 1965; in Libia, Sudan, Yemen del Sud e Iraq, il gruppo che sarebbe rimasto al potere per tutti gli anni '80 aveva avuto il sopravvento nel 1969, e in Siria nel 1970; anche in Egitto, il passaggio da 'Abd al-Nasir a Sadat nel 1970, che sulle prime sarebbe potuto apparire un semplice avvicendamento di persone all'interno di un gruppo dominante stabile, si era ben presto rivelato il segnale di un cambiamento di direzione. In tre soli paesi gli anni '70 furono un decennio di disordini: lo Yemen del Sud, dove vi furono dei conflitti all'interno del partito di governo; nello Yemen del Nord dove nel 1974 si verificò un cambiamento di regime tutto sommato inconcludente; infine il Libano, che a partire dal 1975 rimase in una situazione di guerra civile e di disordini.

L'apparente paradosso di regimi stabili e durevoli in società turbate nel profondo era degno di considerazione, anche se dopo tutto poteva risultare che non si trattava di un paradosso. Per prendere in prestito, adattandola alla situazione, un'idea di Ibn Khaldun, si potrebbe suggerire che la stabilità di un regime politico dipendesse da una combinazione di tre fattori. Un regime era stabile quando un gruppo dominante compatto riusciva a legare i propri interessi a quelli di elementi potenti della società, e quando tale alleanza di interessi si esprimeva in un'idea politica che rendeva legittimo agli occhi della società, o perlomeno a una parte significativa di essa, il potere dei governanti.

La coesione e la persistenza dei regimi potevano trovare in parte una spiegazione alla luce di dati di fatto evidenti. I governi ora avevano a loro disposizione strumenti di controllo e di repressione come non ne erano disponibili nel passato: servizi segreti e di sicurezza, eserciti, in certi luoghi forze mercenarie reclutate all'estero. Se lo desideravano, e se gli strumenti di repressione non venivano meno tra le loro mani, potevano schiacciare qualunque movimento o rivolta, ad ogni costo; il solo ostacolo era posto dal fatto che gli strumenti non erano completamente passivi e potevano ritorcersi contro i governanti o dissolversi, come accadde in Iran di fronte alla massiccia sollevazione popolare nel 1979-80. Essi avevano anche un controllo diretto sulla società nel suo complesso come nessun governo aveva mai avuto nel passato. Prima i riformatori ottomani, e poi i dominatori coloniali europei avevano esteso il potere del governo ben oltre le città e l'hinterland che da esse dipendeva, fin nelle regioni più remote delle campagne, delle valli montane e delle steppe.

Nel passato, l'autorità veniva esercitata in queste zone più remote per mezzo di manipolazioni politiche o di poteri intermedi, signori delle vallate, capi tribali o stirpi di santi; ora essa era esercitata dal diretto controllo burocratico, che prolungava l'azione del governo fin dentro ad ogni villaggio e quasi ogni casa o tenda; e dove giungeva il governo, non si occupava solo, come in passato, della difesa delle città, delle strade e delle frontiere e dell'imposizione di tasse, ma di tutti i compiti che un governo moderno è chiamato a svolgere: coscrizione, istruzione, salute, servizi di pubblica utilità e il settore pubblico dell'economia.

Oltre a questi motivi evidenti della forza dei governi ve n'erano però degli altri. I gruppi dominanti erano riusciti a far nascere e a conservare la propria *'asabiyya*, o solidarietà rivolta all'acquisizione e alla conservazione del potere. In alcuni paesi – Algeria, Tunisia, Iraq – si trattava di una solidarietà di partito. In altri, era quella di un gruppo di politici che veniva tenuto insieme da legami costituitisi in giovane età e rafforzati da un'esperienza comune, come nel caso dei politici militari in Egitto e in Siria. In altri ancora, era quella di una famiglia dominante e di quelle ad essa strettamente associate, tenute insieme da legami di sangue oltre che da interessi comuni. Questi vari tipi di gruppi non erano così diversi tra loro come potrebbe sembrare. In tutti, i legami di interessi erano rinforzati da quelli di vicinanza, parentela di sangue o acquisita; era tradizionale nella società del Medio Oriente e del Maghreb che ogni altro genere di rapporto fosse più forte se espresso in termini di parentela.

Inoltre, i gruppi dominanti avevano ora a disposizione apparati di governo più vasti e complessi che nel passato. Un numero enorme di uomini e donne avevano contatti con esso o da esso dipendevano, e quindi desideravano (perlomeno fino ad un certo punto) contribuire a preservare il suo potere. In epoche precedenti la struttura del governo era stata semplice e limitata. Fino alla fine del XIX secolo il sultano del Marocco era stato un monarca itinerante, che imponeva tasse e mostrava la sua autorità man mano che avanzava all'interno dei suoi territori, con un esercito personale e poche dozzine di segretari. Perfino nell'Impero Ottomano, forse il governo più burocratizzato che il Medio Oriente avesse conosciuto, il numero di funzionari era relativamente limitato; al principio del XIX secolo vi erano all'incirca 2000 funzionari nell'amministrazione centrale, ma alla fine del secolo il loro numero era salito forse a 35.000. Al principio degli anni '80, in Egitto i funzionari governativi erano quasi il doppio degli operai impiegati nell'industria, e in altri paesi le proporzioni erano all'incirca le stesse. Questa enorme schiera di funzionari era ripartita tra un certo numero di strutture diverse che avevano il controllo dei vari settori della società: esercito, polizia, servizi segreti, organizzazioni di pianificazione, autorità dell'irrigazione, ministeri delle Finanze, dell'Industria e dell'Agricoltura, e dei Servizi sociali.

Al mantenimento dei regimi non erano estranei interessi personali; non solo quelli dei governanti, ma anche quelli degli ufficiali dell'esercito, degli alti funzionari, dei dirigenti di imprese del settore pubblico, e dei tecnici di alto livello senza i quali era impensabile gestire un governo moderno. La maggior parte dei regimi adottavano politiche atte a favorire anche altri potenti settori della società: quelli che avevano il controllo di certi settori privati dell'economia, industrie in mano a privati, commercio estero (importazione ed esportazione), spesso in connessione con le grandi società multinazionali, la cui importanza si accrebbe durante il periodo dell'*infitah*. A costoro si potevano aggiungere, in misura minore, operai specializzati delle maggiori industrie, che in alcuni paesi erano riusciti ad organizzarsi efficacemente in sindacati e potevano contrattare migliori condizioni di lavoro e migliori salari, anche se non potevano sfruttare il loro potere collettivo per esercitare un'influenza sulla politica generale del governo.

Negli ultimi dieci o vent'anni si era affermato un nuovo gruppo sociale, formato da coloro che avevano fatto fortuna con l'emigrazione nei paesi produttori di petrolio. Dei tre milioni o più di lavoratori che dall'Egitto, dalla Giordania, dai due Yemen e da altre località erano emigrati in Libia, Arabia Saudita e nei paesi del Golfo, la maggior parte vi si recarono senza l'intenzione di stabilirvisi. Il loro interesse stava dunque nell'esistenza di governi stabili che consentissero loro di muoversi avanti e indietro con facilità, di portare a casa quello che avevano risparmiato e di investirlo, perlopiù in terreni, fabbricati e beni di consumo durevoli, rimanendo in sicuro possesso di quello che avevano.

Ufficiali dell'esercito, funzionari governativi, commercianti con l'estero, addetti all'industria e il nuovo ceto che viveva di rendita, quindi, volevano tutti dei regimi che fossero ragionevolmente stabili e in grado di mantenere l'ordine, nonché abbastanza in buoni rapporti tra loro (nonostante le divergenze politiche) per consentire un libero movimento di lavoratori e di denaro, e che inoltre conservassero un'economia mista con una prevalenza del settore privato e permettessero l'importazione di beni di consumo. Alla fine degli anni '70 la maggior parte dei regimi erano di questo tipo; faceva eccezione lo Yemen del Sud con la sua economia rigidamente controllata, e in parte anche l'Algeria, benché anche qui l'impostazione fosse cambiata dopo la morte di Boumediene.

Vi erano altri segmenti della società i cui interessi non erano altrettanto favoriti dalla politica dei governi, ma che non erano in condizioni di esercitare su di essi una pressione efficace. I grandi proprietari terrieri con una base nelle città e con accesso al credito riuscivano a trarre profitti dall'agricoltura, ma i piccoli proprietari, i mezzadri e i braccianti agricoli privi di terreni erano in una posizione di debolezza. A causa dell'emigrazione verso le città, essi costituivano una percentuale della popolazione inferiore a prima, benché ancora considerevole; in ogni paese essi contribuivano in minima parte alla formazione del PIL, e non erano più in grado di procurare il cibo necessario per la popolazione delle città, che per i generi alimentari dipendeva dall'importazione; nella maggior parte dei paesi i programmi di investimenti li trascuravano. Nel complesso, essi erano in una condizione depressa, ma era difficile mobilitare i contadini per un'azione efficace.

Nelle città vi erano vasti settori di lavoratori di scarsa o nulla specializzazione: dipendenti governativi ai più bassi livelli, operai industriali non specializzati, coloro che erano impiegati nella prestazione di servizi, coloro che lavoravano nel settore «sommerso» dell'economia, come venditori ambulanti o lavoratori occasionali, e i disoccupati. La loro condizione era fondamentalmente debole: impegnati nella lotta quotidiana per la sussistenza, in competizione naturale tra loro, dal momento che l'offerta superava di gran lunga la domanda, erano frammentati in piccoli gruppi – la famiglia estesa, coloro che provenivano dalla stessa regione o dalla stessa comunità etnica o religiosa – allo scopo di non ritrovarsi sperduti nella città enorme, anonima e ostile. Solo in particolari circostanze potevano esplodere in un'azione efficace e unita: quando veniva meno il sistema di autorità del governo, o quando era in gioco una questione che toccava i loro bisogni immediati o lealtà più profonde, come nel caso dei disordini per il cibo in Egitto nel 1977 o della rivoluzione iraniana del 1979-80.

Uno dei segnali della nuova posizione dominante dei governi nelle società arabe fu il fatto che essi riuscivano ad appropriarsi delle idee capaci di muovere le menti e l'immaginazione, e trarre da esse una pretesa di legittima autorità. In quest'epoca, qualunque governo arabo desiderasse sopravvivere doveva riuscire ad avanzare rivendicazioni di legittimità esprimendosi alla luce di tre formule del linguaggio politico: quelle del nazionalismo, della giustizia sociale e dell'Islam.

La prima ad affermarsi come efficace formula politica fu quella del nazionalismo. Alcuni dei regimi che esistevano al principio degli anni '80 erano giunti al potere durante la lotta per l'indipendenza, o potevano sostenere di essere i successori di coloro che lo avevano fatto; questo genere di richiamo alla legittimità era particolarmente forte nel Maghreb, dove la lotta era stata più aspra e il suo ricordo era ancora fresco. Quasi tutti i regimi fecero anche uso di un linguaggio nazionalista di tipo diverso, quello dell'unità araba; essi dedicavano ad essa una sorta di dichiarazione formale di fedeltà, e parlavano dell'indipendenza come se questa fosse il primo gradino in direzione di una unione più stretta, se non verso una completa unità; connessa all'idea di unità vi era quella di una qualche azione concertata a sostegno dei Palestinesi. In anni recenti si era verificata un'estensione dell'idea del nazionalismo; i regimi avanzavano pretese di legittimità alla luce dello sviluppo economico, o del completo uso delle risorse nazionali, tanto umane che naturali, per fini comuni.

La seconda formula, quella della giustizia sociale, entrò nell'uso politico di tutti i giorni negli anni '50 e '60, il periodo della rivoluzione algerina e della diffusione del nasserismo, con la sua idea di un socialismo tipicamente arabo espresso nella Carta Nazionale del 1962. Termini come socialismo e giustizia sociale tendevano ad essere usati con uno specifico significato; essi si riferivano alla riforma della proprietà terriera, all'estensione dei servizi sociali e all'istruzione universale, per le ragazze oltre che per i ragazzi, ma in pochi paesi vi fu uno sforzo sistematico di redistribuire la ricchezza per mezzo di un'alta tassazione dei guadagni.

L'ultima delle formule ad acquisire efficacia è stata quella dell'Islam. In un certo senso, naturalmente, non era una novità. Era sempre esistita la sensazione di un destino comune per coloro che avevano ereditato la religione dell'Islam: una convinzione, suffragata da ricordi storici, che il Corano, le Tradizioni del Profeta, e la *shari'a* potessero fornire i principi in base ai quali si dovesse organizzare una virtuosa vita in comune. Negli anni '80, però, il linguaggio islamico aveva assunto un maggiore rilievo nel dibattito politico rispetto ai dieci o venti anni precedenti. Ciò era dovuto ad una combinazione di due generi di fattori. Da una parte, vi era la vasta e rapida estensione dell'area coinvolta nella politica, a causa della crescita della popolazione e delle città, ed all'estensione dei *mass media*. Chi era emigrato nelle città dalle campagne portava con sé la propria cultura politica e il proprio linguaggio politico. Si era assistito ad un inurbamento degli immigrati, ma si assisteva anche ad una «ruralizzazione» delle città. Tagliati fuori dai legami di parentela e vicinanza che rendevano possibile la vita dei villaggi, gli immigrati vivevano in una società i cui segnali esteriori erano estranei ad essi; il senso di alienazione poteva essere controbilanciato da un senso di appartenenza ad una comunità universale dell'Islam, in cui erano impliciti certi valori morali, e ciò forniva un linguaggio alla luce del quale essi potevano esprimere le proprie lagnanze e le proprie aspirazioni. Chi avesse desiderato trascinarli all'azione avrebbe dovuto servirsi dello stesso linguaggio. L'Islam poteva fornire un efficace linguaggio di opposizione: contro la potenza e l'influenza occidentali e quanti potevano essere accusati di asservimento ad esse; contro i governi considerati corrotti e inefficienti, strumenti di interessi privati, o privi di moralità; inoltre, contro una società che sembrava avere perduto la sua unità insieme ai suoi principi morali e alla sua direzione.

Erano fattori di questo tipo che producevano movimenti come quello dei Fratelli Musulmani, i cui dirigenti erano uomini distinti e istruiti, che però facevano appello a coloro che erano espulsi dal potere e dalla prosperità delle nuove società; ed era anche come autodifesa nei loro confronti o allo scopo di fare appello a settori più ampi della loro nazione che la maggior parte dei regimi incominciarono a servirsi più di prima del linguaggio della religione. Alcuni regimi, è vero, si servivano del linguaggio dell'Islam spontaneamente e in continuazione, in particolare quello dell'Arabia Saudita, che era stato creato da un movimento per la riaffermazione del primato del Volere di Dio nelle società umane. Altri, invece, sembravano esservi stati sospinti. Perfino i più laici tra i gruppi dominanti, per esempio quelli della Siria, dell'Iraq e dell'Algeria, avevano preso a servirsene in modo più o meno convincente, in una maniera o nell'altra. Essi potevano evocare temi storici, quello degli Arabi portatori dell'Islam; i governanti dell'Iraq, presi nella loro lotta con l'Iran, facevano appello a un ricordo della battaglia di Qadisiyya, quando gli Arabi avevano sconfitto l'ultimo sovrano sassanide e portato in Iran l'Islam. Nella maggior parte dei paesi a popolazione mista, la costituzione sanciva che il presidente doveva essere un Musulmano, legando in tal modo la religione dell'Islam all'autorità legittima. Nei codici legali poteva capitare che vi fosse una menzione del Corano o della *shari'a* come base della legislazione. La maggior parte dei governi che prendevano questa strada tendevano ad interpretare la *shari'a* in una maniera più o meno modernista, allo scopo di giustificare le innovazioni che erano inevitabili per società che vivessero nel mondo moderno; perfino in Arabia Saudita, si invocavano i principi della giurisprudenza hanbalita allo scopo di giustificare le nuove leggi e norme rese necessarie dal nuovo ordine economico. Alcuni regimi, invece, optarono per certe applicazioni esemplari della *shari'a* strettamente aderenti alla sua lettera: in Arabia Saudita e in Kuwait, la vendita di alcol era proibita; in Sudan negli ultimi anni del governo di Numayri venne rimessa in vigore una pena prevista dalla *shari'a*, secondo la quale ai ladri abituali si dovevano tagliare le mani. In alcuni paesi una rigida osservanza del digiuno di Ramadan, che si stava diffondendo spontaneamente, venne incoraggiata dal governo; un tentativo fatto precedentemente dal governo tunisino per scoraggiarla, inquantoché essa interferiva con gli sforzi necessari per lo sviluppo economico, aveva incontrato una diffusa opposizione.

La fragilità dei regimi

Gruppi dominanti compatti, classi sociali dominanti e idee efficaci: la combinazione di questi fattori potrebbe contribuire a spiegare perché i regimi erano stati stabili per tutti gli anni '70, tuttavia ad un più attento esame tutti e tre questi fattori potevano rivelarsi anche fonte di debolezza.

I gruppi dominanti erano soggetti non solo alle rivalità personali che scaturivano inevitabilmente da ambizioni in conflitto o da disaccordi sulla politica, ma anche alle divisioni strutturali che si presentavano man mano che l'apparato di governo cresceva in dimensioni e in complessità. Le diverse diramazioni del governo divennero centri di potere separati – il partito, l'esercito, i servizi di informazioni – e membri ambiziosi del gruppo dominante potevano cercare di assumere il controllo di uno di essi. Un fenomeno del genere tendeva a verificarsi in tutti i sistemi di governo complessi, ma in alcuni esso era tenuto a freno in una cornice di istituzioni stabili e di abitudini politiche profondamente radicate. Quando non era così tenuto a freno, poteva portare alla formazione di fazioni politiche, e ad una lotta per il potere politico in cui il capo di una fazione avrebbe cercato di eliminare i suoi rivali e di prepararsi la strada per accedere alla posizione più elevata. Una simile lotta poteva essere mantenuta entro certi limiti solo per mezzo di un esercizio costante dell'arte dei maneggi politici da parte del capo del governo.

Il legame tra il regime ed i gruppi sociali dominanti poteva anch'esso rivelarsi fragile. Quello che si poteva osservare era uno schema ricorrente nella storia mediorientale. I ceti che predominavano nella struttura del potere economico e sociale delle città volevano pace, ordine e libertà di attività economiche, e avrebbero sostenuto un regime fintantoché esso sembrasse fornire loro ciò che volevano; ma non avrebbero alzato un dito per salvarlo, e avrebbero accettato il suo successore se questo fosse parso intenzionato a seguire una politica analoga. Alla metà degli anni '80, la situazione di alcuni regimi sembrava precaria. I prezzi del petrolio toccarono il loro massimo nel 1981; dopo di allora essi presero a calare velocemente, a causa di un eccesso di produzione, di un uso più attento dell'energia nei paesi industrializzati, e del fallimento del tentativo dell'OPEC di mantenere un fronte unito sui prezzi e sul volume della produzione. Il calo delle entrate petrolifere, combinato agli effetti della guerra tra Iran e Iraq, ebbe un impatto su tutti i paesi arabi, tanto quelli ricchi quanto quelli poveri.

Se il sostegno dato ai governi da segmenti importanti della società era passivo, ciò era anche dovuto al fatto che questi non prendevano parte attivamente al processo decisionale. Nella maggior parte dei regimi le decisioni venivano prese da piccoli gruppi ad alto livello, e i risultati non venivano molto pubblicizzati; vi era la tendenza, da parte dei governanti, quando assumevano il potere, a farsi più riservati e ritirati – custoditi dai loro servizi di sicurezza e circondati da conoscenti intimi e da funzionari che controllavano l'accesso ad essi – e di venire allo scoperto solo raramente per fornire una formale spiegazione e giustificazione dei loro atti ad un docile uditorio. Dietro a questa motivazione della distanza tra governo e società, tuttavia, ve n'era un'altra: la debolezza della convinzione che li teneva uniti.

Una volta che i governi si erano appropriati di un'idea politica, quest'ultima correva il rischio di perdere il proprio significato. Essa diventava uno slogan, che a furia di essere ripetuto diventava progressivamente stantio, e non riusciva più a far coagulare intorno a sé altre idee fino a formare una efficace costellazione, a mobilitare forze sociali per un'azione, o trasformare il potere in un'autorità legittima. L'idea del nazionalismo sembrava aver subito questo destino. Essa sarebbe sempre esistita come reazione naturale ed immediata ad una minaccia dall'esterno; ciò apparve evidente durante la guerra tra Iraq e Iran, quando la sostennero quelle parti della popolazione irachena che ci si sarebbe potuto aspettare ostili al governo. Era però dubbio che potesse servire come

GIÀ!!!

forza di mobilitazione per un'azione efficace, o come centro di un sistema di idee secondo le quali organizzare la vita in società. L'«arabismo», l'idea di una nazione araba politicamente unita, poteva ancora essere riportata all'ordine del giorno da una crisi nei rapporti tra Israele e i suoi vicini arabi; l'acquiescenza degli stati arabi durante l'invasione israeliana del Libano poteva anche essere spiegata dalla complessità della situazione libanese, e non era necessariamente una premonizione di ciò che sarebbe successo se Israele fosse entrato in guerra con altri vicini. In generale, però, la funzione principale dell'arabismo fu quella di arma nei conflitti tra stati arabi e di pretesto per l'interferenza di uno stato negli affari degli altri; l'esempio di 'Abd al-Nasir, che si appellava ai popoli arabi passando sopra la testa dei governi, non era stato dimenticato. D'altro canto, era possibile che il rafforzamento dei legami umani tra i popoli arabi dovuto all'istruzione, all'emigrazione ed ai *mass media*, producesse a lungo termine qualche effetto.

Circa le altre idee trainanti, quella della giustizia sociale e quella dell'Islam, si potrebbe dire il contrario: non che esse avessero perso il loro significato, bensì che esse avevano un significato troppo vasto, e una capacità di motivare all'azione troppo grande perché qualche regime riuscisse a imbrigliarle a lungo piegandole ai propri scopi. Le loro radici erano troppo profondamente radicate nella storia e nelle coscienze perché si riuscisse a renderle docili strumenti nelle mani dei governi.

I governi che facevano appello a idee così profondamente radicate e potenti lo facevano a proprio rischio e pericolo. Essi erano prigionieri delle ambiguità e dei compromessi del potere, e usando espressioni con un richiamo così forte, mettevano anche i loro avversari nella condizione di farlo, per dimostrare il divario che vi era tra ciò che diceva e ciò che faceva il governo. Essi avrebbero potuto usare con forza implacabile parole come tirannide e ipocrisia, che erano risuonate durante tutta la storia islamica. L'assassinio di Sadat nel 1981, ed un episodio avvenuto nel 1979 in Arabia Saudita, quando un gruppo di Musulmani militanti occupò la Grande Moschea della Mecca, erano il segno della forza di tali movimenti di opposizione, in particolare quando potevano combinare l'appello alla giustizia sociale con quello all'Islam.

Perfino i regimi più stabili e durevoli, allora, potevano rivelarsi fragili. All'interno dei gruppi dominanti era sempre possibile un avvicendamento al potere, a causa di una morte o di una rivoluzione di palazzo; nel 1985 Numayri, il leader del Sudan, venne deposto da un colpo di stato che veniva ad aggiungersi a un diffuso disordine civile; nel 1988 il lungo predominio nella vita politica tunisina da parte di Bourguiba ebbe termine quando egli venne deposto e sostituito da un ufficiale dell'esercito, Zayn al-'Abidin Ben 'Ali. Siffatti avvenimenti potevano portare a mutamenti di direzione della politica, come accadde quando Sadat successe a 'Abd al-Nasir; ma era verosimile pensare che potessero verificarsi cambiamenti più violenti e radicali?

ISTITUZIONI

In alcuni paesi vi era la possibilità di ripristinare istituzioni più durevoli e formali, in grado di ampliare la misura della partecipazione al processo decisionale. Questo era un auspicio assai diffuso tra gli appartenenti ai ceti più istruiti, e anche gli stessi regimi, in qualche caso, potevano trovare che ciò fosse nel loro interesse: senza un certo grado di partecipazione non poteva avere luogo un effettivo sviluppo sociale ed economico, ed una vera stabilità era impossibile in assenza di istituzioni, vale a dire, di convenzioni note e accettate circa il modo di ottenere, gestire e trasmettere il potere.

Il fatto che un simile mutamento si verificasse dipendeva dal livello di istruzione, dalle dimensioni e dalla forza dei ceti medi, nonché dall'affidabilità del regime. Nella maggior parte dei paesi arabi, esso non sembrava imminente, ma in qualcuno di essi si coglievano segnali di un processo in corso. In Kuwait, il parlamento venne ripristinato nel 1981 dopo un vuoto di parecchi anni, e mostrò di avere opinioni indipendenti, ed il potere di convincere il governo a tenerne conto; esso venne però disciolto nel 1986. In Giordania, nel 1984 si cercò di far rinascere il parlamento, che da qualche tempo era vacante. In Libano, nonostante la guerra civile, era sempre viva l'idea che fosse il parlamento il luogo in cui, alla fine, si sarebbero potute conciliare le differenze, e che un governo costituzionale era la base della legittimità.

Il paese in cui sembrava più probabile la restaurazione di un governo costituzionale era l'Egitto, dove il ceto istruito era numeroso e si trovava ad un livello di consapevolezza politica superiore a quello della maggior parte dei paesi arabi. Esso aveva un'unità sociale e culturale, ed un ricordo ancora vivo del periodo costituzionale, che era durato trent'anni ed era stato un periodo in cui, entro certi limiti, le opinioni avevano potuto esprimersi liberamente; il ricordo era stato rinfrescato in anni recenti dal contrasto con la relativa mancanza di libertà politica nei periodi di 'Abd al-Nasir e di Sadat. Sotto il successore di Sadat, Husni Mubarak, ebbe inizio un prudente cambiamento. Nel 1984 si tennero le elezioni dell'Assemblea; il sistema elettorale era stato studiato in modo da assicurare una grande maggioranza a favore del governo, ma la consultazione si svolse in un'atmosfera di dibattito relativamente libero, e alcuni membri di un partito di opposizione, una riesumazione del Wafd, vennero eletti. Ciò poteva essere un segnale del fatto che l'Egitto stava portandosi su posizioni analoghe a quelle della Turchia o di alcuni paesi dell'America Latina in cui periodi di governo parlamentare si alternavano a periodi di dittatura militare, e la vita costituzionale era sempre ripristinata e sempre minacciata.

Se dovevano verificarsi dei cambiamenti più radicali, negli anni '80 sembrava più probabile che essi si verificassero in nome di un'idea islamica della giustizia di Dio nel mondo piuttosto che in nome di un ideale meramente laico. Non vi era una sola idea dell'Islam, bensì una vasta gamma di idee. Il termine «Islam» non aveva un significato unico e semplice, ma era quello che i Musulmani volevano che fosse. Per gli abitanti dei villaggi «tradizionalisti», esso poteva significare tutto quello che essi pensavano e facevano. Per i Musulmani più impegnati e riflessivi, esso forniva una norma sulla quale cercare di modellare la propria vita, e sulla base della quale giudicare le loro azioni; ma le norme erano più d'una. Il termine «fondamentalismo», che era diventato di moda, veicolava una varietà di significati. Poteva riferirsi all'idea che i Musulmani dovessero cercare di ritornare alla dottrina ed alle pratiche del Profeta e della prima generazione dei suoi seguaci, o all'idea che solo il Corano fornisse la norma per la vita umana; questa poteva essere un'idea rivoluzionaria se i Musulmani rivendicavano – come sembrava fare il leader libico Gheddafi – il diritto di interpretare liberamente il Corano. Il termine poteva anche essere impiegato per indicare un atteggiamento che si potrebbe meglio definire «conservatore»: l'atteggiamento di coloro che desideravano accettare e preservare quello che avevano ereditato dal passato, l'intera tradizione cumulativa dell'Islam come si era di fatto sviluppata, modificandola solo in modo prudente e responsabile. Era questo l'atteggiamento del regime saudita e dei suoi sostenitori, come pure del regime rivoluzionario iraniano, anche se le tradizioni cumulative che essi accettavano erano assai diverse tra loro.

Le situazioni dei diversi paesi arabi erano assai varie. Un movimento islamico in un paese poteva avere un significato diverso da quello che sembrava assumere lo stesso movimento in un altro paese. Per esempio, i Fratelli Musulmani in Siria non avevano lo stesso ruolo di quelli dell'Egitto; essi servivano in gran parte da portavoce dell'opposizione della popolazione urbana sunnita alla dominazione di un regime identificato con la comunità 'alawita. Analogamente, il fatto che la rivoluzione in Iran avesse assunto una certa forma non voleva dire che essa avrebbe assunto una forma identica in altri paesi. Questa rivoluzione poteva trovare una spiegazione, perlomeno in parte, alla luce di fattori che erano specifici dell'Iran: erano certi potenti ceti sociali ad essere particolarmente responsabili di appelli espressi in linguaggio religioso, e vi era una leadership religiosa in grado di fungere da catalizzatore per tutti i movimenti di opposizione; essa era relativamente indipendente dal governo, godeva del generale rispetto per la sua religiosità e la sua dottrina e aveva sempre svolto la funzione di portavoce della coscienza collettiva.

Una simile situazione non esisteva nei paesi arabi. In Iraq, dove gli Sciiti costituivano la maggioranza, i loro uomini di cultura non avevano la stessa intima connessione con le masse urbane o la stessa influenza sul governo dei loro omologhi iraniani. Gli *'ulama* sunniti avevano una posizione meno indipendente. Sotto il governo ottomano erano divenuti funzionari statali, vicini al governo e compromessi dai loro rapporti con esso; per tradizione ed interessi erano legati all'alta borghesia delle grandi città. La dirigenza dei movimenti islamici tendeva dunque ad essere in mano a laici, membri convertiti delle moderne élite colte. Tali movimenti non avevano la santità conferita da dirigenti dotati di una religiosità e di una dottrina radicate e riconosciute; erano partiti politici in competizione gli uni con gli altri. Nel complesso essi non avevano una chiara linea di politica sociale o economica. In prospettiva, sembrava probabile che arrivassero a costituire un'importante forza di opposizione, senza però giungere ad una posizione che consentisse loro di governare.

Chi avesse osservato i paesi arabi, o molti altri paesi musulmani, verso la metà degli anni '80 sarebbe potuto facilmente giungere alla conclusione che la via del futuro sarebbe stata qualcosa di analogo alla via iraniana, ma si sarebbe trattato di una conclusione affrettata, anche per quanto riguardava l'Iran. Da un certo punto di vista, il governo da parte di uomini di religione era una riaffermazione della tradizione, ma da un altro punto di vista andava in senso contrario alla tradizione. La sapienza ereditata dagli *'ulama* prevedeva che essi non fossero troppo legati al governo del mondo; essi dovevano mantenere una distanza morale da esso, pur preservando il proprio accesso ai governanti e la propria influenza su di loro: era pericoloso legare gli interessi eterni dell'Islam al destino di un effimero governante del mondo. Questo atteggiamento si rispecchiava in una certa diffidenza popolare verso gli uomini di religione che svolgessero un ruolo troppo in vista nelle faccende del mondo; al pari di chiunque altro, anche costoro erano suscettibili di essere corrotti dal potere e dalla ricchezza, e forse non costituivano dei governanti molto bravi.

Potrebbe anche succedere che, in una certa fase dello sviluppo nazionale, il richiamo delle idee religiose – quantomeno delle idee santificate dalla tradizione cumulativa – cessi di avere la stessa forza di un altro sistema di idee: un misto di moralità sociale e di legge che sia fondamentalmente laico, ma che potrebbe avere qualche rapporto con i principi generali di giustizia sociale impliciti nel Corano.

ULAMÀ

GIÀ

NOTE

PROLOGO

[1] 'Abd al-Rahman Ibn Khaldun, *Muqaddima* (Il Cairo, s.d.), p. 33; trad. inglese F. Rosenthal, *The Muqaddimah* (Londra, 1958), vol. I, p. 65.
[2] *Ibid.*, p. 163; trad. inglese vol. I, p. 330.
[3] Ibn Khaldun, *al-Ta'rif bi Ibn Khaldun*, a cura di M.T. al-Tanji (Il Cairo, 1951), p. 246; trad. francese A. Cheddadi, *Ibn Khaldun: le voyage d'occident et d'orient* (Parigi, 1980), p. 148.

Capitolo Primo
UNA NUOVA POTENZA IN UN VECCHIO MONDO

[1] R.B. Serjeant, «*Haram* and *hawta*: the sacred enclave in Arabia» in A.R. Badawi (a cura di), *Mélanges Taha Hussein* (Il Cairo, 1962), pp. 41-58.
[2] F.A. al-Bustani e altri (a cura di), *al-Majani al-haditha*, vol. I (Beirut, 1946), p. 103; trad. inglese A.J. Arberry, *The Seven Odes* (Londra, 1957), p. 142; trad. italiana D. Amaldi, *Le Mu'allaqat. Alle origini della poesia araba* (Venezia, 1991), p. 53.
[3] *Ibidem*, pp. 112-113; trad. inglese p. 147; trad. italiana pp. 59-60.
[4] *Ibidem*, p. 88; trad. inglese p. 118; trad. italiana p. 52.
[5] Per queste e successive citazioni da biografie del Profeta, v. A. Guillaume, *The Life of Muhammad* (Londra, 1955), traduzione della *Sira* (vita) del Profeta di Ibn Ishaq.
[6] Corano 96: 1-8.

Capitolo Secondo
LA FORMAZIONE DI UN IMPERO

[1] O. Grabar, *The Formation of Islamic Art* (New Haven, 1973), pp. 45-74.
[2] Muhammad ibn Jarir al-Tabari, *Tarikh*, a cura di M. Ibrahim, vol. 7 (Il Cairo, 1966), pp. 421-431; trad. inglese J.A. Williams, *The History of al-Tabari 27: The 'Abbasid Revolution* (Albany, New York, 1985), pp. 154-157.
[3] *Ibid.*, pp. 614-622. Trad. inglese J.A. Williams, *Al-Tabari, the Early 'Abbasi Empire 1: The Reign of al-Ja'far al-Mansur* (Cambridge, 1988), p. 145.
[4] al-Khatib al-Baghdadi, *Tarikh Baghdad*, vol. 1 (Il Cairo, 1931), pp. 100 ss.; trad. inglese in J. Lassner, *The Topography of Baghdad in the Early Middle Ages* (Detroit, 1970), pp. 86 ss.

NOTE

Capitolo Terzo
LA FORMAZIONE DI UNA SOCIETÀ

[1] R.W. Bulliet, *Conversion to Islam in the Medieval Period* (Cambridge, Massachusetts 1979).

[2] Abu 'al-Tayyib al-Mutanabbi, *Diwan*, a cura di A.W. al-'Azzam (Il Cairo, 1944), pp. 355-356; trad. inglese A.J. Arberry, *Poems of al-Mutanabbi* (Cambridge, 1967), p. 76.

[3] *Ibid.*, pp. 322-355; trad. inglese pp. 70-74.

[4] 'Amr ibn Bahr al-Jahiz, «*al-nubl wa'l-tanabbul wa dhamm al-kibr*» in Ch. Pellat, «Une risala de Gahiz sur le "snobisme" et l'orgueil», *Arabica*, vol. 14 (1967), pp. 259-283; trad. inglese in Ch. Pellat, *The Life and Works of Jahiz*, trad. da D. Hawke (Londra, 1969), p. 233.

[5] Muhammad Abu Rayhan al-Biruni, *Tahqiq ma li'l-Hind* (Hyderabad, 1958), p. 5; trad. inglese E. Sachau, *Alberuni's India* (Londra, 1888), vol. I, p. 7.

[6] *Ibid.*, p. 85; trad. inglese pp. 111-112.

[7] *Ibid.*, p. 76; trad. inglese p. 100.

[8] al-Biruni, *Kitab al-saydana fi'l-tibb*, trad. in inglese e curato da H.M. Said (Karachi, 1973), p. 12.

[9] U. Haarmann, «Regional Sentiment in Medieval Islamic Egypt», *Bulletin of the School of Oriental and African Studies*, vol. 43 (1980), pp. 55-66; Haarmann, «Die Sphinx: systematische Volkreligiosität im spätmittelaltischen Ägypten», *Saeculum*, vol. 29 (1978), pp. 367-384.

Capitolo Quarto
L'ELABORAZIONE DELL'ISLAM

[1] P. Crone e M. Hinds, *God's Caliph* (Cambridge, 1986).

[2] Corano 8: 20.

[3] Muhammad ibn Idris al-Shafi'i, *al-Risala*, a cura di A.M. Shakir (Il Cairo, 1940); trad. inglese M. Khadduri, *Islamic Jurisprudence: Shafi'i's Risala* (Baltimore, 1961).

[4] Corano 26:192-5; 13:37.

[5] Cor. 7:172.

[6] Ahmad ibn 'Abd Allah al-Isbahani, *Hilyat al-awliya*, vol. 2 (Il Cairo, 1933), pp. 132, 140; trad. inglese J.A. Williams, *Islam* (New York, 1961), p. 124.

[7] Muhammad ibn 'Ali al-Tirmidhi, *Kitab khatm al-awliya*, a cura di U. Yahya (Beirut, 1965), pp. 13-32.

[8] al-Isbahani, *Hilyat al-awliya* vol. 10 (Il Cairo, 1938), p. 79; trad. inglese M.S. Smith, *An Early Mystic of Islam* (Londra, 1935), p. 243.

[9] Ya'qub ibn Ishaq al-Kindi, «Fi'l-falsafa al-ula», in M. A. Abu Rida (a cura di), *Rasa'il al-Kindi al-falsafiyya* (il Cairo, 1950), p. 103; trad. inglese R. Walzer in *Greek into Arabic* (Oxford, 1962), p. 12.

[10] Ahmad ibn al-Qasim ibn Abi Usaybi'a, *'Uyun al-anba fi tabaqat al-atibba* (Beirut, 1979), vol. I, p. 43; trad. inglese in F. Rosenthal, *The Classical Heritage in Islam* (Londra, 1975), p. 183.

[11] A.I. Sabra, «The Scientific Enterprise», in B. Lewis (a cura di), *The World of Islam* (Londra, 1976), p. 182.

Capitolo Sesto
LA CAMPAGNA

[1] R.M. Adams, *Land behind Baghdad* (Chicago, 1965).

[2] M. Brett, «Ibn Khaldun and the Arabization of North Africa», *Maghreb Review*, vol. 4, I (1979), pp. 9-16; e «The Fatimid Revolution (861-973) and its aftermath in North Africa» in J.D. Fage (a cura di), *Cambridge History of Africa*, vol. 2 (Cambridge, 1978), pp. 631-636.

[3] L. Abu-Lughod, *Veiled Sentiments* (Berkeley, 1986), p. 147.

NOTE

Capitolo Settimo
LA VITA DELLE CITTÀ

[1] Ibn al-Hajj, *al-Madkhal* (Il Cairo, 1929), vol. I, pp. 245-246.
[2] Cor. 40: 40; 16: 97.
[3] R. Le Tourneau, *Fès avant le protectorat* (Casablanca, 1949), pp. 565-566.
[4] Muhammad ibn 'Abd Allah ibn Battuta, *Rihla*, a cura di T. Harb (Beirut 1987); trad. ingl.: H.A.R. Gibb, *The Travels of Ibn Battuta*, voll. 1-3 (Cambridge, 1958-1971).

Capitolo Ottavo
LE CITTÀ E I LORO GOVERNANTI

[1] I.M. Lapidus, *Muslim Cities in the Later Middle Ages* (Cambridge, Massachusetts, 1967), pp. 199-206.
[2] M.H. Burgoyne - D.S. Richards, *Mamluk Jerusalem* (Londra, 1987), p. 69.
[3] 'Abd al-Wahhab ibn Ahmad al-Sha'rani, *Lata'if al-manan wa 'l-akhlaq* (Il Cairo, 1972), p. 63.
[4] Cor. 4:59.
[5] A.K.S. Lambton, *State and Government in Medieval Islam* (Oxford, 1981), p. 45.
[6] Muhammad al-Ghazali, *Nasihat al-muluk* (Teheran, 1972), cit. in Lambton, p. 124.
[7] Nizam al-Mulk, *The Book of Government or Rules for Kings*, trad. inglese di H. Darke (Londra, 1978), p. 9.
[8] *Ibidem*.

Capitolo Nono
ASPETTI DELL'ISLAM

[1] Cor. 3:105.
[2] Guillaume, *Life of Muhammad*, p. 651.
[3] G.E. von Grunbaum, *Muhammadan Festivals* (New York, 1951), p. 28.
[4] Ibn Battuta, *Rihla*, p. 153; trad. inglese vol.I, p. 189.
[5] Cor. 3:97.
[6] Cor. 9:125.
[7] C. Padwick, *Muslim Devotions* (Londra, 1961), p. 252.
[8] Cor. 12:101.

Capitolo Decimo
LA CULTURA DEGLI *'ULAMA*

[1] Ibn Abi Zayd al-Qayrawani; testo curato e trad. in francese da L. Bercher, *La Risàla*, 3ª ed. (Algeri, 1949), pp. 302-3.
[2] A. L. Udovitch, *Partnership and Profit in Medieval Islam* (Princeton, 1970).
[3] A. Layish e A. Shmueli, «Custom and *shari'a* in the Beduin family according to legal documents from the Judaean desert», *Bulletin of the School of Oriental and African Studies*, vol. 42 (1979), pp. 29-45.
[4] Burgoyne, *Mamluk Jerusalem*, pp. 71-72.
[5] Ibn Abi Usaybi'a, *'Uyun*, vol. 3, pp. 342-344; trad. inglese in G. Makdisi, *The Rise of Colleges* (Edimburgo, 1981), pp. 89-91. Questa sezione deve molto al libro di Makdisi.
[6] Ghazali, *al-Munqidh min al-dalal*, a c. di J. Saliba e K. 'Ayyad, 3ª ed. (Damasco, 1939), p. 127; Trad. inglese di R.J. McCarthy, *Freedom and Fulfilment* (Boston, 1980), p. 91; trad. it. in L.Veccia Vaglieri - R. Rubinacci, *Scritti scelti di al-Ghazali* (Torino, 1970), p. 114.
[7] Ghazali, *Faysal al-tafriqa bayn al-islam wa 'l-zandaqa*, a cura di S. Dunia (Il Cairo, 1961), p. 202; trad. inglese McCarthy, p. 167.
[8] Ghazali, *Ihya 'ulum al-din*, Tomo 3°, Libro 2° (Il Cairo, 1334/1916), vol. 2, p. 52.

NOTE

[9] Ghazali, *Munqidh*, p. 132; trad. inglese McCarthy, p. 94; trad. it. Veccia Vaglieri – Rubinacci, p. 119.
[10] Ghazali, *Ihya*, Tomo 3°, Libro 1°, vol. 2, p. 17; trad. inglese R.J. McCarthy, p. 380; trad. it. Veccia Vaglieri – Rubinacci, p. 338.

Capitolo Undicesimo
INDIRIZZI DI PENSIERO DIVERGENTI

[1] al-Husayn ibn 'Abd Allah ibn Sina, *The Life of Ibn Sina*, curato e trad in inglese da W.E. Gohlman (Albany, New York, 1974), pp. 36-39.
[2] Cor. 24:35-39.
[3] Cor. 8:85.
[4] Muhammad ibn Ahmad ibn Rushd, *Fasl al-maqal*, a cura di G.F.Hourani (Leida, 1959), p. 7; trad. inglese G.F.Hourani, *Averroes on the Harmony of Religion and Philosophy* (Londra, 1961), p. 50.
[5] *Ibid.*, p. 17; trad. inglese p. 61.
[6] Muhyi al-Din ibn 'Arabi, *Shajarat al-kawn* (Beirut, 1984), p. 45; B. Furuzanfarr, *Ahadith-i Masnawi* (Teheran, 1955), p. 29. Devo queste citazioni alla gentilezza del dr. J. Baldick e del dr. T. Gandjei.
[7] O. Yahia, *Histoire et classification de l'Oeuvre d'Ibn 'Arabi* (Damasco, 1964), vol. I, pp. 113-135.
[8] Ahmad ibn Taymiyya, *Majmu'at al-rasa'il al-kubra* (Il Cairo, 1323/1905), vol. I pp. 307-309; trad. francese in H. Laoust, *Essai sur les doctrines sociales et politiques de Takid-Din b. Taimiya* (Il Cairo, 1939), pp. 256-7.
[9] O. Yahia, vol. I, p. 19.

Capitolo Dodicesimo
LA CULTURA DELLE CORTI E QUELLA DEL POPOLO

[1] Ahmed ibn 'Abd Allah ibn Zaydun, *diwan*, a cura di K. al-Bustani (Beirut, 1951), pp. 29-33.
[2] *Ibid.*, pp. 48-49; trad. inglese A.J. Arberry, *Arabic Poetry* (Cambridge, 1965), pp. 114-117.
[3] Muhammad ibn 'Abd al-Malik ibn Tufayl, *Hayy ibn Yaqdhan*, a c. di J. Saliba e K. 'Ayyad, 5ª ed. (Damasco, 1940), pp. 191-192; trad. inglese L. E. Goodman, *Hayy ibn Yaqzan* (New York, 1972), pp. 164-5; trad. italiana P. Carusi, *Epistola di Hayy Ibn Yaqzan* (Milano, 1983), p. 157.
[4] Abu 'l-Faraj al Isfahani, *Kitab al-aghani* (Beirut, 1955), vol. 6, pp. 294-298; trad. inglese in H.G. Farmer, *A History of Arabian Music* (Londra, 1929), pp. 102-3.
[5] Ghazali, *Ihya*, tomo 3°, libro 8°, vol. 2, p. 237; trad. inglese D.B. Macdonald, «Emotional Religion in Islam as affected by music and singing», *Journal of the Royal Asiatic Society* (1901), p. 199.
[6] *Ibid.*, p. 244; trad. inglese p. 223.
[7] *Ibid.*, p. 249; trad. inglese p. 229.
[8] Ibn Khaldun, p. 28, trad. inglese vol. I, pp. 55-56.
[9] Ibn Khaldun, pp. 493-4, trad. inglese vol. 3, p. 150.

Capitolo Tredicesimo
L'IMPERO OTTOMANO

[1] Ibn Khaldun, p. 183; trad. inglese vol. 1, p. 372.
[2] *Ibid.*, p. 100; trad. inglese vol. 1, p. 300
[3] Riportato in T.W. Arnold, *The Caliphate*, nuova ed. (Londra, 1965), p. 203.
[4] C.M. Doughty, *Travels in Arabia Deserta*, nuova ed. (Londra, 1921), pp. 6-8.

NOTE

Capitolo Quattordicesimo
LE SOCIETÀ OTTOMANE

[1] Ahmad al-Nasiri al-Salawi, *kitab al-istiqsa*, vol. 7 (Casablanca, 1956), pp. 82-86; trad. francese in J. Berque, *al-Yousi* (Parigi, 1958), pp. 91-92.
[2] *Ibid.*, vol. 4 (Casablanca, 1955), pp. 163-4; trad. francese I. Hamet, *Archives Marocaines*, vol. 33 (1934), pp. 570-2.

Capitolo Quindicesimo
MUTAMENTI NEGLI EQUILIBRI DI POTERE NEL XVIII SECOLO

[1] Trad. inglese in W.L. Wright, *Ottoman Statecraft* (Princeton, 1935), pp. 117-118.
[2] Riportato in 'Abd al-Rahman al-Jabarti, *'Aja'ib al-athar fi'l-tarajim wa'l-akhbar* (Il Cairo, 1965), vol. 4, p. 214. Devo ringraziare il dr. K. Barbir per avvere attirato la mia attenzione su questa lettera.

Capitolo Sedicesimo
LA POTENZA DELL'EUROPA E I GOVERNI RIFORMATORI (1800-1860)

[1] Jabarti, vol. 4, p. 285.
[2] *Ibid.*, p. 348.
[3] Trad. inglese di H. Inalcik in J.C.Hurewitz (a cura di), *The Middle East and North Africa in World Politics* (New Haven, 1975), vol. 1, pp. 269-271.

Capitolo Diciassettesimo
GLI IMPERI EUROPEI E LE ÉLITES DOMINANTI (1860-1914)

[1] H.H.Jessup, *Fifty-three Years in Syria*, vol.2 (New York, 1910), pp. 786-7.
[2] J. Cambon, riportato in C.R. Ageron, *Les algériens musulmans et la France (1871 1919)* (Parigi, 1968), p. 478.

Capitolo Diciottesimo
LA CULTURA DELL'IMPERIALISMO E QUELLA DELLE RIFORME

[1] J.W. Goethe, «Aus dem Nachlass», *Westöstliche Divan*.
[2] R. Kipling, «A Ballad of East and West».
[3] Rifa'a Rafi'i al-Tahtawi, *Takhlis al-ibriz ila talkhis Bariz*, in M.F. Hijazi (a cura di), *Usul al-fikr al-'arabi al-hadith 'ind al-Tahtawi* (Il Cairo, 1974), pp. 208 ss.
[4] Khayr al-Din al-Tunisi, *Aqwam al-masalik fi ma'rifat ahwal al-mamalik* (Tunisi, 1867-8), p. 5; trad. inglese L.C. Brown, *The Surest Path* (Cambridge, Massachusetts, 1967), p. 74.
[5] Rashid Rida, *Tarikh al-ustadh al-imam al-shaykh Muhammad 'Abduh*, vol. I (Il Cairo, 1931), p. 11.
[6] Taha Husayn, *al-Ayyam*, vol. 3, 19. ed. (il Cairo, 1972), pp. 3-4; trad. inglese K. Cragg, *A Passage to France* (Leida, 1976), pp. 1-2.

Capitolo Diciannovesimo
L'APOGEO DELLA POTENZA EUROPEA (1914-1939)

[1] T.E. Lawrence, *Seven Pillars of Wisdom*, nuova ed. (Londra, 1940), p. 56; trad. it. E. Linder (Milano, 1949), pp. 42-43.
[2] *Ibid.*, p. 23.
[3] J. Berque, *Le Maghreb entre deux guerres* (Parigi, 1962), p. 60; trad. inglese *French North-Africa* (Londra, 1967), p. 63.

NOTE

Capitolo Ventesimo
MUTAMENTI NEL MODO DI VIVERE E DI PENSARE (1914-1939)

[1] Abu 'l-Qasim al-Shabbi, riportato in M.M. Badawi, *A Critical Introduction to Modern Arabic Poetry* (Cambridge, 1975), p. 159.
[2] Taha Husayn, risposta a Tawfiq al-Hakim, *al-Risala*, 15 giugno 1933, pp. 8-9; ristampato in *Fusul fi 'l-adab wa 'l-naqd* (Il Cairo, 1945), pp. 107-109.
[3] Ahmad Shawqi, *al-Shawqiyyat*, vol. 1 (Il Cairo, s.d.), pp. 153-166.
[4] 'Anbara Salam al-Khalidi, *Jawla fi 'l-dhikrayat bayn Lubnan wa Filastin* (Beirut, 1978).
[5] 'Ali 'Abd al-Raziq, *al-Islam wa usul al-hukm*, 2. ed. (Il Cairo, 1925), p. 103.
[6] Riportato in R. Mitchell, *The Society of the Muslim Brothers* (Londra, 1969), p. 30.

Capitolo Ventunesimo
LA FINE DEGLI IMPERI (1939-1962)

[1] G. Tillion, *Les ennemis complémentaires* (Parigi, 1960); trad. inglese *France and Algeria: complementary enemies* (New York, 1961), p. 9.

Capitolo Ventitreesimo
LA CULTURA NAZIONALE (ANNI '40 E '50)

[1] Abdallah Laroui, *L'histoire du Maghreb: un essai de synthèse* (Parigi, 1970), pp. 15, 353-4; trad. inglese R. Manheim, *The History of the Maghreb: an interpretive essay* (Princeton, 1977), pp. 10, 384-5.
[2] Adunis ('Ali Ahmad Sa'id) riportato in S.K. Jayyusi, *Trends and Movements in Modern Arabic Poetry* (Leida, 1977), vol. 2, p. 572.
[3] Badr Shakir al-Sayyab, *Unshudat al-matar* (Beirut, 1960), pp. 103-7; trad. inglese in S.K. Jayyusi (a cura di), *Modern Arabic Poetry* (New York, 1987), pp. 432-5).
[4] [Essi scrissero anche opere in berbero e sul berbero, e in particolare Mouloud Mammeri è considerato il più grande esponente della cultura cabila di questo secolo. *N.d.C.*]

Capitolo Ventiquattresimo
L'APOGEO DELL'ARABISMO (ANNI '50 E '60)

[1] Ministero dell'Informazione, il Cairo, *Mashru' al-mithaq* (Il Cairo, 1962), pp. 13 ss.; trad. inglese S. Hanna e G.H. Gardiner (a cura di), *Arab Socialism* (Londra, 1969), pp. 344-5.
[2] [Dopo la fine della stesura dell'edizione inglese di questo libro, Yemen del Nord e del Sud si sono riunificati nel 1991. *N.d.C.*]

Capitolo Ventiseiesimo
UN'INQUIETUDINE DEGLI ANIMI (DOPO IL 1967)

[1] A. Rifaat, *Distant View of a Minaret*, trad. inglese D. Johnson-Davies (Londra, 1983), p. 109.
[2] Hichem Djaït, *La personnalité et le devenir arabo-islamique* (Parigi, 1974), p. 140.
[3] A. Laroui, *La crise des intellectuels arabes* (Parigi, 1974), trad. inglese, *The crisis of the Arab intellectual* (Berkeley, 1976); e *L'idéologie arabe contemporaire*, nuova ed. (Parigi, 1977).
[4] Sayyid Qutb, *Ma'alim fi'l-tariq* (Il Cairo, 1964), pp. 4-5.
[5] F. Rahman, *Islam and Modernity* (Chicago, 1982).

GENEALOGIE E DINASTIE

LA FAMIGLIA DEL PROFETA

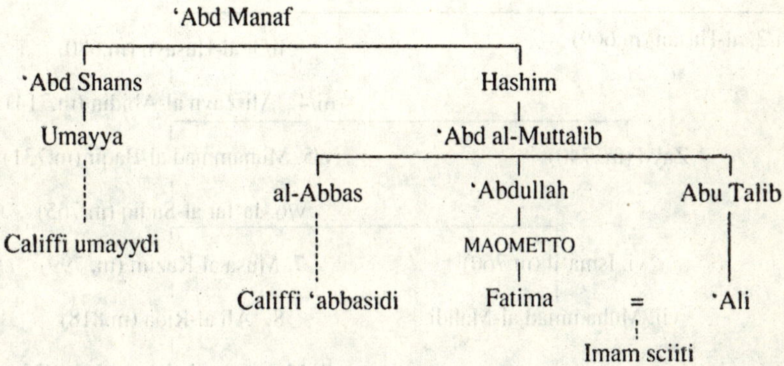

Adattato da J.L. Bacharach, *A Middle East Studies Handbook* (Seattle, 1984), p. 17.

GLI IMAM SCIITI

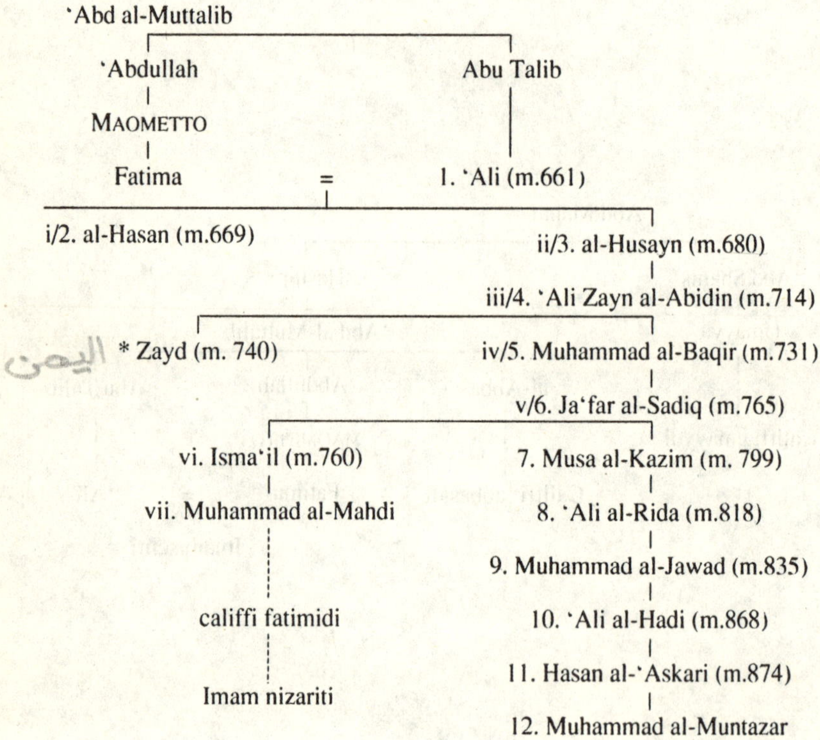

I numeri arabi indicano l'ordine di successione riconosciuto agli Sciiti «duodecimani».
I numeri romani indicano l'ordine di successione riconosciuto dagli Ismailiti.

* riconosciuto *imam* dagli Zayditi.

Adattato da J.L. Bacharach, *A Middle East Studies Handbook* (Seattle, 1984), p. 21.

I CALIFFI

I Rashidûn

I primi quattro califfi sono conosciuti dai Musulmani sunniti col titolo di *Rashidûn* (i «ben guidati»):
Abu Bakr, 623-4
'Umar ibn al-Khattab, 634-644
'Uthman ibn 'Affan, 644-656
'Ali ibn Abi Talib, 656-661

Gli Umayyadi

Mu'awiya ibn Abi Sufyan I, 661-680
Yazid I, 680-683
Mu'awiya II, 683-684
Marwan I, 684-685
'Abd al-Malik, 685-705
al-Walid I, 705-715
Sulayman, 715-717
'Umar ibn 'Abd al-'Aziz, 717-720
Yazid II, 720-724
Hisham, 724-743
al-Walid II, 743-744
Yazid III, 744
Ibrahim, 744
Marwan II, 744-750

Gli 'Abbasidi

Abu'l-'Abbas al-Saffah, 749-754
al-Mansur, 754-775
al-Mahdi, 775-785
al-Hadi, 783-786

الف ليلة وليلتاً

Harun al-Rashid, 786-809
al-Amin, 809-813
al-Ma'mun, 813-833
al-Mu'tasim, 833-842
al-Wathiq, 842-847
al-Mutawakkil, 847-861
al-Muntasir, 861-862
al-Musta'in, 862-866
al-Mu'tazz, 866-869
al-Muhtadi, 869-870
al-Mu'tamid, 870-892
al-Mu'tadid, 892-902
al-Muktafi, 902-908
al-Muqtadir, 908-932
al-Qahir, 932-934
al-Radi, 934-940
al-Muttaqi, 940-944
al-Mustakfi, 944-946
al-Muti', 946-974
al-Ta'i', 974-991
al-Qadir, 991-1031
al-Qa'im, 1031-1075
al-Muqtadi, 1075-1094
al-Mustazhir, 1094-1118
al-Mustarshid, 1118-1135
al-Rashid, 1135-1136
al-Muqtafi, 1136-1160
al-Mustanjid, 1160-1170
al-Mustadi, 1170-1180
al-Nasir, 1180-1225
al-Zahir, 1225-1226
al-Mustansir, 1226-1242
al-Muzta'sim, 1242-1258

Adattato da C.E. Bosworth, *The Islamic Dynasties* (Edimburgo, 1967).

DINASTIE PIÙ IMPORTANTI

'Abbasidi, 749-1258. Califfi, rivendicavano un'autorità universale; capitale principale Baghdad.
Aghlabidi, 800-909. Tunisia, Algeria orientale, Sicilia.
'Alawiti, 1631-tutt'oggi. Marocco
Almohadi (al-Muwahhidun), 1130-1269. Maghreb, Spagna.
Almoravidi (al-Murabitun), 1056-1147). Maghreb, Spagna.
Ayyubidi, 1169-1260. Egitto, Siria, parte dell'Arabia occidentale.
Buyidi (Buwayhidi), 932-1062. Iran, Iraq.
Fatimidi, 909-1171. Maghreb, Egitto, Siria. Rivendicavano il titolo di califfi.
Hafsidi, 1228-1574. Tunisia, Algeria orientale.
Hashimiti dell'Iraq, 1921-1958. Iraq.
Hashimiti di Giordania, 1923-tutt'oggi. Transgiordania, parte della Palestina.
Idrisidi, 789-926. Marocco.
Ilkhanidi, 1256-1336. Iran, Iraq.
Mamelucchi, 1250-1517. Egitto, Siria.
Merinidi, 1196-1464. Marocco.
Moghul, 1526-1858. India.
Muhammad 'Ali e suoi successori, 1805-1953. Egitto.
Muluk al-tawa'if («re delle fazioni»), XI secolo. Spagna.
Nasridi, 1230-1492. Spagna meridionale.
Ottomani, 1281-1922. Turchia, Siria, Iraq, Egitto, Cipro, Tunisia, Algeria, Arabia occidentale.
Rassidi, secoli IX-XIII, fine del XVI secolo-1962. Imam zayditi dello Yemen.
Rasulidi, 1229-1454. Yemen.
Rostemidi, 779-909. Algeria occidentale.
Sa'diti, 1511-1628. Marocco.

Safavidi, 1501-1732. Iran.
Saffaridi, 867-fine del XV secolo. Iran orientale.
Samanidi, 819-1005. Nordest dell'Iran, Asia centrale.
Sa'uditi, 1746-tutt'oggi. Arabia centrale, poi anche occidentale
Selgiuchidi, 1038-1194. Iran, Iraq.
Selgiuchidi di Rum, 1077-1307. Turchia centrale ed orientale.
Timuridi, 1370-1506. Asia centrale, Iran.
Tulunidi, 868-905. Egitto, Siria.
Umayyadi (o Ommiadi), 661-750. Califfi, rivendicavano un'autorità universale; capitale Damasco.
Umayyadi di Spagna, 756-1031. Rivendicavano il titolo di califfi.

Nota bene: Alcune date sono approssimative, in quanto non sempre è agevole conoscere quando una dinastia cominciava o smetteva di regnare. I nomi dei paesi indicano i principali centri di potere delle dinastie; a parte le dinastie moderne, essi vengono qui indicati con valore geografico solo indicativo.

Adattato da T. Mostyn (a cura di), *The Cambridge Encyclopedia of the Middle East and North Africa* (Cambridge, 1988), p. 59.

FAMIGLIE REGNANTI NEI SECOLI DICIANNOVESIMO E VENTESIMO

I sultani ottomani

Selim III, 1789-1807
Mustafa IV, 1807-1808
Mahmud II, 1808-1839
Abdülmecid I, 1839-1861
Abdülaziz, 1861-1876
Murad V, 1876
Abdülhamid II, 1876-1909
Mehmed V Reşad, 1909-1918
Mehmed VI Vahideddin, 1918-1922
Abdülmecid II, riconosciuto califfo ma non sultano, 1922-1924

I re dell'Arabia Saudita

'Abd al-'Aziz, 1926-1953
Sa'ud, 1953-1964
Faysal, 1964-1975
Khalid, 1975-1982
Fahd, 1982-

La dinastia di Muhammad 'Ali in Egitto

Muhammad 'Ali, *Vali* (governatore) d'Egitto, 1805-1848
Ibrahim, *Vali*, 1848
'Abbas I, *Vali*, 1848-1854
Sa'id, *Vali*, 1854-1863
Isma'il, Khedive, 1863-1879
Tawfiq, Khedive, 1879-1892
'Abbas II Hilmi, Khedive, 1892-1914
Husayn Kamil, sultano, 1914-1917
Fu'ad, sultano, poi re, 1917-1936

Faruq, re, 1936-1952
Fu'ad II, re, 1952-1953

Gli 'Alawiti del Marocco

Sulayman, sultano, 1796-1822
'Abd al-Rahman, sultano, 1822-1859
Muhammad, sultano, 1859-1873
Hasan I, sultano, 11873-1894
'Abd al-'Aziz, sultano, 1894-1908
'Abd al-Hafiz, sultano, 1908-1912
Yusuf, sultano, 1912-1927
Muhammad V, sultano, poi re, 1927-1961
Hasan II, re, 1961

Gli Hashimiti

Husayn, re dello Hijaz (1916-1924)

'Ali, re dello Hijaz (1924-1925)
'Abd al-Ilah, reggente dell'Iraq (1939-1953)

'Abdullah, emiro di Transgiordania (1923-1946) re di Giordania (1946-1951)
Talal, re di Giordania (1951-1952)
Husayn, re di Giordania (1952-)

Faysal I, re dell'Iraq (1921-1933)
Ghazi, re dell'Iraq (1933-1939)
Faysal II, re dell'Iraq (1939-1958)

BIBLIOGRAFIA

Questa bibliografia non ha la pretesa di essere esaustiva. Essa è lungi dal contenere tutti i libri e gli articoli da me consultati o quelli che dovrebbe conoscere un lettore che avesse interesse per uno specifico argomento. Essa mira semplicemente a fornire spunti per letture ulteriori, consentendo di avere diversi punti di vista. La maggior parte dei titoli è in inglese, ma ve ne sono anche in francese o in arabo, e in misura minore in tedesco, italiano o turco. In qualche caso ho anche fornito i dati delle fonti originarie in arabo per quei lettori che volessero farsene un'esperienza diretta.

L'ordine in cui sono elencati i titoli segue la disposizione delle sezioni e dei capitoli del libro, cercando anche di rispettare, per quanto possibile, l'ordine in cui all'interno di ogni capitolo vengono trattati i singoli argomenti. È una bibliografia cumulativa: i testi segnalati a proposito di un determinato argomento possono naturalmente riguardare anche altri argomenti affrontati più avanti, ma la ripetizione dei titoli ne avrebbe reso troppo lungo l'elenco.

Nella descrizione bibliografica i lettori troveranno dati sufficienti a reperire i lavori in un catalogo di biblioteca. I sottotitoli dei libri vengono riportati quando permettono di identificare l'argomento trattato con maggiore precisione dei semplici titoli. Per i libri editi nel Regno Unito, si troveranno di solito il titolo e il luogo di pubblicazione dell'edizione inglese, che possono ovviamente presentare divergenze rispetto all'edizione americana.

[*Nota del curatore*: Per i lettori italiani, oltre a segnalare le traduzioni esistenti dei più importanti tra i lavori citati nell'edizione inglese, sono stati indicati, in qualche caso, testi in italiano (segnalati da un asterisco) che possono utilmente essere consultati per un primo approccio a questo o quell'argomento.]

BIBLIOGRAFIA GENERALE

Opere di riferimento

The Encyclopaedia of Islam, 2ª ed. (Leida, tuttora in corso: 6 voll. pubblicati tra il 1960 e il 1991). [Di pari passo con l'edizione inglese esce anche un'edizione francese: *Encyclopédie de l'Islam*].

J.D. Pearson e altri (a cura di), *Index islamicus 1906-1955* e supplementi regolari (Cambridge, 1958-).

W.H. Belan, *Index islamicus 1665-1905* (Millersville, Pennsylvania, 1988).

D. Grimwood-Jones e altri, *An Islamic Bibliography* (Hassocks, Sussex, 1977).
J. Sauvaget e C. Cahen, *Introduction to the History of the Muslim East: a bibliographical guide*, trad. inglese (Berkeley, 1965).
J. Bacharach, *A Middle East Studies Handbook*, ed. riveduta (Cambridge, 1984).
E. Bosworth, *The Islamic Dynasties* (Edimburgo, 1967).
G.S.P. Freeman-Grenville, *The Muslim and Christian Calendars* (Londra, 1967).

Geografia

R. Roolvink, *Historical Atlas of the Muslim Peoples* (Amsterdam, 1957).
F. Robinson, *Atlas of the Islamic World since 1500* (Oxford, 1982).
P. Birot e J. Dresch, *La Méditerranée et le Moyen-Orient* (Parigi, 1956).
J. Despois, *L'Afrique du nord* (Parigi, 1964).

Panoramiche storiche

M.G.S. Hodgson, *The Venture of Islam*, 3 voll. (Chicago, 1974).
I.M. Lapidus, *A History of Muslim Societies* (Cambridge, 1988).
U. Haarmann (a cura di), *Geschichte der arabischen Welt* (Monaco, 1987).
J.M. Abun-Nasr, *A History of the Maghrib in the Islamic Period* (Cambridge, 1987).

Islam

H.A.R. Gibb, *Islam*, 2ª ed., (Oxford, 1969); in italiano: *L'Islamismo: una introduzione storica* (Bologna, Il Mulino, 1964).
F. Rahman, *Islam*, 2ª ed., (Chicago, 1979); trad. it. *La religione del Corano* (Milano, Il Saggiatore, 1968).
M. Ruthven, *Islam in the World* (Harmondsworth, Middlesex, 1984).
J.A. Williams (a cura di), *Themes of Islamic Civilization* (Berkeley, 1971).

Civiltà e cultura

J. Schacht e C.E. Bosworth (a cura di), *The Legacy of Islam*, 2ª ed. (Oxford, 1974).
B. Lewis (a cura di), *The World of Islam* (Londra, 1976).
H.A.R. Gibb, *Studies on the Civilization of Islam* (Londra, 1962).
T. Khalidi, *Classical Arab Islam* (Princeton, 1985).
H.A.R. Gibb, *Arabic Literature*, 2ª ed. (Oxford, 1963).
G. Brockelmann, *Geschichte der arabischen Literatur*, 2 voll. e 3 supplementi (Leida, 1938-1949).
F. Sezgin, *Geschichte des arabischen Schrifttums* (Leida, 1967-1984 9 voll.; ne sono previsti 14).
R. Ettinghausen e O. Grabar, *The Art and Architecture of Islam* (Londra, 1987).
D Eickelman, *The Middle East: an anthropological approach* (Englewood Cliffs, New Jersey, 1981).
A.L. Udovitch (a cura di), *The Islamic Middle East 700-1900: studies in economic and social history* (Princeton, 1981).

Periodici

(tra parentesi, la data di inizio delle pubblicazioni)
«Arabica» (Leida, 1954).
«Bulletin of the School of Oriental and African Studies» (Londra, 1917).
«Der Islam» (Berlino, 1910).
«International Journal of Middle East Studies» (Cambridge, 1970).
«Journal of the Economic and Social History of the Orient» (Leida, 1957).

«Middle East Journal» (Washington, 1947).
«Middle Eastern Studies» (Londra, 1964).
«Oriente Moderno» (Roma, 1921).
«Revue des études Islamiques» (Parigi, 1927).
«Studia Islamica» (Parigi, 1953).

PROLOGO

La Muqaddima di Ibn Khaldun

Testo: E. Quatremère (ed. a cura di), *Les prolegomènes d'Ebn Khaldun*, 3 voll. (Parigi, 1858); *Muqaddimat Ibn Khaldun* (Bulaq, 1857; ristampe: Il Cairo e Beirut).
Trad. inglese: F. Rosenthal, *Ibn Khaldun: the Muqaddimah*, 3 voll. (Londra, 1958).

La Storia di Ibn Khaldun

Testo: *Kitab al-'ibar wa diwan al-mubtada wa'l-khabar*, 7 voll. (Bulaq, 1867-8); rist. col titolo *Tarikh al-'allama Ibn Khaldun*, 7 voll. (Beirut, 1956-1961).
Trad. parziale in francese: M. de Slane, *Histoire des Berbères et des dynasties musulmanes de l'Afrique septentrionale*, 2 voll. (Algeri, 1847-1851).

L'Autobiografia

Testo: M. al-Tanji (a cura di), *Al-Ta'rif bi Ibn Khaldun wa rihlatuhu gharban wa sharqan* (Il Cairo, 1951); trad. francese A. Cheddadi, *Ibn Khaldun: le voyage d'occident et d'orient* (Parigi, 1980).

Studi

Bibliografia in: A. al-Azmeh, *Ibn Khaldun in Modern Scholarship* (Londra, 1981), pp. 231-318.
A. al-Azmeh, *Ibn Khaldun: an essay in reinterpretation* (Londra, 1982).
M. Mahdi, *Ibn Khaldun's Philosophy of History* (Londra, 1957).
M.A. al-Jabiri, *al-'Asabiyya wa'l-dawla* (Casablanca, 1971).
* G. Pizzi, *Ibn Haldun e la Muqaddima: una filosofia della storia* (Milano, Scheiwiller, 1985).

PARTE PRIMA:
UN MONDO IN FORMAZIONE (SECOLI VII-X)

Cronache

Ahmad ibn Yahya al-Baladhuri, *Ansab al-ashraf*: ediz. di Gerusalemme, voll. 4A, 4B, 5 (Gerusalemme, 1936–); edizione di A. Duri, voll. 3, 4i (Wiesbaden, 1978–).
al-Baladhuri, *Futuh al-buldan*, ed. a cura di S. Munajjid, 3 voll. (Il Cairo, 1956-57); trad. inglese P.K. Hitti e F.C. Murgotten, *The Origins of the Islamic State*, 2 voll. (New York, 1916-1924).
'Ali ibn al-Husayn al-Mas'udi, *Muruj al-dhahab*, ed. a cura di Ch. Pellat, 7 voll. (Beirut, 1966-1979); trad. francese C. Barbier e P. de Courtelle, 9 voll. (Parigi, 1861-1877).
Muhammad ibn Jarir al-Tabari, *Kitab tarikh al-rusul wa'l-muluk*: ed. a cura di M.J. de Goeje et al., *Annales*, 15 voll. (Leida, 1879-1901); ed. a cura di M.A. Ibrahim, *Tarikh al-Tabari*, 10 voll. (Il Cairo, 1960-1969); trad. inglese *The History of al-Tabari* (Albany, New York, tuttora in corso di pubbl.: 20 voll. pubblicati 1985-89); trad. parziale italiana della parte relativa alla

vita di Maometto (mediata dalla trad. francese di una versione persiana): a cura di S. Noja, *Vita di Maometto* (Milano, Rizzoli, 1985).

Fonti epigrafiche

M. van Berchem et al., *Matériaux pour un corpus inscriptionum arabicorum*, Parte 1 (Egitto), Parte 2 (Siria), Parte 3 (asia Minore) (Parigi, 1903-1954), Parte 4i (Arabia) (Il Cairo, 1985).

E. Combe et al., *Répertoire chronologique d'épigraphie arabe* (Il Cairo, in corso di pubbl.: 17 voll. pubblicati 1931-1982).

Numismatica

M. Broome, *Handbook of Islamic Coins* (Londra, 1985).

Studi generali

H. Kennedy, *The Prophet and the Age of the Caliphates* (Londra, 1986).

C. Cahen, *L'islam dès origines au début de l'empire ottoman* (Parigi, 1970); in italiano: Cahen, *L'Islamismo I - dalle origini all'inizio dell'Impero Ottomano* (Milano, Feltrinelli, 1969)*.

D. e J. Sourdel, *La civilisation de l'islam classique* (Parigi, 1968).

C.A. Julien, *Histoire de l'Afrique du nord*, vol. 2, ed. riveduta da R. Le Tourneau (Parigi, 1956); trad. inglese *History of North Africa* (Londra, 1970).

E. Lévi-Provençal, *Histoire de l'Espagne musulmane*, ed. riveduta, 3 voll. (Parigi, 1950-1953).

W.M. Watt e P. Cachia, *A History of Islamic Spain* (Edimburgo, 1965).

M. Amari, *Storia dei Musulmani di Sicilia*, ed. riveduta da C. Nallino, 3 voll. (Catania, 1933-1939).

CAPITOLO I. UNA NUOVA POTENZA IN UN VECCHIO MONDO

Il Medio Oriente prima dell'Islam

P. Brown, *The World of Late Antiquity* (Londra, 1971); trad. it. *Il mondo tardo antico* (Torino, Einaudi, 1974).

P. Brown, «The Rise and function of the holy man in late antiquity», *Journal of Roman Studies*, vol. 61 (1971)., pp. 80-101.

J. Herrin, *The Making of Christendom* (Oxford, 1987).

J.M. Cook, *The Persian Empire* (Londra, 1983).

R.C. Zaehner, *The Dawn and Twilight of Zoroastrianism* (Londra, 1961).

I. Shahid, «Pre-Islamic Arabia» in P.M. Holt et al. (a cura di), *The Cambridge History of Islam*, vol. 1 (Cambridge, 1970), pp.3-29.

I. Shahid, *Rome and the Arabs* (Washington, 1984).

I. Shahid, *Byzantium and the Arabs in the Fourth Century* (Washington, 1984).

I. Shahid, *Byzantium and the Arabs in the Fifth Century* (Washington, 1989).

J. Ryckmans, *L'institution monarchique en Arabie méridionale avant l'islam* (Lovanio, 1951).

G. Ryckmans, «Les religions arabes préislamiques», *Le Muséon*, vol. 26 (1951), pp. 6-61.

H. Pirenne, *Mahomet et Charlemagne* (Paris, 1937); trad. inglese *Mohammed and Charlemagne* (Londra, 1939); trad. it. *Maometto e Carlomagno* (Bari, Laterza, 1979).

D. Whitehouse e R. Hodges, *Mohammed, Charlemagne and the Origins of Europe* (Londra, 1983).

Poesia preislamica

Le Mu'allaqat, numerose edizioni; trad. inglese A. J. Arberry, *The Seven Odes* (Londra, 1957); trad. italiana: D. Amaldi, *Le Mu'allaqat. Alle origini della poesia araba* (Venezia, Marsilio, 1991).

R. Blachére, *Histoire de la littérature arabe*, 3 voll. (Parigi, 1952-1966).

A.F.L. Beeston et al. (a cura di), *Arabic Literature to the End of the Umayyad Period* (Cambridge, 1983).

M. Zwettler, *The Oral Tradition of Classical Arabic Poetry* (Columbus, Ohio, 1975).

T. Husayn, *Fi'l-adab al-jahili* (Il Cairo, 1927).

A.A. Sa'id (Adunis), *Diwan al-shi'r al-'arabi*, voll. 1-3 (Beirut, 1964-8).

* F. Gabrieli, *Storia della letteratura araba*, 3ª ed. (Milano, Nuova Accademia, 1962).

Maometto

'Abd al-Malik ibn Hisham, *al-Sira al-nabawiyya*, 2 voll. (Il Cairo, 1955); trad. inglese A. Guillaume, *The Life of Muhammad* (Londra, 1957).

W.M. Watt, *Muhammad at Mecca* (Oxford, 1953).

W.M. Watt, *Muhammad at Medina* (Oxford, 1956).

M. Rodinson, *Mahomet*, 2ª ed. (Parigi, 1968); trad. inglese *Mohammed* (Londra, 1971); trad. italiana *Maometto* (Torino, Einaudi, 1973).

M. Cook, *Muhammad* (Oxford, 1983).

Muhammad ibn 'Umar al-Waqidi, *Kitab al-maghazi*, ed. a cura di J.M.B. Jones, 3 voll. (Londra, 1955).

A. Caetani, *Annali dell'Islam*, 10 voll. (Milano, 1905-1926).

M.J. Kister, *Studies in Jahiliyya and Early Islam* (Londra, 1980).

P. Crone, *Meccan Trade and the Rise of Islam* (Princeton, 1987).

R.B. Serjeant, «*Haram* and *hawta*: the sacred enclave in Arabia», in A.R. Badawi (a cura di), *Mélanges Taha Hussein* (Il Cairo, 1962), pp. 41-58.

S.P. Brock, «Syriac views of emergent Islam», in G.H.A. Juynboll (a cura di), *Studies on the First Century of Islamic Society* (Carbondale, Illinois, 1982), pp. 9-21.

Il Corano

Trad. inglese A.J. Arberry, *The Koran Interpreted*, 2 voll. (Londra, 1961); principali traduzioni italiane: L. Bonelli (Milano, Hoepli, 1929); A. Bausani (Firenze, Sansoni, 1955); M.M. Moreno (Torino, UTET, 1967).

Commentari: 'Abd Allah ibn 'Umar al-Baydawi, *Anwar al-tanzil*, 2 voll. (Il Cairo, 1330 *h*/1912 d.C.).

Muhammad ibn Jarir al-Tabari, *Jami' al-bayan 'an ta'wil ay al-Qur'an*, ed. a cura di M.M. e A.M. Shakir, voll. 1-6 (Il Cairo, 1955-1969); trad. inglese J. Cooper, *Commentary on the Qur'an*, vol. 1 (Oxford, 1987).

W.M. Watt (a cura di), *Bell's Introduction to the Qur'an* (Edimburgo, 1970).

T. Izutsu, *Ethico-religious Concepts in the Qur'an* (Montreal, 1966).

F. Rahman, *Major Themes of the Qur'an* (Minneapolis, 1980).

J. Wansbrough, *Quranic Studies* (Oxford, 1977).

J. Wansbrough, *The Sectarian Milieu* (Oxford, 1978).

CAPITOLO II. LA FORMAZIONE DI UN IMPERO

I Rashidun e gli Umayyadi

J. Wellhausen, *Das arabische Reich und sein Sturz* (Berlino, 1902); trad. inglese *The Arab Kingdom and its Fall* (Calcutta, 1927).

F.M. Donner, *The Early Islamic Conquests* (Princeton, 1981).

G.H.A. Juynboll (a cura di), *Studies on the First Century of Islamic Society* (Carbondale, Illinois, 1982).
H. Lammens, *Etudes sur le siècle des Omayyades* (Beirut, 1975).
G.R. Hawting, *The First Dinasty of Islam: the Umayyad Caliphate A.D. 661-750* (Londra, 1986).
P. Crone, *Slaves on Horses* (Cambridge, 1980).
T. Nagel, *Rechtleitung und Califat* (Bonn, 1975).

Gli 'Abbasidi

M.A. Shaban, *The Abbasid Revolution* (Cambridge, 1970).
H. Kennedy, *The Early Abbasid Caliphate* (Londra, 1981).
J. Lassner, *The Shaping of Abbasid Rule* (Princeton, 1980).
D. Sourdel, *Le vizirat 'abbaside de 749 à 936*, 2 voll. (Damasco, 1959-1960).

CAPITOLO III. LA FORMAZIONE DI UNA SOCIETÀ

La fine dell'unità politica

H. Busse, *Chalif und Großkönig: die Buyiden in Iraq 945-1055* (Beirut, 1969).
W. Madelung, «The assumption of the title Shahanshah by the Buyids and "the reign of Daylam"», *Journal of Near Eastern Studies*, vol. 28 (1969), pp. 84-108, 168-183.
G. Hanotaux (a cura di), *Histoire de la nation égyptienne*, vol. 4: G. Wiet, *L'Egypte arabe* (Parigi, 1937).
M. Canard, *Histoire de la dynastie des Hamdanides* (Parigi, 1953).
M. Talbi, *L'émirat aghlabide 184-296/800-909* (Parigi, 1960).

Trasformazioni dell'economia e della società

M. Morony, *Iraq after the Muslim Conquest* (Princeton, 1984).
H. Djait, *Al-Kufa: naissance de la ville islamique* (Parigi, 1986).
J. Lassner, *The Topography of Baghdad in the Early Middle Ages* (Detroit, 1970).
S. al-'Ali, *al-Tanzimat al-ijtima'iyya wa'l-iqtisadiyya fi'l-Basra* (Baghdad, 1953).
A. al-Duri, *Tarikh al-'Iraq al-iqtisadi fi'l-qarn al-rabi'* (Baghdad, 1945).
Ya'qub ibn Ibrahim Abu Yusuf, *Kitab al-kharaj* (Il Cairo, 1933); trad. francese E. Fagnan, *Le livre de l'impôt foncier* (Parigi, 1921).
M.A. Cook, «Economic developments», in J. Schacht e C.E. Bosworth (a cura di), *The Legacy of Islam*, 2ª ed. (Oxford, 1974), pp. 210-243.
A.M. Watson, *Agricultural Innovation in the Early Islamic World* (Cambridge, 1983).
R.W. Bulliet, *Conversion to Islam in the Medieval Period* (Cambridge, Massachusetts, 1979).
R.W. Bulliet, *The Camel and the Wheel* (Cambridge, Massachusetts, 1975).

Costruzioni

O. Grabar, *The Formation of Islamic Art* (New Haven, 1973).
K.A.C. Creswell, *Early Muslim Architecture*, vol. I, 2ª ed. (Oxford, 1969), vol. II (Oxford, 1940). In italiano: *L'architettura islamica delle origini* (Milano, Saggiatore, 1966).
R.W. Hamilton, *Khirbat al-Mafjar* (Oxford, 1959).
O. Grabar et al., *City in the Desert: Qasr al-Hayr East*, 2 voll. (Cambridge, Massachusetts, 1978).

Geografia

A. Miquel, *La géographie humaine du monde musulman jusqu'au milieu du 11ème siècle*, 2ª ed., 3 voll. (Parigi, 1973-1980).

'Ali ibn al-Husayn al-Mas'udi, *Kitab al-tanbih wa'l-ashraf*, ed. a cura di M.J. de Goeje (Leida, 1894/Beirut, 1965).
Abu'l Qasim ibn 'Ali ibn Hawqal, *Surat al-ard* (Beirut, 1979).

Storia

A. al-Duri, *Bahth fi nash'at 'ilm al tarikh 'ind al-'arab* (Beirut, 1960); trad. inglese *The Rise of Historical Writing among the Arabs* (Princeton, 1983).
T. Khalidi, *Islamic Historiography: the histories of Mas'udi* (Albany, New York, 1975).
F. Rosenthal, *A History of Muslim Historiography* (Leida, 1952).
Muhammad Abu Rayhan al-Biruni, *Tahqiq ma li'l-Hind* (Haiderabad, 1958); trad. inglese E. Sachau, *Alberuni's India*, 2 voll. (Londra, 1888).
* F. Gabrieli (a cura di), *Storici arabi delle crociate* (Torino, Einaudi, 4ª ed. 1973).

Letteratura

J. Pedersen, *The Arabic Book* (Princeton, 1984).
A. Hamori, *On the Art of Medieval Arabic Literature* (Princeton, 1974).
I. 'Abbas, *Fann al-shi'r* (Beirut, 1959).
J.E. Bencheikh, *Poétique arabe: essai sur les voies d'une création* (Parigi, 1975).
Abu Tayyib al-Mutanabbi, *Diwan* (numerose edizioni); trad. inglese A.J. Arberry, *The Poems of al-Mutanabbi* (Cambridge, 1967).
T. Husayn, *Ma' al-Mutanabbi* (Il Cairo, 1962).
R. Blachère, *Un poète arabe du 4ème siècle de l'Hegire: Abou-t-Tayyib al-Mutanabbi* (Parigi, 1935).
* F. Gabrieli, *Studi su al-Mutanabbi* (Roma, Istituto per l'Oriente, 1972).
Ch. Pellat, *Le milieu basrien et la formation de Gahiz* (Parigi, 1953).
Ch. Pellat, *The Life and Works of Jahiz*, trad. inglese (Londra, 1969).

Identità regionale

U. Haarmann, «Regional sentiment in medieval Islamic Egypt», *Bulletin of the School of Oriental and African Studies*, vol. 43 (1980), pp. 55-66.
A. al-Duri, *al-Takwin al-tarikhi li'l-umma al-'arabiyya* (Beirut, 1984); trad. inglese A.A. Duri, *The Historical Formation of the Arab Nation* (Londra, 1987).

CAPITOLO IV. L'ELABORAZIONE DELL'ISLAM

Califfato e imamato

T.W. Arnold, *The Caliphate*, 2ª ed. (Londra, 1965).
W. Madelung, «Imama», *Encyclopaedia of Islam*, 2ª ed., vol. 3, pp. 1163-1169.
A.K.S. Lambton, *State and Government in Medieval Islam* (Londra, 1965).
T. Nagel, *Staat und Glaubensgemeinschaft in Islam*, 2 voll. (Zurigo, 1981).
P. Crone e M. Hinds, *God's Caliph* (Cambridge, 1986).
J.C. Wilkinson, *The Imamate Tradition of Oman* (Cambridge, 1987).

Teologia

I. Goldziher, *Vorlesungen über den Islam* (Heidelberg, 1910); trad. inglese A. e R. Hamori, *Introduction to Islamic Theology and Law* (Princeton, 1981).
H. Laoust, *Les schismes dans l'islam* (Parigi, 1965); trad. italiana *Gli scismi nell'Islam* (Genova, ECIG, 1990).
W.M. Watt, *The Formative Period of Islamic Thought* (Edimburgo, 1973).
A.J. Wensinck, *The Muslim Creed* (Cambridge, 1982).

J. van Ess, *Anfänge Muslimischer Theologie* (Wiesbaden, 1977).
M.A. Cook, *Early Muslim Dogma* (Cambridge, 1981).
L. Gardet e M.M. Anawati, *Introduction à la théologie musulmane*, 2ª ed. (Parigi, 1970).
W. Madelung, *Religious Schools and Sects in Medieval Islam* (Londra, 1985).
R.J. McCarthy, *The Theology of Al-Ash'ari* (Beirut, 1953).
G. Makdisi, «Ash'ari and the Ash'arites in Islamic religious thought», *Studia Islamica*, vol. 17 (1962), pp. 37-80; vol. 18 (1963), pp. 19-39.

Sciiti e isma'iliti

M. Momen, *An Introduction to Shi'i Islam* (New Haven, 1985).
S.M. Stern, *Studies in Early Isma'ilism* (Leida, 1983).
W. Madelung, *Der Imam al-Qasim ibn Ibrahim und die Glaubenslehre der Zaiditen* (Berlino, 1971).
W. Madelung, «Isma'iliyya», *Encyclopaedia of Islam*, 2ª ed., vol. 4, pp. 198-206.

Gli Hadith

Muhammad ibn Isma'il al-Bukhari, *al-Jami' al-sahih*, 8 voll. (Bulaq, 1296 *h*/ 1879), 3 voll. (Il Cairo, 1348 *h*/ 1930); trad. italiana (ampia scelta) S. Noja, V. Vacca, M. Vallaro, *Detti e fatti del Profeta dell'Islam raccolti da al-Buhari* (Torino, U.T.E.T., 1982).
I. Goldziher, *Muhammedanische Studien*, vol. 2 (Halle, 1890); trad. inglese a cura di S.M. Stern, *Muslim Studies*, vol. 2 (Londra, 1971).
G.H.A. Juynboll, *Muslim Tradition* (Cambridge, 1983).
W.A. Graham, *Divine Word and Prophetic Word in Early Islam* (L'Aia, 1977).

Diritto e giurisprudenza

J. Schacht, *The Origins of Muhammadan Jurisprudence* (Oxford, 1950).
J Schacht, *An Introduction to Islamic Law* (Oxford, 1964).
P. Crone, *Roman, Provincial and Islamic Law* (Cambridge, 1987).
N.J. Coulson, *A History of Islamic Law* (Edimburgo, 1964).
Muhammad ibn Idris al-Shafi'i, *al-Risala*, ed. a cura di A.M. Shakir (Il Cairo, 1357h/1938); trad. inglese M. Khadduri, *Islamic Jurisprudence* (Baltimora, 1961).
E. Tyan, *Histoire de l'organisation judiciaire en pays d'islam*, 2 voll. (Parigi, 1938-1943).

Sufismo

M. Molé, *Les mystiques musulmans* (Parigi, 1965).
J. Baldick, *Mystical Islam* (Londra, 1989).
A.M. Schimmel, *Mystical Dimensions of Islam* (Chapel Hill, North Carolina, 1975).
R.A. Nicholson, *The Mystics of Islam* (Londra, 1914).
R.A. Nicholson, *Studies in Islamic Mysticism* (Cambridge, 1921).
M. Smith, *Readings from the Mystics of Islam* (Londra, 1950).
L. Gardet e G.C. Anawati, *Mystique musulmane* (Parigi, 1961); trad. italiana *Mistica islamica* (Torino, S.E.I., 1950).
Harith ibn Asad al-Muhasibi, *Kitab al-nufus* (Beirut, 1984).
J. van Ess, *Die Gedankenwelt des Harit al-Muhasibi* (Bonn, 1961).
Muhammad ibn 'Ali al-Tirmidhi, *Kitab Khatm al-awliya*, ed. a cura di U. Yahya (Beirut, 1965).
Ahmad ibn 'Abd Allah al-Isbahani, *Hilyat al-awliya*, 10 voll. (Il Cairo, 1932-1938).

L. Massignon, *Essai sur les origines du lexique technique de la mystique musulmane* (Parigi, 1922).
L. Massignon, *La passion de Husayn ibn Mansour Hallaj, martyr mystique de l'islam*, 2ª ed., 4 voll. (Parigi, 1975); trad. inglese H. Mason, *The Passion of al-Hallaj, Mystic and Martyr of Islam*, 4 voll. (Princeton, 1982).
* M.M. Moreno, *Antologia della mistica arabo-persiana* (Bari, Laterza, 1980).

Filosofia

F. Rosenthal, *Das Fortleben der Antike in Islam* (Zurigo, 1965); trad. inglese *The Classical Heritage in Islam* (Londra, 1975).
R. Walzer, *Greek into Arabic* (Oxford, 1962).
M. Fakhry, *A History of Islamic Philosophy*, 2ª ed. (Londra, 1983).
G.F. Hourani, *Reason and Tradition in Islamic Ethics* (Cambridge, 1985).

PARTE SECONDA:
SOCIETÀ ARABE MUSULMANE (SECOLI XI-XV)

Cronache

'Izz al-Din 'Ali ibn al-Athir, *al-Kamil fi'l-tarikh*, 12 voll. (Il Cairo, 1884-1885).
Ahmad ibn 'Ali al-Maqrizi, *Kitab al-suluk li ma'rifat duwal al-muluk*, 8 parti (Il Cairo, 1934-1972).
Muhammad Lissan al-Din al-Khatib, *Kitab a'mal al-'alam*: vol. 3, *Tarikh al-Maghrib al-'arabi fi'l-'asr al-wasit* (Casablanca, 1964).

Geografi e viaggiatori

Muhammad ibn 'Abd Allah Ibn Battuta, *Tuhfat al-nuzzar fi ghara'ib al-amsar wa 'aja'ib al-safar*, ed. a cura di T. Harb, *Rihlat Ibn Battuta* (Beirut, 1987); trad. inglese H.A.R. Gibb, *The Travels of Ibn Battuta*, 3 voll. (Cambridge, 1958-1971).
Yaqut ibn 'Abd Allah al-Hamawi, *Mu'jam al-buldan*, 10 voll. (Il Cairo, 1906-1907).
Leone Africano, trad. francese A. Epaulard, *Jean Léon l'Africain, Description de l'Afrique*, 2 voll. (Parigi, 1956); trad. inglese J. Pory, *The History and Description of Africa*, 3 voll. (Londra, 1896).

Documenti

S.M. Stern (a cura di), *Fatimid Decrees* (Londra, 1964).
S.M. Stern (a cura di), *Documents from Islamic Chanceries* (Oxford, 1965).
D. Little, *A Catalogue of the Islamic Documents from al-Haram al Šarif in Jerusalem* (Beirut, 1984).

Panoramica

G.E. von Grunebaum, *Medieval Islam* (Chicago, 1953).

CAPITOLO VI. LA CAMPAGNA

Produzione agricola e irrigazione

R.M. Adams, *Land Behind Baghdad* (Chicago, 1965).
J.C. Wilkinson, *Water and Tribal Settlement in South-East Arabia* (Oxford, 1977).
J. Weulersse, *Paysans de Syrie et du proche-orient* (Parigi, 1946).
H.M. Rabie, *The Financial System of Egypt A.H. 564-741/1169-1341* (Londra, 1972).
T.F. Glick, *Irrigation and Society in Medieval Valencia* (Cambridge, 1970).

M. Mundy, «The Family, Inheritance and Islam» in A. al-Azmeh (a cura di), *Islamic Law: Social and Historical Contexts* (Londra, 1988).

Tribù e autorità

R. Montagne, *La civilisation du désert* (Parigi, 1947).
C. Cahen, «Nomades et sédentaires dans le monde musulman du moyen âge», in Cahen, *Les peuples musulmans dans l'histoire médiévale* (Damasco, 1947), pp. 423-437.
P. Dresch, *Tribes, Government and History in Yemen* (Oxford, 1989).
J. Berque, *Structures sociales du Haut Atlas*, 2ª ed. (Parigi, 1978).
E.E. Evans-Pritchard, *The Sanusi of Cyrenaica* (Oxford, 1949).
A. Musil, *The Manners and Customs of the Rwala Bedouins* (New York, 1928).
W. Lancaster, *The Rwala Bedouin Today* (Cambridge, 1981).
J. Pitt-Rivers (a cura di), *Mediterranean Countrymen* (Parigi, 1963).
J.G. Peristiany (a cura di), *Honour and Shame* (Londra, 1965).
L. Abu Lughod, *Veiled Sentiments* (Berkeley, 1986).

CAPITOLO VII. LA VITA DELLE CITTÀ

Le città in generale

A.H. Hourani e S.M. Stern (a cura di), *The Islamic City* (Oxford, 1970).
I.M. Lapidus, *Muslim Cities in the Later Middle Ages* (Cambridge, Massachusetts, 1967).

Le dimensioni delle città

A. Raymond, «La population du Caire de Maqrizi à la description de l'Egypte», *Bulletin d'Études Orientales*, vol. 28 (1975), pp. 201-215.
J.C. Russell, *Medieval Regions and their Cities* (Bloomington, Indiana, 1972).
M. Dols, *The Black Death in the Middle East* (Princeton, 1977).

Crescita e forma delle città

Il Cairo:

J. Abu Lughod, *Cairo: 1001 years of the City Victorious* (Princeton, 1971).
J.M. Rogers, «al-Kahira», *Encyclopaedia of Islam*, 2ª ed., vol. IV, pp. 424-441.

Damasco

J. Sauvaget, «Esquisse d'une histoire de la ville de Damas», *Revue des Études Islamiques*, vol. 8 (1934), pp. 421-480.

Aleppo

J. Sauvaget, *Alep* (Parigi, 1941).
H. Gaube e E. Wirth, *Aleppo: historische und geographische Beiträge* (Wiesbaden, 1984).

Gerusalemme

M. Burgoyne e D.S. Richards, *Mamluk Jerusalem: an architectural study* (Londra, 1987).

Baghdad

G. Makdisi, «The Topography of eleventh century Baghdad», *Arabica*, vol. 6 (1959), pp. 178-197, 281-309.

Qus

J.C. Garcin, *Un centre musulman de la Haute-Egypte médiéval: Qus* (Il Cairo, 1976).

San'a

R.B. Serjeant e R. Lewcock (a cura di), *San'a, an Arabian Islamic City* (Londra, 1983).

Fez

R. Le Tourneau, *Fez in the Age of the Marinids* (Norman, Oklahoma, 1961).
R. Le Tourneau, *Fès avant le protectorat* (Casablanca, 1949).

La vita di una grande città: il Cairo

Ahmad ibn 'Ali al-Maqrizi, *al-Mawa'iz wa'l-i'tibar fi dhikr al-khitat wa'l-akhbar*, ed. a cura di G. Wiet, 5 voll. (Il Cairo, 1911); indici: A.A. Haridi, *Index analytique des ouvrages d'Ibn Duqmaq et de Maqrizi sur le Caire*, 3 voll. (Il Cairo, 1983-1984).
S.D. Goitein, *A Mediterranean Society*, 5 voll. (Berkeley, 1967-1988).
E.W. Lane, *The Manners and Customs of the Modern Egyptians* (Londra, 1836 e ristampe).

Commerci e mercati

G. Wiet e A. Raymond, *Les marchés du Caire* (Il Cairo, 1979).
E. Wirth, «Zum Probleme des Bazars», *Der Islam*, vol. 51 (1974), pp. 203-260; vol. 52 (1975), pp. 6-46.
S.Y. Habib, *Handelsgeschichte Ägyptens im Spätmittelalten 1171-1517* (Wiesbaden, 1965)
R. Lopez, H. Miskimin, A.L. Udovitch, «England to Egypt: long-term trends and long-distance trade» in M.A. Cook (a cura di), *Studies in the Economic History of the Middle East* (Londra, 1970), pp. 93-128.
A.L. Udovitch, *Partnership and Profit in Medieval Islam* (Princeton, 1970).
M. Rodinson, *Islam et capitalisme* (Parigi, 1966); trad. inglese *Islam and Capitalism* (Londra, 1974); trad. italiana *Islam e capitalismo* (Torino, Einaudi,1968).

Componenti della popolazione

B. Musallam, *Sex and Society in Islam* (Cambridge, 1983).
B. Lewis, *The Jews of Islam* (Londra, 1984).
R. Brunschvig, «'Abd», *Encyclopaedia of Islam*, 2ª ed., vol. 1, pp. 24-40.
G. Rotter, *Die Stellung des Negers in der islamisch-arabischen Gesellschaft bis zum 16ten Jahrhundert* (Bonn, 1967).

La vita domestica

J.C. Garcin et al., *Palais et maisons du Caire: l'époque mamelouk* (13e-16e siècle) (Parigi, 1982).
D. Waines, «Cuisine» in T. Mostyn e A. Hourani (a cura di), *The Cambridge Encyclopaedia of the Middle East and North Africa* (Cambridge, 1988), pp. 240-243.

CAPITOLO VIII. LE CITTÀ E I LORO GOVERNANTI

Eserciti

V.J. Parry e M.E. Yapp (a cura di), *War, Technology and Society in the Middle East* (Londra, 1975).

D. Ayalon, *Gunpowder and Firearms in the Mamluk Kingdom* (Londra, 1956).
D. Ayalon, *The Mamluk Military Society* (Londra, 1979).

Lealismi

R. Mottahedeh, *Loyalty and Leadership in an Early Islamic Society* (Princeton, 1980).
C. Cahen, «Mouvements populaires et autonomisme urbain dans l'Asie musulmane du moyen âge», *Arabica*, vol. 5 (1958), pp. 225-250, vol. 6 (1959), pp. 25-56, 233-265.

L'amministrazione

C.F. Petry, *The Civilian Élite of Cairo in the Later Middle Ages* (Princeton, 1981).
J.P. Nielsen, *Secular Justice in an Islamic State: mazalim under the Bahri Mamlukes* (Leida, 1985).
R. Brunschvig, «Urbanisme médiéval et droit musulman», *Revue des Études Islamiques* (1947), pp. 127-155.
R. Johansen, «*Amwal zahira wa amwal batina*: town and countryside as reflected in the tax-system of the Hanafite School», in W. al-Qadi (a cura di), *Studia Arabica and Islamica* (Beirut, 1981), pp. 247-263.
B. Johansen, «The all-embracing town and its mosques», *Revue de l'Occident Musulman et de la Méditerranée*, vol. 32 (1981), pp. 139-161.
A. Raymond, «Espaces publics et espaces privés dans les villes arabes traditionnelles», *Maghreb Mashrek*, n° 123 (1989), pp. 194-201.

Il controllo delle terre

C. Cahen, «L'évolution de l'*iqta'* de 9e au 13 e siècle», in Cahen, *Les peuples musulmans dans l'histoire médiévale* (Damasco, 1977), pp. 231-269.
A.K.S. Lambton, «The evolution of the *iqta'* in medieval Iran», *Iran*, vol. 5 (1967), pp. 41-50.

Teorie politiche

'Ali ibn Muhammad al-Mawardi, *al-Ahkam al-sultaniyya* (Il Cairo, 1298h / 1881); trad. francese E. Fagnan, *Les statuts gouvernementaux*, ristampa (Parigi, 1982).
Husayn ibn 'Ali, Nizam al-Mulk, *Siyaset-name*; trad. inglese H. Darke, *The Book of Government, or Rules for Kings*, 2ª ed. (Londra, 1978).
Ahmad ibn Taymiyya, *al-Siyasa al-shar'iyya fi islah al ra'y wa'l-ra'iyya* (Baghdad, s. d.); trad. francese H. Laoust, *Le traité de droit public d'Ibn Taimiya* (Beirut, 1948).
Muhammad al-Farabi, *Ara ahl al-madina al-fadila*; testo e trad. inglese R. Walzer, *Al-Farabi on the Perfect State* (Oxford, 1985).

CAPITOLO IX. ASPETTI DELL'ISLAM

I pilastri dell'Islam

G.E. von Grunebaum, *Muhammadan Festivals* (New York, 1951).
M. Gaudefroy-Demombynes, *Le pélerinage à la Mekke* (Parigi, 1923).
J. Jomier, *Le mahmal et la caravane égyptienne des pélerins de la Mecque 13e-20e siècle* (Il Cairo, 1953).
'Ali ibn Abi Bakr al-Harawi, *Kitab al-isharat ila ma'rifat al-ziyarat* (Damasco, 1957); trad. francese J. Sourdel-Thomine, *Guide des lieux de pélerinage* (Damasco, 1957).
R. Peters, *Islam and Colonialism: the doctrine of jihad in modern history* (L'Aja, 1979), pp. 9-37.

Santi e Sufi

J.S. Trimingham, *The Sufi Orders in Islam* (Oxford, 1971).
C. Padwick, *Muslim Devotions* (Londra, 1961).
J.A. Williams (a cura di), *Themes of Islamic Civilization* (Berkeley, 1971), «The friends of God», pp. 307-370.
I. Goldziher, *Muhammedanische Studien*, Vol. 2 (Halle, 1890), pp. 277-378; trad. inglese S.M. Stern, *Muslim Studies*, vol. 2 (Londra, 1971), «Veneration of saints in Islam», pp. 255-341.
T. Canaan, *Mohammadan Saints and Sanctuaries in Palestine* (Londra, 1927).
J.S. Macpherson, *The Mawlids of Egypt* (Il Cairo, 1941).
E.A. Westermarck, *Pagan Survivals in Mohammedan Civilization* (Londra, 1933).
* V. Vacca (a cura di), *Vite e detti di Santi musulmani* (Torino, U.T.E.T., 1968).

Il Mahdismo

W. Madelung, «al-Mahdi», *Encyclopaedia of Islam*, 2ª ed., vol. 5, pp. 1230-1238.
I. Goldziher (a cura di), *Le livre de Mohamed ibn Tumart, mahdi des Almohades* (Algeri, 1903).

CAPITOLO X. LA CULTURA DEGLI 'ULAMA

I codici di leggi

L. Milliot, *Introduction à l'étude du droit musulman* (Parigi, 1953).
'Abd Allah ibn Abi Zayd al-Qayrawani, *Risala*; testo e trad. francese L. Bercher, *La Risala ou Epitre sur les éléments du dogme et de la loi de l'islam selon le rite malekite* (Algeri, 1949).
'Abd Allah ibn Ahmad ibn Qudama, *Kitab al-'umda fi ahkam al-fiqh* (Il Cairo, 1933); trad. francese H. Laoust, *Le précis de droit d'Ibn Qudama* (Beirut, 1950).
J. Berque, «'Amal», *Encyclopaedia of Islam*, 2ª ed., vol. 1, pp. 427-428.
A. Layish e A. Shmueli, «Customs and *shari'a* in the Beduin family according to legal documents from the Judaean desert», *Bulletin of the School of Oriental and African Studies*, vol. 42 (1979), pp. 29-45.
*D. Santillana, *Istituzioni di diritto musulmano malichita*, 2 voll. (Roma, Istituto per l'Oriente, 1925-1938).

Le madrasa

G. Makdisi, *The Rise of Colleges: institutions of learning in Islam and the West* (Edimburgo, 1981).
J. Berque, «Ville et université: aperçu sur l'histoire de l'école de Fès», *Revue Historique du Droit Français et Etranger*, vol. 27 (1949), pp. 64-117.

Dizionari biografici

H.A.R. Gibb, «Islamic biographical literature», in B. Lewis e P.M. Holt (a cura di), *Historians of the Middle East* (Londra, 1962), pp. 54-58.
Ahmad ibn Khallikan, *Wafayat al-a'yan wa anba abna al-zaman*, a cura di I. 'Abbas, 8 voll. (Beirut, 1968-1972).

al-Gazali

W.M. Watt, *Muslim Intellectual* (Edimburgo, 1963).
Muhammad al-Ghazali, *Ihya 'ulum al-din*, 4 voll. (Il Cairo, 1916).
G.H. Bousquet, *Ihya ouloum ed-din ou vivification des sciences de la foi: analyse et index* (Parigi, 1955).

Muhammad al-Ghazali, *al-Munqidh min al-dalal*, edizione a cura di J. Saliba e K. 'Ayyad (Damasco, 1939); trad. inglese R.J. McCarthy, *Freedom and Fulfilment* (Boston, 1980).

F. Jabr, *La notion de la ma'rifa chez Ghazali* (Beirut, 1958).

* Muhammad al-Ghazali, *Scritti scelti*, a cura di L. Veccia Vaglieri e R. Rubinacci (Torino, U.T.E.T., 1970).

* V. M. Poggi, *Un classico della spiritualità musulmana. Saggio monografico sul «Munqidh» di al-Ghazali* (Roma, Univ. Gregoriana, 1967).

CAPITOLO XI. INDIRIZZI DI PENSIERO DIVERGENTI

La filosofia

L. Gardet, *La pensée religieuse d'Avicenne* (Parigi, 1955).

W.E. Gohlman (edizione e traduzione), *The Life of Ibn Sina* (Albany, New York, 1974).

al-Husayn ibn 'Abd Allah ibn Sina, *Kitab al-isharat wa'l-tanbihat*, ed. a cura di S. Dunya, 4 voll. (Il Cairo, 1957-1960); trad. francese A.M. Goichon, *Livre des directives et remarques* (Parigi, 1951).

A.M. Goichon, *Lexique de la langue philosophique d'Ibn Sina* (Pargi, 1938).

Muhammad al-Ghazali, *Tahafut al-falasifa*, ed. a cura di S. Dunya, 3ª ed. (Il Cairo, 1964).

Muhammad ibn Ahmad ibn Rushd, *Tahafut al-tahafut*, ed. a cura di S. Dunya (Il Cairo, 1964); trad. inglese S. van den Bergh (Londra, 1954).

Muhammad ibn Ahmad ibn Rushd, *Fasl al-maqal*, ed. a cura di G.F. Hourani (Leida, 1959); trad. inglese G.F. Hourani, *Averroes on the Harmony of Religion and Philosophy* (Londra, 1961).

Ibn 'Arabi

Muhyi al-Din ibn 'Arabi, *Fusus al-hikam*, ed. a cura di A. 'Afifi (Il Cairo, 1946); trad. inglese R.J.W. Austin, *The Bezels of Wisdom* (Londra, 1980).

A.E. Affifi, *The Mystical Philosophy of Muhyid Din Ibnul Arabi* (Cambridge, 1939).

O. Yahia, *Histoire et classification de l'œuvre d'Ibn 'Arabi*, 2 voll. (Damasco, 1964).

T. Izutsu, *Sufism and Taoism: a comparative study of key philosophical concepts*, ed. riveduta (Berkeley, 1984).

Ibn Taymiyya

H. Laoust, *Essai sur les doctrines sociales et politiques de Taki-d-Din Ahmad b. Taimiya* (Il Cairo, 1939).

Il pensiero sciita

H. Modarressi Tabataba'i, *An Introduction to Shi'i Law* (Londra, 1984).

D.M. Donaldson, *The Shi'ite Religion* (Londra, 1933).

E. Kohlberg, «From Imamiyya to Ithna'ashariyya», *Bulletin of the School of Oriental and African Studies*, vol. 39 (1976), pp. 521-534).

I Drusi

M.G.S. Hodgson, «Duruz», *Encyclopaedia of Islam*, 2ª ed., vol. 2, pp. 631-634.

D. Bryer, «The origins of the Druze religion», *Der Islam*, vol. 52 (1975), pp. 47-84, 239-262; vol. 53 (1976), pp. 5-27.

N.M. Abu Izzeddin, *The Druzes* (Leida, 1984).

BIBLIOGRAFIA

Cristiani ed Ebrei

A.S. Atiya, *A History of Eastern Christianity* (Londra, 1968).
G. Graf, *Geschichte der christlichen arabischen Literatur*, 5 voll. (Città del Vaticano, 1944-1953).
N. Stillman (a cura di), *The Jews of Arab Lands* (Filadelfia, 1979).

Convivenza di culti

F.W. Hasluck, *Christianity and Islam under the Sultans*, 2 voll. (Oxford, 1929).
N. Slousch, *Travels in North Africa* (Filadelfia, 1927).

CAPITOLO XII. LA CULTURA DELLE CORTI E QUELLA DEL POPOLO

La società e la cultura andaluse

E. Lévi-Provençal, *La civilisation arabe en Espagne* (Il Cairo, 1938).
T.F. Glick, *Islamic and Christian Spain in the Early Middle Ages* (Princeton, 1979).
R.I. Burns, *Islam under the Crusades: colonial survival in the thirteenth-century kingdom of Valencia* (Princeton, 1973).

Arte e architettura

K.A.C. Creswell, *The Muslim Architecture of Egypt*, 2 voll. (Oxford, 1952-1959).
G. Marçais, *L'architecture musulmane de l'occident* (Parigi, 1954).
O. Grabar, *The Alhambra* (Londra, 1975).
R. Ettinghausen, *Arab Painting* (Losanna, 1962).
O. Grabar, *The Illustrations of the Maqamat* (Chicago, 1984).
A. Lane, *Early Islamic Pottery* (Londra, 1947).
A. Lane, *Later Islamic Pottery*, 2ª ed. (Londra, 1971).
J.W. Allan, *Islamic Metalwork: the Nuhad es-Said collection* (Londra, 1982).
J. Lehrman, *Earthly Paradise: garden and courtyard in Islam* (Londra, 1980).
J. Dickie, «The Hispano-Arab garden», *Bulletin of the School of Oriental and African Studies*, vol. 31 (1958), pp. 237-248.

Letteratura

I. 'Abbas, *Tarikh al-adab al-andalusi*, 2ª ed., 2 voll. (Beirut, 1969-1971).
S.M. Stern, *Hispano-Arabic Strophic Poetry* (Oxford, 1974).
Ahmad ibn 'Abd Allah ibn Zaydun, *Diwan*, ed. a cura di K. al-Bustani (Beirut, 1951).
Abu Bakr ibn al-Tufayl, *Hayy ibn Yaqdhan*, ed. a cura di J. Saliba e K. 'Ayyad, 5ª ed. (Damasco, 1940); trad. inglese L.E. Goodman, *Hayy ibn Yaqzan* (New York, 1972); trad. italiana P. Carusi, *Epistola di Hayy ibn Yaqzan - I segreti della filosofia orientale* (Milano, Rusconi, 1983).
D. Goldstein (a cura di), *The Jewish Poets of Spain 900-1250* (Harmondsworth, Middlesex, 1971).
M.M. Badawi, «Medieval Arabic drama: Ibn Daniyal», *Journal of Arabic Literature*, vol. 13 (1982), pp. 83-107.
Y. Eche, *Les bibliothèques arabes* (Damasco, 1962).

Letteratura e saghe popolari

P.J. Cachia, *Narrative Ballads of Modern Egypt* (Oxford, 1988).
H.T. Norris, *The Adventures of Antar* (Warminster, Wiltshire, 1988).
H.T. Norris, *Saharan Myth and Saga* (Oxford, 1972).
A. Miquel e P. Kemp, *Majnun et Layla: l'amour fou* (Parigi, 1984).

M. Mahdi, *Kitab alf layla wa layla* (Leida, 1984).
D.B. Macdonald, «The earlier history of the Arabian Nights», *Journal of the Royal Asiatic Society* (1924), pp. 353-397.
P. Heath, «Romance as genre in The Thousand and One Nights», *Journal of Arabic Literature*, vol. 18 (1987), pp. 1-21; vol. 19 (1988), pp. 1-26.
* *Le mille e una notte* - prima versione integrale dall'arabo diretta da F. Gabrieli (Torino, Einaudi, 1ª ed. 1948, numerose ed. successive)

Musica

H.G. Farmer, *A History of Arabian Music* (Londra, 1929).
Abu'l-Faraj al-Isbahani, *Kitab al-aghani*, 30 voll. (Il Cairo, 1969-1979).
Muhammad al-Ghazali, *Ihya 'ulum al-din* (Il Cairo, 1916), vol. 2, pp. 236-269; trad. inglese D.B. Macdonald, «Emotional religion in Islam as affected by music and singing», *Journal of the Royal Asiatic Society* (1901), pp. 198-252, 705-748; (1902), pp. 1-28.
O. Wright, «Music», in J. Schacht e C.E. Bosworth (a cura di), *The Legacy of Islam* (Oxford, 1974), pp. 489-505.
O. Wright et al., «Arabic music» in S. Sadie (a cura di), *The New Grove Dictionary of Music and Musicians* (London, 1980), vol. 1, pp. 514-539.
E. Neubauer, «Islamic religious music» in *The New Grove Dictionary of Music and Musicians*, vol. 9, pp. 342-349.
O. Wright, *The Modal System of Arab and Persian Music A.D. 1250-1300* (Oxford, 1978).
* H. Hassan Touma, *La musica degli Arabi* (Firenze, Sansoni, 1982).

Scienza e medicina

A.I. Sabra, «The scientific enterprise» in B. Lewis (a cura di), *The World of Islam* (Londra, 1976), pp. 181-200.
A.I. Sabra, «The exact sciences», in J.R. Hayes (a cura di), *The Genius of Arab Civilization* (Londra, 1976).
J. Vernet, «Mathematics, astronomy, optics» in J. Schach e C.E. Bosworth (a cura di), *The Legacy of Islam* (Oxford, 1974), pp. 461-489.
M. Ullmann, *Islamic Medicine*, Edimburgo, 1978).
M. Ullmann, *Die Medizin in Islam* (Leida, 1970).
P. Johnstone, «Tradition in Arabic Medicine», *Palestine Exploration Quarterly*, vol. 107 (1975), pp. 23-37.

Scienze occulte

L. Thorndike, *A History of Magic and Experimental Science*, vol. 1, parti 1 e 2 (New York, 1934).
M. Ullmann, *Die Natur und Geheimwissenschaften in Islam* (Leida, 1972).
G.E. von Grunebaum e R. Caillois (a cura di), *The Dream and Human Societies* (Berkeley, 1966).

PARTE TERZA:
L'ETÀ OTTOMANA (SECOLI XVI-XVIII)

Storie generali

P. Kinross, *The Ottoman Centuries: the rise and fall of the Turkish empire* (Londra, 1977).
S.J. e E. Shaw, *A History of the Ottoman Empire and Turkey*, 2 voll. (Cambridge, 1976-1977).
R. Mantran (a cura di), *Histoire de l'empire ottoman* (Parigi, 1989).
I.H. Uzunçarsılı, *Osmanlı Tarihi*, voll. 1-4, nuova ed. (Ankara, 1982-1983).

E.Z. Karal, *Osmanlı Tarihi*, voll. 6-8, nuova ed. (Ankara, 1983).
A.K. Rafiq, *Bilad al-Sham wa Misr 1516-1798*, 2ª ed. (Damasco, 1968).

CAPITOLO XIII. L'IMPERO OTTOMANO

Ascesa della potenza ottomana

P. Wittek, *The Rise of the Ottoman Empire* (Londra, 1971).
R.P. Lindner, *Nomads and Ottomans in Medieval Anatolia* (Bloomington, Indiana, 1983).
A. Hess, *The Forgotten Frontier: a history of the sixteenth century Ibero-African frontier* (Chicago, 1978).
A. Hess, «The evolution of the Ottoman seaborne empire in the age of the oceanic discoveries, 1453-1525», *American Historical Review*, vol. 75 (1970), pp. 1892-1919.
R.H. Savory, *Iran under the Safavids* (Londra, 1980).
F. Braudel, *La Méditerranée et le monde méditerranéen à l'époque de Philippe II*, 2ª ed., 2 voll. (Parigi, 1966); trad. inglese *The Mediterranean and the Mediterranean World in the Age of Philip II*, 2 voll. (Londra, 1972-1973); trad. it. *Civiltà e imperi del Mediterraneo nell'età di Filippo II*, 2 voll. (Torino, Einaudi 1986).

La struttura di governo

H. Inalcık, *The Ottoman Empire: the classical age, 1300-1600* (Londra, 1973).
H. Inalcık, *The Ottoman Empire: conquest, organization and economy* (Londra, 1976).
A.D. Alderson, *The Structure of the Ottoman Dynasty* (Oxford, 1956).
I.H. Uzunçarsılı, *Osmanlı Devletinin Teşkilâtinden Kapukulu Ocakları*, 2 voll. (Ankara, 1943-1944).
I.H. Uzunçarsılı, *Osmanlı Devletinin Saray Teşkilâtı* (Ankara, 1945).
N. Itzkowitz, *Ottoman Empire and Islamic Tradition* (New York, 1972).
C. Fleischer, *Bureaucrat and Intellectual in the Ottoman Empire* (Princeton, 1986).
M. Kunt, *The Sultan's Servants: the transformation of Ottoman provincial government 1550-1650* (New York, 1983).
O.G. de Busbecq, *The Turkish Letters of Ogier Ghiselle de Busbecq*, trad. inglese (Oxford, 1927).
P. Rycaut, *The History of the Present State of the Ottoman Empire*, 4ª ed. (Londra, 1675).

Esempi di documenti ottomani

Ö.L. Barkan, *Kanunlar* (Istanbul, 1943).
R. Mantran e J. Sauvaget, *Règlements fiscaux ottomans: les provinces syriennes* (Beirut, 1951).
R. Mantran, «Règlements fiscaux: la province de Bassora», *Journal of the Economic and Social History of the Orient*, vol. 10 (1967), pp. 224-277.
U. Heyd, *Documents on Palestine 1552-1615* (Oxford, 1960).
R. Mantran, *Inventaire des documents d'archive turcs du Dar el-Bey (Tunis)* (Parigi, 1961).
A. Temimi, *Sommaire des registres arabes et turcs d'Alger* (Tunisi, 1979).

Organizzazione religiosa e giudiziaria

I.H. Uzunçarsılı, *Osmanlı Devletinin Ilmiye Teşkilâtı* (Ankara, 1965).
U. Heyd, *Studies in Old Ottoman Criminal Law* (Oxford, 1973).
U. Heyd, «Some aspects of the Ottoman fetva», *Bulletin of the School of Oriental and African Studies*, vol. 32 (1969), pp. 35-56.

R.C. Repp, *The Mufti of Istanbul* (Londra, 1986).
R.C. Repp, «Some observations on the development of the Ottoman learned hierarchy», in N. Keddie (a cura di), *Scholars, Saints and Sufis* (Berkeley, 1972), pp. 17-32.

Il governo delle province arabe

A. Raymond, «Les provinces arabes 16e-18e siècle» in R. Mantran (a cura di), *Histoire de l'empire ottoman* (Parigi, 1989), pp. 341-420.
P.M. Holt, *Egypt and the Fertile Crescent 1516-1922* (Londra, 1962).
P.M. Holt, *Studies in the History of the Near East* (Londra, 1973).
S.H. Longrigg, *Four Centuries of Modern Iraq* (Oxford, 1925).
A.M. al-'Azzawi, *Tarikh al-'Iraq bayn ihtilalayn*, 5 voll. (Baghdad, 1935-1956).
A. Abu-Husayn, *Provincial Leadership in Syria 1575-1650* (Beirut, 1985).
K.S. Salibi, *The Modern History of Lebanon* (Londra, 1965).
A. Cohen e B. Lewis, *Population and Revenue in the Towns of Palestine in the Sixteenth Century* (Princeton, 1978).
W.D. Hütteroth e K. Abdelfattah, *Historical Geography of Palestine, Transjordan and Southern Syria in the Late 16th Century* (Erlangen, 1972).

CAPITOLO XIV. LE SOCIETÀ OTTOMANE

Popolazione

Ö.L. Barkan, «Essai sur les données statistiques des registres de recensement dans l'empire ottoman aux 15e et 16e siècles», *Journal of the Economic and Social History of the Orient*, vol. 1 (1958), pp. 9-36.
M.A. Cook, *Population Pressure in Rural Anatolia 1450-1600* (Londra, 1972).
D. Panzac, *La peste dans l'empire ottoman* (Lovanio, 1985).

Commerci

S. Faroghi, *Towns and Townsmen of Ottoman Anatolia: trade, crafts and food-production in an urban setting 1520-1620* (Cambridge, 1984).
S. Faroghi, *Peasants, Dervishes and Traders in the Ottoman Empire* (Londra, 1986).
R. Mantran, «L'empire ottoman et le commerce asiatique aux 16e et 17e siècles», in D.S. Richards (a cura di), *Islam and the Trade of Asia* (Oxford, 1970), pp. 169-179.

Istanbul

H. Inalcık, «Istanbul», *Encyclopaedia of Islam*, 2ª ed., vol. 4, pp. 224-248.
R. Mantran, *Istanbul dans la seconde moitié du 17e siècle* (Parigi, 1962).
L. Güçer, «Le commerce intérieur des céréales dans l'empire ottoman pendant la seconde moitié du 16e siècle», *Revue de la Faculté des Sciences Economiques de l'Université d'Istanbul*, vol. 11 (1949-50), pp. 163-188.
L. Güçer, «L'approvisionnement d'Istanbul en céréales vers le milieu du 18e siècle», *ivi*, pp. 153-162.

Le città arabe

A. Raymond, *The Great Arab Cities in the 16th-18th Centuries* (New York, 1984).
A. Raymond, *Les grandes villes arabes à l'époque ottomane* (Parigi, 1985).
A. Tamimi (a cura di), *al-Hayat al-iqtisadi li'l-wilayat al-'arabiyya wa masdiruha fi'l-'ahd al-'uthmani*, 3 voll.: voll. 1 e 2 in arabo; vol. 3 in francese e in inglese (Zaghouan, Tunisia, 1986).

A. Abdel-Nour, *Introduction à l'histoire urbaine de la Syrie ottomane* (Beirut, 1982).

Edifici

G. Goodwin, *A History of Ottoman Architecture* (Londra, 1971).
J. Revault, *Palais et demeures de Tunis, 16e et 17e siècles* (Parigi, 1967).
B. Maury et al., *Palais et maisons du Caire: époque ottomane, 16e-18e siècle* (Parigi, 1967).

Religione e letteratura

N. Keddie (a cura di), *Scholars, Saints and Sufis* (Berkeley, 1972).
L.W. Thomas, *A Study of Naima* (New York, 1972).
A. Abdesselam, *Les Historiens tunisiens des 17e, 18e et 19e siècles* (Parigi, 1973).
J. Berque, *L'intérieur du Maghreb 15e-19e siècles* (Parigi, 1978).
J. Berque, *Ulémas, fondateurs, insurgés du Maghreb* (Parigi, 1982).
B. Braude e B. Lewis (a cura di), *Christians and Jews in the Ottoman Empire*, 2 voll. (New York, 1982).
S. Runciman, *The Great Church in Captivity* (Cambridge, 1968).
G. Scholem, *Sabbatai Sevi: The Mystical Messiah, 1626-1676* (Londra, 1973).

Sudan

P.M. Holt e M.W. Daly, *A History of the Sudan*, 4ª ed. (Londra, 1988).

Marocco

Ahmad al-Nasiri al-Salawi, *Kitab al-istiqsa li akhbar duwal al-maghrib al-aqsa*, 9 voll. (Casablanca, 1954-1956); trad. francese «Histoire des dynasties du Maroc», *Archives Marocaines*, voll. 9 (1906), 10 (1907), 30 (1923), 31 (1925), 32 (1927), 33 (1934).
H. de Castries, *Les sources inédites de l'histoire du Maroc de 1530 à 1845*, 26 voll. (Parigi, 1905-1906).
E. Lévi-Provençal, *Les historiens des chorfa* (Parigi, 1922).
J. Berque, *Al-Yousi: problèmes de la culture marocaine au 17e siècle* (Parigi, 1958).

CAPITOLO XV. MUTAMENTI NEGLI EQUILIBRI DI POTERE NEL XVIII SECOLO

Introduzione generale

T. Naff e R. Owen (a cura di), *The Islamic World in the 18th Century* (Carbondale, Illinois, 1977).

Il governo centrale

I. Moradgea d'Ohsson, *Tableau général de l'empire ottoman*, 7 voll. (Parigi, 1788-1924).
H. A. R. Gibb e H. Bowen, *Islamic Society and the West*, vol. 1, parte I (Londra, 1950).
N. Itzkowitz, «Eighteenth century Ottoman realities», *Studia Islamica*, vol. 16 (1961), pp. 73-94.
R.A. Abou-el-Haj, *The 1703 Rebellion and the Structure of Ottoman Politics* (Istanbul, 1984).
M. Aktepe, *Patrona Isyanı 1730* (Istanbul, 1958).

Le province arabe

P. Kemp, *Territoires d'Islam: le monde vu de Mossoul au 18e siècle* (Parigi, 1982).

H.L. Bodman, *Political Factors in Aleppo 1760-1826* (Chapel Hill, North Carolina, 1963).
A. Russell, *The Natural History of Aleppo*, 2ª ed., 2 voll. (Londra, 1794).
J.L. Burckhardt, *Travels in Syria and the Holy Land* (Londra, 1822).
A.K. Rafeq, *The Province of Damascus 1723-1783* (Beirut, 1966).
K.K. Barbir, *Ottoman Rule in Damascus 1708-1758* (Princeton, 1980).
K.K. Barbir, «From pasha to efendi: the assimilation of Ottomans into Damascene society 1516-1783», *International Journal of Turkish Studies*, vol. I (1979-1980), pp. 63-83.
A. Cohen, *Palestine in the Eighteenth Century* (Gerusalemme, 1973).
A. al-Budayri al-Hallaq, *Hawadith Dimashq al-yawmiyya* (Il Cairo, 1959).
A. Raymond, *Artisans et commerçants au Caire au 18e siècle*, 2 voll. (Damasco, 1973-74).
A. Raymond, «Problèmes urbains et urbanisme au Caire aux 17e et 18e siècles», in A. Raymond et al. (a cura di), *Actes du colloque international sur l'histoire du Caire* (Il Cairo, 1973), pp. 353-372.
A. Raymond, «Essai de géographie des quartiers de résidence aristocratique au Caire au 18e siècle», *Journal of the Economic and Social History of the Orient*, vol. 6 (1963), pp. 58-103.
Description de l'Egypte, 9 voll. testo, 14 voll. tavole (Parigi, 1809-1828).
C.F. Volney, *Voyages en Syrie et en Egypte*, 2 voll. (Parigi, 1787); trad. inglese *Travels through Syria and Egypt*, 2 voll. (Dublino, 1793).
'Abd al-Rahman al-Jabarti, *'Aja'ib al-athar fi'l-tarajim wa'l-akhbar*, 4 voll. (Bulaq, 1879-80).

Arabia

C. Niebuhr, *Reisebeschreibung nach Arabien*, 3 voll. (Copenhagen, 1774-1778); trad. inglese *Travels through Arabia*, 2 voll. (Edimburgo, 1792).

Il Maghreb

L. Valensi, *Le Maghreb avant la prise d'Alger 1790-1830* (Parigi, 1969); trad. inglese *On the Eve of Colonialism* (New York, 1977).
M.H. Chérif, *Pouvoir et société dans la Tunisie de Husain bin 'Ali*, 2 voll. (Tunisi, 1984-1986).
Muhammad ibn Tayyib al-Qadiri, ed. a cura di N. Cigar, *Nashr al-mathani* (Londra, 1981).

Trasformazioni economiche

A. Raymond, «L'impact de la pénétration européenne sur l'économie de l'Egypte au 18e siècle», *Annales Islamologiques*, 18 (1982), pp. 217-235.
R. Paris, *Histoire du commerce de Marseille*, vol. 5: Le Levant (Parigi, 1957).
R. Davis, *Aleppo and Devonshire Square* (Londra, 1967).
M. von Oppenheim, *Die Beduinen*, 4 voll. (Lipsia/Wiesbaden, 1939-1967).
A.A. 'Abd al-Rahim, *al-Rif al-misri fi'l-qarn al-thamin 'ashar* (Il Cairo, 1974).
K.M. Cuno, «The origins of private ownership of land in Egypt: a reappraisal», *International Journal of Middle East Studies*, vol. 12 (1980), pp. 245-275.
L. Valensi, *Fellah tunisiens: l'économie rurale et la vie des campagnes aux 18e et 19e siècles* (Parigi, 1977); trad. inglese *Tunisien Peasants in the 18th and 19th Centuries* (Cambridge, 1985).

Architettura e arte

J. Revault, *Palais et demeures de Tunis: 18e et 19e diècles* (Parigi, 1971).
J. Carswell e C.J.F. Dowsett, *Kütahya Tiles and Pottery from the Armenian Cathedral of St James, Jerusalem*, 2 voll. (Oxford, 1972).

J. Carswell, «From the tulip to the rose», in T. Naff e R. Owen (a cura di), *Studies in Eighteenth Century Islamic History* (Carbondale, Illinois, 1977), pp. 325-355.

Religione e letteratura

H.A.R. Gibb e H. Bowen, *Islamic Society and the West*, vol. 1, parte II (Londra, 1957).
J. Heyworth-Dunne, *Introduction to the History of Education in Modern Egypt* (Londra, 1939).
A. Hourani, «Aspects of Islamic culture: introduction», in T. Naff e R. Owen (a cura di), *Studies in Eighteenth Century Islamic History* (Carbondale, Illinois, 1977), pp. 253-276.
N. Levtzion e J. O. Voll (a cura di), *Eighteenth Century Revival and Reform in Islam* (Syracuse, New York, 1987).
J.O. Voll, *Islam: continuity and change in the modern world* (Londra, 1982).
Muhammad Khalil al-Muradi, *Silk al-durar fi a'yan al-qarn al-thani 'ashar*, 4 voll. (Bulaq, 1883).
M.H. Chérif, «Hommes de religion et de pouvoir dans la Tunisie de l'époque moderne», *Annales ESC*, vol. 35 (1980), pp. 580-597.

Il wahhabismo

H. St J. Philby, *Saudi Arabia* (Londra, 1955).
H. Laoust, *Essai sur les doctrines sociales et politiques de Taki-d-Din b. Taimiya* (Il Cairo, 1939), pp. 506-540.

PARTE QUARTA:
L'ETÀ DEGLI IMPERI EUROPEI (1800-1939)

La «questione orientale»

M.S. Anderson, *The Eastern Question 1774-1923* (Londra, 1966).
J.C. Hurewitz (a cura di), *The Middle East and North Africa in World Politics*, 2 voll. (New Haven, 1975).
L.C. Brown, *International Politics and the Middle East* (Londra, 1984).

Studi generali

M.E. Yapp, *The Making of Modern Middle East 1798-1932* (Londra, 1987).
B. Lewis, *The Emergence of Modern Turkey* (Londra, 1961).
W.R. Polk e R.L. Chambers (a cura di), *Beginnings of Modernization in the Middle East* (Chicago, 1968).
Groupes de Recherches et d'Études sur le Proche-Orient, *L'Egypte au 19e siècle* (Parigi, 1982).

Trasformazioni sociali ed economiche

C. Issawi, *An Economic History of the Middle East and North Africa* (New York, 1982).
C. Issawi (a cura di), *The Economic History of the Middle East 1800-1914* (Chicago, 1966).
C. Issawi (a cura di), *The Fertile Crescent 1800-1914* (New York, 1988).
R. Owen, *The Middle East in the World Economy 1800-1914* (Londra, 1981).
S. Pamuk, *The Ottoman Empire and World Capitalism 1820-1913* (Cambridge, 1987).
G. Baer, *Studies in the Social History of Modern Egypt* (Chicago, 1969).
A. Barakat, *Tatawwur al-milkiyya al-zira'iyya fi Misr wa atharuha 'ala al-harakat al-siyasiyya 1813-1914* (Il Cairo, 1977).

Trasformazioni intellettuali

N. Berkes, *The Development of Secularism in Turkey* (Montreal, 1964).
A. Hourani, *Arabic Thought in the Liberal Age*, ed. riveduta (Cambridge, 1983).

CAPITOLO XVI. LA POTENZA DELL'EUROPA E I GOVERNI RIFORMATORI (1800-1860)

L'espansione europea

F. Charles-Roux, *Bonaparte Governor d'Egypte* (Parigi, 1936); trad. inglese *Bonaparte Gouverneur of Egypt* (Londra, 1937).
H.L. Hoskins, *British Routes to India* (New York, 1928).
J.B. Kelly, *Britain and the Persian Gulf 1795-1880* (Oxford, 1968).
C.A. Julien, *Histoire de l'Algérie contemporaine*, vol. 1, 1827-1878 (Parigi, 1964).
R. Danziger, *Abd al-Qadir and the Algerians* (New York, 1977).

Le Tanzimat e i fermenti locali

Ministero dell'Educazione Turco, *Tanzimat* (Istanbul, 1940).
Cevdet Paşa, *Tezâkir*, 4 voll. (Ankara, 1953-1967).
C.V. Findley, *Bureaucratic Reform in the Ottoman Empire* (Princeton, 1980).
U. Heyd, «The Ottoman 'ulama and westernization in the time of Selim III and Mahmud II», in Heyd (a cura di), *Studies in Islamic History and Civilization* (Gerusalemme, 1960), pp. 63-96.
R. Clogg (a cura di), *The Movement for Greek Independence 1770-1821* (Londra, 1976).
L.S. Stavrianos, *The Balkans since 1453* (New York, 1958).
M. Maoz, *Ottoman Reform in Syria and Palestine 1840-1861* (Oxford, 1968).
A. Hourani, «Ottoman reform and the politics of notables», in Hourani, *The Emergence of the Modern Middle East* (Londra, 1981), pp.36-66.

Egitto

A. Lutfi al-Sayyid Marsot, *Egypt in the Reign of Muhammad 'Ali* (Cambridge, 1984).
E.R. Toledano, *State and Society in Mid-Nineteenth-Century Egypt* (Cambridge, 1990).
A.R. al-Rafi'i, *Tarikh al-haraka al-qawmiyya wa tatawwur nizam al-hukm fi Misr*, 14 voll. (Il Cairo, 1929-1951).

Tunisia

L.C. Brown, *The Tunisia of Ahmad Bey 1837-1855* (Princeton, 1974).

Marocco

J.L. Miège, *Le Maroc et l'Europe*, 4 voll. (1961-1963).
J.L. Miège (a cura di), *Documents d'histoire économique et sociale marocaine au 19e siècle* (Parigi, 1969).

CAPITOLO XVII. GLI IMPERI EUROPEI E LE ÉLITES DOMINANTI (1860-1914)

La «questione orientale»

W.L. Langer, *The Diplomacy of Imperialism 1890-1902*, 2ª ed. (New York, 1951).
E.M. Earle, *Turkey, the Great Powers and the Baghdad Railway* (New York, 1966).

BIBLIOGRAFIA

Il governo ottomano e le province

R.H. Davison, *Reform in the Ottoman Empire 1856-1876* (Princeton, 1963).

R. Devereux, *The First Ottoman Constitutional Period* (Baltimora, 1963).

R. Abu Manneh, «Sultan Abdulhamid II and Shaikh Abulhuda al-Sayyadi», *Middle Eastern Studies* 15 (1979), pp. 131-153.

C.V. Findley, *Ottoman Civil Officialdom* (Princeton, 1989).

E.E. Ramsaur, *The Young Turks: prelude to the revolution of 1908* (Princeton, 1957).

F. Ahmed, *The Young Turks: the Committee of Union and Progress in Turkish politics 1908-1914* (Oxford, 1969).

W. Ochsenwald, *Religion, Society and the State in Arabia: the Hejaz under Ottoman control 1840-1908* (Columbus, Ohio, 1984).

L. Nalbandian, *The Armenian Revolutionary Movement* (Berkeley, 1963).

Inizio dell'immigrazione sionista

W.Z. Laqueur, *A History of Zionism* (Londra, 1972).

N. Mandel, *The Arabs and Zionism before World War I* (Berkeley, 1976).

Egitto

R. Hunter, *Egypt under the Khedives 1805-1879* (Pittsburgh, 1984).

Nubar Pasha, *Mémoires* (Beirut, 1983).

D. Landes, *Bankers and Pashas* (Londra, 1958).

J. Marlowe, *The Making of the Suez Canal* (Londra, 1964).

A. Schölch, *Ägypten den Ägyptern!* (Zurigo, 1972); traduzione inglese *Egypt for the Egyptians! The socio-political crisis in Egypt 1878-1882* (Londra, 1981).

Lord Cromer, *Modern Egypt*, 2 voll. (Londra, 1908).

J. Berque, *L'Egypte, impérialisme et révolution* (Parigi, 1963); traduzione inglese *Egypt, Imperialism and Revolution* (Londra, 1972).

A. Lutfi al-Sayyid, *Egypt and Cromer* (Londra, 1968).

T. Mitchell, *Colonising Egypt* (Cambridge, 1988).

* B. Aglietti, *L'Egitto dagli avvenimenti del 1882 ai giorni nostri*, 2 voll. (Roma, I.P.O., 1965).

Sudan

P.M. Holt, *The Mahdist State in the Sudan 1881-1898* (Oxford, 1958).

M.W. Daly, *Empire on the Nile: the Anglo-Egyptian Sudan 1898-1934* (Cambridge, 1986).

Abu Bakr (Babkir) Badri, *Tarikh hayati*, 3 voll. (Omdurman, 1959-1961); traduzione inglese *The Memoirs of Babkir Badri*: vol. I (Londra, 1969), vol. II (Londra, 1980).

La Francia e il Maghreb

J. Ganiage, *Les Origines du protectorat français en Tunisie 1861-1881* (Tunisi, 1968).

C.R. Ageron, *Histoire de l'Algérie contemporaine*, vol. 2: 1871-1954 (Parigi, 1979).

C.R. Ageron, *Les algériens musulmans et la France 1871-1919* (Parigi, 1968).

E. Burke, *Prelude to Protectorate in Morocco* (Chicago, 1976).

D. Rivet, *Lyautey et l'institution du protectorat français au Maroc 1912-1925*, 3 voll. (Parigi, 1988).

Trasformazioni demografiche ed economiche

A. Jwaideh, «Midhat Pasha and the land system of lower Iraq», in A. Hourani (a cura di), *St Anthony's Papers: Middle Eastern Affairs* 3 (Londra, 1963), pp. 106-136.

N.N. Lewis, *Nomads and Settlers in Syria and Jordan 1800-1980* (Cambridge, 1987).
R. Aboujaber, *Pioneers over Jordan* (Londra, 1989).
A. Schölch, *Palästina im Umbruch 1856-1882* (Stoccarda, 1986).
B. Labaki, *Introduction à l'histoire économique du Liban: soie et commerce extérieur... 1840-1914* (Beirut, 1984).
D. Chevallier, *La société du Mont Liban à l'époque de la révolution industrielle en Europe* (Parigi, 1971).
E.J.R. Owen, *Cotton and the Egyptian Economy 1820-1914* (Londra, 1962).
G. Baer, *Introduction to the History of Landownership in Modern Egypt 1800-1950* (Londra, 1962).
J. Poncet, *La colonisation et l'agriculture européenne en Tunisie depuis 1881* (Parigi, 1962).
X. Yacono, *La colonisation des plaines du Chelif*, 2 voll. (Algeri, 1955-56).
X. Yacono, «Peut-on évaluer la population de l'Algérie vers 1830?», *Revue Africaine*, vol. 98 (1954), pp. 277-307.
J. Ruedy, *Land Policy in Colonial Algeria* (Berkeley, 1967).

Trasformazioni della società

D. Quaetaert, *Social Disintegration and Popular Resistance in the Ottoman Empire 1881-1908* (New York, 1983).
L.T. Fawaz, *Merchants and Migrants in Nineteenth Century Beirut* (Cambridge, Massachusetts, 1983).
L. Schatkowski Schilcher, *Families in Politics: Damascus factions and estates of the 18th and 19th centuries* (Stoccarda, 1985).
R. Tresse, «L'évolution du coutume syrien depuis un siècle», in Centre d'Études de Politique Étrangère, *Entretiens sur l'évolution des pays de civilisation arabe*, vol. 2 (Parigi, 1938), pp.87-96.
A. Mubarak, *al-Khitat al-tawfiqiyya*, 4 voll. (Il Cairo, 1887-1889).
J.P. Thieck, «Le Caire d'après les Khitat de ʻAli pacha Mubarak», in Groupe de Recherche et d'Études sur le Proche-Orient, *L'Egypt au 19e siècle* (Parigi, 1982), pp. 101-116.
A. Berque, «Fragments d'histoire sociale», in Berque, *Écrits sur l'Algérie* (Aix-en-Provence, 1986), pp. 25-124.
K. Brown, *People of Salé: tradition and change in a Moroccan city 1830-1930* (Manchester, 1976).

CAPITOLO XVIII. LA CULTURA DELL'IMPERIALISMO E QUELLA DELLE RIFORME

Orientalismo

M. Rodinson, *La fascination de l'islam* (Parigi, 1980); traduzione inglese *The Mystique of Islam* (Londra, 1989); trad. it. *Il fascino dell'Islam* (Bari, Dedalo, 1988).
E. Said, *Orientalism* (Londra, 1978).
A. Hourani, *Europe and the Middle East* (Londra, 1980).
N. Daniel, *Europe, Islam and Empire* (Edimburgo, 1966).

Istruzione

A.I. ʻAbd al-Karim, *Tarikh al-taʻlim fi Misr*, 3 voll. (Il Cairo, 1945).
A.L. Tibawi, *British Interests in Palestine 1800-1901* (Oxford, 1961).
A.L. Tibawi, *American Interests in Syria 1800-1901* (Oxford, 1966).
A.L. Tibawi, *Islamic Education: its traditions and modernization into the Arab national systems* (Londra, 1972).
D. Hopwood, *The Russian Presence in Syria and Palestine 1843-1914* (Oxford, 1969).

H. Charles, *Jésuites missionaires dans la Syrie et le Proche-Orient* (Parigi, 1929).

A. Chouraqui, *L'Alliance Israélite Universelle et la renaissance juive contemporaine 1860-1960* (Parigi, 1965).

Giornalismo

P. de Tarazi, *Tarikh al-sahafa al-'arabiyya*, 4 voll. in 3 (Beirut, 1913-1933).

I. 'Abduh, *Tarikh al-tiba'a wa'l-sahafa fi Misr* (Il Cairo, 1949).

N. Farag, «The Lewis affair and the fortunes of al-Muqtataf», *Middle Eastern Studies*, vol. 8 (1972), pp. 74-83.

Letteratura

M.M. Badawi, *A Critical Introduction to Modern Arabic Poetry* (Cambridge, 1975).

S.K. Jayyusi, *Trends and Movements in Modern Arabic Poetry*, 2 voll. (Leida, 1977).

S.K. Jayyusi (a cura di), *Modern Arabic Poetry: an anthology* (New York, 1987).

A. Shawqi, *al-Shawqiyyat*, 4 voll. (Il Cairo, 1961).

I. Shahid, *al-'Awda ila shawqi* (Beirut, 1986).

A. Boudot-Lamotte, *Ahmad Šawqi, l'homme et l'œuvre* (Damasco, 1977).

M.M. Badawi, *Early Arabic Drama* (Cambridge, 1988).

M.M. Badawi, *Modern Arabic Drama in Egypt* (Cambridge, 1987).

Riforma islamica

C.C. Adams, *Islam and Modernism in Egypt* (Londra, 1933).

N. Keddie, *Sayyid Jamal al-Din 'al-Afghani'* (Berkeley, 1972).

N. Keddie, *An Islamic Response to Imperialism* (Berkeley, 1968).

M. 'Abduh, *Risalat al-tawhid* (Il Cairo, numerose edizioni); trad. inglese *The Theology of Unity* (Londra, 1966).

M.R. Rida, *Tarikh al-ustadh al-imam al-shaykh Muhammad 'Abduh*, 3 voll. (Il Cairo, 1906-1931).

J. Jomier, *Le commentaire coranique du Manar* (Parigi, 1954).

A.H. Green, *The Tunisian Ulama 1873-1915* (Leida, 1978).

F. de Jong, *Turuq and Turuq-linked Institutions in Nineteenth Century Egypt* (Leida, 1978).

B. Abu Manneh, «The Naqshbandiyya-Mujaddidiyya in the Ottoman lands in the early 19th century», *Die Welt des Islams*, vol. 22 (1982), pp. 1-36.

O. Depont e X. Coppolani, *Les confrèries religieuses musulmanes* (Algeri, 1897).

C.S. Hurgronje, «Les confrèries, la Mecque et le pan-islamisme», in Hurgronje, *Verspreide Geschriften*, vol. 3 (Bonn, 1923), pp. 189-206.

C.S. Hurgronje, *Mekka in the Latter Part of the 19th Century*; trad. inglese (Leida, 1931).

J. M. Abun-Nasr, *The Tijaniyya: a Sufi order in the modern world* (Cambridge, 1965).

Il nazionalismo

S. Mardin, *The Genesis of Young Ottoman Thought* (Princeton, 1964).

S. Mardin, *Jön Türklerin siyasî Fikirleri 1895-1908* (Ankara, 1964).

Z. Gökalp, *Turkish Nationalism and Western Civilization*, tradotto e curato da N. Berkes (Londra, 1959).

W. L. Cleveland, *The Making of an Arab Nationalist: Ottomanism and Arabism in the life and thought of Sati' al-Husri* (Princeton 1971).

W. L. Cleveland, *Islam against the West: Shakib Arslan and the campaign for Islamic nationalism* (Londra, 1985).

S. al-Husri, *al-Bilad al-'arabiyya wa'l-dawla al-'uthmaniyya* (Beirut, 1960).
G. Antonius, *The Arab Awakening* (Londra, 1938).
S. Haim (a cura di), *Arab Nationalism: an anthology* (Berkeley, 1962).
C.E. Dawn, *From Ottomanism to Arabism* (Urbana, Illinois, 1973).
Z.N. Zeine, *The Emergence of Arab Nationalism* (Beirut, 1966).
P.S. Khoury, *Urban Notables and Arab Nationalism: the politics of Damascus 1860-1920* (Cambridge, 1983).
J.M. Ahmed, *The Intellectual Origins of Egyptian Nationalism* (Londra, 1960).
I. Gershoni e J.P. Jankowski, *Egypt, Islam and the Arabs: the search for Egyptian nationhood 1900-1930* (New York, 1986).
L.C. Brown, «Stages in the process of change», in C.A. Micaud (a cura di), *Tunisia: the politics of modernization* (Londra, 1964), pp. 3-66.
A. Laroui, *Les origines sociales et culturelles du nationalisme marocain 1830-1912* (Parigi, 1977).

CAPITOLO XIX. L'APOGEO DELLA POTENZA EUROPEA (1914-1939)

La Prima guerra mondiale e gli accordi di pace

E. Monroe, *Britain's Moment in the Middle East 1914-1956* (Londra, 1963).
B.C. Busch, *Mudros to Lausanne: Britain's frontier in Asia 1918-1923* (Albany, New York, 1976).
T.E. Lawrence, *Seven Pillars of Wisdom* (Londra, 1935); trad. italiana, *I sette pilastri della saggezza* (Milano, Bompiani, 1949).
E. Kedourie, *England and the Middle East: the destruction of the Ottoman Empire 1914-1921*, 2ª ed. (Londra, 1987).
M. Vereté, «The Balfour Declaration and its makers», *Middle Eastern Studies*, vol. 6 (1970), pp. 48-76.
A.J. Toynbee, *Survey of International Affairs 1925*, vol. 1: *The Islamic World after the Peace Conference* (Londra, 1927).
C.M. Andrew e A.S. Kanya-Forstner, *France Overseas: the Great War and the climax of French imperial expansion* (Londra, 1981).
P. Kinross, *Atatürk: the rebirth of a nation* (Londra, 1964).
A. Kazancigil e E. Özbudun (a cura di), *Atatürk, Founder of a Modern State* (Londra, 1981).

I mandati e gli interessi occidentali

E. Monroe, *The Mediterranean in Politics* (Londra, 1938).
S.H. Longrigg, *Iraq 1900-1950* (Londra, 1953).
P. Sluglett, *Britain in Iraq 1914-1932* (Londra, 1976).
M. Khadduri, *Independent Iraq 1932-1958*, 2ª ed. (Londra, 1960).
P.S. Khoury, *Syria and the French Mandate* (Londra, 1987).
M.C. Wilson, *King Abdullah, Britain and the Making of Jordan* (Cambridge, 1987).
L. Hirszowicz, *The Third Reich and the Arab East* (Londra, 1966).

Il problema della Palestina

W.Z. Laqueur (a cura di), *An Israel-Arab Reader* (Londra, 1969).
J.C. Hurewitz, *The Struggle for Palestine* (New York, 1950).
Palestine Royal Commission, *Report*, Cmd 5479 (Londra, 1937).
W. Khalidi, *From Haven to Conquest* (Beirut, 1971).
F.R. Nicosia, *The Third Reich and the Palestine Question* (Londra, 1985).
K. Stein, *The Land Question in Palestine 1917-1936* (Chapel Hill, North Carolina, 1984).

Y.M. Porath, *The Emergence of the Palestinian National Movement 1918-1929* (Londra, 1974).
Y.M. Porath, *The Palestinian Arab National Movement 1929-1939* (Londra, 1977).

Egitto

A. Lutfi al-Sayyid-Marsot, *Egypt's Liberal Experiment 1922-1936* (Berkeley, 1977).
M. Anis, *Dirasat fi thawrat sanat 1919* (Il Cairo, 1963).
M.H. Haykal, *Mudhakkirat fi'l-siyasa al-misriyya*, 3 voll. (Il Cairo, 1951-1978).
M. Deeb, *Party Politics in Egypt: the Wafd and its rivals 1919-1939* (Londra, 1979).

Il Maghreb

J. Berque, *Le Maghreb entre deux guerres* (Parigi, 1962); trad. inglese *French North Africa: the Maghrib between two world wars* (Londra, 1962).
R. Le Tourneau, *Évolution politique de l'Afrique du nord musulmane 1920-1961* (Parigi, 1962).
A. al-Fasi, *al-Harakat al-istiqlaliyya fi'l-Maghrib al-'arabi* (Il Cairo, 1948).

Trasformazioni economiche e sociali

H. Batatu, *The Old Social Classes and the Revolutionary Movements of Iraq* (Princeton, 1978).
C. Issawi, *Egypt, an Economic and Social Analysis* (Londra, 1947).
R.L. Tignor, *State, Private Enterprise and Economic Change in Egypt 1918-1952* (Princeton, 1984).
A. Dasuqi, *Kibar mallak al-aradi al-zira'iyya wa dawruhum fi'l-mujtama' al-misri* (Il Cairo, 1975).
S.B. Himadeh (a cura di), *The Economic Organization of Syria* (Beirut, 1936).
S.B. Himadeh (a cura di), *al-Nizam al-iqtisadi fi'l-'Iraq* (Beirut, 1938).
E. Davis, *Challenging Colonialism: Bank Misr and Egyptian Industrialization 1920-1941* (Princeton, 1983).
J. Beinin e Z. Lockman, *Workers on the Nile: nationalism, communism, Islam and the Egyptian working class 1882-1954* (Londra, 1988).
R. Montagne, *Naissance du proletariat marocain* (Parigi, 1951).

CAPITOLO XX. MUTAMENTI NEL MODO DI VIVERE E DI PENSARE (1914-1939)

Vita urbana

M. Wahba, «Cairo memories», *Encounter*, vol. 62 V (Maggio 1984), pp. 74-79.
A. Adam, *Casablanca*, 2 voll. (Parigi, 1968).
J. Abu Lughod, *Rabat: urban apartheid in Morocco* (Princeton, 1980).
R. D. Matthews e M. Akrawi, *Education in Arab Countries of the Near East* (Washington, 1950).
R.F. Woodsmall, *Muslim Women Enter a New World* (Londra, 1936).
S. Graham-Brown, *Images of Women... 1860-1950* (Londra, 1988).

Letteratura e arte

P. Cachia, *Taha Husain* (Londra, 1956).
T. Husayn, *al-Ayyam*, 3 voll. (Il Cairo, 1929-1973); trad. inglese vol. 1: *An Egyptian Childhood* (Londra, 1932); vol. 2: *The Stream of Days* (Londra, 1948); vol. 3: *A Passage to France* (Londra, 1976); trad. italiana dei voll. 1 e 2 di U. Rizzitano, *I Giorni* (Roma, Istituto per l'Oriente, 1965)

T. Husayn, *Mustaqbil al-thaqafa fi Misr*, 2 voll. (Il Cairo, 1938).
A. Shabbi, *Diwan* (Beirut, 1971).
G. Sadoul, (a cura di), *The Cinema in the Arab Countries* (Beirut, 1966).
J. Racy, «Arabic music and the effects of commercial recording», *The World of Music*, vol. 20 (1978), pp. 47-55.
J. Racy, «Music», in T. Mostyn e A. Hourani (a cura di), *The Cambridge Encyclopaedia of the Middle East and North Africa* (Cambridge, 1988), pp. 244-250.
J. Dickie, «Modern Islamic Architecture in Alexandria», *Islamic Quarterly*, vol. 13 (1969), pp. 183-191.

Movimenti islamici

H.A.R. Gibb, *Modern Trends in Islam* (Chicago, 1947).
C. Geertz, *Islam Observed* (New Haven, 1968).
R.P. Mitchell, *The Society of the Muslim Brothers* (Londra, 1969).
A. 'Abd al-Raziq, *al-Islam wa usul al-hukm* (Il Cairo, 1925); trad. francese «L'islam et les bases du pouvoir», *Revue des Études Islamiques*: vol. 7 (1933), pp. 353-391; vol. 8 (1934), pp. 163-222.
A. Merad, *Le réformisme musulman en Algérie de 1925 à 1940* (Parigi, 1967).
W. Bennabi, *Mémoires d'un témoin du siècle* (Algeri, s.d.).
E. Gellner, «The unknown Apollo of Biskra: the social base of Algerian puritanism», in E. Gellner, *Muslim Society* (Cambridge, 1981), pp. 149-173.
K. Brown, «The impact of the Dahir Berbère in Salé», in E. Gellner e C. Micaud (a cura di), *Arabs and Berbers* (Parigi, 1967), pp. 201-215.

PARTE QUINTA:
L'ETÀ DEGLI STATI NAZIONALI (DAL 1939)

Opere di riferimento

Europa Publications, *The Middle East and North Africa* (Londra, annuale, 1948-).
Centre de Recherches et d'Études sur les Sociétés Méditerranéennes, *Annuaire de l'Afrique du Nord* (Parigi, annuale, 1962-).
T. Mostyn e A. Hourani (a cura di), *The Cambridge Encyclopaedia of the Middle East and North Africa* (Cambridge, 1988).
P. Mansfield, *The Middle East: a political and economic survey*, 4ª ed. (Londra, 1973).
W. Knapp, *North-west Africa: a political and economic survey*, 3ª ed. (Oxford, 1977).

Statistiche

Nazioni Unite, Department of Economic Affairs, *World Economic Survey* (New York, annuale).
Nazioni Unite, Statistical Office, *Statistical Year-book* (New York, annuale).
Nazioni Unite, Food and Agriculture Organization (FAO), *Production Year-book* (Roma, annuale).
United Nations Educational, Social and Cultural Organization (UNESCO), *Statistical Year-book* (Parigi, annuale).

Singoli paesi e regioni

P. Sluglett e D. M. Farouk-Sluglett, *Iraq since 1958* (Londra, 1987).
P. Marr, *The Modern History of Iraq* (Londra, 1985).
A. J. Cottrell et al., *The Persian Gulf States* (Baltimora, 1980).
R.S. Zahlan, *The Making of the Modern Gulf States* (Londra, 1989).

F. Heard-Bey, *From Trucial States to United Arab Emirates* (Londra, 1982).
A. Raymond (a cura di), *La Syrie d'aujourd'hui* (Parigi, 1980).
D. Hopwood, *Syria, 1945-1986: politics and society* (Londra, 1988).
P. Gubser, *Jordan* (Londra, 1983).
H. Cobban, *The Making of Modern Lebanon* (Londra, 1985).
N. Lucas, *The Modern History of Israel* (Londra, 1974).
Groupe de Recherches et d'Études sur le Proche-Orient, *L'Egypte d'aujourd-'hui* (Parigi, 1977).
D. Hopwood, *Egypt: politics and society 1945-1984*, 2ª ed. (Londra, 1986).
Centre de Recherches et d'Études sur les Sociétés Méditerranéennes, *Introduction à l'Afrique du nord contemporaine* (Parigi, 1975).
M.K. e M.J. Deeb, *Libya since the Revolution* (New York, 1982).
J.-C. Vatin, *L'Algérie politique: histoire et société*, 2ª ed. (Parigi, 1983).

CAPITOLO XXI. LA FINE DEGLI IMPERI (1939-1962)

La Seconda guerra mondiale

I.S.O. Playfair et al., *History of the Second World War: the Mediterranean and the Middle East*, 6 voll. (Londra, 1954-1973).
Ch. de Gaulle, *Mémoires de guerre*, 3 voll. (Parigi, 1954-1959); trad. inglese 3 voll. (Londra, 1955-1960).
E.L. Spears, *Fulfilment of a Mission: the Spears Mission in Syria and Lebanon 1941-1944* (Londra, 1977).
H. Macmillan, *War Diaries: politics and war in the Mediterranean 1943-1945* (Londra, 1984).
Y. Porath, *In Search of Arab Unity 1930-1945* (Londra, 1986).
A.M.H. Gomaa, *The Foundation of the League of Arab States* (Londra, 1977).

La Gran Bretagna e il Medio Oriente

W.R. Louis, *The British Empire in the Middle East 1935-1951* (Oxford, 1984).
W.R. Louis e J.A. Bill (a cura di), *Musaddiq, Iranian Nationalism and Oil* (Londra, 1988).
W.R. Louis e R. Owen (a cura di), *Suez 1956: the crisis and its consequences* (Oxford, 1989).

Il problema della Palestina

W.R. Louis e R.W. Stookey (a cura di), *The End of the Palestine Mandate* (Londra, 1986).
M.J. Cohen, *Palestine and the Great Powers* (Princeton, 1982).
B. Morris, *The Birth of the Palestine Refugee Problem 1947-1949* (Cambridge, 1987).
A. Schlaim, *Collusion across the Jordan: King Abdullah, the Zionist movement and the partition of Palestine* (Oxford, 1988).
M. 'Alami, *'Ibrat Filastin* (Beirut, 1949); trad. inglese «The lesson of Palestine», *Middle East Journal*, vol. 3 (1949), pp. 373-405.

La Francia e il Maghreb

C.-A. Julien, *L'Afrique du nord en marche*, 3ª ed. (Parigi, 1972).
M. Bourguiba, *La Tunisie et la France* (Parigi, 1954).
A. Nouschi, *La naissance du nationalisme algérien* (Parigi, 1962).
M. Lacheraf, *L'Algérie, nation et société* (Parigi, 1965).
A. Horne, *A Savage War of Peace: Algeria 1954-1962* (Londra, 1977).
J. Daniel, *De Gaulle et l'Algérie* (Parigi, 1986).

CAPITOLO XXII. SOCIETÀ IN TRASFORMAZIONE (ANNI '40 E '50)

La crescita economica

Y. Sayigh, *The Arab Economy: past performance and future prospects* (Oxford, 1982).

D. Warriner, *Land Reform and Development in the Middle East* (Londra, 1957).

Lord Salter, *The Development of Iraq* (Londra, 1955).

C. Issawi, *Egypt at Mid-century* (Londra, 1954)

C. Issawi, *Egypt in Revolution* (Londra, 1963).

R. Mabro, *The Egyptian Economy 1952-1972* (Oxford, 1974).

A. Gaitskell, *Gezira: a study of development in the Sudan* (Londra, 1959).

S. Amin, *L'économie du Maghreb*, 2 voll. (Parigi, 1966).

G. Leduc (a cura di), *Industrialisation de l'Afrique du Nord* (Parigi, 1952).

W.D. Swearingen, *Moroccan Mirages: agricultural dreams and deceptions 1912-1986* (Londra, 1986).

Urbanizzazione

L.C. Brown (a cura di), *From Madina to Metropolis* (Princeton, 1973).

P. Marthelot, «Le Cairo, nouvelle métropole», *Annales Islamologiques*, vol. 8 (1969), pp. 189-221.

A. Raymond, «Le Caire», in Groupe de Recherches et d'Études sur le Proche-Orient, *L'Egypte d'aujourd'hui* (Parigi, 1977), pp. 213-241.

Architettura

H. Fathy, *Architecture for the Poor: an experiment in rural Egypt* (Chicago, 1973).

S.S. Damluji, «Islamic architecture in the modern world», in T. Mostyn e A. Hourani (a cura di), *The Cambridge Encyclopaedia of the Middle East and North Africa* (Cambridge, 1988), pp. 232-236.

CAPITOLO XXIII. LA CULTURA NAZIONALE (ANNI '40 E '50)

Istruzione

J.S. Szyliowicz, *Education and Modernization in the Middle East* (Ithaca, New York, 1973).

B.G. Massialas e S.A. Jarrar, *Education in the Arab World* (New York, 1983).

J. Waardenburg, *Les universités dans le monde arabe actuel*, 2 voll. (Parigi, 1966).

A.B. Zahlan, *Science and Science Policy in the Arab World* (Londra, 1980).

Storiografia

A. Laroui, *L'histoire du Maghreb: un essai de synthèse* (Parigi, 1970); trad. inglese *The History of the Maghrib* (Princeton, 1977).

C. Zurayq, *Nahnu wa'l-tarikh* (Beirut, 1959).

Letteratura

J. Stetkevych, «Classical Arabic on stage», in R.C. Ostle (a cura di), *Studies in Modern Arabic Literature* (Warminster, Wiltshire, 1975), pp. 152-166.

Adunis (A.A. Sa'id), *al-athar al-kamila*, 2 voll. (Beirut, 1971).

B.S. al-Sayyab, *Diwan*, 2 voll. (Beirut, 1971-1974); trad. italiana P. Minganti, *Poesie* (Roma, Istituto per l'Oriente, 1968).

D. Johnson-Davies (tradotto e curato da), *Arabic Short Stories* (Londra, 1983).

N. Mahfuz, *Zuqaq al-midaqq* (Il Cairo, 1947); trad. inglese *Midaq Alley* (Londra, 1974); trad. italiana *Vicolo del mortaio* (Milano, Feltrinelli, 1989).
N. Mahfuz, *Bayn al-qasrayn, Qasr al-shawq, al-Sukkariyya* (La «Trilogia del Cairo»; il Cairo, 1956-57); trad. inglese del vol. 1 *Palace Walk* (Londra, 1990); trad. italiana risp. *Tra i due castelli* (Milano, Longanesi, 1957), *Il castello del desiderio* (Milano, Longanesi, 1956), *La zuccheriera* (Milano, Longanesi, 1957).
A. al-Sharqawi, *al-Ard* (Il Cairo, 1954).
L. Ba'labakki, *Ana ahya* (Beirut, 1963).
J. Dejeux, *Littérature maghrebine de langue française*, 3ª ed. (Sherbrooke, Québec, 1980).
J. Dejeux e A. Memmi, *Anthologie des écrivains maghrebins d'expression française*, 2ª ed. (Parigi, 1965).
K. Yacine, *Nedjma* (Parigi, 1956); trad. italiana *Nedjma* (Milano, Jaca book, 1983).
M. Feraoun, *Le fils du pauvre* (Parigi, 1954).
A. Djebar, *Les alouettes naïves* (Parigi, 1967).

Movimenti islamici

K.M. Khalid, *Min huna nabda* (Il Cairo, 1950); trad. inglese *From here we start* (Washington, 1953).
T. Husayn, *al-Fitna al-kubra*, 2 voll. (Il Cairo, 1947-1956).
O. Carré e G. Michaud, *Les frères musulmans: Egypte et Syrie 1920-1982* (Parigi, 1983).
O. Carré, *Mystique et politique: lecture révolutionnaire du Coran par Sayyid Qutb* (Parigi, 1984).
S. Qutb, *Al-'Adala al-ijtima'iyya fi'l-islam*, 4ª ed. (Il Cairo, 1954); trad. inglese S. Kotb, *Social Justice in Islam* (New York, 1970).
M. Gilsenan, *Saint and Sufi in Modern Egypt* (Oxford, 1973).

CAPITOLO XXIV L'APOGEO DELL'ARABISMO (ANNI '50 E '60)

'Abd al-Nasir [Nasser] e il nasserismo

P. Mansfield, *Nasser* (Londra, 1969).
R. Stephens, *Nasser* (Londra, 1971).
H. Heikal, *The Sphinx and the Commissar: the rise and fall of Soviet influence in the Middle East* (Londra, 1978).
H. Heikal, *Cutting the Lion's Tail: Suez through Egyptian eyes* (Londra, 1986).
M. Kerr, *The Arab Cold War 1958-1970*, 3ª ed. (Londra, 1971)
E. O'Ballance, *The War in Yemen* (Londra, 1971).
E. O'Ballance, *The third Arab-Israeli War* (Londra, 1972).

Ideali politici

J. 'Abd al-Nasir, *Falsafat al-thawra* (Il Cairo, 1955); trad. inglese *The Philosophy of the Revolution* (Il Cairo, 1955).
Egitto, Ministero dell'Informazione, *Mashru' al-Mithaq al-watani* (Il Cairo, 1962).
S.A. Hanna e G.H. Gardner (a cura di), *Arab Socialism: a documentary survey* (Londra, 1969).
S. Botman, *The Rise of Egyptian Communism* (Syracuse, New York, 1988).
J.F. Devlin, *The Ba'th Party* (Stanford, California, 1966).
M. 'Aflaq, *Fi sabil al-ba'th* (Damasco, 1959).
M. 'Aflaq, *Ma'rakat al-masir al-washid* (Beirut, 1958).
M.A. al-'Alim e A. Anis, *Fi'l-thaqafa al-misriyya* (Beirut, 1955

L. 'Awad, *Thaqafatuna fi muftaraq al-turuq* (Beirut, 1974).
A. Laroui, *La crise des intellectuels arabes* (Parigi, 1974; trad. inglese *The Crisis of the Arab Intellectual* (Berkeley, 1974).
A. Laroui, *L'idéologie arabe contemporaine* (Parigi, 1967, ed. riveduta 1977); trad. italiana *L'ideologia araba contemporanea* (Milano, Mondadori, 1969).

CAPITOLO XXV. UNITÀ E DISUNITÀ ARABA (DOPO IL 1967)

Guerra e pace con Israele

E. O'Ballance, *No Victor, No Vanquished: the Yom Kippur war* (Londra, 1968).
W.B. Quandt, *Decade of Decisions: American policy towards the Arab-Israeli conflict 1967-1976* (Berkeley, 1977).
W.B. Quandt, *Camp David: peacemaking and politics* (Washington, 1986).
H. Kissinger, *Years of Upheaval* (Londra, 1982); trad. it. *Anni di crisi* (Milano, SugarCo, 1982) .
J. Carter, *The Blood of Abraham* (Boston, 1985).
M. Riyad, *Mudhakkirat 1948-1975* (Beirut, 1975); trad. inglese M. Riad, *The Struggle for Peace in the Middle East* (Londra, 1981).
H. Heikal, *The Road to Ramadan* (Londra, 1975).
P. Seale, *Asad of Syria: the struggle for the Middle East* (Londra, 1988).

L'infitah

J. Waterbury, *The Egypt of Nasser and Sadat* (Princeton, 1983).
R. Hinnebusch, *Egyptian Politics under Sadat* (Cambridge, 1985).
H. Heikal, *Kharif al-ghadab*, 2ª ed. (Beirut, 1983); trad. inglese *Autumn of Fury* (Londra, 1983).
Y. Sayigh, *The Economies of the Arab World*, 2 voll. (Londra, 1975).
J.S. Birks e C. Sinclair, *Arab Manpower: the crisis of development* (Londra, 1980).
M. Bennoune, *The Making of Contemporary Algeria* (Cambridge, 1988).

L'occupazione della Palestina

H. Cobban, *The Palestinian Liberation Organization* (Cambridge, 1984).
M. Benvenisti et al., *The West Bank Handbook* (Gerusalemme, 1986).
D. MacDowell, *Palestine and Israel* (Londra, 1989).

La guerra civile libanese

K. Salibi, *Cross-roads to Civil War* (Londra, 1976).
K. Salibi, *A House of Many Mansions* (Londra, 1988).
E. Picard, *Liban: état de discorde* (Parigi, 1988).
Z. Schiff e E. Ya'ari, *Israel's Lebanon War* (Londra, 1985).
R. Khalidi, *Under Siege: P. L. O. decision-making during the 1982 war* (New York, 1986).

La guerra tra Iraq e Iran

S. Chubin e C. Tripp, *Iran and Iraq at War* (Londra, 1988).

CAPITOLO XXVI. UN'INQUIETUDINE DEGLI ANIMI (DOPO IL 1967)

Divisioni sociali

S. Ibrahim, *The New Arab Social Order: a study of the social impact of oil wealth* (Londra, 1982).

R. Owen, *Migrant Workers in the Gulf* (Londra, 1985).
D. MacDowell, *The Kurds* (Londra, 1985).

Uomini e donne

E. Fernea (a cura di), *Women and the Family in the Middle East* (Austin, Texas, 1985).
L. Beck e N. Keddie (a cura di), *Women in the Muslim World* (Cambridge, Massachusetts, 1978).
N. Hijab, *Womanpower: the Arab debate on women at work* (Cambridge, 1988).
F. Mernissi, *Beyond the Veil: male-female dynamics in a modern Muslim society*, ed. riveduta (Londra, 1985).
N. Abu Zahra, «Baraka, material power, honour and women in Tunisia», *Revue d'Histoire Maghrébine*, n° 10-11 (1978), pp. 5-24.

La circolazione delle idee

G.A. Amin, *Mihnat al-iqtisad wa'l-thaqafa fi Misr* (Il Cairo, 1982).
H. Hanafi, *al-Turath wa'l-tajdid* (Il Cairo, 1980).
S. J. al-'Azm, *Naqd al-fikr al-dini* (Beirut, 1969).
H. Djaït, *La personalité et le devoir arabo-islamique* (Parigi, 1974).
M.A. al-Jabiri, *al-Khitab al-'arabi al-mu'asir* (Casablanca, 1982).
M.A. al-Jabiri, *Takwin al-'aql al-'arabi*, 2ª ed. (Beirut, 1985).
F. Ajami, *The Arab Predicament* (Cambridge, 1981).

La riaffermazione dell'Islam

H. Enayat, *Modern Islamic Political Thought* (Londra, 1982).
R. Mottahedeh, *The Mantle of the Prophet* (Londra, 1985).
F. Rahman, *Islam and Modernity* (Chicago, 1982).
J. Piscatori (a cura di), *Islam in the Political Process* (Cambridge, 1981).
J. Piscatori, *Islam in a World of Nation-States* (Cambridge, 1986).
J.R. Cole e N. Keddie (a cura di), *Shi'ism and Social Protest* (New Haven, 1986).
G. Kepel, *Le prophète et Pharaon* (Parigi, 1984); trad. inglese *The Prophet and Pharaoh* (Londra, 1985).
M. Gilsenan, *Recognizing Islam* (Londra, 1982).
S. 'Uways, *Rasa'il ila'l-imam al-Shafi'i* (Il Cairo, 1978).
S. Qutb, *Ma'alim fi'l-tariq* (Il Cairo, 1964).

INDICI

INDICE DELLE CARTINE

INDICE TERMINOLOGICO

Nel caso di parole comuni all'arabo e al turco, non sempre è facile stabilire se trascriverle secondo il consueto sistema di traslitterazione dall'arabo o secondo la loro forma turca moderna. In linea di principio, sono trascritti in forma turca i termini che ricorrono in un contesto ottomano, e traslitterati dall'arabo i rimanenti; non sempre, però, sono riuscito ad essere coerente.

Il numero di pagina rimanda al punto del testo in cui i termini vengono definiti.

INDICE ANALITICO

INDICE ANALITICO

INDICE ANALITICO

INDICE ANALITICO

OSCAR STORIA

Rocca, Fucilate gli ammiragli
Noja, L'Islàm moderno
Ceram, Civiltà al sole
Hibbert, Ascesa e caduta di casa Medici
Gibbon, Declino e caduta dell'impero romano
Barrow, I Romani
Jaeger, Francesco II di Borbone
Del Boca, Gli italiani in Africa Orientale. Dall'Unità alla marcia su Roma
Peillard, La battaglia dell'Atlantico
Del Boca, Gli italiani in Africa Orientale. La conquista dell'Impero
Del Boca, Gli italiani in Africa Orientale. La caduta dell'Impero
Del Boca, Gli italiani in Africa Orientale. Nostalgia delle colonie
Brunelli, Storia di Gerusalemme
Spinosa, Vittorio Emanuele III
Briggs, Storia sociale dell'Inghilterra
Rocca, I disperati
Noja, L'Islàm dell'espansione
Del Boca, Gli italiani in Libia. Tripoli bel suol d'amore 1860-1922
Keen, Storia dell'Europa medioevale
Barrett, Caligola
Spinosa, Hitler
Del Boca, Gli italiani in Libia. Dal fascismo a Gheddafi
Hastings, Overlord
Granzotto, Carlo Magno
Gilbert, Churchill
Riley-Smith, Breve storia delle crociate
Fini, Nerone
Noja, L'Islàm dell'immobilismo
Gaxotte, La rivoluzione francese
Mack Smith, Garibaldi
Spinosa, Murat
Ady, Lorenzo de' Medici e l'Italia del Rinascimento
Spinosa, Mussolini
Liddel Hart, Storia militare della Seconda guerra mondiale
Brown, Seppellite il mio cuore a Wounded Knee
Orieux, Caterina de' Medici
Petacco, Le battaglie navali del Mediterraneo nella Seconda guerra mondiale

Fraser A., Le sei mogli di Enrico VIII
Speer, Memorie del Terzo Reich
Spinosa, Italiane. Il lato segreto del Risorgimento
Bocca, Storia dell'Italia partigiana
Petacco, La nostra guerra 1940-1945
Gerosa, Napoleone
Lepre, Mussolini l'italiano
Fraser D., Rommel
Avril, Sissi
Viennot, Margherita di Valois
Beonio-Brocchieri, Storia del Giappone
Granzotto, Annibale
Guerri, Fascisti
Keegan, La grande storia della guerra
Chastenet, Lucrezia Borgia
Ferri, Maria Teresa
Erickson, La grande Caterina
Bono, Corsari nel Mediterraneo
Palmer, Francesco Giuseppe
Hilberg, Carnefici, vittime, spettatori
Morgan, Breve storia dei Mongoli
Lazzaro, Dongo
Bocca, Palmiro Togliatti
Cardini, Francesco d'Assisi
Jacquin, Storia degli indiani d'America
Zweig, Maria Antonietta
Bocca, Storia d'Italia nella guerra fascista
Rocca, Il piccolo caporale
Spinosa, Cesare
Williams, De Gaulle
Petacco, Il comunista in camicia nera
Lepre, L'occhio del Duce
Spinosa, Tiberio
Kennedy L., Caccia alla Bismarck
Pinto, Vittorio Emanuele II
Manfredi, Mare greco
Petacco, La regina del Sud
Gerosa, Carlo V
Cartier, La seconda guerra mondiale
Preston, Francisco Franco
Spinosa, Augusto
Lazzero, Gli schiavi di Hitler
Erickson, Maria Antonietta
Irving, Göring
Guerri, Gli italiani sotto la Chiesa
Melograni, Storia politica della grande guerra 1915-1918
Fini, Catilina
Guerri, Giuseppe Bottai, fascista
Goldhagen, I volonterosi carnefici di Hitler
Ferri, Giovanna la Pazza
Herre, Guglielmo II
Mack Smith, Le guerre del Duce
Bocca, La Repubblica di Mussolini
Custer, La mia vita nelle Grandi Pianure
Oliva, I vinti e i liberati
Petacco, L'archivio segreto di Mussolini
Zucconi, Gli spiriti non dimenticano
Ziegler, La Svizzera, l'oro e i morti
Fejtő, La fine delle democrazie popolari
King, L'ultima zarina
Fraser A., Maria Stuart
Turner, I trenta giorni di Hitler
Troyat, Rasputin
Strachey, La regina Vittoria

Guerri, Italo Balbo
Robbins, La prima guerra mondiale
Hourani, Storia dei popoli arabi
Chastenet, Paolina Bonaparte
Wiesenthal, Giustizia, non vendetta
Schama, Cittadini
Howe, Mata Hari
Petacco, Regina
Jacq, La grande sposa Nefertiti
Guerri, Antistoria degli italiani
King, Ludwig
Herre, Maria Luigia
Petacco, Il Superfascista
Oliva, I Savoia
Rocca, L'Italia invasa
Cardini, Giovanna d'Arco
Lewis, Il Medio Oriente
Womack Jr, Zapata
Castañeda, Compañero
Gallo, La notte dei lunghi coltelli
Gerosa, Il Re Sole
Cardini, Il Barbarossa
Riley Scott, Storia della tortura
Jacq, La Valle dei re
Knight, Beria
Fejtő, Requiem per un impero defunto
Zorzi, San Marco per sempre
Saracini, Breve storia degli ebrei e dell'antisemitismo
Courtois - Werth - Panné - Paczkowski - Bartosek - Margolin, Il libro nero del comunismo
Nissim, L'uomo che fermò Hitler
Preston, La guerra civile spagnola
Chadha, Gandhi
Jacq, L'Egitto dei grandi faraoni
Jacq, Vita quotidiana dell'antico Egitto
Spinosa, La grande storia di Roma
Breitman, Il silenzio degli Alleati
Cova, Eva e il Führer
Lang, Francesco I
Berg, Lindbergh, l'aquila solitaria
Macciocchi, L'amante della rivoluzione
Brown, Un fischio nella prateria
Campolieti, Il re Lazzarone
Kruta - Manfredi, I Celti in Italia
Erickson, Elisabetta I
Rosenbaum, Il mistero Hitler
Jacq, Il segreto della cattedrale
Cardini, Quell'antica festa crudele
Manfredi, I Greci d'Occidente
Utley, Toro Seduto
Jacq, Il mondo magico dell'antico Egitto
Jacq, Le donne dei faraoni
Guerri, Povera santa, povero assassino
Jacq (a cura di), Il messaggio iniziatico delle cattedrali
Lepre, La storia della Repubblica di Mussolini
Spinosa, Mussolini razzista riluttante
Gilbert, La grande storia della prima guerra mondiale
Guerri, L'Arcitaliano
Oliva, La resa dei conti
Petacco, L'esodo
Pictet, La grande storia degli indiani d'America
Fernández-Armesto, Millennium
Armstrong, Gerusalemme
Fraser, La Congiura delle polveri

Pipes, Il regime bolscevico
Maria Gabriella di Savoia - Bracalini, Casa Savoia. Diario di una monarchia
Grossman - Erenburg, Il libro nero
Herre, Maria Teresa
Ludwig, Colloqui con Mussolini
Spinosa, La saga dei Borgia
Preston, Scott l'eroe dei ghiacci
Guerri, Galeazzo Ciano
Oliva, Storia degli alpini
Burn, Storia dell'antica Grecia
Duffy, La grande storia dei papi
Spinosa, Paolina Bonaparte
Canosa, I servizi segreti del duce
Schreiber, La vendetta tedesca
Petacco, L'anarchico che venne dall'America
Erickson, La piccola regina
Michele di Grecia, L'imperatrice degli addii
Graziani-Venturelli, Caterina Sforza
Ferri, L'ebrea errante
Maria José di Savoia, Giovinezza di una regina
Masini, Le battaglie che cambiarono il mondo
Cusin, Antistoria d'Italia

OSCAR SAGGI

Nietzsche, Ecce Homo - Ditirambi di Dioniso - Nietzsche contra Wagner -Poesie - Scelta di frammenti postumi (1888-1889)
Fromm, Anatomia della distruttività umana
Schumacher, Piccolo è bello
Nietzsche, Idilli di Messina - La gaia scienza - Scelta di frammenti postumi (1881-1882)
Le Goff, Gli intellettuali nel Medioevo
Nietzsche, Genealogia della morale - Scelta di frammenti postumi (1886-1887)
Huxley, Le porte della percezione - Paradiso e Inferno
Weinberg, I primi tre minuti
Asimov, Il collasso dell'universo
Nietzsche, Aurora - Scelta di frammenti postumi (1879-1881)
Nietzsche, Il caso Wagner - Crepuscolo degli idoli - L'Anticristo - Scelta di frammenti postumi (1887-1888)
Nietzsche, Al di là del bene e del male - Scelta di frammenti postumi (1885-1886)
Graf, Miti, leggende e superstizioni del Medio Evo
Fromm, Grandezza e limiti del pensiero di Freud
Fromm, Avere o essere?
Asimov, Civiltà extraterrestri
Morris, Il comportamento intimo
Fromm, L'amore per la vita
Asimov, In principio
Lorenz, Il declino dell'uomo
Fromm, La disobbedienza e altri saggi
Freud, La sessualità
Freud, Il sogno
Freud, Psicoanalisi della cultura
Davies, L'universo che fugge
Hoover, La cultura Zen
Fromm, La crisi della psicoanalisi
Buber, L'eclissi di Dio
Denis, Storia del pensiero economico
Freud, Psicoanalisi e vita quotidiana
Aron Raymond, Le tappe del pensiero sociologico

Accattoli, Quando il Papa chiede perdono

Ravasi, Il Dio vicino

Sulloway, Fratelli maggiori, fratelli minori

Manguel, Una storia della lettura

Halpern, La struttura dell'unive rso

Crawford - Taylor, Vincere la timidezza

Vegetti Finzi, Volere un figlio

AA.VV., Storie segrete della scienza

Sciama, Cosmologia moderna

Ammaniti, Crescere con i figli

Simmons, Prevenire lo stress

Mughini, Il grande disordine

Clarkson, Sconfiggi il nemico che è in te

Marcoli, Il bambino perduto e ritrovato

Kurlansky, Merluzzo

Sanders, Gesù La verità storica

Burbatti - Castoldi, Il pianeta degli adolescenti

Alvarez, T.rex e il cratere dell'apocalisse

Gould, Gli alberi non crescono fino in cielo

Solomon, Mozart

Bencivenga, Platone, amico mio

Stern, Diario di un bambino

Vergani, La nuova longevità

Cerchiari, Civiltà musicale afro-americana

Abraham, I segreti del nostro corpo

Guitton, L'infinito in fondo al cuore

Gentile, La grande Italia

Francescato, Amore e potere

Laborit, La vita anteriore

Burn, Miti greci

Kitzinger, Diventare nonna

Fromm, Avere o essere? - L'arte di amare - Anima e società

Burbatti - Castoldi, In guerra col cibo

Galbraith - Salinger, Sapere tutto o quasi sull'economia

Pettinato, La scrittura celeste

Petronio, Viaggio nel paese di Poesia

Thurman, La rivoluzione interiore

Greer, L'eunuco femmina

Boncinelli, Il cervello, la mente e l'anima

Davies, Il cosmo intelligente

Hoyle, L'origine dell'universo e l'origine della religione

Cavalli-Sforza, La scienza della felicità

Mcneill, La faccia

Baldacci, Il Diluvio

Petronio, Racconto del Novecento letterario in Italia

Fouts, La scuola delle scimmie

Coren, Cani e padroni

Dacquino, Se questo è amore

Rich Harris, Non è colpa dei genitori

Melograni, La modernità e i suoi nemici

Wilson, L'armonia meravigliosa

Bencivenga, Filosofia: nuove istruzioni per l'uso

Scapagnini, La salute ritrovata

Boyd, Liberarsi dalle dipendenze

Zolla, La filosofia perenne

Lama Surya Das, Gli otto gradini

Moro, Le montagne del Buddha

Stern - Bruschweiler-Stern, Nascita di una madre

Baima Bollone, Gli ultimi giorni di Gesù

Calimani, Ebrei e pregiudizio

Luttwak, Che cos'è davvero la democrazia

Twerski, Su con la vita, Charlie Brown!

Hoffman, L'uomo che amava solo i numeri

Regge, L'universo senza fine

Francescato, Stare meglio insieme

Torno, La truffa del tempo

Abraham, Il sogno del secolo

Calimani, Gesù ebreo

Cerchiari, Miles Davis

Gilioli, Cattivi capi, cattivi colleghi

Piazza, Le ragazze di cinquant'anni

Dehaene, Il pallino della matematica

Cattabiani, Planetario

Davis, Da dove viene la vita

Bencivenga, Giocare per forza

Ernst, Il grande libro della sapienza sufi

Ward, Immagini di eternità

Tavella, Gli ultimi della classe

Mainardi, La strategia dell'aquila

Weigel, Testimone della speranza

Sheldrake, I poteri straordinari degli animali

Natoli, La felicità di questa vita

Greer, La donna intera

Noll, Jung, il profeta ariano

Amartya, Lo sviluppo è libertà

Andreoli, Il vivere inimitabile